日本建築史基礎資料集成　五

仏堂 Ⅱ

中央公論美術出版

仏堂 Ⅱ

刊行のことば

日本には七世紀以来の木造建造物が非常にたくさん残っており、建築史的・文化史的に価値あるものとして約二千五百棟が重要文化財に指定され、そのうち約二百棟は、とくに貴重なものとして、国宝になっている。このように、七世紀以来、各時代の木造建築が、その種類も各種にわたって残っているところは、世界広しといえどもどこにもない。お隣の中国は、あの広い面積、日本よりもはるかに古い歴史を持ちながら、八世紀までの木造建造物としては、南禅寺正殿（七八二年）一棟だけで、九世紀までとっても仏光寺正殿（八五七年）が加わるにすぎない。これを日本の八世紀までの古建築が、三十棟近くあるのと比較すれば、いかに日本のものがよく残っているかがわかるであろう。

これらの古建築は明治二十九年以来、逐次修理が行なわれ、保護されている。その目的は、一つには昔の文化を知るためであり、一つにはこの伝統を基礎とし、新しい文化を創造するためである。

建築は他の美術品と違って、ごく特殊なものを除き、いつでも見ることができる。しかしながら、それだけで、十分活用されているといえるであろうか。今までも古建築や古美術に関する本は数多く出ている。だが、それらは一枚の写真とごく短い解説があるだけで、簡単に紹介されているにとどまる。

これを研究しようとするものは、つねに広く古文献を渉猟し、実地に見て写真を撮り、必要ならば実測までしなくてはならない。いままで修理された建物のうち、最近のものは修理工事報告書が刊行され、写真・図面も載っているが、それは約四百五十冊で、全体の二割にすぎず、とくに重要な国宝についてみても、刊行されたものは半数以下である。しかもこれらは三百部しか印刷されていないため、全冊を完全に備えているところは、団体・個人を通じて日本中で十指に充たないであろう。建築の場合、図面がなくては、研究資料としても、設計資料としても、全然役に立たない。しかも実測には多額の経費を要する。到底、個人の支出しうるものではない。

こうした現状を顧るとき、今までのような、ごくありふれた解説だけでなく、関係史料を網羅し、修理工事に際して変更の行なわれたものはその個所と根拠を明示し、多くの写真と図面とによって、その建物の実態をしっかり把握できるような書物を刊行することが急務である。建築史関係の論文を読むとき、あるいは社寺建築や、和風建築の手法を採り入れて新に建築されたものを見るとき、現存の古建築に関する十分な資料があれば、もっと進んだもの、もっといいものができるはずだと常に思わざるをえない。

「日本建築史基礎資料集成」は、この欠を補うため企画され、刊行された。これはぜひ必要とはいうものの、多くの困難が予想される。しかし、これを刊行することが、われわれの責務であると信ずるが故に、われわれは全力を挙げて、あえてこの難事業に当ろうとする。

昭和四十六年十月

編集委員代表

太田博太郎

凡　例

一、「日本建築史基礎資料集成」はわが国に現存する古建築のうち、とくに価値の高いものおよび建築設計資料として利用度の多いものを採録する。
一、本巻は仏堂を採りあげた。
一、名称および棟数は主として国の指定名称に従った。
一、寸法は実測時の使用尺にしたがい、尺あるいはメートルで表わし、換算は行わない。なお、説明の便宜上、尺によるほうがよい場合は、実測使用尺にこだわらず、尺によった。
一、文献・棟札などの異体文字は通用の字体に改めた。

目次

1　中堂

2
正面全景

3 平等院鳳凰堂

3　中堂内部

4 中堂内部天井

5 中堂外部正面

6　中堂内部組物

7　中堂内部組物

8　南翼廊正面

9　北翼廊西北面

10 南翼廊上層内部

11 南翼廊下層内部

12 南翼廊北端

13 南翼廊下層蟇股

14 尾廊南面

15 尾廊内部

1 正面

2 正面部分

3　東側面

4　軒廻り

5　隅組物

6
側背面

7
西側面

8　正面連子窓

10　背面庇

9　正面庇

11　身舎内部

1　正面

2　側面

3 正面部分

4　屋根

5　側面板扉

7　裳階組物

6　正面裳階

8　正面中央間軒廻り

9 内部

10
内部組物

11
内部組物

12　内部組物

13　内部組物

14　内部組物

1　全景

2　正面部分

3　背面

4　背面部分

5　背面

6　北側面

7　向拝軒廻り

8 正面隅軒廻り

9 正面軒廻り

10　庇から身舎を見る

11　中央部身舎内部

12 身舎架虹

13 庇架虹

1　全景

2 南側面

3 背面

4 内部

35　浄瑠璃寺本堂（九体寺本堂）

5 中央部脇間化粧屋根裏

6 身舎隅柱上組物

7 南東隅

8 背面中央間板扉

1 全景

2 正面

3 側面

4 内部

5 内部

6 孫庇

7 身舎天井

8 外部組物

9 小屋裏

1 正面

2 正側面

3 背面部分

4 背面閼伽棚

5 内陣

6 内陣架虹

7 内陣架虹

8 礼堂

9 礼堂部分

10 礼堂入側組物

11　軒見上

12　軒見上

1 全景

2 外部軒廻り

3 中央壇（左）と北壇（右）

4 中央壇（右）と南壇（左）

5
身舍

6 正面中央間庇上部

7 正面中央間庇上部

8
蟇股

9
庇上部

10 身舎天井

11 中央仏壇格狭間（正面中央）

1　全景

2　内部

3　身舎天井

4　身舎天井見上

5 内部

6 長押彩色

7 外部組物

8 外部組物

1　東側面

2 東側面

3 正面懸造

4
背面

5
西側面閼伽棚

6
背面板扉

7
本堂身舎隅組物

8
本堂庇

1　正面

2　背面

3　西側面

4　東側面

5　外部軒納まり

6　外部軒廻り

7　外部組物

8 厨子正面

9 厨子側面

10 内部

11 孫庇

1 全景

2
北庇

3　北庇隅

4 隅軒

5 隅軒

6
愛染堂

7
愛染堂細部

1　正面

2　東側面

3
内部

4
内陣天井

5
外陣

6
外陣細部

7 外陣軒廻り

8 組物

1 正面

2 側背面

3　東側面

4　正面部分

5　隅組物

6　組物

7　内部

8
仏後壁画（阿弥陀浄土図）

9
庇

解説

概説

一、はじめに

この巻では、古代の仏堂のうち、平安時代に建立された堂またはその再建で、庇などの利用による平面と構造の発達をみる堂と平安時代の仏教信仰から生じた時代的特徴の明らかな堂を扱う。身舎と庇からなる基本的な平面と構造をもつ堂については先に奈良時代建立の堂とその再建堂を『巻四　仏堂Ⅰ』で扱った。

そこで本巻に個別に扱うのは次の十四棟である。

所在地	建物名	建立年代	
一、京都府	平等院鳳凰堂	一〇五三・天喜元年	記録
二、同	醍醐寺薬師堂	一一二一・保安二年	記録
三、同	法界寺阿弥陀堂	一二二六・嘉禄二年	記録
四、同	蓮華王院本堂（三十三間堂）	一二六六・文永三年	記録
五、同	浄瑠璃寺本堂（九体寺本堂）	一一〇七・嘉承二年	記録
六、奈良県	室生寺金堂	平安初期	
七、同	當麻寺本堂（曼荼羅堂）	一一六一・永暦二年	記録
八、岩手県	中尊寺金色堂	一一二四・天治元年	銘文
九、福島県	阿弥陀堂（白水阿弥陀堂）	一一六〇・永暦元年	伝承
十、滋賀県	石山寺本堂	一〇九六・永長元年	記録
十一、兵庫県	鶴林寺太子堂	一一一二・天永三年	記録
十二、鳥取県	三仏寺奥院（投入堂）	一一六八・仁安三年頃	仏像銘
十三、高知県	豊楽寺薬師堂	一一五一・仁平元年	仏像銘
十四、大分県	富貴寺大堂	一二世紀	

二、所在・年代分布・その他の性格の偏り

前表に見るように、所在地の分布が『仏堂Ⅰ』とは全く違う。すなわち、前巻では全て奈良県内の古くは大和国に属する地域にあり、中には平城京内の建物も多く、官の大寺の建築も含まれていた。それに対して、今回の巻では平安京内の平安時代建築は一棟もなく、京都府内のものは五棟に過ぎない。ただし、対象のなかには当時でも特に優れた建築として謳われた宇治市の平等院鳳凰堂が入っている。

これは単にこの巻の対象の選び方によるのではなく、平安時代と奈良時代とで建築遺構の残り方に相違があるためである。数量的にこれを見ると、飛鳥・奈良時代の約百年間の建築遺構は部材のみ残すものを含めて木造で約三十棟あり、これらはすべて奈良県内にある。

一方、平安時代の約四百年間の建築遺構は木造のみでは三十六棟に過ぎず、そのうち、平安時代前半に属するものは数棟で、ほとんどは平安後期の建立になるものである。前表に見るように今回の十四棟のうち平安前期のものは一棟、十一世紀のものは二棟、九棟は十二世紀の建築であり、残り二棟は鎌倉時代の再建堂である。

また、地域的分布として、北は岩手県（陸奥国）平泉から南は大分県（豊後国）国東まで含まれる。平安後期の遺構の分布はほぼ全国的といってよい。石造塔まで含めて考えると南は鹿児島県にまで遺構が残っている。このことから奈良時代仏堂については中央に所在する時代の代表例が扱われ、平安時代仏堂については地方作のものが多数を占めることとなるわけである。

同時に関与した造営組織についても『仏堂Ⅰ』の堂と『Ⅱ』の堂とは全く違う事情のもとに建築されたものである。仏堂とは限らず、建築造営全体について一つの建物の中の部材構成の規格的まとまりの違いなど、まさに造営組織のあり方において、律令制下の官僚組織直接またはその指導によるか、地域の豪族などの個人的な造営によるか、という基礎

の違いを示しているのであろう。

また、奈良時代の遺構は中心地大和の仏堂・門・塔・僧房・付属堂・宮殿・貴族邸宅など、各種にわたっている一方、平安時代の遺構には塔はあるが、門はなく、大僧房はほとんど残っておらず、平安後期に建立された地方の三間堂が多数含まれるなど現存建物の種類にも偏りがある。

従って、このような事情からみて奈良時代建築と平安時代建築との様々な面での違いが、そのまま歴史的な時代変化によるものと一系列で理解することは出来ないであろう。

三、平面の拡大、庇の発達

奈良時代の建築は身舎と庇とによる構造が主で、特に広い平面を要求されたり、異なる機能の接続が必要なものには庇の外に孫庇を設けたり、もう一つの堂を軒を接して建て、内部は同一空間とする並び堂としたりという工夫が行われた。孫庇の例としては、東大寺講堂や同寺食堂などあり、並び堂には法隆寺食堂と細殿や東大寺法華堂などがある。

これらの手法には構造上、あるいは機能上の欠点もあったと見え、広くは使われなかった。すなわち、孫庇形式は孫庇の垂木勾配がゆるくなるので、雨仕舞いに心配があり、特に勾配変換線付近の小屋が傷み易く、また、前面軒先が低くなるので、外観上と内部の採光とに好ましくない影響が生じる。並び堂形式は同様に屋根接続部の雨仕舞いに欠点があり、棟を二列、軒を二行余分に造る必要がある。どちらも施工に注意を要する部分である。いずれも中国大陸北部のような雨の少ない乾燥地帯の技術から生まれたので、日本のような多雨湿潤な地域では維持に困難がある。その解決法として生まれた構法がつぎの節に述べる野屋根の発明である。

孫庇は奈良時代から用いられているが、大型の堂の場合が多い。ところで平安時代になると使用例が多くなり、比較的小型の堂にも孫庇が用いられた。このことは遺跡などからも想定できる。例えば比叡山西塔地区で昭和三十九年秋に発掘された堂跡などがある（水野正好「比叡山西塔堂坊跡群の発掘調査」『仏教芸術』六十一　昭和四十一年七月）。

おそらく奈良時代の孫庇は面積増加が主目的であったのが、平安時代には機能の違いによる平面増加のため孫庇を付設することが多くなったのであろう。

平安時代初期に用いられた実例としてはのちに述べる當麻堂本堂（曼荼羅堂）もその一つである。奈良時代に造営された掘立柱の五間四面堂など二棟の古材を利用して平安初期に五間四面プラス孫庇のある堂として建立された。これに平安時代も末に近い応保元年（一一六一）に孫庇を改造拡張して奥行二間の外陣とされたのが現在の形である（挿図1）。

古文書などを見ても、平安時代の売券や資財帳には仏堂や邸宅建築に孫庇を記した例は多い。特に平安後期に多くなるようである。これには実際の情況とは別に売券など記録の残存が平安後期に多いためでもある。

孫庇の付き方についても、奈良時代の例は一面のみが多いのに、平安時代になると二面とか四面全面とか、孫庇の利用箇所が多くなる。ただ四面全部となると平面では孫庇形式のようでも、形態としては裳層である場合もあろう。奈良時代にも四面裳層の実例は東大寺大仏殿や薬師寺金堂などと多い。構造としてみれば孫庇は身舎・庇と一連の屋根面を構成し、途中に段差はないことが多い。裳層は大屋根の下に入って一段低く、別の屋根面を造る。従って遺跡など平面しか分からない場合は何れか判定し難い。裳層は本体との繋ぎの梁間が小さく、孫庇は柱間が庇と近いか、より長いことが多いが絶対的ではない。

平等院鳳凰堂を見ると三間×二間の身舎の四面に裳層をめぐらして、身舎とともに背面の裳層までを壁などで囲って身舎と一連の空間に使って庇の扱いとし、堂内を三間×三間の堂と同様な平面にしている。

孫庇の機能としては単に面積増大というだけではなく、室生寺金堂の礼堂のような神聖な空間に付設された人間の空間とされることもある。とくに密教の真言堂や灌頂堂などの古図には孫庇を礼堂と記されることが多い。これは後の外陣の役割に当たる。當麻寺本堂の孫庇も同様な用途であったのであろう。

並び堂形式からの平面の発達もあり、これに関しても次の節に述べる野屋根応用の助けるところが多い。

四、野屋根の発明

以上のような庇の発展を支えたのは野屋根の発明であった。一体、いつからどうして野屋根が成立したか、は明らかではない。下から見える構造とは別に天井上などに野材で小屋組を構成するのは、日本での発明ではなく、中国では古くから天井上に納まる野物材の小屋構造は一般的に存在していた。今日も残る唐代の仏堂である山西省五台山仏光寺大殿には天井上の小屋組が使われ、遼代の山西省応県仏宮寺仏塔では各層ごとに軸部構造と上層軸部との間に屋蓋部専用の軸部が造り込まれている。

我が国では飛鳥時代に仏教建築として本格的な大陸様式が移入されてから、平安初期までは目立つ野屋根は用いられなかったとみられる。ただし、野屋根使用以前に本来の小屋組の上に我が国独自の構造を組み込んだとみられるものに檜皮葺がある。

現在、実際に古代の檜皮葺が残っているわけではないが、造営文書や『延喜式』「木工寮」の記事と中世の檜皮葺の実物から、奈良〜平安初期の檜皮葺は本来の垂木の上に軽易な骨組を組み込んで、これに檜皮を縛り付けたものと推定される。

実際の構造としては法隆寺東院伝法堂や同じ東院舎利殿及び絵殿の化粧垂木上面に残存する太枘穴痕がそのような檜皮葺の骨組を化粧垂木上に取り付けた痕跡とみられている。

したがって、本来の大陸風小屋組の上に別の軽易な構造体を加えることは七世紀にはすでにありえたと考えられる。檜皮葺の屋根が本格的な寺院の伽藍中心部にも用いられたであろうことは、七世紀後半に天智天皇によって大津京西北部の山中に建立された崇福寺に関する記録（『扶桑略記』所載）にも見られ、実際、発掘調査でも遺跡からの瓦の出土数が少なかったことが報告されている。（滋賀県『滋賀県史跡調査報告　第十冊　大津京址(下)』昭和十六年)。

また、当時、大量に建設された建物は寺院の他に中央・地方の官衙・邸宅・倉庫があり、これらには瓦の生産が間に合わないため、板葺や檜皮葺とされるものが多かった。

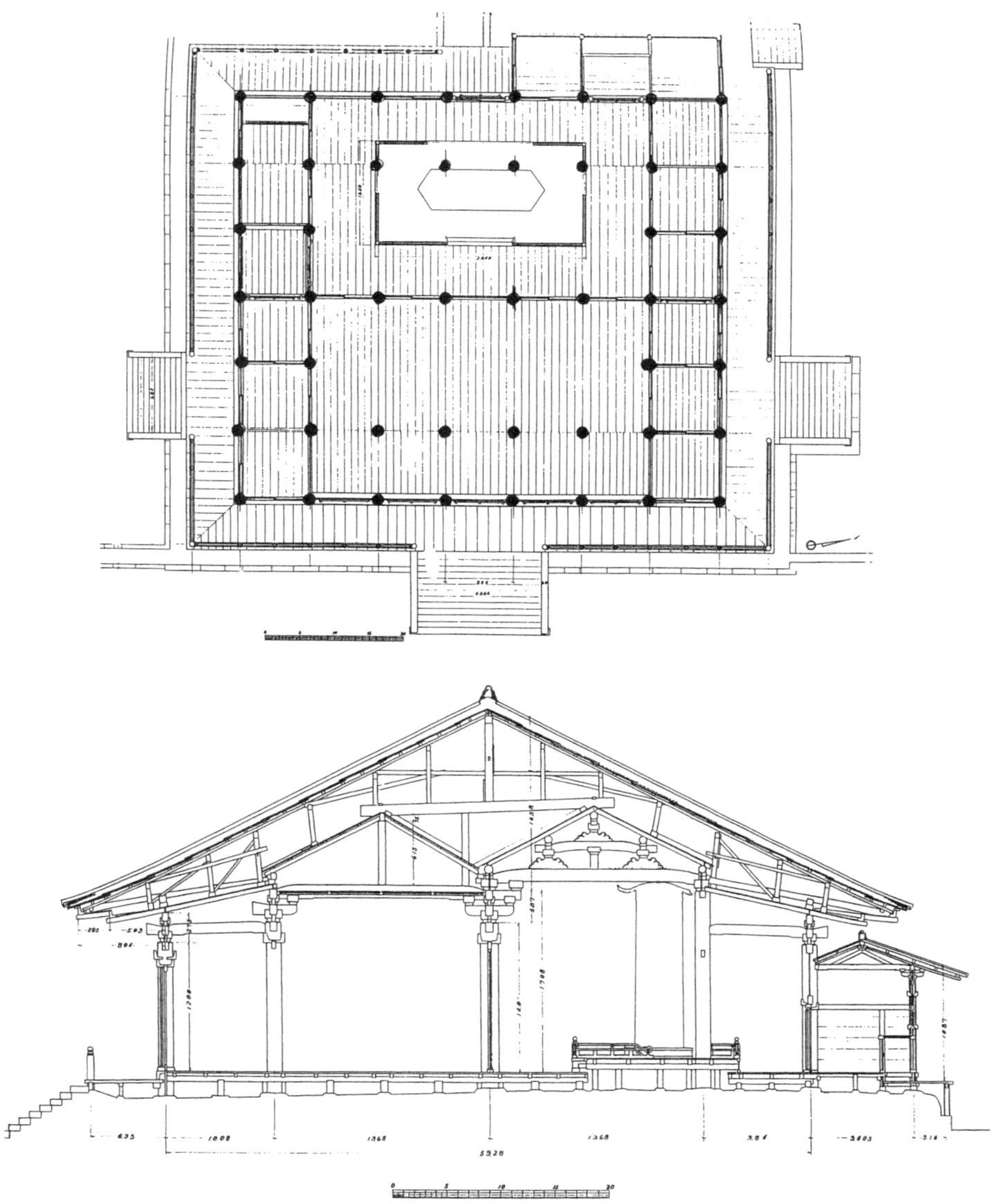

挿図１　當麻寺本堂　平面・断面図

『正税帳』の記載や発掘調査の結果がこのことを示している。したがって、軸部は大陸風の構造で屋根は檜皮葺というのは、中央・地方を問わず、官衙にも邸宅にも多かったであろう。これは中央でも地方でも本来の大陸式の構造の上に、別に我が国の技術による構造を付け加えることに慣れていたことを示している。板床張も同様な事情があった。

また、飛鳥時代以後、次第に日本全土に造営・普及してきた寺院・官衙・邸宅のいずれも建立以来百年あるいは二百年を経過し、多くのものに大修理の必要が生まれたのがちょうど平安初期にあたる。大陸風の緩い勾配の瓦屋根による小屋組に雨漏りや乾燥不十分から腐れや破損が生じやすいことが知られて来た時期にあたるのであろう。

『今昔物語集』巻二十第三十四に屋根裏に水がたまって、多数の魚が住んでいた仏堂が大風で倒壊した話がある。事実とは関係ない説話であろうが、仏堂の屋根は雨漏りに弱点があることと仏堂の天井構造が頑丈であることが知られてきたのであろう。

このような経験から、本来の化粧垂木の上に別の屋根面を作り出すことが工夫されたのであろう。これは仏堂とは限らず、塔でも邸宅でも他の用途の建物でもあり得た。

現存の古建築でみると、室生寺金堂には当初は野屋根はなかったとみられ、當麻寺西塔には二・三層の柱面の風蝕が柱上方のみに多くて下方にはごく少ない様子からみて建立当初から野屋根があったと思われる。また、法隆寺講堂は正暦元年（九九〇）に建立された当初から野屋根をもっていた。すると、おおよそ九〜十世紀頃から各種の建物に野屋根が用いられたと考えられる。屋根面を瓦葺や檜皮葺とせず板葺仕上げにする堂も、鳳凰堂や金色堂などの例があった。

野屋根の他に、ちょうど平安後期に当たる頃は中国では北宋・遼・金の時代で唐以来の建築構造に変革があり、横架材を強化して柱を省略し、空間を広く作った減柱造の堂が造られ始める。これが我が国に直接影響したかどうかは明らかではないが、當麻寺本堂（一一六一）の平面と構造をみると、遼代の大同善化寺大雄宝殿（一一四三年頃）とよく似ている（挿図２）。当時の中国からなんらかの影響があったのであろうか。

野屋根が造られるようになると、孫庇や並び堂の場合だけではなく、また、単なる雨仕舞いのためだけでもなく広く利用されるようになり、平面形式や柱位置と屋根形式との縁が薄くなる。そこで、これまで身舎と庇の構成に縛られ、平面形式と屋根形との関係がほぼ一定であったのが、この後、平面形式や庇の数と位置にあまり関係なく、希望通りの屋根形を造ることができるようになった。内陣・外陣構成の堂の大きい屋根を無理なくかけることも出来るようになったのである。

日本建築の平面と屋根形の意匠上の独自性は、一つにはこのような野屋根の使用から出来るようになったのである。

五、浄土信仰と寺院建築

浄土とは如来や菩薩の支配下にある清浄な国土のことで、釈迦如来、阿弥陀如来、薬師如来、弥勒菩薩のものがよく知られている。これを信じ信仰の対象とすることはいろいろな形で早くからあった。飛鳥時代の『天寿国曼荼羅繍帳』（法隆寺）はその早い作例の一つである。

また、曼荼羅などの画像や『銅板法華説相図（千仏多宝仏塔）』（長谷寺）などの作品による浄土の表現や敦煌その他各地の壁画などの他、仏堂や塔の内部を壁画や甎仏で飾ることも浄土の一部を目に見える形で作出する手段であったと見ることが出来る。

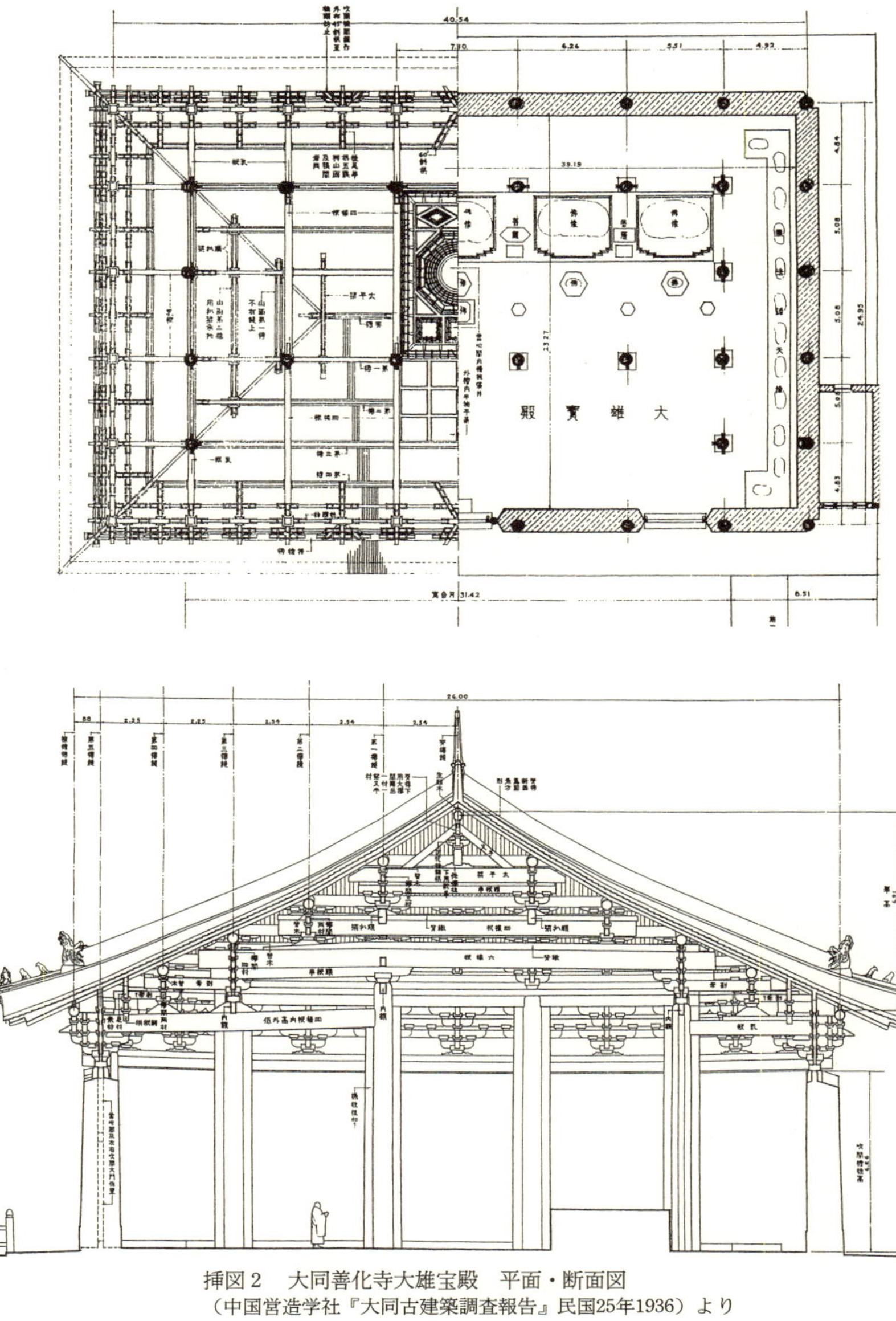

挿図2　大同善化寺大雄宝殿　平面・断面図
（中国営造学社『大同古建築調査報告』民国25年1936）より

とくに奈良時代後期から阿弥陀信仰の高まりにしたがって、阿弥陀浄土を表現することが多く見られ、大寺の一部に独立の院や堂を設けることは多かった。

阿弥陀浄土の形については『阿弥陀経』などに荘厳華麗な有様が述べられ、具体的には敦煌その他の壁画や、我が国にも数点が輸入された浄土変相図にも描かれていた。

さらに平安時代に入って、末法思想が広まり、目に見える形で浄土を表現・作出することが望まれるようになると実例は増加したと見られる。

これには建築内部を仏国土らしく装うことから、仏堂の周囲の寺地まで浄土の姿を現出するよう計画することまで、幾つもの方法があった。また、建築自体としても堂内の祭儀・行事の在り方が行道や常行などの行為を伴うよう要求されることが多くなった。

仏教建築の内部を仏の浄土らしく造るのは初期の仏堂や塔の頃からあったものであろうが、建築全形や周囲の寺地までそのような意図で計画するのは恐らく奈良時代からで、新薬師寺の本院の一つである香山薬師寺が春日山南斜面に堂と廊などを東西に長く配置したものなどが早い例の一つで、平城宮東隣の法華寺阿弥陀浄土院などがやや遅れて庭園まで付置した例としてよいのであろう。

浄土を表現する苑池をもつ寺は平安時代になって特に末世思想の普及に伴って盛んとなり、藤原道長の法成寺、頼通の平等院などが相次いで造営された。平安時代のうちには法勝寺なども造られ、のちには遠く奥州平泉にまで毛越寺・観自在王院・無量光院や、福島県の願成寺（白水阿弥陀堂）などができた。この姿は浄土変相図などで知られたもので、正面に苑池があり、その奥に中心仏殿、左右に楼閣などが連続している。庭園との関係や殿閣の配置は平安京では初期の神泉苑から似た形式がみられ、華麗な環境を演出する方法としては知られていた。ただし寺院の域内に造営するためには広大な敷地を要するので、京外に寺地をもたないと実現しなかった。京内寺院の新造禁止も実効があったのであろう。建築として形からも浄土の姿をみせることは特に平等院鳳凰堂が当時から著名で、環境・苑池・建築外観・内部荘厳すべてが一体となって目に見える浄土を実現していた。

中尊寺金色堂や白水阿弥陀堂などの堂内の荘厳も平等院鳳凰堂のものをあるいは工芸的手法まで取り入れて発展させ、或いはやや簡略にし実施したものとみることもできよう。

六、三間堂の諸問題

特に、現存の平安仏堂については、平安後期の三間堂が多く、今回扱う十四例でも六例に及ぶ。これらは規模としては小型で、地方でもまた大貴族でなくとも建立でき、姿は仏堂らしく、修理・維持も容易だったので、普及し、よく残りもしたのであろう。ただし、三間堂にはかつて建立年代を平安時代といわれながら、その後の研究で実際はもう少し後の建立と考えられることになった例も多い。

もっとも著しい例は京都市伏見区日野法界寺阿弥陀堂で、かつては藤原時代の阿弥陀堂の代表作のように見られていた。古記録・日記の研究が進み、創建堂は一旦焼失して、鎌倉初期一二二六年（嘉禄二）に再建された堂とみる説が強くなった。そのため、裳層の挿肘木その他、平安時代としては疑問のある細部も建立年代と矛盾しなくなった。

また、全く一般には知られていなかった平安仏堂として、法隆寺境内に移築された旧富貴寺羅漢堂がある。これは或いは宝塔の初層かともいわれているが、現状の形態としては小型の仏堂である。後に述べるように、宝塔自体、初層は小型仏堂の機能を持って計画されたものがあるので矛盾はしない。

三間堂がどういう経過で成立したのか。これは必ずしも明らかではない。飛鳥・奈良時代の建物で後に「一間四面堂」と記録された例には、後世の三間堂ではなく、桁行に長い間口一柱間の身舎に柱筋を揃えずに庇を回した構造の堂が知られている。奈良県の山田寺金堂と橘寺金堂の二例である。これには身舎と庇の繋ぎが一直線の柱筋上にはなく、斜めになり、組物にも玉虫厨子のような斜めに突き出た斗栱が想定されている。いずれも外観は重層の堂と思われ、後世の三間堂とはかなり異なる。

平安時代の三間堂のような建物が何時からあったのか。寺院遺跡において平面のみみると、一見、三間堂のようであるが、記録と照合すると、或いは多宝塔であろう、とされる例がある。大阪府神感寺跡や太宰府市の宝満山竈門山寺（大山寺）などである。後者、竈門山寺の多宝塔に関係して「石清水文書」がある。『田中家文書』に含まれる「符牒　筥崎宮（大宰符牒　承平七年（九三七）十月四日）」とのもので、趣旨としては「伝教大師が発願された六所宝塔のうち、豊前宇佐宮のものが出来ないので、かわりに筥崎宮に大宰府の許可を得て建立したい。」という千部寺僧兼裕の願いを許可するという内容で、その中に「竈門山寺の宝塔は承平三年に沙弥證覚が在俗の日に造立した。」とあり、また、重要なのは伝教大師『弘仁八年遺記』に六所宝塔について、「一々塔上層安置千部経王、下層令修法華三昧、」と記しているという。すなわち、宝塔の上層は法華経を安置し、下層では法華三昧を修することになっていたと述べている。これによると、多宝塔には大塔の縮小形ではなく、最初から下層を法華堂として計画されたものがあることになる。

この文書の信憑性について論じたものをみないが、文書の面には「大宰之印」二十八顆を押してあるという。『弘仁八年遺記』に関する内容が事実なら弘仁年間には法華三昧のための堂があり得たことになろうか。（文書が実物でも内容に記す『弘仁八年遺記』が事実かどうかは別の問題であろう。また、文書内容が事実であっても弘仁八年その時の法華三昧堂が三間堂であったかどうかは別である。いずれにせよ承平年間に三間堂の法華三昧堂があったことは示していると思われる。）

延暦寺の記録などをみても、初期の法華堂と常行堂には三間堂はなく、五間堂が多いので、三間堂の法華堂などはおくれて省略形式として出来たように思われていたが、この文書の記事が事実なら早くから三間堂の法華堂があった可能性もあろう。この文書に記される多宝塔の遺跡と見られるものは知られている。発掘調査は行われていないので、正確な寸法や細部は不明であるが、一応、三間堂の平面は持っている。側柱から基壇までの距離が大きいので、単なる三間堂ではなく、多宝塔の可能性は高い。

三間堂の問題に触れた論考として伊藤延男『中世和様建築の研究』（彰国社・昭和三十六年）、清水擴『平安時代仏教建築の研究』（中央公論美術出版・平成四年）がある。古代以来、中世に至る仏堂平面を整理した中に、平安時代の仏堂に関する記録を列挙している。特に比叡山に方形の五間堂が多く見られること、その内容には阿弥陀堂が多数あり、さらに廟堂が含まれることに注目している。文献記録によると各地の寺院で三間堂が多数みられるようになるのは平安時代後期、十一世紀頃からの傾向であることを述べている。

このように遺構や文献記録からも三間堂が平安後期に多く建てられたことは明らかであるが、先に述べた石清水文書が事実で宝満山内の遺跡がこれに当たるなら、もっと早く、おそくとも承平年中から三間堂の法華三昧堂があったことになる。

遺跡の調査例が全国的に多いので、検証も容易ではないが、三間堂の遺跡も各地で発見例が増加するであろう。それらの結果を待たないと三間堂の古い実例や普及の状況は明らかとは言えないのであろう。

なお、奈良平安時代の遺跡に三間×三間の建築遺跡を見ることが多いが、多くは高床の倉庫遺跡である。

七、その後の三間堂

三間堂は始めは法華堂などが主であったとしても、平安末までには機能、平面とも次第

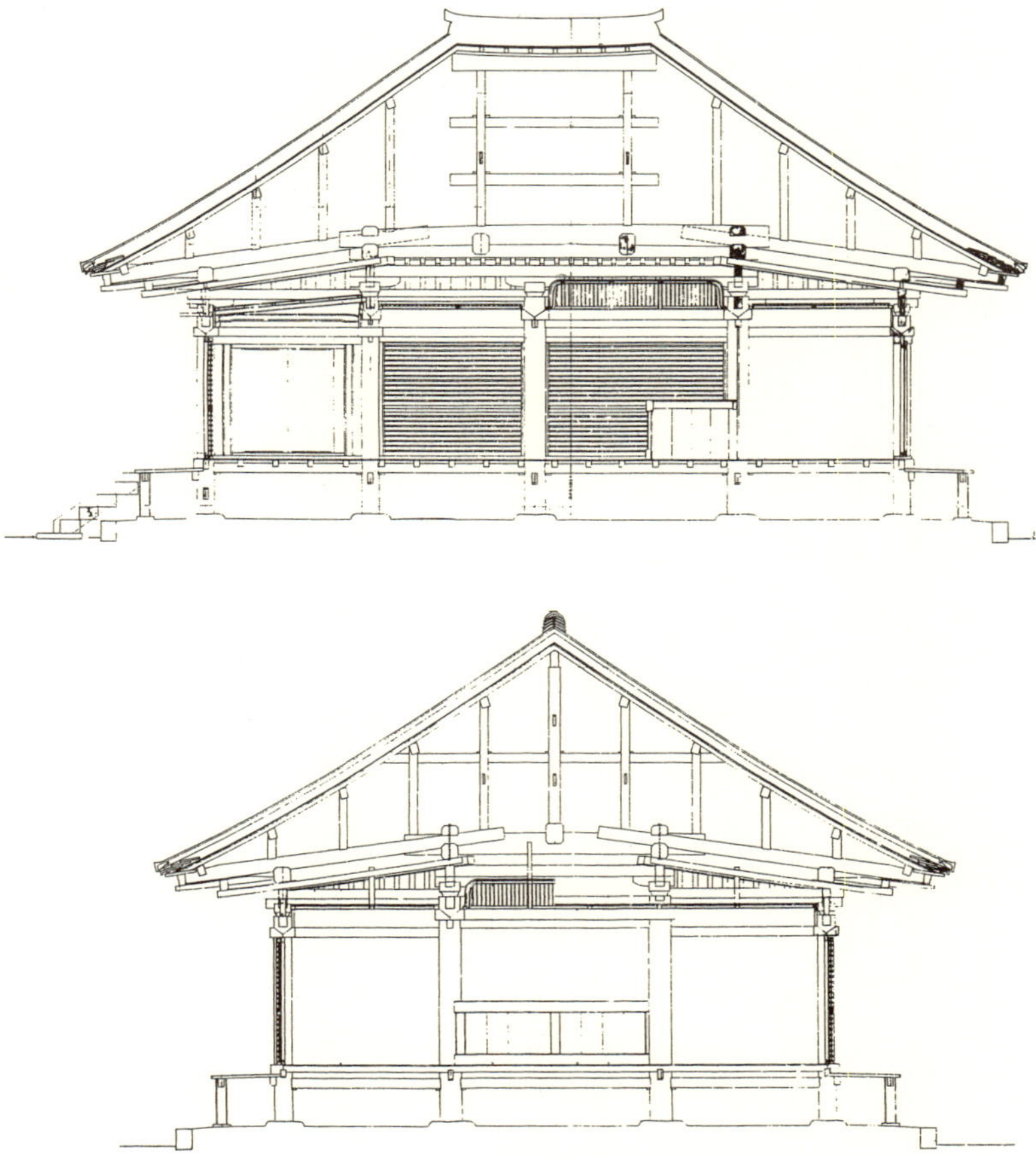

挿図3　鶴林寺常行堂　断面図

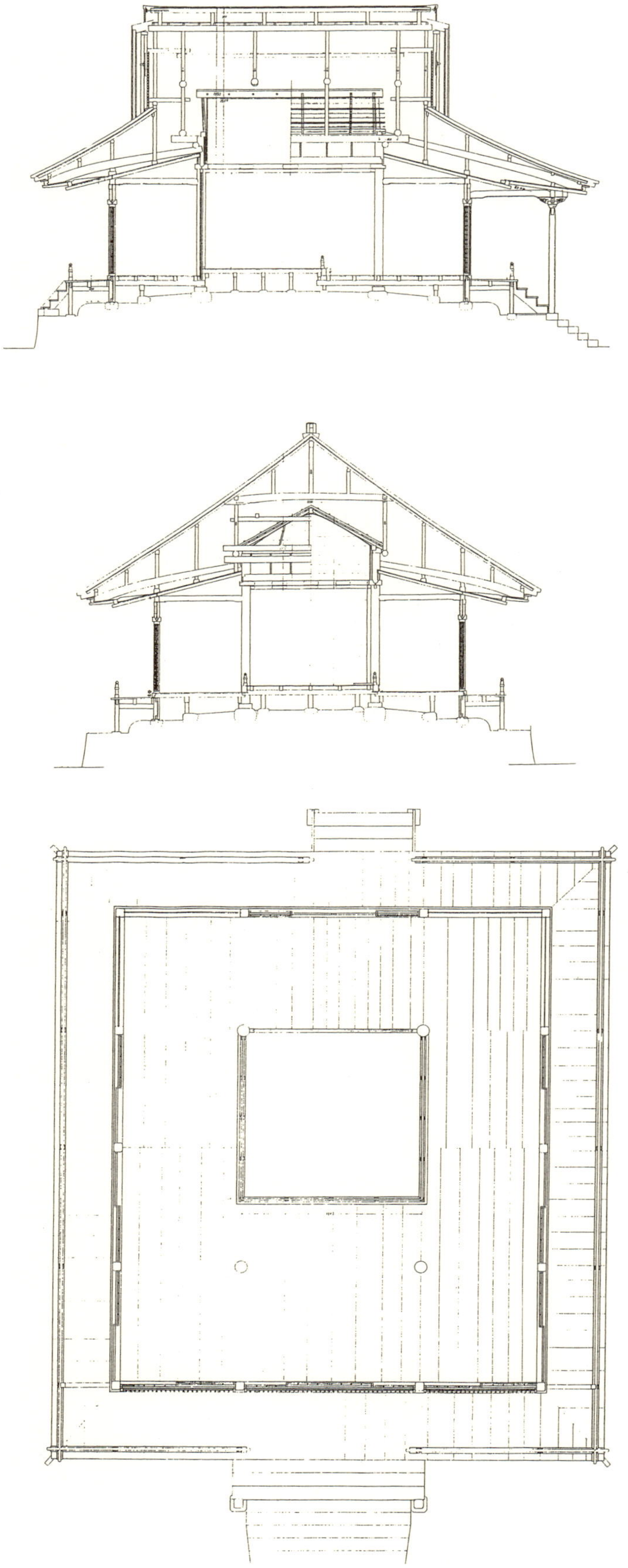

挿図4　三千院本堂　平面・断面図

に変化した。阿弥陀仏や観世音菩薩以外の仏などの信仰にも用いられると共に、墓堂や持仏堂などの用途もあった。中尊寺金色堂は最初は阿弥陀堂であったろうが、後に奥州藤原氏の墓堂とされた。

また、平面も単なる三間×三間ではなく、孫庇を付したり、奥行を広げたり、内部中央間の位置をやや後に下げたり、各種の変化を見せた。

孫庇を付けた古い例が鶴林寺太子堂で一一一二年（天永三）の建立と推定されている。同寺の常行堂（挿図3）は平安末の建築と推定されているが、正面三間に側面四間の平面をもち、太子堂にみられる孫庇を本体に取り込んだ形と見られている。すなわち、各行各列に柱をもち、三間堂の前に柱一筋を加えた柱配置で、一間の仏壇の間の前列に一間の空間を置いて、さらにその前に孫庇を取り込んだ一間分の部分があって前側柱になる。

京都市の三千院本堂（挿図4）も正面三間・側面四間の平面をもつ。これは仏壇を囲う正面一間、側面は長い一間の身舎の周囲に庇をめぐらすが、側面は長い身舎奥行を二間に分割した割付けで、庇側面もこれにつれて四間となる。

大分県（豊後・国東）の富貴寺大堂は外観正面三間・側面四間であるが、内部は四天柱の来迎柱筋を側面の後から二番目の筋に合わせ、前列をほぼ堂の中央やや前に置く。

豊楽寺薬師堂は三間×三間の内部周囲に五間×五間の庇を置くが、周囲の柱筋は内部柱に合致せず、南の間を広くとる。したがって内部柱と側柱の繋ぎや内部天井には特別な工夫が必要になってくる。

京都市の法界寺阿弥陀堂は一間の内陣の周囲に五間×五間の庇をめぐらすが、柱筋は内部と側とで合わせていない。

これらの例のように平安末には三間堂からの構造、平面の発展は著しいものがあった。

八、特殊な構造、懸造、九体阿弥陀堂など

平安時代の仏堂で特別なものに懸造の堂や九体阿弥陀堂などの長大な仏堂がある。

懸造は斜面に建立された仏堂で、前面の柱を長く造り、堂内はほぼ同一平面に造るものである。著しい例は石山寺本堂、京都清水寺や奈良長谷寺などの本堂がある。小規模で地盤面の高さに大きい差がない古い例としては室生寺金堂がある。小規模ながら高低差の激しい例は三仏寺奥院である。長谷寺は当初は懸造であったかどうかはわからない。また、石山寺本堂は奈良時代に創建されたときは、正倉院文書からみて懸造ではなかったとみられる。

石山寺、長谷寺、清水寺などはいずれも観音信仰によって浄い水のある岩山が観音霊場に選ばれ、さらに人間の為の空間を要したため、懸造が増築されたのであろう。室生寺や三仏寺をみると観音信仰とは必ずしも関係していないことがわかる。山岳修行との関連の方が重要だった場合もあったのであろう。

九体阿弥陀堂などの長大な仏堂は一千一体の観世音菩薩をまつる蓮華王院三十三間堂や九体阿弥陀像を並列して祀る浄瑠璃寺本堂などが現存している。

単に桁行が長い大型仏堂は前代から大寺院の講堂などがあったが、これらは多数の僧侶・大衆を収容して行事を行うためで、特別な信仰の目的があるわけではないと思われる。それに対し、平安時代に出現した長大な仏堂は、特定の本尊仏を祀る必要から長い身舎を設けたものであった。

藤原道長の法成寺は七仏薬師像、十五体の菩薩像などを列立安置した堂があったし、白河天皇の法勝寺は九体の阿弥陀像を安置する十一間四面の阿弥陀堂を有していた。

九体阿弥陀堂は上品上生から下品下生まで九種の形をもつ阿弥陀像を並べるべきだったが、実際には上品上生の像ばかり九体安置していたものがある。また、九体全部を同じ法量、例えば丈六等とするものか、中尊だけ丈六とし、他は半丈六とするなどの手法があった。九体の並べ方も直列ではなく、三列×三行としたり、円堂に置いたりしたものもあったようである。

また、大型の中尊の安置される中央間を大きく、他は天井は低く、柱間も少々せまく、安置仏像も少し小ぶりの仏像にするなど工夫があった。現存の三十三間堂も浄瑠璃寺本堂もどちらも中央間を大きく造り、大型仏像を安置し、両側はやや小ぶりにしている。

九、細部の工夫

このような平面と構造の発展に伴って、細部にも技術上、意匠上の工夫があった。

その一つは天井の意匠と構造で、奈良時代以来の組入天井ではなく、組入の枠を大きくとり、その中をさらに細分して小間を作った小組格天井の出現がある。実例では鶴林寺太子堂（一一一三）の例が古い。ただし庇の天井は後補と見られる。塔では一乗寺三重塔（承安元年・一一七一）や浄瑠璃寺三重塔が平安時代中の小組格天井をもつ例である。

また、これと同じ頃、天井を柱天端より下に張り、柱天端を天井上に隠すことが始まった。鶴林寺太子堂が古い例らしい。白水阿弥陀堂や鶴林寺太子堂は天井より上に、堂内から見えないところに組物を作っているが、富貴寺大堂では天井上の柱天に組物を用いず直接野梁をかけて、後世の「あげづくり」の先駆になっている。

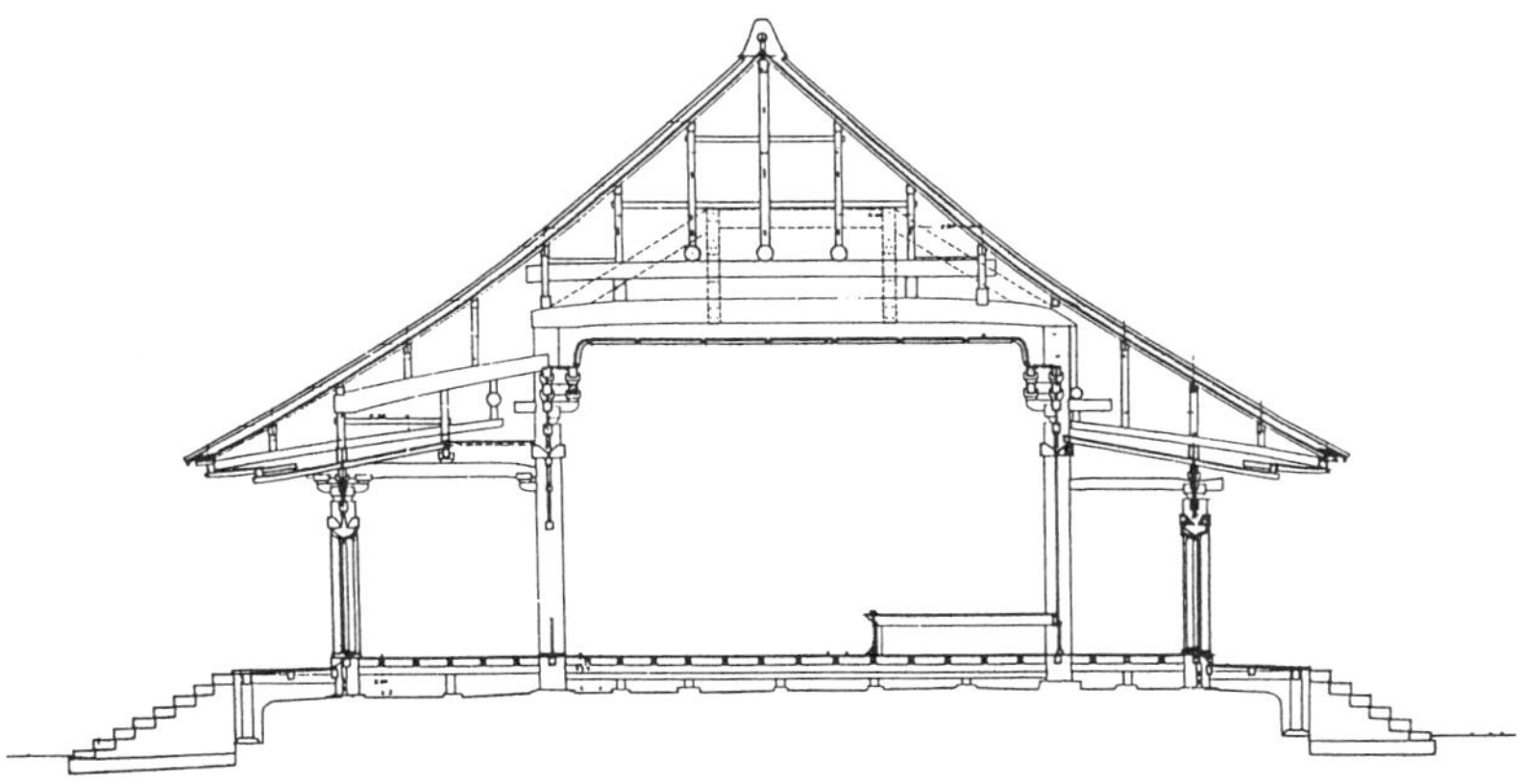

挿図５　醍醐寺金堂　断面図

醍醐寺金堂を本巻では扱わなかった理由は、大型堂で「あげづくり」にする例が他になかったことと、身舎にあたる部分に挿肘木を用いており、本巻の取り扱う範疇外のものである可能性があったからである。(挿図５)

その他、この頃の天井の形式には京都三千院の船底天井や高知豊楽寺の竿縁天井などもみられる。

また、後世の意匠の内、平安時代に始められたとみられる技法の一つに垂木の「かゆみとり」がある。

これは軒隅の反り上がりに伴って、垂木が斜めに取り付くことから、垂木側面が傾いて不安定・不揃いな感じになることを防ぐため、茅負下面の傾斜とは無関係に、飛檐垂木の側面を鉛直に削ぎ、下面は茅負下

面に平行に作ることで、結果として、垂木の断面は菱形になる。現在、これは大工技術の伝統的常識になっていて、古代建築も今日の姿は後世の改装でそのようになっているものが多い。飛檐垂木や木負の古いものがあると、平安時代当初は「かゆみ」をとらなかったことがわかる。

いつから「かゆみ」をとるか、始まりははっきりしない。平安前期の建築が少なく、あっても飛檐垂木や木負の当初材がないので、断定できない。醍醐寺五重塔は現状では「かゆみ」をとっているようにみえるが、当初の木負や隅の飛檐垂木があったとは報告されていない。

当初から「かゆみ」がとってあったとみられるのは平等院鳳凰堂で、垂木先金具も菱形に作られている。もっとも、この金具は推定復元らしい。最初から「かゆみ」を取っていたと報告されているのは中尊寺金色堂であるが、ただし、不徹底なやりかたで、不正確な施工が行われているように『修理報告書』に記している。

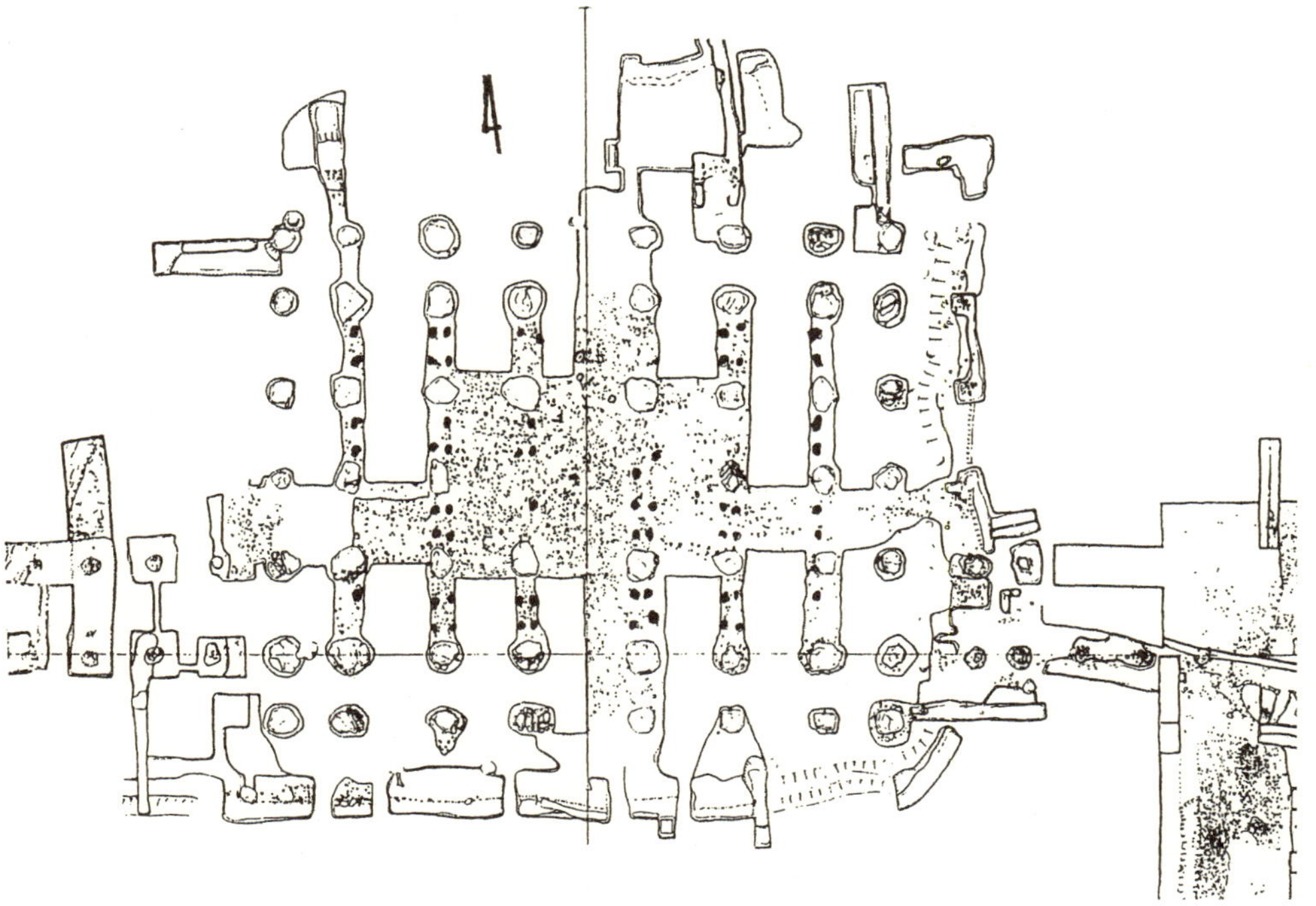

挿図６　毛越寺（平泉）嘉勝寺跡平石切床復元図（藤島亥治郎編『平泉　毛越寺・観自在王院の研究』東京大学出版会1961）より

垂木の表現としては平安時代には地垂木にも飛檐垂木にもはっきりした反りが与えられるようになったことがある。とくに地垂木の場合、円垂木ではなく角垂木が主になったことで、加工もし易くなったのであろう。

さらに角材に面取りすることも平安時代から一般的になった。特に角柱が多くなり、組物も舟肘木や大斗肘木が多くなると、肘木や角桁、垂木にも面をとることが多くなった。平等院鳳凰堂の裳層が古い例である。三仏寺奥院（投入堂）や富貴寺大堂などは顕著な実例である。これは多少の年代差や所在地の違いを越えて、ほぼ全国的に同様な表現がみられ、地域の支配形態をこえて全国的に共通な技法や表現が行われていて、建築技術者の全国的交流があったかと思われるものである。

また外観ではみえない部分の工夫として床構造がある。床を支えるのに床板の下は根太を並べ、さらにこの下に大引を置くが、大引を受けるのに、先端を柱面で留めるのではなく、大引二本に柱の両側を挟むように抱かせ、これを栓などで柱に留め、さらに二列の束石を設けて二本の大引を別々に支える。現存建築で白水阿弥陀堂、法隆寺東院舎利殿絵殿など、遺跡では平泉毛越寺嘉勝寺跡などに実例がある（挿図６）。

堂内の装飾については、先に「浄土信仰と寺院建築」の項で荘厳の趣旨については述べた。仏浄土の姿を現実に目に見せることが第一の目的で、これが荘厳さ、美しさで賛嘆の念と信仰を高めることが望まれたのであろう。特に平安仏堂では当時、彩色・工芸手法とも高みに達していたことから、その応用が生かされたのであろう。詳しくは各論で各堂宇の状況に記される。こちらを参照されたい。

十、内部空間への影響

野屋根の使用による化粧垂木の勾配が緩くなったことや、軽易な意匠で天井の簡易な使用が普及し、さらに仏堂における床板張や板壁の普及などは、堂内へ人間が入ることが通例となると同時に仏堂の室内空間の意匠や感覚を異国風のものから日本的な、いわば住宅的な感覚へ変えた。事実、本書で扱う仏堂のうち、平安初期以前のような土間床のものは少なく、本書中で土間床のものは石山寺本堂の須弥壇と醍醐寺薬師堂の二例のみである。

これは構造や意匠の変化とともに、仏教の内容の変化によることも大きい。

本書の仏堂の所属する寺院は『仏堂Ⅰ』では古代には南都六宗のものばかりであったの

に『Ⅱ』では宇治平等院を除くとすべて、天台宗または真言宗に所属するものばかりとなっている（平等院は単立寺院とされているが現実には天台、浄土の二院により管理されており創建時は天台宗であった）。

構造との関係は浅野清「平安時代の仏堂」（『仏教芸術』三十五号　毎日新聞社　一九五八年八月）に詳しい。恐らく、室内への人間生活の侵入は建築そのものだけではなく、家具・什器の利用の点にもみられたのであろう。法隆寺伝法堂では現在の仏壇が宮殿建築であったときの帳房式寝台であった可能性があるが、他にこれほどの例はみられない（『仏堂Ⅰ』）。

同時に建立時の由緒や事情の点もあって、平安時代の仏堂には貴族邸の一屋の改装転用や寄進移築が多かったので、住宅的空間表現がとられやすかったのである。京内に仏寺の新造が禁じられていたことも、要因のひとつであったろう（清水擴『平安時代仏教建築史の研究』中央公論美術出版、平成四年）。

一　平《びょう》等《どう》院《いん》鳳《ほう》凰《おう》堂《どう》　四棟　国宝

京都府宇治市宇治蓮華　平等院

明治三十年十二月二十八日指定　昭和二十六年六月九日国宝指定
明治三十五年中堂半解体修理　尾廊および翼廊解体修理　昭和二十五年中堂解体修理　尾廊および翼廊屋根葺替　昭和四年屋根葺替

一、草創と沿革

伽藍の成立と整備　平等院の前身は『扶桑略記』寛平元年（八八九）十二月の条に現れる、左大臣源融の別業である。融の死後は宇多天皇の所領となり、「宇治院」と呼ばれた（『花鳥余情』）。長徳四年（九九八）に藤原道長が左大臣源重信の未亡人からこの別業を買い取るが（『小右記』長保元年八月九日条）、重信は宇多天皇の孫にあたる。

道長の時代には「宇治殿」と呼ばれ、しばしば訪れては詩歌・管弦の会を催している。道長の没後、子の頼通がこの別業を伝領する。

永承七年（一〇五二）は仏教思想上の末法第一年にあたる。この年三月二十八日、頼通はこの別業を喜捨して仏寺とし、平等院と号した。六口の僧を置いて法華三昧を修せしめたというから、生前の罪を懺悔することが当初の意図だったようである（『扶桑略記』『舞楽要録』『帝王編年記』）。そして翌天喜元年（一〇五三）三月四日には百口の高僧を請じて、阿弥陀堂の落慶供養が行われた。のちに鳳凰堂と呼びならわされる、壮麗な仏堂の誕生である。供養に先立つ二月十九日には丈六阿弥陀仏が安置され、仏師・法眼定朝に禄が給せられた（『定家朝臣記』『舞楽要録』『扶桑略記』）。

鳳凰堂建立の経緯については史料がなく、不明である。

天喜四年（一〇五六）十月二十二日には法華堂の供養が行われ（『伊呂波字類抄』）、康平四年（一〇六一）十月二十五日には後朱雀天皇の皇后藤原寛子（頼通の娘）によって多宝塔の建立供養が行われた（『定家朝臣記』『扶桑略記』）。金剛界の五仏（大日・阿閦・宝生・無量寿・不空成就）を安置する、天台系の方五間の平面を持つ塔であったと推測される。治暦二年（一〇六六）十月十三日には頼通の息・右大臣師実によって五大堂の供養が行われた（『扶桑略記』）。

延久元年（一〇六九）五月二十九日、前関白頼通は平等院一切経会を始行した（『扶桑略記』『百錬抄』『勘仲記』）。翌二年からは三月三日が恒例となった。延久四年（一〇七二）正月二十九日、頼通は病により出家する。翌年八月十九日に、右大臣源師房は頼通の病気平癒を願って、平等院の西南角に丈六不動明王像を安置する不動堂（二階堂）の供養を行った（『江都督納言願文集』）。その甲斐もなく、頼通は翌六年二月二日に没した。八十三歳であった。没後四十九日の延久六年三月二十一日には、頼通の発願であった護摩堂が供養された（『伊呂波字類抄』）。

以上が頼通在世中の、いわば草創期の平等院である。その後の造営は、大治元年（一一二六）八月九日に関白忠実と内大臣忠通によって愛染堂（八角堂で工匠は重恒）の供養が行われたこと（『中右記目録』『伊呂波字類抄』）、長承二年（一一三三）三月十八日に、関白忠通が宇治橋の南一町ほどの所にあった「本僧房」中に多宝塔（釈迦・多宝の二仏安置）を供養したこと（『中右記』）が明らかなぐらいであるから、平等院は基本的に頼通在世中に伽藍の整備をほぼ完了していたと考えてよいだろう。

伽藍の興亡と修理　平等院火災の最初の記事は寛治三年（一〇八九）四月十日の「宇治平等院之僧房誤焼亡云々」（『後二条師通記』）である。詳細は不明で、僧房の位置も明らかでない。類焼はなかったのであろう。

康和三年（一一〇一）四月二十五日、右大臣忠実は法成寺と平等院の修理をすべき沙汰を下した（『殿暦』）。内容は明らかでないが、後述するように鳳凰堂を木瓦葺から瓦葺に改める大規模な改修工事であった可能性もある。

建久元年（一一九〇）三月二十五日、摂政兼実は阿弥陀堂および経蔵修理のために平等院に向かい、修理すべき箇所を実見した（『玉葉』）。翌日南都工を召して阿弥陀堂の修理にあたらせたが「僅不及一時、須臾直了」とあるように短時間で終了した。しかし、修理に先立つ十九日から、本堂をはじめとする諸堂において諷誦や読経、念誦を行わせ、兼実自身も工事の間「余凝信力念誦、信心発起、感応何疑哉、可悦々々」とあるから、結果的には短時間の修理で済んだものの、かなり重大な工事であったのだろう。「須臾直了」も安堵の気持ちを表現したものと解釈される。修理の内容は不明である。引き続き同月二十九日に廻廊を直し、続いて経蔵の修理が行われたようである。この後しばらく、修理の記事はない。

藤原定家は寛喜三年（一二三一）八月二十日、平等院に参詣した。「此寺之破損、未見如此事、星霜之推移之故歟、寺務之懈怠之至也、毎見令痛思、依行歩不叶、不参阿弥陀堂、退帰了」（『名月記』）とあるように、当時の平等院はかなり荒廃していたようである。

明治修理の際、鳳凰堂正面の柱の方立穴の底から「文暦元年霜月廿九日、為玉櫛庄預所前壱岐守中原朝臣行兼之沙汰、被直此御堂、同二年三月十五日、重被直柱出入、雑掌沙門定心、大工伊勢大夫物部為国」と記した墨書が発見された。文暦元年（一二三四）に改修工事を施したが、それでは不十分だったのか、翌年には柱の出入り（不同沈下か）を直すという、相当大がかりな修理のなされたことがわかる。定家の慨嘆した状況からは幾分か回復したであろう。

このころは比較的まめに修理が行われていたらしく、仁治元年（一二四〇）四月六日には藤原幸経・光氏が、同十二月十八日には源重清が、それぞれ「平等院功」によって除目に預かっている（『平戸記』）。また寛元四年（一二四六）三月十九日には摂政一条実経が平等院修理事始めの日時を下問し、同閏四月三日には平等院修造奉行の改補があった（『葉黄記』）。

建治元年（一二七五）十二月十三日には摂政兼平が平等院執行の範誉にはかり、寺領の一年分の所当を寺庫に納め、必要に応じてこれを修理料にあてることとした。また翌年七月二十六日には諸堂の損色を注進するよう命じている（『勘仲記』）。

弘安七年（一二八四）五月二日、兼平は平等院供僧の訴えを聞き、執行良仲に寺家修理のことを命じ、諸堂を急ぎ仮葺するよう沙汰した（『勘仲記』）。「仮葺」の意味は定かでないが、諸堂ともにある程度荒廃していたのかも知れない。

建武三年（一三三六）正月七日、北朝方の攻撃に、宇治を守る南朝方の楠正成は敵の陣取りを防ぐために平等院の一帯に火をかけた。「橘ノ小島槇島平等院ノアタリヲ、一宇モ残サズ焼払ケル程ニ、魔風大厦ニ吹懸テ、宇治ノ平等院ノ仏閣宝蔵忽ニ焼ケヽル事コソ浅猿ケレ」（『太平記』）とあるのによれば、鳳凰堂を除いて、宝蔵をはじめとする主要建築はほとんど焼失したようである。

貞治四年（一三六五）十一月八日、平等院の廻廊二十余間が焼失した（『大乗院日記目録』）。廻廊の存在は鳳凰堂と経蔵以外に確認できないが、廻廊のみの焼失は不審である。

文明十二年（一四八〇）には平等院造営勧進に土御門上皇の奉加があり（『後法興院記』）、明応三年（一四九四）四月二日には楼門（北大門）の内方に桟敷を構えて勧進猿楽が催され（『後法興院記』）、三条西実隆筆とされる明応九年四月の「平等院修造勧進状」が伝えられるなど、十五世紀末にはやや本格的な修造が行われたのかも知れない。

元亀のころ、釣殿が失火により焼失、「因茲真誉上人、釣殿脇為院荘、而引上経堂、今観音堂是也」（『平等院旧起』）とするが、真偽のほどは明らかでない。

寛文八年（一六六八）五月、平等院修復のための勧進状が作成され、京都・大阪・堺等で奉加帳が配られた（「平等院奉加帳」）。修理は同十年正月十一日に開始される。その内容は大工仕事をはじめとして、屋根瓦、本尊、扉絵、壁塗り、金物、鳳凰堂の基壇など多岐にわたっており、相当大規模な修理であったことがわかる。このときに正面中央間の、上品上生図の描かれた扉が新造された。鳳凰堂須弥壇の格狭間の金銅板には延宝八年（一六八〇）の刻銘があるから、工事はこのころまで続いていたようである。

元禄十一年（一六九八）三月三日、宇治の大火によって楼門（北大門）と後門（西大門）が類焼した（『山州名跡志』『続史愚抄』）。

天明二年（一七八二）十二月、「鳳凰堂大破ニ付」、山城・大和・丹波・播磨・近江の五箇国に修復のための勧化が許可された（『天明集成絲綸録』）。

明治三十年（一八九七）十二月に、鳳凰堂は特別保護建造物に指定され、同三十五年から四十年にかけて中堂の半解体修理および翼廊・尾廊の解体修理が実施された。そして昭和二十五年から三十二年にかけて中堂の解体修理および翼廊・尾廊の屋根葺替工事が行われた。

二、伽藍を構成する建築

平等院の伽藍を構成する建築で建立年代の明らかなものは、本堂（永承七年＝一〇五二）・阿弥陀堂（天喜元年＝一〇五三）・法華堂（天喜四年＝一〇五六）・多宝塔（康平四年＝一〇六一）・五大堂（治暦二年＝一〇六六）・不動堂（延久五年＝一〇七三）の六棟である。このほか、建立年時の明らかでない経蔵、小御所がある。阿弥陀堂以外はいずれもすでに失われているが、それらのなかで建築の形態がある程度明らかな本堂、多宝塔、経蔵、および小御所について述べる。

本堂　『門葉記』「熾盛光法二」には元久元年（一二〇四）時の本堂の指図が載せられている（挿図1）。これが当初の本堂である確証はないが、堂の規模や安置仏は創建堂と同じであるから、少なくとも旧規は踏襲されたとみてよいだろう。この堂は東向き、つまり宇治川に面して建ち、格子（蔀）を多用する住宅風の仏堂だった。そして『中右記』や『長秋記』によれば北廊、および馬道付きの西廊、透廊とその先の釣殿が付属し、堂の南には三間四面程度の懺法堂が、やはり東向きに建てられていた。こうした構成はきわめて寝殿造的であり、これら一群の建築が別業時代の建築に多少の改造を加え、仏堂建築群に転用さ

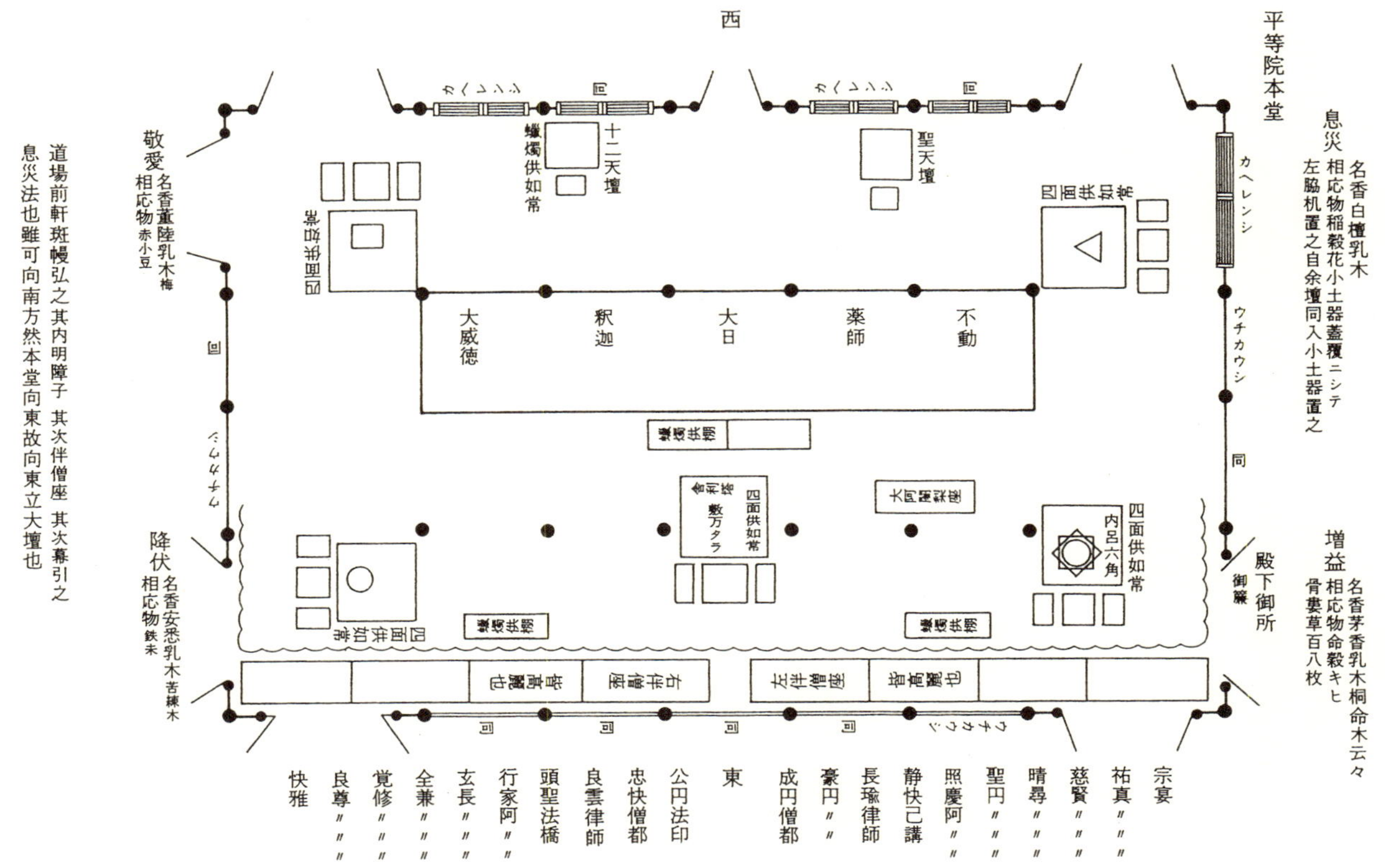

挿図１　平等院本堂指図（『門葉記』より）

れたとみることができよう。天皇や上皇の行幸の際には本堂に付属する廊が御所にあてられ、「本堂御所」と呼ばれていた。本堂には大日如来を中心に左右に釈迦・薬師、および不動・大威徳を安置していた。釈迦・薬師・大威徳は定朝の作、不動は定朝の父・康尚の作であった。本堂の南には懺法堂があり、両堂は廊によってつながれていた。頼通の在世中の念誦堂はこの懺法堂の内部に設けられ、身舎の南の間に南面して、等身阿弥陀三尊が安置されていた。また釣殿は船によって渡御する際の、桟橋の役割も果たしていた。(1) 本堂建築群の復原案を（挿図２）に示す。

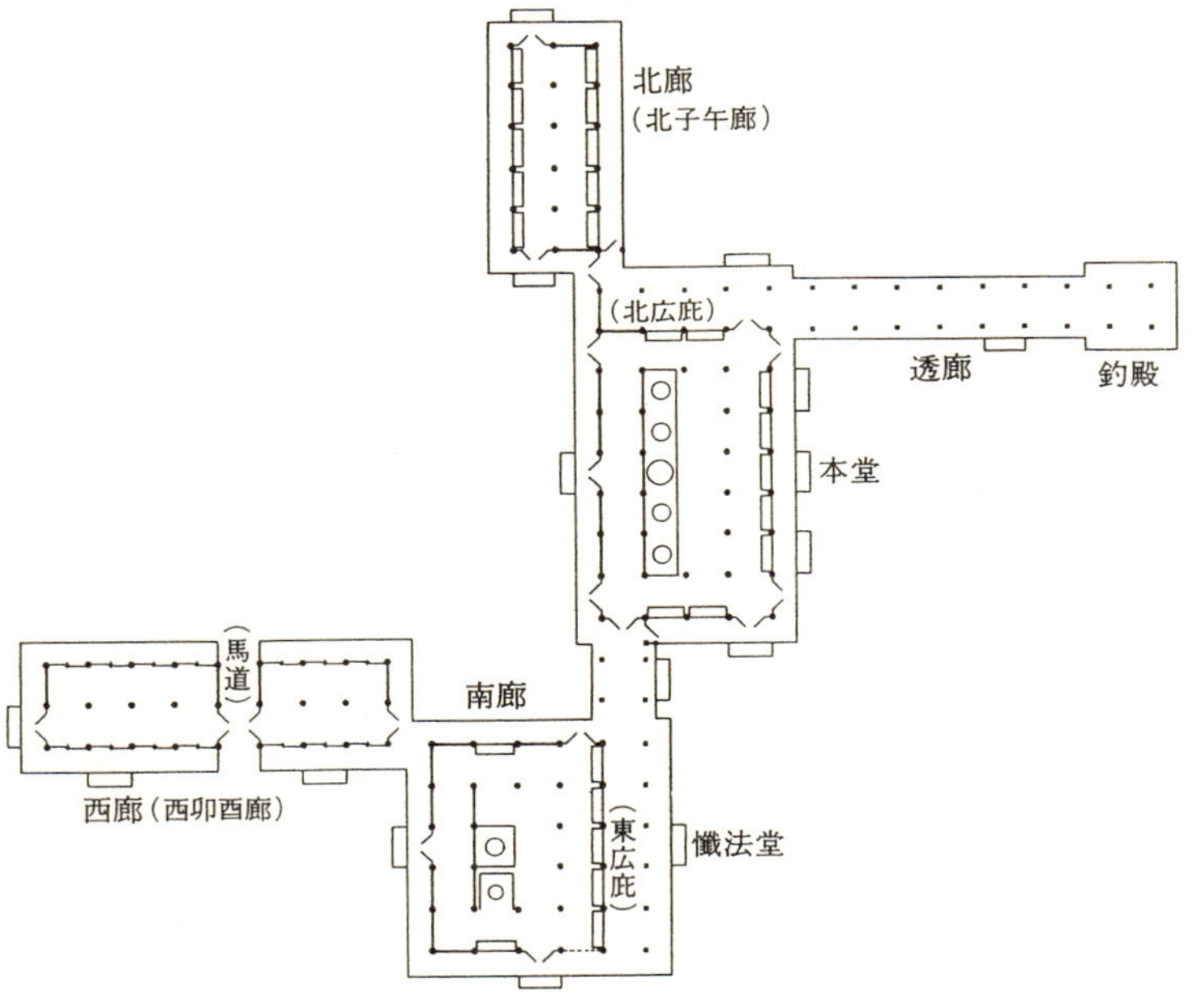

挿図２　平等院本堂建築群復原図

多宝塔　『定家朝臣記』には、康平四年（一〇六一）十月二十五日における、「平等院御塔供養」の次第が書き留められている。安置仏は五智如来（金剛界五仏）で、「御仏壇四面居香花・仏供灯明」とあるから塔の中心に仏壇を構え、四方四仏の形に仏像を配置したのだろう。「母屋柱□面并塔戸裳層四面、毎間懸彩幡花鬘代」とあるように、裳層付きの建築で、裳層の巽角は「殿御座」、艮角と乾角は上卿・殿上人座、坤角は三綱座とされた。讃衆の座は「内壇長床敷高麗縁畳為讃衆廿口座」とある。中央方一間を仏壇とし、その四面庇に長床を設けたものと思われる。「内壇」の意は明らかでないが、高野山大塔の内部が三重の壇に分かれていたように、この場合も庇を壇の形に構え、裳層より一段高くしていたのかも知れない。以上の考察から、この塔は一間四面裳層付きに類似の平面であったと推測される。平等院は天台宗の寺院であったから、比叡山惣持院多宝塔の形式に倣ったのであろう。供養時には少なくとも二十数名の僧と、相当数の公卿・殿上人が塔内に座を占めたのであるから、かなり規模の大きな塔であったことは間違いない。『山槐記』治承三年（一一七九）三月三日の条に載せる一切経会指図に書き込まれた「塔」はこの多宝塔を示すと思われるが、経蔵と比較してもかなり大きな建物として描かれており、上記の推測を助ける。[2]

経蔵　平等院の経蔵については福山敏男の研究[3]があるので、主としてこれによって記述する。経蔵の文献上の初見は康平七年（一〇六四）で、平等院の草創期に頼通によって建立されたものと推測される。経蔵は宝蔵も兼ねており、一切経のほかに弘法大師の伝得という愛染明王像や、婆羅門僧正の袈裟、「元興寺」と名付けられた琵琶の名器など、多数の宝物を納めていた。校倉造ではなく、基壇や石階があり、簀子縁をめぐらしていた。扉は正面三間のほか、他の三面にも開いていた。母屋と庇の境には犬防（格子）を立て、内部の床は方一尺の槻木（欅）の材を敷き詰めるという、かなり堅固な構造であった。規模は明らかでないが、母屋・庇の構造を持っていたから、最低でも三間四面程度であったろう。四周に廻廊をめぐらし、四面に門を開いていた。東の門は桁行三間、梁行二間で、これが正面の門（中門）であったから、経蔵も東向きであった。経蔵の正面には舞台があり、舞台の北側には南面して東西に長い桟敷廊（桟敷御所）があった。これらは毎年三月三日に催された一切経会の際などに使用された。平等院にはこのほか小経蔵と呼ばれるものがあり、また、経蔵廻廊外の南には宝蔵があった。

小御所　小御所の文献上の初見は寛治元年（一〇八七）の『為房卿記』に「東御所」とあるのがそれであろう。一九九三年の発掘調査によって、小御所と思われる建物の一部が出土した。[4] これによれば、桁行（南北）四間以上、梁行（東西）二間以上の礎石建てで、北端の間が、鳳凰堂の正面中央間に正対していた。檜皮葺と推定されている。小御所の創建は、出土瓦が十一世紀後半に比定されることから、鳳凰堂創建時には存在せず、治暦三年（一〇六七）から寛治元年の間と考えられている。[5]

三、鳳凰堂の構想

全体の構成　平等院は東を流れる宇治川に向かって伽藍を構える。その背後、西と南はやや小高い緑の木立である。平等院の伽藍は清澄な流れと豊かな緑に包まれた、典型的な日本的風景の中に立地していた。現在は宇治川に堤防が築かれて、宇治川と遮断されてしまっているが、かつては河原の延長上に敷地が広がり、宇治川の対岸からも伽藍全体が遠望できる、きわめて開放的な構成であった。

鳳凰堂は池の中島上に建てられている。丈六の阿弥陀仏を安置する中堂と、その左右に延びる翼廊とからなる。翼廊は一階を吹放しとする楼造であるが、二階に上がる階段はなく、また二階は低くて人が歩行できるものではない。したがって、この建築は実際的な用途を持つものではなく、あくまでも建築としての形態を整える、言いかえれば美しい造形を作り出すための装置であった。翼廊の屈曲点上に乗る宝形造の楼閣も同様である。そして池の水辺は鳳凰堂に迫り、後述するように翼廊の先端は池に張り出していた可能性が強い。まさに「水上の楼閣」のイメージであったろう。

こうした独得の構成はどこから着想されたのだろうか。建築の形態そのものについては、平安宮の大極殿の一郭や中和院神嘉殿、池も含めた全体の構成については寝殿造の配置法や神泉苑の形態、あるいは観経変相図等の浄土変相図に描かれた建築、などがデザインソースとして考えられている。これらはいずれも主建築から左右にのびる廊、およびその先端に配される楼閣に着目したもので、確かにこの二大要素は既存建築の中にもみることができる。しかし鳳凰堂の場合、その最大の特徴は翼廊が楼造となり、下層が吹放しとなっていることであり、これは既存建築には見いだせない。

これに類似した建築は「清海曼荼羅」にみることができる（挿図3）。この曼荼羅は沙門清海が清水寺観音の援助によって感得したといわれるもので、長徳二年（九九六）の年紀がある。原図は失われたが、聖光寺（京都）、成覚寺（宮城）、浄土寺（尾道）に伝わる写本はいずれも酷似していて、原図をよく伝えていると考えられる。この図で注目すべきは、中央主建築の両脇に配置された建築が、翼廊ではないが楼造となっており、上層間が太鼓橋によって結ばれている点である。清海曼荼羅の建築には明らかに人字形割束と思われるものが描かれており、この図がわが国で考案されたものではなく、中国からの舶載品を写すか、あるいは参考にして作成されたことを示している。つまり、この時期までに相当数の浄土変相図が中国からわが国にもたらされたことも考えられるのである。このようにみると、鳳凰堂は浄土変相図の世界を立体化し、その具体的な姿を地上に出現させる目的で建立された、とみることも可能である。そうした意図をよく表現しているのが小御所である。小御所は池を挟んで鳳凰堂の対岸に建っていたことが、最近の発掘によって確認された。御所は一般には居所であるが、この小御所の場合、記録を見る限り日常生活の場として使用された形跡がない。小御所の用途を端的に示すのは、元永元年（一一一八）閏九月二十一日、太皇太后寛子が阿弥陀堂において行った十種供養の様子である。太皇太后は小御所においてこれに臨んだが、その時の池辺のしつらいは『中右記』によれば次のようであった。

挿図3　清海曼荼羅（部分）

前池作蓮花水鳥樹林洲鶴砂鴿作立之、或桜花、或紅葉、水中岸上既無其隙、……前池南北浮龍頭鷁首、令奏同楽、

池中には作り物の蓮華や水鳥を浮かべ、砂州を作ってはそこに鶴や鴿を置き、池の周辺は紅葉や桜の花で飾ったという。そして龍頭鷁首の船から妙なる楽が流れるなかを、鳳凰堂を中心に、美しく着飾った僧侶たちによってくり広げられる供養の儀式に、太皇太后たちは小御所の中から臨んだのである。これはまさしく、法会にあたって鳳凰堂とその周辺によりいっそうの荘厳を施し、極楽浄土の世界を眼前に展開したものとみることができよう。

おそらく小御所は、こうした儀式の時のみでなく、もっと日常的に鳳凰堂に対座し、極楽世界に思いをはせながら、往生浄土を祈願するための施設であったのだろう。

『後拾遺往生伝』には、「極楽いぶかしくば宇治の御寺を礼へ」という童歌が載せられているが、これによれば、平等院阿弥陀堂は当時の人々に極楽浄土の世界がこの世に現出したものと受け取られていたらしいことがわかる。

建築の特徴　中堂には庇がなく、桁行三間、梁行二間の身舎の四周に直接裳層が付くという、珍しい形式である。裳層は、正面および両側面の三面は吹放しだが、背面は内部に取り込む。その結果、堂内は一間四面堂に類似の平面形態となり、阿弥陀仏の周囲を行道することも可能である。壇上積の基壇を組むが、床は板敷である。裳層の柱は大きな面を取る角柱で、吹放しの裳層は寝殿造の住宅における広庇的な空間である。こうした点は、徐々に進みつつあった仏堂の国風化、言いかえれば住宅的要素の導入の一段階を示していると位置づけられる。裳層の屋根は正面中央間を一段高くする。形態に変化を与えると同時に、阿弥陀仏の尊顔を池の対岸、あるいは宇治川の対岸からも拝せるための工夫でもあろう。裳層の屋根上には高欄をめぐらし、二層の建築のような外観を見せる。しかしこの上階部分には、法隆寺のような連子窓は設けていない。入母屋造だが妻は小さく、したがって棟は短く、軽快な印象を与える。裳層の軒の出は短く、そのために裳層屋根は本屋根の下にすっぽりとおさまってしまう。このことも中堂を軽快に見せているひとつの要素である。翼廊は下層を吹放しとする楼造である。桁行には飛貫と腰貫が入っているが、当初はなかった。長押の痕跡もない。したがって桁行の柱どうしを結ぶものは頭貫のみである。たいへん、不安定な構造であった。保延二年（一一三六）、鳥羽上皇によって建立された勝光明院御堂は、鳳凰堂を模したもので、同じく二階翼廊を備えていた。これについて『長秋記』保延元年六月一日の条は次のように記している。

一、廻廊於南北不可敷板敷、大工季貞申云、板敷不被敷、下不可持、二階廊上重下弱歟、法勝寺柱三也、宇治柱二、仍付木也、仰云、然者敷板於南妻、可用石壇也、

勝光明院の翼廊も下層がピロティーであったため、下層の構造に不安があった。そこで廻廊の妻側を板敷とし、長押等を入れることによって足元を固めたようである。鳳凰堂の場合の「付木」の意味は定かでないが、すでに創建から八十三年を経過しており、何らかの補強を施していたのだろう。『玉葉』文治三年（一一八七）八月二十一日の条によれば、鳳凰堂に参詣した兼実は北翼廊側から中堂に入堂したが、その際、廻廊内を通れなかったのでその東側を通ったという。上記の補強と何らかの関係があるのかも知れない。同様のことが『洞院摂政記』天福元年（一二三三）八月五日の条にも記されている。本来ならば長押等によって柱間を固めるべきところを、あえてそれをしなかったのは、あたかも空中に浮かぶ

がごとく軽快な建築表現を求めたからであろう。上層も柱間には壁も建具もない。後述するように、鳳凰堂は創建当初は木瓦葺であった可能性が強い。これはやはり、中堂も含めた構造的な脆弱さを考慮し、できるだけ屋根荷重を軽減する目的であったと思われる。

創建時の鳳凰堂――発掘の成果　平等院では一九九〇年から八年間にわたって境内の発掘調査が行われた。その結果を受けて、鳳凰堂の周囲は以下のように復原・整備された。まず、堂の建つ中島の北側に小島が発見されたのにともない、中島と小島を結ぶ反橋、小島と対岸を結ぶ平橋が復原された。中島の周囲には州浜が復原され、また汀線はずっと後退して、仏堂と水面とがより近接する形に改められた。池の周囲も同じく州浜で、庭には礫が敷き詰められていたようである。毛越寺（平泉）の庭園と同様である。礫面は宇治川の河原とひとつながりになっていたと推定されている。

　ところで、南翼廊南端部の基壇をたち割ったところ、翼廊南端および東への張り出し部分は州浜の上に築かれていることが判明した。これによれば翼廊基壇は当初からのものではなかったことになる。基壇が造られたのは伴出遺物によって十一世紀末から十二世紀初頭と推定されている。こうした事実を踏まえ、報告書は、北廊の存在が文献上確認されるのが康平四年（一〇六一）、南廊が元永元年（一一一八）であることを勘案しながら、以下のような仮説を提示している。[6]

　仮説一　鳳凰堂は供養時の天喜元年（一〇五三）段階では中堂のみで、翼廊工事は未着工であった。本尊供養会にあわせて、翼廊予定部分に応急的に州浜が作られた。翼廊は段階

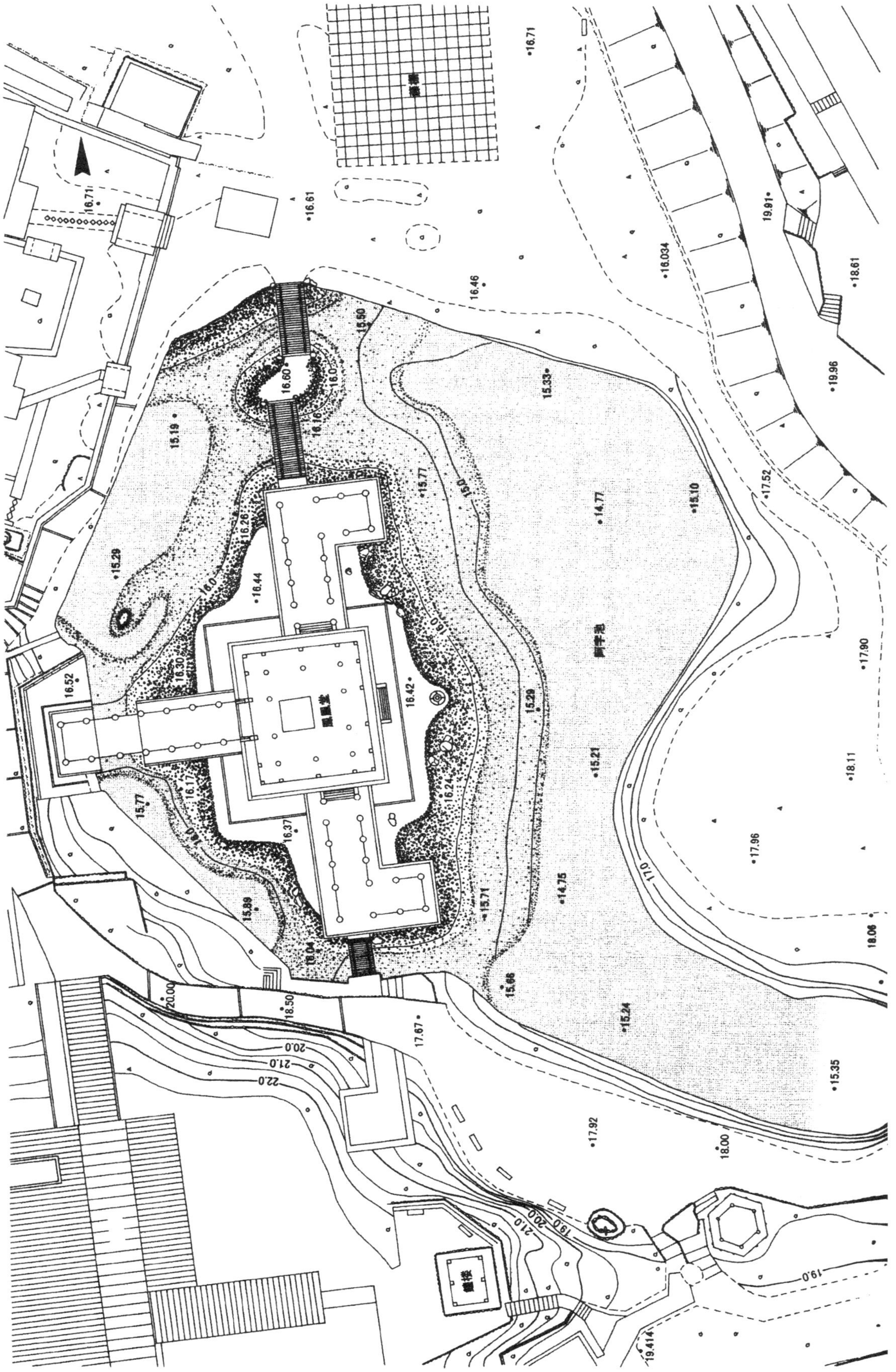

挿図4　平等院鳳凰堂復元配置図（整備後）

的に整備され、康平四年までに北翼廊が完成し、南翼廊は十一世紀末から十二世紀初頭に完成した。

仮説二　鳳凰堂は創建時より翼廊を備えていた。ただし翼廊は壇上積基壇ではなく、翼廊の東張り出し部を含めた端部は州浜の上に築かれ、特に東端部の柱は池中に立っていた。そして十一世紀末から十二世紀初頭に、壇上積基壇に改修された。

鳳凰堂供養時に翼廊はなかったとする仮説一は、首肯しにくい。本願の頼通は過差を極めた邸宅として知られた高陽院を再三にわたって新造し、また康平元年（一〇五八）に焼亡した法成寺の再建を間をおかずして果たすほどであったから、経済的な理由は全く考えられない。また八十三歳まで長生きした頼通に、未完成の状態で供養をせねばならないような切迫した状況も想像しにくい。報告書では、仮説二のような翼廊構造（具体的には水中に柱が立つような構造か）が、はたして存在し得たかに疑念を示している。しかし、保延二年（一一三六）の建立で、鳳凰堂を模したとされる鳥羽の勝光明院では、中堂と南北の両楼閣を結ぶ透廊の柱は池中に大石を据えてその上に立てられたし、両楼閣も当初は池中に建てる予定だったのが、汚損（実際には水による腐蝕か）をおそれて島の上に建てることにしたという。池中に立つ柱は、あり得なくはなかったのである。勝光明院が鳳凰堂に学んだのは、ひとつは形態そのものであったが、もうひとつは極楽の宝池に浮かぶ、水上の楼閣のイメージであったろう。池中に据えられた礎石上に立つ柱、そして透廊。これらは鳳凰堂からの引用であった可能性が高い。つまり、仮説二の成立する蓋然性が高いのである。勝光明院で懸念されたように、水上に立つ柱は腐蝕しやすい。鳳凰堂創建後、数十年もすれば、腐朽はかなり進んだであろう。基壇の築造はそうした事態に対処するための措置だったのではないだろうか。

四、内部空間と荘厳

前述したように鳳凰堂には庇がなく、裳層が身舎に直接取り付いている。そして正面および両側面の裳層は吹放しとするが、背面裳層は堂内に取り込む。そのため内部空間はほぼ正方形平面の、一間四面堂的な構成となる。しかし通常の一間四面堂では仏の端座する身舎（内陣）と礼拝者の位置する庇との間には明確な空間の差があり、両者は心理的に分離されるが、鳳凰堂の場合にはいわゆる内陣前面に位置する柱がないため、阿弥陀仏と、対座する礼拝者との間を心理的に遮るものがなく、極楽往生を祈願する礼拝者と阿弥陀仏との一体感が確保される。のちの一間四面堂も身舎前面の柱を省略するようになるが、空間構成的には、鳳凰堂はその先駆とみることができる。身舎の梁行七・九メートルに対し、天井高は八・三メートルもあり、ほぼ同規模の一間四面堂である白水阿弥陀堂の身舎天井高三・六メートルに比較して異常に高い空間であることがわかる。これは上天を伎楽菩薩の飛遊する、阿弥陀浄土の空間を演出するのに都合のよいものであった。また外観的には縦長の本体に裳層を付けることによって、プロポーション的には何らの違和感も生じないように処理されており、きわめて巧みな計画と評することができよう。

柱上には出組を組んで支輪受桁を受け、支輪を立ち上げて小組天井を支える。支輪は直線状に立ち上がり、空間の高さを強調するのに一役買っている。支輪受桁と壁付きの通肘木の間には小天井を張る。二本の梁は露出し、三個の蟇股を置いて天井桁を受ける。梁の断面は逆台形である。なお、背面裳層は化粧屋根裏である。

両側面の壁（二面）と来迎壁背面、正面三組と側面二組の扉には九品来迎図、来迎壁前面には阿弥陀浄土図、裳層背面扉には日想観図を描く。そしてその上部小壁には五十二体の雲中供養菩薩の彫像が懸けられる。現状の小壁は白い漆喰塗りだが、かつては壁画が描かれていたであろう。

内部は、壁および床を除く全部材に宝相華文を主とする繧繝彩色が施されている。特に身舎柱には、華麗な宝相華唐草文のなかに舞踊菩薩・奏楽菩薩・奏楽僧形童子・瑞鳥が描かれ、小壁上の雲中供養菩薩とともに、極楽浄土の雰囲気を醸し出すのに貢献している。

つぎに工芸的な荘厳手法について述べる。天井桁と支輪受桁および大虹梁の、それぞれ下面には計三十六個の木造漆箔蓮華座付きの銅鏡（径九・八センチ）を取り付ける。このうち、大虹梁下面の一枚の蓮華座裏に「康平三年」の墨書があり、これらの鏡が鳳凰堂完成時にはまだなく、その七年後に付けられたことが判明した。ほかに頭貫と通肘木側面には、これらよりやや小振りで、木製金箔押四弁花座を持つ銅鏡が、計三十個取り付けられている。頭貫や通肘木にこうした装飾を施すのは他に例がなく、鳳凰堂独自のものである。

上部をよぎる大虹梁の両端部下面と両側面には、宝相華唐草文を透彫にし、漆箔仕上げとした木製の八双形を打ち付けている。虹梁端部には緑青が塗られており、透彫の合間からは緑色がのぞいて、金色の八双形を引き立てている。他に例をみない装飾法である。宝相華唐草文の透彫もきわめて優美で、仏師定朝の作との推定もある。一方、大虹梁の側面には彩色文様の痕跡がない。あるいは端部に類似する、何らかの装飾が施されていたのかも知れない。なお内法長押の釘隠も金物ではなく、四花形を透彫にした乾漆製で、漆箔仕上げとしている。

鳳凰堂の堂内荘厳で最も特筆すべきは螺鈿の使用である。現在は抜き取られてしまって全く見る影もないが、須弥壇の框や束、木階には全面的に螺鈿が施され、正面の犬防（格子戸）にも組子の交点に螺鈿が嵌入されていた。天蓋には今も鮮やかな螺鈿が残されている。以上のように、鳳凰堂の堂内荘厳はきわめて豊かであり、かつ質の高いものである。こうした鳳凰堂の荘厳が、仏堂荘厳の歴史のなかでどのように位置づけられるかを次にみてみる。

九品来迎図および極楽浄土図　九品来迎図はすでに奈良時代に作られた「当麻曼荼羅」（観経変相図）の下縁部にも描かれているが、仏堂の内部に描かれたのは仁寿元年（八五一）建立の比叡山東塔常行堂の「四方壁」が最初であったらしい。しかしこの図様がその後どのように継承されたかは明らかでない。文献で確認される次の例は寛仁四年（一〇二〇）に藤原道長によって供養された無量寿院阿弥陀堂である。『栄花物語』によれば、乗雲の聖衆来迎図で、東面（正面）および南北妻戸の内側に描かれていた。年代的にみても、鳳凰堂の来迎図の直接的な先行例とみてよいだろう。九品来迎図はその後、勝光明院（保延二年＝一一三六）、金剛心院（久寿元年＝一一五四）、法金剛院東御堂（承安元年＝一一七一）などにも描かれているから、平安末期にはかなり普及したとみることができる。一方の極楽浄土図の先例は寛平五年（八九三）創建の比叡山西塔常行堂にみられるが、後続については不明であり、道長の無量寿院にも描かれた形跡がない。鳳凰堂が阿弥陀堂における実質的な初例とみてよいだろう。続いて確認されるのはずっと遅れて仁和寺無量寿院（保延五年＝一一三九）、前出の金剛心院などである。

雲中供養菩薩（飛天・楽天）　奈良時代の法華寺阿弥陀浄土院には身舎小壁に楽天二十八体と雲形九十烟を配していた。いずれも彩色木彫であったと推定される。しかし阿弥陀浄土院と鳳凰堂の間には大きな年代的隔たりがあり、直接的な影響関係を論ずることはためらわれる。一方、法成寺金堂の壁上部には「雲上天人の遊戯する様」が施されていたといい、これが鳳凰堂の直接的な先行例であろう。鳳凰堂に続く例は、鳳凰堂を模したとされる鳥羽の勝光明院阿弥陀堂（保延二年＝一一三六）、仁和寺蓮華心院（承安四年＝一一七四）などである。

鏡による荘厳　鏡を天井の荘厳に使うのは、東大寺法華堂の天蓋や観世音寺の天蓋光心にその先例があり、天平時代にはすでに堂内荘厳法のひとつとして定着していたらしい。正倉院文書「造金堂所解案」（法華寺阿弥陀浄土院）ではこれを「天井倒花」と記している。しかしこれらはいずれも天蓋の一部か、あるいは天井から吊り下げられたもので、鳳凰堂のように建築の一部として使われた前例はないし、使用された鏡の枚数にも大きな開きがある。時代は降るが鎌倉時代再建の蓮華王院本堂には同様のものがあり、これは長寛二年（一一六四）創建時の形式を踏襲した可能性が高いので、平安末期にはある程度の広がりをみせたものと思われる。『平安遺文』所収の「法勝寺新堂用途勘文案」によれば、応徳二年（一〇八五）建立の法勝寺常行堂はおびただしい数の鏡によって荘厳されていたことがわかる。(7) これらの鏡はほの暗い堂内に揺らめく灯明の明かりをぼんやりと反映し、幽玄な雰囲気を漂わせていたのだろう。

螺鈿による荘厳　文献上確認される螺鈿使用の初例は法成寺阿弥陀堂であった。『栄花物語』に「御前の方の犬防は皆金の漆のように塗りて、違目ごとに螺鈿の花の形を据えて、色々の玉を入れて」とあるように、螺鈿と玉の組み合わせも、鳳凰堂と同じである。これより十年後の長元三年（一〇三〇）、道長の女・上東門院彰子によって造営された同寺東北院の荘厳は『栄花物語』に「沈・紫檀を高欄にし、蒔絵・螺鈿、櫛の筥の様にせさせ給へり、柱絵なども世の常ならず、釘打つ所には瑠璃の釘のかたに伏せなど、よろず尽くしたり」とある。螺鈿のほかに蒔絵を使用し、また瑠璃の釘隠も、鳳凰堂の異色の釘隠に通ずるものがある。文献によれば、以後の仏堂では仁和寺無量寿院新堂（久安五年＝一一四九）と知足院能舜院小堂において、仏壇に螺鈿を使用していたことが知れる程度である。一般に普及するには高価に過ぎたのであろう。なお、蒔絵の使用例は他に確認できなかった。周知のように、この両手法を駆使して造られたのが中尊寺金色堂（天治元年＝一一二四）である。

五、各部の形式と技法

前述したように、鳳凰堂は近代に入って二度の大修理を受けている。明治三十五年から四十年にかけての修理は、翼廊・尾廊は全解体、中堂は組物から上の解体で、昭和二十五年から三十二年の修理は中堂を解体し、翼廊・尾廊は屋根替にとどまった。ここでは主として昭和修理時の知見に基づいて、各部の形式および技法について記す。

中堂

基礎・基壇・床　鳳凰堂は南西を包む丘陵地と、北流する宇治川にそって丘陵の北側に広がる低湿地の、その境目に立地している。そのため敷地は南の斜面を削り、軟弱地盤からなる北部には土盛りをして形成したらしく、南と北では地耐力に大きな差が生じてしまっていた。不同沈下の進行によって昭和解体時には、最も高い中堂の東南隅の礎石と最も低い西北隅の礎石とでは実に六・五寸もの高低差が測定されている。明治修理では、翼廊部分は解体にともなって地盤の補強が行われ、不陸が調整されたが、中堂は解体されなかったために、柱の下部に磐木を挿入して嵩上げを行うにとどまった。昭和修理では礎石下にコンクリート杭を打ち込み、鉄筋コンクリートの基礎を築いてそれに礎石を据えた。礎石は水成岩の自然石である。基壇は、修理前は寛文時のものと思われる花崗岩の乱石積であったが、阿弥陀仏を安置する須弥壇下より発見された旧基壇の凝灰岩製葛石、羽目石、地覆石、壇上の四半敷石を再用することによって、壇上積基壇に復原された。なお、修理前基壇の葛石上端には高欄地覆用と思われる枘穴があった。また明治修理前の写真にも南翼廊取り付き部の階段東側耳石上に昇高欄が写っており、これは現在最勝院に保存されている。当初基壇にはこうした枘穴はないが、葛石の中にはその上端に高欄地覆のものと思われる幅四・五寸の磨滅差と釘穴の認められるものがある。基壇周囲に高欄の廻らされていた可能性は十分にあるが、決定的な資料に欠けるため、復原は見送られた。

身舎、裳層とも床下は叩きで、身舎と背面裳層は転ばし根太の拭板敷とする。当初板厚は三〜三・三寸。東・南・北三面の裳層は、寛文修理によって框縁詰め張りに変更されていたが、当初の透かし張り木口縁の形式に復原された。

軸部・壁・開口　身舎柱の径は、ややばらつきはあるものの約二尺で、柱脚より柱天にゆくにしたがって次第に細くなる。その差は一・二〜一・六寸である。柱天には粽を取る。裳層柱は八・五寸の角柱で大きな面を取り、面内幅は五寸。十八本のうち十本が当初材である。前述したような軟弱地盤のため、工事開始後ほどなく不同沈下が始まったらしい。頭貫組み上げ後、各身舎柱の柱天を切り縮め、沈下した分を調整している。頭貫は梁行、桁行とも一本の通し材で、柱に落とし込むだけの単純な仕口である。隅部では相欠とする。貫は柱天に大釘で固定する。この釘は大斗の太枘を兼ねている。こうした形式の釘の先行例は法隆寺大講堂（正暦元年＝九九〇）にみられる。内法長押は丈七・八寸、断面は矩形で、後世のように長押引きはまだない。地覆長押は扉まわりと板壁部分に配されている。柱との仕口はなく単に上から落とし込んでいる。幅は二尺、丈は九寸から一尺である。身舎には正面三間を除く三面に飛貫が入れられていた。中古の仕事である。飛貫は化粧貫となって堂内の小壁部分（雲中供養仏が懸けられている）に突出し、近世期の彩画が施されていた。昭和修理では、耐力への影響を考慮して飛貫を撤去せず、内面を削り取って小壁と面揃とし、不調和を解消した。身舎四周の装置は幾たびかの改造を重ね、当初計画からは大きく改変されたことが明らかになった。当初計画では来迎壁以外には三方に壁のない、平安時代らしいきわめて開放的な仏堂を意図したらしい。しかし、前述したように工事当初から不同沈下など構造上の問題が露呈し、その強化が大きな課題となった。柱間装置の改変にはこうした事実が影響したものと推察される。ここでは柱間装置変遷の概要を記す（挿図5）。

1　当初計画　背面を除く三面の柱間をすべて扉による開口とする。来迎壁および開口部の上部小壁はいずれも土壁。

2　創建当初　両妻側の後半（西）一間を、内部を土壁、外部は腰長押を打って連子窓とする。他は当初計画どおり。

3　第一回改造　来迎柱間に交差する筋違を入れ、東面は竪板壁、西面は土壁に改造。両妻側の後半（西）一間にも筋違を入れる。来迎壁を除き、長押上部小壁をすべて横板壁に改める。扉口上部および来迎壁の両脇間上部小壁は、横板の上に網代を組み、土壁の上に漆喰を塗っていた。妻側小壁も同様であったと推定。

4　第二回改造　来迎壁西面も竪板壁に改造。両妻側の後半（西）一間も竪板壁に改造（上部小壁も同様）。筋違はすべて撤去する。

5　第三回改造　正面三間を除き、すべての柱間に飛貫を入れる。

以上の改修時期について、文献資料によっては特定できない。ただ、いずれにしても飛

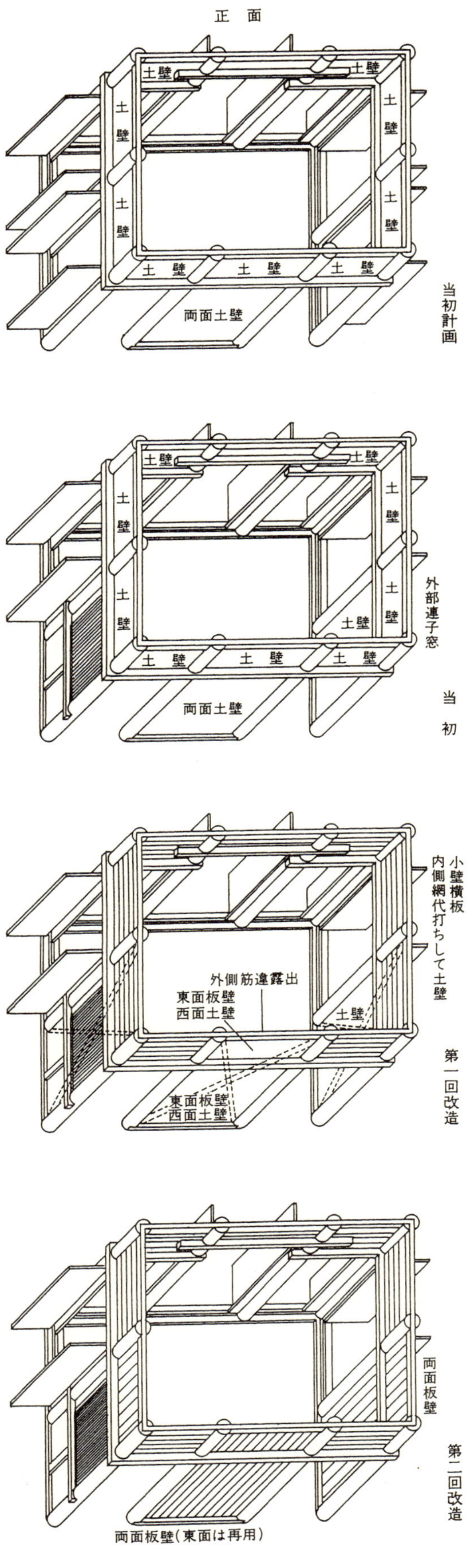

挿図5　平等院中堂柱間装置変遷図

貫を入れた時期は鎌倉時代の十三世紀頃であろうから、第一回、第二回の二度にわたる改造は創建から二百年以内に行われただろう。創建当初からの脆弱な構造、進行する不同沈下などを考慮すれば、第一回改造は創建後かなり早い時期に行われたと考えざるを得ない。しかも来迎図は板壁に描かれているから、その時期は第一回改造後ということになり、壁画の成立とも関わる大きな問題である。なお昭和修理では壁画の保存を鑑みて、柱間装置の復原は行わず、修理前の形式を踏襲している。

次に、内部に組み込まれた背面裳層の柱間装置について記す。創建当初は背面中央の扉口を除く四間とも連子窓で、その内側に板扉を設け、腰長押より下は土壁であった。のちに連子窓は廃され、腰長押下も含めて板壁に改造された。その時期は身舎の第一回改造時と同期と推定されている。昭和修理前には土壁に改造されていたが、竪板壁に変更された。

組物と軒　外部は支輪付三手先、内部は二手先で、中備は間斗束である。隅柱上部の組物を見ると、三手先目の秤肘木が長肘木となって隅尾垂木上までのび、その上に四つの斗を配して実肘木、そして丸桁を受ける。また、この長肘木は尾垂木上の斗のほかに、直角方向に通る二手先目の肘木（支輪桁を支える）の先端の斗によっても支えられる。つまりこの長肘木は上記の二点と、尾垂木上の斗の、計三点によって支えられる安定した形式を見せる。こうした隅組物の形式は次代には定型化してゆく。つまり鳳凰堂の組物は完成形の最も古いものということになる。一方、外部組物の出を見ると、一手目は一・五五尺、二手目一・四八尺、三手目一・七七尺で、それぞれ寸法が異なる。中世には一手目の出を基準にして、二手目の出はその二倍、三手目の出は三倍とする、整った設計法が確立するが、鳳凰堂ではまだそうした段階には至っていない。

肘木長は、隅柱上を除く桁行方向の枠肘木は四尺の完数値を取るが、その他の肘木は三・七六尺を基準としている。これは肘木の両端に乗る斗の真々を三・一尺にとり、これに斗尻長〇・六六寸を加えたものと解される。つまり最初に斗の出（この場合は一・五五尺）を決めることによって結果として肘木長が決まるという、新しい設計法であったと考えられる。鳳凰堂はこうした設計法の導入されたきわめて早い例と言える。なお、古代の三手先で、大斗上の肘木長を他よりも長くするのは薬師寺東塔と鳳凰堂のみで、他は基本的に同長としている。

丸桁はやや縦長の円形断面、軒は二軒繁垂木である。垂木の断面は地垂木が円、飛檐垂木が角である。地垂木の円形は丸桁から外のみで、内側では角材のままである。先端付近に強い反りを作る。飛檐垂木の丈は三・七寸で、地垂木の四・二寸と大きな差はない。地垂木と飛檐垂木の出の比は、地垂木を一とすると飛檐垂木は〇・五六で、これは野小屋を持つ構造の初例である法隆寺大講堂の〇・四九と比較してかなり大きい。中尊寺金色堂の〇・六一との、ちょうど中間の値を示す。地垂木の勾配は三寸四分、飛檐垂木の勾配は二寸二分、野垂木の勾配は三寸一分である。軒裏は漆喰塗りとする。

垂木は柱真をたばさむ形で、正面中央間十四尺に十六枝、両脇間十尺に十一枝、側面二間の各十三尺には十四枝を割付ける。したがって一枝寸法はそれぞれ八・七五寸、九・〇九寸、九・二九寸となる。

野垂木上の野地板は厚さ一寸強の長板を二枚重ね、垂木と平行方向に張る。こうした形式は醍醐寺五重塔（天暦六年＝九五二）にすでに見られ、瓦が葺き終わるまでの間、これによって降雨に対処する目的で考えだされたようである。茅負上では布裏甲の上部でその木口が外部に出て木口裏甲となる。木口裏甲の源初的形式である。この野地板の出は布裏甲上角より八寸ほどあり、軒先の保護に役立っている。

裳層の組物は平三斗、軒は角垂木による二軒繁垂木で、肘木下端および垂木下端には大きな面を取る。肘木には笹繰を施すものとそうでないものが混在する。目立たない場所あるいは人目に付きにくい場所では笹繰を省略したようである。野地板二枚の先端をあらわした木口裏甲の形式は身舎と同じだが、布裏甲はない。

天井・小屋組・野小屋　内部は二手先の斗栱先端で支えられた天井桁（支輪桁）が堂内の四周にめぐり、通肘木との間に小天井を張る。身舎柱筋に通る二本の大虹梁上には両端と中央に各三丁の板蟇股を置き、斗を乗せて天井桁を受ける。支輪桁と上部天井桁の間には反転する支輪が立ち上がる。天井桁の間には組入天井を組む。

小屋組の基本的な構造は以下のとおりである。まず天井上に丈九寸の土居盤を、梁行に四本、桁行に二本通して井桁に組む。その端部は支輪桁に束を立てて受ける。この土居盤で尾垂木尻を受ける。さらに土居盤上に短い束を立て桁をまわし、これによって尾垂木尻を押さえると同時に地垂木尻も受ける。その桁の真上、地垂木尻には丈八・四寸、幅一尺の大きな盤を乗せ、地垂木尻を押さえる。この盤は小屋上部構造上の要で、いわば桁行梁にあたる（梁行の両妻ではこれが妻叉首の叉首台となる）。この二本の桁行梁間に梁行梁を組み、その両端に母屋を通し、さらに二の小屋束を立てて二重目の梁を受ける。この梁にも両端に母屋を通し、棟束を立て、化粧棟木を受ける。初重梁上の棟通りに渡した敷桁と化粧棟木の間に方杖を入れ、また二重梁の中央部と初重梁・天井土居盤端部を結んで八の字形に二本の筋違を入れ、各梁側面に釘留めとし、小屋組の安定を図っている。両妻の叉首台は尾垂木尻に乗ってその押さえを兼ねる。叉首台上に叉首束・叉首竿を組み、三斗を組んで棟木および母屋を受ける。棟木・母屋と実肘木は一木から作り出す。いずれも通り材である。野垂木は勾配七寸五分の上部野垂木と、勾配三寸一分の下部野垂木からなる。上部野垂木は前述した化粧棟木と二本の母屋が受ける。下部野垂木の端部は天井土居盤上部に納まるが、このほかに内側端部近くの地垂木上に垂木受けの大きな土居桁を置き、また丸桁位置および丸桁と土居桁の中間にも野母屋桁を置いたようである。明治修理の際に地垂木はほとんどすべてが丸桁真で切断され、本来の構造的な役割を抹殺されていた。かわりに身舎柱筋に大きな土居盤を置き、これを支点にして桔木を三重に架し、軒荷重を支えることを企図した。しかし結果的にはこれらの桔木が逆にデッドロードとなり、斗栱や軒先の垂下を生んでしまっていた。昭和修理では桔木を廃し上述したようにできる限り当初の構造形式に復原している。

野小屋の初例は法隆寺大講堂である。ここでは庇部分の地垂木が化粧垂木となり、身舎には天井を張るためそれがない。そして庇には地垂木上に土居桁と母屋桁を組んで野垂木を渡し、身舎部分では和小屋を組んで野垂木を受ける。庇の野垂木の勾配は地垂木よりもかなりきつい。これに対し、鳳凰堂の場合には庇がなく、地垂木は天井土居盤の位置まで延びる。そしてこれとほとんど同じ勾配で下側の野垂木が同じ土居盤位置まで延び、そこから勾配のきつい上側野垂木が立ち上がる。

屋根　屋根瓦は明治修理の際に大部分が取り替えられ、創建当初の瓦は全く残されていない。また、近年までの周囲の発掘によっては発見されなかった。こうした事実も勘案し、当初は瓦葺ではなく、木瓦葺ではなかったかとする説が鈴木嘉吉によって提唱された。(8)以下にそれを引用する。

鳳凰堂でこのような構造上の不安定さをあえてしているのは、屋根が元来本瓦葺ではなく、荷重の軽い木製の木瓦葺きであったためではないかと思われる。その根拠は、銅製鳳凰と屋根面との取り付き方が、現在のような本瓦葺では適合し難い点にある。鳳凰の脚元は直径一・〇四尺ほどの亀甲形の台座に枘挿し蠟付けとなっているが、この台座の下縁には四方に刳りが施され、四方から棟の衾瓦が集まる頂点に据えてしかるべき形となっている。また台座下には直径一寸、長さ約四尺の鉄製支軸がとりつき、その上半分を鋳銅でつつみ、下方には一・四五尺間隔で長方形の枘穴が上下二個ある。この枘穴は棟木に支軸を挿し込んだ際、上下に込栓を打って固定したもので、上半の銅包み部分は小屋内で露出する個所を保護するためと思われる。棟木にはこれに対応する穴が実肘木の外側に明けられていて、現在も支軸はこの穴に挿し込んでいる。ところが問題は、現状では支軸は棟木上面から約四寸しか挿入されていないことで、前期の込栓穴に合うように納めてみると、大棟の衾瓦は約一尺低めねばならないこととなるのである。大棟の両端にあたる妻飾の破風板などはもとのものが残っているので、このように大棟を下げると棟の先端では鬼瓦をとりつける余裕はほとんどなくなってしまう。また台座下縁の形からすると、降棟は現在のように鳳凰から約八寸内側につくのではなく、鳳凰の位置から葺き下ろされ、しかも降棟の衾瓦が大棟熨斗瓦積みの側面にとりつく通常の納まりと違って、大棟と降棟の頂点が一致した形式であったと考えざるを得ない。このような降棟と大棟の交点の納まりや、大棟先端の瓦の納まりは本瓦葺の屋根としてはきわめて異例であり、またその類型も見出すことができない。きわめて大胆な推論ではあるが、鳳凰堂はもともと本瓦葺ではなく、木瓦葺の可能性が強いのである。

杉本宏は、一九九〇年から九八年にかけて行われた境内発掘の成果をもとに、以下のような主旨の見解を発表している。(9)

鳳凰堂周辺で出土した平安期の瓦を分析すると、創建時の瓦は奈良・興福寺の永承再建時と同じ型の大和産であり、十二世紀ごろの改修瓦は河内産である。そして、発掘された数百点のうち、大和産は一割弱であるのに対し、河内産は八割強を占める。このことは創建時に檜皮葺か木瓦葺であった鳳凰堂が、十二世紀に河内産の瓦を用いて瓦葺に改修されたことを物語る。

創建時の鳳凰堂が瓦葺でなかったことが、考古学の分野から裏付けられたのである。木瓦葺は中尊寺金色堂の例があり、また鳥羽上皇が鳳凰堂を参考にして建立した勝光明院も木瓦葺であった。当初から孕んでいた構造的な問題を考え合わせれば、鳳凰堂が木瓦葺であったことはほぼ確実とみてよいだろう。

出土瓦の状況から、瓦葺への改修は康和三年（一一〇一）の藤原忠実による修理に比定されている。

入母屋造の妻の位置は母屋柱筋より六・一八尺も後退している。そのため棟は短く、妻飾は小さい。中堂に軽快な印象を与える要素のひとつである。破風の転びについては決定的な根拠は見いだせなかったが、昭和修理では若干の転びを付している。

工事開始直後に始まった不同沈下、それにともなう柱長の修正などによって、隅柱の延びがどの程度であったかは、正確には把握できていない。昭和修理では約五分と推定している。そして、平側の大斗と隅の大斗の敷面高の差五分がそのまま斗栱の組み上げ高の差となっていることが明らかになった。したがって隅柱上部の増しは計一寸ということになる。丸桁の反りは二寸五分、木負の反りは三寸七分である。

仕上・彩色　堂の外部に面した木部は、当初は不明だが、出土瓦に付着した顔料の分析によって十二世紀代の修理以降はいずれもベンガラ塗りであることが明らかにされた。(10)肘木や斗の木口は黄土塗り、連子子は緑青塗りである。壁は白漆喰塗りで、軒支輪裏板には極彩色の宝相華を描いていた。昭和修理では背面を除く三面にこの宝相華文様を復原した。扉は、中世以降はベンガラ塗りだが、当初は黒漆塗りであったことが判明している。(11)垂木・尾垂木・隅木・丸桁・裳層繋虹梁などの木口金物は青銅製で、宝相華唐草文を透彫にし、漆箔仕上げとする。

翼廊

翼廊は明治末年に解体修理を受け、昭和の修理は屋根葺替のみである。なお基壇は、平成の発掘調査の知見に基づいて地覆石のない凝灰岩製の壇上積に改められた。前述したように創建時は、柱は州浜上に直接立つ形式だったが、屋根が木瓦葺から瓦葺に改められた時期に壇上積に変えられたものと推測されている。

中堂と同様に軟弱地盤による不同沈下のため、明治修理前には北廊と南廊とでは最大一・二三尺もの高低差が生じていた。

梁行柱間は中堂妻側の柱間に合わせて十三尺とする。桁行柱間は、南北方向の廊は八尺、東に張り出す廊は九尺、屈曲部は十三尺とする。礎石は円形造り出し付きで、円柱は径一・一五尺である。翼廊部には確実に当初材と断定できる柱材がないため、柱間装置の変遷は明らかにできない。現状は、頭貫・飛貫・腰貫を通すが、いずれも後補で、年代的にみても、当初はこれらを持たなかったと推測される。したがって柱どうしを繋ぐ材は頭貫のみであり、きわめて脆弱な構造であった。中堂と異なって柱上部に粽はない。柱上には秤肘木のない二手先を組み、その先端で上層の縁葛を受ける。一手目の肘木は虹梁の先端を加工したものである。二手目の肘木は内部に延びて梁行方向の天井梁を受ける。虹梁中央部には蟇股を置き、斗で棟通りの天井梁を支える。組入天井で、天井板は上層の床板を兼ねる。中備は間斗束、小壁は白漆喰塗りとする。

上層の梁行柱間は下層より一尺縮めて十二尺である。桁行は下層と同じく八尺と九尺だが、隅の間に隣接する柱間はそれぞれ五寸ずつ広くして八・五尺、九・五尺とする。

柱は径が一尺、床板上に置かれた土居盤上に立つが、その高さは土居盤も含めわずか三尺である。長押は用いない。組物は平三斗で、中備は蟇股、内部架構は二重虹梁蟇股である。化粧屋根裏で、角垂木の二軒繁垂木の茅負上には中堂同様、二枚重ねの木口裏甲を置く。縁は内部床と同高の簀子縁とし、組高欄を廻らす。

廊の屈曲部に乗る楼閣は方三間で、中央間三・七尺、両脇間三・三尺。柱は径八・七寸の丸柱で、廊上層の屋根裏に架けられた登り梁上に置かれた土居盤上に立つ。各面の中央間は内開きの板扉、両脇間は連子窓である。内法長押と縁長押をまわし、両脇間には腰長押がつく。組物は軒支輪付きの出組で、この形式は古代建築では唯一の例である。縁は挿肘木による、秤肘木のない二手先の腰組によって縁葛を受けているが、これも古代建築には例がない。軒および軒先の形式は廊と同じで、内部には床も天井もない。

なお、東に突出する廊の下層部の妻側は、内部は虹梁蟇股、外部は他の柱間と同じく中備に間斗束を用いている。いわゆる片蓋造の最古の例である。

尾廊

翼廊と同じく、尾廊も明治期に解体修理を受け、昭和修理は屋根替のみである。

現状は本瓦葺切妻造、桁行七間梁行一間の板敷建築である。梁行柱間は中堂平側中央間と同じ十四尺、桁行七間は中堂に接する一間を十尺とするほかは九尺である。中堂裳層柱より一・三尺離れて立つ、尾廊前端部の柱は角柱だが、他は径一・一八尺の丸柱である。角柱は中堂基壇上に立ち、また背面から二間目の柱は池上に位置するため、池中に据えた束石の上に立つ。他の柱は円形造り出し付きの礎石上に据えられる。桁行には内法長押と飛貫を通し、柱上には平三斗に二重虹梁蟇股の架構を組み、化粧屋根裏とする。二軒繁垂木で、飛檐垂木・地垂木ともに断面は角、木口裏甲を二枚重ねるのは中堂・翼廊に共通する。両平側柱間は、後端より二間は花頭窓、次の二間は格子窓、次の二間は花頭窓とする。花頭窓は室町時代末期頃のものと推定されている。現在板敷となっている床は、明治修理前は土間であった。池をまたぐ部分には橋を架けていたようである。柱間も、当初は吹放しの透廊形式であった可能性が高いが、尾廊の柱には古いものが全く残されておらず、推測の域を出ない。後端妻側の扉構え等はすべて明治修理時の仕事で、それ以前は吹放しであった。

翼廊の屋根は、中堂とは完全に分離しているが、尾廊の屋根は中堂裳層に密着している。当初は分離していたようであるが、現状のように改められたのはかなり早い時期であったと推定されている。なお中堂との取り付き部では、大斗上に虹梁を組むと中堂背面扉が虹梁にぶつかってしまうため、大斗直上の斗で虹梁尻を受けることによって、扉高を確保している。

〔註〕

1 本堂建築群については清水擴「平等院伽藍の構成と性格」(『平安時代仏教建築史の研究』中央公論美術出版、一九九二年)に詳しい。

2 『平等院旧境内多宝塔推定地第二次発掘調査概報』宇治市教育委員会、一九九五年では、境内の東南方で発見された一辺五・五メートル程度の正方形平面の基壇建物跡をこの多宝塔にあてているが、規模からみてこの多宝塔ではあり得ない。

3 「平等院の経蔵と納和歌集記」(『史迹と美術』二一七・二一八号)一九五一年『日本建築史研究 続篇』改訂所収、墨水書房、一九七一年。

4 宇治市教育委員会『平等院庭園発掘調査概要報告』宗教法人平等院、一九九三年。

5 『扶桑略記』治暦三年十月五日の条は後冷泉天皇の平等院行幸を伝えるが、これによれば天皇の阿弥陀堂礼拝のために、池上に「錦繡仮屋」を造っている。小御所がすでに存在すれば、こうした施設は不要であったろう。

6 『平等院庭園（平成九年度発掘調査成果の概要）』平等院・宇治市教育委員会、一九九八年。

7 清水擴「法勝寺新堂用途勘文案からみた平安時代後期の仏堂造営」（『建築史学』第三十三号、一九九九年）。

8 『平等院大観』岩波書店、一九八八年。

9 「宇治平等院の完成時期は」（『産経新聞』一九九八年二月二十三日夕刊　文化欄）および『平等院庭園保存整備報告書』（宗教法人平等院、二〇〇三年三月）。

10 北野信彦・朽津信明・辻賢三「平等院鳳凰堂の外観塗装材料に関する文化財保存学的調査」（『平等院庭園保存整備報告書』所収、宗教法人平等院、二〇〇三年三月）。

11 註10と同。

〔参考文献〕

『国宝平等院鳳凰堂修理工事報告書』京都府教育庁文化財保護課、一九五七年
『平等院大観』岩波書店、一九八八年
福山敏男・森暢編『平等院図鑑』桑名文星堂、一九四四年（一九四七年　高桐書店より再刊）
福山敏男『平等院と中尊寺』（『日本の美術』九）平凡社、一九六四年
林屋辰三郎編『宇治市史年表』宇治市、一九八一年

二　醍《だい》醐《ご》寺《じ》薬《やく》師《し》堂《どう》　一棟　国宝

明治三十四年三月二十七日指定　昭和三十四年六月二十七日国宝指定、
明治三十九〜四十年解体修理、昭和十年屋根修理、昭和三十八年屋根修理、昭和五十四年屋根部分修理

京都府伏見区醍醐醍醐山　醍醐寺

一、創立、沿革

醍醐寺は京都の東側、山科盆地の東を画する笠取山の山頂に、僧聖宝によって九世紀後半に開かれた真言宗の寺院である。続いて、十世紀前期に、その西側山麓に宿院が開かれ、続いて本堂（釈迦堂）、五重塔などを持つ本格的な伽藍が形成された。現在は笠取山の山中の寺院を上醍醐、その麓の寺院を下醍醐と呼んでいる。

現在上醍醐においては、薬師堂、清滝宮拝殿が国宝、開山堂、如意輪堂が重要文化財に指定されており、また准胝堂、五大堂も昭和に再建されたものが存在する。下醍醐では、五重塔、金堂が国宝、清滝宮本殿が重要文化財に指定されている。また、中心的な院家であった三宝院の殿舎群も国宝、重要文化財に指定されている。(1)

山上の上醍醐において最も早く建立されたのは准胝堂と如意輪堂であった。『醍醐寺縁起』によれば、貞観十六年（八七四）から両像の造立と諸堂諸尊に用いる木材の御衣木加持を行い、造像に取り掛かり、二年後に完成した。従って、この時までに准胝堂と如意輪堂が創建されたものと推定される。その後、延喜七年（九〇七）から醍醐天皇の御願で新たな仏像が造立され、延喜十三年までにそれを祀る五大堂と薬師堂が建設された。(2)『醍醐雑事記』巻一によれば、平安時代末の上醍醐には以下の諸建築があった。

准胝堂　正堂一宇（三間四面）、廊一宇（五間）、礼堂一宇（三間四面）、東西廊（各三間）、鐘楼一宇、（已上檜皮葺）

薬師堂一宇（三間四面、檜皮葺）

如意輪堂一宇（三間四面、檜皮葺）

五大堂一宇（三間四面、檜皮葺）

御影堂（三間四面、檜皮葺）

経蔵（三間一面、檜皮葺）

政所房（五間三面、板葺）

客房（六間一面、板葺）

湯屋（三間、板葺）

仏を安置する四つの堂は聖宝の時代に完成もしくは企画されたものであるが、御影堂は聖宝卒（延喜九年＝九〇九）後に、醍醐寺を引継いだ観賢が聖宝を祀るために建立したものである。経蔵以下の建築は建設年代がはっきりしないが、いずれも寺院に必須の機能をもつものであるから、創建から遠からぬうちに整備されたと思われる。なお、規模においては、当初からそうであったとの確証はない。

奈良時代から平安時代前期においては、寺院の仏堂は奈良の七大寺級を除くと、五間四面、三間四面という規模が多く、上醍醐もその一例を示すと思われる。(3)なお、准胝堂だけが正堂と同規模の礼堂を持ち、さらに三棟の廊、鐘楼を付設する。礼堂は各種の法会の会場となったはずであるから、准胝堂が上醍醐の中心堂（すなわち前代の金堂）として機能していたであろう。

薬師堂は上醍醐に所在し、清滝宮の東側約百メートル、南側に延びた尾根の先端を削った地に建っていて、南側崖の直下は経蔵跡である。当堂は上醍醐で最も古い遺構である。前述のように、聖宝が延喜七年に醍醐天皇の御願で仏像を作ったと伝える。山上での御願堂は薬師堂と五大堂であり、新堂が宇を並べたという。以上のことを記す太政官符（『醍醐寺要書』所収）は延喜十三年の発給であるから、薬師堂はそれ以前に建設されていたことになる。その後の経緯は不明だが、十二世紀には薬師堂は朽損し、礎石だけが残っていたという。その惨状をみて前大僧正定海が再建を企てた。『醍醐雑事記』巻七によれば、保安二年（一一二一）二月八日に手斧始があり、四月二十七日に上棟した。同四年に創建以来の薬師像が新堂に戻され、五年四月二日に供養された。薬師堂がどの程度の期間、朽損して無実となっていたのか不明だが、その間本尊薬師三尊は准胝堂に移されていたとい

う。

その後の経緯は明らかでないが、永享六年（一四三四）の清滝宮拝殿の改築に際し、寄進料足が残ったならば、薬師堂と経蔵の修理に回すことが検討されているから、この頃にはかなり傷んでいたらしい(4)。

近世初頭の醍醐寺を記述した『醍醐寺新要録』の巻一「薬師堂篇」に、義演は注書きで、山上にのこっている古い建築は、薬師堂と准胝堂の内陣だけ、と言っている(5)。

近代に入ると、明治三十年に実施された京都府技師松室重光による京都府内建造物の悉皆的な調査で二等にランクされており、古社寺保存法による特別保護建造物の有力な指定候補とみなされていた(6)。

この調査結果をもとに、明治三十四年三月に上醍醐の清滝宮拝殿とともに特別保護建造物に指定された。解体修理は明治三十九年から四十年にかけて実施された。

修理前の写真(7)を見ると、全体に傷みが激しい。軒先に支柱を立て、その上に桁を回して軒を支え、また壁は板で覆われていた。背面では垂木が完全に取り替えられて疎垂木という状態であった。建立年代が最も古いにもかかわらず寺内の他の建築に比べて指定が遅い(8)のは、そのためであったのかもしれない。

二、建築解説

規模は桁行五間、梁間四間（間面記法で三間四面）で、基壇は乱石積であって、上面に切石を並べる。石階は正面中央間だけに設けられていて、乱石積、六級である。

柱間は桁行中央が十尺、第二間と隅間が九尺で、梁間では中央の二間が八尺、隅間が九尺五寸である。隅間では、梁間の寸法が梁間のそれより五寸ほど大きく、振隅になっている。屋根は入母屋造、檜皮葺で、妻飾は豕叉首組とする。

柱は円柱で作出しのある礎石の上に立ち、地覆と頭貫をめぐらす。地長押と内法長押は扉・窓のある正面全てと両側面第一間、背面中央一間だけに付けて、腰長押は正面両隅の連子窓下に用いる。扉口は幣軸を廻した板扉で定規縁、八窓金具を使う。組物は平三斗で、大斗、肘木、巻斗それぞれに丈が高いのは平安時代の特徴である。軒は二軒、平行垂木とする。勾配がきわめてゆるいが、これも平安後期の特色。側面の垂木割りを正面より少し疎くして隅間では隅木配付位置を揃えている(9)。

堂内は土間で漆喰の叩きである。桁行三間、梁間二間の身舎は、背面と両側面後側一間を漆喰壁で閉鎖し、いっぱいに和様の仏壇を作りつける（なお、本尊薬師三尊は、下醍醐の霊宝館に移されている）。仏壇は正面だけ木製（明治新補）で本体は土壇で造り上面を漆喰仕上げとしている。正面三間、両側面前寄り一間は腰に胴貫を通し、上に嵌殺しの菱格子欄間、下に引違いの格子戸を用いる。側面の胴貫下は漆喰壁である。内部柱上は、三斗を二段に重ね、中備は下段を間斗束、上段を蟇股とする。この蟇股は当堂の唯一といってもよい装飾要素であって、肩が張った、足許の細い特徴的な形をもち、平安後期を代表するものの一つである。左右の二材を中央で合せていて、足許の総幅が三・五尺、肩の上端までの高さは一・二三尺である（挿図1）。天井は太い天井桁を渡して六分割し、格子をはめる組入天井とする。庇は化粧屋根裏とし、繋虹梁を渡す。繋虹梁が水平部分の多いおとなしい形であるのも当代の特色であるが、現在はすべて明治修理時の新材に替わっている。

野屋根の内部は、身舎上に大きな野梁を渡して和小屋を作り、軒は桔木をいれて支える。これらはすべて明治修理時の補入材で旧状は明らかでない(10)。

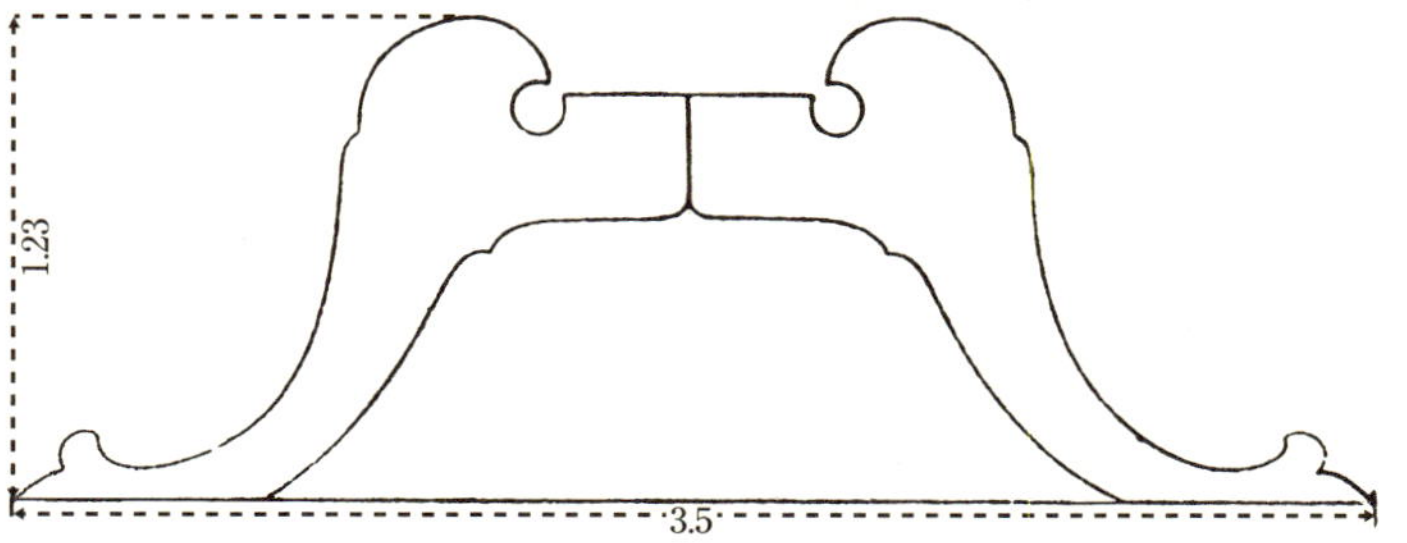

挿図1　醍醐寺薬師堂　蟇股

薬師堂は三間四面という古代的な平面を持つが、上醍醐の創立期にともに建立された准胝堂（礼堂あり）、如意輪堂、五大堂はいずれも三間四面であった。隅間が中央間より大きいのは平安時代初期の仏堂にみられる特徴で(11)、恐らく再建時に旧礎石をそのまま用いたのであろう。

平安後期の建築としていささか問題のあるのは、身舎を透格子で囲んで内陣化していることである。しかも格子をはめるために、柱を貫通する胴貫を使っているのである。この技法は平安後期では在りえず、鎌倉前期以降のものと判断出来よう。柱に透格子の古い取り付け痕跡はなく、その年代の特定も難しい。

当建築を復元的に検討する時、その困難さは、実は明治三十九～四十年の解体修理の手法にある。現在の建築をみる限り、軒廻りや造作のほとんどすべてが明治修理の時の取り替え材であって、当初材は垂木に数本確認される程度だからである(12)。屋根構造も当初とは形態が異なっていたと考えられる。しかしながら、全体としては平安期の雰囲気を伝える、数少ない建築の一つとして評価することができよう。

〔註〕

1　醍醐寺の寺史については、以下を参照。中島俊司『醍醐寺略史』（醍醐寺寺務所、一九三〇年）、大隈和雄『理源大師聖宝』（醍醐寺寺務所、一九七六年）、同「醍醐寺の歴史」『醍醐寺大観』第一巻（岩波書店、二〇〇二年）。また醍醐寺の建築全体について、以下の解説がある。藤井恵介「醍醐寺―山上・山下の伽藍と歴史」『醍醐寺』（日本名建築写真選集第九巻、新潮社、一九九二年）、鈴木嘉吉「醍醐寺の建築」『醍醐寺大観』第一巻（岩波書店、二〇〇二年）。

2 『醍醐寺要書』所収の延喜十三年太政官符による。

3 鈴木嘉吉によれば、『醍醐雑事記』の記事は平安末の状態を記すもので、各堂はそれまでに大修理、再建を経ているから、創建当初の状況をしめす保証はない、とする。しかし、後述するように薬師堂では創建時の平面を踏襲して再建したと考えられる。創建当初の規模、形式が守られた例も少なくなかったと思われる。鈴木嘉吉「醍醐寺の建築」（前掲）。

4 『醍醐寺新要録』巻第二、山上清滝宮篇、拝殿類、「万一御方御寄進之足相残、以之、薬師堂・経蔵既為及転倒、可修理彼云々」

5 『醍醐寺新要録』巻第一、薬師堂篇、

「寅云、前大僧正定―御再興ノ堂、于今不改、現在奇特々々、此外於当山、往昔ノ伽藍無之欤、如意輪堂・五大堂・御影堂・清滝拝殿ニ至テ、炎上以後、中興新造ノ伽藍也、但准胝堂内陣許尊師御建立ノ由、伝説ス、於外陣者、宝池院前大僧正定済新修造了、誠以外新敷見了」

6 山崎幹泰「松室重光『京都古社寺建築調査報告』について」『日本建築学会計画系論文集』五六四号、二〇〇三年。これによると、京都府内の古建築九十三件がリストアップされていて、三等級に分類されている（一等二十五件、二等三十三件、三等三十五件）。醍醐寺では、一等に五重塔、三宝院宸殿、唐門が、二等に薬師堂、経蔵、五大堂が、三等に如意輪堂が挙げられている。

7 京都府教育委員会編『重要文化財醍醐寺開山堂・如意輪堂修理工事報告書（災害復旧）』一九九九年十二月。

8 明治三十年に公布された古社寺保存法による指定は、以下の通りである。
第一回（明治三十年十二月）三宝院殿堂、五重塔、
第二回（同三十一年十二月）経蔵（上醍醐、昭和十四年八月二十九日焼失、指定解除）、
三宝院唐門
第三回（同三十二年四月）五大堂（上醍醐、昭和七年四月三日焼失、指定解除）
第五回（同三十四年三月）清滝堂（現上醍醐清滝宮）拝殿、薬師堂
第十六回（同四十一年八月）金堂

9 側面中の間八尺十支（一支〇・八尺）、隅の間九・五尺十二支（一支〇・七九二尺）、正面第二間と隅の間九尺十二支（一支〇・七五尺）。

10 鈴木嘉吉の指摘によると、身舎桁上端に小屋束の枘穴があって、また平安期の石山寺本堂、月輪寺本堂に類似の小屋組が推定できるという。なお現在は屋根裏内部に上がることはできない（滋賀県教育委員会事務局社会教育課『国宝石山寺本堂修理工事報告書』一九六一年、重要文化財月輪寺薬師堂修理工事委員会『重要文化財月輪寺薬師堂修理工事報告書』一九五七年）。

11 例えば、室生寺金堂（平安時代初期）では、桁行は八尺等間、梁間は身舎が六尺、庇が八尺である。

12 天沼俊一は、薬師堂の修理について、殆ど新材に入れ替えてしまったことを批評して、「若し、これ等殆ど全部が推定復原であつたのならば、当時の修理監督技師は非常な明晰な頭脳の所有者であつたことが、修理のあとをみて頷かれるのである。」と言っている。同「上醍醐の国宝建築」『東洋美術特集　醍醐寺の研究』（飛鳥園、一九三〇年）。

〔主要参考文献〕

藤井恵介「（醍醐寺）薬師堂」『醍醐寺大観』第一巻、岩波書店、二〇〇二年

三　法《ほう》界《かい》寺《じ》阿《あ》弥《み》陀《だ》堂《どう》　一棟　国宝

明治三十年十二月二十八日指定　昭和二十六年六月九日　国宝指定
明治三十二年解体修理　昭和二十六年屋根葺替　昭和六十二年部分修理、屋根葺替

京都市伏見区日野西大道町　法界寺

法界寺は山科盆地の南端にあり、京都・滋賀の境をなす笠取山地の西麓に位置する真言宗醍醐派の寺院である。国宝阿弥陀堂の他に、もと奈良龍田の伝燈寺本堂（康正二年＝一四五六建立）で明治三十七年に移築された重要文化財本堂、十七世紀の建立と推定される薬医門形式の山門、弘化四年建立（棟札現存）の鐘楼等の建物がある。仏像には、中御門（藤原）宗俊遺願で承徳二年（一〇九八）に造立された阿弥陀堂本尊の国宝阿弥陀如来像、永承六年（一〇五一）頃造立の本堂の重要文化財薬師如来像、建保四年（一二一六）再興の重要文化財十二神将像などが残されている。

一、沿革

法界寺のある日野の地は、古代から天皇家などの遊猟地であった。藤原北家の日野家の家領もここにあったらしく、九世紀に右大臣藤原内麻呂の孫、家宗がこの地に住んだことに因んで日野家を称するようになった。

雍州府志には、弘仁十二年（八二一）に家宗が延暦寺戒壇建立の宣旨を持参したことを喜んで、最澄が七寸の金銅薬師像等を家宗に与え、日野の地に法界寺を建て、更に日野資業が薬師堂を再興し、永承六年（一〇五一）日野山荘に隠棲したと記す。一方、叡岳要記には、右大臣藤原内麻呂が円仁から最澄自刻の像を伝えられ、数代相続した後、資業が大仏像を造ってこの像を納め、法界寺を建てたと記す。現存する薬師像は永承六年頃の造立と考えられており、明治二十一年の日野法界寺御本尊薬師如来開扉之記には胎内薬師仏の存在が記録されており、叡岳要記の記事はほぼ信頼できよう。古くから持仏堂のようなものがあったのかも知れないが、寺としての体裁を整えるのは資業の時の永承六年であろう。

資業の子実綱は永保年間（一〇八一—八四）に観音堂を建て、実綱の娘（藤原宗忠の母）追善の仏事などがしばしばここで行われた（中右記、以下も主にこれに拠る）。観音堂には北僧房があり、貴族の参詣・参籠にも使われた。なお中右記には宿所という言葉も出てくるので、仏堂の他に、もともとの山荘の建物や新たに造られた参籠の施設があったと思われる。

実綱の弟実政は応徳元年（一〇八四）頃、五大堂を建立し、実政の官職名を冠して大弐堂と呼ばれた。さらに永長二年（一〇九七）以前に阿弥陀堂（Ⅰとする）が建立されている。阿弥陀堂（Ⅰ）には定朝作の阿弥陀仏が安置され、後には日野資業の追善の法華八講が行われていた（兵範記）。薬師堂・観音堂・阿弥陀堂・五大堂を備えた伽藍は、規模こそ違え、藤原道長の法成寺や後の六勝寺と共通する包括的な顕密仏教への信仰を実践するための日野氏の氏寺であったと言うことができよう。

永長元年（一〇九六）藤原知綱の子知信が乳飲姉弟の郁芳門院の死を期に出家して日野の南辺に阿弥陀堂（Ⅱ）を建てている。

母が日野家の出である藤原（中御門）宗忠はその縁で、法界寺に弥勒堂・多宝塔・阿弥陀堂を次々と建立した。弥勒堂は、永久五年（一一一七）に、宗忠の娘の供養のためその墓の上に一条小堂を移して建てたものである。保安元年（一一二〇）には母の菩提を弔うために釈迦・多宝二仏を安置した小塔を建てた。この塔は弥勒堂に向かい合い、宗忠父の宗俊追善もこの塔を用いている。

元永元年（一一一八）に、一条殿から二軀の阿弥陀仏が移された。宗俊の死後に日野仏を模して造った丈六阿弥陀と、宗忠の祖父俊家発願で宗俊が造立した丈六阿弥陀の二軀である。前者は弥勒堂に安置された。後者は保安元年（一一二〇）に関白忠実が発願して仏師院覚によって造られた丈六阿弥陀と共に阿弥陀堂（Ⅰ）に安置された。元永二年には宗忠が一条殿の堂（寛治五年父宗俊が大宮殿の寝殿を移築）を日野に移築し、新阿弥陀堂（Ⅲ）と称した。この建物は三間四面二階堂と表記されている。移築に際し、庇は旧堂の材を用い、母屋三間を新造した。改修の手を加えたためか、造営には時間がかかり、供養は大治五年（一一三〇）に行われた。大治二年には阿弥陀堂（Ⅰ）に置かれていた二仏が新阿弥陀堂（Ⅲ）に移され、同五年には仏師康助によって造られた周丈六阿弥陀が安置された。新阿弥陀堂（Ⅲ）は新堂・二階堂とも呼ばれた。

この頃、法界寺には住僧が十二ないし十三人おり、承仕六人、下部十五人がいた。住僧は新阿弥陀堂の供僧に補せられていた。

また宗忠は保延三年（一一三七）に亡妻のために半丈六阿弥陀を安置した三間四面堂（阿弥陀堂Ⅳ）を建てている。ここにいたって法界寺には四棟の阿弥陀堂が立ち並ぶことになる。

この間、元永二年（一一一九）には観音堂が火災で焼亡した。十二世紀後期には日野資長が山荘を造り、光堂を建てた（転法輪鈔）。

これらの堂宇は承久三年（一二二一）におそらく承久の乱の影響によって焼失し、薬師堂と一堂を残すのみとなった。阿弥陀仏一軀は焼け残ったようで、それは弥勒堂に安置されていた、宗俊の死後に日野仏を模して造った丈六阿弥陀と推定されている。[1]

その後、安居院流の唱導の大家で、藤原信西の孫聖覚は、日野に丈六堂を建てたことが春華秋月抄に記されている。嘉禄二年（一二二六）には本堂が造営中であったので（民経記）、おそらくこれが丈六堂で、現在の阿弥陀堂に該当すると考えられる。[2]

建保三年（一二一五）には薬師堂が焼けて翌年再建され（仁和寺御日次記）、正安三年（一三〇一）には薬師堂・観音堂・五大堂が火災で焼失している（暦代編年集成）。しかし薬師如来像は救い出されたようで、法界寺草創時の像が現存している。この再建の記録はないが、復興されたらしい。鎌倉時代後期以降、日野氏は資朝・俊基が後醍醐天皇方について倒幕計画に関与し殺害されたが、両名の兄資名の一統は足利氏に与して業子・富子など歴代将軍の室を出して栄えた。しかし法界寺の堂宇の造営に関する史料は極めて少ない。醍醐寺三宝院賢俊（一二九九―一三五七）は日野家の出で、その頃から法界寺は醍醐寺の管領するところとなっていったようである。ただし康永四年（一三四五）に山門末寺と記されていて、近世までこの重層的な関係は続く。

十五世紀には七仏薬師の一つとして根本中堂や東寺・広隆寺と並んで信仰を集めていた（薩戒記・親長卿記）。文明二年（一四七〇）に火災に遭っており、永正元年（一五〇四）には薬師如来を安置する函を造って秘仏とした（同函裏書）。十六世紀前半にも火災があったらしい。

江戸時代後期には、日野が親鸞生誕の地である縁から、西本願寺がこの寺の復興を援助している。

近代に入って、明治二十一年（一八八八）に宮内省社寺局の宝物調査のため秘仏が開扉され、明治三十年に阿弥陀堂が特別保護建造物に指定され、同三十二年には解体修理が行われた。昭和二十六年に屋根替、昭和六十二年に屋根替と部分修理が行われた。

二、阿弥陀堂の構造形式

本堂は桁行五間、梁間五間、宝形造、檜皮葺で、四周に檜皮葺の裳階を付けた建物である。正面裳階三間分は屋根を一段切り上げている。柱間寸法は、正面が中央間十二尺、その他が八尺、背面は中央間が十尺、その他が八尺五寸である。奥行は第一間が九尺五寸、第五間が九尺、その他は八尺五寸等間である。全体で四十四尺四方の正方形の平面となっている。内部には側通りとは柱筋を揃えずに間口・奥行ともに十八尺間隔で四天柱を立てる。従って四天柱と側柱の間の柱間は十三尺である。裳階の出は八尺五寸で、本体の柱と柱筋を揃えている。しかし支割は単純ではない。まず四天柱柱間二十四支であるが、その両脇間は正・側面は十八支であるが、背面は十七支しかない。正面と背面で一支寸法が異なっている。側通りでは、正面が、中央間十六支、その他は十一支、側面は第一間が十三支、第二間が十二支、第三・四間が十一支、第五間が十二支であるが、垂木は柱心を正確に手挟んでいるわけではない。

本体部は低い亀腹の上に立ち、裳階共に、野面石の礎石の上に柱を立てる。軸部は円柱を切目長押と二段の内法長押で繋ぎ、頭貫を入れる。柱頂部に平三斗を組む。中備は間斗束である。柱間装置は正面がすべて蔀で、中央間のみは内法長押を打たず、内法貫を入れて菱欄間を嵌め、裳階の垂木掛の直下に長押を打つ。側面は西面が第一・五間が妻戸、その他は蔀、東面が第一間は妻戸、第二から四間は引違板戸、第五間は土壁、背面は中央間のみ妻戸で他は土壁である。軒は二軒角繁垂木である。

内部に四天柱を立て、須弥壇を造り付ける。側柱の径が一尺三寸であるのに対して、四天柱は径一尺八寸ときわめて太い。四天柱は内法長押・頭貫だけで繋いでおり、側柱側からみると柱上に三斗を枠肘木に組んで、通肘木（垂木掛）を受ける。中備は間斗束である。四天柱は側柱と柱筋が揃わないために、四天柱と側柱の繋ぎ材はない。庇の部分を化粧屋根裏としており、化粧垂木と化粧隅木が母屋柱（四天柱）と側柱を繋いでいる。

さて四天柱内部は以上とは全く別の構造を持っている。内法長押より上の四天柱の内部四分の一を欠き取って、そこに径九寸の円柱の四分の一強の断面の柱を立てる。四天柱の柱間には二本、径九寸の円柱を立てる。これらは四天柱の柱心よりやや内側にずらして立てられ、柱間寸法は五尺七寸二分等間である。この柱を内法長押・頭貫で繋ぎ、柱上に平三斗を二段に組んで天井桁を受ける。この上段の平三斗の肘木は通肘木となっている。中備は間斗束である。天井は折上組入天井である。

須弥壇は四天柱の内の後方の二本にとりつき、前方の二本との間には隙間がある。側面は四区に割って束を立て、羽目板部分には横連子をはめる。三方に刎高欄を組み、正面には木階四級を設け、擬宝珠柱を立てて登高欄を組む。須弥壇の下の基壇面には須弥壇より一回り小さい土壇が築かれ、須弥壇の床受けの転ばし根太を載せている。来迎壁はない。

裳階は大面取りの角柱を立て、頭貫で繋ぐ。柱上には平三斗を組み、中備は間斗束を入れる。本体との間に繋虹梁をかけ、虹梁尻は大斗に組み合い、鯖の尾形の虹梁尻が外側に付く。なお正面中央の二本の柱上だけは繋虹梁がない。正面中央四本の柱は屋根が切り上がるために、他より太く、長い。この四本の柱頂部には、頭貫を受ける根肘木を入れている。軒は一軒角繁垂木である。裳階の肘木・垂木・隅木・繋虹梁には面取りが施されている。

小屋組は、身舎の上では、四天柱上に二重に井桁を組み、その上に叉首を組み、間口方向の梁を載せ、その上に奥行方向の梁を架けて束を組む。庇部分は井桁に挟んだ桔木に束を立てる。裳階は桔木を入れて母屋桁を載せる。四天柱上部にはこれらの小屋組とは別に勾配の緩い切妻造の用心屋根（内屋根）が架けられている。

四天柱には床から内法長押までの間を珠文帯で十一段に区切って、文様帯と尊像帯を交互に設け、六十四体の尊像と迦陵頻伽や宝相華等が描かれている。尊像は金剛界曼荼羅の五十二尊と十二天で[3]、本尊阿弥陀如来坐像と併せて金剛界曼荼羅を構成することが指摘されている[4]。四天柱の内法長押上の各柱間の小壁内側に十二面に飛天・火舎・楽器が描かれている。さらにその上の中備の間斗束の両側に笈形風の宝相華の装飾も描かれ、「信貴山縁起絵巻」の東大寺大仏殿に描かれた例や興福寺北円堂の例と共に夙に知られている。一方、四天柱内法長押上の小壁の外面に楽器や蓮華、その上の頭貫上の小壁（各面、間斗束で二区ずつに分けられている）には阿弥陀の尊像が描かれている。支輪や天井の組子、格間等にも宝相華や珠紋が描かれている。

三、阿弥陀堂の改造

現状は、明治の修理でおそらく当初形式に復原されたと想定されるが、報告がないためこの建物の変遷は明瞭でない。明治修理前の古写真によれば、裳階は疎垂木で、少なくとも南側面は第三間から後方には内法長押が打たれ、妻戸が入っていたようである。また西側には落縁も設けられていた。

建物の現状にはかなりの改造の痕跡が残されている。とりわけ裳階廻りは、埋木・枘穴が多数残されている。裳階柱と裳階の繋虹梁、裳階の頭貫はかなりの部材が取り替えられているが、ほぼ旧状を窺うことができる（以下の記述の番付は挿図1参照）。

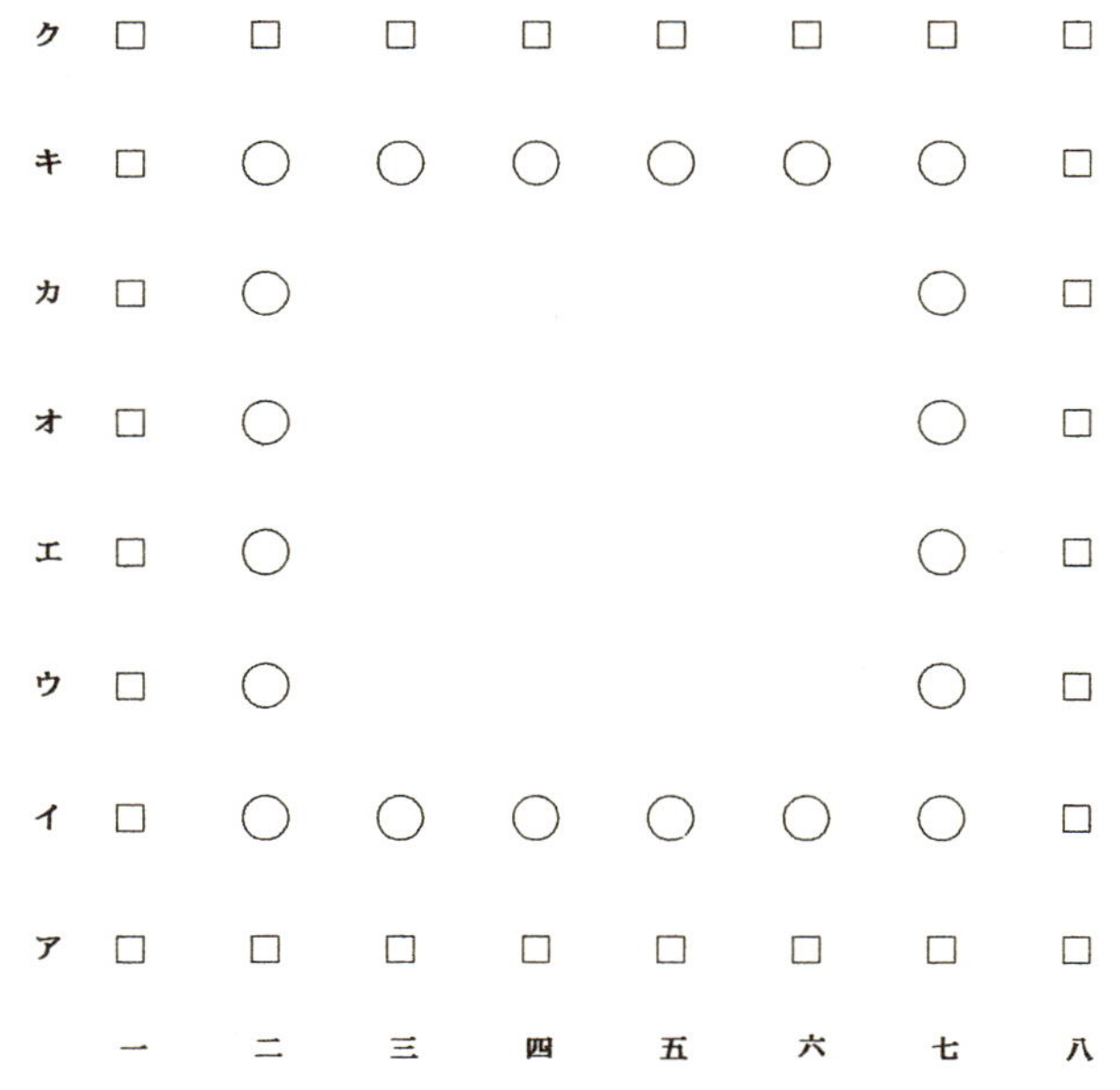

挿図1　平面番付

二ウの柱の西面には板決りと内法長押の枘穴がある。後者の彫りは粗く、前者は古い仕口で、内法長押は板壁を設けて以後の中古の改造で取り付けられたと見られる。一エ～一キまでは頭貫下に間渡穴があり、土壁で閉じられていた。二ウから二キの北面までの内法長押には猿頬面をとった竿縁の枘穴の埋木がある。二ウ～一ウの繋虹梁下面、二オ西面に内法材の枘の埋木と間渡穴があり、西面裳階は少なくとも二間ずつに仕切られ、内法長押上に天井が張られていたことが知られる。二キ～一キの繋虹梁下面にも間渡穴があり、二ク～一クは間柱を入れた壁であった。二キと二クの対向面に間渡穴があり壁で閉じられていた。従って裳階西北隅の方一間も閉鎖的な天井張りの小部屋で、おそらく北面の間柱のある柱間に片引戸があったのであろう。北面は取り替え材が多いが、中央間の扉の背面を除いて、壁で閉じられていたらしい。ただし背面には天井が張られていない。五キ・六キ背面には内法材の埋木があり、六キには板決りもあるので、閼伽棚が付いていたのかも知れない。

裳階東面は、西面とほぼ同様であった。

則ち東西両側面は天井を張った小部屋で、参籠に用いられ、背面は堂蔵などが設けられていたと推定される。

正面の裳階は間仕切りはない。正面庇の中央間には内法長押に扉の軸摺穴があり、板扉が釣られていた時期がある。

蔀は現状とはずれて釣金具の跡があり、蔀そのものに当初材が見あたらないので、修理された現在の蔀の形状は何時の時点の形式か判明しない。

四、阿弥陀堂の特色

以上述べたように、この建物は様々な特徴を挙げることができる。

ア、四天柱内部の内法長押上の別構造の部分はきわめて注目される。そのことに関して得られる知見を列記すると以下のようになる。

(1)阿弥陀堂は現尺とほぼ同じ尺度で建てられているが、別構造部の柱間五尺七寸二分はおそらくそれよりわずかに長い尺度を用いていて、計画寸法としては五尺七寸に当たると推定される。

建物名	総高／見付	建立年代
法界寺阿弥陀堂四天柱内別構造部	0.74	
法界寺阿弥陀堂四天柱外側	0.61	嘉禄二年1226頃
浄瑠璃寺本堂	0.71	嘉承二年1178
中尊寺金色堂	0.95	天治元年1124
一乗寺三重塔	0.78	承安元年1171
長寿寺本堂	0.71	平安末
海住山寺五重塔	0.61	建保二年1214
大報恩寺本堂	0.51	安貞二年1227

表　大斗の形状比較

(2)組物は、四天柱上の外回りや側回りの組物に比して、相対的にせいが高い。肘木の長さは短い。せいの高い組物は十一～二世紀に特有である（表参照、挿図３）。

(3)別構造部分の柱には、頂部から順に木瓜紋を挟む珠紋帯、宝相華の円紋、再び珠紋帯が描かれているが、柱の足下の珠紋帯は頂部のそれと同じ幅であるべきであるのに、幅が狭く彩色した後に柱足下を切り縮めたようにも窺われる（挿図２）。

(4)別構造部分の柱は四天柱を繋ぐ内法長押の上に立っているが、正面側の内法長押のみは上角に矧木がなされている。

(5)別構造部分の柱やその上の大斗の背面（庇側、四天柱外側の壁などで覆われる見え隠れの部分）は、四天柱外側の壁や庇の化粧垂木を受ける垂木掛けを納めるために掻き取られている。いったん整形したものを掻き取ったのか、見え隠れの部分であるので整形せず野のままとしたのか、不明である。

(6)別構造部分の柱には、現状の壁と重なって板決りがあるものがあるが、ない柱もある。

(7)別構造部分の柱・長押・頭貫・組物等の彩色は、煤けているため判別しがたいが、丁寧な描き方とそうでないものが混在している。

(1)(2)(3)の点は、この別構造部分だけは建物本体の建立の嘉禄二年頃より遡って、十二世紀頃の前身建物の部材を残している可能性を示している。しかし(3)～(7)は、前身部材の転用の結果とも、嘉禄建立時の一連の工事工程で生じた事とも、いずれにも解釈できる。解体しない現状では、それ以上の検討は不可能で、確実な結論は得られないが、筆者は、一部の部材は取り換えられているにせよ、別構造部分だけは四棟あった阿弥陀堂のいずれかの部材が転用されたものと想定している。

挿図２　四天柱内部別構造部の柱の文様（山岸常人撮影）

イ、阿弥陀堂の内部に繋ぎ材が少ない点は第二に挙げられる特徴である。構造的には、裳階が付くこともあって本体のたちが高く、内部には大きな空間が形成されるが、柱筋が揃わないために、四天柱と側柱を繋ぐ繋虹梁がなく、隅木・垂木だけで繋がれている点が注目されよう。貫の使用も少なく、伝統的な和様の形式を守っているから、構造的な不安定感は否めないが、裳階が付くことによって全体に安定を確保しているのであろう。

ウ、裳階屋根の中央部を切り上げる形式は、古代の東大寺大仏殿（この場合は下層の屋根）にも使われ、平等院鳳凰堂や東寺金堂など、しばしば用いられる。法界寺本堂の場合、本体正面中央間のみ内法上に菱欄間があるのは、裳階屋根の切り上げと関連した意匠であろう。

エ、側柱の隅延びはきわめて大きく、これが大きな軒反りを実現しているが、外観からは裳階の屋根がそれを緩和して目立たない。支割は各部で一定せず、統一した支割による柱間寸法の決定は行われていない。この点も前述の前身阿弥陀堂の部材の転用と関連するかも知れない。

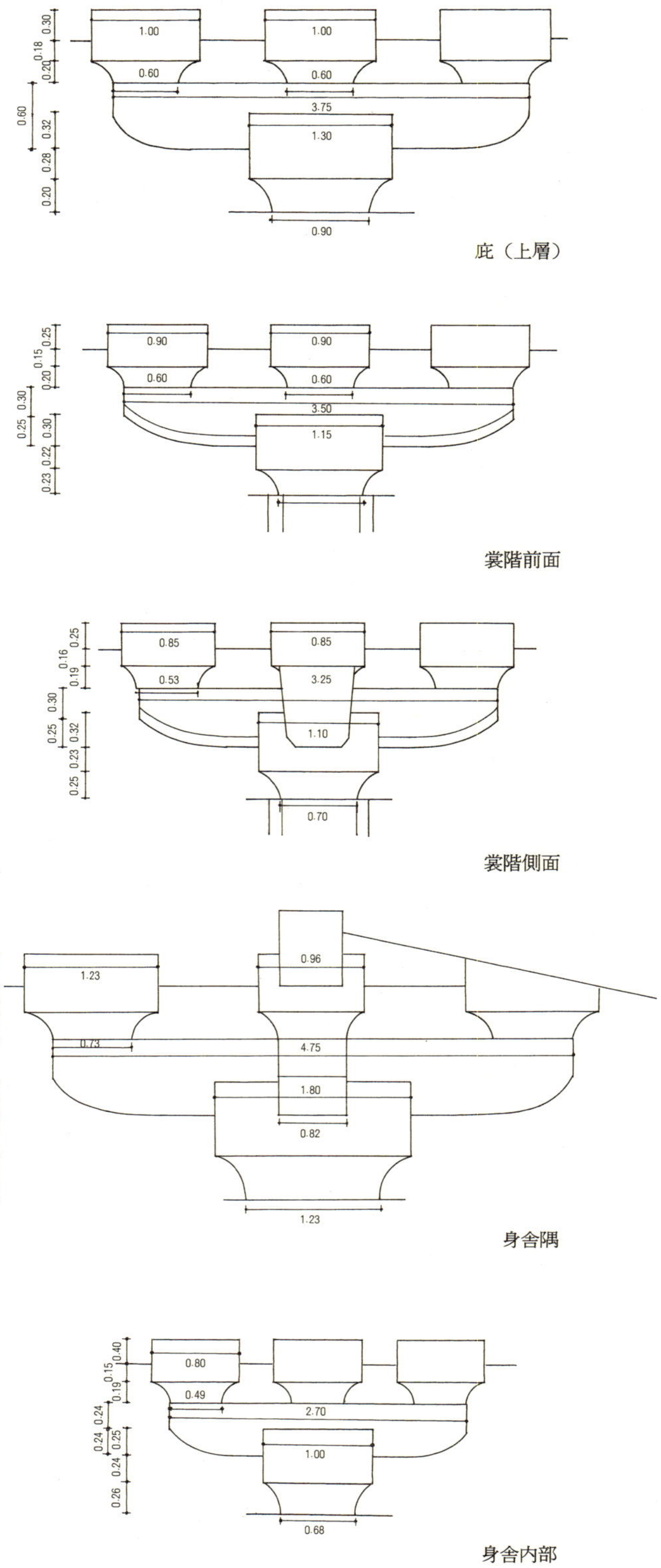

挿図3　組物の比較（単位尺）

オ、小屋組は明治の修理で大きく変更されているようであるが、用心屋根は当初材と見てよく、中尊寺金色堂・尾道浄土寺本堂など中世の建物に広くみられるものである。

カ、裳階は参籠や法会の補助的な場として使われたと推定され、痕跡として残る裳階柱間装置の痕もそのことと関わってこようが、修理時の所見が残されておらず、史料も見出せないので、現状ではその実態を窺うことは叶わない。概ね当初から設けられたものではないと考えられる。

キ、内部の柱絵は阿弥陀浄土信仰が密教と不可分に結びついていた状況を示す具体的な事例として貴重で、従来の阿弥陀堂建築の理解を是正する重要な史料となる。この面での研究が進展すれば、阿弥陀堂建築全般の理解の仕方も旧来の硬直的な理解とは変わってこよう。

以上、いくつかの特色を記したが、現状で得られる知見は限られており、今後の修理の際の知見が期待される建物である。

〔註〕

1　中野玄三『法界寺』中央公論美術出版、昭和四十九年

2　白畑よし「法界寺壁画の製作期に関する考察」『美術史』三十二号、昭和三十四年
杉山信三「法界寺阿弥陀堂について」『院家建築の研究』吉川弘文館、昭和五十六年
（初出は昭和三十四年）

3　柳沢孝・三浦定俊「赤外テレビカメラによる堂塔荘厳画の調査研究」『古文化財の自然科学的研究』昭和五十九年、同朋社

4　冨島義幸「阿弥陀堂における両界曼荼羅空間の展開」『日本建築学会計画系論文集』第五四四号。平成十三年六月

〔参考文献〕

田中勘兵衛『日野誌』田中忠三郎、昭和八年六月
杉山信三『院家建築の研究』吉川弘文館、昭和五十六年
中野玄三『法界寺』中央公論美術出版、昭和四十九年

四　蓮《れん》華《げ》王《おう》院《いん》本《ほん》堂《どう》（三十三間堂《さんじゆうさんげんどう》）　一棟　国宝

京都市東山区東大路渋谷下る妙法院前側町　妙法院

明治三十年十二月二十八日指定　昭和二十七年三月二十九日国宝指定
昭和四年解体修理　昭和二十六年・昭和五十四年屋根葺替

蓮華王院は京都市中央部の鴨川の東、七条通と東大路通が交わる地点の西南部、東山から鴨川へ向かって延びる尾根上の傾斜地にある。院政期に後白河法皇が営んだ法住寺御所のあった地であり、三十三間堂として親しまれている蓮華王院本堂は、後に建て替えられてはいるが法住寺御所の偉容を伝える建物である。

一、沿革

法住寺御所の営まれた地は、永延二年（九八八）に藤原為光が営んだ法住寺のあった場所であるが、長元五年（一〇三二）には焼失してしまっていた（日本紀略・扶桑略記）。しかし百年余り後の久寿三年（一一五六）には中納言入道（清隆カ）の法住寺堂があり、ここへ後白河天皇が方違行幸をしている。この地域には後白河の乳母藤原朝子が営んだ清浄光院があった（醍醐寺文書）。朝子は藤原通憲（信西）の妻であり通憲は院近臣として後白河の即位、保元の乱の勝利などに功績のあった人物であるから、そのような繋がりもあったのであろう。後白河は退位後に法住寺の一帯に、既存の八十余の堂舎を毀して後院である法住寺殿を造営し、永暦二年（一一六一）に移った（山槐記）。法住寺殿は四つの郭、すなわち南殿・西御所・七条上御所・蓮華王院で構成されるよう計画されていた。[1]

上皇の儀式空間、上皇の御所、東宮の御所、仏事の空間に分けられていた法住寺殿の中で、その最後に当たるのが蓮華王院で、南殿の西に位置した。千体観音堂と称された御堂の供養は長寛二年（一一六四）十二月十七日に、三百人の僧を請じて行われた（醍醐雑事記・愚管抄・百錬抄）。この造営に尽力したのは平清盛である（愚管抄）。

興味深いのは、千体観音堂が鳥羽上皇の御願による白河千体観音堂（得長寿院　長承元年＝一一三二供養）にその先蹤を持ち、その造営を担当したのは清盛の父忠盛であった（中右記他）点である。清盛は鳥羽上皇の遺志を受けて白河千体阿弥陀堂（平治元年＝一一五九供養）をも建てている（山槐記）。

得長寿院は、中尊に丈六の正観音、左右に五百体ずつの等身正観音を並べ、像中に千体御仏を納めており、六観音法等の密教修法や仁王講などの顕教法会が行われている（中右記・本朝世紀）。建物は千体観音堂・三十三間御堂と呼ばれ（平知信朝臣記・平家物語）、おそらく身舎桁行三十三間の規模を持っていたのであろう。千体という異常な数の仏像を安置した三十三間という規模の大堂は上皇と平忠盛・清盛父子の手で生み出された多数作善の極致と言ってよい。蓮華王院御堂の当初の規模の記録はないが、おそらく得長寿院と同様であっただろう。

蓮華王院には北斗堂・五重塔・宝蔵・総社・不動堂などが立ち並んでいた。北斗堂は寿永二年（一一八三）に供養され（百錬抄・玉葉）、五重塔は治承元年（一一七七）に供養され（玉葉）、御堂の東南に位置していた。塔内には金剛界と胎蔵界の大日如来二体ずつに四仏を併せた八体の仏像が安置され、一基の塔で両界曼荼羅を表す院政期に顕著な特徴を持つ建物であった。[2]

宝蔵は建立時期が不明であるが御堂と同じ頃にできていたのであろう。宝蔵は御堂の北にあり、後白河上皇の手元に蒐集された重宝を収蔵していた。これも先蹤があり、摂関家の重宝を納めた宇治平等院の宝蔵、鳥羽上皇が営んだ鳥羽勝光明院の宝蔵を継ぐものとして著名である。[3]

総社は、安元元年（一一七五）に八幡以下の二十一社と日前・熱田・厳島・気比などの本地の御正体の画像もしくは鏡が祀られ、おそらくこの年に完成したと思われる。御堂の西北の角にあった三間檜皮葺の建物で、その年の十月から祭礼が開始されるが、毎年風流が華美で洛中の貴賤が競って見物するにぎわいを見せた（百錬抄・玉葉他）。寺院内に総社を祀ることも藤原道長の法成寺、白河天皇の法勝寺に先例がある。[4]

御堂の正面には縁の上に造り出した五間の御堂御所があり、修正会の際、ここに上皇が参仕している（玉葉）。また僧房・湯屋もあっていくばくかの僧侶の止住もあったことが知られる（醍醐寺聖教・吉記）。

これらの造営と並行して、荘園も集積されていった。但馬国温泉荘などは早く永万元年（一一六五）に僧聖顕から寄進されており、これも含めて最終的には二十七箇国三十箇所以上の大荘園群となる。

さて寿永二年（一一八三）十一月に、後白河上皇によって京からの退居を求められた木曾義仲が法住寺殿に火を放ったが、蓮華王院は難を逃れた（百錬抄・玉葉）。二年後の元暦二年（一一八五）七月には地震が起こり、蓮華王院は破損した。

建久三年（一一九二）三月、後白河上皇は六条西洞院殿に崩御し、遺誡に従って、蓮華王院東法華堂に葬られた。この建物は后建春門院の葬られた法華堂と並び立っていた（百錬抄・明月記他）。法住寺殿や蓮華王院は後鳥羽天皇に伝えられた。

仁治三年（一二四二）になって蓮華王院総社の修造が計画され（平戸記）、寛元四年（一二四六）には蓮華王院の修造が進められるようになった。蓮華王院検校となった円満院宮仁助法親王が積極的にこれを沙汰した（葉黄記）。宝治三年（建長元年＝一二四九）の修正会は御堂の修理がほぼ完成した状態で執行されたが、三月二十三日に姉小路室町から発した火災が、五重塔に延焼し、御堂も灰燼に帰した。中尊の一部と、千体の観音の内の百五十体、二十八部衆などは救出された（岡屋関白記・一代要記他）。これらの仏像は現存する。再興は直ちに始められたようで、建長三年（一二五一）七月には本尊の御衣木加持が行われ、八月には御堂の上棟式が行われている（岡屋関白記・棟木及び梁銘）。九条道家が讃岐国を造営国として再建に尽力したが、彼の没後も仕事は続いたらしく、供養は文永三年（一二六六）四月に、亀山天皇と後嵯峨・御深草両上皇臨席の下に行われている（一代要記他）。現存の蓮華王院本堂はこの時に供養された建物である。

その後暫くは、修正会への上皇の参列や、追善仏事の執行の記録が知られるのみであるが、南北朝の動乱で寺領収入は激減し、寺は興廃していった。応永三十三年（一四二六）にこの寺を参拝した中山定親は破壊を嘆いており（薩戒記）、永享五年（一四三三）には道淵瑞書記が勧進聖となって修理が開始された（如是院年代記・看聞御記）。しかし瑞書記が罪科に処せられ流罪になったので、永享七年からは坐公文の官銭が修造に充てられ、同九年正月には仏像・天蓋の修理が成り、四月には将軍足利義教が参詣していて、ほぼ完成したと見られる。この後、恒例の修正会も執行されていたことは建内記・康富記に見える。寛正七年（一四六六）には開帳が行われている（後法興院政家記）。応仁・文明の乱では多くの寺社が焼失した中で後白河上皇を祀る法住寺御影堂と蓮華王院、八坂塔のみが残った（中御門宣胤卿記）。永享の修理の頃から蓮華王院御堂は三十三間堂と呼ばれるようになる。

天文十三年（一五四四）に地震で仏像が倒れており、翌年本願普門坊が修造の奉加を廻している（言継卿記）。しかしこれは進捗しなかったようである。天正十四年（一五八六）豊臣秀吉が方広寺[5]を蓮華王院の北に造営するに当たって、併せて方広寺内として蓮華王院の整備をも行った。太閤塀と通称される現境内の南と西の練土塀や、南大門・西大門が造られ、御堂にも修理の手が加えられた。西大門は棟札によって慶長六年（一六〇一）の建立で、明治二十八年に東寺に移築され南大門となっている。[6]蓮華王院の南大門には虹梁に慶長五年の刻銘がある。二棟ほぼ同時期に建てられ、豪快な意匠や規模に共通した特徴が見られる。

方広寺大仏殿は文禄四年（一五九五）に竣工し、翌年の地震で被災、慶長三年（一五九八）に秀吉は没し、大仏を鋳直している慶長七年に大仏殿は全焼、慶長十七年に再度完成するものの、同十九年には方広寺鐘銘事件が起こり、豊臣氏は滅亡する。秀吉在世時は聖護院門主照高院道澄が方広寺を管領したが、豊臣氏滅亡後は改易されて、妙法院門跡を住持職とし、蓮華王院も妙法院の支配下に入った。

正保四年（一六四七）に蓮華王院本堂の修理が企てられ、奉行として桑山一玄・中坊長兵衛時祐が幕府から命ぜられた。工事は解体修理であったが、幕府の援助を受けて順調に進捗し、慶安四年（一六五一）には完成している（隔冥記・棟札）。慶長年間から通し矢が盛んに行われるようになり、近世には数を競って矢を射る者が多かった。[7]これは本堂を傷める大きな要因になり、鉄板で覆って保護もされた。

明治に入って三十年に特別保護建造物に指定され、昭和四年から九年にかけて文化財として解体修理が行われ、昭和二十六年と五十四年には屋根葺替工事が行われている。なお昭和十一年に中央須弥壇床下で火災が発生したが、昭和四年の修理で設置された火災感知器がいち早く感知し、被害は床下のみで最小限にくい止められている。

二、蓮華王院本堂

本堂は桁行三十五間、梁間五間、入母屋造、向拝七間、本瓦葺の東面する長大な建物である。古代の表記法で言えば三十三間四面の平面である。前述の如く建長三年に再建の上棟が行われ、文永三年に落慶供養がなされた建物である。

平面　身舎中央部の桁行三間、梁間三間の部分は正側面の三方に狭い通路を残して広い水平の須弥壇を構え、中尊の千手観音坐像を祀る。中尊の須弥壇の両脇は通路になっており、身舎背面では大面取りの角の間柱[8]を立て、片開きの板扉を構える。本尊の南北の残る桁行十五間ずつの身舎に階段状の須弥壇（脇壇）を組んで、千手観音立像五百体ずつを祀り、脇壇と正面の身舎柱との間の通路状の部分に二十八部衆立像・風神雷神像を安置する。もっとも二十八部衆等の配置は時代によって一定せず、元和二年（一六一六）イギリス東インド会社平戸商館長のリチャード・コックスの記録では中尊の廻りに二十八部衆が置かれていたと記され（コックス日記）、近代には本尊背面に並べていた。

身舎柱間の正面は吹放しで、背面は中央間に板扉、両脇間に片開きの板扉を設ける以外はすべて板壁で閉じる。

側通りは、正面がすべて幣軸構えの板扉（ただし正面中央三間のみ桟唐戸）、側面第一間と、背面の中央間と北端から第一・三・五間、南から第一・十間は、幣軸構えの板扉、それ以外は腰長押[9]を打って上は連子、下は横板壁で閉じている。[10]なお幣軸は両側と上側のみ付けられ。下は半長押を入れて軸摺穴を掘っている。なお正面中央の七間、つまり向拝の付く部分は半長押も用いない。

向拝部分は正面は吹放しであるが、両側面は角間柱を入れて、前を幣軸構えの板扉、後ろに連子を嵌めている。

堂内及び向拝内部は拭板敷、堂の四周と向拝の三方は一連の切目縁を廻らせている。

柱間寸法は、桁行の中央間が十三尺、両脇間が十二尺、その他はすべて十一尺等間、梁行は身舎が一〇・七五尺、庇が十一尺である。従って桁行総長は三百八十九尺、百二十メートル弱の長さとなる。縁の出は八尺である。

軸部・架構等　低い亀腹を設け、礎石の上に、側柱は径一尺五寸乃至六寸の円柱、入側は径一尺八寸の円柱を立て、側通り（庇）では足固貫・切目長押・内法長押・頭貫で繋いで固め[11]、出組の組物を組んで、二軒角繁垂木の軒を受ける。軒の出は、地垂木が七尺二寸、飛檐垂木が三尺六寸である。中備は間斗束を二段重ねる。

入側通り（身舎）では長押を用いず、頭貫と足固貫で繋いでいる。ただし身舎の正面と側面の三方のすべての柱間と、中央間から二間目の梁行には、更に飛貫を入れている。

身舎柱上には平三斗を組み、梁行の三間長の大虹梁を受ける。大虹梁上に板蟇股二個を置いて、虹梁を受け、中央の板蟇股で化粧棟木を受ける。すなわち二重虹梁蟇股の架構を組んでおり、天井は化粧屋根裏である。身舎周りの中備も間斗束を二段に重ねている。

中尊部分だけは他と異なり、身舎梁行中央に柱を立てて、梁間二間とし、桁行三間梁間二間部分の組物は二手先で、上に折上組入天井を張る。組物の上に大虹梁をのせ、板蟇股三個を据えて天井を支える。

庇部分は庇組物に虹梁を組んで、身舎柱との繋虹梁とすると共に、庇柱頂部にも虹梁を据えて身舎柱との繋ぎとしている。二本の虹梁の間には板蟇股を据え、下段の虹梁の身舎側には木鼻を付けて、大仏様系の繰形を施す。ただし中尊部分の正面、すなわち正面中央の二本の柱筋だけは下段の虹梁がない。また背面では下段の虹梁[12]の下に更に内法貫を入れて、身舎柱と庇端背を強固に繋いでいる。

妻飾は豕叉首である。

須弥壇　脇壇は、簓桁風の斜めの桁材の上に板を組んで九段の壇を設けている。この桁の上端は身舎背面の柱に太枘を挿して、その先端を鼻栓で止め、三本の太い束で支えている。束の頂部は桁の片面側のみ鬢太を伸ばしている。束は貫で繋いで固められている。桁行と梁行の貫は背違いとはしていない。前から二本目の束には身舎前面の柱を貫通して延びる床受けの大引が枘差しとなっていて、斜めの桁材と相欠に組まれている。大引の枘の先端は鼻栓が打たれ、大引と桁材の組手には込栓が打たれている。更にボルトで締めた筋違が桁材と束の貫を挟んでいるが、これは明らかに昭和四年からの修理の補強材である。

小屋組　中尊部分（中央三間）の身舎上部は、化粧の大虹梁の上に束を立てて、野梁を架けその上に桁行の梁を組んで、その上に叉首を組んで用心屋根を架ける。用心屋根は横板の上に竪板を張った薄板葺である。この上に野棟木・母屋桁を載せる。

中尊部分以外は化粧屋根裏の天井の上に登梁を添わせ、その上に棟束と母屋束を立て、天井の上に束踏を置いて束を立てる。束踏には現状と異なる位置に枘穴・束当たりが随所に見られ、束位置は遅くとも昭和修理時点では変更されている。

庇部分は全体に登梁を入れてその上に束を立てる。

なお化粧隅木上側には昭和修理の際に入れられた鉄骨トラスの添木が付けられている。

彩色　現状では化粧垂木や虹梁のごく一部を除いて、ほとんど確認することは不可能であるが、堂内は相当に華麗な彩色が施されていた。内部の柱には菩薩像・宝相華を描き、組物は繧繝の線条紋、内法長押・飛貫・頭貫には蓮華紋の両側に宝相華を配した模様を側面で三個、下面に二個置いて、間を繧繝の線条紋で飾り、虹梁は身舎・庇共に側面両端虹梁木鼻の繰形と同形の輪郭に宝相華紋、側面・下面の中央には香炉と天人、蟇股には蓮華座に宝珠、化粧垂木には蓮華菱紋、間斗束に線条紋、組入天井・支輪には組子の辻に花弁、天井板に蓮華紋が描かれていた。また虹梁下面には鏡を打っていた[13]。法然上人絵伝巻十には身舎柱に仏菩薩、正面扉に来迎図などを描いた蓮華王院が描かれている（挿図1）。基壇の上に立つ形式に描かれているので信憑性に疑問もなくはないが、この図に近い荘厳であったのであろう。

向拝　向拝は通常の形式のように堂前の階を覆うのではなく、礼拝の空間と見るべきである。向拝柱は面取りの角柱で、桁行には切目長押と虹梁形頭貫で繋ぎ、庇柱とは虹梁で繋いでいる。南・北の端のみは、向拝柱と庇柱は切目長押と頭貫・内法長押で繋いでいる。間柱を入れて、内法に板扉と連子・板壁で閉じている事は先にも述べた。

柱上には三斗を枠肘木に組んで、南北端だけは連三斗を組む。虹梁形頭貫と梁行の頭貫には木鼻を付けている。

挿図１　法然上人絵伝に描かれた蓮華王院（巻10）

三、本堂の変遷

　創建堂の形態は明確な史料を残さないが、断片的な史料から現堂とほぼ同じと推定されている。また五間の向拝が付いており、上皇が聴聞に訪れる場として使われていた。それは御堂御所とも礼堂とも呼ばれ（玉葉・民経記）、縁の上に造られていたこと、恒常的ではなかったかも知れないことが指摘されている。また中尊仏壇両脇に後戸への通路・脇戸のあったことも知られている（明月記[14]）。

永亨の修理　文永の供養後約百七十年をへた永亨度の修理は、解体はしなかったと推定されている。慶安度の修理の範囲が大きく、永亨度の修理で知られるのは須弥壇周りと屋根である。

　中尊の須弥壇の格狭間の裏板に永亨六年の墨書[15]があり、中尊須弥壇の格狭間・高欄などがこの時に取り替えられて、当初材は残さない[16]。格狭間は華麗な若草の彫刻を施した蝙蝠狭間である。中尊の須弥壇と脇壇の高欄を比較すると、斗束に以下の三種の形状がある。

a　斗の見付幅が束より小さく、束の肩が極めて緩やかな傾斜のもの

b　斗と束の見付幅が等しく束の肩がやや緩い傾斜のもの

c　斗と束の見付幅が等しく束の肩が角ばったもの

古いものから並べるとa→b→cの順となる。bは中尊の須弥壇に用いられており、永亨材と考えられるので、aは当初材、cは慶安材と見られる。a・cは脇壇に用いられ、aは南脇壇の南端と、北端の後半部、北脇壇の南端の後半部、それ以外はすべてcが用いられている。

　屋根瓦には永亨五年四月から同十月までの刻銘を持つものがあり、この頃に屋根瓦を製作したものと見られる。中には日吉神輿動座の事、瓦数が八万枚であることを記した銘もある[17]。軒丸瓦は当初の紋様をまね、軒平瓦は菊水紋に変更している。小屋材に永亨材と判別できるものはない。

　なお本尊他の同内諸尊の修理・補彩が永亨六年から九年にかけて行われていた[18]。

天正の修理　天文十一年に修理が計画されたが、工事が実施されたか否かは定かではない。その後、方広寺造営に伴って御堂にも修理が施された。永亨修理から約百五十年以上を経ており、相当修理すべき箇所があったと思われるが、天正度修理の痕跡は扉にのみ明証がある。扉の八双金具とその見え隠れ部分に天正二十年（一五九二）の刻銘もしくは墨書があり、正面中央三間以外はすべてこの時に、框に板を裏表二枚張り付ける扉に改めた。その際、外部に朱を塗ったことが、小屋材に転用された向拝の垂木に朱が残っていることから想定されている[19]。

慶安の修理　天正度の修理では不充分だったらしく、慶安二年から四年にかけて解体修理が行われた。その経緯は徳川実記・隔冥記・棟札などによって知られる。まず正保四年（一六四七）七月、修理奉行大和布施藩の大名桑山一玄、中坊長兵衛が、大工には法隆寺西里の中井大和・塚本治大夫・四良右衛門・長谷政則が任じられた。慶安二年四月に釿始め、同三年三月立柱、四年八月に完成している。

　建物基壇を嵩上げし、礎石を据え直し、柱は一部取り替え、あるいは根継ぎや矧木を施している。大斗の多くを取り替え、大斗下に鉄板を敷いて大斗敷面から釘を打って留めた。巻斗にも斗繰の曲線の曲率のきついものと緩いものが混在し、後者は慶安取り替え材と推

定される。

通し矢の矢による外部の損傷が著しく、現在でも外形を留めないほどになっている部材があるが、慶安の修理でも、柱・組物・垂木に鉄板を貼り付けて防護策を講じていた。垂木・野地板なども張り替え、隅木は四隅とも取り替えた上、隅木先端に軒支柱を立てた。その礎石は今も残っている。木負・茅負は概ね古材を再利用、切裏甲は下段のものを取り替え、上段は永享材を再用していた。化粧垂木もかなりの数の当初材を、鼻先を切って外に送り出して再用しており、当初の釘穴が丸桁きわに見える地垂木が残っている。

小屋組は慶安以前の材と慶安の新材及び慶安度修理の廃棄材が混用された。慶安以前の小屋組は明らかではないと報告されていた。(20) しかも昭和修理で母屋桁・束・桔木など多く部材が取り替えられてしまっていて、現状から古い小屋組を復原することは容易でない。ただし中尊上部の小屋組は、叉首台・叉首、用心屋根とその桁等に当初材と推定される材が残されており、昭和修理の際の「蓮華王院本堂修理設計図」(挿図２)に示された形がほぼ建立当初のものと見られる。

屋根瓦も軒瓦に「慶安三年」「三十三間堂」の文字の瓦当のものが用いられ、道具瓦もすべてこの時取り替えられた。

向拝は慶安度の修理ですっかり部材が取り替えられ、現状のような形となった。それ以前の部材は柱一本、繋虹梁二本と化粧垂木などが小屋材に転用されていた。それらに拠れば、慶安以後と大きく変わるものではないが、組物が出組であった可能性があること、正面庇正面の桟唐戸がなかったこと、従って向拝正面には柱間装置があったであろうと推定される事などが慶安度修理後と異なる。向拝柱の古材には二度の繋虹梁仕口があり、繋虹梁は削り直していること、削り直す前後とも虹梁下は土壁、上は板壁であったことも知られた。

須弥壇は、脇壇の高欄を取り替え、金剛柵を付けている。板扉の内側に障子を嵌めたのも慶安度の修理の際である。金剛柵は高さ八尺もあるせいの高いもので、昭和四年の修理でこれは撤去された。

脇壇の簓桁風の斜めの桁材やその先端部を支える大引はこの時に一新されたものと報告されている。(21) 桁材の鼻栓留の技法はいかにも近世的であるが、束は、片側の鬢太を伸ばして桁材を受けており、表面の仕上げと共に慶安以前の部材であることを示唆している。慶安以前の部材や形式を継承している可能性がある。

解体に際しては、柱に数字の組み合わせ番付を付し、別に各部材にも丁寧に番付が付けられていた。慶安度の修理は根本的な解体であって、向拝周りはほとんどの部材が取り替えられているが、その他は概ね旧来の形式に倣いながら、傷んだ部材を取り替えることど

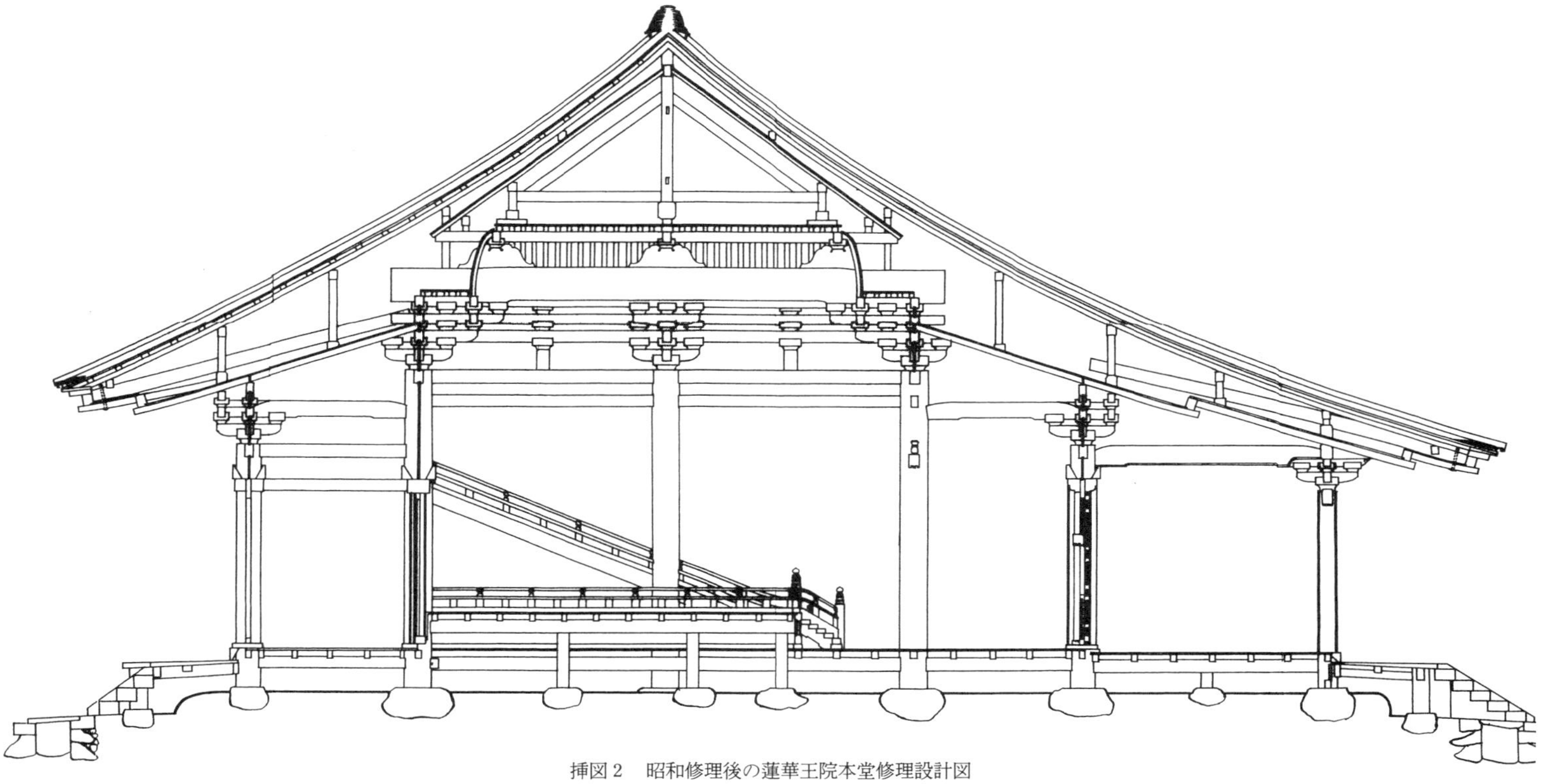

挿図２　昭和修理後の蓮華王院本堂修理設計図
(「蓮華王院柱修理設計図」所収)

まっている。それでも永享度の修理とも併せて、小屋組や須弥壇周りには当初材がほとんど残らない結果となった。

四、本堂の特色

以上述べたように、この建物は様々な特徴を挙げることができる。

まず長大な桁行規模は他に例を見ない。藤原道長の法成寺阿弥陀堂（無量寿院）以来、院政期にかけて、多数の本尊を横一列に配置することに対応した桁行柱間数の多い仏堂が多く造られる、その最も極端な事例でありその背景についても前述の通りである。

次に内部の空間構成の点では、身舎の梁間が原則の二間ではなく三間となっているもの、身舎の四周に庇を廻らせる古代の仏堂の方式を守っている点が特質である。この点は摂関・院政期の摂関家・上皇周辺での造寺で全般的に共通し、平安時代後期から徐々に一般化しつつあった中世仏堂形式を採っていない点が興味深い。しかし桁行七間の向拝は修正会に際し上皇の聴聞する御所として用いられており（勘仲記正応二年正月十八日条他）、中世仏堂形式の礼堂と同様の意味合いを持つ空間であった。

中尊を安置する桁行三間の空間と、千体仏を安置するその両脇の桁行十五間ずつの空間に分け、架構や天井に差を付ける点も独特であるが、浄瑠璃寺本堂においても類似した構成が見られる

建築技法の点では、和様の原則に極めて忠実に建てられていることが挙げられる。総じて長押の使用が目立ち、貫は目立たず、向拝部分を除くと木鼻(22)などの装飾部材も目立たない。京都という土地柄と共に、大仏様の影響が普及し始める初期の段階での再建であったために、このような特徴を持つに至ったのであろう。前身建物を模すという考え方があったのかも知れない。

とはいえ新様式の影響は確実に認められる。

まず内部での飛貫の多用で、身舎の正・側面に飛貫が入れられ、背面庇では梁行にも飛貫が用いられている。次に庇と身舎を繋ぐ繋虹梁を二段に入れる点で、飛貫の応用と見ることもできる。飛貫の構造材としての使用としては早い事例である(23)。下段の虹梁の木鼻を身舎柱の内部に突出させ、猪の目の付いた大仏様系の繰形が付く。虹梁木鼻を突出させる手法は兵庫県浄土寺浄土堂に既に見られるが、蓮華王院本堂では隅で組み合わせることはしていない(24)。出組の手先の肘木を繋虹梁の尻と繋いで、手先を安定させる手法も大仏様の影響といえよう。

細部では片蓋的な材の利用、複数部材を一木から造り出す加工方法などが多用されている。具体的には以下の諸点である(25)。

1　庇の柱心上の実肘木を受ける方斗を繋虹梁から造り出す点
2　身舎柱上の平三斗上の通肘木と桁の間の斗と面戸板とを同材から造り出す点
3　身舎両端の虹梁も外側は通肘木・面戸板を造り出す点
4　身舎中央三間の中尊の安置された空間の両妻の柱筋は、内側は通肘木・組物・小壁となっているが、外側は身舎の架構の二重虹梁である。この下段の虹梁から通肘木等を一木で造り出している点
5　身舎中央三間の隅の鬼斗・延斗を肘木から造り出す点

この内5は塔などでしばしば見られるが、2・3・4は般若寺楼門に見られる新和様の特殊な技法の系譜に位置づけられるものといえる。

和様に大仏様の技法が取り入れられ飛躍的な転換を遂げる初期の段階において、京都においても、このように目立たない部分で技術の変革が進んでいたことを示す遺構として位置づけることができる。

個別の技法では、軒の出が大きい事が特徴である。しかし飛檐垂木の出は地垂木の出の〇・五で、同時期の遺構に比べ小さい。桔木を効果的に用いて飛檐の出を大きくする技法が一般化する以前の形式と考えられる。創建堂の形態を継承しているのであろうか。

以上のように、蓮華王院本堂は、後白河上皇が長寛二年（一一六四）に建てた蓮華王院御堂の形態をかなり忠実に受け継ぎつつ、文永三年（一二六六）再建時には目立たない部位で新和様の技法を取り入れ、その後の修理でも大きくその形を変えることなく伝えてきた建物と言うことができよう。文永に建て替えられているとはいえ、院政期の大規模造営を具体的に窺うことのできる貴重な遺構である。

〔註〕

1 川本重雄「法住寺殿の研究」『建築史論叢』中央公論美術出版、昭和六十三年

2 冨島義幸「塔における両界曼荼羅空間の展開」『仏教藝術』二三八号、平成十年

3 田中貴子「宇治の宝蔵」『伝承文学研究』第三十六号、平成元年（後に同『外法と愛法の中世』砂子屋書房に再録）

竹居明男「寺院の宝蔵（経蔵）と院政期の文化」『日本古代仏教の文化史』吉川弘文館、平成十年（初出は平成元年・五年）

4 上島享「中世国家と寺社」（『日本史講座』第三巻　中世の形成）東京大学出版会、平成十六年

5 方広寺の沿革については以下の書を参照。

　村山修一『京都大仏御殿盛衰記』法蔵館、平成十五年

6 『新東宝記』東寺、平成七年

7 前掲註5

8 面取りは約七分の一である。

9 腰長押の直下には腰貫を入れている。

10 ただし北面の西端間のみは、連子子の代わりに板を嵌めている。

11 腰長押を打つ柱間（連子窓のある柱間）では腰貫も入れている。

12 ただし、背面では直材に造り、虹梁形にはしていない。

13 村田治郎・杉山信三・後藤柴三郎「蓮華王院の建築」『三十三間堂』三十三間堂奉賛会、昭和三十六年

　昭和修理時の解体の際の知見は、修理報告書が刊行されておらず、この論文に拠らざるをえない。しかし記述が曖昧で、部材の実測図や写真なども載せられていないために正確に把握したり再検討することはほとんど不可能である。本稿の叙述も同論文に大きく依拠しているが、確実と思われる範囲で整理している。また現状調査から得られる知見を加えている。

　この他、京都府総合資料館に「国宝建造物修理係」が作成した「昭和五年二月一日着手、昭和八年十月三十一日竣工　蓮華王院本堂修理一件綴」が保存されている。しかし解体時の知見は記録されていない。

　因みにこの昭和の修理では、長大な建物災害から守るために、桁行を七分するように小屋内部の六箇所にモルタル塗り込めの防火壁を設けている。

14 杉山信三『院家建築の研究』吉川弘文館、昭和五十六年及び前掲註13

15 中尊須弥壇格狭間墨書

　永享六年五月十九日三郎のさく光太ろう（花押）

前掲註13村田他論文による。

16 慶安材は混じる。

17 瓦銘は前掲註13参照。ここでは一点のみ記す。

　瓦カス合八万枚イマノフソくノ分

三十三間　永享五年閏七月十二日

　同十三日ニ山ノミコシフルト申事アリ

18 『三十三間堂』（三十三間堂奉賛会、昭和三十六年）

19 前掲註13

20 前掲註13

21 前掲註13

22 向拝の木鼻は慶安の取り替え材である。

23 大森健二『社寺建築の技法』理工学社、平成十年

24 鈴木嘉吉「南都の新和様建築」（『大和の古寺』3　岩波書店、昭和五十六年）

入側隅では梁行にのみ木鼻が付き、桁行や隅行には木鼻は付かない。

25 前掲註13

〔参考文献〕

田中教忠『蓮華王院三十三間御堂考』田中忠三郎、昭和七年二月

『三十三間堂』三十三間堂奉賛会、昭和三十六年三月

杉山信三『院家建築の研究』吉川弘文館、昭和五十六年

村山修一『皇族寺院変革史』塙書房、平成二年

五　浄《じょう》瑠《る》璃《り》寺《じ》本《ほん》堂《どう》（九《く》体《たい》寺《じ》本《ほん》堂《どう》）　一棟　国宝

京都府相楽郡加茂町大字西小　浄瑠璃寺

明治三十年十二月二十八日指定　昭和二十七年三月二十九日国宝指定
明治三十二年解体修理　昭和十二年　昭和四十二年屋根葺替

一、草創と沿革

浄瑠璃寺は京都府南部の相楽郡加茂町大字西小に所在する真言律宗の寺で、小田原山法雲院と号する。西小田原寺、九体寺または九品寺とも呼ばれた。寺地は北を除く三方を低い丘陵によって囲まれ、中央に池を穿つ。阿弥陀堂（本堂・国宝）は西の山裾、池に臨んで位置し、その対岸の台地には三重塔（国宝）が建つ。池の中島には弁財天が祭られている。現在の寺へのアプローチは北側からである。

浄瑠璃寺に関するまとまった史料としては『浄瑠璃寺流記事』（以下「流記事」と略称する）があるのみである。浄瑠璃寺の釈迦院に伝わったものが原本で、それは永承二年（一〇四七）から貞応二年（一二二三）までを編年体風につづったものであった。観応元年（一三五〇）に寺僧長算がこれを筆写し、さらに永仁四年（一二九六）から観応元年までを追記したものが現伝する「流記事」である。なお原本は「流記上帖」と「年中行事下帖」からなっていたが、下帖は伝わっていない。長算が「斯記録者山門規模之要枢、開山本願之由来、尤可存知其根源者也而已」と記すように、「流記事」は浄瑠璃寺の歴史を後世に伝えるための根本資料であった。以下、「流記事」を主な史料として浄瑠璃寺の歴史を略記する。

浄瑠璃寺は開山を義明上人として、阿知山大夫重頼によって創建された。「本願義明上人」は「当麻所生」とあるのみで、経歴等は一切不明である。「壇那阿知山大夫重頼」は、興福寺の末寺を列挙した「興福寺官務牒疏」には「阿知山大夫佐伯重頼之本願也」とあって佐伯氏の一族だったことがわかる。しかし詳細は不明で、土地の豪族であったと推測される程度である。「本堂」の創建は永承二年（一〇四七）七月十八日で、「一日ニ葺之」とあるから、小規模の仏堂であったろう。本尊については記さないが、「浄瑠璃」は薬師浄土を意味するから、薬師如来が本尊であったことは疑いない。現在、三重塔内に安置されている薬師仏が創建時の本尊であったと推定されている。

創建より六十年後の嘉承二年（一一〇七）正月十一日、本仏（薬師如来）を「西堂」に移し、「本堂」を壊し始める。同十六日には新堂の地引が行われ、七月十九日「造功了、上棟云々」、同三年二月十一日に開眼供養が行われた。毘沙門天の供養に続いて六月二十三日には総供養が行われた。供養導師は浄土教の念仏僧であった迎接房経源である。願主の公深（阿波公）の経歴は不詳である。この仏堂が新たな本堂となったこと、本尊は阿弥陀仏であったことが推察される。位置は池の北岸であったろう。永治二年（一一四二）には「浄土院阿弥陀講始行之」とあるので、阿弥陀堂の一郭は浄土院と呼ばれていたようである。延応二年（一二四〇）の真言堂供養記事のなかにも「御宿所浄土院」と見える。

さらに五十年後の保元二年（一一五七）正月十六日、本堂を池の西岸に「壊渡」した。永万二年（一一六六）四月十二日の「僧祐恵田地寄進状案」（『平安遺文』）に「西小田原九体阿弥陀堂」の語がみえるから、遅くとも保元二年時の阿弥陀堂は九体阿弥陀堂であったことが明らかである。その五十年後の承元元年（一二〇七）には本堂屋根の葺替が行われた。このとき使用した檜皮は「一千六百五十囲」。ちなみに治承の三重塔移築時の檜皮量は「三百四十五囲」であった。

久安二年（一一四六）には五間四面の食堂と三間一面の釜屋が造営された。

久安六年（一一五〇）九月、興福寺一条院の恵信僧正が、延観上人の草庵である岩本常光院に隠遁した。以後、浄瑠璃寺は一条院の御祈願所となり、興隆への道が開かれる。「凡当山開山之昔ハ坊舎毛散在シ、仏閣毛不連宇、而ニ僧正御坊御座之時、重有結界等御沙汰、被堀池被立石、種々有御興業云々」と記す。「併是再興御本願」たる所以である。ちなみに恵信は関白藤原忠通の子である。

平治元年（一一五九）十一月十八日、十万堂の棟上げが行われた。一間四面堂で弥勒三尊を安置した。興福寺の僧勢覚が十万人に勧進して造立したという。承安元年（一一七一）にはこれを三間四面に改め、秘密荘厳院と号し、同二年に供養が行われた。延応二年（一二四〇）三月二日に供養の行われた真言堂はその後身で、さらに五間四面堂に改められたという。供

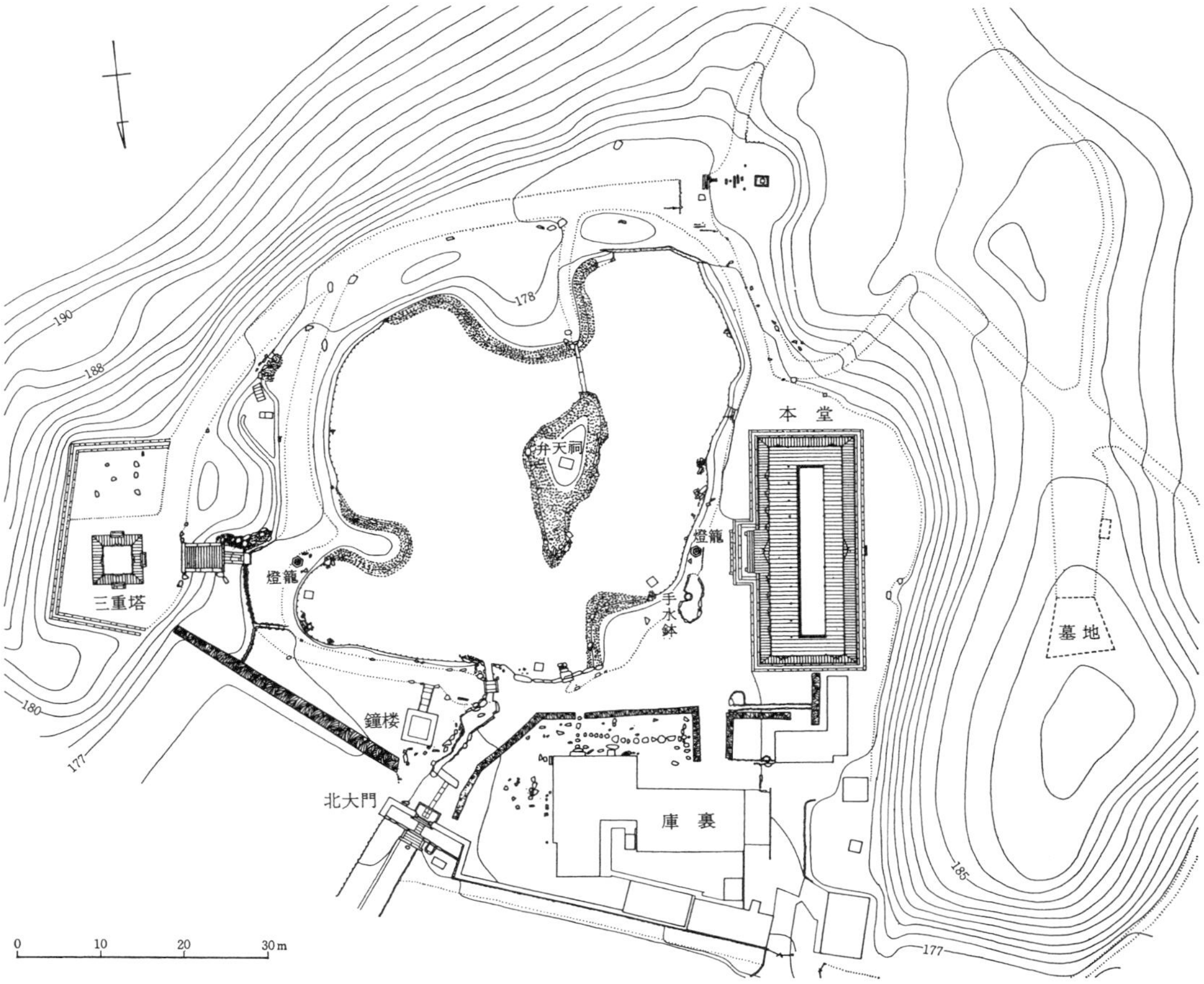

挿図１　浄瑠璃寺配置図（『名勝浄瑠璃寺庭園――環境整備事業報告書』による）

養の大阿闍梨はのちの醍醐寺座主実賢であった。

仁安三年（一一六八）には法雲院の「修理葺」が行われた。この院の創建は不詳で、本願義明上人の旧跡であったという。義明から弟子の蓮蔵房、さらに覚誉に譲与された。覚誉は興福寺の法雲院の住侶だった関係で、本寺住院の名を取って法雲院と号したという。

治承二年（一一七八）鐘楼が造立された。鐘はすでに保延二年（一一三六）に鋳造されていた。治承三年九月二十日、京都・一条大宮の三重塔を移築し、蓮台院と号した。檜皮葺は翌年三月である。現存する三重塔がこれである。

文治四年（一一八八）、春日および若宮を勧請した。今は失われているが、『都名所図会拾遺』に載せる浄瑠璃寺伽藍図には、阿弥陀堂の南に白山社とともに描かれている。「流記事」は、白山社勧請の時期は不明である、とする。

建仁三年（一二〇三）二月一日、楼門・経蔵・閼伽井屋が上棟された。楼門の位置は定かでないが、現在の北大門であろうか。

元久二年（一二〇五）には京都の立石僧を招いて、楼門内の池辺に石が立てられた。恵信の時にすでに石が立てられたが、この時それを立て直したものである。

承元元年（一二〇七）には本堂の屋根葺替があった。約五十日の仕事である。

建暦二年（一二一二）、吉祥天が本堂に渡された。現存する吉祥天像（国宝）である。「丈六堂」とあるから、現在の本堂であろう。

建保二年（一二一四）と推定される「西小田原住侶等請文」（『鎌倉遺文』）によれば、このころの住侶数は八十人であった。

貞応二年（一二二三）四月二日には檜皮葺の南大門（四脚門）が造立され、同年七月十七日には西大門の造営事始めがあった。

ここまでが釈迦院本で、以下は長算の書き継ぎである。

永仁四年（一二九六）六月十一日、吉野の天ノ川より弁財天を勧請。御殿は七月十一日に完成した。弁財天社は現在池の中島にある。

応長元年（一三一一）の春、護摩堂を造立し、七月八日には三尺不動尊と二童子像が安置された。

嘉暦三年（一三二八）夏、本堂檜皮葺を修理し、仏後壁に板を張り、内陣床板を敷き替えた。

康永二年（一三四三）には「奈良大門」が造立された。四脚門で、「流記事」には異筆で「是ハ奈良道赤門之事也」とある。南大門の建て替えであろう。

ここまでが長算の書き継ぎで、そのあとに若干の追記がある。応永十七年（一四一〇）の池の浚渫と文明七年（一四七五）の大湯屋石船の破損にともなう新造営の記事である。「流記事」以後の、浄瑠璃寺を知る資料はきわめて少ない。

前にみた嘉吉元年（一四四一）の「興福寺官務牒疏」によれば、本尊は薬師仏と九体阿弥陀仏で、十二の僧坊があったとする。

寛永九年（一六三二）の「浄瑠璃寺書上控」（『春日神社文書』）によれば、当時の伽藍は本堂・真言堂・塔・護摩堂・鎮守（春日・白山・清滝・弁財天など八社）・撞堂（鐘楼か）・念仏堂・樹門（楼門か）で、十六の子院があった。

本堂は寛文六年（一六六六）に瓦葺に変えられた（修理棟札による）。

本堂・三重塔ともに明治三十年に特別保護建造物の指定を受け、明治三十二年に本堂、同三十三年には三重塔の解体修理が行われた。その後、雨漏りによる腐朽甚だしく、昭和十二年には桔木より上部の修理・屋根替、昭和四十二年にも屋根替修理が行われた。昭和二十七年には両建築とも国宝に指定された。

以上が浄瑠璃寺の歴史である。浄瑠璃寺は小規模な薬師堂を中心に出発したが、創建六十年後には早くも阿弥陀堂を本堂とする寺へと変化している。永治二年（一一四二）の「浄土院阿弥陀講始行」も浄土教寺院としての浄瑠璃寺の性格を示している。一方、延応二年（一二四〇）には両界曼荼羅を安置したと思われる真言堂が建立され、承安元年（一一七一）には真言八祖御影供が始行されるなど、真言密教の影響も強く受けるようになる。そのほか、延久三年（一〇七一）には往生講、建久五年（一一九四）には舎利講、正治二年（一二〇〇）には法華八講が始行されるなど、当時の様々な仏教思潮が混在した、平安時代らしい寺院であった。

二、建築の概要と特徴

浄瑠璃寺本堂は現存する唯一の九体阿弥陀堂である。九体阿弥陀堂は藤原道長によって寛仁四年（一〇二〇）に建立された無量寿院阿弥陀堂（後の法成寺阿弥陀堂）を先駆けとして、文献上は鎌倉時代初期までの間に三十数例が確認されている。しかしその約半数は天皇家による建立で、他は院の近臣など富裕な貴族たちがその造営者であった。当寺のように地方の豪族によるものは、藤原清衡による嘉承二年（一一〇七）の平泉・大長寿院二階大堂とならんで例外的な存在といってよい。

九体の阿弥陀は『観無量寿経』に説く「九品往生」の思想に基づくもので、これは人間をその機根に応じて上品上生から下品下生までの九段階に分け、それぞれの往生の仕方を規定するものであった。九体阿弥陀堂はこの九品に各一体の阿弥陀仏像を対応させることによって成立した。

これらの堂に安置された阿弥陀像には二種類の組み合わせがみられる。ひとつは九体をすべて同法量とするもので、文献によって知る限りではすべてが丈六の大像である。法量の明らかな二十五例中十九例を占め、九体堂の主流であった。他のひとつは中尊のみを大きく、他の八体はひとまわり小さくするもので、藤原清衡の大長寿院二階大堂（中尊は四丈の巨像）を除けば、中尊を丈六または半丈六、八体を半丈六または等身像としており、平均すれば前者よりも小振りである。このように基本的には同等の地位を有する九体の阿弥陀を安置するために、その仏堂は九体を横一列に並置する長堂の形式をとるのが普通だった。そしてひとつの柱間に一体の仏像を安置するためには最低七間四面の規模が必要で、九間四面または十一間四面が一般的な形式だった。なかには醍醐寺大蔵卿堂の八角堂や、同じく無量寿院の一間四面堂のような求心堂もあったが、特異例とみるべきであろう。

浄瑠璃寺本堂は阿弥陀堂の通例どおり、東面して建つ。本瓦葺一重の寄棟造で、桁行十一間、梁行四間の、いわゆる九間四面堂である。床は板敷、天井はすべて化粧屋根裏である。中央間には周丈六の来迎印の阿弥陀如来座像、その両脇には各四体ずつの定印半丈六阿弥陀如来座像を安置する。中尊を安置する空間は柱間が他よりも格段に広く、四周に内法長押をまわす。四周の柱も太く、天井も高くて、独立性の高い空間を形づくっている。このように、長堂形式でありながら求心性の強い空間構成は、この堂の大きな特徴である。柱間は仏像の法量にあわせて、中央間が十四尺、その両脇間七・二五尺、次の各三間は六・五尺とする。身舎の梁行は一間で十四尺、側まわりではその中央に柱を立てて二間に分け、各七尺とする。側面からみると庇の間が八尺で、母屋柱間の七尺より広いのは室生寺本堂などに通じる、平安期の仏堂の特徴のひとつである。前面の庇は礼拝空間であるから、その部分をゆったりとる意図であったろう。こうした構成は平安時代の阿弥陀堂にほぼ共通する。なお、多くの阿弥陀堂は内部に豊かな荘厳画を施すが、この堂には全くその痕跡がない。身舎の化粧屋根裏とも相まって、当時の阿弥陀堂としては例外的に簡素な仏堂であったとみることができる。

ところで、藤原道長が万寿四年（一〇二七）に建立供養した法成寺釈迦堂は『扶桑略記』によれば「十三間堂」だが、『栄花物語』は「中三間は高くあげ、南東《西カ》三間は廊造にぞ造らせ給へる……仏中の間の高きに中尊おはします、……そばの短き廊どもには、九十九体皆かさなり竝ばせ給へり」とする。丈六の釈迦像を安置した「中堂」の両側に各三間の「廊造」の部分があって、そこには各五十体ずつの小釈迦像が安置されていたのである。浄瑠璃寺本堂の、中央間のみ柱間を格段に広くとり、柱も太く、天井も高くして中尊を安置し、両側の低い部分には小さな阿弥陀を安置するという形式は、この法成寺釈迦堂の空間構成に類似したものとみることができよう。何らかの影響関係を想定することも可能と思われる。

三、各部の技法

低い亀腹基壇に、花崗岩自然石の礎石を置く。柱はすべて根継ぎされていて、当初の床構造は明らかでない。現状の床高は柱石口から二・三尺である。柱はすべて円柱で、入側柱は径八寸だが、中尊を取り巻く四本は一尺三寸と太い。側柱は七寸で、中央間両端のみ一尺一寸とする。側まわりには内外に内法長押、外部に切目長押、その上に半長押を置く。扉口はすべて内法長押を二重とし、正面および背面中央間のみ他より一段高い位置に長押を打つ。中央間両端の柱は他よりひとまわり太いため、長押の見込み寸法も大きくしている。正面中央間は円柱の小脇柱に幣軸を添わせ、板扉を吊り込む。その両脇各四間は方立に板扉である。両端の間は連子窓に下部を土壁とする。妻側は両端の間を面取りの小脇柱に板扉、中二間は土壁である。背面は中央間を面取り小脇柱に板扉とするほかは土壁である。側まわりは隅柱上のみに舟肘木を乗せる、住宅的な意匠である。

次に内部について記す。まず本尊の安置される方十四尺の身舎中央間は四周に頭貫および内法長押をまわし、切妻形の化粧屋根裏とする。四隅の柱上に三斗を組んで桁をまわし、両妻の桁上に豕叉首を組み、三斗で化粧棟木を受ける。この棟木と平側の桁の間に化粧垂木を配る。桁・頭貫間の中備は間斗束である。なお、梁行の頭貫は実際には貫ではなく、厚さ一寸ほどの二枚の板を組み合わせたものである。中央間を除く身舎柱上には組物はなく、隅柱のみ舟肘木が乗る。隅肘木は、外部側は垂直に切り落として短くするのが通例だが、この舟肘木は通常の形態であるのも珍しい。また、身舎柱上に大斗がないため、柱位置で桁に肘木をかませ、先端に斗を乗せて虹梁を受けるというのも特異である。虹梁上に扠首を組み、舟肘木で化粧棟木を受ける。なお、側柱と入側柱を結ぶ繋虹梁はない。天井高（床上から化粧棟木下まで）は、身舎中央間が一八・七七尺、両脇各四間は一五・〇五尺で、その差は三・七二尺である。垂木勾配はそれぞれ異なっている。中央間は身舎六寸二分五厘に対して庇は一寸七分五厘、その両脇各四間は身舎七寸二分四厘に対して庇は一寸九分六厘である。中央間背面庇は三寸四分である。このような身舎どうしおよび庇どうしの微妙な違いはやや奇異な感じがする。

九間長の来迎壁は板壁に漆喰塗りで、中央間のみ腰貫下に桟唐戸を入れる。身舎と庇の間に段差はないが、仏像を安置する部分のみ床を七寸ほど高く張り、背面を除く三方を、上部を二段の剣巴文金具で飾った、高さ二・八四尺の須弥壇状の棚（供物壇）で囲む。この壇の高さは仏像の蓮華座下部とほぼ同じであり、正面から見るとあたかも須弥壇上に阿弥陀仏が端座しているかのようである。仏後壁を板壁としたのは「流記事」によれば嘉暦三年（一三二八）であり、それまで来迎壁がなかったとすれば、この壇が作られたのもあるいはこの時期であろうか。

軒は二軒繁垂木で、地垂木には反り増しがある。飛檐垂木は大きく反り上がり、先端の下端はほぼ水平に近い。ただし垂木の残り具合はきわめて悪く、正側面はすべて明治材で、古材は明治修理で背面に集められた。軒の出は五・三三尺で、木負の出三・一八尺、茅負の出二・一五尺である。垂木は各柱間に柱を手挟んで割付けられるので、一枝寸法は中央間が七寸、その両脇間七・二五寸、続く各三間は七・二二寸、庇の間は七・二七寸と、微妙に異なる。前述したように中央間のみ庇の化粧屋根裏が高いため、この部分の化粧垂木は外部にのびない。外部の地垂木は上段の長押を垂木掛けとして取り付く。現状は桔木で軒先を吊っているが、それ以前の状態は明らかでない。野垂木によって吊っていたのだろうか。あるいは正面中央間は現状のように当初から向拝があって、向拝の野垂木から吊っていたことも考えられる。向拝は『兵範記』仁平元年（一一五一）の福勝院の指図にすでに描かれているから、当初からあってもおかしくはない。現在の向拝は江戸時代のものである。

次に小屋組について記す。天井の高い中央間は化粧屋根裏の裏板に乗るようにして明治期の桔木が跨ぎ、桔木に母屋を配っている。低い両脇間は入側柱筋に束を立てて梁を受け、小屋束を立てて母屋を受ける。梁は中古材で、小屋束は明治材である。それ以前の構造は明らかでない。中央間の化粧棟木端部には枘らしいものがみられるから、あるいはこれが両脇までのびて、低い部分の野棟木となっていた可能性がある。また両脇の低い化粧棟木上端には枘穴らしいものが見えるので、化粧棟木に束を立て、低い部分の野棟木を支えていたのかも知れない。なお、小屋裏の母屋両端部には豕叉首が立っている（挿図２）。入母屋屋根の妻飾とも考えられるが、風蝕が全く外部に出ていた可能性はない。また叉首竿の上端は尖っていて斗を受ける形ではない。叉首の勾配も内部のものより急である。したがってどのような用途を担うものであったか不明である。

挿図２　浄瑠璃寺小屋内部の扠首

最後に、本堂の建立年代についてである。これに関連して、堂内に安置された九体阿弥陀像の造立年代についても「流記事」の記載と照らして様々な説がある。「本堂」創建の永承二年（一〇四七）とする説[1]、本堂を壊し、新堂安置仏の開眼供養が行われた嘉承三年（一一〇八）とする説[2]がその代表である。また、中尊と他の八体の間に明らかな作風の違いがあることから、八体の造立は阿弥陀堂が移築された保元二年（一一五七）とする考えもある[3]。現在の阿弥陀堂も、保元二年の「壊渡」を単純な移築と考えるか、あるいは「改築」と考えるかによって建立年時が異なってくる。しかし外部に組物を使用しない簡素な建築であり、またやや特殊な構成を持つなど、建築の様式から嘉承か保元かを判断することは困難である。また前述したように中尊を安置する中央間とそれ以外とで化粧屋根裏の勾配が異なっていること、長堂形式でありながら求心性が強いこと、また中央間の垂木の納まりがきわめて特異であることなど、安置仏の作風の相違とも相俟って、本堂も中央部分が先に造られ、両脇が後補ではないかとする推測も生じうる。具体的には、中尊安置の仏堂が嘉承三年に造られ、保元二年の移築時に両脇が付け加えられ、八体の阿弥陀仏もこの時造られたのではないかとするものである。しかし少なくとも昭和四十二年の屋根替修理時の知見からは、こうした可能性は否定されている。いずれにせよ問題の多い建築であり、その解明には詳細な調査を待つしかあるまい。

〔註〕

1　井上正「浄瑠璃寺九体阿弥陀如来像の造立年代について」（『国華』八六一号、一九六三年）。
2　小林剛・森蘊編『浄瑠璃寺』鹿鳴荘、一九五七年。大宮康男「浄瑠璃寺九体阿弥陀堂造立考」（『仏教芸術』二二四号、一九九六年）。
3　金森　遵「浄瑠璃寺阿弥陀如来像の造立年代」（『史跡と美術』一五二号、一九四三年）。

〔参考文献〕

『国宝浄瑠璃寺本堂・三重塔修理工事報告書』京都府教育庁文化財保護課、一九六七年
福山敏男『浄瑠璃寺』（『日本の寺』五）美術出版社、一九五九年
伊藤延男「浄瑠璃寺本堂」（『大和古寺大観』第七巻）岩波書店、一九八八年
鈴木嘉吉『名建築選』（『日本名建築写真選集』二〇）新潮社、一九九三年

六　室《むろ》生《う》寺《じ》金《こん》堂《どう》　一棟　国宝

奈良県宇陀郡室生村大字室生　室　生　寺

明治三十四年八月二日指定　昭和二十七年三月二十九日国宝指定
明治四十年解体修理　昭和三十六年、平成二年屋根修理。

一、創立沿革

室生は大和平和の重要な水源地の一つとして、古くから室生竜穴神が祀られていた。ここに寺が造られるが、創立については『宀一山年分度者奏状』（金沢文庫所蔵）が唯一の史料と知られている。承平七年（九三七）の年記があり、当時旧記によって編集されたものと考えられている。これによると「宝亀年中東宮（後の桓武天皇）が病となり、室生山中で延寿法を修せしめた所、病気平癒したので、その後、興福寺大僧都賢璟が仰せを蒙って室生山寺を建立した。」とある。賢璟は同じころ、三重県桑名郡多度町の多度神社でも神宮寺を設立し、三重塔などを建立している（『多度神宮寺伽藍縁起並資財帳』、延暦二十年＝八〇一）。

この後、興福寺の修円、天台宗の円修、堅慧など、天台宗系統と興福寺系統の高僧が相次いで寺をひきいていたが、真言宗の高僧が入ることもあり、中世には真言宗の力も強くなって、延慶元年（一三〇八）灌頂堂が、おくれて弘法大師の御影堂なども設けられた。

中世末から興福寺の力は弱まり、元禄七年（一六九四）には護持院隆光により真言宗とされ、興福寺とは関係を断った。室生寺の世俗の呼び名を女人高野というのもこのような情勢となった近世のことである。明治以降、真言宗豊山派となり、昭和三十九年、真言宗室生寺派大本山となった。

室生寺五重塔については寺創立に近い延暦頃と形式ならびに材の年輪年代測定から推定されるが、金堂については建立を記す記録は知られていない。貞観九年（八六七）に「竜穴寺」号が下付されたことを伽藍完成をしめすとすると、この頃は金堂もできていた、とみられる。ただし、この時の金堂が現存の堂かどうかは、金堂内に安置される仏像の年代との関連から考察されている。個々の像の推定造立年代と仏像群としての構成などはいずれも貞観頃とみてよい、といわれる。あるいは寺創建当初の金堂は塔との位置関係や周囲の地形などから現在の本堂（灌頂堂）の位置にあったのではないか、との想像もあるが確かではない（挿図1（A）（B））。

堂の呼び名としては中世から近世初頭にかけては、根本堂、本堂、薬師堂などと記され、金堂の名は元禄十三年（一七〇〇）の文書からである。

平安初期以来、この寺はしばしば雨乞いに利用され、その記録も多いけれども、金堂そのものについては記録は少ない。天承元年（一一三一）に伽藍修理の記事（『長秋記』）があるが、なかに金堂が含まれるかどうか、わからない。部材からみると平安末期と鎌倉時代に大修理があったものとみられる。現在の孫庇は蟇股の墨書銘から江戸寛文十二年（一六三五）に付けられたとされていた（天沼俊一『日本建築史要』飛鳥園、昭和二年）。ただし、指図をふくむ文書（唐招提寺所蔵「伝法灌頂作法」・田中稔『奈良国立文化財研究所年報』一九六三）によると鎌倉末期の乾元二年（一三〇三）、文保元年（一三一七）にはすでに孫庇があったことがわかる。あるいは平安初期の仏堂として早くから礼堂的な性格の孫庇があったかとみる向きもある。これが江戸初期に全く付け替えられて現状のものになったのである。

明治三十年、関野貞の調査報告に収載され、明治三十四年八月二日特別保護建造物に指定された。ついで明治四十年に解体修理され、檜皮葺を柿葺に変更され、堂内も後世の付加物を外し改装された。昭和四年国宝保存法による国宝となり、昭和二十五年文化財保護法制定により昭和二十七年国宝とされた。昭和三十六年と平成二年には屋根修理があり、報告書が刊行されている。

二、現状と特徴

建物は正面五間、一二・〇三五メートル（報告書）、側面五間、一二・〇一五メートル（報告書）。南面して建つ。室生川が東西流れから屈曲して北行きへ方向を変える付近の北岸の勾配地に小さい広場を設け、東に天神社、西に弥勒堂を置く。広場北側の段差に二段の石垣（高さ三・四五メートル）を造り段上に金堂本体を配し、中段（高さ一・四五メートル）上に孫庇と柱と縁の束柱を懸造として建てる。金堂の一段上に本堂（灌頂堂）を置き、さらに一段上の平面に五重塔を設ける。

屋根は、寄棟造柿葺、孫庇の中程までを大屋根で覆い、その先端、南軒先から組破風で孫庇の屋根を接続する。

金堂基壇は本体部は切石一段をめぐらし、孫庇部分は割石乱積とする。基壇上の礎石は自然石（安山岩）を用いる。

柱は円柱、材種は杉と欅で、杉材の柱には当初材、中世材と明治材とがある。欅材は全て中世材である。柱の寸法は入側で径約四十一センチ弱、高さ床上四・〇四六メートル、庇柱径約三十六センチ、柱高三・四二メートル。孫庇柱径三六・三センチ、高さ四・三二メートル。いずれも柱上角には面をとらない（挿図2）。

柱間は桁行全長三九・六〇三尺（一二・〇〇一メートル）（明治実測）、一間は約七・九二尺（二・四〇メートル）前後で細かい誤差が多い。平均では七・九二尺（二・四メートル）。造営時の一尺を現尺の〇・九九尺（三〇・〇センチ）とすると一間は復原尺で八・〇尺となり桁行全柱間同寸法である。梁行は側面全幅一二・〇一三メートル（明治実測）、中央間五・九二九尺（一・七九七メートル）×二間、庇柱間八・〇四尺（二・四三六メート

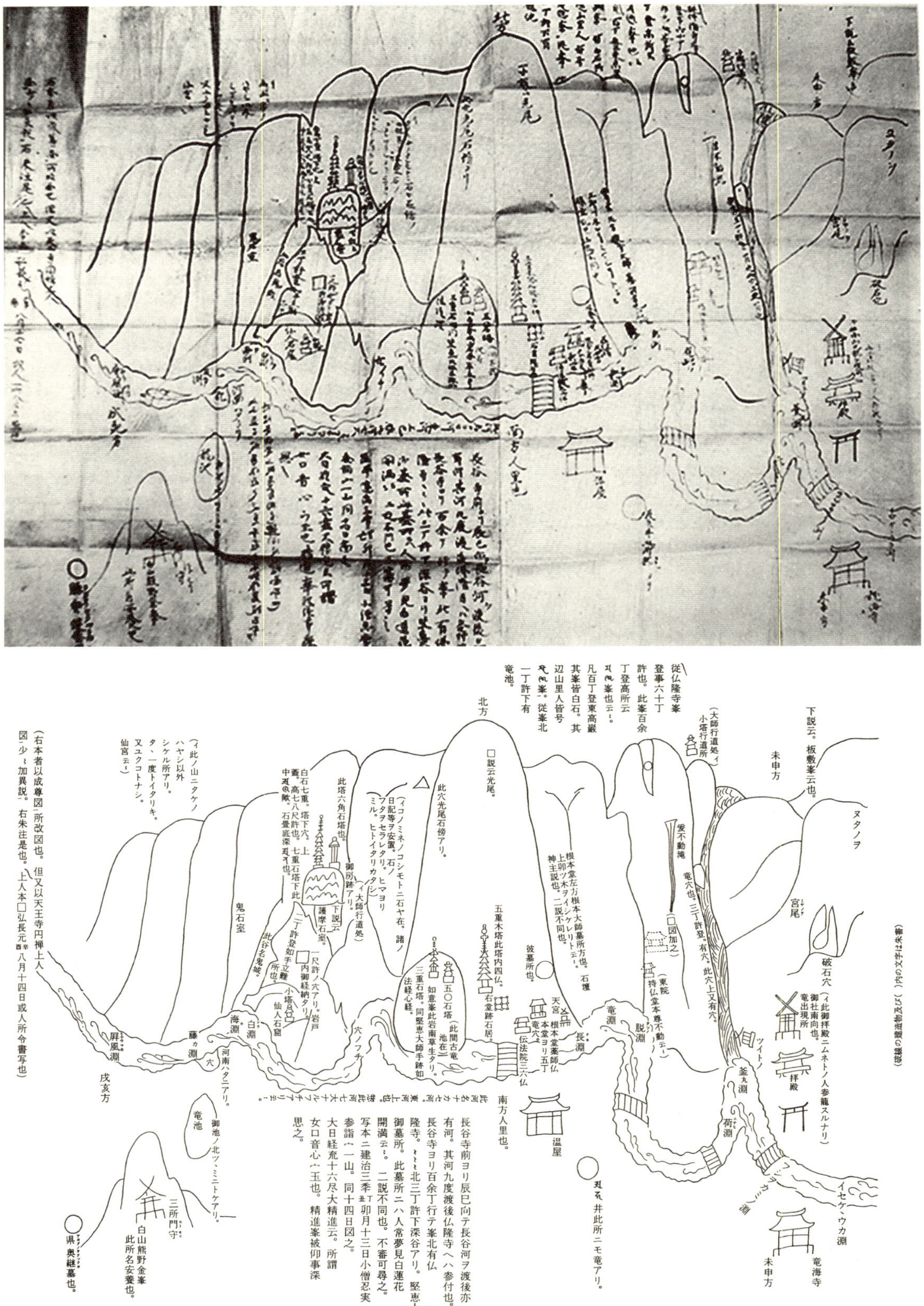

挿図1　金沢文庫蔵の宀一山図（上・正和3年）とその挿入文字解読（『大和古寺大観　室生寺』より）

ル）、孫庇（礼堂）一一・八五尺（三・五九メートル）復原尺では中央二間で十二尺に近く、庇は八・一二尺と、完数にならない。孫庇柱間が身舎梁間にほぼ等しい。また、全幅、全奥行がほぼ等しく、全体平面が正方形に近い。

平面の特徴として身舎妻の中央に柱がなく、側では身舎妻中央に対応する位置に柱を建てるので、柱配置だけでは身舎五間、庇二面にみえるが、架構としては隅間に隅木をかけて三間四面の形式にまとめていることである。また、柱筋の矩の手の誤差が大きく、後側柱は前側柱より三十センチ強西に寄って全体は平行四辺形になっている。当初はこの三間四面に入母屋造の屋根をかけていたことは後に述べる。

貫と長押については多くは後世のものであるが、身舎正面には飛貫・頭貫、側面には頭貫、背面には腰貫・頭貫が入る。庇側面では腰貫・上長押・頭貫、背面では腰貫・（中央間を除く）・上長押・頭貫を備える。正面は開口部の構えとなり、地長押・内法貫・内法長押・上長押・頭貫をもつ。孫庇では足固貫・内法貫・頭貫を通し、切目長押・内法長押を取り付けている。

組物は大斗肘木で、大斗は幅が柱径の一・一～一・〇七倍でやや大き目とされ、後世補足したものも同様に作られている。材質は全て杉である。肘木の納まりは虹梁と下端揃いで、天平初期のような大斗天乗りのものはない。肘木の形は下端に少々膨らみがあり、入側肘木は幅一八・六センチ×丈十九センチ程、長さ百三十六センチ。庇肘木は幅一八・六センチ×丈一九・七センチ、長さ百十二センチ程、側回りの肘木より身舎の方が二十四センチ程長い。

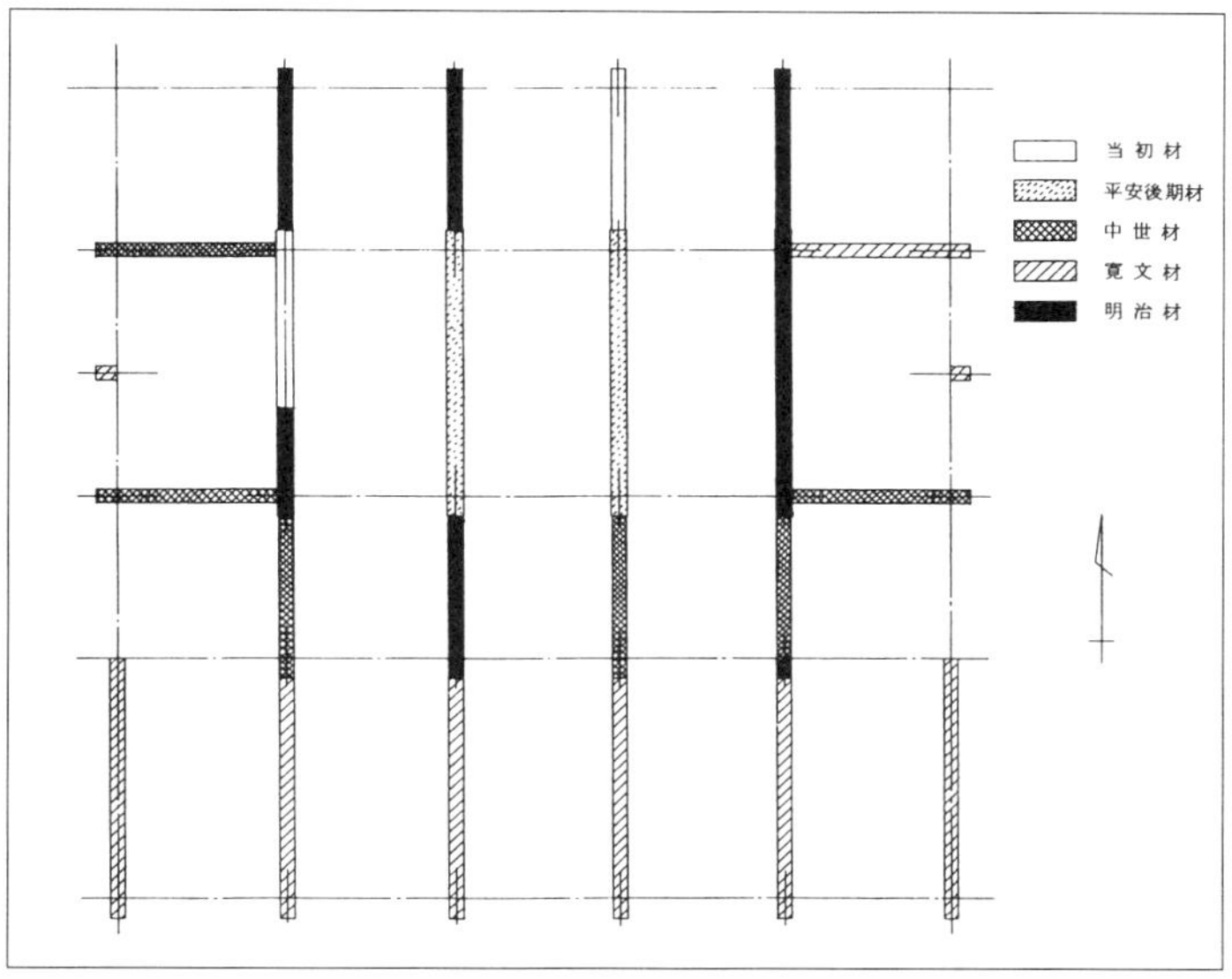

挿図２　柱位置番付及び時代別図（挿図２、３、４、５、６図は『修理工事報告書』平成３年　奈良県教育委員会に加筆）

架構は身舎では前後の柱を大斗に噛ませた大虹梁で繋ぐ。中央三間の両端の柱筋は身舎の妻に当たるが桁をまわさず、大虹梁を架けて、これを妻側の垂木掛けとする。庇柱と身舎柱は繋虹梁で結ぶ。身舎側は大入れ、庇柱上は大斗上に肘木と下面揃いに架ける。隅行きの梁はない。孫庇でも大斗上から繋虹梁で庇柱と結ぶ。

大虹梁の断面は上面広く二十二センチ、下面幅一八・六センチ。丈二五・六センチ、中央部を四・四センチ繰り上げる。虹梁鼻は肘木外面から三十センチ出る。断面は上幅十九センチ、下幅十七センチ、丈一八・三センチ。先端の丈を大きくする「鯖の尾」にはしていない。先端の丈を高くしているのは中世と明治の庇繋虹梁である。庇繋虹梁は中央部丈二七・二センチ、上幅二十三センチ、下幅一九・八センチ、下面の繰り上がり四・五センチで当初梁と寛文梁には木鼻先端の丈増しはない。

孫庇の繋虹梁は庇柱に大入れに刺し、先端は成を低めて貫通させ鼻栓で固定する。孫庇柱上は大斗に噛ませる。虹梁断面は丈二五・六センチ、幅一三・八センチの矩形断面をもち、下面は二センチ繰り上げる。側面に眉、下面には錫杖彫、両端には袖切をもつ。袖切には簡単な木瓜渦と若葉の繰形がつく。木鼻は本体の丈のまま持ち出す。木鼻側面に鯖の尾形の彫り方があるようにみえる写真は材のひび割れである。繋虹梁うえには大蟇股を置き、上に斗肘木を置いて中桁を支える。蟇股の側面には斗の下角あたりから簡単な若葉と渦を彫りだし、中央に薬壺形を彫る。薬師堂の表現である。これらは寛文修理時のものである。

軒廻り

正堂の軒は角垂木二軒で、地垂木は幅九・一センチ×丈一〇・五センチ、軒先上面に二センチの反りをつけ、丈十二センチとする。両妻の勾配は上面引通で四寸七分ほど、背面では四寸六分ほど。飛檐垂木は木負位置で幅七・五センチ×丈一〇・三センチ、両妻も背面も引通三寸五分ほど、反りがあり、先端の幅七・五センチ×丈七・五センチとする。軒隅近くの垂木の「かゆみ」はとっていない。孫庇の打越垂木勾配は三寸三分ほど、その先の飛檐垂木で二寸程である。

軒の出は正堂で一七八・二センチ、礼堂（孫庇）で一八五・五センチである。

垂木割は桁行では一柱間八尺に九枝、梁行では庇梁間八尺に九枝、中央間一一・九尺に十三枝を配る。したがって場所によって垂木間に少々違いがある。

桁はいずれも径二十センチ程の丸桁を用いる。孫庇では本体南軒の地垂木先で木負に打越垂木を架け、先端に飛檐垂木を置く。側桁・中桁とも断面方形で上面に木返りをとる。

身舎の隅には隅木が架け渡される。地隅木は幅一九・一センチ、飛檐隅木は中世のものを幅一六・一センチに縮めている。

孫庇の妻には縋破風（厚さ九センチ、腰幅二三・八センチ）が取り付く。本体側は飛檐垂木に取り付き、眉決りが施される。側桁先は桁隠で隠す。

天井とその上

身舎は全面組入天井を廻縁を大虹梁側面と、前後は大斗上に廻して受ける。天井は創建時にはなく、大虹梁上に残る叉首と垂木が直接見える化粧屋根裏だった。庇は天井はなく、垂木が化粧でこれは創建以来である。孫庇も化粧垂木で寛文修理の形式である。

小屋組

天井と化粧垂木より上は全面野屋根を設ける。各桁上に土居桁を寝かせ、登梁形の桔木を渡し、これに束を立てて桁行・梁行の小屋貫や筋違で繋ぐ。殆ど明治修理時の材で、一部に古材転用がある。野棟木を当初の棟より一・一八メートル前面に寄せて孫庇との雨仕舞いをよくしている。いずれも寛文修理時の仕事を明治に補強したものである。

屋根は二重軒付、柿葺、棟は板を組み合わせた箱棟で棟端に鰭付き鬼板を取り付ける。

屋根勾配は平前面で引通し六寸二分、背面五寸九分。妻で九寸四分程となっている。

柱間装置

前面庇は孫庇との間に中央三間は蔀戸を内側に釣り、内法長押との間は菱格子の欄間を入れる。両脇間は板扉外開き。両妻は南脇間を連子窓、他の間は横板壁。背面は中央間は板扉外開き、他は横板壁。孫庇正面は中央三間と側面は板扉外開き、正面両脇は連子窓。現状はいずれも寛文または明治修理によるものが多い。以前については痕跡多く、何度かの改造を経ている。

床

本体の床は低い板床で、大引を梁行に礎石面上に通し、根太を並べて梁行方向長手に板を敷く。板の一部には当初材と見られるものもある。孫庇の床も本体より切目長押一段低く張られ、孫庇柱に架けた大引に根太を並べて受ける。孫庇の正面・側面は切目縁を廻らす。縁の出は柱真から縁束真まで一五一・五センチ。縁先近くに擬宝珠高欄を置く。隅の高欄柱は隅縁束上で、正面の高欄柱は全長を九等分して立てる。縁の北端の高欄柱は本体の南側柱筋上にくる。

他の造作

内陣北半には供物壇をめぐらした低い板床の仏壇を構えている。これは明治修理以前にあった厨子形の仏壇を取り払った後、新造されたものである。中央間仏壇後方の板壁は後に横板壁を隠し、表に縦板壁を設け、帝釈天曼荼羅とされる彩色仏画が描かれている。取り付け方に疑問があり、当初の状況ではないとされる。

仏壇上には中央に五体の木彫の立像を安置する。中尊は伝釈迦像（薬師如来像と推定されている）で、向かって左に文殊菩薩、十一面観世音菩薩。右に薬師如来、地蔵菩薩像を祀る。これらのうち釈迦と十一面観世音とは金堂当初の像を伝えていると見られている。地蔵は当初の像は他寺に移っているらしい。

三、古材の所在と復原

各部の材の材種と年代別は次のようである。

柱（挿図2）

全体の材を使用時期によって、当初、中世、寛文、明治に分けると、付図にみるように、当初材の柱は南庇に東南隅から第三、五（は二・ほ二）。身舎南側に東から第一、二、三、（ろ三、は三、に三）、身舎北側に東から第二、三、四（は五、に五、ほ五）。北庇では西北隅に一本（へ六）と九本あり、全て杉材である。当初柱には土壁の間渡穴がみられるものがあり、建立当初は土壁であったらしい。

中世材は南庇に東端の一本（い二）（欅）、身舎西南隅に一本（ほ三）（欅）、身舎北側にはなく、北庇にも中世材はない。東庇では南隅から第二（い三）（欅）、四（い五）（杉）、西庇には中世材はない。

寛文材は孫庇の六本全部、南庇では東端から第二、四（ろ二、に二）の二本（杉）、身舎南側と北側にはなく、北庇では西北隅以外の五本で杉、東庇では東北隅から第三（い四）（杉）、西庇では西北隅から第四（へ三）（杉）。全てで十五本。

残る身舎東北隅（ろ五）、南庇西端（へ二）、西庇北端から第二、三（へ五、四）の四本はいずれも明治修理の材で杉である。すなわち、中世材のうち三本が欅で他はすべて杉材を用いている。

組物

大斗　材はすべて杉で古材の所在は次の通りである。当初材は三個あり、身舎東南隅（ろ二）、本体西南隅（へ二）、西北隅（へ六）。（ろ二）の大斗は北側に土壁間渡穴があるが、相手がない。

中世材は本体南庇東から第三、五（は二、ほ二）、西庇北端から第二、三（へ五、へ四）、身舎南側の二個（は三、に三）身舎北側の三個、（は五、に五、ほ五）。側回りで四個、入側で五個ある。残りは明治材と見られる。側回り斗の斗幅三十九センチ、成二十九センチ、斗尻幅二十七センチ、斗繰高九センチ、敷面高二十センチ程度である。入側大斗は中世材で幅四五・四〜四六・五センチ、成三三・二〜三十四センチ、敷面高二十四センチ、斗繰高一〇・四〜一一・二センチ、斗尻幅三〇・三〜三一・四センチ。斗幅と成の比率は〇・七四〜〇・七五前後、当初材では〇・八のものもある。

孫庇では東端から第二、三（ろ一、は一）の二箇所が明治材であとは寛文材である。

肘木　正堂庇の肘木は南庇の東端から第五（ほ二）は中世、第二（ろ二）は寛文で、他は明治材。西庇北端から第三（へ四）が当初、西北隅（へ六）は東西行き・南北行きとも中世。東庇北から第二（い五）は中世、他は明治材である。長さは隅の十字形に重なるものは全て九四・九〜八五・九センチ程と短いが、これは隅から外に出る部分を柱真から三〇・五センチほどで切り落としているためである。他は一一〇〜一一三・八センチ程の長さで、当初肘木の寸法は長さ一一三・八センチ、成一九・八センチ、木口成一〇・六センチほどである。中世材もこれに近い。

正堂身舎の肘木は北側筋で東から第三、四（は五、に五）は中世材、他は明治材である。中世材の長さ一三八・六センチと一三六・四センチ、成は（に五）一七・六センチ、（は五）で十九センチ、木口成は九・〇センチと九・三センチとなっている。肘木の材はすべて杉である。

棟木下の肘木は身舎妻東から第二（は四）が当初材、他は明治材である。当初材の長さ一二五・七センチ、成一九・一センチ、木口成九・五センチ、木口近くの下面に膨らみがある。

以上のうちで（は五）には側面に使えない天井廻り縁の仕口があり、位置が変わっているかと思われる。

孫庇の肘木は東から第三（は一）が明治材で他は寛文材である。長さは一二四・二センチ、成一五・八センチ、幅一八・一センチ、木口成九センチである。

架構（挿図3）

身舎は大虹梁で繋ぎ、身舎両妻は大虹梁が垂木掛を兼ねる。当初材は西妻の北部のみで南端は明治の矧木、中央間の二丁は木口や背面の仕上げに西妻梁と違いがあり、平安後期、天井取り付け時の取替え材とみられる。東妻は明治材である。

身舎と庇の繋梁は北庇東から第二が当初材。他は明治材。西庇は二丁とも中世、東庇は北寄りは寛文、南寄りは中世。南庇中央間西寄りが明治、他の三丁は中世。孫庇はすべて寛文材で揃う。大虹梁も繋虹梁も当初材と寛文材には木口の丈増しはなく、中世梁には鯖の尾が付けられている。材は全て杉である。

この堂の特徴として、側柱内部には繋梁のない妻中央の大斗上に、梁はないのに木鼻だけ、化粧として付せられている点がある。ただし現状は寛文材なので以前の形はわからない。

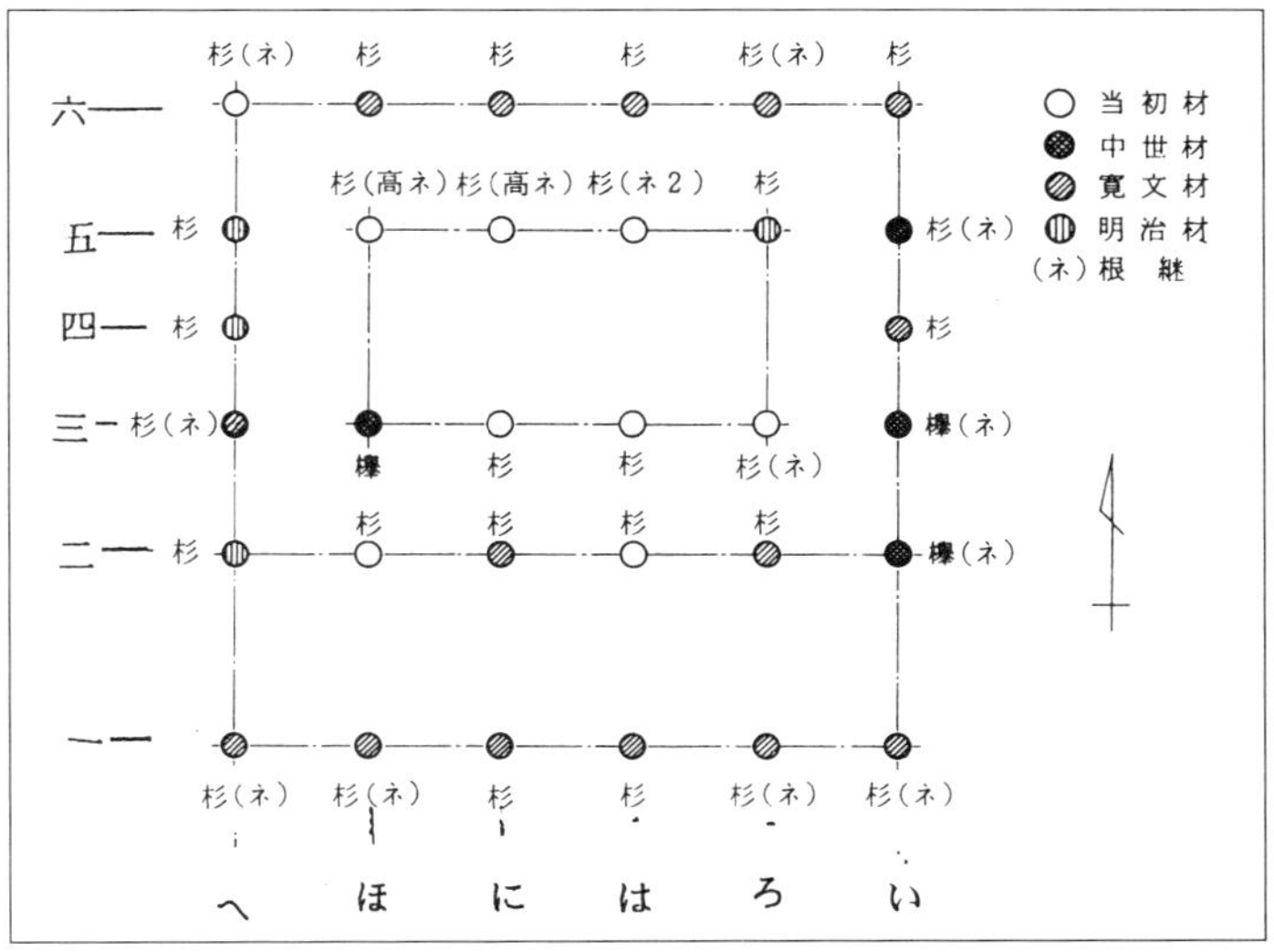

挿図3　虹梁時代別図

軒廻り

軒は本繋垂木二軒で、孫庇は飛檐垂木ではなく打越垂木になっている。後世の材が多い。

側桁は断面円形、径二十センチほど、正面西寄り三間、東面北寄り二間、西面南寄り二間は中世材とみられ、他は明治材とみえる。隅は梁行方向を上木で相欠、桁鼻の出は真より三十八センチとする。入側桁は身舎両妻は梁と兼用で身舎平だけにあり、断面円形・径二十センチ、背面東寄りが明治材、他は当初または平安取替え材とみられる。桁鼻は真から百十三センチ程出て、風蝕が大きい。西北隅には破風仕口の痕がある。

地隅木は、正堂東南、西南の二本が当初材、西北隅は中世材、東北隅は寛文材とみられる。東南隅木は先端を十三センチほど引っ込み、配付垂木を突き付けに釘止めした痕がある。飛檐隅木は西北に中世材があり、他は明治材。

地垂木は百八十三丁中、当初材三丁、中世材十八丁、寛文八十二丁、明治八十丁。飛檐垂木は百四十七丁、当初材は西側に一丁、中世材も西側に三丁、寛文八十一丁、明治六十二丁。

木負は約六十パーセントが寛文材ほかは明治材で成一六・一センチ、幅十三センチ、十二センチの反りがあり、隅成は十八・一センチとする。

茅負は約三十パーセントが寛文材、ほかは明治材に代えられ、成十二センチ、幅十三センチで反り約十八センチ。隅の成は十四・五センチある。化粧裏板も裏甲もすべて明治材

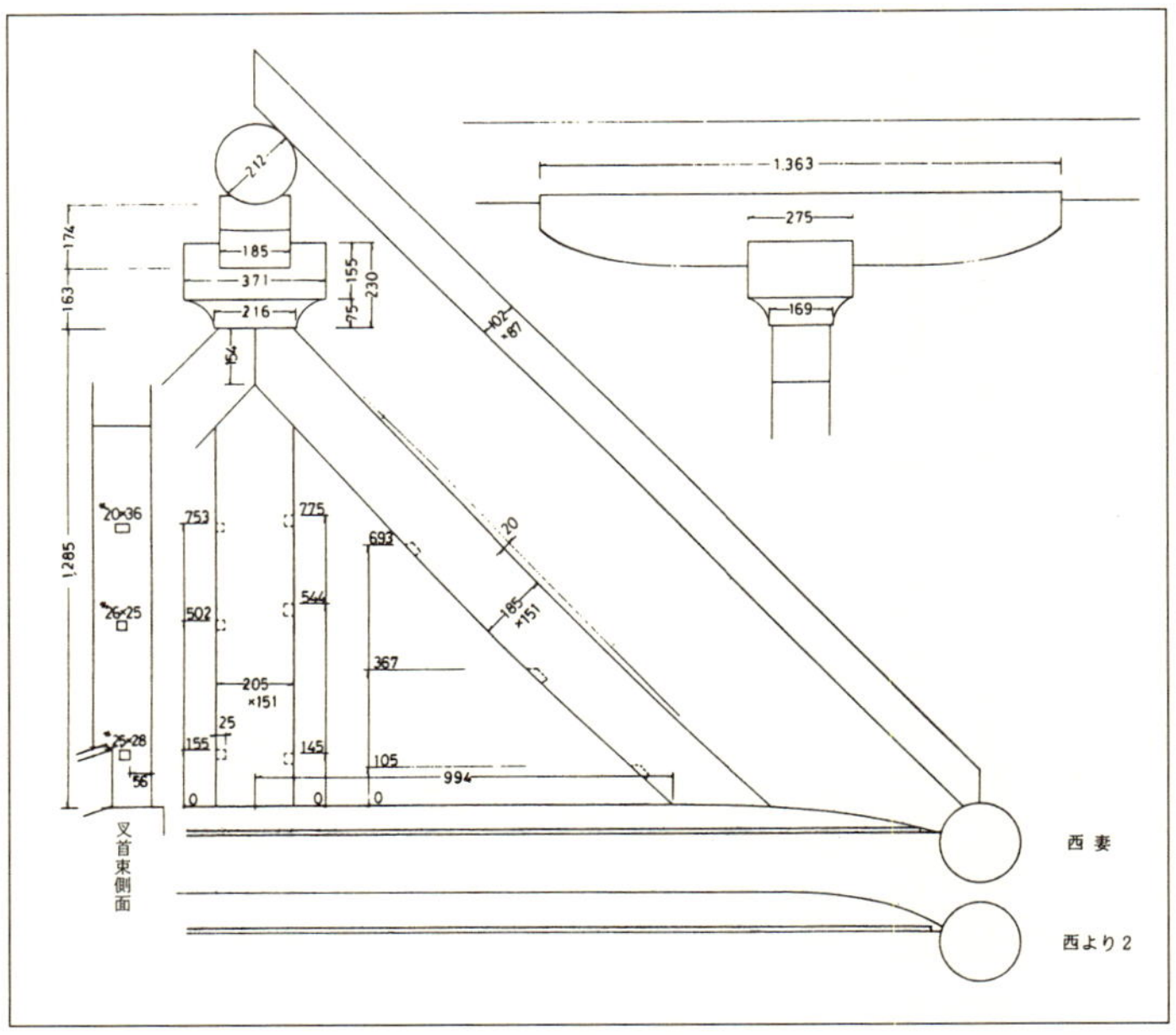

挿図4　旧西妻扠首組実測図

に変わっている。

孫庇は桁を角材として、中桁の先端で正堂の飛檐垂木を受ける。一部、明治材にかわっており、寛文材も多い。

当初の小屋構造（挿図4）

身舎は現状では組入天井となっているが、身舎妻上には豕叉首、間の大虹梁上には叉首組が残る。いずれの叉首も幅一八・五センチ×厚さ一五・一センチ、ゆるい反りがある。叉首上の斗は南北幅三七・一センチ×東西幅二七・五センチ、成二三センチうち斗繰七・五センチ、敷面高一六・三センチ、斗尻幅二一・六センチ×一六・九センチ。斗上に長さ一三六・三センチ、成一九・三センチ、幅十九センチで下面に膨らみのある肘木を置いて棟木を受ける。棟木は径二十二センチ程の円形断面で他の丸桁より二センチ程太い。身舎の垂木は寛文材と明治材ばかりで、寛文材孫庇の打越垂木を転用した直材であった。西妻の叉首束、その北の叉首棹、中央二丁の肘木は当初材で、当初の叉首材には側面に壁間渡穴がある。

小屋組

小屋材はほとんど明治修理に組み替えられている。野棟木は本来の棟木より一・一八メートル前寄りによせて一・五メートルほど高くしてあった。これは孫庇を礼堂として大屋根に取り込んだためであるが、寛文修理以前の状態については資料がなかった。屋根廻りもおおかた明治と昭和修理に新調されていた。

柱間装置（挿図5）

正堂正面中央三間の蔀戸は内釣りで、戸幅二〇三・五センチ、丈は上蔀九八・五センチ、下蔀八六・六センチ、外面格子、内面板張りとしている。格子の見附三・五センチ、見込み四センチで約十三センチ間隔に相欠に組む。釣金具は内法長押下の旧鴨居に取り付け、開放には内部化粧垂木側面から釣った金具にとめる。蔀戸は江戸末期のもので以前は敷鴨居が残っていて引違格子戸であった。寛文以前は古い柱面の内法長押・二重長押・蹴放・楣等の痕跡から正面五間とも現在の両脇間の扉より五一センチほど内法の高い扉口だったとみられる。

両脇間の扉口は内法長押より下に扉構えを作り、扉の幅八三・五センチ、丈百九十八センチ、厚さ四・五センチ。方立の見込幅は六・〇センチ、目立つ風蝕があり、外に面していた時期がある。

側面前端間の連子窓は明治の仕事で、東側面の柱は中世の欅材柱であるが対応して壁間渡穴があり中世以後、土壁であった。東西両面とも付敷居・付鴨居の痕跡があり、両面とも当初から土壁で、窓としたのは寛文修理の時に明障子付窓としたことがわかる。

背面の戸口は板扉外開で、やや異例の納まりとなっている。すなわち、下端は地長押上に幅一七・三センチの寄せを入れ、方立をたて、寄せ上面に蹴放を取り付ける。特に変わった点はない。上は内法長押の下に無目・成一二・四センチ×幅一二・二センチをいれ、さらに二六・五センチ下がって成一六・三センチ×幅一三・二センチの無目軸受けを入れる。この上方の無目に軸受け穴を埋めた痕跡があるので、かつては上方の無目が古い軸受けで、現状より二六・五センチ高い扉構であったことがわかる。上方の無目軸受の内方に取り付けられている楣が本来の楣であった。この扉構を低くしたのは江戸末期らしい。なお、古い扉構の内法長押は側面の内法長押と同高である。

来迎壁

仏壇背後の壁は中央間以外は全て明治材に変わっている。中央間は頭貫より二三・三センチ下に胴縁を入れ、これより上は一重の板壁とし、下は二重の板壁で、柱真より後ろは横板壁とし、前側に六段の胴縁を入れ、表から釘打で縦板厚さ二センチを五枚矧とし、表に「帝釈天曼荼羅」を描いている。柱との関係などはパネルを取り付けたような仕事とされ、元来は別の位置または他の建物にあったか、とも見られている。

正堂正面の構

現在の構は中央三間を蔀戸としているが、蔀を釣る内法長押より八〇・三センチ上がりに上長押を取り付けている。この蔀は江戸末期のもので以前は引違格子戸となっていた。さらに以前は当初柱・中世柱とも現在の上長押の下方に古い形式の二重長押取付痕があり、その下に楣の痕跡がある。中央間も両脇間もこの古い長押下に扉構えがあったと見られる。寛文修理時に二重長押を外し、今の高い位置の上長押と内法長押、内法貫をいれ、正面・側・背面に上長押を廻したのである。ただし、側面・背面の長押は正面より一段低くされた。

天井と仏壇（挿図6）

現在の組入天井は全て明治材で、明治修理以前の厨子構え状の身舎内部を取り除き、中央後方に残っていた組入天井にならって作ったものである。明治以前は身舎の側面を板壁とし、前面柱筋から後に、身舎の梁行中心に間柱をたて南入側柱の頭貫下に廻縁を取り付けてここから間柱まで一段低い天井を張る。間柱南面を扉構えとして身舎の後半を厨子としていた。これは寛文修理のものとみられる。身舎大虹梁の中央下面にも間柱のための枘があるので、寛文以前にも仏壇を囲うなんらかの施設はあったらしい。

復原

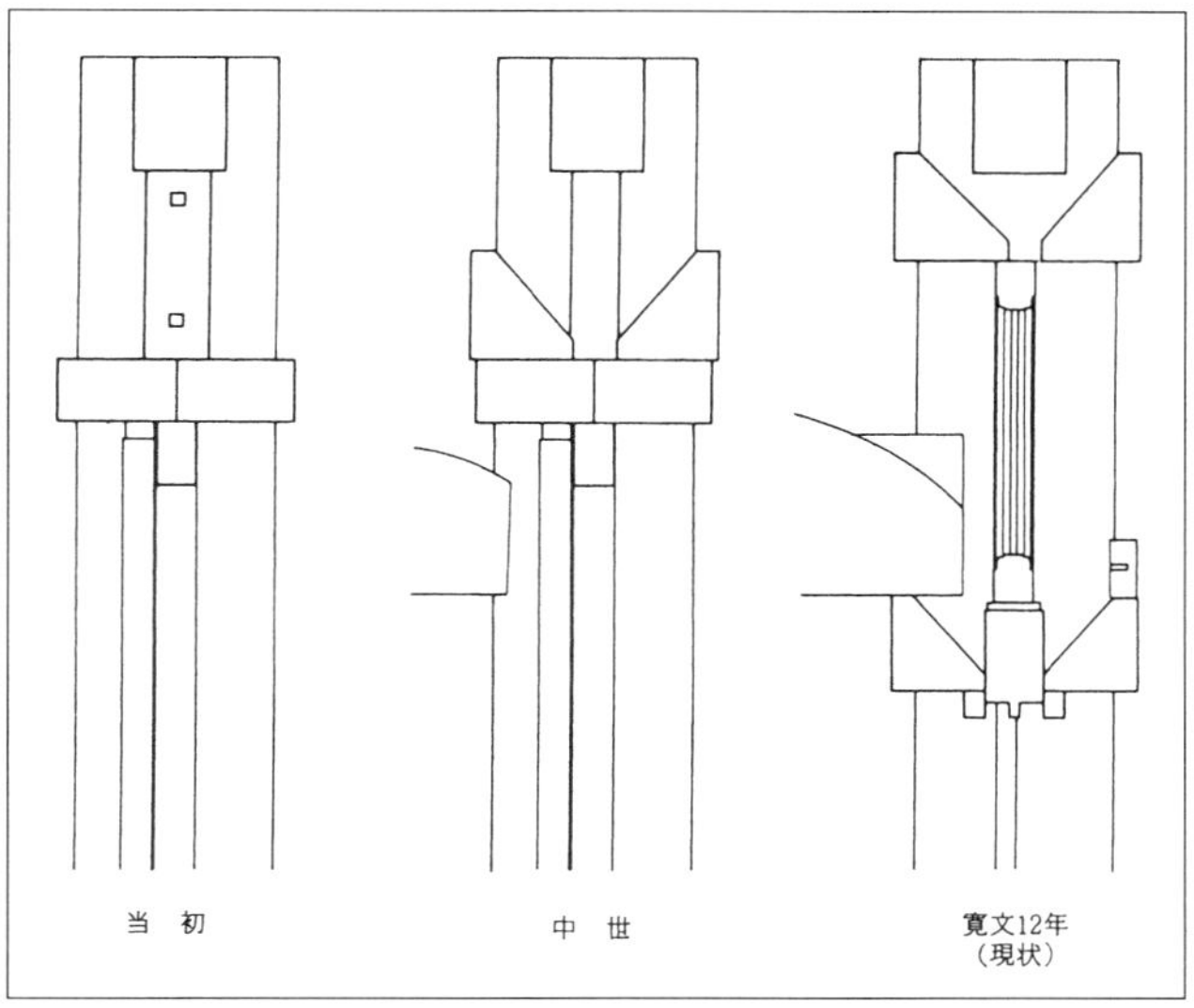

挿図5　正堂正面長押変遷図

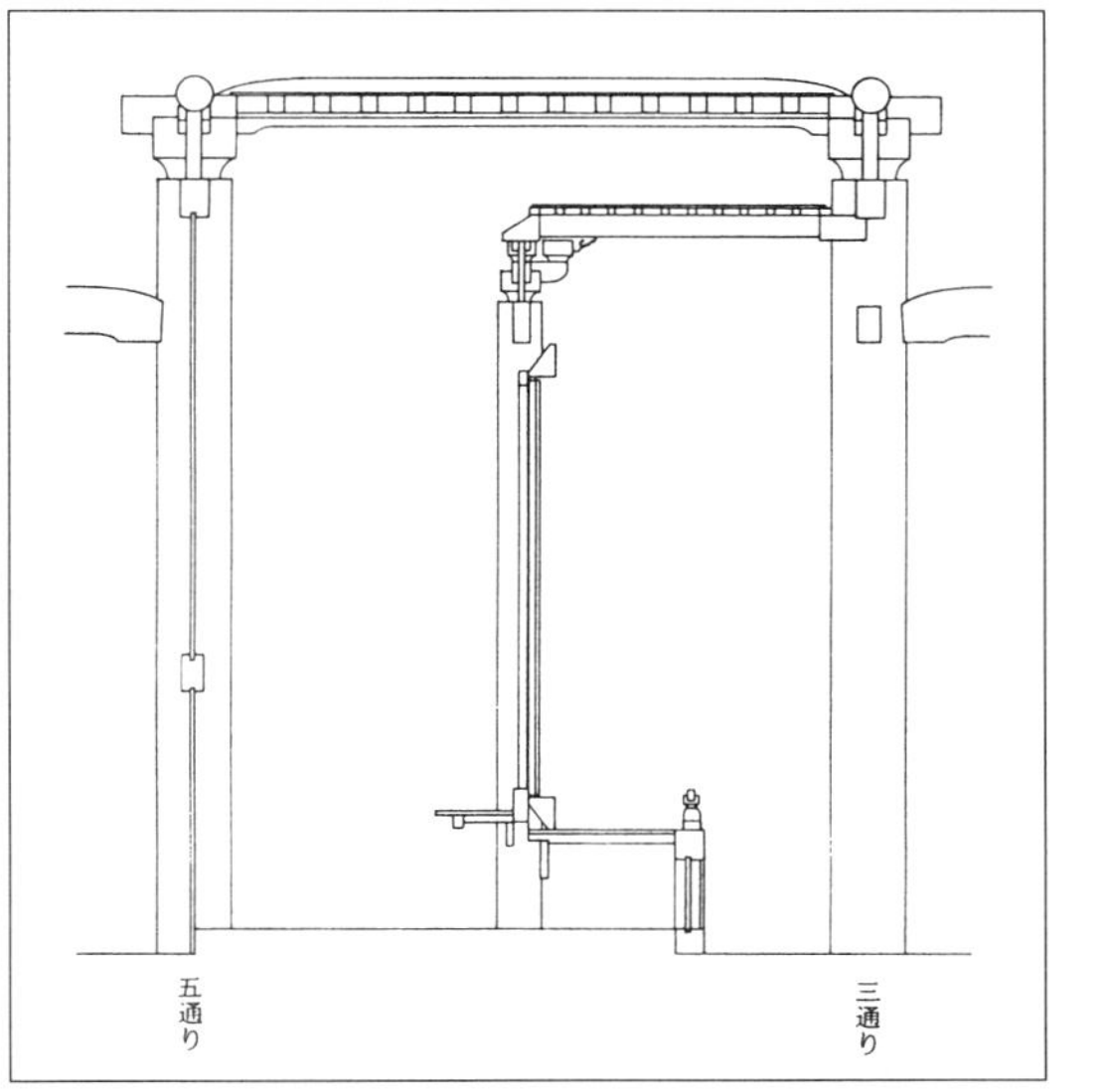

挿図6　修理前仏壇断面図

大きくは屋根の形に野屋根がなく、当初は現在も天井上にのこる叉首組を化粧にみせる入母屋造であったことは明らかである。この叉首付近の垂木は現状では直垂木で、全て明治に変わっている。材には寛文材もあるが、打越垂木を転用したもので、ここに使用されたのは明治修理である。入母屋造の叉首に反りがあるのは、実例としては法隆寺金堂にみられるが、この場合は垂木にも叉首と同様な反りがある。あるいは当寺でも最初は身舎垂木にも反りがあったものかとみられる。これは身舎垂木から庇垂木への急激な勾配変更をなだらかにするため必要と思われる。

また、建物周囲の板壁はおそらく土壁であったらしい。当初の柱が少ないので、見える当初面は少ないが、東側面の中世柱にも同様な土壁間渡穴の痕跡があり、当初から中世にかけては板壁ではなく、土壁であったと見られる。

前面の礼堂となる孫庇は、以前は寛文に設けられたものと考えられていたが、本体庇舎南柱の外面に現在の繋梁仕口より古い仕口があり、文書記録としても鎌倉時代のものに孫庇が描かれていることはすでに述べた。また、各種の古図をみると中世には孫庇の正面中央にやや長い階段があって段状地形の下から出入りしていたことがわかる。

ただし、これが何時からあったかについては、山中の密教仏堂として最初または近い頃からあった、との意見もある。これに対し、身舎正面西脇間の扉構えの方立は古材で、しかもかなりの風蝕があるので、当初は孫庇はなかったとの意見もみられる。南庇の当初柱（は二・ほ二）の南面にも顕著な風蝕がある。

確かにこの方立と二本の柱が古く、風蝕が大なら、孫庇はなかったか、一時失われていたということになろう。天井が取り付けられた時期との関連もあり、この時、天井と身舎の厨子化があったなら、人間の空間と仏の空間の分離が、厨子化と礼堂付加という形式で同時ということもありえよう。ただし、当初は孫庇すなわち礼堂がなかったとすると、現在のように堂前に平地の広場がないと儀式や祭祀に困る。地形にも変更があったのであろうか。それとも正堂の庇部分だけで儀式空間として間に合ったのであろうか。

このように、当初部材が少なく、明治修理以後は解体調査の機会がなかったので、十分には理解できない点も多いが、それでも、実例の少ない平安前期の建物で、しかも山中の密教寺院建築はとくに他の例がないものである。

姿として屋根は入母屋こけら葺き、壁は土壁、低い板床張り、柱高さは柱間にくらべ、やや高い感じがあり、全体、簡素であるが、深い緑の山中にむしろ日本の自然に似つかわしい控えめな姿の堂として重要なものであったことに変わりはない。

〔史料〕

（一）宀一山年分度者奏状（『大和古寺大観』第六巻宝生寺による）

大和国（司）解申請官裁事。

請被殊裁下施与興福寺別院室生山寺　竜穴神年分度者壱人状。

右。得管于陀郡解状偁。得彼山寺四月廿日牒偁。謹検旧記云。以去宝亀年中東宮聖躰不豫之時。請浄行僧五人。於彼山中。令修延寿法。［是］遂乃蠲愈。玉躰安豫。其後興福寺大僧都賢璟。殊蒙仰旨。奉為国家創建件山寺也。自尓以降。竜王厳顕其験。奉為国家鎮護者也。為其山躰。四方［山］峰斜空高聳。竜池穿地深通。［久住僧侶□□□□厳。永忘世塵。修行諸□。□身雲外。遠時煩累也。］寔是神山遊処。衆聖遺跡也。即以件竜王。為伽藍護法神也。毎有旱災。臨竜王之穴地。而祈甘雨。祝言未訖。雲雨弥降。五穀忽茂。万姓感悦。爰公家毎顕霊験。奉施度者。即去貞観九年。竜王見叙五位。即詔文云。寺号竜王寺。神名善女竜王。将降朝使。陳謝竜王。年賜度者。誓願竜王者。以同十一年賜度者。名曰竜喜。延喜十年七月十二日詔文云。近日年殃盛起。澍雨難降。百姓之業難催豊祥。五穀之畝難期秋穫。伏惟。神竜徳蓄吐雲之勢。力擅致水之威。伏願。不嫌精誠。降雨一天下之間。旱畝更蘗。枯蘭再茂。祈而有感。不敢亡徳者。而晴天靄雲。乾地洽雨。被叙竜王四位。賜度者一人。其名曰春泰。同十七年亢陽之時。於件竜穴。起請甘雨。而致感応。特下綸旨。給度者八人。又去承平五年［炎旱之比］。［国司参登］祈雨之時。［普］降甘雨。［仍言上事由。］被賜度者一人。即号竜名。又［始自］今年四月十三日三ケ日夜之間。国司小掾藤原善隣為使。奉幣龍神等。別当僧義光。僧安愷。久住僧春泰等三僧。読經祈雨。各致誠誓願。爰炎気忽反。甘雨即降。而雨澤微少。未豊田畝者。復自十五日。迄于十九日。五ケ日之間。国司潔斎奉幣。祈禱龍神。僧侶致誠。読般若経。十九日早朝。密雲遍満雨水汎溢。霊験之甚。不可測量。就中。自去天応元年。迄于承平七年。廿九ケ度。朝使国宰。互相参登。炎旱霖雨之時。請雨止雨之祈禱。在此龍神。毎致誓願。併有感応。又去貞観九年。被降賜年分度者詔文也。而寺無便奏聞。彼時不給也。方今毎有感応。既経言上度補来也。仍因准興福寺別院金勝寺之例。令諷読法華。最勝。仁王等經。限六ケ年令止住彼山。昼夜六時。誓願竜王鎮護国家者。言上如件者。国加覆審。所陳有実。望請官裁。被賜年分度者壱人。将令鎮護国家。仍録事状。謹請官裁。謹解。

承平七年四月廿三日　　正七位上行大目　　菅原朝臣茂行

従四位下行権守　　良宗朝臣

正六位上行大掾　　秦忌寸弘安

正五位［下］行［権］守　藤原朝臣元名

正六位上行少掾　　藤原朝臣善潘

右兵衛佐従五位兼介　藤原朝臣在景

正六位上行権少掾　　吉野真人

正六位上行権介　　朝臣

正六位行権大目　　田中朝臣常興

正六位上行少目　　丹比首

正六位上行権少目　　河内連

（以下ナシ）

已上

写本云。正安三年季秋中旬。賜大乗院前大僧正御真本。書写之了。

異筆「慶□」

（二）発見墨書等

1　正堂正面中央に懸かる鰐口刻銘

「　奉寄進室生山本堂鰐口

表　　壬

寛文十二年　十一月日住持沙門空□

子　　敬

白」

裏　「南都鍋屋町住弥左衛門作之　」

2　礼堂西側面扉口方立内側墨書

「□□□□寛文十二年□□□□　」

〔参考文献〕

福山敏男『室生寺の建立について』『日本建築史の研究』桑名文星堂、昭和十八年
浅野清『近畿日本叢書　室生寺』近畿日本鉄道株式会社、昭和三十八年
毛利久「室生寺の創建と金堂諸仏」（大和古寺大観第六巻、室生寺、岩波書店、一九七六年）
鈴木嘉吉「金堂」（同　上）
奈良県教育委員会『国宝　室生寺金堂修理工事報告書』（平成三年）
田中稔「唐招提寺蔵「一字結縁法華経」・「伝法灌頂作法」について」『奈良国立文化財研究所年報』一九六三年、同研究所

七　當《たい》麻《ま》寺《じ》本《ほん》堂《どう》（曼《まん》荼《だ》羅《ら》堂《どう》）

明治三十一年十二月二十八日指定　昭和二十七年三月二十九日国宝指定

奈良県北葛城郡當麻町　當麻寺

當麻寺は奈良盆地の西南部、大阪府との境にある二上山の東麓にある真言宗の寺院である。古代からの幹線道路である横大路の北側に隣接する位置に立地する。寺地の東に門前の集落があり、東門を入ると北と南に院房の区画が並び、境内のほぼ中央部に金堂と講堂が南北に並ぶ。金堂の南東と南西の丘陵部には東西の両塔が立つ。金堂・講堂の西に東面して曼荼羅堂が立ち、現在は本堂とも呼ばれている。曼荼羅堂の南北にも院房の区画があり、西には浄土宗に属する奥院がある。このような複雑な伽藍構成は、まず七世紀末に造営された寺院があり、金堂・講堂・東塔・西塔が概ね薬師寺式の伽藍配置を以て立ち並んでおり、平安時代初頭に曼荼羅堂が造営された後、その本尊である當麻曼荼羅への信仰が広まると共に、曼荼羅堂が伽藍の中心的な位置を占めるようになり、並行して堂塔周辺に院房が営まれていった結果と考えられる。

奈良時代後期の建立の東塔、平安時代初期の西塔、平安時代初期に建てられ永暦二年（一一六一）に大改修された曼荼羅堂、文永五年（一二六八）頃の再建の金堂、乾元二年（一三〇三）再建の講堂、文安四年（一四四七）の薬師堂、十七世紀中期の中之坊書院、慶長九年（一六〇四）の奥院本堂、奈良時代の燈籠など、古代から近世までの優れた建物が立ち並ぶ。

一、當麻寺の沿革

當麻寺の創立を語る確実な史料はなく、建久御巡礼記・護国寺本諸寺縁起集などには聖徳太子の弟麻呂子親王の御願で、天武天皇の時代に建てられたと記されている。壬申の乱に功のあった當麻真人国見が河内の山田郷から現在地に移したとの伝えもあり、當麻氏の氏寺として造営されたと考えてよい。法名は禅林寺であった。金堂の弥勒仏坐像、出土瓦、金堂前の燈籠、銅鐘が七世紀後期の創建を裏付けている。

天平宝字七年（七六三）に綴織の當麻曼荼羅が作られ、平安時代初頭にはこれを納める曼荼羅堂も建てられた。弘法大師が参籠したとの記録もあり（弘法大師年譜）、現存する仏像や曼荼羅堂の小屋裏から見いだされた仏像光背に九〜十世紀のものがあるので、この時期に一定の寺勢を保っていたようである。

永久二年（一一一四）には大般若経が一日で書写され、永暦二年には曼荼羅堂が建て替えられるなど、寺勢は相変わらず盛んであったらしい。永暦二年時点では當麻寺の長吏は僧綱所の長官である法務の寛遍であり（曼荼羅堂棟木銘）、中央との強い関係を持っていたが、同時に興福寺の支配下にもあり、別当は興福寺僧が務めていた（金堂寿永三年棟木銘）ために、治承四年（一一八〇）の平重衡の南都焼き討ちの余波を被り（山槐記他）、金堂・講堂は被災している。

十二世紀末には當麻曼荼羅への信仰も広まっており（建久御巡礼記）、建保五年（一二一七）には曼荼羅の模写が作成され蓮華王院の宝蔵に納められた。同じ時期に西塔の修理も行われている。

鎌倉時代には、當麻寺曼荼羅に対する教理的研究がすすみ、法然の弟子で浄土宗西山派祖の証空は當麻曼荼羅注を著したばかりでなく、曼荼羅の模写を行い、縮小した曼荼羅の模本が流布するようになった。曼荼羅堂の巻柱に記された寄進状によって知られるように、証空は田地の寄進も行っている。弘安六年（一二八三）に亀山上皇の参詣があったのも（勘仲記）、このような信仰の高まりの故である。

乾元二年（一三〇三）には現在の講堂が建てられ、正中三年（一三二六）には金堂の大修理が行われた。

南北朝時代になると、応安三年（一三七〇）に知恩院の第十二世誓阿上人が奥院を創建し、當麻寺内に浄土教団の活動の拠点が確保された。ただし慶長年間まで浄土宗僧は曼荼羅堂の内陣には入れないというような階層差があった（本光国師日記）。文安四年（一四四七）には薬師堂が建立され、文明の乱後には曼荼羅堂の大修理が行われている。十五世紀後半からは西国三十三所札所の巡礼者の参拝が増加し、巡礼札を残している。

曼荼羅堂の修理に続いて、當麻曼荼羅の模写も行われた。これは二度目の模写であり、奈良の比丘尼覚円の発願による模本は文亀曼荼羅と呼ばれ、文亀三年（一五〇三）に後柏原天皇が銘を書いている。その頃、勧進聖宗胤が寺内に本願所を設け、堂宇の整備や復興に尽力した。

江戸時代はいると、慶長十八年（一六一三）に西塔の修理が行われた。また延宝五年（一六七七）から曼荼羅の修復・模写が行われている。根本曼荼羅を板からはがし軸装し、残った板も厨子の背面に保管し（裏板曼荼羅）、文亀曼荼羅も修理し、新たに模本を作って貞享三年（一六八六）に霊元天皇が銘を記した（貞享曼荼羅）。この頃中之坊の書院が建てられ、続いて東塔の修理も行われている。

明治に入って十六年には古社寺保存金が下付され、十三年と二十年の講堂を手始めに、昭和に至るまで、各堂舎の文化財指定と修理事業が行われてきた。

二、曼荼羅堂の沿革

曼荼羅堂は昭和三十五年から三十八年に解体修理が行われ、徹底した調査が行われ、その沿革が明らかになっている。

最初の曼荼羅堂（前身曼荼羅堂）は、平安時代初期に現在の曼荼羅堂内陣の位置に建てられた。この時、新築したのではなく、奈良時代の掘立柱のおそらく宮殿に使われていた建物二棟以上の材料を集めて建てたものである。当初の曼荼羅堂は、五間四面、寄棟造であった。

建立後間もなく、正面に広庇の孫庇が縋破風で付けられ拡張された。周囲の地盤を切り下げて、主に正・側面に高い石積の基壇を設けた。

永暦二年に大改修が行われた。この修理では当初の建物の身舎の軸部・架構を解体せず、庇周りを解体して、不足する部材を補った上で行われた。改築された曼荼羅堂は桁行七間、梁間六間、寄棟造、本瓦葺の中世仏堂形式である。礼堂の棟木に墨書がありこの改修の年次が判明する。

仁治三年（一二四二）から寛元元年（一二四三）に厨子・須弥壇の修理が行われ（厨子・須弥壇

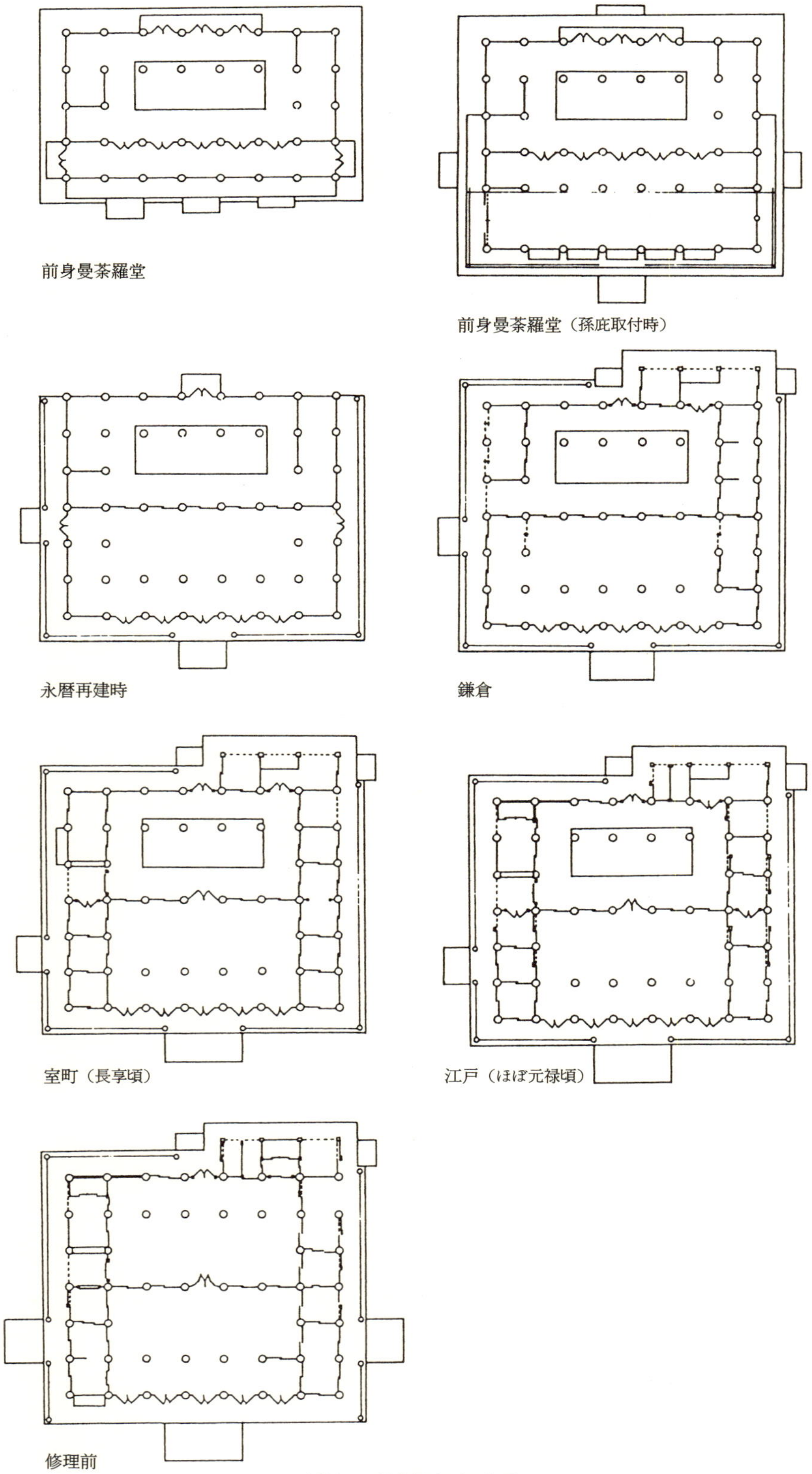

挿図1　曼荼羅堂平面変遷図

銘）、文永五年（一二六八）小屋組改修が行われ（瓦銘）、閼伽棚を増築した。康永四年（一三四五）に屋根の修理が行われ（野地板墨書）、享徳二年（一四五三）に須弥壇・厨子の塗り替えが行われた（厨子銘）。

長享年間（一四八七―九）頃に軸部・造作・小屋組の大修理が行われた（巡礼札等）。解体せずに内陣礼堂境の柱六本、礼堂両脇隅柱二本、側柱十本を取り替え、随所に貫等を挿入するなど、極めて巧妙な技術が駆使されている。

大永八年（一五二八）に屋根修理と閼伽棚の改造があり（瓦銘・寄進状）、天正十一・二年（一五八三・四）に厨子・須弥壇金具の修理（須弥壇銘）が行われた。

正保五年（一六四八）には屋根修理が行われ、閼伽棚も瓦葺に改められた（瓦銘）。曼荼羅の修復・模写に伴って貞享元年（一六八四）頃厨子を改造した。元禄八年（一六九五）には化粧垂木から上の屋根修理、縁・石垣の修理、脇陣の間仕切りや天井などの改造が行われている（棟札）。享保頃には建物全体に塗装を施している。

昭和の解体修理では今後の使用のために永暦時の形式への復原は行わず、主に長享頃の修理の結果の状態に復しており、閼伽棚はこれが取り付けられた文永頃の形式に復原された。

三、曼荼羅堂の現状

曼荼羅堂は桁行七間、梁間六間、寄棟造、本瓦葺で、東を正面としている。背面の北寄り三間分に桁行三間、梁間一間、切妻造、本瓦形板葺の閼伽棚が設けられている。四周に縁が巡り、組高欄を組むが、閼伽棚の周りは高欄は組まない。背後の二上山から延びる丘陵の端部にあって、堂の背面から正面にかけて急な傾斜になっており、永暦大改修時にも盛り土をして段差を大きくしているが、この傾斜に応じて石垣を組み、その上に亀腹を設けて礎石を据えている。北面に二箇所、他の三面には一箇所の石階を設ける。

柱間寸法はいずれも概ね約三メートルであるが、桁行の両端間を除く五間、梁行の内陣の前二間は奈良時代後期の十尺に相当し、周囲一間通りは各間三メートルよりわずかに長く、永暦時の十尺に相当し、礼堂の梁行の前から二・三間は永暦時の九尺九寸に相当する。

平面は、梁行中央に柱を立てて、その前が礼堂、後ろが内陣となっている。入側通りにすべて柱が立ち、両側面の一間通りは一間ないし二間ずつに区切った小部屋に分けられている。背面の入側柱四本の間には壁を設けず、柱の前と後ろに一連の須弥壇を設けて、その上に六角形平面の當麻曼荼羅厨子を据える。

側通り軸部は円柱を切目長押・内法長押・頭貫で繋ぐ。正面両端間、両側面、背面の南方三間と北方二間に鴨居貫（鎌倉時代に補入、現状は長享材）が入る。柱はわずかながら隅延びを付け、内法長押も隅でせいに増しを付ける。側通りの組物は平三斗で、中備は間斗束である。

礼堂内部の柱は円柱を内法長押・頭貫で繋ぎ、柱上に三斗を組み、梁行にだけは肘木を出し虹梁（現状では天井に半ば隠れる）を受ける。中備は間斗束である。側柱と入側柱は繋虹梁で繋ぐ。

内陣・礼堂境では桁と礼堂の虹梁が組み合い、その上に再度、大斗肘木の組物が載る。礼堂の虹梁尻は内陣側に延びて巻斗を受け、内陣の虹梁を受ける。従って二手先風になるが、虹梁尻は肘木形ではなく、二手目の出も短い。

礼堂の天井は、正側面三方の側一間通りは化粧屋根裏で、その内部には小組格天井が張られている。この天井は永暦よりやや降って張られたもので、この上に組まれた切妻造の化粧屋根裏が、当初は見えていた。化粧屋根裏の棟木は虹梁の上に立てた束で支えられ、垂木は棟木側面に枘差しとして、内陣・礼堂境では内陣の大虹梁の尻においた樋を兼ねた垂木掛で受ける。垂木割は二尺間隔と、疎らで、この上に木舞を打って野地板を張る。棟木は前身曼荼羅堂の孫庇の桁の転用、垂木も前身曼荼羅堂の垂木を削りなおしたもので、古代に特有の栈穴が残存する。

内陣内部（礼堂との境は除く）の柱は飛貫と頭貫で繋ぎ、大斗肘木を載せ、中備は用いない。大斗に大虹梁をかみ合わせ、大虹梁上に蟇股・斗・肘木を二組据えて中桁を受けると同時に、上重の虹梁を受けて、二重虹梁としている。上重の虹梁上には同様に蟇股・組物を置いて棟木を受ける。桁・中桁・棟木はすべて断面円形である。四組ある二重虹梁の両端の二本の側面には、入側柱から桁行に虹梁を架ける。この両端の虹梁の下にはもう一段、錫杖彫のある大虹梁がかかっている。この大虹梁後端は内陣内部背面の柱を貫通し、後方に大仏様の木鼻がついており、また根肘木を挿してこの大虹梁を受けている。またこの大虹梁の中央には三斗を枠肘木に組んで、上の大虹梁を受け、やはり大仏様の繰形を持った掛鼻を載せて、桁行の虹梁鼻のように見せかけている。

内陣の天井は寄棟造の化粧屋根裏となっており、隅木部分では中桁が下から支承されることなく交差することになる。

以上の内陣内部の柱・組物・架構・桁・隅木・垂木は前身曼荼羅堂以来のものが基本的には解体されずに残っている。大仏様の木鼻のついた大虹梁やその上の組物・掛鼻は長享頃の修理の際に、解体することなく極めて巧妙に挿入されたものである。

内陣の側通り一間は礼堂側と同じ形式である。

軒は二軒繁垂木で、各柱間に十一支ずつ配っており、六支掛にはならないが、垂木側面と巻斗側面を揃える部分があって、垂木配りと組物寸法にある程度の関係は持たせようとしている。隅木への配付垂木の取り付けの枘穴の形式は一定せず、論止垂木の納まりも厳密ではなく、現場あわせで納められている。

小屋組は内陣と礼堂の天井の棟を繋いで野梁を架け、その上に束を立て、化粧垂木の上に土居を置いて束を立てて、棟木・母屋桁を受けている。野隅木は振隅で、屋根は正背面が五寸勾配、側面が七寸五分勾配である。野梁部分以外の束は傾斜して立ち、束を繋ぐ貫も少ない。入側柱から軒先に架けては桔木を入れる。ただし小屋材に残された痕跡から、当初は桔木・貫はなく、筋違を用いて小屋材を繋いでいた。野地板は康永四年（墨書）に流板葺にされているが、これも当初は木舞野地であった。

床は、大引を梁行に、根太を桁行に通して床板を張っている。長享頃の修理で正面と背面に足固貫を入れている部分もあるが、その他は大引で柱を挟む古い技法が使われている。

建具は、正面五間と背面中央間が板扉、その他の多くは引違格子戸で、他に連子窓・蔀戸が用いられ、壁は背面の南側二間（土壁）と北端一間（板壁）、北側面第一間（板壁）と少ない。また北側面の第五間と南側面の第六間には鴨居上に二階蔵に入る片引戸がある。

この柱間装置の内、正面の板扉の形式は永暦から変更がないが、背面の板扉は鎌倉時代に改造され、その他は鎌倉時代に参籠などのために設けられたが、現状は概ね長享頃の修理による姿で、当初の側回りは扉以外が壁で、閉鎖的であった。

側面側通りの局の多くの部分は天井裏が使用可能な二階蔵となっている。現状では、北側が西端間以外、南側は東の二間以外が二階蔵である。幾度か床高が変更されたり床の撤去があった。現状は概ね長享頃の構えであるが、室町時代以前から、まず南側面後方から、ついで北側面にも二階蔵が設けられていった。北面の第五間と南面の第六間の内法上の片引戸や、南北二箇所ずつある頭貫上の小戸はこれらの二階蔵に対応するものであり、内部にも天井を開けて二階に上がる口や、三箇所の片引き戸がある。

須弥壇は高さ一尺三寸の低い和様仏壇で、四隅に擬宝珠柱を立て、中央部分の架木に蕨手のついた組高欄を組む。正面の束の間は横連子、側面と背面は羽目板に格狭間を彫る。全体に螺鈿・漆塗りで飾られている。正面上框に寛元元年（一二四三）の銘がありその時に作られたものと知られるが、粗い木目模様の漆塗りは享徳二年（一四五三）の塗り替えであり、金具は天正十一・二年（一五八三・四）に取り替えられている。永暦当初の須弥壇は現状よりはやや小さかったらしい。

須弥壇の上に据えられているのが、當麻曼荼羅を納める扁平な六角形平面の厨子である。二重基壇の上に立ち、下成基壇は上下の框の間に格狭間を入れ、その上に断面五角形の柱を立てる。上成基壇は柱の内側に接して設けられ、格狭間と横連子を重ねる。柱の上に台輪を載せ、その上に木心乾漆造の獅子を組物の代わりに置いて断面八角形の桁を受ける。この上に六本の隅木と正・背面に各二本の隅木と同形の屋根板受けを置いて、屋根板を葺いている。軒は二軒で、飛檐隅木（屋根板受け）の先端は蕨手となって反り上がっている。正面は柱間が一三・五尺の広さを持つが、扉の上框から上に束を二本立て、それぞれに獅子を置いて、三間の構えとしている。背面は束がなく獅子だけを据える。上框と台輪の間は各間に横連子を入れ、正面と背面は双折の板扉、短辺の四間は上半部が菱欄間、下半部が竪連子である。ただし背面の上框上は横連子を付けず板壁と簡素に仕上げる。内部は折上菱格天井を張る。

この厨子の扉には仁治三年（一二四二）の結縁交名が記されているが、これは修理の際のものであり、この時に連子・菱欄間・扉が補足され、漆塗りや蒔絵が施された。それ以外の厨子の主要部分は見え隠れ部分などの金銀泥絵や平文とともに、平安時代初頭の前身曼荼羅堂が建てられた時に作られたものである。

享徳二年に須弥壇と共に塗り替えや金具の補足を行い、大永八年（一五二八）に部分修理が行われ、天文十七年（一五四八）には格子戸を設け、天正十一年（一五八三）に扉板の蝶番を補っている。延宝五年（一六七七）から貞享元年（一六八四）頃までの貞享曼荼羅の模写などに伴って、内部の天井や軒から上の部材が切り取られたり撤去された。

閼伽棚は文永五年（一二六八）に増設されたもので、桁行三間、梁間一間、切妻造、本瓦形板葺で、曼荼羅堂背面北から四本の柱を共用している。西側の柱は大面取りの角柱で、三方に切目長押・内法長押・頭貫を巡らせ、背面には腰長押を打つ。柱上には出三斗を組み桁を受ける。組物上に虹梁を載せ、曼荼羅堂側ではこれを柱に大入れにする。中備は華麗な本蟇股を置く。妻では虹梁上に板蟇股を置き、その上に斗・実肘木を組んで棟木を受け、それ以外の中間の虹梁上では叉首を組み、同様に斗・実肘木で棟木を受ける。

軒は一軒疏垂木で、木舞を打ち木瓦を葺く。垂木は拝み部分では上半部を棟木に枘差しとして、下半部は突きつけとなって、垂木が棟木に載るのではなく、棟木を受ける特殊な構造をしている。破風板も当初材が残り、上側に三日月形の板を矧木して反りのない屋根に合わせている。肘木・桁・棟木・垂木には柱と同様、大きな面をとる。

西面は三間とも連子、両妻は引違格子戸、曼荼羅堂側は南間が引違格子戸、中間が板扉、北間が板壁である。内部は南一間を内法長押下に板壁を入れて仕切り、中央間には棚を設ける。棚の下は西面から使うことができる。

四、前身曼荼羅堂の形式

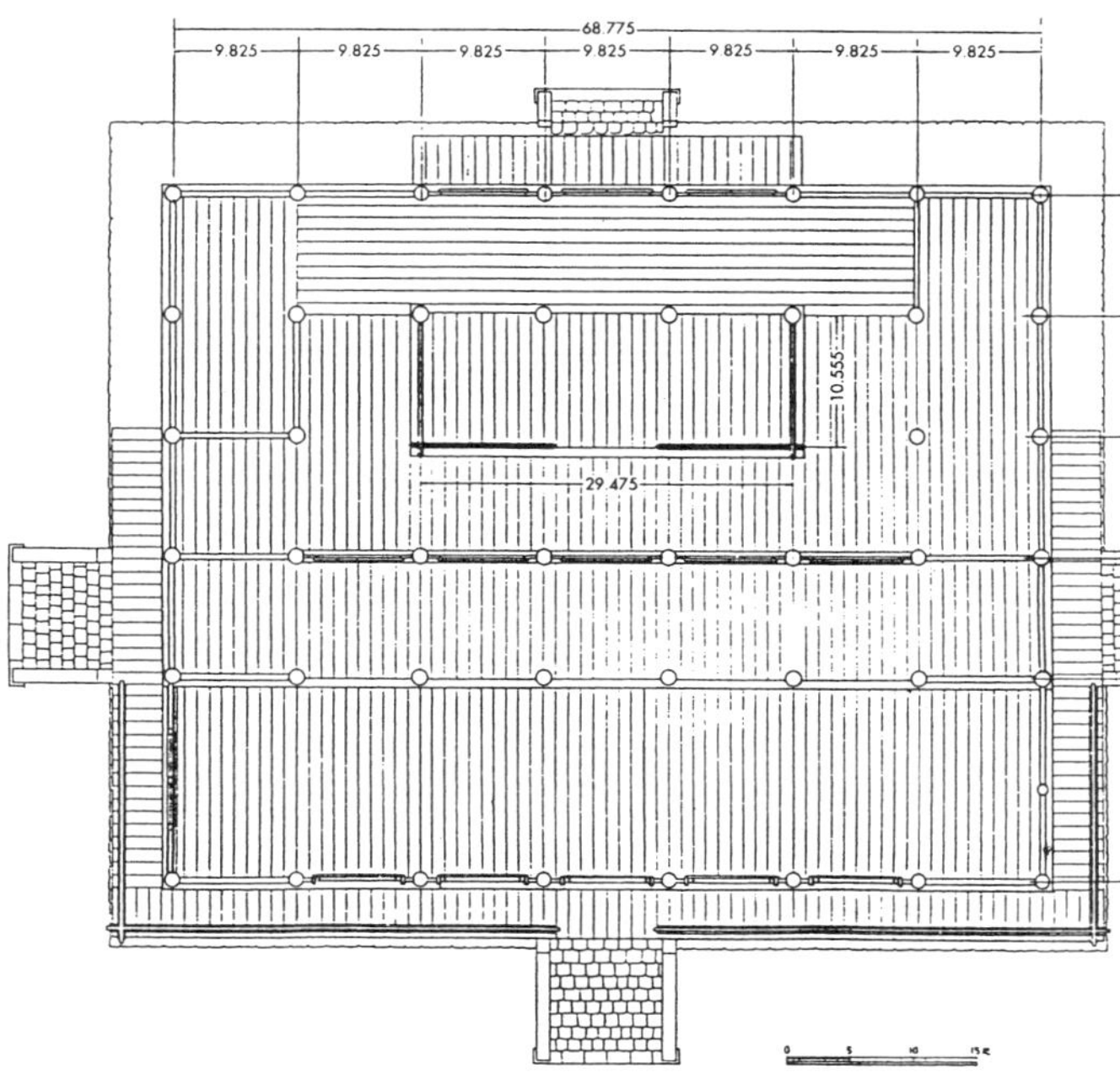

挿図５　前身曼荼羅堂復原平面図　その２

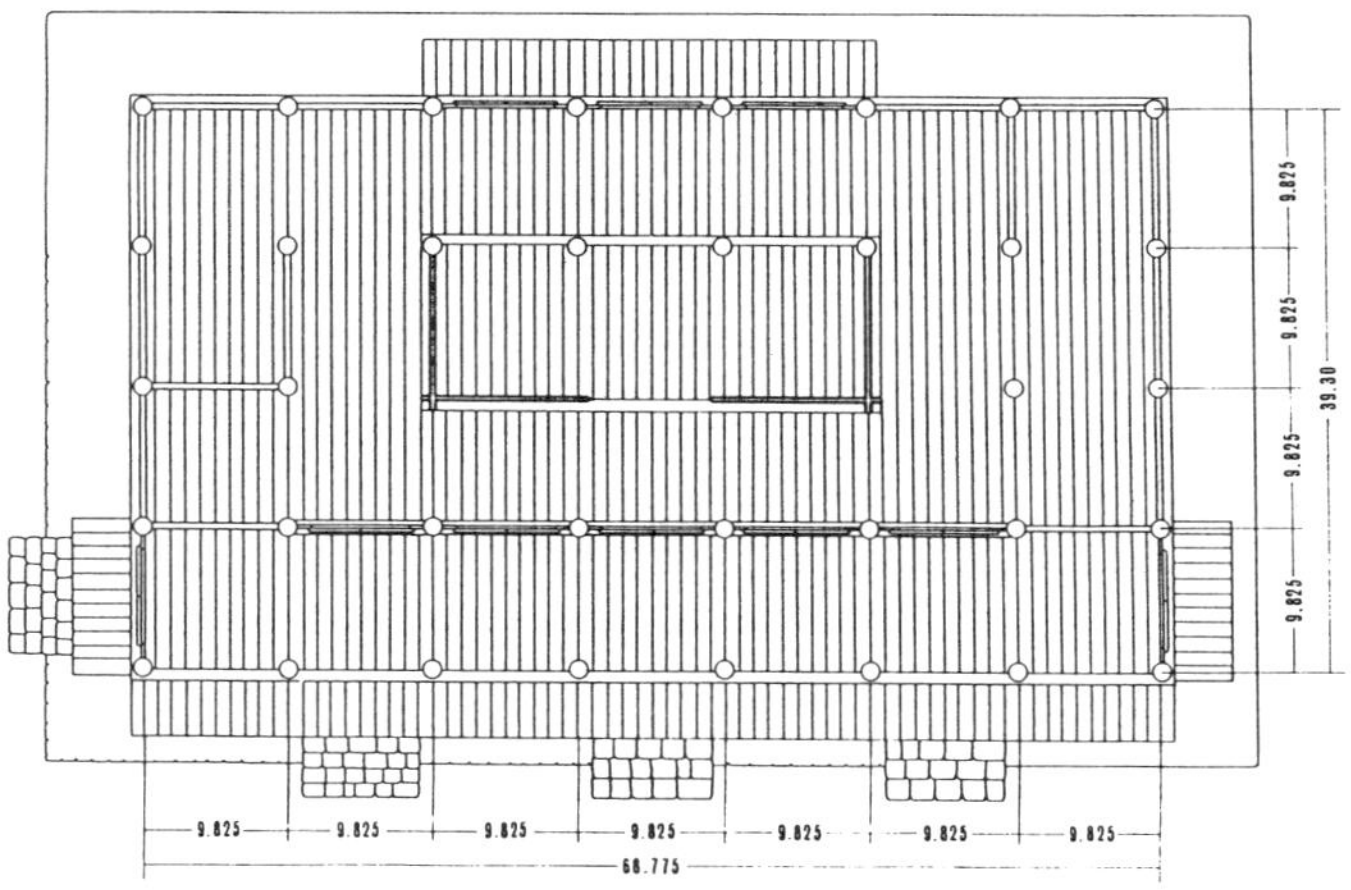

挿図２　前身曼荼羅堂復原平面図

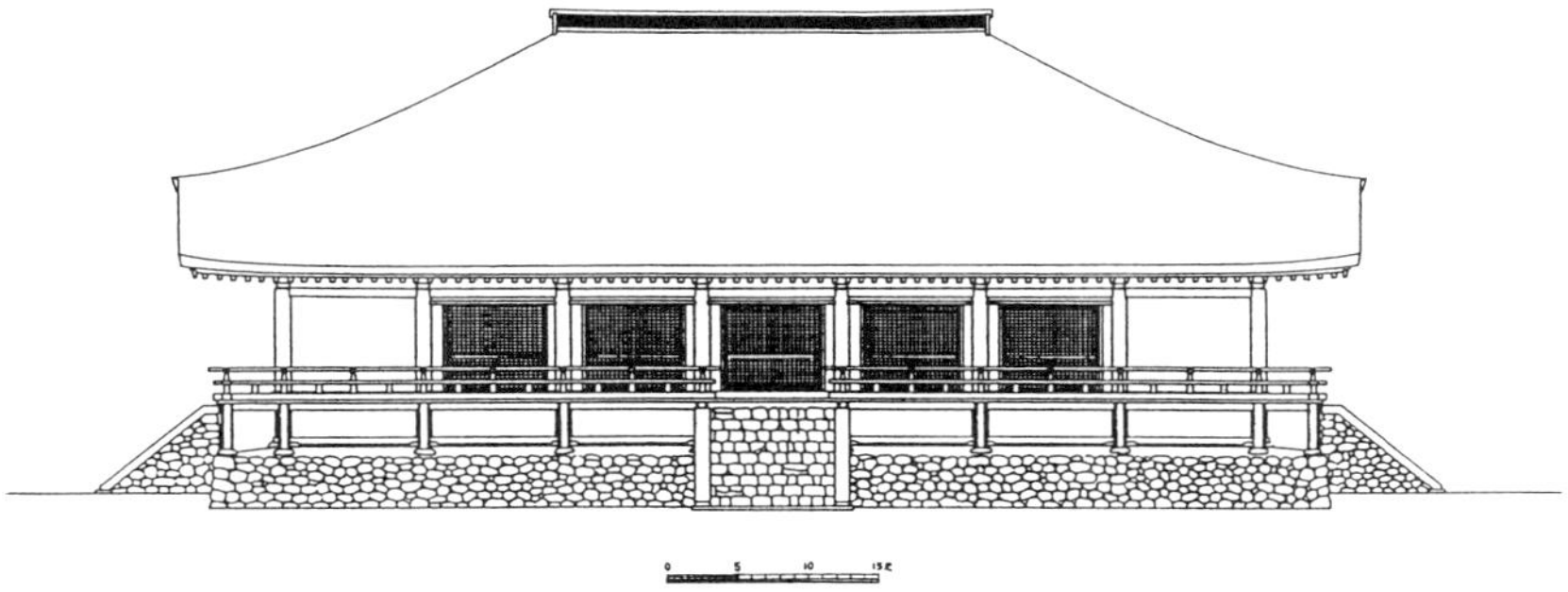

挿図６　前身曼荼羅堂復原正面図　その２

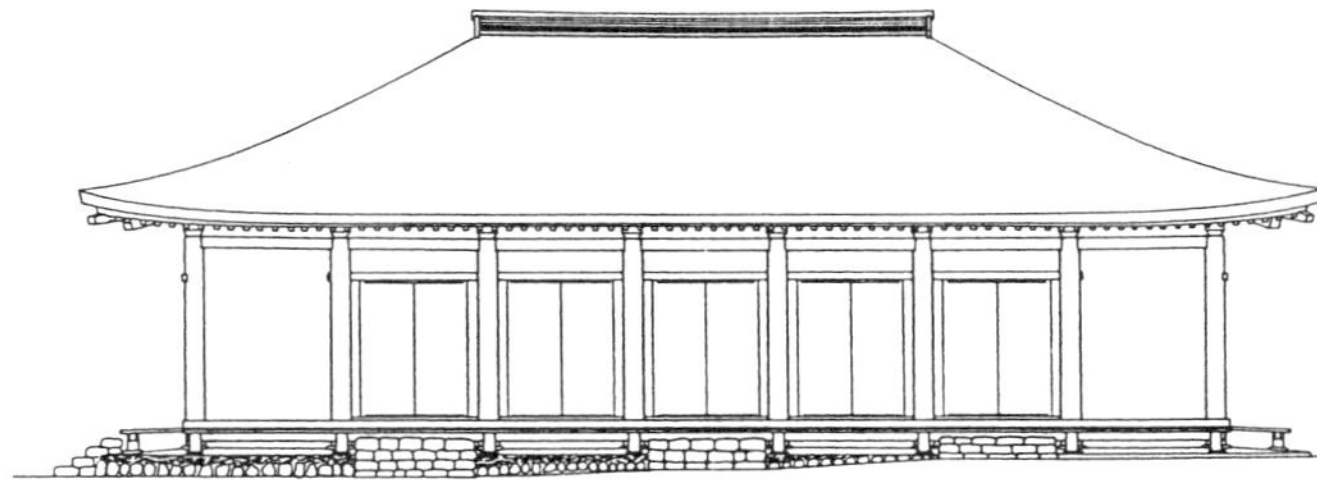

挿図３　前身曼荼羅堂復原正面図

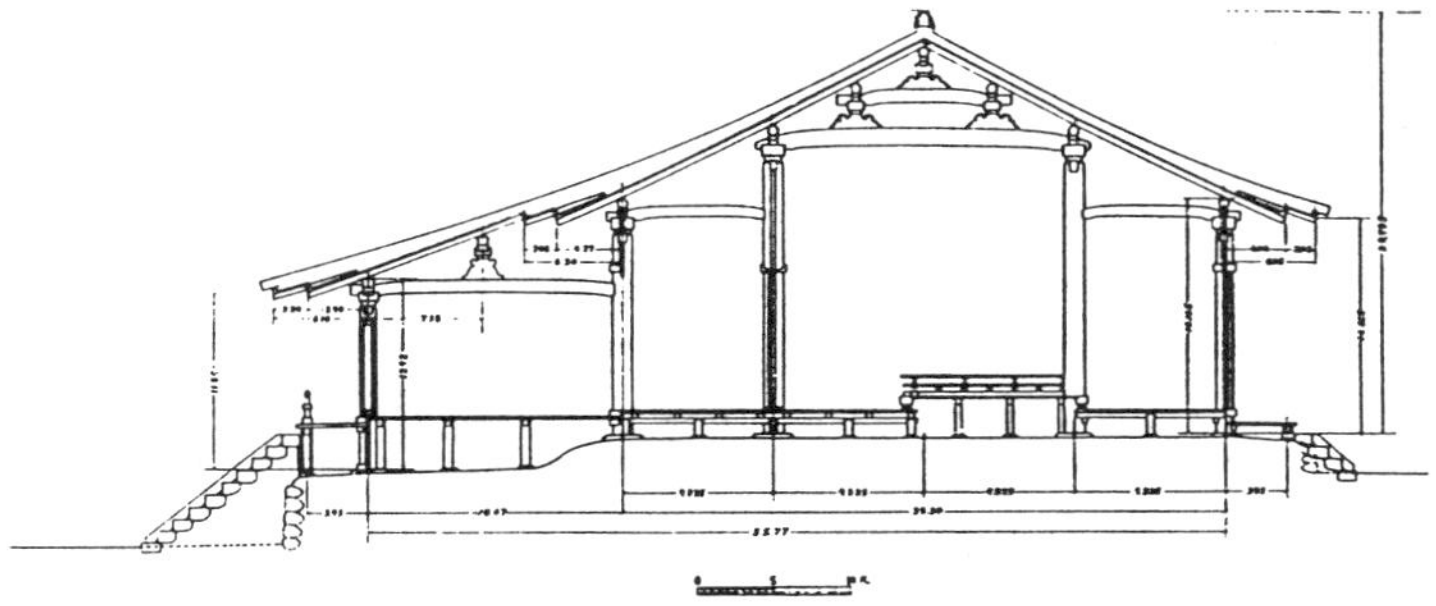

挿図７　前身曼荼羅堂復原梁行断面図　その２

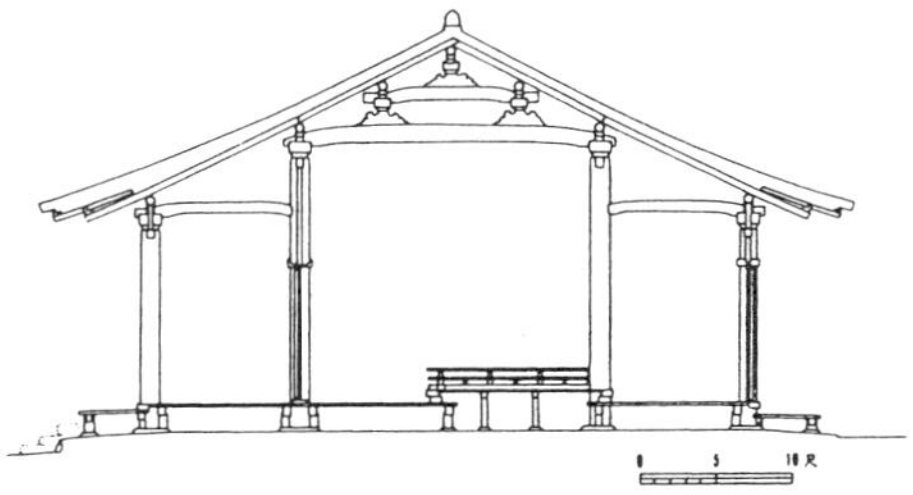

挿図４　前身曼荼羅堂復原梁行断面図

平安時代初頭に建てられた前身曼荼羅堂は五間四面、寄棟造で、屋根は瓦以外（檜皮か板）で葺いていた。柱間寸法はすべて十尺である。一尺は約二九・八センチメートルである。身舎正面を板扉五間、両端間は土壁を入れ、正面一間通りと後方の奥行三間分とに区分している。側面一間通りの一部は間仕切りがあったが、明瞭ではない。側柱は円柱で、切目長押・頭貫で繋ぎ、扉口の部分にだけ内法長押を打っている。組物は大斗肘木、中備はなく、入側柱との間を繋虹梁で繋ぐ。入側柱も円柱を頭貫で繋ぎ、正面入側の扉口の部分だけ内法長押を打つ。組物は大斗肘木で、二重虹梁蟇股の架構を組む。軒は二軒である。

九世紀後半から十世紀頃に前面（東側）に孫庇が付加された。桁行は本体部に柱間を揃える。梁行柱間は現尺で一六・四七尺であるが、本体部の尺度で換算しても整数にはならない。本体部と孫庇の時代差を示している。孫庇の軸部も本体部と同形式であり、本体部正面との間を長い繋虹梁で繋ぎ、中央部にせいの高い蟇股を入れて、中間の桁を受けていたと考えられる。柱間装置は明瞭ではないが、正面は中央五間が蔀、両端間が土壁、北妻は土壁、南妻はおそらく間柱を三箇所に入れて引き分けに片引き戸二組を入れていたようである。

前身曼荼羅堂建立に使われた古材は、二棟以上の掘立柱建物の部材であった。完全には復原できないが、一棟は九間二面、切妻造、檜皮葺で、円柱の上に組物を用いず桁を直接載せ、身舎との間を繋梁で繋ぐ。身舎は大虹梁を架け、叉首を組む。軒は一軒繁垂木で、庇桁では縄がらみで垂木を留め、垂木上には木舞を編んで野地は揚塗りとする。身舎と背面庇は床高を揃えて切目長押を回し、開口部には内法長押を打つ。一度解体されて改造された痕跡がある。もう一棟は七間二面、切妻造、檜皮葺で、先の一棟とほぼ同形式である。二棟共に柱間は十尺、庇の出のみ十二尺、一尺は二十九・七センチメートルで、尺度と庇柱間の広いことから奈良時代後半の建立と考えられる。栈穴を用いること、込栓で留める床板などの技法に古代の特色がよく現れている。

現存遺構のない古代の掘立柱建物の構造や技法を知る上で極めて貴重な資料である。

五、まとめ

當麻寺曼荼羅堂は中世仏堂形式の空間構成を持つ仏堂としては現存最古の遺例であり、平安時代中期から始まる仏堂空間の変化を構造的にも完備した形で示した重要な遺構である。中世仏堂の形成過程として、孫庇付きの仏堂から野小屋を用いた形式に変化してゆく過程を知ることができる点、しかし曼荼羅堂では入側にすべて柱が立って、身舎・庇からなる古代の構造形式を踏襲している点で、その歴史的な過程を反映していることなど、仏堂の古代から中世への変遷を知る上で極めて重要な遺構である。しかも、解体修理時の詳細な調査によって、永暦建立以後の変遷や改造の状況が詳細に判明し、さらに永暦以前の前身曼荼羅堂、さらにそれ以前の奈良時代の掘立柱住宅の形式や技法まで判明した。各時代の固有の技法とともに、修理や改造を行う際の巧妙な技術が解明されたことは貴重である。今後の使い勝手を考えてとはいえ、大規模な復原を行うことなく、ほぼ現状の形式になった十五世紀の姿が保持された。これらすべてが文化財建造物の修理に際しての調査や復原のあり方に対して画期的な位置を与えることになった。曼荼羅堂そのものの価値と共に文化財保存修理の歴史においても貴重な遺構ということができる。

〔参考文献〕
岡田英男『日本建築の構造と技法』思文閣出版、平成十七年
『国宝当麻寺本堂修理工事報告書』奈良県教育委員会事務局文化財保存課、昭和三十五年
『大和古寺大観』第二巻　当麻寺　岩波書店、昭和五十三年

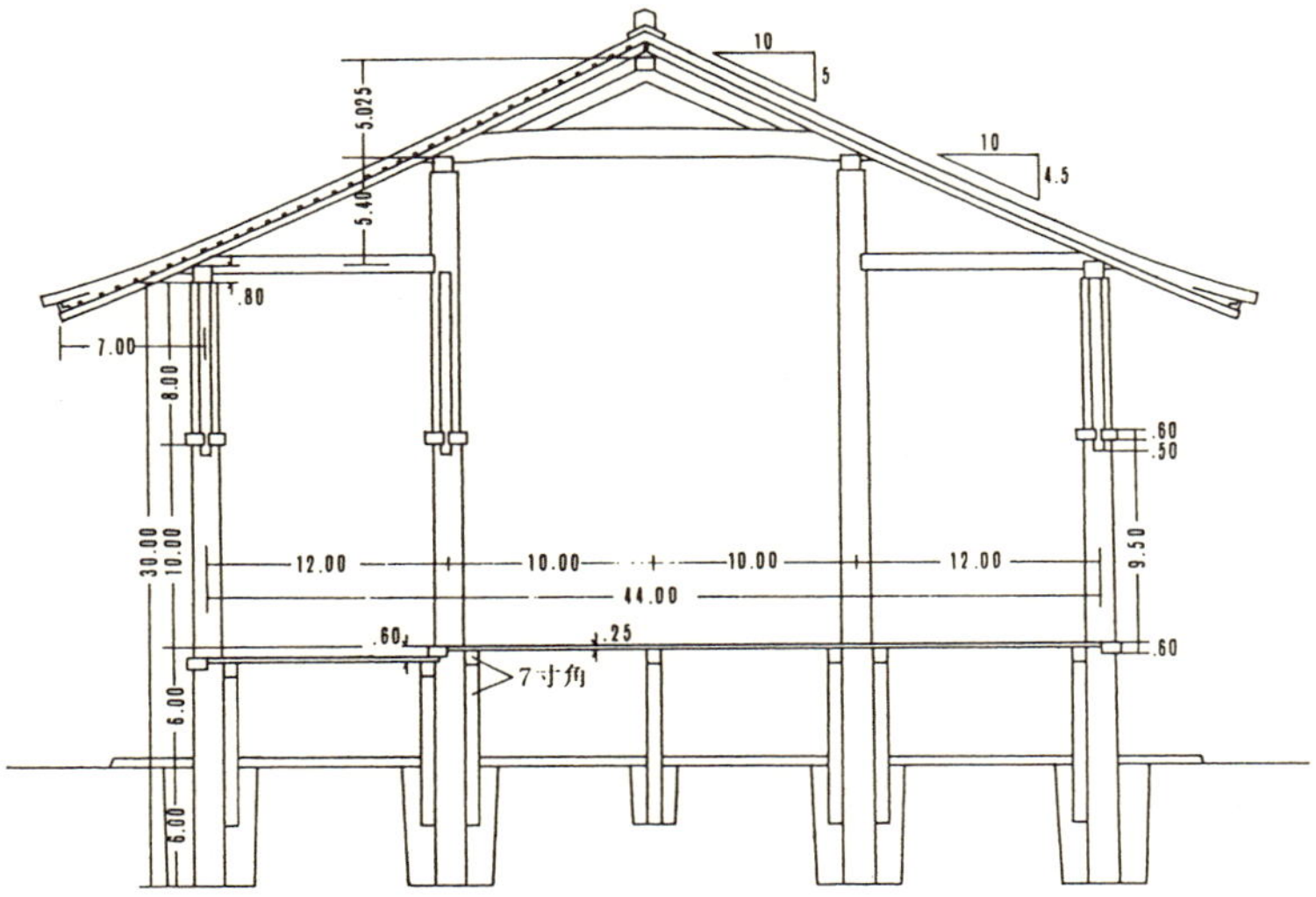

挿図８　前身古材建物Ａ棟復原断面図

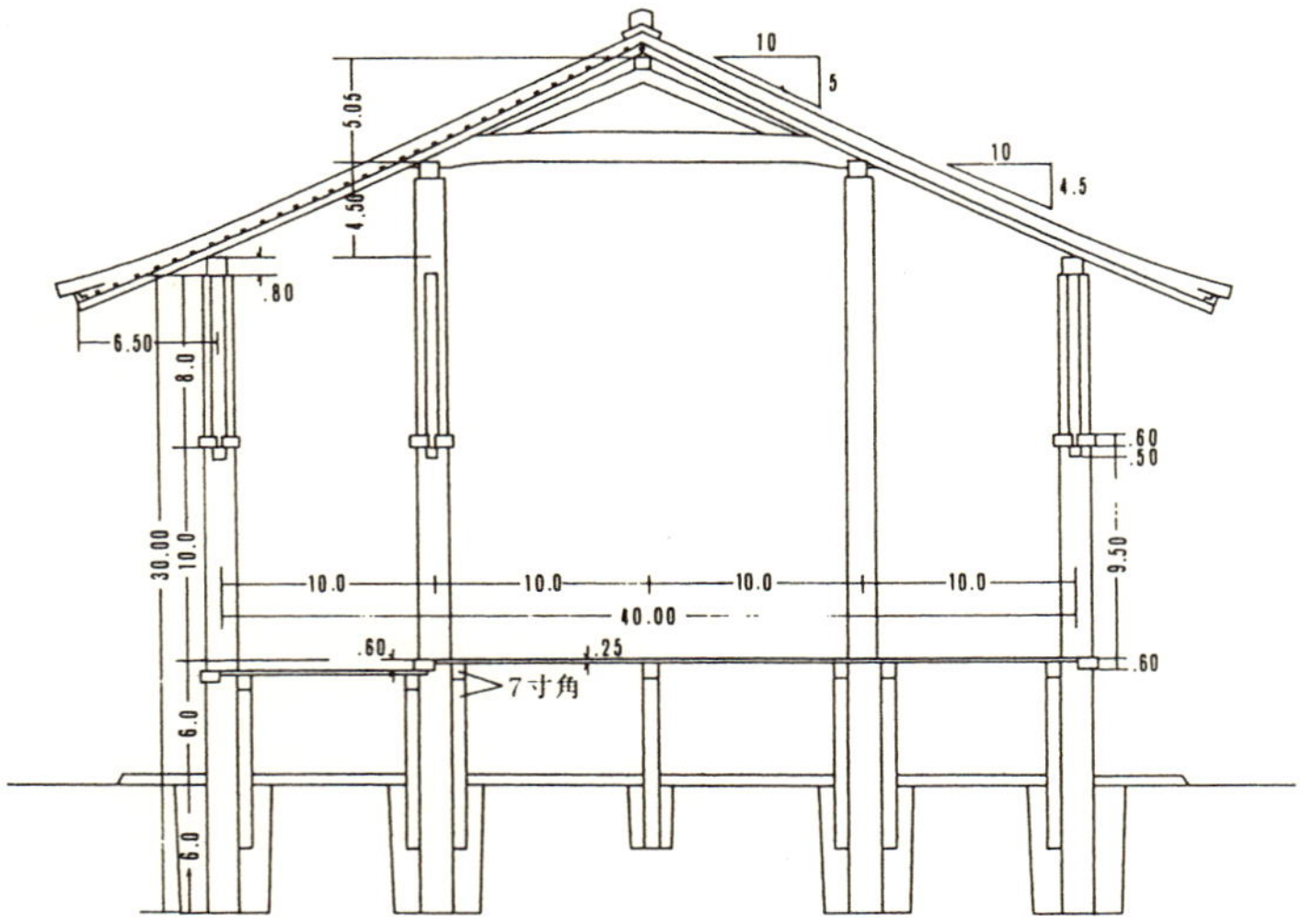

挿図９　前身古材建物Ｂ棟復原断面図

八　中《ちゅう》尊《そん》寺《じ》金《こん》色《じき》堂《どう》　一棟　国宝

明治三十年十二月二十八日指定　昭和二十六年六月九日国宝指定
明治三十年半解体修理　昭和五年半解体修理　昭和三十七年解体修理

岩手県西磐井郡平泉町平泉字衣関　中　尊　寺

一、中尊寺伽藍の成立と展開

中尊寺は岩手県西磐井郡平泉町に所在する、天台宗の寺院である。北に北上川の支流である衣川が流れる、関山と呼ばれる丘陵地に立地し、かつては奥大道と呼ばれる古代の街道が境内を通っていた。

寺伝によれば中尊寺の開山は慈覚大師円仁である。しかし、これを裏付ける資料はなく、やはり藤原清衡によって創建されたと考えるのが妥当である。

中尊寺の建築史に関しては、後述する天治三年（一一二六）のいわゆる「中尊寺供養願文」をめぐる論争はあるものの、中尊寺の伽藍史といった観点で論じたものは皆無である。ここではそうした観点から、中尊寺伽藍の成立と展開、そしてその性格について、まず論じることにする。

中尊寺の根本史料――「寺塔已下注文」と「中尊寺供養願文」　中尊寺の草創期の史料はきわめて少なく、最も基本的な史料は、『吾妻鏡』文治五年（一一八九）九月十七日の条に載せられた、中尊寺の僧による「寺塔已下注文」（以下「注文」と略す）である。この注文は中尊寺の僧源忠已講・心蓮大法師等が、平泉を傘下におさめた頼朝による、清衡・基衡・秀衡三代の間に建立された寺塔についての質問に対し、「巨細」に注進する趣旨で作成されたものである。中尊寺建立の約八十年後であり、草創期に関する文書や伝承も多く残っていたであろうし、また頼朝の要請によって提出されたものであるから、その内容はかなり信憑性が高いとみてよい。ただし、各堂塔の建立時期はいっさい記されていない。

これと並ぶ重要な史料はいわゆる「中尊寺供養願文」（以下「願文」と略記する）である。「天治三年三月二十四日　弟子正六位上藤原朝臣清衡」の奥書を持つもので、そこには池に面して左右に二十二間の廊を有する三間四面の釈迦堂・三重塔三基・経蔵・鐘楼・大門三宇等が記載されている。

中尊寺の伽藍を考える場合の大きな問題は、平泉の寺院について「巨細」に注進したはずの注文に、実はこれら「願文」の建築が全く記載されていないことである。

そしていまひとつの問題は、これまで中尊寺境内では継続的に発掘調査が行われてきたが、これまでのところ、「願文」の釈迦堂に該当する建築遺跡が確認されていないこと、である。

こうした事実を踏まえ、また願文中にはこれが中尊寺のものであることを示す記述がないこと、そして願文の釈迦堂の規模・形式が毛越寺の本堂・円隆寺と全く一致することに着目した荒木伸介は、願文の建築は実は中尊寺ではなく、毛越寺ではないか、とする説を提唱した。(1)

しかし、この説には以下のように多くの問題点を含んでいる。

1　この説によれば毛越寺の開基は清衡ということになるが、なぜ基衡創建と伝承されるようになったのか。毛越寺火災後の再建を基衡が行ったとしても、そのために開基が入れ替わってしまうことは常識的には考えられない。

2　創建時の本尊「皆金色釈迦三尊像」（願文）が、再建時に「薬師丈六同十二神将」（注文）に替えられるというのも、寺院史上、きわめて異例に属する。

3　「願文」に記された「金銀泥一切経」とそれを納める「経蔵」は、「注文」によって中尊寺にあったことが明白である。

4　「願文」によれば経蔵は「二階瓦葺」だったが、円隆寺の経蔵跡から大量の瓦は出土していない。

5　「願文」の三基の三重塔跡は、毛越寺境内では未発見である。逆に、円隆寺の発掘では講堂・常行堂・法華堂の存在が確認されたが、「願文」にはこれらの記載はない。

以上のように、円隆寺の金堂・廊と願文記載の仏堂・廊が形式・規模ともに一致する、という点以外は、供養願文を毛越寺のものとする説はきわめて根拠に乏しい。したがって、毛越寺説が成立する可能性はかなり低い、と見ねばならない。

一方、長年にわたって平泉の発掘調査に関わってきた藤島亥治郎は、荒木説の矛盾を指摘したうえで、この願文を毛越寺ではなく中尊寺のものとし、以下のような説を展開する。(2)

清衡は、当初は中尊寺山内の「伝大池跡」の、大池のほとりに新伽藍の建立を企図し、工事にも着手した。しかし敷地が狭小であることなどによってこれを中途で放棄し、改めて円隆寺の位置に伽藍を建立した。中尊寺に伝わった供養願文の写しは当初計画の、それも「草案」のようなもので、大池周辺に半ばまで造られた伽藍（実施案）とも多少異なっていたかも知れない。そして清衡の晩年に円隆寺の地に竣工を見た新伽藍（中尊寺の一部）は、基衡の代に独立して毛越寺と改められた。

後述する建武元年（一三三四）八月の「中尊寺衆徒等申状案」は、幕府に堂塔の朽損を訴え、修造のための資を請うたものである。それには「一巻当寺供養願文案朝隆卿清書」が副えられ、またこの願文が「天治三年壬寅三月廿四日」の奥付をもっていたことが明らかであるから、この時まで中尊寺に伝えられた願文は現存する願文と同じであったことがわかる。かつこの時までに倒壊してしまった中尊寺の金堂は「廻廊二十二間」を有する、つまり願文に載せられた釈迦堂であったことが明らかである。したがって藤島の説は成立する根拠に乏しいといわざるを得ない。

また、藤島は内容の異なる二通の願文の存在を仮定する。しかし供養願文には仏堂の具体的な荘厳内容まで記すものがあるから、伽藍が地上にその姿を現す前に願文作成を依頼する、ということが果たしてあり得たのかどうか、検証の必要があろう。

円隆寺のすぐ西に建立された嘉祥寺との関係も問題である。発掘によって円隆寺の翼廊は一度火災に遭い、その後再建されたことが確認されているが、複廊の中央の柱は当初掘立であったものが再建時に礎石立てに変更された。藤島（荒木も同じ）はその時期を基衡の代とする。ところで嘉祥寺は、『吾妻鏡』では「未終功之以前、基衡入滅、仍秀衡造之畢」とあって、開基の基衡が功終えずして入滅し、秀衡がこれを完成させたと記す。嘉祥寺建立は基衡晩年の作善であったことになる。ところがこの嘉祥寺の翼廊も創建円隆寺と同じく中央柱列が掘立柱という古い形式であった。同じ基衡の手になり、しかも近接する両寺が、一方は礎石立てで一方は掘立柱、というのは考えにくいのではないだろうか。両寺とも掘立柱の形式で基衡の代に計画・建立され、工事の遅れた嘉祥寺は秀衡によって完成した、そして秀衡の代に両寺とも焼亡ののち再建され、この時全面的に礎石立てに改められた、と考える方が自然ではないだろうか。

中尊寺研究上の大きなネックであった「注文」と「願文」の食い違いについての解釈の試みはこれまでなされたことがなかったが、近年発表された菅野成寛の説は傾聴に値する。(3)「注文」が作成され、頼朝に提出されるまでの経過は以下のとおりである。

文治五年（一一八九）九月三日、頼朝は奥州藤原氏の討滅に成功する。そして九日、志波郡陣岡の蜂杜に逗留した頼朝は比企朝宗を平泉に派遣し、清衡・基衡・秀衡が建立した寺院に仏聖灯油田を給する資料とするため、寺々に仏閣数を注進するよう伝えさせた。翌十日にはこれに応じて中尊寺経蔵別当心蓮が頼朝の宿所に参じ、中尊寺は清衡の草創で鳥羽院の御願所であること、経蔵は金銀泥一切経を納置する「厳重霊地」であるから、今後も困迫することのないよう定めて欲しい旨を訴えた。続いて頼朝は心蓮と対面し、清衡・基衡・秀衡三代建立の寺塔について質問するが、心蓮はこれに対し、追って「巨細」に注進したい旨を述べ、とりあえず経蔵領の四至の確定についての奉免状の取り付けに成功する。そして十一日には源忠・心蓮・快能らが頼朝のもとに参上し、寺領の安堵、地頭等の押妨を禁ずる旨を記した頼朝の「御下文」を得ることになる。やがて十七日には、先に述べた「注文」が頼朝に提出される。

菅野は、こうした経過のなかで、十日に経蔵別当心蓮が頼朝に面会した際、中尊寺の保護を訴えるための切り札として、当寺が白河法皇の御願寺であることを記した「願文」を提出したのではないか、と推測する。そうであれば願文に記載された堂塔については再度注進する必要はなく、十七日提出の「注文」からは省かれたであろう。

こうした推測には蓋然性があり、しかもこれによって注文と願文の内容に全く重複がないことも矛盾なく説明できる。現時点での最も有力な説と見ることができよう。

この説にしたがえば、「注文」と「願文」に記載された堂塔をあわせたものが、文治五年当時における中尊寺伽藍のほぼ全容、ということになる。

また、願文記載伽藍の位置については今後の検討が必要だが、中尊寺境内の地形を見るかぎり、「伝大池」周辺以外に想定するのは困難である。ここはかつて発掘が試みられ、該当する伽藍の存在は確認されなかったとされるが、再度の発掘調査が平成八年より開始、現在も継続中であり、その成果が待たれる。

中尊寺伽藍の沿革と構成　ここでは菅野の説を前提に、中尊寺伽藍の形成およびその構成について述べることにする。「注文」「願文」のほかに、中尊寺の沿革を示す有力な史料として、建武元年（一三三四）八月の「中尊寺衆徒等申状案」（『中尊寺文書』、以下「衆徒等申状」と略す）がある。これは中尊寺伽藍の沿革および当時における諸堂塔の朽損の状況を国衙および鎌倉奉行所に訴え、修造の資を求めたもので、「陸奥国平泉関山中尊寺衆徒等謹言上」で始まる。ここでは主としてこの三点の史料によって中尊寺伽藍の沿革と構成について述べることにする。

「注文」によれば、清衡は白河関から外浜まで、およそ二十余日の行程の一町ごとに、金色阿弥陀像を図絵した笠率都婆を立てたという。そして国の中心を計り、山頂に一基の塔を建て、また寺院（中尊寺）中央に釈迦・多宝像を左右に安置した多宝寺を建立した。この時期は建武元年八月の「衆徒等申状」に、

長治二年二月十五日、出羽陸奥両国大主藤原朝臣清衡造立最初院、本尊釈迦多宝並座、

とある「最初院」にあたるのがこの「多宝寺」であったと思われる。これを信ずれば中尊寺の創建、つまり伽藍の中心的建築である多宝寺の建立は長治二年（一一〇五）であったことになる。

「注文」はこれに続き、

次釈迦堂、安一百余体金容、即釈迦像也、次両界堂、両部諸尊、皆為木像、皆金色也、次二階大堂、号大長寿院、高五丈、本尊三丈金色阿弥陀像、脇士九体、同丈六也、次金色堂、上下四壁内殿皆金色也、堂内構三壇、悉螺鈿也、阿弥陀三尊、二天、六地蔵、定朝造之、

と記す。これら諸堂のうち、創建年時が明らかなのは大長寿院二階大堂で、「衆徒等申状」によれば嘉承二年（一一〇七）三月十五日の造立である。そして金色堂は天治元年（一一二四）の上棟が明らかである。[4] 両界堂については不明である。釈迦堂については後述する。

さて、いわゆる「中尊寺供養願文」は天治三年（一一二六）の奥書を有する。「願文」に記す堂塔および安置仏は以下のとおりである。

1 三間四面檜皮葺堂一宇、在左右廊二十二間、奉安置丈六皆金色釈迦三尊像各一体

2 三重塔婆三基、奉安置摩訶毘盧遮那如来三尊像各一体、釈迦牟尼如来三尊像各一体、薬師瑠璃光如来三尊像各一体、弥勒慈尊三尊像各一体、

3 二階瓦葺経蔵一宇、奉納金銀泥一切経一部、奉安置等身皆金色文殊師利尊像一体、

4 二階鐘楼一宇、

5 大門三宇、築垣三面、反橋一道・二十一間、斜橋一道・十間、

池に臨んで左右に翼廊を有する形式は、法勝寺をはじめとする当時の京都における最新の伽藍形式であった。ただ、釈迦堂が檜皮葺、経蔵が瓦葺であったから、法勝寺のように翼廊の先端に経蔵・鐘楼が置かれるのではなく、鐘経楼は独立して建てられたのだろう。

ところで、建武の「衆徒等申状」に、

天仁元年建立金堂三間四面、左右廊二十二間、本尊釈迦三尊半丈六并小釈迦百体、同四天、三重塔婆三基、本尊等在願文、二階鐘楼経蔵、紺紙玉軸、金銀泥行交一切経一部、金泥一切経一部、唐本一切経一部、本尊文殊像者、皇帝被下之、大門三宇、并皆金色堂一宇、

と記す「金堂」は、その形式と安置仏から明らかに天治の釈迦堂の姿であり、続く「三重塔婆三基」以下の文章も「供養願文」の引き写しであることが明白である。ただし金堂（釈迦堂）の安置仏は、願文所載の「釈迦三尊」に、「注文」所載釈迦堂の「一百余体金容、即釈迦像」を併せたものであることがわかる。あるいは、「注文」所載の釈迦堂は注文の書かれた文治五年（一一八九）以後、建武元年までに退転し、その安置仏は天治の釈迦堂に移されたのかも知れない。そうした意味では、天治釈迦堂は「注文」所載釈迦堂の後身ともいえるので、その創建を天治三年ではなく、それ以前の天仁元年としたのだろう。以上の考察に従えば、「注文」所載の釈迦堂は天仁元年（一一〇八）の創建ということになる。なお、正和二年（一三一三）の大衆訴状には「鳥羽皇帝御願所金堂、釈迦堂、一切経蔵、金色堂」とあり、天治の釈迦堂（金堂）と百体釈迦堂が別のものであった傍証となる。

建武の時点で天治の釈迦堂は「金堂」であったらしく、同じく「衆徒等申状案」は、弘安十年（一二八七）には再興のための五カ年計画が立てられたが、古材木で本堂のみが再建され、二十二間の廻廊は再建されないまま四十余年が過ぎてしまった、とする。天治の釈迦堂はかなり早い時期に退転したようである。

天治の釈迦堂は、規模の面では大長寿院二階大堂に及ばなかったかも知れないが、その形式や付属する建築群を総合すれば、おそらく山内で最も整った伽藍であっただろう。

さて、この新釈迦堂と同時に、三重塔三基、二階経蔵、鐘楼が供養されているから、中尊寺の伽藍は面目を一新し、その完成期を迎えるに至ったとみてよいだろう。

このようにみると、中尊寺伽藍の成立は大きく二期に分けることができる。つまり長治二年（一一〇五）の多宝寺供養から、嘉承二年（一一〇七）の大長寿院二階大堂までの、いわば草創期と、天治元年（一一二四）の金色堂上棟から天治三年の新釈迦堂供養までの、いわば展開期、あるいは充実期である。

当然のことながら清衡の「奥州仏国土」に対する構想はこの間に次第に整っていったはずであり、新釈迦堂の造営はその総仕上げであったとみることができる。次に、清衡の中尊寺に対する理念がどのように展開していったか、各時期の堂塔とその性格に触れながら述べてみたい。

初期中尊寺の伽藍を構成する建築の性格　ここではまず、草創期に建立された各堂塔の性格と、それらが総体として表現する伽藍の性格について考察することにする。

(1)「一基塔」と「多宝寺」

「注文」によれば、中尊寺は清衡の奥六郡平定後に造営が開始され、その最初に着手したのが「当国中心」を計って「山頂上」に営まれた「一基塔」と、寺院中央に位置する「多宝寺」であったとする。この「一基塔」がいかなるものであったかを示す史料はないが、中尊寺建立の理念にも関わる重要な施設と推測されるので、これについては後述する。

次に多宝寺だが、「注文」では「釈迦・多宝像を左右に安置」し、その「中間に関路を開き、旅人往還の道となす」とし、「衆徒等申状」では「本尊釈迦多宝並座」と記す。釈迦・多宝を安置する建物としては平安中期以降、天台宗寺院を中心に多く建てられた「多宝塔」があるが、中尊寺の場合は塔ではなく仏堂であった。時代は降るが、弘安二年

（一二七九）二月三日の「中尊寺経蔵別当永栄定文」（『中尊寺文書』）には「記置　大長寿院四方堺事」として「南者、多宝堂相の堀辰巳の角」云々と記しており、「多宝堂」の存在が確認できる。

(2)大長寿院二階大堂

「注文」によればこの堂は高五丈で、本尊の三丈金色阿弥陀と九体の丈六阿弥陀像を安置する、いわゆる九体阿弥陀堂であった。九体阿弥陀堂の初例は御堂関白・藤原道長が寛仁四年（一〇二〇）に供養した無量寿院（後の法成寺）である。史上二番目の九体堂はこれより五十七年後、白河天皇によって承暦元年（一〇七七）に建立された法勝寺阿弥陀堂である。法成寺と同じく、丈六九体を安置する十一間四面堂でその九年後には同じ白河天皇によって円徳院阿弥陀堂が供養されている。史上四番目の、仁和寺最勝院阿弥陀堂は修理大夫藤原顕季によって、長治元年（一一〇四）に建立された。大長寿院九体阿弥陀堂は史上七番目、臣下としては道長、顕季に次いで三番目の快挙であった。当代一の権勢を誇った道長、院の近臣として富貴をきわめた顕季。清衡の大長寿院造営はそうした時代の覇者を視野においてのものだったのだろう。九体阿弥陀堂は平安時代を通じて三十数棟が文献によって確認されているが、そのいずれもが丈六、または半丈六阿弥陀像を安置するものであり、三丈という巨大仏像は大長寿院が唯一の例であった。ところで道長の無量寿院阿弥陀堂は、彼の邸宅のひとつ、土御門殿に隣接して設けられた。平安時代の阿弥陀堂はその発願者みずからの極楽往生のために建立されるものであり、そうした意味ではきわめて個人的な施設であった。しかし、清衡の大長寿院はこれらと同列には論じられないような気がする。それはまず第一に、三丈という巨大仏像を安置することである。「九体」という数には意味があっても、こうした巨大性は個人往生の立場からはさしたる意味を持たなかったのではないか。二番目には、山上に立地する、という事実。日常的に極楽往生を願う場であるならば、法成寺のように居宅の近傍であることが理想的だったはずであり、事実、多くの阿弥陀堂は貴族の邸宅内に建立されている。周知のように奥州藤原政権は前九年後三年の役という、打ち続く戦乱を経て成立した。当然、その間には多くの犠牲者が生じたであろう。清衡は藤原政権誕生の礎となった、そうした戦没者たちへの鎮魂、そして追善供養の意をもって、この阿弥陀堂を建立したのではないかと推測される。白河の関と外浜間の街道の、一町ごとに立てられた、阿弥陀を描いた笠卒都婆は、こうした霊を関山中尊寺へと導く、道しるべであったとも解釈できよう。もちろん、奥州の支配者としての清衡の、その権勢を誇示する意味を込めながら。

(3)両界堂

「注文」によれば、中尊寺両界堂は、「次両界堂、両部諸尊皆為木像、皆金色也」とし、皆金色の彫像によって両界曼荼羅の世界を表現していたことが明らかである。両界曼荼羅は一般には図像であり、それを安置する専用堂は、例えば現存する河内観心寺本堂のように、堂内の左右に曼荼羅を描いた曼荼羅壁を設ける。あるいは壁には直接絵を描かず、両界曼荼羅を懸けられるようにしたものが多い。彫像による曼荼羅というのは、他には承安三年（一一七三）に後白河皇后・建春門院滋子によって建立された最勝光院の持仏堂の「彫像法華曼荼羅」が知れるぐらいで、例が圧倒的に少ない。そうした意味で、この両界堂はきわめて特異な存在であった。両界曼荼羅を安置する仏堂はその大半が灌頂堂または真言堂と呼ばれ、結縁灌頂、その他重要な修法の行われる施設であった。特に結縁灌頂は在家の信徒を密教教団に結縁させるための儀式であったから、それを行うための灌頂堂、つまり両界曼荼羅安置堂は、密教の大寺には必須の仏堂であった。

(4)百体釈迦堂

中尊寺釈迦堂の安置仏の法量は明らかでなく、「注文」も「安百余体金容、即釈迦像也」と記すのみである。文献による限り、百体釈迦堂の先例は万寿四年（一〇二七）に、藤原道長が法成寺内に供養した釈迦堂法成寺のみである。一堂に百体もの仏像を安置する例はこの堂より前にはなく、後のいわゆる「数量主義」の先駆となったものである。

創建時中尊寺伽藍の性格　創建期中尊寺の中心的仏堂のうち、多宝堂（釈迦・多宝を安置）と釈迦堂はいうまでもなく法華信仰の所産である。法華信仰は、末法の世においても釈迦の教えに忠実であろうとするものであり、良源以来の中古天台の大きな流れであった。多宝堂・釈迦堂の建立はこうした時代相を反映した、法華経を中心とした仏国土建設の具体的な表現であったかも知れない。そして本来、個人救済を目的としたはずの浄土教、その表現としての大長寿院九体阿弥陀堂にしても、前述したように、その巨大な仏像や山上の立地、そこへ導く笠卒都婆などは、むしろ清衡個人の浄土往生ではなく、奥州戦役の犠牲者たちへの追善供養、および、みちのくの民を極楽へと引導する、という意味合いの方が強かったように思われる。奥六郡を平定し、自他ともに認める東北の新しい支配者としての地位を築いた「為政者」清衡の仏教に対する思いが、これらの諸堂に込められていたとみることができよう。

こうしてみると、創建時に山頂に建てられたという「一基塔」も、おのずからその性格は限定される。塔と多宝堂はほぼ同時建立であったから、この塔は当時、天台宗寺院を中心に多く造られた多宝塔（釈迦・多宝並座像を安置）であった可能性は少ない。とすると、考えられるのは大日塔か、法華経安置塔である。前者の例としては白河天皇が法勝寺に建立した八角九重塔がある。この寺は鎮護国家を主旨としたものであったが、中尊寺の場合も塔に大日を安置し、奥州鎮護の基としたことは十分に考えられる。

後者の例としては、天台宗の祖である最澄が計画した「六処宝塔院」がある。これらの塔には天台の根本教典である法華経千部を安置した。奈良時代に、聖武天皇が諸国国分寺の塔に金光明最勝王経十巻を安置し、鎮護国家を祈願したのに倣うものであったろう。六処宝塔で最北部に位置したのは安北下野宝塔院（大慈寺）であり、東北地方まではその視野におさめられていなかった。そうした目で見るならば、清衡の仏塔建立は最澄の視野から漏れた、東北地方の安寧を祈願する塔として、法華経を安置した塔であった可能性も十分に考えられる。

辺境の地・東北に在住する在家の人々を灌頂堂（両界堂）における灌頂儀式によって仏門（この場合は天台宗）に結縁させ、九体阿弥陀によってこれらの衆生を済度する。そして法華塔または大日塔によって国土を鎮護し、その仏国土を釈迦が支配する。東北地方の覇者として仏教に深く帰依した清衡が、その理想を中尊寺において具体化した、と考えたい。そこには当時の天皇または貴族建立寺院に共通してみられた願者本人の個人救済、現世利益的発想が全くみられない点にその真骨頂があった、といえるのではないだろうか。

中心伽藍の位置　さて、これら中尊寺草創期の諸堂塔の位置であるが、現在の能楽堂西南に「多宝塔跡」と伝承されてきた箇所の発掘調査が昭和三十六年に実施された。その結果、十四尺という大きな柱間を有する建物の一部が掘り出され、あるいはこれが大長寿院二階大堂ではなかったかとも考えられている。

ところで前にも引いた弘安二年二月三日の奥書を持つ「中尊寺経蔵別当永栄定文」には「記置　大長寿院四方堺事」として「東者、庭之折目、白山宮戌亥相下大つきの木、さかりのとちの木お下に白山の油畠と宇平次屋敷相沢限」と記し、文意は十分に通じないものの、大長寿院の東は白山宮に接していたことがわかる。そして続けて、「南者、多宝堂相の堀辰巳の角より、南塚之西層観音堂之堺、古道より池堤見渡堺也」とするから、南は堀を挟んで多宝堂と隣り合っていたらしい。「古道より池堤見渡堺也」の「池堤」は「伝金堂跡」の東に広がる「伝三重池」の堤であろうか。『中尊寺文書』にはもう一通、仮名文字で書かれた同日付けの「中尊寺経蔵別当永栄定文」があって、これは「大長しゅいんのこさかひの事」として、「ミなミハたほうのほりをかきる」と簡潔に記している。これらのことから、もし白山宮の位置が当初から動いていないとすれば、白山宮の西が大長寿院で、その南に多宝堂が位置していたことになる。それぞれの敷地の広がりは特定できないが、前述した「伝多宝塔跡」の遺跡も白山宮の西にあたる。また、多宝堂は現釈迦堂、あるいは「伝金堂跡」あたりに比定できようか。いずれにせよ、塔を除く初期中尊寺の中心伽藍は、現在の白山宮、大長寿院周辺に展開していたことになる。

完成期中尊寺の伽藍と特色――その一

金色堂の建立　宝塔・多宝寺・大長寿院・百体釈迦堂など、一群の堂塔完成後、十数年を経て、金色堂、そして新釈迦堂、三基の三重塔、経蔵、鐘楼などが建立され、中尊寺は伽藍としての完成期を迎える。天治元年（一一二四）上棟の金色堂の性格については、これまで先学によって様々の説が唱えられてきたが、ここでは平安時代の仏教建築史の視点からみてみたいと思う。

(1)金色堂の形式

金色堂は一間四面堂と呼ばれる形式である。この形式の阿弥陀堂は、文献によって確認されるだけでも、平安末期の百年間に五十数棟も建立された。中級以上のほとんどの貴族の邸宅内には、一間四面堂を主とする阿弥陀堂が建てられていたといっても過言ではないだろう。一間四面阿弥陀堂の建立は、都では一種の「流行」のような様相を呈していたのである。ところで、清衡が中尊寺に金色堂を造立した天治元年ごろは、都でもこの一間四面阿弥陀堂の造営例は少なく、いわば流行の初期にあたっていた。大長寿院九体阿弥陀堂がそうであったように、流行の兆しが見えはじめた段階で、いち早くそれを導入する点に地方政権・藤原氏の一つの性格をみることができる。

(2)墓所堂としての金色堂

金色堂以前に、仏堂を墓所として使用する例はきわめて少なく、白河天皇の皇女・郁芳門院媞子の遺骨を安置した醍醐寺円光院（永長元年＝一〇九六）、右大臣源雅実の母の遺骨を安置した醍醐寺一乗院（寛治四年＝一〇九〇）、堀河天皇中宮篤子内親王の雲林院小堂（永久二年＝一一一四）、勧修寺阿弥陀堂（保安二年＝一一二一）のわずか四例のみである。しかも、これらの仏堂に葬られたのは円光院・一乗院・雲林院が女性、勧修寺が僧侶で、俗人の男性を葬った例は皆無である。ここにも金色堂の特異性をみることができる。

(3)安置仏と堂内荘厳

金色堂の中央壇には阿弥陀三尊と六地蔵・持国天・増長天を安置する。管見にふれた平安時代建立の阿弥陀堂百四十四例のなかに、六地蔵安置の例はない。金色堂の特異性の一つである。平安時代に建立された膨大な数の阿弥陀堂にくらべ、墓所堂の数はその二割にも満たない。そして前述したように、金色堂以前の墓所堂四例のうち、阿弥陀を安置したものは勧修寺阿弥陀堂のみである。残る一乗院は法華曼荼羅、そして円光院には両界曼荼羅を安置していたことに注目する必要がある。

金色堂の内部に立つ四本の柱（身舎柱）には月輪内に結跏趺坐した四十八体の菩薩像を蒔絵によって描く。これらの尊像については異説もあるが、胎蔵界曼荼羅の諸尊像とする説が有力である。[5] 金色堂以前の阿弥陀堂でその堂内荘厳のわかるものはわずか五例しかないので、荘厳の一般的様相を知ることはできないが、少なくとも五例中に両界曼荼羅を図絵したものはない。ただ、金色堂の十二年後に建てられた鳥羽・勝光明院御堂は四柱に両界曼荼羅（「鏡仏像」）を描き、その際「鳥羽御堂」の鏡仏像を模したことが明らかである。この鳥羽御堂は康和三年（一一〇一）に白河法皇によって建立された証金剛院を指すものと思われる。したがって金色堂に先立って、京都でも阿弥陀堂の柱絵に、金剛界・胎蔵界の曼荼羅を描くものがあったことも事実である。ほぼ同時期のものとしては大治五年（一一三〇）の法金剛院御堂、保延五年（一一三九）の法金剛院南御堂（いずれも両界曼荼羅）、仁平三年（一一五三）ごろの仁和寺南院御堂（金剛界諸尊）などの例があり、文献から柱絵の図様のわかる十二世紀建立の阿弥陀堂は、ほとんどが両界曼荼羅に関わるものであった。

浄土教の所産である阿弥陀堂と、密教の図像である両界曼荼羅との結びつきについて、その理由は必ずしも明らかにされていないが、末法意識が深まり、浄土願望が高まってゆく世相のなかで、浄土往生のために効験のありそうなものは何でも取り入れる、という風潮が起こったであろうことは容易に想像できる。ここでは密教の陀羅尼の一種である光明真言およびこれをもととした修法である光明真言法に着目してみたい。速水侑によれば、光明真言信仰の中心儀軌として尊重された「光明真言儀軌」の中には「若し死者のためにこの真言を一返誦すれば、必ずや無量寿如来は、死者のために手を授け、極楽浄土に引導せん」と記されるように、きわめてたやすく死者の極楽往生がかなえられるという、いわば即効性が貴族たちの心を捉えたらしく、十世紀後葉ないし十一世紀初頭には広く貴族社会に浸透していったようである。そして実は、この光明真言法の本尊として使用されたのが両界曼荼羅だったのである。

こうした観点からすれば、墓所堂の先例である醍醐寺円光院が両界曼荼羅を本尊としていたことは、とりあえず納得がいく。

中尊寺金色堂に描かれた胎蔵界曼荼羅も、もし光明真言の「死者往生」の視点で捉えるならば、その性格は明らかである。つまり、清衡がその生前に用意した、自らの墓所堂であった、という結論に達する。なお蛇足ながら、両界曼荼羅と死者追善との関係についていえば、十世紀末ごろから死者の法事に両界曼荼羅が造立され、あるいは両界曼荼羅を用いて曼荼羅供を修した例が少なからずある、という事実も付記しておきたい。

金色堂の堂内荘厳も、こうした墓所堂説を助けるように思える。法成寺阿弥陀堂や平等院鳳凰堂をはじめとして、多くの阿弥陀堂には壁や扉に絵が描かれ、あるいは彫像がはめ込まれていた。最も一般的なのは九品来迎図と極楽浄土図で、上部小壁には絵像あるいは彫像の飛天・楽天・伎楽菩薩等をあしらう。

金色堂の内部は確かに豪華に飾られている。しかし金色に輝く空間は、阿弥陀浄土よりはむしろ冷たい死の世界に通ずるようにも見える。そして、平安貴族の阿弥陀堂の多くが、その居所に近接して営まれたのに対し、金色堂は平泉の中心部からは隔たった、中尊寺の山内に建てられた。日常的な祈りの場としては決してふさわしい立地ではない。

以上のように、金色堂は平安時代の一般的な阿弥陀堂とは性格を大きく異にし、願者の生前に営まれた自らの墓所堂であったと考えるのが妥当のように思える。

なお近年、内藤榮は清衡の遺体に掛けられていた曳覆曼荼羅に仏眼仏母真言が書かれていたことに注目し、これに関連する如法仏眼法や舎利信仰、舎利法などから、金色堂の持つ密教的性格および堂が金色である意味について総合的に解明する試みを行っている。[6]

完成期中尊寺の伽藍と特色——その二

新釈迦堂の建立　「中尊寺供養願文」の奥書は、金色堂上棟の二年後の、天治三年（一一二六）である。前述したように、供養願文は完成を間近に控えて作成されるのが普通だから、これは実際に造営されたものである、とみねばならない。

願文の「三間四面檜皮葺堂一宇」は、当時としては中規模の仏堂である。これに裳層が付けば、毛越寺金堂や嘉祥寺と同じ形式になる。そして「左右廊二十二間」を配する。経蔵は「二階瓦葺経蔵一宇」と記し、檜皮葺の仏堂に対して瓦葺だったことが明らかだから、毛越寺金堂のように廻廊の先端に経蔵が建つ形式は考えにくい。おそらく独立経蔵であったろう。

釈迦堂と同時に供養された三基の三重塔にはそれぞれ毘盧舎那三尊・釈迦三尊・薬師三尊・弥勒三尊が安置された。四方四仏の形式で、心柱の四方に配置されたものと想像される。なお、平安末期には貴族の間に「百塔巡礼」が流行したように、都の周辺には多くの塔婆が建てられていた。個人の塔婆信仰をみると、例えば鳥羽上皇の皇后・待賢門院璋子は生涯に十基の塔の建立を発願し、その御願寺・円勝寺には五重の中御塔と三重の東御塔・西御塔、計三基の塔が建立されている。清衡の三塔建立も、こうした都の動勢と無縁ではなかっただろう。

新釈迦堂の完成によって、清衡による中尊寺造営は完了する。では相前後して建立された金色堂と釈迦堂は、山内でどのような位置を占めていたのだろうか。

まず金色堂については、清衡が自らの墓所堂として、その生前に営んだ可能性が強いことは前述した。ではそうした措置には、いかなる意味があったのだろうか。

平泉の都市構造を論ずるときに、必ず引用される文治五年（一一八九）の「注文」に目を向けてみたい。そこには「一　舘事　秀衡」として、「金色堂正方、並于無量光院之北、構宿舘、号平泉舘（中略）無量光院東門、構一郭、号加羅御所、秀衡常居所也」とある。これは秀衡が政庁を構えるにあたって、「金色堂の正方」を意識した、つまり金色堂を都市形成の原点とした、と解釈するのが通例のようである。もしそうであれば、それは秀衡の個人的発想だったのだろうか。

　金色堂への遺体安置（あるいはミイラ化も）が清衡の遺志によるものであれば、当然それは遺言として伝えられ、またその目的も伝達されたはずである。それは清衡死して後も、留身往生の姿で子孫の、そして平泉の繁栄を守護することではなかったか。金色堂は阿弥陀堂の通例として西方浄土を背にして東面しながら、同時に東方に広がる現実世界――平泉の町を、関山の高みから見守る位置でもある。金色の輝きは阿弥陀仏の発する光であると同時に、清衡が平泉に向けて発する光でもあったのではないだろうか。

　こうした清衡の遺志は二代基衡、三代秀衡にも受け継がれ、それが「金色堂の正方」という表現につながったのではないかと考える。

　次に、新釈迦堂建立の目的は「供養願文」中に明らかである。それを整理すれば次のようになろう。伽藍建立の目的は鎮護国家のためである。そのわけは以下の通りである。後三年の役が終了したあと、奥州に長い間戦乱のない平和な時代が続き、清衡がその支配者となれたのも、天皇家のおかげである。その恩に謝するには善を修するにしくはない。よってここに堂塔を建立し、白河法皇をはじめとする天皇家の人々の宝算の長からんことを祈る。

　「鎮護国家」と天皇家の人々の長生とは直接結びつかないように見えるが、実は六勝寺の筆頭寺院である法勝寺が国家的営造物でありながら、天皇個人の「玉体安穏」を祈る寺であったことからもわかるように、政権の主体である上皇または天皇の安穏を祈ることがすなわち国家の安泰＝鎮護国家である、と意識された時代だったのである。そして洪鐘の鋳造によって奥州の戦乱による死没者への供養を企図し、願文の末尾には「身後、必ず安養の郷に詣でん」と記して、清衡個人の安らかな往生をも祈願している。

　以上のような天皇家に対する報恩、戦没者の供養、清衡個人の往生祈願が堂塔建立の動機づけであった。そしてこれを具体化するにあたって、清衡の構想にあったのは中尊寺創建期から一貫する、法華経による寺院建立ではなかったかと思われる。それは何よりも本尊である釈迦三尊、および千部法華経の書写、千口の僧侶による法華経転読の事実をみれば明らかだろう。そして目指すは「界内の仏土」であった。仏国土の中心としての壮麗な釈迦堂、そしてその仏国土を未来永劫にわたって見守り続ける金色堂の清衡。奥州における仏国土建設は、この新釈迦堂をもって完成した、とみてよいだろう。その落慶供養は華やかな万燈会をともない、八万十二の一切経を讃揚し、一千五百余口の僧侶を請じて行われた。奥州仏国土建設の総仕上げにふさわしい、盛大な落慶法要であった。

藤原氏滅亡後の中尊寺　藤原氏滅亡後、とりあえず頼朝による寺領安堵は得たものの、後ろ盾をなくした中尊寺は次第に荒廃する。しかし断片的な史料しかなく、具体的な様子は明らかでない。

　『吾妻鏡』建久六年（一一九五）九月三日の条にある「陸奥国平泉寺塔、殊可加修理之由、被仰葛西兵衛尉清重、并伊沢左近将監家景等、是及破壊之由、令言上之故也」とある「平泉寺塔」には当然中尊寺が含まれていたろう。葛西・伊沢はこの時の奥州総奉行である。

　『吾妻鏡』承元四年（一二一〇）五月二十五日の条は次のように記す。平泉の伽藍興隆については頼朝が、本願基衡等の例に任せて沙汰するよう置文を残したが、寺塔は年を追って破壊し、供物・灯明等はすでに断絶してしまった由を寺僧が愁訴してきた。そこで大江広元を奉行として、今後懈怠のないよう寺領の地頭等に命じた。藤原氏滅亡わずか二十年にして、中尊寺を含めた平泉の寺々が苦境に陥っている様が明らかである。

　『吾妻鏡』建暦三年（一二一三）四月四日の条によれば、破損した平泉の寺塔の修復に励むよう、相州奉書をもって郡内の地頭等に命じている。

　以上の記事は、鎌倉幕府は平泉の諸寺を保護する姿勢を見せながら、実際には在地の地頭らによって寺領が蚕食され、寺の経済基盤が急速に落ち込んでいったことを示していよう。

　文永元年（一二六四）十月二十五日付け、北条時宗と同政村連署の関東下知状によれば、往古の毛越寺中尊寺はあわせて二百四十余宇もあったが、この時は四十余宇に過ぎなかった。中尊寺分は白山社・山王社と堂塔十六宇である。僅かに二町の修理料田も逃散人の所領が宛てられていたため、全く有名無実であったという。すでに相当の荒廃が進んでいたことが推量される。なお、文治五年の「寺塔已下注文」には「関山中尊寺事」として「寺塔四十余宇、禅坊三百余宇」とある。

　建武元年（一三三四）の「中尊寺衆徒等申状案」は衰亡した中尊寺の再建を幕府に訴えたものだが、長治二年（一一〇五）の「最初院」建立から天治三年（一一二六）の釈迦堂建立までの来歴を述べ、さらに藤原氏滅亡後の中尊寺の様子についても記述している。その要旨を摘記する。

　鎌倉幕府によって中尊寺には「総別当」が置かれたが、寺務を全うしない別当が多く、衆徒の訴えによって改易される者もあった。別当盛朝の代の弘安十年（一二八七）に、「別当沙汰」によって五カ年で修造を終える計画が立てられた。しかし現実には古材木等をもって本堂だけは再建されたが、その造作も、二十二間の廻廊も再建されないまま四十余年が経過してしまった。その間に仏像は失われ、金堂の屋根は破れ落ち、鐘楼・経蔵は壊れ、金色堂は朽損する、という状態に立ち至った。失われた仏像・塔婆・楼門等の新造、破壊した仏堂の修理には一万余貫が必要であり、寺の力ではいかんともし難いので、寄進して欲しい旨を幕府に請うた。その結果、嘉暦二年（一三二七）十一月には小野寺彦次郎・沼倉隆経によって検見が行われ、注進状が幕府に届けられた。しかし正中の変後の一連の騒動によって修営は延引した。そこで建武元年に重ねて寺塔・仏像の再興を幕府に訴えたのである。この文書の冒頭には「金堂、同本尊、三重塔婆三基、大門三宇、諸堂諸社、悉破壊転倒間」とあって、「願文」記載の建物はこの時までに悉く退転してしまったことが明らかである。

なお、嘉暦二年の「中尊寺衆徒解文案」も堂舎等の修理を訴えたものだが、鎮守白山宮と本堂（大釈迦堂）が未造営であること、金色堂の内陣板敷と仏壇が朽落してしまったこと等を記している。

そして康永二年（一三四三）の鐘銘には「建武四年回禄成阿閦煨燼」とある。安永四年（一七七五）の『関山風土記』では、これは野火によるもので、金色堂と経蔵を残して焼失したとする。康永二年の再建は鐘楼のみにとどまらなかったと思われるが、定かではない。

享保十三年（一七二八）の「公儀諸願書上留」によれば元亀年中、不慮の出火により、禅坊も退転して僅か十八箇寺を残すのみとなった。

その後は「建武ノ炎焼以後、漸数宇ノ草堂ヲ造立ストイヘトモ、往昔ノ百分一ニモ不及、年中大法令勤カタケレバ、自然ト退転ス、此時ニ及テ、顕密ノ道場怠廃、所学ノ諸僧空シク枢ヲ閉シテ数年ヲ送ルノ処、元亀ヨリ文禄ノコロホヒ、多年兵乱合戦ノ衝トナリ、百姓動乱死亡退散、コレカ為ニ、群郷《マヽ》村里頗荒廃シ、寺領又如斯、狼藉乱入寺領ヲ押妨ク、三百余宇ノ僧坊悉滅亡シ、僅ニ二十余ケ院存在セリ」（『中尊寺雑事記』）とあるように、荒廃もその極みに達した。

天正十九年（一五九一）以後、平泉は仙台・伊達藩領となる。藩は中尊寺に保護の手をさしのべるがそれも金色堂と経蔵の修理、および小規模の造営などにとどまり、往古の盛観が回復することはなかった。

明治三十年、金色堂は特別保護建造物に指定されて修理工事が行われ、昭和二十六年にはあらためて国宝に指定された。

二、各部の形式と技法

金色堂は後世に廻り縁が撤去され、あるいは屋頂の露盤・宝珠が失われるなどの改変を受けてきたが、当初材の残存率は極めて高い。それは各時代に、注意深く保存策が講じられてきたことによろう。現在は昭和四十年に完成した覆堂に納められているが、それ以前も、室町時代の建立と考えられる覆堂（重要文化財）によって保護されてきた。覆堂の存在が確認できるのは正応元年（一二八八）の修復棟札が最も早いが、木瓦の風蝕具合などから、創建五十年後ころにはすでに何らかの施設が設けられていたと考えられている。解体時の発掘調査で発見された方三間、一辺三十八〜三十九尺の掘立柱建物もそうした施設のひとつだったろう。

金色堂の主な修理は元禄十二年、明治三十年、昭和五〜六年、昭和三十七年〜四十三年の四回である。元禄十二年の修理は「三代之御死骸」を仮堂に移して、金色堂の曲がりを直し、身舎補強の添え柱を立て替え、側柱を根継ぎし、廻り縁を撤去して、覆堂の床と一体化するという大がかりなものだった（棟札・納札）。明治三十年の修理は元禄の添え柱を鉄パイプの支柱に替えるなど、近代的な補強が施された。昭和初期の修理は小屋組と足元まわりの補強が主眼である。そして昭和三十七年からの修理で、はじめて全解体が行われた。

ここでは主として戦後に実施された全解体修理時の知見に基づいて記述することにする。

概要　桁行三間、梁行三間の、いわゆる一間四面堂で、阿弥陀堂の通例にしたがい東面する。正面三間と両側面前より一間、および背面中央間に扉を建て込む。壁はすべて板壁である。床は板敷で、柱は自然石の礎石上に立つ。四周に縁を設ける。側まわりは切目長押・内法長押をまわし、平三斗を組み中備を蟇股とする。入側柱筋も同様に内法長押をまわし、平三斗に中備は蟇股である。中備の蟇股は、保安二年（一一二一）に再建された醍醐寺薬師堂に次いで古い。身舎は折上小組格天井、庇は化粧屋根裏で、軒は半繁垂木二軒とする。屋根は木瓦形板葺の宝形造だが、頂部の宝珠は失われていたものを復原した。外部は屋根を除いて漆箔とし、内部も庇まわりは同様である。身舎柱は蒔絵に螺鈿、内法長押・蟇股・組物は沃懸地塗りに螺鈿をはめ込み、また餝金具を打つ。身舎天井も漆箔で格縁・廻縁の辻には鏡を打つ。身舎後部には須弥壇を設け、内部に初代清衡の遺体を安置する。その南および北にも須弥壇を造り、二代基衡、三代秀衡の遺体を安置する。来迎壁はないが、来迎柱間の無目下端には板壁小穴状の埋木があり、来迎壁を設ける計画があったことを示している。

寸法体系と使用材料　桁行・梁行ともに五・四八一メートルで現尺に換算すると一八・〇九尺となる。これを当時の十八尺と仮定すると、現尺より〇・五パーセントほどの間延びとなる。これによれば中央間は七・二尺（現七・二三七尺）、両脇間五・四尺（現五・四二六尺）となる。比は四対三である。以後、主要な計画寸法については仮定した旧尺を用いて記す。

昭和六年の修理時に、側柱は切目長押から下を、入側柱は床から下を切断・除去されてしまっている。柱長の推定値は側柱が八尺、入側柱が一一・六尺である。柱長の差は三・六尺で、庇柱間寸法の三分の二である。身舎の床上端から内法長押下端までは七・二尺で、身舎柱間に等しい。側まわりの長押内法高は六尺、小壁高（内法長押下端から桁上端まで）は一・三三尺（三分の四尺）。床上端から入側桁上端までは十一尺である。

建築用材は、須弥壇を含む主要部材は檜葉、飛檐垂木とその裏板、屋根材には高野槙が用いられている。高野槙は福島県を北限とするが、水に強い性質をかわれて屋根および軒まわりに用いられたのだろう。

床　床は明治および昭和六年の修理によって大きく改造されていたが、当初材である切目長押に残る痕跡から、南北方向の根太掛けに東西方向（梁行）の根太を渡していたことが明らかになった。根太掛けは側柱に添う二本と、入側柱筋に柱を挟む形で配された各二本の計六本である。根太もこれと同様に配されたものと、各柱間中央に一本ずつの、計九本である。根太掛けと柱の納まりは、柱下部が失われていたため不明である。

軸部と柱　側まわりは頭貫と、内外に内法長押、そして外周に切目長押を廻らす。入側柱まわりは頭貫と内外の内法長押である。頭貫は柱天に落とし込むのみである。側柱に隅延びはない。入側柱は内法長押下端やや上部から床上一寸ほどまでの間を八角形に削り、八枚の板を張って円柱とした、いわゆる巻柱である。板は鉄釘で止められている。精巧な漆芸を施すためのていねいな下地作りである。

枝割・組物・軒　半繁垂木二軒で、一枝寸法は、多少のばらつきはあるものの、六・七寸内外である。これは二尺に三枝、総柱間十八尺に二十七枝を割付けたものと見られる。ただ、隅柱上部では垂木が桁端を手挟むが、内側の垂木が桁側面に密着するのに対し、外側の垂木と桁との間は一寸ほどの空隙があって、正確には総柱間を等間割りした形にはなっていない。したがって、両隅柱内側の垂木をまず配り、その間に二十四本の垂木を等分に割付けたとも考えられる。その場合の計画一枝寸法は六・七寸である。枝数は中央間十一枝、両脇間各八枝である。中央間七・二尺と、垂木十一枝七・三七尺には若干のずれがあり、中柱位置でも柱真と垂木間真は正確には一致しない。六枝掛けにほぼ準ずる垂木配りで、そのために肘木長さは三・一尺もあって、ややバランスに欠ける。組物は平三斗で、肘木と繋虹梁を相欠に組んで、虹梁尻を鯖の尾とする。大斗・巻斗ともに、高さと幅がほぼ同じ（幅がやや大きい）で、平安時代特有の不安定な形状である。巻斗幅は側まわり六・四寸、入側まわり六・七寸で、一枝寸法にほぼ一致する。大斗幅（八・四寸）は垂木二本と木間ひとつ分にほぼ等しい。軒の出は五・八尺前後（地軒三・六尺、飛檐二・二尺）で庇柱間（五・四尺）よりも大きい。中備の蟇股は板壁の内外から張っている。地垂木引き通し勾配は三寸一分、飛檐垂木は一寸六分五厘と推定されている。地垂木は幅一・八寸、丈二・八寸で、先端に反りと増しがある。飛檐垂木は地垂木と同寸だが、直線部がないくらいに全体が反り上がり、先端部では下端がほぼ水平となる。飛檐の先端部は丈、幅ともに寸法を減じている。茅負の見付には眉がなく、断面L形、反りは桁真より外方に付され、隅部で約一寸の増しがある。茅負には投げがなく垂直だが、前面に六〜七分の打ち込みが認められた。飛檐垂木はこれまで解体されたことがないから、これは当初からと推定されている。

挿図1　金色堂内屋根

内屋根　金色堂は宝形造木瓦葺の屋根の下に、流板葺平入の入母屋造屋根を内蔵している。二重屋根である。この構造について記す。四本の化粧隅木は入側桁の交差部に乗り、化粧垂木に化粧裏板が張られる。そして隅木上の入側柱筋よりやや外方に、長方形に入母屋台（叉首台）と桁を組む。そして両妻に叉首を組んで棟と母屋を受ける。これによって身舎部分の内屋根架構が造られる。庇部分は、化粧裏板上に転ばし根太的な垂木を各面四〜五本ずつ配り、これで平側二通り、妻側三通りの母屋を受ける。この母屋上に、幅五寸、厚三〜五分の割板を四、五枚重ねに、流れ方向に葺いて庇部の内屋根が造られている。天治元年の墨書があるのはこの内屋根棟木下端である。妻側の叉首および叉首束には羽目板の小穴が掘られているが、板で塞がれていたか否かは明らかでない。なお、これらの部材に風蝕はないから、内屋根が外部に露出した時期はない。

小屋組と屋根　金色堂の小屋組は通例のように束で母屋を受け、垂木を配る、というものではない。四本の野隅木と各面中央に配された登桁の、計八本の斜材によって母屋を受け、これに木瓦形流し板を打つ、というものである。野隅木および登桁の上部先端は正方形に組んだ枠で受ける。この枠は四本の束で支えられるが、これらの束は内屋根上に置かれた土居上に立つ。土居は内屋根の棟をまたいで千木状に組まれた二組と、そのほぼ中央部にこれらと相欠に組まれた二本の水平材によって構成される。野隅木の下部先端は化粧隅木上に乗る。瓦形流し板は直線材で、三段に葺き、その葺き重ね部を折って約四寸五分の屋弛を作る。引き通し勾配は約七寸五分である。平瓦形の幅は垂木一枝寸法と同じ六・七寸で、円弧状の谷と葺目を彫る。丸瓦形は直径二・八寸の半円柱で、行基葺状の継ぎ目彫を施す。軒先は瓦当を作り出すが、文様彫刻はない。切裏甲は茅負上にほぼ水平に釘止めされて軒平瓦形を兼ねる。やはり文様彫刻はない。幅は六・七寸で、下端両端を瓦に似せて丸める。こうした形式は茅負に直接瓦繰りをしたこの時代の形式を写したのであろう。平瓦形の先端は斜めに殺いで裏甲先端に釘止めとする。隅棟は四隅とも下半分が失われていたが、痕跡から稚児棟がなく、また幅七寸、厚二寸の鬼板の当たりも確認された。屋根頂部の露盤・宝珠は失われていたが、同時代のものを参考に、木製のものによって整備された。

天井　身舎天井は、内法長押上端に廻り縁を釘止めし、亀の尾・支輪を垂直に立ち上げる。格間は三間割りで、小組子割りは広い中央間が九、狭い間は六である。南北の須弥壇上にも天井を張るが、内法長押と上端を揃えた廻り縁上に、厚七分の板を打ち付けた簡単なものである。細部手法から南壇の天井がやや古いとされる。

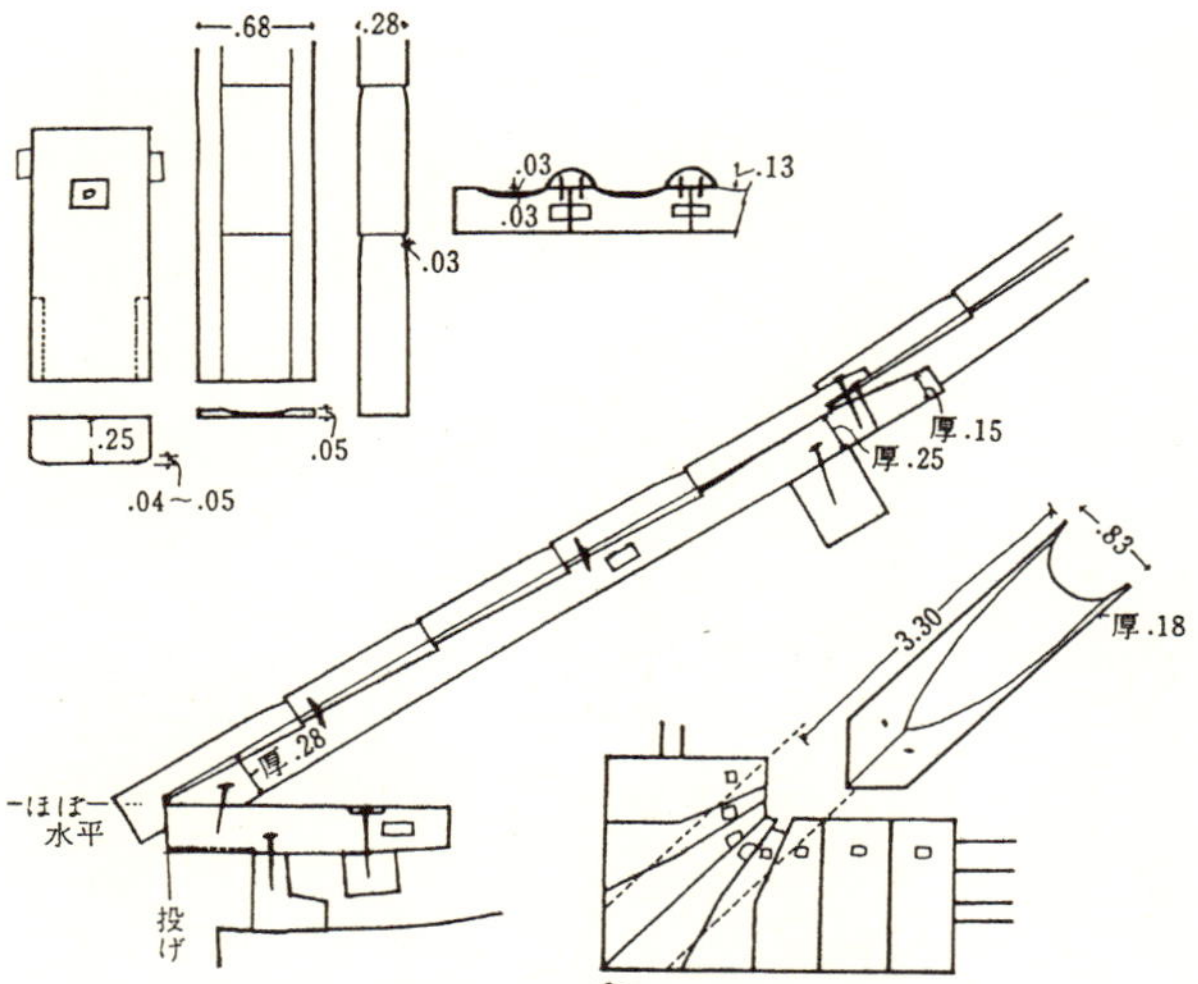

挿図３　木瓦詳細図

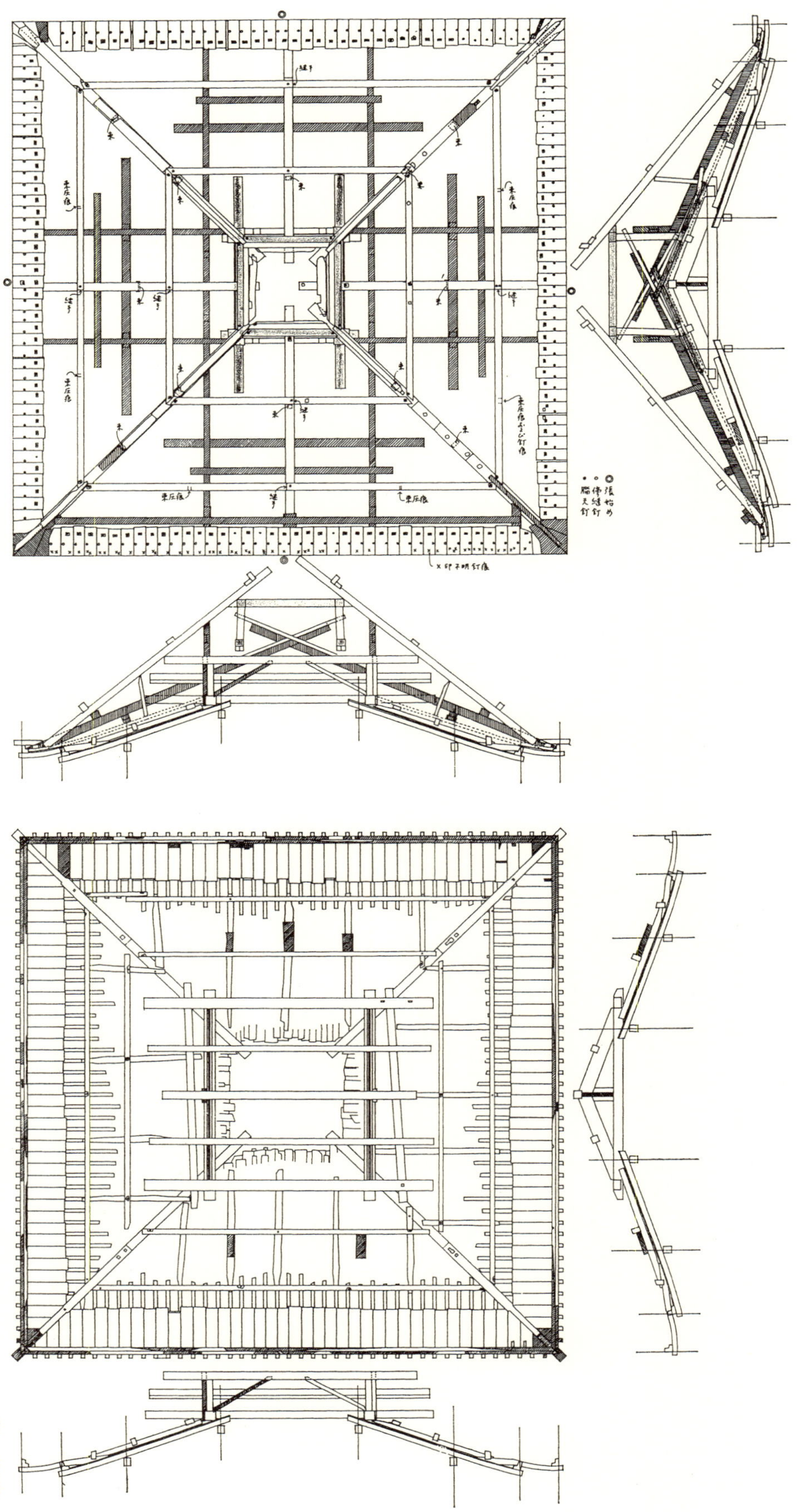
挿図２　小屋組（上図）および内屋根構造図

壁・幣軸・建具　扉口には内外ともに幣軸をまわす。上幣軸は両端の木鼻が延びて、長押のように柱を包み込んでいる。したがって正面三間の上幣軸は連続するため、一木から作り出されている。なお、上幣軸よりも縦幣軸の方が見付幅が狭い。板唐戸は上下を端喰で止めるが、解体しなかったために詳細は不明である。板壁は厚一寸内外、幅一尺ほどの材をひぶくら矧ぎとする。

柱には大入れやり返しとし、四周に額縁を打つ。

須弥壇　中央壇は身舎に据えられ、前面は正面の身舎柱から一尺ほど後方から、背面は来迎柱に取り付く。南壇は南西の庇の間を占め、そこから一尺ほど中央壇背面に張り出すという、やや整備感に欠ける納まりである。北壇も同様で、細部手法から南壇より新しいと見られている。欠き面を施した上下框および束を組み、羽目は孔雀と花文の格狭間で飾り、脚部は逆蓮の根巻き金具で包み、高欄を廻らすのは、中央壇および南北の三壇に共通する。一方、中央壇は壇の正面および両側面をすべて筋金具で包むのに対し、南北壇は格狭間と框・束の欠き面のみを金具飾りとして、他は沃懸地塗螺鈿とする点や、高欄も、中央壇は紫檀張りに螺鈿を嵌入するのに対し、南北壇は須弥壇と同じく沃懸地塗螺鈿とする点などが相違する。なお、中央壇高欄の地覆と平桁の上角には象牙のような線状の細い材を嵌入した痕跡が認められたので、そのように復原されている。

荘厳　金色堂の名のとおり、外部はすべて金箔が張られている。床も同様である。木瓦葺の屋根は、解体によってもその痕跡が発見されなかったため、素木のままとされている。また背面の壁および柱、扉には垣や樹木、館を描いたらしい截金の痕跡と、彩色の痕跡が発見されたが、資料不十分のため復原されていない。金色堂の最大の特徴は須弥壇を含む母屋まわりを、工芸的な手法で埋め尽くしていることである。平等院鳳凰堂でも須弥壇や天蓋、格子に螺鈿を用いているが、柱や長押、組物など、建築本体を螺鈿や蒔絵で飾る例は他にない。須弥壇の荘厳についてはその概略をすでに記したので、ここではそれ以外について述べる。

　入側柱は連珠文帯金具によって九区に分けられ、上から七区までは沃懸地螺鈿宝相華文帯と、円光仏を描いた蒔絵が交互に並ぶ。下から二区目は大円華文の唐草文を蒔絵によって描き、残りの部分はやはり沃懸地螺鈿宝相華文とする。金色堂で蒔絵が用いられるのは四本の入側柱のみである。足元には逆蓮の根巻き金具が付く。入側どおりの長押は主要部を沃懸地螺鈿とし、隅および中央部に宝相華唐草文の透彫鍍金金具を打つ。透彫の下には鮮やかな緑青による彩色があるが、これは鳳凰堂の大虹梁端部の仕上げに通ずる。金具の中央には座金を彫りだして瑠璃玉を受ける環金具を付ける。長押下の無目もほぼ同様の仕上げである。そして無目には瓔珞・花鬘を吊る。組物・蟇股も同じく沃懸地螺鈿仕上げである。母屋天井は金箔押しで、格縁の辻金具は中央に白銅製の鏡を嵌める。これは鳳凰堂に先例がある。なお、長押より下部、および各仏壇高欄の螺鈿文の花心にはガラス玉が嵌入されていた。外部では、垂木端部および虹梁尻、隅木端部に透彫金具が打たれるが、この部分には金箔を押さずに黒漆仕上げのままとしており、金色の金具との対比が美しい。

〔註〕

1　「奥州藤原氏造営寺院をめぐる諸問題」（『アガルマ――澤柳先生古希記念美術論集』同朋社出版、一九八二年）。

2　「平泉中尊寺の構想と現実」（『建築史学』第三〇号、一九九八年）。

3　「中尊寺供養願文の諸問題――吾妻鏡との整合性をめぐって」（『宮城歴史科学研究』第四三、四四合併号、一九九七年）。

4　棟木墨書銘（参考資料に掲出）

5　内藤榮「中尊寺金色堂巻柱の菩薩像について」（サントリー美術館紀要『論集』四号、一九九三年）。

6　内藤榮「金色堂と舎利法」（『仏教芸術』二七七号、二〇〇四年十一月）。

〔参考文献〕

石田茂作編『中尊寺大鏡』大塚巧藝社、一九四一年
福山敏男『平等院と中尊寺』（『日本の美術』九）平凡社、一九六四年
福山敏男「中尊寺金色堂の性格――平安時代の葬礼史からみる」（『仏教芸術』七二）、一九六九年
濱田直嗣「中尊寺関係美術文献目録」（『仏教芸術』七二）、一九六九年
『国宝中尊寺金色堂保存修理工事報告書』国宝中尊寺金色堂保存修理委員会、一九七〇年
平泉遺跡調査会・中尊寺『中尊寺――発掘調査の記録』中尊寺、一九八三年
平泉町史編纂委員会『平泉町史　史料編一』平泉町、一九八五年
菅野成寛「中尊寺金色堂の諸問題――藤原氏葬法に関する一視座」（『岩手史学研究』七一、七二）一九八八、八九年
藤島亥治郎『平泉建築文化研究』吉川弘文館、一九九五年
佐々木邦世『平泉中尊寺』吉川弘文館、一九九九年

〔参考資料〕

①藤原清衡願文案（中尊寺経蔵文書）

敬白
　奉建立供養鎮護国家大伽藍一区事
　三間四面檜皮葺堂一宇在左右廊廿二間
　　荘厳
　　　五彩切幡卅二旒
　　　三丈村濃大幡二旒
奉安置丈六皆金色釈迦三尊像各一躰

右堂宇、則芝栖藻井、天蓋宝網、厳飾協意、丹雘悦目、仏像則蓮眼菓脣、紫磨金色、脇士
侍者次第囲繞、

三重塔婆三基

荘厳

金銅宝幢卅六旒（旒別十二旒）

奉安置摩訶毗盧遮那如来三尊像各一躰

釈迦牟尼如来三尊像各一躰

薬師瑠璃光如来三尊像各一躰

弥勒慈尊三尊像各一躰

右本尊、座前瑜伽壇上、置以供養之鈴杵、立以方色之幡幢、儀軌次第莫不兼備、

二階瓦葺経蔵一宇

奉納金銀泥一切経一部

奉安置等身皆金色文殊師利尊像一躰

右、経巻者、金書銀字挟一行而交光、紺帋玉軸合衆宝而成巻、漆匣以安部帙、琢螺鈿以
鏤題目、文殊像者憑三世覚母之名、為一切経蔵之主、廻恵眼照見、運智力以護持矣、

二階鐘楼一宇

懸廿釣洪鐘一口

右、一音所覃千界不限、抜苦与楽、普皆平等、官軍夷虜之死事、古来幾多、毛羽鱗介之
受屠、過現無量、精魂皆去他方之界、朽骨猶為此土之塵、毎鐘声之動地、令寃霊導浄刹
矣、

大門三宇

築垣三面

反橋一道（廿一間）

斜橋一道（十間）

龍頭鷁首画船二隻

左右楽器大鼓舞装束卅八具

右、築山以壇地形、穿池以貯水脈、草木樹林之成行宮殿楼閣之中、度広楽之奏哥舞大衆
之讃仏乗、雖為徼外之蛮陬、可謂界内之仏土矣、

千部法華経

千口持経者

右、弟子運志、多年書写之僧侶、同音一日転読之、一口充一部、千口尽千部、聚蚊之響
尚成雷、千僧之声定達天矣、

五百卅口題名僧

右、揚口別十軸之題名、画掌餘巻之部帙、安手棒持開紐無煩、

以前善根旨趣、偏奉為鎮護国家也、所以者何、弟子者東夷之遠酋也、生逢　聖代之無征戦、
長属明時之多仁恩、蛮陬夷落為之少事、虜陣戎庭為之不虞、当于斯時、弟子苟資祖考之餘
業、謬居俘囚之上頭、出羽陸奥之土俗、如従風草、粛慎挹婁之海蛮、類向陽葵、垂拱寧息
三十餘年、然間時享歳貢之勤、職業無失、羽毛歯革之贄、参期無違、因茲乹憐頻降、遠優
奉国之節、天恩無改、已過杖郷之齢、雖知運命之在天、争忘忠貞之報国、憶其報謝、不如
修善、是以調貢職之羨餘、抛財幣之涓露、占吉土而建堂塔、冶真金而顕仏経、経蔵鐘楼大
門大垣、依高築山、就窪穿池、龍虎協宜、即是四神具足之地也、蛮夷帰善、豈非諸仏摩頂
之場乎、又設万灯会、供十方尊薫修定遍法界、素意盍奉悉地、捧其全分、奉祈　禅定法皇、
蓬来殿上、日月之影鎮遅、功徳林中、霧露之気長斎、　金輪聖主玉扆無動、　太上天皇宝
算無彊、国母仙院麻姑比齢、林廬桂陽松子伴影、三公九卿武職文官、五畿七道万姓兆民、
皆楽治世、各誇長生、為御願寺、長祈　国家区々之誠、天高徳卑、綸綍依請、供養遂思、
宝暦三年青陽三月、曜宿相応、支干皆吉、延啒一千五百餘口僧、讃揚八萬十二一切経、金
銀和光、照弟子之中誠、仏経合力、添　法皇之上寿、弟子生涯、久浴恩徳之海身、後必詣
安養之郷、乃至鉄団砂界、胎卵湿化、善根所覃、勝利無量、敬白、

天治三年三月廿四日弟子正六位上藤原朝臣清衡（敬白）

件願文者、右京大夫敦光朝臣草之、中納言朝隆卿書之、而有不慮之事及紛失之儀、為擬
正文、忽染疎毫耳、

鎮守大将軍（花押）

②金色堂天治元年（一一二四）棟木墨書銘

天治元季（歳次甲辰）八月廿日（甲子）建立堂一宇（長一丈七尺 広一丈七尺）　大工物部清國（大行事山口頼近 小工十五人 鍛冶二人）　大檀散位藤原清衡　女檀（阿部氏 清原氏 平氏）

九　阿《あ》弥《み》陀《だ》堂《どう》（白《しら》水《みず》阿《あ》弥《み》陀《だ》堂《どう》）　一棟　国宝

明治三十五年指定　昭和二十七年三月二十九日国宝指定
明治三十五年解体修理　昭和九年・昭和三十一年屋根葺替

いわき市内郷白水町広畑　願成寺

一、創立と沿革

白水阿弥陀堂の創立については、信頼すべき史料が存在しない。成立年時不詳の『願成寺縁起』（以下「縁起」と略す）は、永暦元年（一一六〇）十二月十五日の暁に、「成衡之後室徳尼」が「平泉之本尊」阿弥陀如来の霊夢を感得して建立したのがこの堂であるとする。建築の様式もこのころとみて大過ないようなので、一般に永暦元年建立とされている。(1)

本願の徳尼については、奥州藤原氏と強い絆があったことが窺い知れる程度で、確実なことは何もわからない。(2)

現物は失われているが、年時不詳の棟札写し(3)によって正応四年（一二九一）、元応三年（一三二一）、文和二年（一三五三）、嘉慶二年（一三八八）、文明十八年（一四八六）に修理が施されたようである。あるいはこの棟札は文明十八年のものだったのかも知れない。なお正応四年の修理を草創より百三十二年としているから、草創は平治元年（一一五九）となり、「縁起」に記す年代にほぼ一致する。その後については史料がない。

明治三十五年（一九〇二）には特別保護建造物に指定されるが、翌年の大風によって倒壊した。その当時は茅葺であった。明治三十七年に復原解体修理が行われている。昭和二十五年に国指定重要文化財、同二十七年には国宝に指定された。そして昭和九年、昭和三十一年に、屋根葺替を主とする修理が行われた。

二、建築の概要

願成寺の伽藍は、北の経塚山から伸びる丘陵が北・東・西の三方を包み、南側の開けた盆地状の低地に位置する。伽藍の中心を池が占め、阿弥陀堂は池北岸から南に張り出した岬上に建つ。御堂の正面には中島があり、南岸中央の大門跡から二本の橋を渡って御堂に達する。この配置は平泉・無量光院を彷彿とさせるものがある。阿弥陀堂の他にどのような施設があったかは、ほとんど不明である。この阿弥陀堂は通例とは異なって南面して建つ。方十三尺の母屋の四面に九尺の庇が付く、いわゆる一間四面堂で、桁行・梁行総長はともに三十一尺である。なお、中尊寺金色堂では使用尺度に五分ほどの延びが見られたが、この堂にはそれがない。屋根は宝形造栩葺で、屋頂には新しい銅製宝珠露盤をのせる。組物は出組、中備は間斗束である。壁は板壁で、正面三間と側面の前より一間、および背面中央に扉口を設ける。床は板敷で、来迎壁を背に黒漆塗りの須弥壇を構え、平安時代末期の阿弥陀三尊像と二天像とを安置する。この像の組み合わせは中尊寺金色堂の安置仏から六地蔵を除いたものである。天井は身舎・庇ともに折上小組格天井である。現状では剝落が進んで詳しい図様まではわからないが、来迎壁や天井には、宝相華を主とした繧繝彩色が施されている。

三、各部の技法

白水阿弥陀堂は明治三十六年一月の大風によって倒壊し、翌年、古材を用いて復興された。倒壊当時までにかなりの改変を受け、また荒廃が進んでいて、桁より上には古材がほとんど残っていなかったという。その後、昭和九年および昭和三十一年に屋根替が行われた。明治修理の記録はなく、また屋根替にあたっても本格的な調査は行われておらず、したがって技法の詳細については不明な点が多い。なおこの堂はその由緒、位置関係、建立年代などから、中尊寺金色堂の影響が考えられるので、それとの比較も含めて述べることにする。

やや高めの亀腹基壇に自然石の礎石を置く。現状の床高は、基壇高が約二尺、礎石石口から床上まで二・二尺である。床組は明治修理で大幅に改変されている。柱はすべて円柱で、側柱径は一一・七寸、入側柱は一二・五寸である。側柱径は中央間十三尺の九分にあ

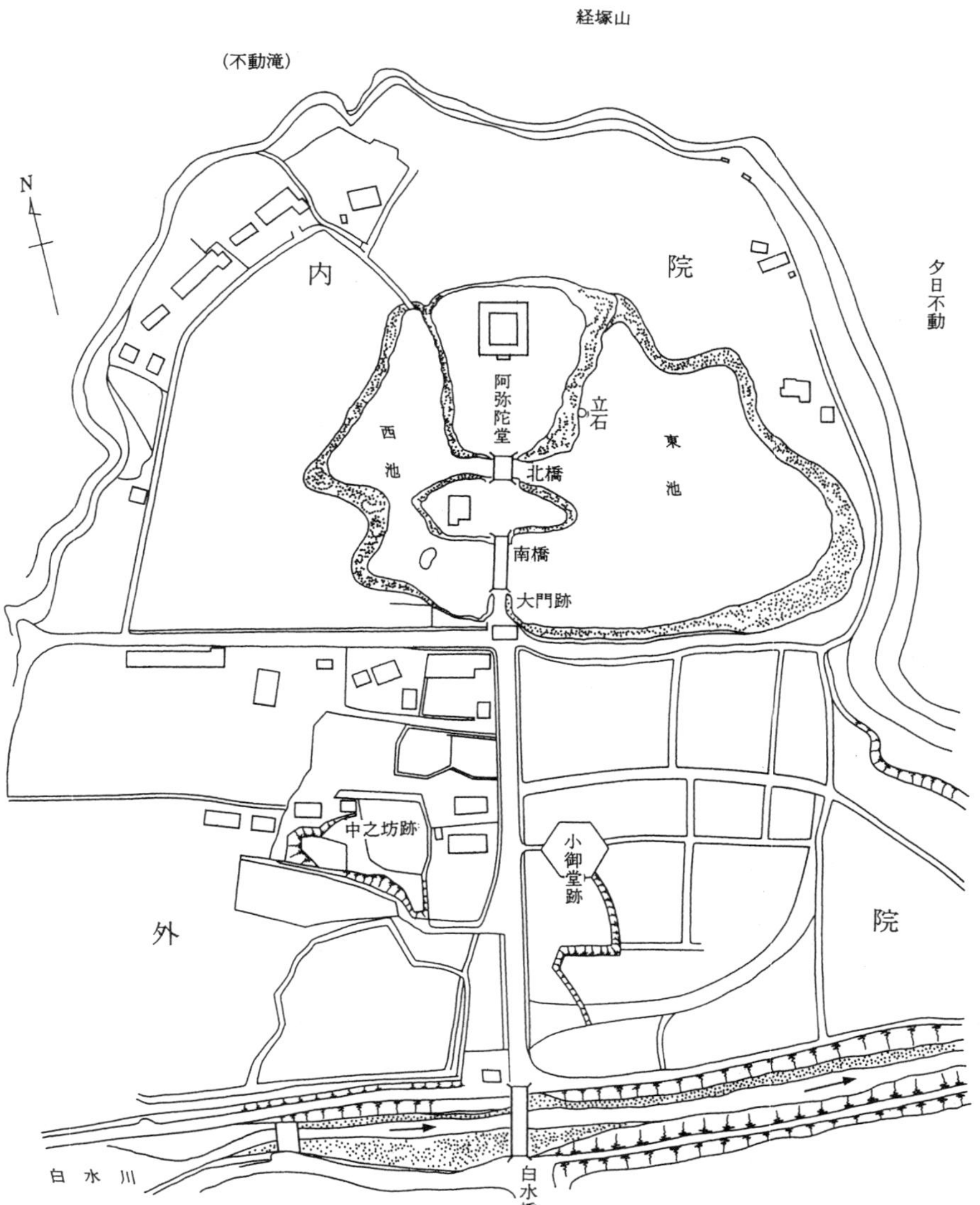

挿図1　白水阿弥陀堂全域図

たる。床上から側柱頂までは九・〇四尺であるから、これはおそらく脇の間の寸法（九尺）を返したものだろう。入側柱頂までは一一・〇五尺（計画十一尺か）である。このように当堂は平面および断面の基本寸法を完数尺で計画したようである。

側まわりは頭貫と、内外に内法長押、そして外周に切目長押を廻らす。廻り縁の出などの旧状は明らかでない。切目長押上には、薄い半長押の取り付いていた痕跡がある。長押内法は側柱筋で七・四八尺である。扉口には内外とも幣軸をまわす。幣軸は、背面扉口では円柱の小脇柱を立て、これに取り付けるが、他は柱に直接取り付けられる。幣軸の当初材は少なく、あるいは間口の広い正面中央間にも、かつては小脇柱が立っていたのかも知れない。

外部組物は出組である。繋虹梁の端がそのまま外部に出て手先の肘木となるのは奈良時代以来の手法である。大斗の当初材は一点しかないが、その見付幅は一三・七寸。丈および斗尻はともに九・一寸で、これは見付幅の三分の二にあたる。巻斗の見付幅は八・五寸。丈は七・六寸で見付幅の九割、斗尻は五・五寸で見付幅のほぼ三分の二である。金色堂の斗と比較すると以下のようである。まず大斗の見付幅に対する丈の比は、金色堂の〇・九五に対し、白水では〇・六七で、横長の安定した形態を見せている。また前者では斗繰が全丈の四割を占めるのに対し、後者では三割に過ぎない。巻斗の見付幅に対する丈の比は、金色堂が〇・九四で大斗とほぼ同じであるのに対し、白水では〇・九で、金色堂に類似はするものの、大斗の比とは大きく相違している。そして斗繰も、前者の四・四割に対し、後者は大斗と同じく三割である。このように、金色堂と白水阿弥陀堂では、斗の形態が大きく相違している。なお、手先の肘木上の巻斗は他の巻斗よりも若干丈が低い。これは地垂木の勾配を調整するための措置であったと思われる。

肘木長は四尺である。金色堂ほどではないが、やはりかなり長い。これは大斗幅の三倍（金色堂は三・七倍）にあたる。あるいは肘木長を基準にして、その三分の一を大斗幅にしたのかも知れない。巻斗の斗合いは八・七五寸で、巻斗幅（八・五寸）に近似する。斗合いを巻斗幅に等しくする計画だったのだろうか。

軒は二軒繁垂木で、地垂木の勾配は緩く、約二寸である。部材の残り具合はきわめて悪く、当初材は地垂木が数本あるのみで、飛檐垂木は全く残されていない。木負や茅負も近世の形式に変わっている。したがって当初の軒の出寸法や軒先形状は不明である。垂木は中央間の両端柱真を手挟んで十八枚を割付ける。一枚は七・二二寸となる。両端隅柱位置では柱真と垂木真がほぼ一致するから、柱間ごとに割付けたのではなく、中央間の枝割寸法をそのまま両端間にも当てはめたのだろう。両端間の枝数は一二・五となる。丸桁の出は二・五枝、一・八尺である。なお、金色堂同様、隅柱に延びはなく、軒桁にも反りはない。

次に内部について記す。身舎の周囲には内法長押および頭貫をまわす。床上から長押下までは八・八五尺である。身舎天井は折上小組格天井である。内法長押上端に廻り縁を打ち、支輪がほぼ垂直に立ち上がる。格間は等間の三間割りで、小組子割りは十三である。来迎壁は横板張りで、四周に押さえ縁をまわす。須弥壇は身舎に据えられ、前面入側柱との間を五尺ほどあけ、背面は来迎柱に取り付く。欠き面を施した上下框および束を組み、格狭間で飾る。格狭間内に装飾はない。格狭間の形態は金色堂のそれにきわめて近い。黒漆塗りの和様須弥壇で、框と束の欠き面、および格狭間の輪郭には朱漆を施す。三方に刎高欄がまわる。

庇も折上小組格天井である。側柱筋の内法長押上に廻り縁を打ち、支輪を立ち上げる。

入側柱筋には支輪はなく、内法長押上に格縁を兼ねた廻り縁がのる。格間は入側柱間を三等分し、小組子割りは十九、隅の間は十五である。天井は水平ではなく、入側柱側が高く、側柱側で一・三寸ほど下がる。この天井にはいくつかの疑問点があり、当初は化粧屋根裏で、天井は中世に補加された、と考えられてきた。その根拠は、まず前述したように入側柱筋では、廻り縁は内法長押上にのるが、繋虹梁と内法長押間が狭いため、虹梁の下端を欠いて納めている箇所があり、当初の仕事とは考えにくいことである。つぎに、身舎天井の格縁がほぼ正方形断面であるのに対し、庇の格縁は横長断面でしかも細い、など、年代差を感じさせる。さらに、当初から庇にも天井を張る計画であれば、上げ造でもよいはずだが、入側柱上にはきちんと三斗を組み、間斗束を入れていることが挙げられる。そうした一方で、この組物の通肘木の端部には化粧が施されていないから、天井が張られることを前提にしているようにも見える。そして化粧垂木には風蝕がほとんどなく、かなり早い時期に天井が張られたことも確かである。後考に俟つしかあるまい。

　最後に荘厳について記す。内部は全面に彩色が施されており、特に身舎周りには繧繝彩色のあとをとどめている。天井裏板には宝相華、格縁および小組子、そして長押側面には宝相華と連珠文が描かれる。格縁の辻には鍍金の十字形金物が打たれる。来迎壁も表裏に絵が描かれていたようであるが、図様は明らかでない。

　入側柱はいわゆる巻柱で、鍍金の、線刻を施した花菱風の餝金具と丸鋲とによって、柱面は上下九区に分割される。その区画の仕方は中尊寺金色堂と全く同じであり、また餝金具の形も、金色堂の螺鈿細工をそのまま金具に置き換えたものと言ってよいほど、近似している。さらに、この堂には身舎内法長押の両端に餝金具の形をした木製漆箔の板を打ち付けるという珍しい手法が見られるが、これは金色堂の鍍金透彫金具に倣ったものであろう。そして長押中央部に描かれた彩色宝相華文様は金色堂の長押中央部の透金具の文様に類似している。そのほか、堂そのものの形態、あるいは先に見た須弥壇の形態など、この堂が金色堂の少なからぬ影響のもとに成立したことは疑いの余地がない。なお、金色堂のように入側柱に仏画が描かれていたか否かは現状では明らかでない。

〔註〕

1　『国宝白水阿弥陀堂修理工事報告書』（昭和三十一年）によれば、昭和三十一年の修理の際に仏壇下で発見された古材に「永暦元庚申」の墨書があるという。創建を示したものだろうか。

2　本願の徳尼については、「縁起」では「成衡之後室徳尼、源頼義女也」とする。『奥州後三年記』によると、藤原清衡の異父兄にあたる清原真衡の養子となった海道小太郎成衡は、源頼義が常陸大掾平宗基の娘との間にもうけた女性と結婚しているから、縁起の「成衡」と「徳尼」はこの両名を指しているらしい。前九年の役（一〇五一〜六二）で奥州安倍氏追討のため奥州に赴いた源頼義が、彼の地においてもうけた子が徳尼であれば、永暦元年には九十八歳以上であり、信憑性に乏しい。そして夫の清原成衡の、その後の消息は明らかでないが、後三年の役（一〇八三〜八七）で、藤原清衡と結んだ源義家によって討たれたのではないかと推定されている。また、宝暦九年（一七五九）の『菩提山護法録』は「常陸大掾国香孫海道小太郎成衡者当国之太守秀衡之以媒為妻後号徳尼」と記す。藤原秀衡の代であれば年代は符合するが、平国香の孫の代ではあり得ない。そのほか、藤原清衡の養女とする説、藤原基衡の娘とする説、藤原秀衡の妹とする説などがある。徳尼の夫を成衡ではなく、岩城則道とする説もある。その根拠は定かでないが、『いわき市史』第一巻は「明治以降の諸本ではすべて則道にしているが、これは大須賀筠軒が、その著書『磐城史料』において「諸書に則道を成衡に作る。本書も亦則道を為すもの蓋藩翰譜・会津四家合考・磐城系図等に拠る。鍋田晶山晩年の定説も亦則道とす」といっているので、多くはこれを引用したためと思われる」としている。これは、例えば「会津四家合考」や「藩翰譜」が「秀衡の妹とくあま（徳尼）子」の夫を「岩城則道」とする類である。

3　『国宝白水阿弥陀堂修理工事報告書』所載。柏原左源太氏所蔵のものを吉成留三郎氏が書写。

〔参考文献〕

『国宝白水阿弥陀堂修理工事報告書』国宝白水阿弥陀堂修理工事事務所、一九五六年
藤島亥治郎『平泉建築文化研究』吉川弘文館、一九九五年

一〇　石山《いしやま》寺《でら》本堂《ほんどう》

一棟　国宝

明治三十一年十二月二十八日指定　昭和二十七年十一月二十二日国宝指定。
明治三十六～三十七年屋根修理、昭和三十四～三十六年屋根修理

滋賀県大津市石山寺一丁目　石山寺

一、創立、沿革

石山寺は瀬田川の西側にある古刹で、真言宗に属する。東面する東大門（三間一戸、八脚門、桃山時代、重要文化財）を入って、西に進み北に折れて石段を上がると本堂の東側の平地に出る。本堂は東側（妻側）からアプローチを取るようになっており、近づいて行く時には、本堂と礼堂の二つの大きな屋根と、それを直角に繋ぐ屋根が正面に見える。裏山の中腹には多宝塔（鎌倉時代初期、国宝）、他に鐘楼（鎌倉時代後期、重要文化財）がある。

第一期

石山寺の創立は、『三宝絵詞』、『東大寺要録』、『石山寺縁起』などによれば、天平十九年（七四七）、聖武天皇が奈良の東大寺の大仏に塗るべき金の無いことを憂いていたところ、当地に伽藍を建立し如意輪法を修せば金が出来するという夢告があり、良弁を遣わして寺院を建立させた、という。

寺域から七世紀にさかのぼる古瓦が出土しており[1]、古い寺院が存在していたらしいことが判り、この縁起が創立を正しく伝えるかどうか疑われている。しかし、発掘などによって先行する寺院跡が確認されているわけではない。

第二期

石山寺の具体的な姿が判明するのは、奈良時代中期、天平宝字年間からである。

福山敏男は、正倉院文書を詳細かつ復元的に検討して[2]、石山寺の創立期の建築的状況を調べ、天平宝字五年（七六一）十一月から翌六年八月までに、大規模な造営が行われたことを明らかにした。造営を担当したのは造東大寺司であり、そのなかに造石山寺所が設けられ別当に造東大寺司主典の安都雄足が任ぜられた。したがって、石山寺は国家が直接的に建設に関わった寺院であることが確かである。淳仁天皇は、この造営の少しまえ天平宝字三年ころから、近江の地に保良宮の建設を開始しており、同五年十一月から翌年五月まで孝謙上皇とともに滞在していた。保良宮の位置は旧滋賀郡石山村国分の洞神社付近とされていて、確実な遺跡は未発見だが、石山寺の至近距離にあるのは確かである。石山寺が北京保良宮（南京は平城京）鎮護のための道場として大改築されたと考えることも可能であろう[3]。

福山の研究によると、この造営が始まる前に石山寺には次のような建築があった。

檜皮葺仏堂一宇（長五丈、広二丈、高一丈一尺）（大日本古文書編年文書十六—二〇八頁）
板葺板倉一宇（長一丈三尺、広一丈二尺、高八尺）　（同十六—二〇九）
板屋九宇　（同十六—二一一）

そして、この造営が終了した後、天平宝治六年十二月には、以下の建築が石山寺にあった。

仏堂一宇（先作長五丈、広二丈、高一丈一尺、今改作長七丈、広四丈、高一丈五尺）、並
先後檜皮葺　（同十六—二〇八）
僧房四宇（檜皮葺幷板敷、在土居桁）
　一宇古更改木加作（長一丈九尺、広一丈二尺、高一丈五尺）
　三宇新木作構竪
　　二宇（各長一丈八尺、広一丈四尺、高八尺）
　　一宇（長二丈五尺、広一丈六尺、高九丈）　（同十六—二〇八・二〇九）
経蔵一宇（先作板葺板倉、長一丈三尺、広一丈二尺、高八尺、今改作檜皮葺倉、長三丈一尺、広一丈二尺、高一丈五尺、在板敷幷石居）
板殿二宇（並古改作）、　（同十六—二〇九）
　一宇（長三丈、広二丈、高一丈、在土居桁、板幷敷）
　工八十六人削構竪功「右法備国師奉入自矢川津辺遷竪」

一宇（長五丈、広二丈六尺、高一丈八尺）
工卌六人構竪功「右依大僧都宣自信楽買遷竪如件、但敷板作用仏堂一宇」
（同十六―二〇九・二一〇）

遷竪雑板屋八宇
厨一宇（長五丈、広一丈六尺、高九尺）
大炊屋一宇（長一丈八尺、広一丈六尺、高七尺）
温室一宇（長一丈八尺、広一丈三尺、高七尺）
仏師房一宇（長一丈四尺、広一丈、高七尺）
板絞屋一宇（長二丈五尺、広一丈二尺、高七尺）
厠一宇（長二丈、広一丈二尺、高八尺、黒木作片庇）
椎屯蔵一宇（長一丈五尺、広一丈、高一丈一尺）（以上は石山院中に竪つ）
厩一宇（長五丈、広二丈、高一丈）（勢多庄に竪つ）
仮板屋三宇（各長五丈、広一丈八尺、高九尺）並黒木作（二宇は造営終了時に解体）
修理板屋九宇
（以上同十六―二一〇・二一一）

本尊を安置する仏堂は、正面五丈、奥行二丈という規模のものから、一回り大きな正面七丈、奥行四丈に「改作」された。一見すると二丈幅の庇を一回り付け足しただけに思われるが、高さが一丈二尺から一丈五尺と三尺ほど大きくなっている。柱は長さを足すことができないから、柱は新しくなったと考えざるをえない。梁、屋根材などは旧材を用いることが出来た可能性があるが、「改作」の意味は、単なる庇の付け足しにとどまらない、旧来の建築を一新するものであったと考えるべきだろう。

次に、三丈の板殿は別に「法堂」（同十五―二三六）と呼ばれているから、「講堂」として用いられたと推定される。また五丈の板殿はもと信楽にあった藤原豊成の住宅であり、それが購入されたもので、石山寺では「食堂」として使用されたと推定されている。以上の二棟の建築については、関野克と澤村仁によって詳細な復元案が提出されている。(4)

また、移築建築が多数を占め、しかも「在土居桁」と注記されたものがあることに注意したい。「土居桁」は建築の足元に敷く材で柱をその上に立てるもので、現在の「土台」のことである。(5) 奈良時代以前の建築遺構で「土台」を持つものは、法隆寺金堂・五重塔の裳階に限られる。

このような大規模な造営の結果、石山寺は、全体では本尊を納める仏堂、法堂（講堂）、食堂、経蔵（鐘楼を兼用）、僧房四宇、厨、大炊屋、仏師房、厠その他という構成を持つようになった。古代寺院を構成する建築群すべてについて規模も含めて克明に判明する例としても貴重といわねばならない。

平安初期には、延暦二十三年（八〇四）桓武天皇の勅命によって涅槃会が行われた。国家による涅槃会としては早い例であって、国家の有力な寺院の一つであったことを裏付ける。そやがて観音の霊地としての信仰を集め、都からの参詣が頻繁に確認されるようになる。その早い例は延喜十七年（九一七）の宇多法皇の参詣という（『石山寺年代記録』）。以後、藤原為光（『順集』天元二年（九七九）五月）、円融法皇（『石山寺縁起』寛和元年（九八五）十月、『百錬抄』同二年九月）、東三条院（『百錬抄』正暦三年（九九二）二月、『小右記』長徳元年（九九五）二月、『日本紀略』長徳三年（九九七）八月、『権記』長保二年（一〇〇〇）九月、『権記』長保三年（一〇〇一）十月）、敦康親王（『日本紀略』寛弘二年（一〇〇五）十月）、小一乗院（『日本紀略』寛仁三年（一〇一九）十月）、などが確認できる。また、長元九年（一〇三六）五月二十九日には、後一条天皇の六七日（四十二日）の忌日にあたり、浄土寺、崇福寺、珍皇寺、法成寺とともに御誦経が修されている（『左経記』）。

この本堂に、建立の時期は特定できないが礼堂が設けられていた。(6) 夫藤原兼家との不仲に悩む道綱の母は、天禄元年（九七〇）七月に石山寺へ参籠するが、『蜻蛉日記』はその時の様子を次のように記す。

夜になりてゆなど物して御堂にのぼる、……夜うちふけて外のかたをみだしたれば、堂はたかくてしもはたにとみえたり、……みおろしたれば、麓にあるいずみはかがみのごとみえたり、高欄におしかかりて、

石山に一昨年もうでたりしに、こころぼそかりし夜な〳〵だらにいとたふとみよにつつ礼堂にたたずむ奉仕ありき

また、『和泉式部日記』長保五年（一〇〇三）条には以下のように記す。

石山に詣でて七日ばかりあらむと思ひてまうでぬ、……まめやかに仏を念じ奉りてある程に、かうらんのしもの方に人のけはひのすれば、あやして見おろし下ろしたれば、

このわらはなりけり、

また、『更級日記』寛徳二年（一〇四五）には、「中堂より御香給はりぬ」と記される。

これらの記事から判明することは以下の通りである。礼堂があってそこで参籠が行われていた、参籠者には僧侶、俗人の双方がいた、礼堂の前の縁には高欄があった、下の方に人の気配がするというから、今のように懸崖造になっていた。しかしながら、礼堂がどのような規模であったのか明らかではない。

第二期の石山寺本堂はこのようなものであったが、承暦二年（一〇七八）正月二日に創建以来という大火にあって焼亡した（『扶桑略紀』、『百錬抄』）。本堂の再建は永長元年（一〇九六）十二月のことであった（『一代要紀』）。寛治元年（一〇八七）には、石山寺鳥居以南の田畠の地

子、在家諸役が免除されているから、再建が進められていたことを示すのであろう（「石山寺文書」『平安遺文』四一二五六号）。

この時再建された本堂が現存する本堂であり、礼堂も同時に再建されたと考えられる。

第三期

この時期の堂内の様子を示すものに、藤原頼長の参詣記事がある。『台記』天養元年（一一四四）三月二十九日条には、

参石山寺、……申刻出京、深更参著、候女房局、鳴鐘行皈、女房土佐乳母、予参候局、成憲在共、今朝作如意輪像鋳摸、又今夜始如意輪供覚仁、祈請会合事、又始一字供実寛、依廿二日夜夢也、

とあり、また同記の久安二年（一一四六）九月二十七日条の石山寺参詣記に、「次参仏前、礼堂敷畳立屏風」とあって、本堂、礼堂、局のあったことが確認できる。

また、『石山寺縁起』は鎌倉後期に制作された絵巻であるが、礼堂での参詣、参籠の図柄を多く含み、この時期の本堂の礼堂の実態を知るには有効である(7)。場面のほとんどは平安時代の院、女院、貴族の参詣を描いているが、第二期と第三期に相当する場面での建築の図柄に変化が見られない。絵巻を描いた絵師は、その時に実在していた第三期の建築を下敷きにして構図を決めている可能性が高く、その復元資料として有力である。

以上から推定される同時期の平面図は、挿図1のようになるだろう。

第四期

慶長年間（一五九六―一六一五）には礼堂が建て直されることになる。『石山年代記』によれば、豊臣秀吉の政所淀の帰依によって中興がなったという。礼堂懸魚六葉の裏面墨書、礼堂棟東端鬼瓦箆書銘（左側面）、礼堂棟西端鳥衾瓦箆書銘には「慶長四年拾月」と記される(8)から、慶長四年の秋には屋根の仕事が終わりに近づいていたことが判る。この結果、再建の供養は慶長七年九月二十三日に行われた。この供養会に参集した義演は、前日に石山寺に到着し姿を刷新した伽藍を見て次のように述べている（『義演准后日記』）。

一献了先観音参詣、本堂周備無残所、鎮守・拝殿・塔婆以下悉或修理、或新造也、驚目了、

鎌倉初期の建立とされる多宝塔もこの頃大修理を受けた。初重柱十二本のうち三本、すべての羽目板がこの時の取り替え材であるから、解体修理であったと考えられている。また東大門もこの頃に再建されたものである。

石山寺本堂は、この礼堂再建によって、ほぼ現在の姿になり、現在まで維持されてきたのである。

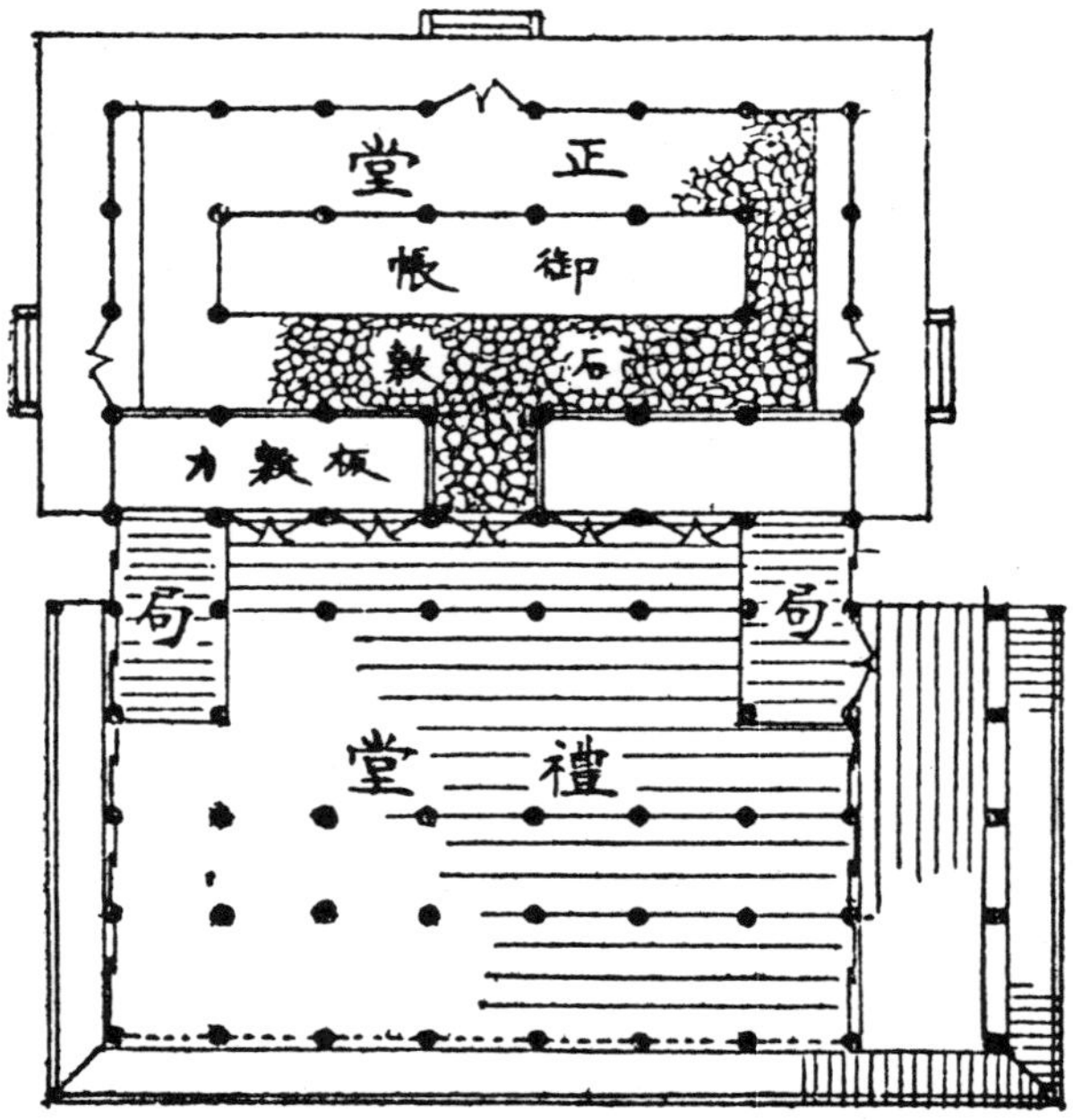

挿図1　石山寺本堂推定平面図（第三期）（福山敏男案）

この礼堂の建て替えという大きな事業の際、本堂と礼堂との取り合い部（相の間周辺）において、以前の状態からの変更がいくつかあったが、それは後述する。

この後の修理に関して、墨書銘などから知られるものを列挙する。

宝暦七年（一七五七）　礼堂正面の千鳥破風の修理（墨書銘）
宝暦九年（一七五九）　礼堂の廻縁の縁板の取替（縁板裏の墨書銘）
文化十三年（一八一六）　礼堂屋根の葺替（小屋束取付けの修理記札(9)）

明治三十年（一八九七）には古社寺保存法が施行され、個別建築の指定、修理が開始された。本建築は、その第二回目の明治三十一年十二月二十八日に特別保護建造物に指定された。滋賀県内の建築としては、前年の第一回目の西明寺本堂に次ぐもので、この年同時に延暦寺大講堂、長寿寺本堂、常楽寺本堂、金剛輪寺本堂が指定されている。その後、明治三十六～三十七年に屋根の葺替修理が実施された。また、昭和三十四～三十六年に屋根の葺替が行われた。

二、建築解説

本建築は、本堂とさらに正面幅の広い礼堂が北、南に並び、本堂の南側庇を相の間として堂内化するという構成をとる。傾斜地に建つのであって、本堂の南庇柱列より前方はかなり急な傾斜なので、下から立ち上げた柱で礼堂を支える、いわゆる懸崖造となっている。

また東側からアプローチするので、礼堂の東側の一間通りを吹放ちとし、その内側に扉を付けているので、礼堂は左右対称になっていない。

平面全体では、本堂と相の間が一体となり内陣として扱われ、礼堂との境は相の間の南端柱筋、すなわち礼堂の北側柱筋となる。

屋根は本堂、礼堂ともに檜皮葺の寄棟造で、礼堂の棟が本堂より七尺ほど低い。そして、相の間の上は、本堂から同高の棟を直角に礼堂上に延ばしており、礼堂の棟を越し、先端の切妻を大きな千鳥破風として見せている。

本堂

基壇は東側面から後より三間まで、背面を壇正積とする。地覆石、束石、羽目石、葛石、など総てが花崗岩の切石である。西側面は自然石の乱積、両側面、及び背面にそれぞれ石階二級を設ける。基壇上は東側側面南寄りの一部を花崗岩の切石を四半敷として、その他はモルタルで覆う。

本堂は中央の桁行五間、梁間二間が身舎であり、その周囲一間通りを庇とする。間面記法では「五間四面」という大きさである。柱間はすべて一丈（十尺）の等間である。屋根は寄棟造、檜皮葺である。

柱は上端に面を取る円柱で、径は側柱が一尺四寸ほど、身舎柱が一尺五寸ほどで、自然石の礎石に乗せる。傾斜地に建っていて、南側柱列は基壇面より四尺ほど低い位置に礎石が置かれていて、柱はそこから立ち上がる。

北、東、西の各側面は、切目長押、腰貫、腰長押、内法長押をめぐらし、北面は中央五間のみ腰長押を打たない。

窓は東西両側面ともに南より第一間に設け、連子窓を入れる。扉口は、東西側面では南より第二間、北背面では中央に開ける。内法長押下に長押を重ね、三方に幣軸をまわす。扉は端喰の板扉で、定規縁、八双金具を使う。

南側は東側二間を除きすべて開放である。平面上では本堂と相の間は一体であって、相の間の南側柱列が礼堂との境となり、扉が設けられる。南側庇の東側二間だけが囲い込まれて部屋となっている。

庇の一間通りは切目長押下端に揃えた低い拭板敷の床とする。根太は束で支え、柱脇では添束を用いる。

身舎内部は切目長押の上端に揃えて漆喰叩きの須弥壇とし、その上に作付けの厨子を置く。厨子は柱間中央三間の幅であり、身舎より一回り小さいので、身舎の周囲は吹放ちだが、背面の中央三間は厨子の背面の板壁となる。中央間は厨子背面の入り口となり板扉を吊り込み、両脇間は腰貫を通しその下を板壁とする。正面中央間を除き、高欄を廻らす。

組物は、側柱、入側柱ともに平三斗で、中備は間斗束。側柱上の組物のうちの大斗に繋虹梁を組込み、虹梁鼻は撥形となって外側に突き出ている。頭貫から上方、組物と組物の間はすべて土壁とする。

軒は二軒で繁垂木。地垂木、飛檐垂木ともに角垂木。地垂木勾配〇・二七、飛檐垂木勾配は〇・一四でありかなり緩い。垂木の枝割は、一間十尺に十二枝を配する。

相の間

本堂の側柱の南側、礼堂の北側柱列までの一間通り、東西幅七間を相の間とする。本堂と礼堂の柱間寸法は総て十尺等間だが、相の間の奥行のみ一間九尺四寸とする。東側二間を部屋に造り、西側を壁とする他はすべて開放である。床は本堂庇と同高の拭板敷とする。天井部は本堂の軒先であり、地垂木と飛檐垂木が化粧となっている。飛檐垂木の先端は礼堂側柱上の出三斗組物から一手出した通肘木で受けている。

東側の第一室は畳敷、天井を折上格天井、第二室との境は帳台構えとする。第二室は畳敷、棹縁天井で西、南は貼壁とする。

相の間の東側には唐破風を持つ下屋が張り出す。土台にしかみ面付の角柱を立て、腰長押、内法長押、上長押を打つ。東側に花頭窓を開け、内側に障子、板遣戸が入る。内法長押の上は盲連子をはめる。組物は出三斗であり、虹梁を渡して蟇股を乗せる。唐破風は檜皮葺である。

礼堂

礼堂はかなりの傾斜地に建つ。北から南に地盤を六段に作り、それぞれに自然石礎石を置き、縁柱、床下柱を立てる。床下柱は大面取もしくは八角柱であり、縦横に貫を通して楔で締めている。床下柱柱頭に桁行方向に四通りの頭貫を通し、その上に梁行に土台を置き、その上に本柱を立ち上げる。

礼堂の平面は、全体で桁行九間、梁間四間であり、東、西、南に高欄付の縁が廻る。柱間寸法は中央の桁行七間、梁間三間部分が十尺等間であり、本堂の柱間に揃えている。東、西の両端の一間はそれぞれ十四尺、南端の一間は十二尺であり、大きな寸法となっている。柱は内側の等間部分では円柱であり、東、西、南の側柱は角柱で軽い扱いにしている。

天井の仕上げは、中央礼堂寄りの桁行三間、梁間二間部分では中央の二本の柱を抜いて、折上格天井とし、その周囲、東側・西側各二間、南側一間分を格天井（東第二間のみ棹縁天井）さらにその外側の側周り（東・西・南）一間通りは垂木を見せる化粧屋根裏であり、庇の扱いとしている。また、東・南・西のすべての入側柱から側柱に海老虹梁を架けている。これらの表現は空間のヒエラルキーを示している。

床は同高の拭板敷であり、本堂庇部分（相の間）より一・九尺ほど低い。

東、西、南側面は、切目長押、内法長押で軸部を固める。東側面は前述したように、一間通りを吹放ちとするから、壁、扉口が一間内側の入側列に置かれる。南第一間は腰貫を入れて連子窓をつくる、第二、三間は半長押を打ち、板扉を釣る。なお第三間のみ幣軸を使う。第四間は鴨居、敷居を入れて引違戸を入れ、その上部を連子欄間とする。南側面は、中央一間のみ背の高い板扉とするので、内法長押を打たない。その他の東側二間、西側三間には、半長押を入れて板扉を釣るが、東隅の一間のみ腰長押を打って連子窓に作る。西隅の一間は袖壁付の引板戸である。西側面は、南第一間が三枚引違板戸、第二間、三間が二枚の引違板戸であり、北端間は連子窓に造る。

北側柱筋は造合との境となっている。東側二間は小室の裏壁だが、その西側四間は、切目長押を床より天端を二尺ほど高く打ち、さらに内法長押を打ち、その間に幣軸をまわし板扉を釣っている。扉は礼堂側に開き、相の間側には二本引違いの透格子戸をはめる。

組物は、東、西、南側柱筋では面取りの舟肘木を用い、その内側の柱と北側柱筋では出三斗とする。十尺を十枝とする。南東、南西の隅は、柱間が異なるから、庇部では振隅となっている。東西両側面隅は北側と一枝寸法をそろえ一間十二尺に十二枝を配する。隅木の両側で垂木の本数を揃えるために、南面隅では一間十四尺を十二枝とするから、一枝寸法は少し大きい。

軒は二軒で疎垂木である。側柱から外の軒の隅木は庇内部とは材を替えて四十五度に出す。垂木は庇内部からそのまま軒に持ち出す。そして南側両端では隅間の一枝寸法で垂木を割付ける。軒の隅木でも両側で垂木の本数をそろえるので、結局東側・西側の南端では北側の約二倍ほどの一枝寸法となっている。

屋根は前述した通り寄棟造、檜皮葺であり、千鳥破風の妻飾は虹梁太瓶束とする。

屋根の内部は、柱筋の上に母屋を乗せ和小屋を組む。本堂小屋と礼堂小屋は一続きの和小屋になっている。小屋全体が礼堂が再建された慶長年間の仕事である。

内陣厨子

厨子は本堂身舎内の仏壇の上に造り付けられており、内部は本尊如意輪観音が岩の上に直接乗っていると言い伝えられている。桁行三間、梁間二間。屋根は寄棟造、軒先の葺始めは檜皮葺だが、それより上は柿葺とする。柱は大面取の角柱で、背面は本堂身舎柱に取り付いている。桁行の一間寸法は十尺で、身舎柱間寸法に合わせてあり、梁間は一間が約六・九尺である。

地長押、切目長押、腰長押、内法長押を廻らす。正面中央一間は幣軸を回し両開き両折の桟唐戸、両脇は切目長押を一段高くして、低い内法長押を打ち、幣軸を回して板扉を釣る。両側面、背面は板壁で竪板羽目板とする。組物は出三斗。軒は一重で疎垂木。

厨子は慶長年間の再建時のものであって、礼堂と同時期の仕事である。

三、復元的考察

昭和三十四〜三十六年に行われた屋根修理の際に詳細な調査が実施されているので、主としてその報告[10]に従いながら、以下で復元的な考察を行う。

本堂

基礎　内陣の土壇は創建当初のものと認められる。身舎中央の厨子内部は硅灰石が隆起していて本尊の台座となっており、その周囲は敷瓦が敷き詰められている。

基壇の弾正積の化粧石は不揃いであって、本堂に合わせて作ったとは考えられない。他の建物のものを転用したと思われる。

東側南端では、慶長時以前の基壇がもう一間分南まで延びている。石階段は本来本堂の南端間に取り付いていたものを、礼堂再建時（慶長）に扉口を一間北に移動し、基壇を切り詰めて、北に一間分移動させた。このことは、『石山寺縁起』巻四、五の描写にも対応する。

軸部　柱は総て檜材である。側柱の径が一尺四寸ほど、身舎柱の径が一尺五寸ほどで、柱頭に面が取ってある。西側面後ろから三本目のみが慶長取り替え材で、他はすべて当初のものである。側柱の隅延びはあまり大きくなく、約一寸三分ほどである。飛貫と腰貫は同寸（成七寸、幅三寸五分）であり、いずれも慶長時の補強材である。

斗栱　ほとんどが当初材であって、斗は欅材、肘木は檜材である。

軒回り　東西の軒の南端が不自然に切られているのは慶長時の仕事で、礼堂の屋根との取り合いの調節のためである（それ以前の礼堂の屋根は、もう少し離れていたと推定される）。

南側、西側の垂木はほとんどが慶長以前のもので、北側は明治修理での取り替え材が多く、東側は慶長時の取り替え材が多い。軒の出は現在は九尺であり礼堂と同じだが、当初は七尺七寸ほどで、慶長修理時に地垂木を持ち出すことによって軒を延ばした。

柱間装置　慶長時における変更は以下のようである。（一）東西側面は、南第一間の扉口を連子窓に、第三間を板扉に変更した。（二）南面東より第二間の板扉を両折に変更した。

（三）腰貫、飛貫の補入。（四）東側基壇の南端を一間分縮めた。

慶長以後の変更は以下のようである。（一）南正面の西より第一間の連子窓を撤去し、同第二間から五間までの幣軸板扉構えとその内側の格子戸を、一間前方の相の間、礼堂境に移した。（二）慶長再建時には礼堂、相の間の床高が同一であったが、相の間床高を上げて、本堂の床高と同一にした。（三）西側面の北端の間で、腰貫を切断して閼伽棚を付設した。（四）背面の中央間以外の六間、東西面北寄り二間に下屋を設けた。この下屋は明治三十六年の修理で撤去され、腰貫を入れて壁が復元された。

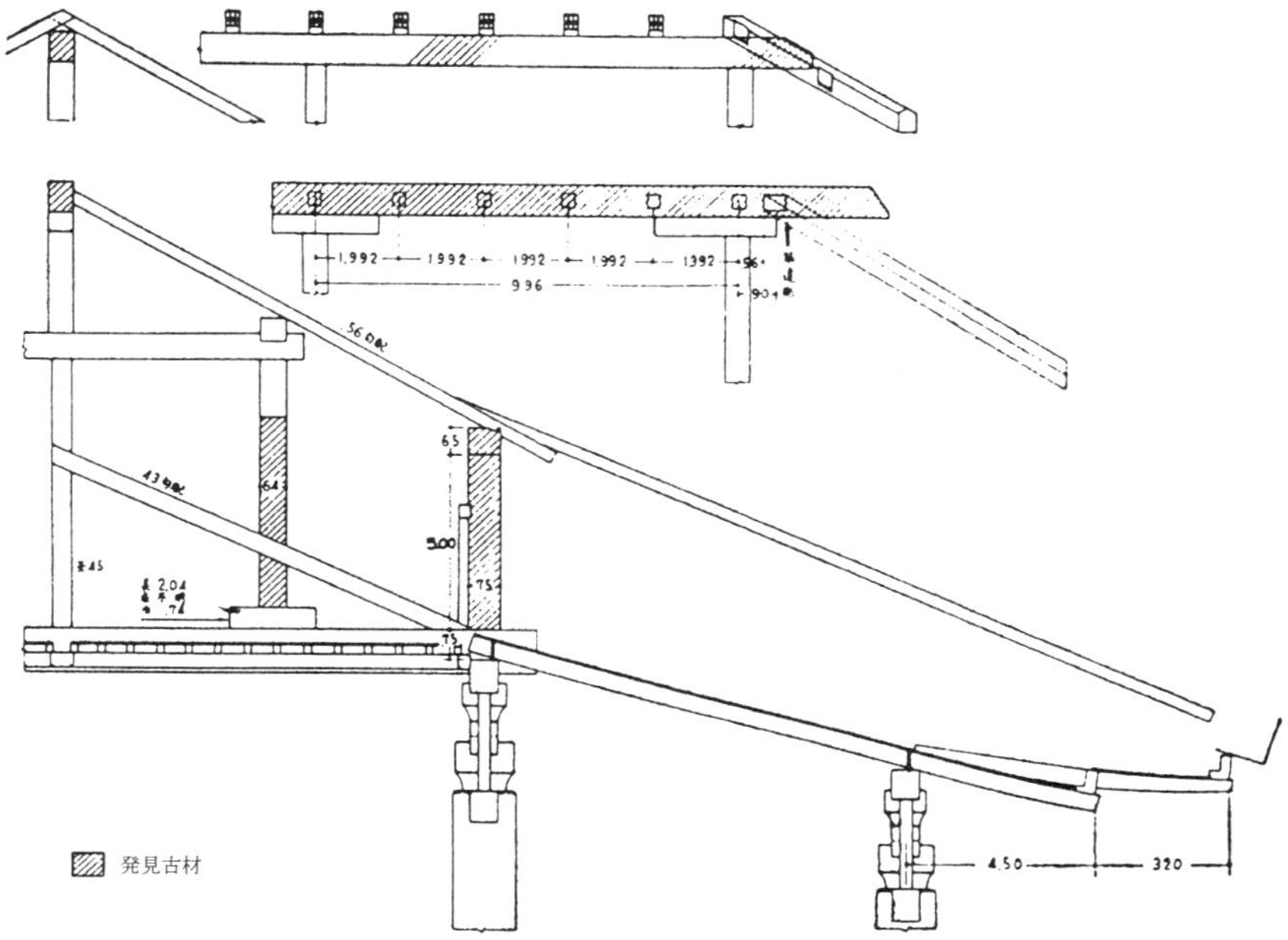

挿図２　石山寺本堂小屋組推定復元図

小屋内部

礼堂の慶長再建時に本堂の屋根が完全に撤去され、礼堂と一連の和小屋とされたので、創建時の小屋がいつまで維持されたか不明である（なお、明治修理時に、慶長時の土居、野梁、桔木は多くが取り替えられた）。

しかし、旧材（転用材）の痕跡から小屋組の旧状を推定することが可能である。本堂身舎の大梁の上端の中央、両端に二寸角ほどの枘穴、筋違の当たり痕跡、それらの中ほどに矩形の太枘穴が二つずつ残っていた。また礼堂の小屋内に本堂の旧小屋束が転用されていた。それらによると、挿図２にみるような小屋組が推定復元できる。

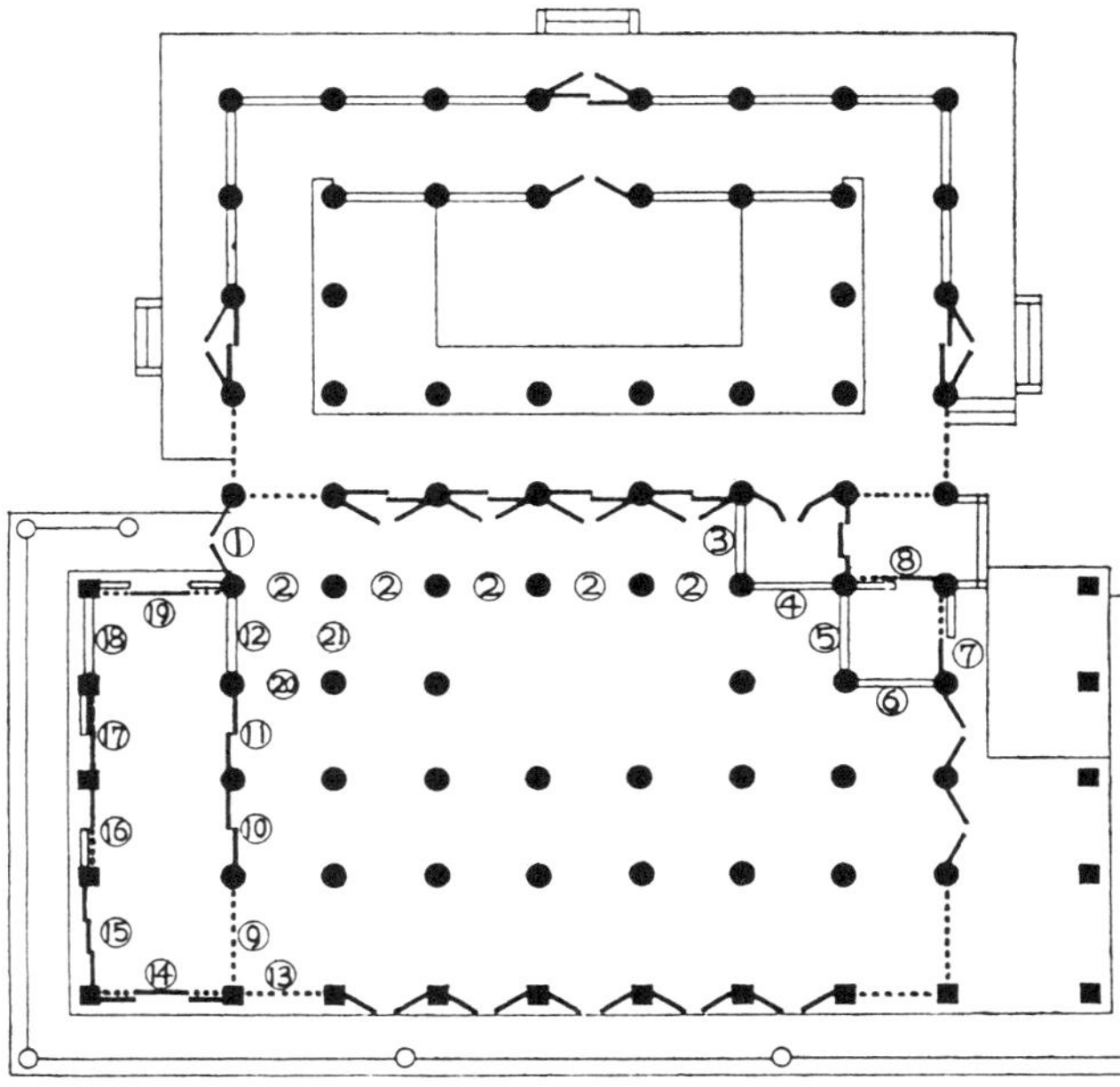

挿図３　石山寺本堂推定復元平面図（慶長時）

礼堂

本堂の解説ですでに述べたが、慶長再建時には本堂、相の間境に扉列があったのだが、その後それが一間分南の礼堂北側柱列の位置に移動した。また礼堂の西側部分において、柱間装置が多く変更された。

以上の結果、慶長再建時における本堂、相の間、礼堂の平面は挿図３のようになるという。

彩色

本堂の木部は古くは丹塗りであった。礼堂には塗装の痕跡はないが、正面千鳥風破の妻飾には丹塗り、懸魚の六葉では菊座の重なったところに黒漆塗りの痕跡がある。

四、建築としての特徴

懸造の仏堂であること。傾斜地の上方に本堂を置き、その前に礼堂を張り出して作る形式は、他に清水寺本堂、東大寺二月堂、長谷寺本堂、円教寺摩尼殿などが知られる。いずれも岩の上に観音像が置かれ、それを取り囲むようにして本堂が設けられ、礼堂が傾斜地の上に張り出すために懸造となる。これらは平安時代に確立した形式であるらしい。そして礼堂の前方は開けていて、眺望を意識したものとなっている。しかし石山寺の場合は、礼堂の前方は谷の向かいがまたすぐ山となっていて、眺望は望めない。なぜ石山寺がそうであるのかは不明である。

本堂と礼堂の関係について。本堂と礼堂を持つ建築において、多くの中世本堂は全体を一つの建築として設計し、内部を本尊の安置する内陣（正堂）、外陣（礼堂）に分割している。しかし、本建築においては、その二つが独立建築であって、本堂の軒先を囲って相の間としている。當麻寺本堂（曼荼羅堂）では永暦二年（一一六一）の大改造において、内陣部をほぼ残しながら、全体としては一つの建築として成立した。[11] 本建築の第三期の建築が成立したのが永長元年（一〇九六）であったから、當麻寺本堂のような中世本堂の形式は未だ成立していない時期であったと思われる。したがって、その時には、本堂と礼堂が別棟として並び、その中間を相の間として繋ぐという形式を持ったであろう。次に、慶長年間の礼堂の建て替え時であるが、結果としてこの時もそれ以前とほぼ同じ形式を維持したのである。しかし屋根の小屋内部を全面的に材を入れ替えていて、屋根は本堂、礼堂ともに一連の構造となっている。この時、本堂にも全面的に手を入れて、本堂、礼堂を完全に一体化する選択肢もあったはずである。本堂がすでにあった時、それを大改造して一つの建築として造る作業は、経済的な負担が大き過ぎたのか、または本堂の形を変えずに維持するという意識があったのか、どちらかではなかっただろうか。

〔註〕

1 松浦俊和「石山寺創建時期の再検討——白鳳時代創建説について——」『考古学と文化史』（安井良三博士還暦記念論集）一九九四年。

2 福山敏男「奈良時代に於ける石山寺の造営」『宝雲』五・七・十・十二、一九三三～三五年（補訂して『日本建築史の研究』桑名文星堂、一九四三年、に収録）。また横田拓実が、後に新たな資料を加え、整理している。横田拓実「奈良時代における　石山寺の造営と大般若経書写」（石山寺文化財総合調査団編『石山寺の研究　一切経編』法蔵館、一九八八年）。

3 滝川政次郎「保良京考」『史学雑誌』六四—四、一九五五（『京制並に都城制の研究』角川書店、一九六七年、に収録）。岸俊男は、近江国が藤原武智麻呂、仲麻呂親子の領国の観があったために、仲麻呂を政治的な背景としている淳仁天皇が保良宮建設を進めたとしている。また、後述するように、石山寺造営に旧信楽在の藤原豊成邸が移築されて転用されたことにも何らかの関連を意味するとする。藤原豊成は仲麻呂の兄である。岸俊男『人物叢書　藤原仲麻呂』吉川弘文館、一九六九年、三三九～三四三頁。

4 関野克「在信楽藤原豊成板殿復原考」『日本建築学会論文集』三、一九三六年、同「在信楽藤原豊成板殿考」『宝雲』二十、一九三七年。澤村仁「住居の様相」『世界考古学大系』四、平凡社、一九六二年。

5 但し、春日造、流造の神社では土台を持つことが重要な形式上の特徴と考えられているから、広く普及した技法であった可能性がある。しかし、土台を置いた跡はほとんど痕跡にならないから、掘立柱や礎石のように発掘調査で存在が確認される可能性は低いと思われる。

6 福山敏男「清水寺・長谷寺・石山寺の禮堂」『建築史』一の三、一九三九年（補訂して『日本建築史の研究』桑名文星堂、一九四三年、に収録）。

7 山岸常人『中世寺院社会と仏堂』塙書房、一九九〇年、一七二～一八七頁。

8 滋賀県教育委員会事務局社会教育課『国宝石山寺本堂修理工事報告書』一九六一年
礼堂懸魚六葉裏面墨書「慶長四年／石山寺／拾十月吉日」
礼堂棟東端鬼瓦箆書銘「粟田口　瓦や久五郎」（右側面）、
「久五郎／慶長四年十月十日」（左側面）
礼堂棟西端鳥衾瓦箆書銘「慶長四年　拾月」

9 前掲『国宝石山寺本堂修理工事報告書』

10 前掲『国宝石山寺本堂修理工事報告書』

11 奈良県教育委員会『国宝当麻寺本堂修理工事報告書』一九七〇年

〔主要参考文献〕

滋賀県教育委員会事務局社会教育課『国宝石山寺本堂修理工事報告書』一九六一年

二　鶴《かく》林《りん》寺《じ》太《たい》子《し》堂《どう》　一棟　国宝

明治三十四年三月二十七日指定　昭和二十七年十一月二十二日国宝指定
大正六年解体修理、昭和二十五年屋根修理、昭和五十七年屋根部分修理

兵庫県加古川市加古川町北在家　鶴林寺

一、創立・沿革

鶴林寺は天台宗に属す寺院であり、刀田山と号す。播磨平野の東南部に位置し、加古川の東側の水田地帯に広い寺地を持つ。伽藍を構成する建築群は寺地の南側に集中して建っている。南側に仁王門（楼門、江戸時代、県指定）があり、そこから入った正面に本堂（応永四年＝一三九七、国宝）。その手前の東側に太子堂（天永三年＝一一一二、国宝）、西側に常行堂（平安時代後期、重文）が対置され、常行堂の南に三重塔（室町時代、県指定）、太子堂の北東に鐘楼（応永十四年＝一四〇七、重文）がある。また、鐘楼の東側には観音堂（宝永二年＝一七〇五）、護摩堂（永禄六年＝一五六三、重文）がある。さらに、その東側に、南から行者堂（応永十三年＝一四〇六、重文）、経蔵、新薬師堂が建ち並ぶ。そして、伽藍の北側に真光院、宝生院、浄心院という三の院家が東西に並んでいる。

宝暦十二年（一七六二）に完成した地誌『播磨鑑』[1]では、当時の建築群として、本堂、聖徳太子堂（太子堂）、薬師堂、三重塔、経堂（経蔵）、宝蔵、不動堂（護摩堂カ）、観音堂、阿弥陀堂（常行堂）、鐘楼堂（鐘楼）、仁王門をあげ、さらに八つの院家、浄心院、慈恩院、立善院、光明院、法性院、慈善院、普賢院、真光院、を列挙している。多数の建築が建ち並ぶ現在の伽藍は、近世前期までに出来上がったものが、そのまま現在まで継続維持されてきたということになる。

鶴林寺は創立を明らかにしない。中世以前の資料に恵まれていないからである。宝暦十二年の『播磨鑑』や、文化元年（一八〇四）の『播州名所巡覧絵図』などには以下のような「寺伝」をのせる。聖徳太子十二歳のとき敏達天皇が仏法流布のために寺院の地を選ばせようとしたところ、太子は播陽賀古の平地（即ち現地）を選んだ。太子十六歳のとき、秦川勝に命じて三間四方の仏堂を建立させた。これが現在の太子堂である。また本堂は武蔵国大目身人部春則が造ったものである、と。近世中期においては、このような説が流布していた。

近年の研究[2]では、近世の寺伝以外に創立を徴する史料がないこと、寺域内から古代の瓦など創立を遡らせる痕跡が発見されないことから、聖徳太子建立説はまったく否定的に扱われている。近隣の地域の天台宗寺院に法華堂（太子堂）、常行堂が本堂の前に並ぶという形式が平安後期に流布していたこと[3]、そして太子堂が天永三年（一一一二）に建立されたという墨書（後に詳述）から、この時を寺院の創立と考え、また「武蔵国大目身人部春則」が願主であったとする。「身人部」は「六人部」とも書き、既多寺知識経のなかに六人部奈伎佐の名がみえることから、「身人部」を播磨の在地土豪と推定し、春則は都にのぼって官に仕え武蔵国大目となった人で、彼が願主となって創立されたのであろうと推定している。

しかし、本堂内陣の宮殿（厨子）内に安置される五尊（秘仏、木造薬師如来及両脇侍像三軀、木造二天王立像二軀、いずれも重文）は、十世紀後半の制作にかかるものである。鶴林寺の創立は遅くともこの頃に求めるべきであろう。

賀古（加古）の地が古代・中世において要地であったことは確かである。『延喜式』に平安初期の山陽道で最大の駅とする賀古駅が近くにあり、また鎌倉時代、弘安七年段階での播磨国守護所の所在地も「賀古川」と推定されている[4]。また、天平十九年（七四七）の『法隆寺伽藍縁起并流記資財帳』には「陸庄」の一つに「賀古郡一処」が含まれ、また天平宝字五年（七六一）の『法隆寺縁起并資財帳』では寺の管理する墾田のなかに「播磨国賀古郡一百町開田十五町四段 未開八十四町六段講法花経料」があり、当地と法隆寺は無縁ではなかった。このような事実は、後の聖徳太子創立説に根拠を与えた可能性がある。

鶴林寺には、七世紀後半の銅像聖観音立像（重文）、平安時代中期の木造十一面観音立像（重文）が伝わっているが、本堂・太子堂・常行堂などの主たる堂の本尊ではない。すなわち、古代に創立された当地域の寺院が退転、廃絶を迎えたとき、繁栄していた当寺に委ねられたものと推定される。

さて、平安時代後期の鶴林寺には、少なくとも本堂、法華堂（太子堂）、常行堂が建立されていた。

法華堂（太子堂）の「屋根板墨書銘[5]」には以下の記述がある。

鶴林寺法華堂修理、自太子御草蒼以来至天永三年第三度注之、于次宝治三年修理之、
其後相当于七十九年正中三年丙寅修理之、已上第五度、

この墨書は、正中三年（一三二六）の修理の際に記されたものである。内容は、本建築が聖徳太子の草創にかかり、三度目の修理が天永三年（一一一二）、四度目が宝治三年（一二四九）、五度目が正中三年である、とのことである。本建築は様式的にみて平安時代後期のものであることは確かであり、同時期に属する常行堂も現存するので、天永三年の修理を創建の年に宛てるのが妥当と判断される。

正中三年の修理時に当建築は「法華堂」と呼ばれており、また中央の仏壇には釈迦、普賢、文殊の三尊の彫像（平安時代末期、重文）が安置されているので、法華堂として建立されたと考えるのが妥当である。

しかしながら、後に聖徳太子信仰との関連で「太子堂」と通称されるようになる。そのことについて少し検討したい。

現在「太子堂」と呼ばれる建築は全国に数え切れないほど存在すると思われるが、多くは中世以降の聖徳太子信仰の興隆、もしくは近世における職人集団による信仰（太子講を組織）によるもので、古代において「太子堂」と呼ばれる可能性があったのは、四天王寺聖霊院、法隆寺聖霊院、法隆寺東院（夢殿、絵殿）など僅かに限られていたと思われる。

まず、当建築において聖徳太子信仰に関わる直接的な証拠は、東側内壁南端に板絵着色聖徳太子講讃図が描かれていることである。秘仏であって充分な調査が実施されておらず、創建当初との説もあるが確定しない。この壁画を取り囲む厨子は、後述するように技法、様式から見ると鎌倉時代後期に設けられたものと推定される。もし当初から壁画があるとしたら、創建時から聖徳太子信仰が色濃く見られたことになるし、厨子と同年代であるとすると、鎌倉期に聖徳太子信仰が持ち込まれたことになる。

それに関連する可能性を示唆するのは、平安後期の制作と判断される聖徳太子孝養像坐像（二体の従者像を伴う）が鶴林寺に所蔵されていることである。孝養像としては国内最古のものであり、かつては太子堂内の壁画厨子の前に安置されていたという[6]。また、鎌倉時代のものに、絵画の孝養像立像（二王子と二天を併画、一乗寺本（天台系）を引き継ぐ。鎌倉前期）があり、さらに聖徳太子絵伝（八幅本、第一・二幅に善光寺如来の三国伝来縁起を描き、第三幅の途中から太子の事跡を描いている。鎌倉後期）があって、継続的に聖徳太子信仰関係の絵画が制作されていたことが判る。

しかし一方、弘安五年（一二八二）の「左衛門尉平某・大法師某供料米寄進状[7]」では、「当寺本願」が「行基菩薩」であり、「大講堂」（本堂）の本尊薬師如来像は行基が自ら刻んだとするから、この段階では聖徳太子開創説は全く姿を見せていない。寺院の創立譚と聖徳太子信仰が結びつくのは、さらに後のことなのであろう。

聖徳太子の忌日法会である聖霊会は、明応四年（一四九五）の「聖霊会会式次第[8]」が所蔵されているからその開催が確認できる。その開始時期は特定できないが、聖徳太子信仰に関わる絵画が作成された鎌倉時代前期まで遡るのではないかと思われる。

中世後期の鶴林寺の所領を列記したものに「鶴林寺寺料田惣目録」（永正十二年＝一五一五）があって[9]、その注記から当時の寺内の法会、堂の経営実態を僅かではあるが知ることが出来る。

以下は、所領の田に注記された建築、法会などの項目である。

理趣三昧、法華三昧、月講田、勧請神田、聖霊院修理田、八講田、長講田、塔田、四王供田、大般若田、年頭（田）、彼岸田、大師供田、常楽会田、六月会田、舎利講田、安居供田、法花経田、御仏供田、仏名田、宮大般若田、薬師仏餉田、聖霊院仏餉田、常行堂仏餉田、元節供田、仏生会田、宮仁王供田、山王田、両三昧供料田、

またこの他、舎利講が毎月実施され、二月、五月、八月、十月には法華懺法を伴った。曼荼羅供も実施されていた。

「法華三昧」が含まれるから、当堂では法華三昧が連綿と開催されていたのであろう。しかし、一方で「聖霊院修理田」「聖霊院仏餉田」もある。当堂が「聖霊院」と呼ばれた可能性もあるが、あるいは堂内で壁画太子講讃図を納める厨子が「聖霊院」と呼ばれた可能性も否定できない。僅かの史料からでは決定的なことは言えないが、いずれにしても、中世において当堂が法華三昧の会場としての「法華堂」、そして聖徳太子を祀る「太子堂」としての二重の性格をもっていたことは確かと思われる。

そして、江戸時代中期に成立した『播磨鑑』では、「聖徳太子堂」と記されるのである（常行堂は「阿弥陀堂」とされる）。

近代に入ると、明治三十四年三月二十二日に、本堂と共に特別保護建造物に指定された。兵庫県では最も早い指定である[10]。指定後、明治三十七年に修理費下賜願いが出されていたが、日露戦争のために留め置かれたようで、それが実施されたのはしばらく後の大正七年四月一日から翌七年三月三十一日までであった。全面的な解体修理であって、屋根が瓦葺から檜皮葺になるなど、調査結果に従って復元的な大幅な現状変更が実施された。さらに、屋根修理が昭和二十五年に、屋根の部分修理が昭和五十七年に実施された。

二、建築解説

規模は主屋が桁行三間、梁間三間（間面記法で一間四面）であり、南側に奥行一間の孫庇が葺き下ろされているので、南北では四間となる。四周に縁が廻るが、庇部分だけ一段低くなっている。基壇は一尺五寸ほどの高さで切石を積み、外端に縁束が乗る。上面は緩やかな亀腹につくり、礎石を据える。なお床下は側柱筋に板を嵌めて仏堂の床下全部を隠している。石階は庇西側、北面中央の柱間のみにあって、切石積、五級である。

柱間は主屋が七・〇三尺の等間であり、孫庇の梁間を八尺とする。屋根は主屋の上が宝形造、檜皮葺であり、孫庇は南側の軒から直に葺き下ろすので、縋破風となっている。

主屋内陣の側柱は円柱で、径は八寸二分ほど、切目長押、内法長押、頭貫をめぐらす。柱間装置は西側三間が半蔀、北側中央間が板扉、西側中央間を小引戸とする。孫庇は、南側三間には半蔀を釣り、西側面の一間に桟唐戸を使う。他の柱間は横嵌の板壁である。南の側柱を大面取りの角柱とし、主屋の側柱の頭貫位置から虹梁を出して南側桁と繋ぐ。また、主屋と孫庇の境三間には引違いの透格子戸を使う。主屋の中央四天柱は、径九寸ほどであり、内部を高さ二尺ほどの仏壇とする。格狭間を四面に付す。北側の来迎壁には、表側に阿弥陀九品来迎図、裏側に涅槃図が描かれている（制作時期は平安時代後期と推定されている）。

主屋の天井は中央方一間、庇ともに小組格天井とするが、身舎内を一尺余り高くつくる。孫庇内は天井を張らず、垂木をそのまま見せる。元来、主屋の庇部は天井を張らない化粧屋根裏であった（詳細は後述）。

組物は、主屋は大斗肘木、孫庇は舟肘木とする。軒は、主屋は二軒であり、柱心上に垂木を乗せる疎垂木で、一間に八枝を配す。主屋の地垂木の上に多少細い飛檐垂木を延ばして孫庇を造る。孫庇の軒は一軒であり、枝数は主屋と同じく一間を八枝とする。

主屋内部の東側南端一間には厨子が取り付いている。総高八尺余、奥行一尺余り。足元に格狭間を嵌める檀をつくり、丸柱を立てる。地長押、切目長押を打ち、台輪を置き出組の組物を乗せる。長押の間に板扉を釣る。柱上の組物と組物の間には組物、双斗、蟇股を置く。軒は繁垂木二軒であり、完全な六枝掛である。屋根は栩葺とする。六枝掛であること、肘木の繰形、蟇股の形状から鎌倉時代後期の制作と見なされ、また双斗の最も早い使用例の一つと考えられる。

小屋内部は、中央を持ち上げるために四天柱上から斜材を叉首状に組む。また桔木を入れて軒を支え、桔木から束を立ち上げ母屋を乗せて野垂木を置き、檜皮を葺いている。

三、復元的考察

さて、現在の太子堂は以上のような姿であるが、これは大正六〜七年の全面的な解体修理の際に、復原的な修理が実施されて成立したものである。その要点は以下の通りである。[11]

1 屋根は瓦葺であったが、檜皮葺に変更した。
2 孫庇の垂木は、主屋の地垂木の勾配通りに延長して縋破風とした。また、その飛檐垂木（孫庇の垂木）は長さが不足したので、全面的に取り替えた。
3 北側面、東側面には縁がなかったので、正面と同じく地長押と縁を付けた。
4 小屋内部には桔木がなかったので、新たに桔木を入れ、さらに筋違、方杖を増補し、さらに金物で堅固に締め付けた。
5 内陣には一部畳が敷いてあったが、それを撤去した。

次に、太子堂の復元的検討を行う。現状観察による主たる問題点は以下のとおりである。

1 主屋の庇南側柱の外側に風蝕跡があるので、当初は一間四面（正面三間、側面三間）の建築であって、孫庇は後に付加されたものである。
2 身舎と庇の小組格天井は、同時期の仕事であり、鎌倉期のものと推定される。
3 庇には本来四天柱から側柱に繋虹梁が架けられていたが、後に切断除去されている。それは格天井を嵌めるためである。
4 厨子の軒回りは、本格的な繁垂木、六枝掛を用いるので、鎌倉時代後期の増設である。
5 仏壇の格狭間は和様の形を作り出すが、当初のものを削りなおし、よりふくらんだものにしている。[12]

以上の点に留意しつつ以下で、創建時以来の建築の修理、改造の過程を推定してみたい。

（一）当建築は創建時には一間四面の建築であった。来迎壁は仏壇の北側にあり当初のままであるから、南を正面としていたことは確かである。西側三間に蔀を釣るが、東側三間にも蔀釣金具の取付け穴らしい痕跡があり、そうだとすると大変に開放的な形態であった可能性がある（南面の当初建具は不明）。庇には四天柱から側柱に繋虹梁が架けられていて、垂木をみせる化粧屋根裏であった。身舎内は天井が張られない状態で放置されていたか、あるいは仮設の天井が張られていたのであろう。（身舎内部の上方は野物が露出するので、天井を張る必要がある。たとえば中尊寺金色堂では身舎を折上格天井、庇を化粧屋根裏とする。願成寺阿弥陀堂では身舎・庇ともに折上格天井とする。）

（二）身舎と庇に格天井が張られた。これは同時期の仕事である。庇に格天井を張るために、繋虹梁が切断除去された。側回りの組物は変更せず、大斗肘木の上の虹梁鼻もそのまま残してある。天井裏の四天柱の頭貫鼻は、天井を入れるために乱暴に切り欠かれている。

（三）外陣が増設された。

（四）東側南端壁に描かれた聖徳太子講讃図を囲む厨子が設けられた。年代は鎌倉時代後期である。

以上が、想定される創建当初の状態と後の大きな改造点であるが、次に実年代を重ねてみたい。

前述の太子堂「屋根板墨書銘」によれば、三度目の修理が天永三年（一一一二）、四度目が宝治三年（一二四九）、五度目が正中三年（一三二六）であった。天永三年を創建時とし、右で検討した大きな改造をこの年代に求めるならば、（四）は正中三年に宛てることができ、（二）、（三）を宝治三年とすることが可能であろう。

なお、屋根については、将来の屋根の葺替時の詳細な調査に期待したいが、近世末頃の「播州刀田山鶴林寺略図」によれば、中央身舎部分を檜皮葺、その周囲の庇、外陣部分を瓦葺としている。屋根内部に風蝕痕跡のある古い流し板が残存しており、(13) 二段の板葺であった可能性も指摘されている。(14) そうであれば外観も現状とはかなり異なったものであったであろう。

本建築は、平安時代後期の地方に残された方三間の小規模な仏堂の一つとして貴重な建築である。常行堂・法華堂の二棟が本堂の前に並列して配置されるのは、多田院（兵庫県川西市）にも似た形が認められ、当該地域の天台宗寺院に普及していた形式であった可能性もある。天台宗の中心である比叡山延暦寺では、常行三昧堂・法華三昧堂は方五間の求心的な平面をもっており、本建築の方三間の求心的は平面は、その小規模なものと理解するべきであろう。

創建後の最も大きな改造は孫庇が増設されたことである。内陣に仏像を安置し、その前方に外陣（孫庇）を造り、透格子が隔てる構成は、中世の天台、真言宗の本堂に広く普及した方法であって、その最も小規模な姿を見ることができる。

法隆寺聖霊院においても、保安二年（一一二一）の創立時には、聖徳太子像を祀る主屋に一間幅の外陣が付設されており、内陣、外陣がほぼ同じ大きさで透格子に隔てられるような現在の姿に改変されたのが弘安七年（一二八四）のことであった。本建築における主屋・孫庇の構成は法隆寺聖霊院の創立時の姿に通ずるものがある。

〔註〕

1 『播磨鑑』（播磨史籍刊行会、一九五八年）による。

2 薗田香融執筆『兵庫県史』第一巻、九四八～九五〇頁、一九七四年。石田善人執筆『加古川市史』第一巻、五一七～五二二頁、一九八九年。

3 近くでは多田院（川西市）があり、他に園城寺別所如意寺、尊重寺（京都）、広瀬廃寺（倉吉市）が確認されている。清水擴『平安時代仏教建築史の研究』中央公論美術出版、一九九二年、三九〇―九一頁。

4 佐藤進一『増訂鎌倉幕府守護制度の研究』一五七頁、東京大学出版会、一九七一年。

5 『国宝鶴林寺本堂修理（屋根葺替）工事報告書』鶴林寺本堂修理委員会、一九六九年。『兵庫県史 史料編 中世4』四六二頁、兵庫県、一九八九年。

なお、本文全体を次に示す。

［鶴林寺太子堂屋根板墨書銘］

鶴林寺法華堂修理、自太子御草蒼以来至天永三年第三度注之、于次宝治三年修理之、
其後相当于七十九（八）年正中三年丙寅修理之、已上第五度、
大工左近入道沙弥覚性
舎弟四郎 橘末永
大工子息右馬允橘光真
同舎弟左近次郎延俊
同左近三郎 同五郎
此人々者長田村住也
別当 頼玄 生年 卅七
自保延三年以来至于当年百九十七年
十三代相伝也
寺僧
法華堂
一和尚 覚明房阿闍梨忠真 伊勢和寺 生年六十八
二和尚 伊岡慶円 粟津
三和尚 円定房 権別当
四和尚 式部也 年行事 稲屋
五和尚 石見 大津長田
六和尚 大夫也米田
講 堂
一和尚 上総公 安田
二和尚 加賀公 長田
三和尚 豊前 長田

四和尚　越後也
五和尚　尾張也　木村
六和尚　因幡公　安田
　　右筆明達　生年　五十歳

6　浅井和春・朝賀浩・石川知彦「聖徳太子の美術」石田尚豊他編『聖徳太子事典』柏書房、一九九七年。

7　鶴林寺文書第一号『兵庫県史　史料編　中世2』兵庫県、一九八七年

8　鶴林寺文書第五号『兵庫県史　史料編　中世2』（前掲）。

9　鶴林寺文書第六号『兵庫県史　史料編　中世2』（前掲）。

10　このとき兵庫県で同時に指定されたのは以下の建築である。浄土寺本堂・浄土堂・八幡神社拝殿、一乗寺三重塔。

11　『国宝鶴林寺本堂修理（屋根替）工事報告書』（前掲）に収録された寺蔵の修理記録（大正七年四月一日に工事着手、大正八年三月三十一日に竣工）には、以下の様に記述されている。

鶴林寺太子堂修理仕様設計書

仕様（抜萃）

（前略）

一、建物変更ノ箇所ハ左ノ通リニシテ是ハ実地調査研究ノ結果旧形ニ復スルモノニシテ其証跡判明ナルニヨル。

（イ）正面外陣ノ軒先ハ地棰ノ勾配通リニ延長シ縋破風ヲ附シ、屋根ハ現在ノ瓦葺ヲ廃シ檜皮葺トナシ本屋根ヨリ葺下ゲルモノトス。従テ化粧棰ハ長サ不足ニツキ全部取替ヘルモノトス。

（ロ）西側外陣戸口階段ノ所ハ現在向拝様ノ屋根アルモ後世附着セシモノニテ手法劣悪ナルニ依リ取除クモノトス。

（ハ）周囲椽ハ中古北側及東側ハ変更又ハ全ク取除キタルニヨリ正面同様周囲に地長押及椽ヲ付ケルモノトス。

（ニ）側廻リ壁板及戸ハ中古東側ノ塀ヲ築キタル際及後方ニ建物ヲ設ケ渡廊下ヲ取付ケタル際ニ変更セルコト判明ニ付平面図朱線ノ通リ復旧スルモノトス。

（ホ）小屋内ニハ従来桔木ナキ故新ニ桔木ヲ入レ尚筋違方杖ヲ増補シ鉄物ニテ堅固に締付ケ野棰裏板ノ腐朽セルモノヲ取替フルモノトス。

（ヘ）太子堂後方ノ建物ヨリ二ヶ所渡廊アルヲ取払イ防火ト通風ヲ図ルモノトス。

（ト）本堂ヘノ渡廊ハ後世附加セルモノナルモ便利上其儘トナシ置クモノトス。

但シ太子堂軒先トノ関係上廊ノ高サヲ減シ太子堂ノ外観ヲ良クスルモノトス。

（チ）内陣ニハ一部畳敷トナリ居レ共是ハ全廃シ全体板床トナシ法要等ノ際ハ円座又ハ莚ヲ敷クコトトナス。

12　鶴林寺住職幹栄盛氏のご教示による。

13　幹栄盛氏のご教示よれば、屋根の修理時に確認したという。

14　清水真一「鶴林寺太子堂」鈴木嘉吉編『国宝大事典』五、建造物、講談社、一九八五年

〔主要参考文献〕

『国宝鶴林寺本堂修理（屋根葺替）工事報告書』鶴林寺本堂修理委員会、一九六九年

関口欣也「鶴林寺本堂」『日本建築史基礎資料集成』七、仏堂Ⅳ、中央公論美術出版、一九七五年

〔付記〕

本稿校正中に、光谷拓実氏によって、当堂の部材が年輪年代法によって測定されていることを知った。それによると、床板の一枚に九四四―一〇五三の年代が認められるという。この床材には辺材部が含まれている可能性があり、そうであれば当堂の創建年が約半世紀ほど遡ることになる。しかし、不確定な情報であり、現段階ではこれを根拠に創建年代を論ずることはできない。今後のより確かなデータを期待したい。早稲田大学奈良美術研究所主催「21世紀ＣＯＥ関連シンポジウム：文化財の解析と保存への新しいアプローチⅡ」（二〇〇五・九・十七開催）配布資料。

一二　三《さん》仏《ぶつ》寺《じ》奥院《おくのいん》（投入堂《なげいれどう》）　一棟　国宝

鳥取県東伯郡三朝町三徳　三仏寺

明治三十七年二月十八日指定　昭和二十七年三月二十九日国宝指定
大正四年解体修理　昭和二十四年屋根修理
昭和二十七年三月二十九日　附　愛染堂　一棟
昭和二十七年三月二十九日　棟札　一枚
昭和五十二年六月二十七日　古材　四十三点
柱一、舟肘木一、桁一、垂木二十一、筋違一、地長押一、半長押一、蹴込板一、縁板一、叉首台一（愛染堂）、破風板六（うち一は愛染堂）　妻幕板一、格子框三、格子横子三、

一、創立・沿革

三仏寺は鳥取県中央部、旧伯耆国の東部で、三朝町の東端寄りにある。集塊岩の急峻な山の北斜面に主要伽藍をもつ。地形のため懸造の堂宇が多い修験道場である。三徳山ともふるくは美徳山とも呼ばれた。

寺傳によれば、古く慶雲三年（七〇六）、役小角によって蔵王権現を安置したのが草創という。その後、宝亀年間に子守・勝手・蔵王の三神を祀り、嘉祥二年（八四九）、慈覚大師円仁によって中興され、釈迦・阿弥陀・大日の三仏を祀る堂が建てられ三仏寺と呼ばれた、とされる。これらは確実な文献を欠くが、江戸時代に寺地付近から出土した御正体鏡に長徳三年（九九七）の針書銘があるので、十世紀には寺が存在したと見られる。

平安後期には美徳法師と呼ばれる僧兵集団があり、伯耆大山寺の内紛に介入したため、その報復を受け「子守・勝手・蔵王堂・本堂・講堂残り無く焼き払われた。」と『伯耆大山寺縁起』（続群書類従　巻八百十五）に記すがはっきりした年代はなく、寛治七年（一〇九三）の「山上合戦度々」の頃かと見られる。

蔵王殿とも呼ばれた奥院投入堂について建立の記録はないが、本尊として祀られた蔵王権現の胎内に「仁安三年（一一六八）」の造立願文があり、堂自体の建立もその頃かとみられている。『大山寺縁起』に記す炎上年代より七十五年ほど後にあたる。或いは仁安年に近い頃に建立されたものであろうか。

源平の戦では美徳法師が平家討伐に加わった、との『玉葉』（寿永三年二月二日）の記事があり、その後、源頼朝や足利義満の寄進を伝えている。

降って永和元年（一三七五）には奥院「鎮守蔵王殿に檜皮葺大修理と垂木小口金物造進などが行われた。」との棟札が伝存している。

その後、付近の羽衣石の南条氏が天正八年に文殊堂の金物を寄進した銘文がある。江戸時代には鳥取藩主池田氏の尊崇を受け、天保十年に現在の本堂が再建された。

明治三十七年二月には特別保護建造物となり、大正四年に解体修理を受けた。この時の取り替え古材が寺の収蔵庫に保管された。昭和二十四年に屋根修理があり、昭和二十七年三月二十九日に国宝に指定された。昭和五十二年には保存古材四十三点が追加指定された。

美徳川沿いの寺地境内には山下の本堂と坊があり、ここから後の崖道を登ると斜面に沿って、懸造の文殊堂がある。厨子扉金具に「天正八年」の銘があり、堂自体はもう少し古いか、との大岡実の意見がある（『重要文化財』）。さらに、やや登ると同様に懸造の地蔵堂がある。子守延命地蔵菩薩を祀り、「子守堂」とも呼ばれた。室町末の建築として重要文化財とされている。さらに上に鐘楼があり、ここから難険を登ると納経堂がある。春日造風の小堂でかつては藤原時代とみられていたが、現在は鎌倉時代の建築として重要文化財である（部材の年輪年代学的調査は一〇八二年頃のものと判定され、建立も平安時代かとの意見がうまれた）。

崖にそって観音堂がありさらに岩角を廻ると北向きの岸壁の凹所に入れ込んだように奥院投入堂がある。標高四百七十メートルの絶壁に懸造で組み込まれている。役小角が法力で投げ込んだとの伝説を生んだのももっとも、と思われる。

平成十三〜十四年に寺で保存されていた大正修理時の古材の年輪年代調査が奈良国立文化財研究所により行われ、調査した八点がすべて十〜十一世紀末の材と判明し、特に北側庇床板の材は一〇九八年に伐採されたものであることが明らかになった。

また、投入堂の正本尊として安置されていた蔵王権現立像の年輪年代学的調査も行われ、一一六五年採取とわかり、胎内文書の仁安三年（一一六八）と一致することがしられた、と同時に古い形式の別の蔵王権現立像の材が一〇二五年の伐採によることも知られ、これが投入堂の最初の本尊仏像と推定できるようになった。

二、奥院投入堂の建築

投入堂は地形に従ってほぼ北面している。安山岩溶岩と凝灰角礫岩との接触部にできた大きく開口する岸壁凹陥部に造られ、上は張り出した岩が殆ど完全に天蓋のように建築を覆い、北面が広く開口する他は三面とも岩壁に囲まれている。すなわち、天然の覆屋に収納されているようなもので、修理改築が少ないらしいのも天然の防壁の影響であろう。

社寺で北面するものは少ないのに、この堂がほぼ北向きなのは、このような立地上の条件と本尊蔵王権現の霊地が南の峻険な山地にあると考えられていたためであろう。

立地の地形はかなり急勾配の斜面で僅かに柱の建つ位置のみ平らに造成してさまざまな長さの柱を斜面に建てている。柱毎に長さが違うのは他の懸造堂にも少なく、奇観である。

平面としては身舎桁行を正面では一間、背面では二間に分ける、一二・九七尺。梁間一間七・九八尺。もし、これらが十二尺と七・五尺の完数に計画されたのなら、一尺は現尺に比べて七〜八パーセント長かったこととなる。

北面と西面とに縁を付して庇屋根を設ける。北庇の出は四・八七五尺。西庇出は四・九七尺。どちらも出を四・八尺に計画したのであろうか。西北隅には西流れに隅屋根をかける。東には六・五六尺離して桁行一間（五・〇尺）、梁間一間（四・〇尺）、切妻造、妻入檜皮葺の愛染堂を置き、投入堂側から幅の狭い隅庇屋根を東流れにかけて愛染堂の屋根と繋ぐ。投入堂東妻から隅屋根を受ける柱までの出は五・〇尺、この柱と愛染堂西側柱との心心距離は一・五六尺。東には本庇はなく、愛染堂と繋ぎの隅屋根だけである。

身舎の柱は円柱（径三〇センチ＝約九・九寸）、庇柱は大面取角柱（方一八・九センチ＝約六・四寸・面内十二センチ＝約三・九六寸・面内比六・三五）である。いずれも床下から肘木までの通し柱を用いる。

柱間は正面には中央に桁行全長の約二分の一にあたる間口一・八二メートル（六尺）の開口部を設け、幅一四・五センチ（四・八寸）の面取角柱を方立柱として立て、板扉を内開きに組み込む。西妻にも間口一・五四メートル（五・一尺）の開口を造り方立柱は幅四・八寸の面取角柱を立て、板扉を外開きに釣る。北面、東面とも扉は上端の軸を上長押の軸穴に、下端は切目長押上の半長押の軸穴に納める。

開口部以外は横板落込の板壁とする。壁板の上端は上長押下面に納め、下端は切目長押上の半長押が壁受けとなっている。

身舎柱上には天乗りに舟肘木（長さ八四・八五メートル〈二・八尺〉、幅一九・一メートル〈六・三寸〉、丈一五・一五センチ〈五寸〉）を置き、肘木上天乗りで角断面（幅一九・一センチ〈六・三寸〉、丈一五・七六センチ〈五・二寸〉）の軒桁を受ける。背面中央柱は肘木を用いず、円柱が直接、桁を支えるが柱両側に長押上に面取りの束を立て桁を支える。肘木も桁も身舎では断面角で面取りはしない。なお、大岡実博士の調査によると、北の軒桁は直線には作られず、中央で六ミリ（二分）の折込み下がりがあり、当初から折れ線に計画されたものとされる。

庇では角柱も肘木も桁もすべて大面取りとする。柱は幅六・二五〜六・四寸（面内四寸）、肘木は全長九一・二センチ（三・〇一尺）、幅一二・五センチ（四・一二寸）（下面面内二・三一寸）、丈一三・五センチ（四・四五寸）（側面面内三・三寸）。庇桁は幅一三・七センチ（四・五二寸）（面内二・一寸）、丈一五・五センチ（五・一寸）（側面面内二・〇五寸）で桁先端の丈は六・六寸と増しがある。解体修理で取り外し保管されている旧軒庇桁では肘木真あたりから先端に反りが付せられ、下端で約二寸ほどの反り上がりである。

身舎柱と庇柱の繋梁は身舎柱の上端、丈の大半が長押に入る高さに架かり、庇柱上では庇桁に同じ高さで架かる。繋梁の断面は庇梁とほぼ同大であるが両端に水平部分がある。

身舎では梁は両妻の叉首台兼用の二本だけで身舎上には架けていない。身舎両隅の肘木と軒桁とに挟まれた高さ（肘木二分の一の高さに梁下端が来る）に置かれ、幅一五・四五センチ（五・一寸）、丈四寸の角材で、この上に豕叉首が組まれる。叉首の踏張りは一・五七メートル（五・一八尺）程。

叉首束は幅五・八寸、叉首棹は幅四寸、勾配六・五寸。上に斗を置かず直接、舟肘木（長さ八七・九センチ〈二・九尺〉、幅四・七寸、丈四・九寸）を置いて棟木（幅一四・五センチ〈四・八寸〉、丈五寸）を受ける。いずれも角材で面は取らない。

棟木から軒桁に地垂木（幅二寸、丈三寸）を渡す。身舎内では垂木は直で勾配六・三寸、軒桁より先には反りが付せられ、先端の丈増しは〇・三寸程、反りは一・三寸ほどある。地垂木全体の引渡し勾配は五・七寸ほどである。反りが軒桁すぐ外から始まるのは平安後期に多いらしい。棟木は直で軒桁に中央垂下がりがあるので、垂木勾配は中央から東西に向かってわずかずつ緩くなる、弱い振軒になるといわれる（大岡論文）。

身舎からの地垂木の出は九十センチ（約三尺・木負下角まで）。この堂の特徴の一つは、地垂木が身舎の外、庇内で止まり、庇桁は打越垂木形式の飛檐垂木を受けることにもある。

飛檐垂木は向拝の打越垂木のような収まりで、木負からの出は一・三二メートル（四・四尺）ほど、庇桁からの出は八十センチ（二・七尺）ほどある。飛檐垂木勾配は引渡しで一・六寸ほどとゆるい。地垂木は角で面はとらないが、飛檐垂木は幅五十四ミリ（一・八寸）ほど（面内三十ミリ・一寸）、丈八十～八十五ミリ（二・六～二・八寸）（側面内六十～六十五ミリ〈二寸～二・一五寸〉ほど）、大面取りとする。庇桁より先に丈増と反りがある。丈は先端で九十五ミリ（三・一五寸）程に増しがあり、反りは下端で四センチ（一・三寸）程である。

垂木は身舎一二・九七尺に二十支を配し、一支六・四八寸ほどでこれは庇柱幅に近い。ほかにも約六寸の倍数で計画されたかと思われる箇所があり、一支寸法が各部計画のほぼ基本にあるかともみられる。

西妻は身舎の螻羽を五支出し、さらに一支分おいて破風とする。西庇は庇垂木を西妻梁にかけ、庇桁で受ける。一軒とする。桁からの軒出は九十四センチ（三・一尺）、勾配は引き渡し一・四寸。垂木は大面取りで幅五・六センチ（一・八五寸）（面内三センチ、一寸）、丈八・五センチ（二・八寸）（側面内六・一センチ〈二寸〉）。

西庇と身舎の繋梁は身舎隅の柱上で舟肘木の下端を削り込んで納める。したがって身舎と北庇との繋梁より梁成半分高く取り付いていることになる。

西北の隅庇は身舎北側柱通の西庇柱（い二）の北面に柱天より一・三三尺下がりで面取桁と面取指肘木を差し、この桁先は庇隅柱（い一）上の面取肘木で支え、北面の身舎、庇繋梁上角近くから西流れに隅庇垂木をかける。北庇桁の先端に短い破風状の材を置いて大屋根の隅とし、この材の南面に隅屋根の垂木の残部を取り付ける。この大屋根隅に置いた破風状の材先端から隅軒桁先端へ隅軒の破風を架ける。

東の大屋根は岩窟の天井に当たるため螻羽は四支と縮めている。東庇は置かず、隅軒屋根は愛染堂との渡屋根兼用で庇垂木は身舎側では上長押に、庇では身舎・庇繋梁とに架ける。垂木は東へ心心五尺はなれた面取角柱でささえた大面取の桁へ東流れに渡される。引渡し勾配は一・五寸と緩い。この隅屋根の柱と桁は愛染堂の屋根に食い込んでいる。

造作は北面と東面の扉口の他、建物内では長押上、桁内に板小壁を回らしている。また、全面に小組格天井を東西五間、南北三間に割付けて設ける。これは格縁を桁に乗せただけで支えられている。これより上は化粧垂木の軒裏である。内部中心部南よりに格天井南北二間、東西三間分の大きさで低い木製須弥壇を作り（高さ六寸ほど）、四隅に細い角柱を立てて天井の支え兼須弥壇の隅としている。この上に本尊蔵王権現像が安置されていたわけである。

庇縁の外周には跳高欄を回らす。北庇では柱間を四等分に割った位置に斗束を置き、西庇では柱間二等分で斗束がある。東間二等分で込たらが入る。

身舎床から庇床までの下がりは一・五四尺。庇床の高さは北、西、西北隅いずれも同高で切目縁形式に張る。身舎床は南北に大引を身舎東西妻では柱脇沿いに、中央では背面柱心に納めて通し、上に梁間三等分位置に根太をわたして東西方向の床板を受ける。

愛染堂は切妻東西棟で屋根西先端が投入堂本体からの渡り屋根に食い込んで納まっている。身舎側の繋部分は柱・桁・垂木とも大面取なのに、愛染堂の柱は土台から下は大面取りだが土台から上は柱の一部以外は桁も垂木も面取りはないようにみえる。通し柱ではなく、建物柱は土台上に立てているのであろうか。垂木も幅が狭く面は取らない。

西面は柱上端近くに丈の低い長押を取り付け、板扉外開きとする。長押の四葉は柱位置より内側にずれて戸口の脇小壁位置に取り付いている。長押は南北面にも取り付けられている。他はすべて横板壁で四周に狭い縁をめぐらす。

西妻は角材の梁兼叉首台に豕叉首を置く。叉首束は僅かに下幅が広く、撥形に近い。上に斗肘木をそなえて棟木を受ける。これも本体との違いである。また、柱間の寸法が五・〇尺と四・〇尺と現尺の完数で造られているので、投入堂本体とは使用尺度も違うようである。或いは現存の愛染堂は後世に大修理されているのであろうか。

三、投入堂の建立年代

従来、三仏寺投入堂の建立年代については本尊蔵王権現立像の納入文書から仁安三年（一一六八）の年紀が発見されており、本堂もこのころの造営とされてきた。

しかし、角柱の面取りが大きいので、もっと古く、平等院鳳凰堂に近いのではないか、と暗示するものもあった。すなわち、角柱の幅と面内との比を見ると、鳳凰堂で裳層柱幅平均八・五寸・面内五寸、富貴寺大堂で柱幅約一・〇尺・面内六寸、三仏寺で柱幅六・二四寸、面内三・九六寸となっていて、比をとると、鳳凰堂・〇・五八八、富貴大堂〇・六、三仏堂〇・六三となる。三者の順は通常考えられている建立年代と違う。必ずしも柱幅と面の比が建立年代の順を示すとは限らないが、三仏寺投入堂が従来の想定年代より古い可能性は示されている。

また、伯耆大山寺の『縁起』によると大山寺の僧兵により三仏寺の各堂宇が残らず焼き払われたと記し、寛治七年（一〇九三）頃、「山上合戦度々」と述べているので、此の頃よりやや後れて建立されたとも見られる。

一方、部材の年輪年代学的調査では調査した八点は全て十〜十一世紀末の材と判定され、特に北側縁板の伐採年代は一〇九八年とみられ、建物の建設もこれに近い可能性が考えられるようになった。これは『縁起』の記す炎上年代に近い。部材の伐採年は建立年代の上限を示すし、建立年代自体ではないことは勿論であるが、『大山寺縁起』の示す炎上年代に極めて近いことは注意を要すると思われる。

愛染堂は投入堂本体の東妻に接続して建てられ、従来、両者同時の建設といわれていたが、愛染堂は角柱などに面取りがなく、柱間などの尺度も曲尺に近い。投入堂本体の尺度が三〜四パーセント曲尺より長いように見えるのと違う。また、妻の叉首束が上幅が下幅より狭い撥束になっていて平安時代のものに見えない。一方、一部の部材の年輪年代学的調査では一〇二一年のものと判定され、建物についての知見と違いがある。あるいは中世に大修理があり、古材を用いて改造されているものであろうか。

〔史料〕

（一）本尊胎内文書（本尊　蔵王権現立像胎内から発見）

於お見の五郎丸「敬白　さう王権現「　大見貞友　女友志上生
けんそくら　同貞光「花押」「同氏同熊王丸同氏子「是けちえんいのりのた「め
なり必々思（恩）給御「せう御せうまちかなへ「させおハしますへし「又きしや
うのため「なり　　仁安三年「　　十二月七日

（裏）
やたへの氏子「同大見氏　　（以上）

（猪川和子「三仏寺蔵王権現像と胎内納入文書」『美術研究』第二五一号）

（二）修理棟札（長さ六十五センチ、厚さ一・五センチ、幅上部一一・五センチ、下部九・三センチ）

伯州三徳山之鎮守蔵王殿檜皮葺事、造進久年而不知其時節、已今及大　破之間、
永和元年乙「卯」七月廿五日、檜皮造始、八月五日軒付、同十一日軒切、同廿五日棟裏、
大工作州一宮「、当国一宮住、両国兼対之大工左衛門大夫平持貞舎弟正持依子藤原有弘、
同親弘、神延氏、橘「正則、源時定□□（云々カ）七人云々、同垂木尻金物造進、願主
浄土院住実円坊明範云々、

（裏書）
、南座、観浄房、妙浄坊
修理年行事
北座、明皇坊聖賢、賢証房昌全

（三）『寺社縁起集』（鳥取県立博物館所蔵複写本）
鳥取県管下伯耆国河村郡門前村字三徳山
大雲院末
天台宗　　三仏寺

一本尊
阿弥陀如来　大日如来　釈迦如来

一由緒
往古ノ由来詳細ナラザレトモ衆徒ノ伝説ニ慶雲参年役ノ優
婆塞白雲ノ峻嶺ヲ攀ヂ峨々タル絶碧（ママ）ヲ闢キ末代難伏
強剛ノ衆生ヲ化センガ為ニ新ニ金剛蔵王ヲ勧請ス是レ
一山ノ濫觴ニシテ即今投入堂ト称スル是ナリ行者大
権ノ化用ヲ開顕スト雖トモ猶ホ五障悲器ノ女人ハ未タ其分ニ非ス
茲ニ嘉祥貳年慈覚大師山下ニ就テ堂宇ヲ建テ弥陀釈
迦大日ノ三像ヲ安置ス乃チ三徳山三仏寺浄土院ト称シテ
蔵王殿ヲ奥ノ院トスト又往古ハ堂宇参十八宇寺参千軒
寺領壱万町其後ハ参千石ヲ領スト云ヘリ建久七年右
大将頼朝ノ本願ニ依テ堂舎参十八宇坊数五百軒ヲ造営
佐々木修理判官盛綱奉行スト棟札ニ記スト伝説スレトモ惜哉
今其棟札ヲ失フ応安貳年義満将軍令ヲ下シテ堂舎
参十八宇坊数四十九院ヲ再興ス奥院蔵王殿ハ永和元
年卯七月山象実円坊外四名行事檜皮葺修繕棟
札今ニ存ス其後兵燹ニ罹リ外堂舎消失スト又天正五年領
主南条元続堂舎拾八宇坊数拾貳軒再建アレトモ又兵火
ニ焼失スト伝説スレトモ何レモ明據ナシ唯天正五年丑八月附南
条元続在判トシテ寺領之内ヲ以テ片柴ヨリ奥除地分両
谷共為御供領相渡候永代収納可之有云々ノ判物耳存
在セリ此高五百石餘ニ相当ス此餘ニ除地分ヲ所有ス慶
長年中ヨリ寺参ケ院トナル慶長拾年拾月拾参日附ヲ
以テ友田勝右衛門尉吉政寺続ノ為メ坂本村ノ内高
百石寄付爾後宝永拾年拾壱月貳拾八日旧国主
池田家先祖光仲公ヨリ井土村俵原村高百石為寺
領寄進此外ニ山林境内東西五拾丁南北参拾丁餘ノ内
門前村三谷ハ全々除地高参拾石参斗貳升九合御供米
収納致堂宇山上山下モ破壊ノ砌者代々旧国主修造禁制

札境内東西山内参ケ所ニ被掲貞享五年山衆正善院桂
深竜城院海憲一乗院霊通行事旧国主松平伯耆守
源綱清朝臣本堂再建以後頽破ニ及ヒ天保拾年山衆
正善院韶辨行事国主印幡守斉訓朝臣再建御一新ノ
際除地并百石寺領上地ニ相成明治拾壱年六月五日神仏判
然ノ御趣意ニ付御指揮ニ依テ近世勧請の野際下山両小社并
菅神小社ヲ解除ス堂宇現況八宇同年貳月本宗教導取
締大雲院住職不二門智光ヨリ元教部省御達奉戴シ三
仏寺兼務住職之儀出願候處御許可ニ付明治拾壱
年拾壱月ヨリ一山四ヶ寺トナリ右本堂本尊ヲ四ケ院本尊
トス

一本堂　桁五間「梁五間
一鐘楼堂　桁壱間半「梁壱間半
一境内　壱万二百七十三坪　官有地第四種
一境内堂宇七宇

奥之院

本尊　金剛蔵王大菩薩
由緒　慶雲参午年役優婆塞開基
堂宇　桁貳間貳尺「梁壱間参尺

愛染堂

本尊　愛染明王
由緒　役行者御作
堂宇　桁四尺四寸「梁五尺四寸

元結掛堂　（略）
観音堂　（略）
納経堂　（略）
地蔵堂　（略）
文珠堂　（略）
参籠堂　（略）

一　境外所有地　（略）
一　信徒壱千八百貳拾人　（以下略）

（四）研究資料

イ　田邊泰編『日本建築　白水阿弥陀堂　三仏寺奥院　鶴林寺太子堂』社寺篇第五冊、彰国社、昭和十七年
ロ　大岡実『日本建築の意匠と技法』中央公論美術出版、昭和四十六年
　第二章　一　平等院鳳凰堂および三仏寺投入堂の建築意匠
　第三章　一　三徳山三仏寺の建築――とくに投入堂について
　　六　藤原時代の規矩（三）三仏寺投入堂の規矩
ハ　徳永職男「三徳山の歴史」『山岳宗教史研究叢書十二』名著出版、昭和五十四年
ニ　光谷拓実『Ⅱ　応用成果　国宝三仏寺奥院投入堂　重文蔵王権現立像　三仏寺奥院投入堂・納経堂：木彫仏等の年輪年代測定』「年輪年代法と最新画像機器」『埋蔵文化財ニュース』一一六　奈良文化財研究所　二〇〇四・三・一〇

一三　豊《ぶ》楽《らく》寺《じ》薬《やく》師《し》堂《どう》

明治三十七年八月二十九日指定　昭和二十七年十一月二十二日国宝指定
明治四十二年解体修理　昭和十二年屋根修理　昭和三十五年屋根修理、昭和六十年屋根修理

高知県大豊町寺内（新儀真言宗）　豊　楽　寺

一、創立・沿革

豊楽寺薬師堂は四国では現存最古の建築である。平安後期の名建築として、明治三十七年に特別保護建造物に指定された。

寺の所在地は高知市より東北に約三十三キロメートルの山中、杉林の中にある。交通ではJR土讃線で高地駅から四六・二キロメートル、一時間三十一分、大田口駅下車北にながれる吉野川を渡り、北岸南面の杉林の傾斜地中段の平地に設けられている。但し、これは橋をわたって急坂をながながと登るので、高知市からは土讃線大杉駅まで特急（三十一分）でゆき、ここから国道三十二号線を利用し寺までタクシーで行った方がはるかに便利である。

寺の草創は伝説的で聖武天皇神亀元年に僧行基が敕を奉じて建立したといわれる。その後の歴史は明らかではないが、仁平元年（一一五一）に現存の釈迦像が薬師像として造立されたことが胎内銘に記されている。この銘文中に「仁平元年」「五間《ママ》四面薬堂建立」云々の文言がみられるので、建築の様式とともにこの時の建築と考えられていた。その後天文二十四年には梵鐘鋳造が勧進されている。元亀三年（一五七二）大風のため破壊され、天正二年から領主長宗我部氏によって修理された。次いで慶長十四年領主山内氏に上葺修理され、さらに寛文五年修理、元禄二年上葺、宝永四年上葺、享保十三年上葺、寛延二年上葺、明和元年再修、明和九年上葺、天明四年上葺、天保十一年上葺のそれぞれ棟札が知られている。これらのうち、特に修理と記すのは天正二年、慶長十四年、寛文五年、明和元年で、他は棟札の文言としては「上葺」と記している。葺替でも「修理」と記すことはあるので、簡単に断定は出来ないが、元亀三年の修理は大風のため周囲の杉の大木が倒れかかって大破したと伝えているので、かなりの大修理であったとみられ、現建物の側回りはこの時の改築によるものと考えられている。「寛文五年の修理の際、現在の向拝がつけられた」と棟札に記すとの説があり、向拝の細部の形式はその可能性をしめしているが、現存の棟札にはその記載はみられない。棟札は数枚作成されることもあるので、かつてはその記載のある棟札があったのであろうか。天正修理についても現存する棟札には修理されたことと吉祥句のみ記されているが、『土佐国蠹簡集木屑』一一五一（柳瀬貞重編纂・寛政〜文化年間）では裏面に「此御堂大破者元亀三年壬申七月廿八日ニ大風吹テ大杉数々損ジ彼御堂ニ懸リ三方打破リ目驚候処ニ爰ニ豊永内蔵助為本願豊永三ケ郷勧進被成云々」と記していることを述べていて事情がわかる。

明治修理時の記録によると内陣須弥壇と天井は宝永四年に改造された墨書銘があったが、現存の宝永棟札には修理の内容を記していない。

その後の修理は明治三十七年に特別保護建造物に指定された後、明治四十三年に解体修理され根本的修理と相当大きな復原的模様替えがあったと伝えられる。この時の記録は関東大震災で失われた。屋根が大破したので昭和十三年に修理があり、当時の監督技師乾兼松氏の報告「豊楽寺の国宝薬師堂　上下」が『史蹟名勝天然記念物』第十八集一・二号（史蹟名勝天然記念物保存協会、昭和十八年一・二月）に掲載されており、内容がわかる。その後、やや詳細なのは鈴木嘉吉「四国の古建築」（『仏教芸術』五三　毎日新聞社、昭和三十九年二月）で、構造上の特徴から建立時期を鎌倉中期以降としている。

釈迦像の胎内銘については宝永五年の本尊修理の際発見、筆写され、仁平元年の年記が知られていたが、昭和四十二年、東京国立文化財研究所によって仏体と胎内銘とが詳細に調査されて『日本彫刻史基礎資料集成』三（東京国立文化財研究所）に公表された。

この間、川上邦基の「豊楽寺薬師堂に就て」（『建築学会論文集』第二号、昭和十一年七月）が発表され、「内陣の方三間が本来の建物で周囲は後年の付加であろう。」と論じている。このように解体修理の際の知見について詳細な研究報告がないので、建立年代や当初の形態について疑問を残していた。

二、豊楽寺薬師堂の建築

平面

正面五間、側面五間の平面であるが、身舎に当たる部分は内陣で方三間に造られ、周囲

一間通の庇は内陣と梁行方向の柱間を一致させない。すなわち、内陣は正面一間七・五五尺×三間、奥行七・〇四尺×三間で桁行に少し長く、正面三間全部と側面前より二間は引違格子戸、背面三間と側面後より一間は横板壁で、内部の背面側奥行一間は須弥壇とする。周囲側柱通りは正面と背面の柱通りはほぼ内陣と揃え、梁行では内陣を三尺八寸ほど側通りより背面に寄せて建てる。すなわち、外陣の広さが正面側では一一・三二尺と広く、背面では四・一尺として背面を狭く造る。一柱間も側通りでは一間七尺一寸乃至七尺五寸ほど、内陣では七尺〇寸四分と微妙な寸法差がある。これで柱筋に食い違いができるのに、入母屋造真隅の屋根をかけるので内陣柱と側通りの構造上の繋ぎ方に工夫が必要になることは後に述べる。

側通正面中央三間は外開き板扉、両脇は縦連子付き高窓。側面は前端一間は板扉両開き、残り四間は板壁。背面は全て板壁で中央間には東端に片引き板戸を入れる。

正面中央間には向拝一間を取り付けている。

これらのうち、内陣柱は当初または古い材が多いが、周囲については大方は天正二年の修理によるものと見られ、数本は明治四十三年修理の際の取り替え材と見られる。向拝は寛文年間領主山内氏により付加された。

構造

基壇は、明治修理以前の写真では板石平積であったらしいが、修理の際、切石積葛石付きとした。高さは正面で二尺二寸ほど。上面にゆるい亀腹を築き側柱筋より外は漆喰塗り、上に自然石礎石を据える

柱は全て円柱で、内陣柱径は一尺二寸、床上高さ一〇・八六尺、側柱径は一尺ほど床上高さ八・九七尺ほどである。角柱は向拝のみで幅九寸程、高さ九・五七尺ほどで几帳面取りとする。すべて柱頭は水平に切断して面などはとらない。

柱の上部に側回りは内法長押を内外面に、内陣は内法長押を全面内外に、高長押を前寄り開口部上の内側のみに取り付ける。いずれも現存の長押は長押引きをしている。

組物は側回りはすべて舟肘木を各柱上に、内陣は四隅のみ舟肘木を置き、間の柱頭には組物なく、直接桁を受ける。内陣四隅の舟肘木も正面の左右隅では南北行きの肘木は完全な形をもつが、東西行きの肘木は外陣行の先端は見せず内向きだけしか造らない。背面寄り両隅では東西行き、南北行きとも外陣側は先端を切って木鼻風に作る。この上に方形断面の桁を五平に据える。内陣の肘木・桁とも幅六寸、丈五寸ほど、肘木長さ三尺六寸ほど、外陣で肘木・桁とも幅六寸、丈四寸九分、肘木長さ三尺八寸である。内陣肘木と外陣肘木の長さの差は内陣肘木は疎垂木の内面内におさまり、外陣垂木は疎垂木の真真に納まる点が違いとなっている。

桁は内陣東西妻側では内陣隅柱より南へ延ばし、先端を南から一間目の柱筋位置で正面側柱と内陣柱との繋梁上に立てた束で支える。ここは正面東西両隅の真隅位置なので東西に出桁をおいて束で支える。ここに隅木が架かる。この出桁は内陣桁にかかる化粧垂木の上に打越垂木の木負状にかかり、この上に外陣垂木が架けられる。

背面は内陣隅柱と側柱とを繋梁で結ぶが、隅以外の柱には繋ぎを入れない。

垂木は疎垂木で四面すべて柱間四等分に配され、側柱真を踏んでいる。内陣柱とは少々のズレがみられる。また柱間は場所によって違いがあるが、柱間の違いとは関係なくどこでも垂木割は柱間四等分とする。垂木の断面は幅二・四寸、丈三・三寸、わずかに反りがある。軒の出は五・七尺。軒裏は木舞裏で、茅負・裏甲を置いて柿葺とする。

妻飾は豕叉首で明治修理前からの形式とされる。懸魚は明治以前とは変わっている。

繋梁の架構は内陣と側回りとの柱筋に食い違いがあるのに真隅に隅木を架けるので、独自の工夫がある。正面側は先に記したように内陣東西妻面の桁を南に延ばして、繋梁上の束を普通なら柱のある位置に立て、これで先端を支え、ここに隅木を架ける。背面側では側回りの隅柱上からの真隅に架けた隅木を内陣妻の桁の途中で受ける。この隅木と桁との交点から側桁への繋梁を架けるのに、繋梁を桁から水平に約一・七尺出して、すぐに下向きに直線に折れる「へ」の字形の材を繋梁に使う。側での納まりは側柱上の桁で受ける。内陣正面東西隅の繋梁は柱上部に普通に大入れに架かるので、側桁の内側面で水平に受けるだけである。ただし、側通りでは側柱ではなく桁の途中に繋梁が架かることになる。

このように内陣も側回りもそれぞれの桁の高さは同じなのに、背面では側桁との距離が側面の間より三尺八寸も短い所を同じ勾配で垂木を架ける必要がある。そこで、内陣では垂木の架かる高さを下げて、桁上ではなく頭貫代理の板壁上縁と内陣桁とに垂木尻が挟まれるような高さになる。狭くて人目に入らない場所であるが奇妙な納まりである。

このように身舎（内陣）と庇（側）との繋ぎが少ないことは富貴寺大堂でもみられる。南側で内陣桁を延ばして繋梁上の束で支えることも富貴寺大堂と類似している。

小屋組は現状では内陣上の桁に束を立てて小屋の大梁を支え、キングポストの洋小屋を受けるがこれは明治修理によるもので、以前は束立ての和小屋で内陣天井上背面に片流れの予備屋根を設けていた、といわれる（乾氏論文）。

内陣須弥壇は現在は内陣背面一直線に連続した壇を作るが、明治修理前は平面凸字形で中央壇は高く、左右は低く作られていた。擬宝珠高欄に「宝永四年丁亥年須弥壇厨子造立云々」の銘があり、両端の壇が当初のものと判明したので、復原された。壇上積風に木造で造られ、羽目に格狭間がある。地覆は丈三・二寸、幅四・三寸。羽目丈一・一五五尺。

束幅三・一寸（面内二・九寸）、厚四寸。葛丈三・一寸、幅五寸。計一・七八五尺となる。

葛の上に高欄を造り付ける。高欄高さ一・四九尺、地覆丈二・七寸、幅四・一寸、平桁丈一・四寸、幅四・一寸。束見附幅三・六寸、見込み幅三・二寸。架木径一・三寸。斗幅二・三寸と小ぶりである。格狭間の形は藤原末〜鎌倉初期とみられる。内陣背面から二本目の柱内面に両端を納め、須弥壇羽目は内陣内法幅を六等分に、高欄の束は全幅を七等分に割付けている。天井は柱筋に桁上に架けた大梁に竿縁をわたし、板を南北に置いた竿縁天井風の造りで、内陣南北の桁が廻縁を兼ねたような形となっている。

明治修理前は須弥壇上を一段高めて厨子を納めていた。須弥壇と同様に宝永修理の仕事と墨書などから判断され、全面板天井に復した。内陣周囲の桁と天井の間は柱間三等分に桁上に束を立て、板小壁を設け、横連子を入れる。

外周囲には切目縁を回らす。これも明治修理の時、以前は縁外周に軒支柱を立てていたもを取り除いて形を整えたものである。

向拝は几帳面取角柱を方形礎石の上に立て、水引虹梁で結び、木鼻と側面に絵様をもつ。中央に本蟇股をおき、柱上の枠肘木とともに向拝桁を受ける。木鼻は根肘木としない。

天正修理の仕事と考えられていたが、古い棟札の筆写によると寛文五年に付加されたと記される。形式も、水引紅梁の絵様唐草や蟇股の形式に線の弱さと形式化が見られ、天正には上らず、寛文修理時とみられる。

修理前の形と復原

このように平面全体には変化はないが、縁廻りの支柱を廃した。小屋組が和小屋からキングポストの洋小屋になって内部の仮設板屋根を取り除いた。内陣天井、厨子、須弥壇の宝永修理の仕事を痕跡から以前の形式にした。側回りの桟唐戸を板扉とした。

内陣の正面三間と前寄り二間は引違格子戸で、格子戸は形式的に明治以前からのものと見られる。しかし、正面については柱面の格子戸当たりの陰に釘痕が柱中ほどより上は一列、下には二列ならんでいる。これは蔀戸の痕跡とみられ、現在の格子戸以前に蔀戸が用いられていたらしい。建立当初か中世か明らかではないが、そのような時期があったのである。側面前寄り二間にはこのような痕跡はみえないようである。

外観上は大きな変更はなく、周囲、側回り軸部が天正修理で変えられた他は、屋根の緩い勾配、やや小さめの破風、細目の破風板、など藤原時代の感覚をもつとされていた。構造上から年代が下がるとした説はあるが少ない。側回りの軸部・組物は変わっていても、内陣との繋梁の架構などは部材にも当初材があるようなので、構造形式全体は当初の形を残しているのであろう。ただし、柱間寸法などに内陣と周囲との違いがみられるので、当初のままではなく、天正またはもっと以前の修理でかなりの部材変更はあったのであろう。

川上邦基説のように最初は三間堂で後に庇が増設された、とするのは現在の内陣柱に古い風蝕などの痕跡がみられない点から成立困難であろう。

建立時代について疑問

特に本尊の一体に墨書銘があり、仁平元年と記し、さらに五間四面薬堂建立ということから、基本的な間違いはないものと考えられていた。

ただし、「五間四面」というと本来は「身舎五間、四面に庇あり」の略記で、建物としては身舎五間の四面に庇があれば、正面七間、側面（一般には）四間になるのが原則であった。正面五間、側面五間の建築を五間四面と記すのは中世後期からで、仁平年間などにそのような意味となるのは他に例を見ない。

この胎内銘のある釈迦像はかつては薬師像で現存の日光・月光菩薩像と一組であったと見られている。それがやや遅れて、現在の薬師像と阿弥陀像がつくられて、当初の薬師像は釈迦像に変更されて正面中央から脇に移されたと考えられている。しかし、「五間四面」と記すことは現在の薬師堂とは違う建物であった可能性が高い。正面七間の建物を方五間に改築したことは痕跡がみられないので成立しにくい。

これをどう考えるか、いくつかの解釈がありうる。一つは従来の銘文解釈を信用して、文章上の疑問は誤記とするものであるが、なぜ中心仏であった筈の薬師像を釈迦像に改め脇によせたか、解らない。二つ目は「五間四面」の意味は当時の一般的な間面記法によったもので、銘文にみえる「薬堂」は別にあった建物で、現在の薬師堂のことではない、とするものである。ただし、山中の傾斜面を整地した寺地にもう一棟大型仏堂があったとは考えにくい点もある。三つ目の解釈としては銘文中の「薬堂」は発願だけで、薬師像と脇侍一組のみ完成し、堂宇は出来なかったと考えるのである。第一の従来通りの解釈は「五間四面」という記法について方五間の意味に記す例が当時にはない、とみられるので、この国宝薬師堂は銘文にみられる「薬堂」のことではない、と考えざるをえない。

第二、第三の解釈では現存建物の年代は仁平元年とする根拠がなくなる。ただし形式や技法から藤原時代ころの建立とすると、現在の薬師像、阿弥陀像が釈迦像より少し下がるとの美術史学者の解釈に沿って、建物はこの二仏像と同時で仁平元年より少々新しいとみられる。すなわち、最初発願された「薬堂」は現存せず、別に、あらたに薬師像・阿弥陀像が作られ、そのために造立された薬師堂が現存しているとする。そこで古い薬師像を釈迦像に改め、三体の本尊を並列した、と考えられるのでなかろうか。

建築の特徴として特に建立年代を大きく下げる必要がないのなら、現存の中心仏の年代が建築年代も示すと考えられよう。

なお、四国山中の現在の場所に仏寺が建立されたのは、古くは土佐と他の国との公式連絡路はこの付近から北の讃岐へ通じていたのを後に吉野川沿いに阿波国に出るように改めた。その後、再びまた讃岐路に変わった。この二つの公道の分岐点が当寺のある豊永郷であって、政治経済、文化の要点であったためとみられている。

〔史料〕

（一）『土佐国編年記事略』（中山厳水編纂　高知県立図書館蔵）

「神亀元年行基菩薩自ラ刻スル所ノ薬師釈迦仏ヲ以土佐国長岡郡豊永郷大田山ニ安置ス

大願院豊楽寺是ナリ」

（二）『日本彫刻史基礎史料集成　平安時代造像銘記篇　巻三』

「五三　薬師如来（傳釈迦如来）像」胎内上中下三段に各四節ずつ、合計十二の寄進文が墨書されている。その中段右端の寄進文に

　　　　　　　貢上

　　　　　歳卅僧鏡祐

敬白

　　　仁平元年八月四日僧鏡祐

　　　　　　　　　　　但此志者三宝竟界此世知見□

僧厳順女八木氏発求当生大願

五間四面薬堂造立奉千部法花

經読誦書写共千躰釈迦三尊

　　造立供養如右千躰釈迦供養」

とある。この「五間四面」を「方五間」の意味とされ、「薬堂」を「薬師堂」と解釈してきたわけで、薬堂は薬師堂の略記であろうが、「五間四面」は当時の標準的書き方から疑問がもたれるのである。

（三）『土佐国蠹簡集』（奥宮藤九郎正明編纂　享保十年頃）

○　二五七

　中村豊楽寺鐘勧進之事

　天文廿四年五月八日敬白

　（以下略）

（四）『土佐国蠹簡集木屑』　巻第四

　　　　　大檀那長宗我部秦氏元親

奉上葺豊楽寺御堂一宇

　　　　　大願豊永貞資寺内左馬之進

裏ニ右此御堂大破者元亀二年壬申七月廿八日ニ大風吹テ大杉数々損シ御堂ニ懸リ三方打破

リ目驚候処ニ爰ニ豊永内蔵助為本願豊永三ケ郷勧進被成昼夜抽精誠而番匠仕天正二甲戌歳
七月廿八日ヨリ閏霜月十一日ニ造畢仕棟捅上申候棟礼者神道砌昼写仕候畢後見人々者此御
札御覧候而可致精誠旨者也

本山惣旦那

敬白寺内惣名衆天正五丁丑年謹敬白

豊永惣旦那

右豊永郷大田山豊楽寺棟札　（以上）

（五）豊樂寺棟札（『豊楽寺と仏堂』著者兼発行者　前田和男、一九九九年三月三十日、による。）

1　慶長十四年　総高一〇八・二センチ　上幅一六・〇センチ　下幅一五・五センチ　厚一・八八センチ　頭部形　尖頭

（表）

封　聖主天中天迦陵頻伽聲大檀那大梵天王　国主山内對馬守豊臣康豊公奉行山内因幡守下奉行源小笠原尭賀　封

△　奉上葺薬師堂一宇豊永豊樂寺院主權少僧都宥乗慶長十〆年己酉雪月六日　大工　成岡森次　鍛冶　信高　小工　佐伯盛久

封　哀愍衆生者我等今敬禮本願主帝釋天王　本願者大峰先達實相坊奉行山内掃部亮長森祢祇高向實友　封

（裏）

寄悟宗無忌火光速（蓮カ）池　施主大峰先達長泉坊

家有壬癸日賜〆海水　開眼導師當國常通寺惠範

立川　上名与左衛門　下名源左衛門　古見五郎右衛門　清水久右衛門　三谷次郎太夫　岩原孫兵衛　豊永清左衛門　梶内太郎七　寺内新兵衛

2　寛文五乙巳　総高一六七・七　上幅一六・八　下幅一五・八　厚一・九　尖頭

（表）

多聞天　持国天

封封

♡　合奉再興薬師堂一宇　聖主天中天迦陵頻伽聲大檀那大梵天王　大檀那土州太守松平對馬守忠豊公　五台山阿闍梨法印宥景　当住持宥信

封封　哀愍衆生者我等今敬礼大願主帝釈天王　御奉行山内下総孕石頼母

増長天　廣目天

（裏）

水災風災陸風災佛　一切日皆善一切宿皆賢諸佛皆威徳　肝煎郡奉行藤田理左衛門□□大工頭加藤治郎部

♡　于時寛文五乙巳年三月七日

火災金意災金蓮　羅漢皆断漏以斯誠實言願我常吉祥　想奉行豊永五郎衛門□□小工野嶋作左衛門

3　延宝七（一六七九）　一〇一・八センチ　一八・〇センチ　一六・八センチ　二・四二センチ　尖頭

（表）

大檀那土佐太守従四位下侍従藤原豊昌公　大工　松村傳之烝
新御建立大田山大願院豊楽寺客殿庫裡　小工　飯田勘助
住持權律師祐譽

（裏）

奉行　桐間兵庫　肝煎当寺隠居法印宥信
孕石小右衛門　古寺延宝四年七月十日
旹延宝七己未之載霜月吉祥日　大風吹古寺大破損也
寺社奉行（以下略）

4　元禄二（一六八九）　一三八・二センチ　二一・〇センチ　一八・〇センチ　三・一三センチ　尖頭

（表）

聖主天中迦陵頻伽聲大檀那大梵天王　奉行　山内彦作　郡奉行寺村又四郎　大工　市川務右衛門宗次
桐間兵庫頭　同下役小嶋左近衛門正重　三谷源左衛門盛次
孕石小右衛門
奉上葺醫王善逝金堂一宇大檀那土州太守従四位藤原朝臣豊昌公　大工頭賀藤数馬　鍛冶　小林弥五衛門
不破甚右衛門　吉岡覺助正成
哀愍衆生者我等今敬礼大願主帝釈天王　寺社奉行　間　彦六　肝煎竹崎太兵衛政勝　小工　川口傳助重正
仙石源次郎　豊永藤大夫

（裏）

一切日皆善一切宿皆賢諸佛皆威徳　入佛導師五臺山代僧　中之坊法印宥増
定福寺住持宥海　肝煎寺内庄屋靏居利右衛門
天下泰平国家安康太守御武運長久五穀成辨諸檀方繁栄祈所　旹元禄貳歳次己巳三月十八日
羅漢皆断漏以斯誠実言願我常吉祥　大田山豊楽寺住持權律師祐譽
同寺隠居下之坊法印權大僧都宥信
（この棟札は延宝四年大風の復興であろう。）

以下、宝永四年、享保十三年、寛延二年、明和元年、明和九年、天明四年、天保十一年などに薬師堂修理、上葺の棟札がある。明治四十三・四十四年には内務省の補助金による修理棟札がある。昭和十三年には乾技手の監督で修理していることは前に述べた。

明治四十三年棟札　（前略）監督技師　奈良県技師　天沼俊一　東京府
現場監督　主任技手　吉田種次郎　奈良県
同助手雇　上辻利信

明治四十四年棟札（表）（前略）内務大臣男爵平田東助（中略）内務省技師工学博士関野貞　高知県知事（以下略）
（裏）（前略）監督技師　奈良県技師　天沼俊一
現場監督主任技手高知県囑託吉田種次郎同雇上辻利信

昭和十三年棟札（表）（略）
（裏）（前略）文部省監督技師乾兼松　現場監督技手北村源兵衛（下略）

一四　富《ふ》貴《き》寺《じ》大《たい》堂《どう》　一棟　国宝

附　昭和三十年二月二日旧棟木の部分　一本
明治四十年五月二十七日指定　（昭和十六年四月二十四日）昭和二十七年十一月二十二日国宝指定
明治四十五年解体修理、昭和二十四年災害半解体、昭和四十年屋根修理、

大分県豊後高田市大字蕗　富　貴　寺

一、創立沿革

富貴寺は国東半島中西部の丘陵中にあり、この地方特有の六郷満山と称する仏教環境に属している。

六郷というのは『倭名類聚抄』によると平安時代の国埼郡には、武蔵・来縄・国前、由染（田染）・阿岐・津守・伊美の七郷があり、津守は他郡からの誤入なのでこれを除く六郷と思われる。

同寺に縁起として伝わる『大堂記』によると、創立は養老二年（七一八）に当地方の伝説的高僧である仁聞菩薩によって六郷山が開かれたとき、「一本の榧の木を用いて、堂と本尊を造営した。」とされる。ただし、仁聞菩薩はほかに確実な史料を欠く伝説的高僧でそのまま信じることは出来ない。この組織は平安時代に、この地域の直ぐ西に所在する宇佐神宮弥勒寺のもとに、急峻な丘陵地である国東半島全域を足場に山岳信仰と密教修行の結び付きから修験道が育ち、これを守る天台宗の小寺院が連合したもので、平安後期の末世思想とともに浄土信仰も加わって形成された。本・中・末の三段階の組織があり、それぞれに本山と末寺が位置付けられた。本（もと）・中（なか）・末（すえ）の位置付けには、一つは宇佐神宮弥勒寺との遠近も考慮されたらしい。

富貴寺はこの中で、本山の一つ六郷山惣山西叡山高山寺の末寺とされ、「長治二年（一一〇五）頃、宇佐大宮司公順が発願、天永（一一一〇～一三）から永治元年（一一四一）の間に子の公基が建立した」と想定されている。(1)

貞応二年（一二二三）五月の『豊前到津文書』によると「奉寄　蕗浦阿弥陀寺（中略）右、当寺者、是累代之祈願所、攘災招福之勤于今無懈怠、云々」とあり宇佐宿禰公仲から田畠などを寄進されている。

仁安三年（一一六八）『六郷二十八山本山目録』には「蓬花山富貴寺」とあるが、六郷山の寺院に山号がつくのは中世の禅宗の影響とされ、事実、富貴寺もその後の文書に、『貞応二（一二二三）到津文書』三八には「蕗浦阿弥陀寺」、『永仁六（一二九八）宮成文書』十四には「蕗寺」、『建武四（一三三七）六郷山本中末寺次第並四至等注文案』には「蕗寺（高山末寺）」とあり、山号は使用されていない（『大分県史　中世編Ⅰ』）。

その後の沿革は『大堂記』にしか伝わらないが、建久年中、地頭曾根崎昌成が当堂修理のため蕗邨の田地一町を寄付した。また、文和二年（一三五三）に堂が大修理されたことが、一部分現存する当時の棟木に墨書されている。(2) また、天正年中、キリスト教徒となった大友氏により領内の社寺が破却されたとき、損傷をうけ、後、島原城主となった松平主殿頭忠房(3)の寄付によって修理されたと伝える。文化十二年には村民から板唐戸を寄進された。明治三十一年素屋を造り雨風を凌いだが、明治三十六年の台風で境内の大木が倒れ懸かり素屋根の半分を失って草葺で補った。

明治四十年五月二十七日に特別保護建造物に指定され、次いで明治四十五年から大正初年にかけて天沼俊一監督技師によって解体修理・復原された。昭和二十年には米軍機の爆弾が近くに落ちたため大破し、昭和二十四年に修理された。昭和二十七年、文化財保護法により国宝指定。昭和四十年には屋根修理を受けた。

国東半島の北側付根にある豊後高田市から桂川にそって遡り、支流の蕗川に沿って丘陵の間を入った所、南向きの斜面に富貴寺が建てられている。昔は蕗川の両岸に寺地六坊があったといわれるが、現在は昔の「南之坊」のみが富貴寺となっている。石段を登ると石造仁王が安置された門があり、右手の平地に方丈形式の本堂と庫裡がある。石段をさらに登ると山腹に広場が造られ、大木に守られて大堂が南面している。周囲には仁治二年（一二四一）銘の笠塔婆、その他いくつか中世の石造物が大堂を廻って置かれている。本堂の西北一段高く小社白山社（社殿は宝暦十一年＝一七六一）が祀られている。古くは富貴寺を別

当としていたといわれる。寺の口伝では「同じ敷地に倒れた仏堂が埋没している」とされるが、現状では認められない。

二、建物の状況

富貴寺大堂は正面三間、側面四間。屋根は宝形造、本瓦で行基葺とする。平安後期の地方仏堂は大かた檜皮や柿葺などが多いのに、当堂が本瓦葺なのは大本に当たる宇佐神宮弥勒寺が奈良時代以来、中世までよく勢力を保ち、歴代瓦生産を続け、本瓦葺の伽藍を維持し続けたので、その下にあった六郷満山寺院でも瓦葺を実現できたのであろう。

ただし、この堂は天正年間の大友氏の仏教弾圧以後は草葺であった時期もあったかと見られ、また、明治三十一年には桟瓦葺の覆屋をかけられ、明治三十六年の台風で境内の大木が倒れてその半分が崩壊した後、その分に草葺の仮覆を設けていた。現在の瓦葺は行基葺も軒瓦文様も、明治と昭和の修理の際、堂付近から出土した古瓦によって推定復原されたのである。特に軒瓦は昭和二十四年の修理で全部取り替えられた。

平面は正面中央が一〇・〇一尺（三・六一メートル）、両脇が七・七〇尺（二・三三メートル）、全幅二五・四一尺（七・七〇メートル）。側面は四間とも七・七〇尺、全長三〇・八〇尺（九・三三メートル）で正面より側面の方が五・三九尺（一・六三メートル）長い。それにもかかわらず宝形造の屋根となるのは、野屋根を振隅として屋根面を宝形に造るのである。化粧隅木は隅の柱間が梁行・桁行とも同寸法なのできれいに真隅に納まっている。

正面は三間とも扉、側面は前寄り二間は扉、後寄り二間は板壁、背面中央一間は扉、両脇は板壁とする。

基壇はなく、雨落の内側に葛石一段を回らして内部をゆるく高め、側柱筋より少し内側に素掘の溝を回らしている。内陣中央下に大型の礎石を置いているらしい。現在は何も支えていない。柱の礎石は自然石を用いる。

柱は側柱は角柱で幅一・〇尺、二・八寸の大面をとる。高さは礎石上一〇・七〇尺、床上八・二三尺。内陣の四天柱は円柱で径一・二〇尺、床上高さ一〇・七四尺ある。壁は横板落とし込み、板幅はおよそ一・二尺。建物内側の壁面は彩色画が有名である。

柱上に面取舟肘木、長さ三・八五尺、丈〇・六五尺、幅〇・八一尺を肘木外面が柱の面心に来るよう納めている。肘木両端が垂木の五支の真真に一致する。

柱天より六・六寸下がって全周に長押を回らす。長押丈は五・五寸、幅七・二寸。

肘木の上に面取桁が乗る。桁丈は七寸、幅も七寸、桁の面は下角で二・二寸、上角で二寸程である。この桁にはゆるい心反りが付けられており、西側軒桁で堂中心では南北両端より約十二ミリ下がって納まっている。

垂木は二軒で地垂木・飛檐垂木とも面取りとし、軽い反りが付せられているが、全て明治修理によるものである。地垂木は桁傍で丈九十七ミリ（面十五ミリ・側面八十二ミリ）・幅七十八ミリ（面内五十二ミリ）、先端で成一〇四ミリ（面十四ミリ側面九十ミリ）、飛檐垂木は木負近くで丈一〇二ミリ（面十七ミリ側面八十五ミリ）、幅七十六ミリ（面内四十九ミリ）程、先端で成八十六ミリ（面十ミリ側面七六ミリ）、幅七十二ミリ（面内四十八ミリ）、正面脇の間と側面は一間を十支（一支七・七寸）、正面中央間を十三支（一支七・七寸）として垂木割で柱間を決定しているように見える。垂木割は柱心を手挟む。

垂木勾配は地垂木上面で引き渡し二・六寸、飛檐垂木上面引き渡し二・二寸程である。軒隅近くの垂木には「かゆみ」がとられている箇所もある。明治修理の仕事であろう。

軒の出は地垂水が四・六六尺、飛檐垂木とも全軒出で七・二五尺（二・二メートル）。

屋根勾配は引き通しで東西流れ六・六寸、南北流れ五・八寸となっている。明治修理以前は一部草葺、一部桟瓦葺となっていたことが古写真で知られる。

柱間装置は周囲全面に切目長押と上長押を巡らして側回りを固め、開口部となる正面全面と側面前より二間、背面中央一間には上長押下端に密着してやや丈の低い内法長押を付し、下の地長押上面には薄い半長押を置いて、扉を受ける。正面中央間の扉は本柱より三・九寸離れて幅七・六寸の面取方立柱を立て（本柱と方立柱の真真は一・二七尺）、この間に両開き板扉を釣る。扉幅は五・六尺、扉厚さ二・〇寸で、幅五・四寸の面取定規縁を付ける。正面両脇と側面は柱に直接方立が取り付き、正面中央と両脇、両側面の開口部が同じ扉幅になる。このように正面、側面の開口部は柱間と関係無く同じ幅の扉が入るが、背面中央間は本柱に直接方立が取り付くので扉の幅が大きく、八尺ある。開口部以外は全て横板壁で、地長押上に壁受（幅三・八寸、厚さ一・七寸）を置いて壁の横板（厚さ一・一寸）を受ける。内部も他の内装はなく、同一の壁の内側であるが、舟肘木の内側には板小壁を張って肘木を見せない。この板壁が天井廻縁を受ける。小壁内面には彩色画がある。

内陣柱は径一・二尺の円柱で、四天柱を全部立て、内陣背面の来迎柱筋は背面から一筋入った側柱筋と揃えるが、前面の柱筋は側面に合わせず、内陣奥行を正面中央柱間に一致させる。すなわち、内陣の背面、側面の三方は同じ寸法の空間になるが、正面側は広く造られる。

内陣柱の上部には側柱上の舟肘木とほぼ同高に長押（丈五・九寸×幅七・〇寸）を内陣四周内外に回す。長押材は断面方形で長押引していない。柱外側の長押が天井廻縁の内端を受ける。内陣内側の長押の上は小板壁を回らし、これが折上小組格天井を受ける。

天井は、内陣上は周囲に支輪を回らす折上小組格天井、内陣上を三×三間に割り、中央間は格縁真真で方二・八三尺、周囲の間は折上部を除いて二・八三尺×二・一二尺となる。小組の組子は切り面をとり、割付けは中央間で十六×十六コマとする。外陣天井の格縁一間は真真で三・三四尺（四天柱真真を三等分）、小組割付けは十六×十六コマとする。格縁は内陣・外陣とも唐戸面をとり、幅二・五寸、丈一・八寸、小組の組子は〇・七寸角で小面をとる。かつては小組の枠内に彩色花が描かれていた、と記録されている。

側柱内部で小壁内を等間に格間を割付けて東西を八間とする。全体は同じ割付けとし、内陣周囲には狭い格縁間を作って割付けを納める。

天井より下には組物は見えず、内陣四天柱の頭は天井上に納まってみえない。すなわち「上造」の古い例となっている。同時代の建築で天井上に組物があって下から見えない例には白水阿弥陀堂や鶴林寺太子堂があるが、これらは柱上に組物はあるのを天井上に隠しているのに、富貴寺大堂は四天柱上は直接大梁を受け、完全に上造である。

内陣背面の来迎壁は柱面と長押下面に板受けの回縁を取り付け、間に横板をはめこみ壁を造るが、その表裏に壁画が描かれる。壁画は来迎壁だけではなく、周囲の内部板壁全面と長押上の小壁全面、四天柱周囲にも描かれていたと見られる。現在、壁画は剥落して見えない部分も多いが、古い壁板では内部壁面全体に下塗りが残り、現在は見えないところにも壁画が描かれていたか、彩色があった可能性が想定できる。

剥落の原因は中世末に大友氏の圧迫のため、維持努力が十分に出来なかったこともあるが、昭和二十年、米軍機が付近に爆弾を捨てたため大破し、雨漏りが大きかったのに終戦などの事情で数年間修理がおくれたことにもある。（史料）

小屋組は内陣南柱南面と正面側柱上を繋梁で結び、四天柱上に南北に架けた大梁の先端を、正面から第二の側柱筋の通で繋梁上の束柱で支える。来迎柱上とこの束上で東西の梁を南北大梁と同高で組み、化粧地垂木と化粧隅木を受ける。

さらにこの上に束をたて、二重に桁、梁を重ねて固め、さらに束を立てて野小屋と中央の左義長形の枠をくみ宝珠・露盤を受ける。野小屋を支える束などは大方明治または昭和修理の材である。一部には古材もあるらしい。

この堂の特徴の一つは、内陣柱と側柱の構造上の繋ぎが少ないことにもあり、この南面の繋梁と化粧垂木、化粧隅木、桔木だけが内外の繋ぎ部材である。

床は南北方向に大引を柱通に各二本、四天柱を挟んで通し、上に根太を置く。根太も柱通では柱を挟むように配する。大引を二本組んで柱の両側から抱くのは、平安末から鎌倉時代にかけて見られる技法で、現存建物では、福島県願成寺（白水）阿弥陀堂（永暦元年＝一一六〇）、奈良県法隆寺東院舎利殿絵殿（建保七年＝一二一九）、大分県院内町の竜岩寺奥院礼堂（弘安九年＝一二八六）などに例があり、遺跡では平泉毛越寺の嘉勝寺において礎石と束石の配置が、大引が主柱を両側から抱いていた構造を示している（一一七〇頃）。平泉中尊寺金色堂も床下で根太掛が柱を両側から抱く構造であるが近世の根継ぎ後の修理によるものなので当初のことはわからない（各『修理報告書』及び『毛越寺と観自在王院発掘調査報告書』参照）。

この大引上に根太を置き、南北長手に板敷とする。南半の板は分厚く、根太当たりをはつりとって上面を平らに納める。北半の板は厚さ均一に仕上げた板で南のものが古いらしい。

内陣には一杯に須弥壇を納める。床上高さは二・〇八尺、東西は四天柱心に高欄架木を納め、南面は四天柱背面に須弥壇前面がほぼ接する。須弥壇の上面周囲には高欄が廻る。跳高欄で、東西側では高欄の先端が四天柱の内側で行き止まり、南側では四天柱背面に先端が隠れる。須弥壇は二重の土台上に乗り、地覆を置き、全体四等分に束をたて、葛を置く。土台・地覆・束・葛は全て欠き面取としている。束の間の羽目板は格狭間を彫る。平安後期らしい姿のよい格狭間である。

堂周囲は切目縁を回らす。縁の出は柱真から四・七六尺、側柱真から四・一尺外に面取束柱を各側柱筋と四隅にたて縁葛、隅叉首をおいて厚さ二寸・幅一・一五尺程の板で切目縁とする。縁の地表上の高さは約七十八センチ、周囲の縁は明治修理以前からあったが修理直前には縁先に軒柱を立て覆屋を受けていた。寸法がこれを踏襲しているかはわからない。

正面中央に木階四級を置く。幅は十一尺と正面柱間の柱両側が木階先端にほぼ一致する。階段材は成七寸見込み九寸。

三、特徴

平面の特徴としては、南北に長い堂で、四天柱の配置を中央より少々後ろよりに置き、内部一杯に須弥壇を設け、左右と背面は同じ空き間とし、前面を一三・〇九尺と広く造る。

これは、阿弥陀堂の原型としての常行三昧が可能な堂であるとともに、須弥壇前で密教の修法が行える形である。

寺の所蔵品に平安時代の面があり、迎講が行われたかとみられ、この平面で堂内の行道ができた。

また、現在も須弥壇前に修法壇がおかれ、密教修法が行われていて、前面を広くした理由がわかる。

建物外観の意匠としては側柱を面取角柱として、仏堂としてのいかめしさを少なくしているが、角柱の幅が一尺と大きく、正面中央間の十分の一になる。重々しさは無くなっていない。ただし、中央間（十尺）が脇（七・七尺）より広いが、中央間の扉を納めるのに柱寄り中寄りに方立柱を立て、開口部を狭く造り、扉自体の幅を脇間と同じにしている。これで、重々しさはやや少なくなる。

また、切目長押と内法長押の間の高さは六・五尺で、脇間の柱内内六・七尺に近く、正方形に近い輪郭を造る。軒出も七・二五尺ほどと脇間に近く、空間構成の基準をもっているようにみえる。小さいながら形の整った堂に見えるよう意匠を考慮しているわけである。ただし、軒出などは明治修理前の形式はわからず、修理の際の設計であるかもしれない。現状と違う痕跡は少なく、側柱外側の下端に現在の壁受よりやや大きい材が取り付いた風蝕差がみえる。内側には材の当たりはないようなので、外側だけ壁板の納まりが違っていたのであろうか。また、現在の上長押下の内法長押は断面を長押引しているが上長押下面の風蝕型をみると当初材は断面方形で長押引していなかったとみられる。

小屋内も明治以来の修理で変更があり、古材は棟木断片他少数しかないので、旧態はわからない。ただ、現在は一部しか残らない棟木の墨書が古文書に残され、修理年代と、文中に「蕗阿弥陀堂一宇文和（欠）上棟今成長棟（下略）」とあり、此のとき、屋根の構造と外観を変更したことがわかる。

「長棟」について、あるいは入母屋とか切妻とか解釈されることもあるが、棟木自身をみると先端が屋根勾配に近い斜めの面に造られ、ここに風蝕もない。寄棟の棟木に用いられたことがわかる。また、古文書では「長さ一間」と記すが現状では途中から切断され、長さ一一四センチ程あり、残っている墨書の長さから、おそらく旧全長は二・三メートルほどあったとみられる。これは当堂の桁行と梁行との寸法差、一・六三メートルより大きいし、垂木を止めたと見られる釘痕もあるが数が少ないので、実際に棟を支えて垂木を受けたのではなく、野屋根のなかに一段低くつくった地棟のような役割であったかと思われる。とにかく、中世、文和年間の修理で寄棟屋根とされたとは想定できる。中世には本屋根の下、小屋内に一段低く棟をもつ屋根構造を作り、その上に野屋根を組んで本体の屋根とした例はいくつも知られている。これはまだ小屋構造に貫構造が普及していなかったための手法であろう、とされる。

とにかく、九州所在の平安時代建築はこの富貴寺大堂一棟しかないので、地方色などを論ずることは無理であるが、他の地方の平安時代建築と比べ、全体の姿も細部の技法も共通点が多い。壁画や出土瓦など平安時代のものと想定されるので、建築自体も建立年代を鎌倉時代に下げて考える必要は無いであろう。

四、壁画の大要

この堂の大きな特徴は内面の壁画で、明治以来、研究が進んでいる。位置や主題などについて簡単に述べよう。

壁画の描かれる位置は、内陣後壁（来迎壁）表裏、四天柱、内陣長押、無目、長押上小壁、の他、外陣格天井、外陣長押にも痕跡がみられる。側回り板壁内面にも下塗りの痕跡があり、壁画または彩色があったかと見られる。

a　来迎壁　表すなわち仏壇側には浄土変相図で阿弥陀三尊と両側に菩薩群像、阿弥陀前方に奏楽と舞踊天人があり、周囲に仏殿や回廊、楼閣など浄土の光景が描かれている。裏面は剝落甚だしく、千手観音、天人、二十八部衆などがかすかに判別できるという。

b　四天柱の彩画も剝落がひどく、かろうじて輪郭がみえる。後方の二本はやや判別でき、全高をほぼ三等分し、上段は菩薩像八軀を上下に並べ、下に宝相華文を連ねて界とし、中段は仏・菩薩を上部に、三鈷などを描いた火炎宝珠を下部に置く。下段は菩薩像と宝相華文を描いたらしい。前方の二本はさらに剝落が激しく、やはり三段に区界をつくり、最上段は仏体と宝相華、中段は仏像五軀を描いたらしい。最下段は剝落、摩耗著しく判別出来ない。四天柱全体で両界曼荼羅の何れかを描いたとの説もあるが確認出来ない。

c　内陣小壁は高さ三十センチの一枚板で、五十軀の阿弥陀像が描かれる。

d　外陣四壁で画像の残るのは長押上の小壁で高さ二十九センチほど、いずれも如来を中心に、東は薬師、南は釈迦、西は阿弥陀、北も中尊を中心に菩薩、天、比丘像がならんでいる。

e　そのほかの部分は絵画ではなく、宝相華文を連ねた所が多い。

これらは、剝落防止処置とともに復元画が製作されている。

五、昭和修理

昭和二十年に堂後方に爆弾が落下し、堂は大破した。その修理設計の書類が大分県公文書館に保管されている。修理報告ではなく、事前の計画で修理中に台風等の理由で期間・予算とも変更願があるので最終的なことはわからないが、中に取り替え材の購入予算がある。

これによると角柱二本、肘木二本、出入口周囲材二組、茅負一、木負一などが取り替えられる予定になっているが、軒桁と化粧垂木の取り替えは予定に入っていない。矧木用の材はあるので、補修程度でよいとみたのであろう。壁板の取り替え材は多量に用意しているが、実際には壁画の保存のため補修で済ませた分も多いようである。

〔註〕

1 中野幡能「国東・六郷山信仰の美術」『仏教美術』81号（毎日新聞社、一九七一年）

2 江戸時代寛延年間の『寺社指出帳』と『太宰管内志』（伊藤常足、文化三（一八〇六）～天保十二（一八四一））にそれぞれの時期の富貴寺について記述があり、これによった。

3 松平主殿頭忠房　譜代松平家。島原乱後、一代置いて島原藩主となり、豊前宇佐、豊後国東にも飛び地領をもち、善政と文化人で聞こえた。延宝五年（一六七七）寺領高五斗七升七合を寄付。寛文九年（一六六九）領知～元禄十一年（一六九八）隠居。

〔参考資料〕

1 工藤圭章「富貴寺大堂」『國華』第九五七号、昭和四十八年

2 渡辺文雄「富貴寺大堂の世界」『豊後高田市史特論編　第四章　くにさきの寺と仏たち』豊後高田市、平成八年

3 小泊立矢「第六章　鎌倉時代の文化　第一節　旧仏教の動き」『大分県史』大分県、昭和五十七年

〔史料〕

（一）富貴寺由緒書上帳『大分県史料』10

（表紙）

「寛延四年　　蕗　村

寺社指出帳

未三月　　　富貴寺」

当寺起立由緒書

一抑六郷山延力寺と申者、六郷廿八山之惣山寺号也、夫六郷山者、日域無双之勝地、起立之時代尋ニ、仁王十六代応神天皇応現宇佐八幡之化身、奉號仁聞大菩薩、於樹下石上久在修法行座、仁王三十七代孝徳天皇御宇従大化四年（戊申）年仁王四拾四代元正天皇御宇養老二（戊午）年迄七拾餘年之間ニ、西三郷東三郷合六郷此方境之内ニ開基給、號六郷山延力寺起立、弘所之法者、三説超過之妙経序正流通之譬、三段本中末於山三ニ分四七之並ヘ峯表法花廿七品、仏像者準文字之数六万九千三百八拾餘尊、仁聞自彫刻、九十九ヶ所之岩屋八百餘院之精舍、奉安置所之霊堀也、當養老五年（辛酉）年異国之夷賊数万之兵船、明石浦繋船、欲攻傾日本、于時天皇御夢想、鎮西六郷山仁聞之非修力、則夷敵不能降伏、御叡覧、曾覺公郷在僉儀、仁聞有勅定、菩薩奉授御綸言、於六郷山之内五智之岩屋、被修五壇之秘法、則従竜宮城捧千燈、即其光次磨明石之浦移海中、莫鱗驚尤、忽悪風飄々如闇夜、東西逆浪蕩々立滔天地、数万之敵船刹那波（破？）船、夷賊不残海底沈亡、仁聞之修力新御叡感依不浅、則六郷山中莫太之寺領被下置候、天子御本命如意安穏之道場、天長地久御願所、夷敵降伏之霊場、天子御崇敬、公武之尊重異他、雖然大友宗麟公被攻六郷山者、不及申隣国、迄神社仏閣仏像経舊記等至迄、微塵焼拂、悉破却訖、自爾已来追年月日時衰却候由、古来申傳茂御座候得共、何之舊記茂無御座候、就中当寺之大破言語道断之仕合、既可絶仏法之處、先御領主松平主殿頭様御寄附被下置候、依之堂社建立仕断絶無之、住僧相続仕候、以上、

一京都比叡山延暦寺御座主

青蓮宮御末寺

豊後国国東郡蕗村

一天台宗　蓮華山　　富貴寺

従六郷開基大化四年、当年迄凡及千百余年候、

一当寺末山ニテ、往古六郷繁盛之時分者、六坊之跡ニ而御座候得共、只今当寺南之坊計御座候、

一東之坊、（中略）

豊後国東郡蕗村蓮華山富貴寺領之事、

高五斗七升七合（寺内山林竹木共ニ目録有別紙、）所

右、当寺其以前依無寺領、雖為私領、開於新地令所附畢、諸役等共所令免除也、仍而寄附状如件、

延宝五年　　　主殿御判

当　寺

住坊

一境内山竪三百二十間、横三十五間、

一講堂四百（方カ）五間茅葺、

一本尊阿弥陀、脇立観音勢至、仁聞御作、

一辨天石社　大塔一本御座候、

其他石塔多御座候、

一石躰二王　十王　六地蔵御座候

一右之敷地壹反七畝九ト、竹木共御除地、

一鎮守六所権現社九尺八尺小板葺、上屋茅葺
（中略）
一御制札ハ無御座候、
右堂社寺ハ、敷地山林竹木共ニ御免許ニテ、御検地帳ニ書記御座候、
右、御尋ニ附、書付差上候通、相違無御座候、以上、

寛延四年　　　　　　　　　　蕗村
　未三月　　　　　　　　　　　富貴寺

寺社
　御役所

（二）大堂記　（『大分県史料』10）

抑当堂ノ由来ヲ尋ヌルニ、人皇四十四代元正□□□□成□□六郷御開基ノ時造営スル所也、当時此里ニ一株ノ柏ノ木□□（アリカ）、某高大ナル事量リ知ルベカラズ、朝夕御蔭数里ノ外ニ映スルト云フ、西ハ本□小田原字塔ノ嶺東ハ同　小野邨字釜破岩ニ到ル、養老二戊午年大師斐陀ノ匠□□□是ノ□……□ノ堂ヲ建立ス、斐陀ノ匠と云フハ一人ノ名ニアラス、古飛騨ノ国ヨリ傭調ヲ奉テ、工匠十人ヲ出シテ公ノ造営ヲ営セシナリ、□……□数百人ヲ徴シ朝堂院神泉ナ□□□セ給フ、国史苑□……□其時伐タル柏ノ木ノ跡ニ山神ヲ安置、今其所樹木鬱蒼トシ繁茂ス、名ケテ柏ノ森ト云フ此西桒田ト云フアリ、年々田主桒ヲ作リテ此山神ヲ祭その後数百年ヲ経テ柏ノ根化シテ石トナリ、今ニ存セリ其色黄ニシテ、檑理ニ□柏ノ化石ナル事分明ナリ、傳フ当堂ノ本尊阿弥陀如来左右ニ観音勢至安置ス、何レモ大師一刀三礼ノ御作也、乃チ名ケテ蕗山阿弥陀寺ト称ス、後世寺号ヲ称セスシテ大堂ト呼□□、高サ四丈方五間、堂ノ前ニ額アリ、安養閣ト題ス、玉峰程時宜書ト記セリ、又堂中柱梁ニ盡ク仏像ヲ畫ク、三千仏九品浄土ノ図ナリ、今ニ丹青猶カスカニ遺レリ、又天井ハ合天井ニシテ、方三尺ノ大合ノ中ニ、二百五十餘ノ小合アリ、小合ノ中ニ彩色花ヲ一輪ツツ畫キタリト雖トモ、今ハ滅シテ分明ナラズ、境内幽寂ニシテ山ヲ負イ溪ニ臨ミ、四壁ハ老樹鬱然トシテ太古ノ形ヲ残セリ、庭前に数多ノ石碑アリ、皆古時立ル所ノ苔鮮ニ埋レリ、仁治二年文永五年等ノ銘アリ、右大将源頼朝公日本総追捕使ニ任セラルルヤ、建久年中ニアリ、其時曾根崎昌重地頭ニ補セラレ、早見郡糸永邨ニ住ス、蕗邨ノ田地壹町ヲ寄附シ、当堂修理ノ科ニ供シ、殊ニ深ク尊信ス、別当富貴寺之ヲ支配シ、末寺六防是ヲ耕作ス、六防ハ東ノ防南ノ防妙藏防院主防谷ノ防大門防是ナリ、（中略）

然ルニ人皇九十五代後光厳天皇御宇、足利将軍尊氏公ノ御治世、文和二年京師僧祐禅大徳南北朝ノ乱ヲ避ケ此地ニ来リ住ス、当堂ノ破却ヲ嘆キ、領主調宿禰行実公ニ議シテ之ヲ修造ス、壮麗再ビ昔ニ異ナラス、其時ノ棟札今ニ存セリ、祐禅大徳自記スル所ナリ、其文ニ曰ク、上棟今歳長棟奉修造為天長地久南閻浮洲大日本豊後国早見郡蕗邨阿弥陀堂一宇文和二年歳次乙巳一月六日云々大檀那調宿禰仲実学頭僧祐禅大工衛門大夫藤原実吉小工等拾人鍛冶忍海維宗執筆佑禅大徳生年□十五ト記セリ、此棟札長サ壹間ニシテ八寸四角ナリ、表面ニ二ツノ方鑿アリ、修造ノ時ノ柱ヲ以テ作リタリト云、此地今ハ国東郡ナレドモ、其頃迄ハ速見郡ノ内ナリト見エタリ、文字モ亦速見ト書クヲ早見ト書ケリ、祐禅大徳ハ実ニ当堂中興ノ師ナリ、墓ハ元ト山門当村ノ内ニアリノ前ニ鎮スルヲ、今堂ノ前ニ移ス、墓誌ニ曰ク、右志ハ故大徳七年忌造立如件、延文四年七月廿五敬白ト記セリ、人皇百七代正親院ノ御宇、天正年中当国ノ探題大友宗麟公邪宗ヲ信シテ、国中ノ神社仏閣ヲ破却セシニ、此時殆ント頽廃ニ及ビケルヲ、村民相議シテ修造ス、ノチ地変ニ遇イ、或ハ焼失シ或ハ朽滅シテ、今存スルモノハ皆世々建立スルモノ也、然ルニ此堂巍然トシテ存ス、仏ノ威霊且ツ霊木ノ致ス所也、

（三）『太宰管内志』豊後之九（国埼郡下）

（略）

○富貴寺

［同書］に本山末寺蓮花山富貴寺云々［天明年中六郷山寺院名簿］に国崎郡蕗村富貴寺、島原領、山門末一六所権現一本堂、寄附高二石五升、山林一丁四方なり［国人云］富貴寺は田染郷蕗村にあり寺は南向にして（中略）前後に山あり聊下て右高處ニ講堂あり五間四面本尊は阿弥陀仏傍仏は観音勢至ノ二仏なり養老二年に榧ノ木一本にて造れりと云是より一丁登て右ノ方に六所権現ノ社あり一間四方なり杉林の中にあり。（以下略）

（省略）

（以上）

（四）大堂修繕ノ義ニ付願（『明治四十四年大正元年寺院一件』大分県公文書館所蔵）

大分県西国東郡田染村大字蕗
　延　暦　寺末
天台宗
　　　　富貴寺

謹ンデ大堂修繕ノ義ニ付奉懇願候右大堂ノ創立ハ人皇四十四代元正天皇ノ御宇仁聞大師ガ六郷山開基ノ時此里ニアル柏ノ大樹ヲ伐リ造営セシモノニシテ名ツケテ富貴ノ大堂ト呼ビ堂ノ高サ四丈方五間堂中ノ柱梁盡ク九品浄土ノ三千仏ノ図ヲ画ク其丹青今ニ猶微ニ遺レリ又天井ハ合天井ニシテ方三尺ノ大合ノ中ニ貳百五十余ノ小合アリ小合ノ中ニ雑色ノ花一輪宛画タリト雖今ハ滅シテ分明ナラズ文和貳年中興ノ師祐禅大徳之レヲ修繕シテ壮麗再ビ昔ニ異ナラズ其後大友宗麟公ノ時ニ至リ頽廃ニ及ビタルニ村民議シテ之レヲ造修ス維新迄ハ寺録ヲ以テ時々修補ヲ加ヘタルモ寺録返上ノ後ハ修理ヲ怠リ為ニ大破ヲ極メタリ

然ルニ明治三十一年素屋ヲ造リ漸ク雨露ヲ凌クニ至リシニ三十六年暴風ノ為メ境内ノ大木吹倒サレ素屋其半部ヲ崩壊シ惨状ニ陥リ堂ノ柱棟大ニ傾キ天井ハ大ニ堕落シテ四囲ノ戸締亦完全ナラズ真ニ惨状ニ陥リ依テ素屋丈ハ応急ノ策トシテ其半面ハ草葺トナシタルモ已ニ数年ヲ経過シタルニ依リ現今ニ於テ一日モ差置キ難キノ危険ニ相迫リ居候当寺ハ寺財トテハ無之僅ニ法灯ヲ繋グノ姿ニテ相徒亦僅少ナレバ之レガ補修ヲナスノ資力ナク去リトテ此儘歳月ヲ過サレナバ千古ノ国宝モ烏有ニ帰スル惨況ニ至ルベク実ニ憂慮ニ堪ヘザル次第ニ有之候極外ノ御詮議ヲ以テ至急修繕被成下度此段奉願候也

明治四十三年六月一日

右住職

柏木覚純（印）

右相徒総代

（略）

内務大臣法学博士男爵平田東助殿

（五）国宝建造物富貴寺大堂戦災復旧工事設計書（大分県公文書館所蔵『国宝富貴寺大堂戦災復旧記録』一件より）

富貴寺大堂戦災復旧工事設計書

昭和二十三年七月　調

一、建物ノ概要

一、国宝指定ノ官報告示

明治四十年五月二十七日内務省告示第六十三号

名　称	構　造　形　式	所　在　地
富貴寺大堂（蕗ノ大堂）	桁行三間、梁間四間、単層屋根宝形造、本瓦	大分県西国東郡田染村大字蕗　富貴寺境内

二、大サ

桁行　二十五尺四寸五分

梁間　三十尺七寸三分

軒高　基壇葛石上端ヨリ茅負下角迄　十二尺一寸五分

軒高　基壇葛石上端ヨリ宝珠上端迄　三十尺二寸五分

軒出　柱真ヨリ茅負下角迄　七尺二寸五分

建坪　二十一坪七二餘

三、構造形式（略）

四、創立沿革

富貴寺大堂ハ寺傳ニヨレバ元正天皇御宇仁聞大士六郷山開基ノ時ノ造営セシモノノ如キモ、其後再建、年代不詳ナレドモ、其構造形式手法ヲ見ルニ明ラカニ藤原後期ニ属スルモノニシテ能ク其ノ特質ヲ発揮セルノミナラズ内陣柱、長押、来迎壁、小壁等ニ施セル仏画宝相華模様ノ如キモ頗ル優美ナリ

ソノ後文和二年僧祐禅大徳ノ代ニ修造セシ棟札ガ明治二十五年十月ノ寺院記録ニアルモ現在所在不明ナリ、ソノ銘文ニ

「上棟今成長棟奉修造為天長地久南閻浮洲大日本豊後国速見郡蕗村阿弥陀堂一宇文和二年歳次乙巳二月六日云々大檀那調宿禰中実学頭僧祐禅　大工衛門大夫藤原実吉、小工等拾人鍛冶忍海維宗執筆祐禅大徳生年七十五」ト記セリ

天正年中当国探題大友宗麟ノ時殆ンド頽廃ニ及ビシヲ村民相談シテ修造スト記録アリ

明治四十年五月二十七日古社寺保存法ニヨリ特別保護建造物ニ指定セラレ明治四十五年ヨリ大正二年ニ亘リ古社寺保存法ニヨリ国庫ノ補助ヲ受ケ、総工費金九千三百十七円四十二銭ヲ以テ解体修理ヲ施シ現在ニ至ッテイル

五、破損状況

本建物ハ昭和二十年四月二十六日午前七時空襲ニヨリ建物東北数間離レタ所ニ爆弾落下瞬発弾ノ爆風ニヨル被害デアッテ、側廻リ柱二本及長押、出入口、嵌板、屋根全体ニ亘リ破損又ハ飛散シ去リ緊急復旧修理ヲ要スル状態デアル

次ニ各部破損状況ヲ挙グレバ次ノ如クテアル

側廻リ、東面前ヨリ四本目柱（旧材）及背面東ヨリ二本目柱（新材）ハ二ツニ裂烈、東側面長押ハ柱ヨリ離レ宙ニ浮キ背面ハ上下共脱落シテイル。出入口ハ正面、東側面、背面共板唐戸ハ脱レ落チ、背面板唐戸ハ軸摺部及端喰等破損、修理ヲ要ス、方立及戸当リ、楣等飛散、裂テイル個所アリ、嵌板ハ西側面ニ少シ残スノミニテ他ハ飛散裂ケ毀レ形ヲナシテイナイ。軒琵琶板モ毀レ飛散シタモノアリ、東側面前ヨリ四本目柱上ノ舟肘木モ又二ツニ裂ケ取替ヲ要ス

○内部、天井ハ西南隅ノ部分小組板張リママ吹飛ビソノ他毀レ格ハ

仕口ノ部分ヨリ大部分打損裂ケ大体ニ釣木ヲ脱ケ垂レ下リ危険ナ状態デアル、内陣天井ハ一寸五分程後方ニ全体移動シテヰル。

内陣来迎壁嵌板ハ額縁烈損ノタメ脱落シタガ仏画等ニハ被害ナシ

○軒廻リ　地垂木、木負ニ小部分ナガラ弾片当傷アルモ取替ノ要ハナイト思ハレル、ソノ他背面、東面ノ茅負、木負、化粧裏板、裏甲、瓦座等ニ再編ノタメ腐朽シ取替補修ヲ要ス個所アリ

○小屋組　小屋組ハ堅牢ニテ異状ナキモ野垂木ノ一部及野地板ノ全部ニ亘リ雨漏ノタメ腐朽シ取替補修ヲ要ス

○屋根　瓦ハ全体ニ亘リ飛散、破損、移動シ野地露出又ハ大穴ノ出来テイル個所モアル状態デアル

二、修理概要（略）

三、工期　（略）

四、工事仕様（略）

現場事務（略）

工事費予算書

一金　六十五万円也　　総工事費額

内訳（略）

木材明細書（略）

瓦明細書（略）

（六）棟木墨書銘　（現状および『大堂記』により補訂）

奉修造為天長地久南閻浮州　大日本国豊後州速見郡蕗阿弥陀堂一宇　文和（二年歳次癸巳
二月六日）
上棟今成長棟　大檀那調宿禰行実幷調宿禰仲実□□宿禰□実　学頭僧祐禅（大工衛門大夫藤原実
吉　小工等十人　鍛冶忍海維宗　執筆祐禅大徳生年七十五）（補訂部分）

図面

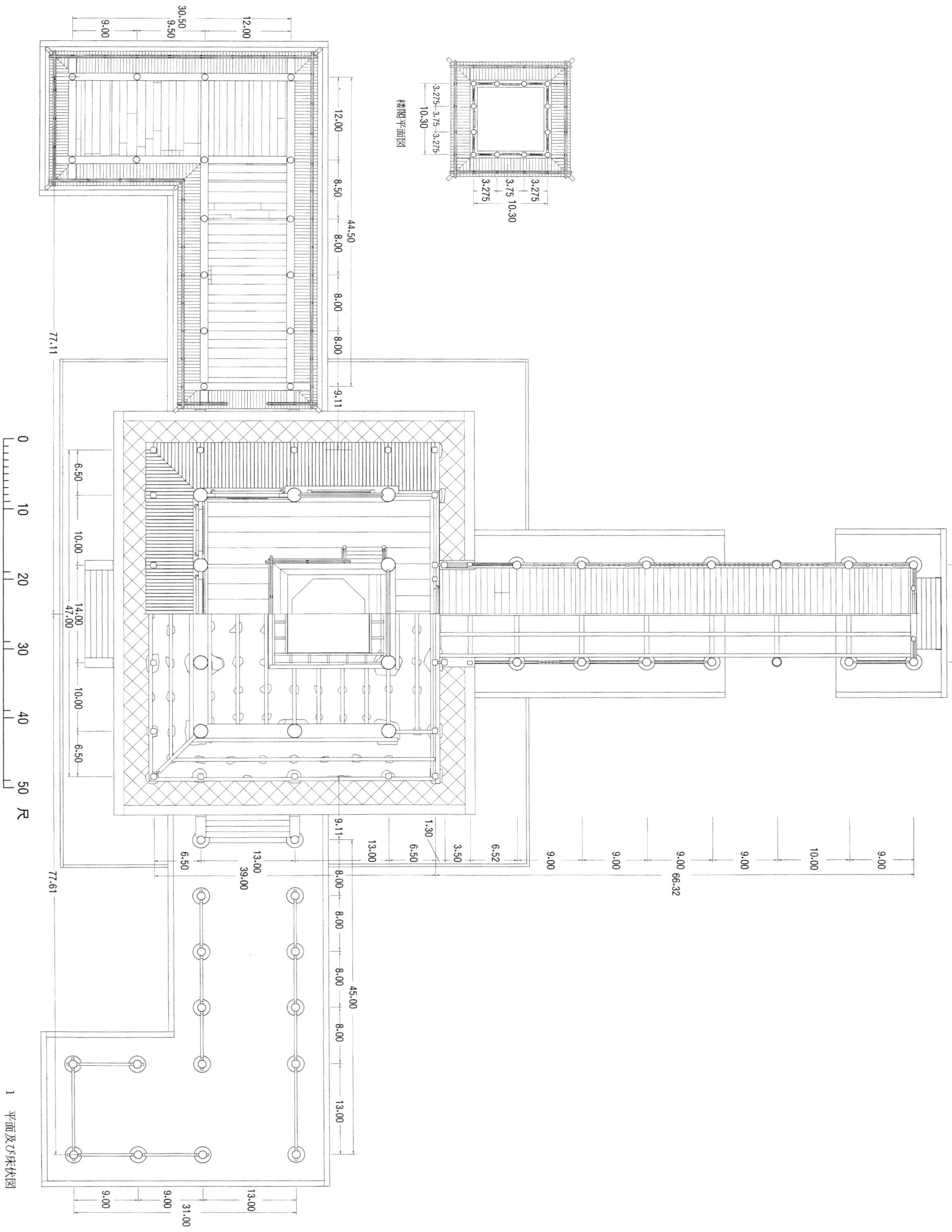

1　平面及び床伏図

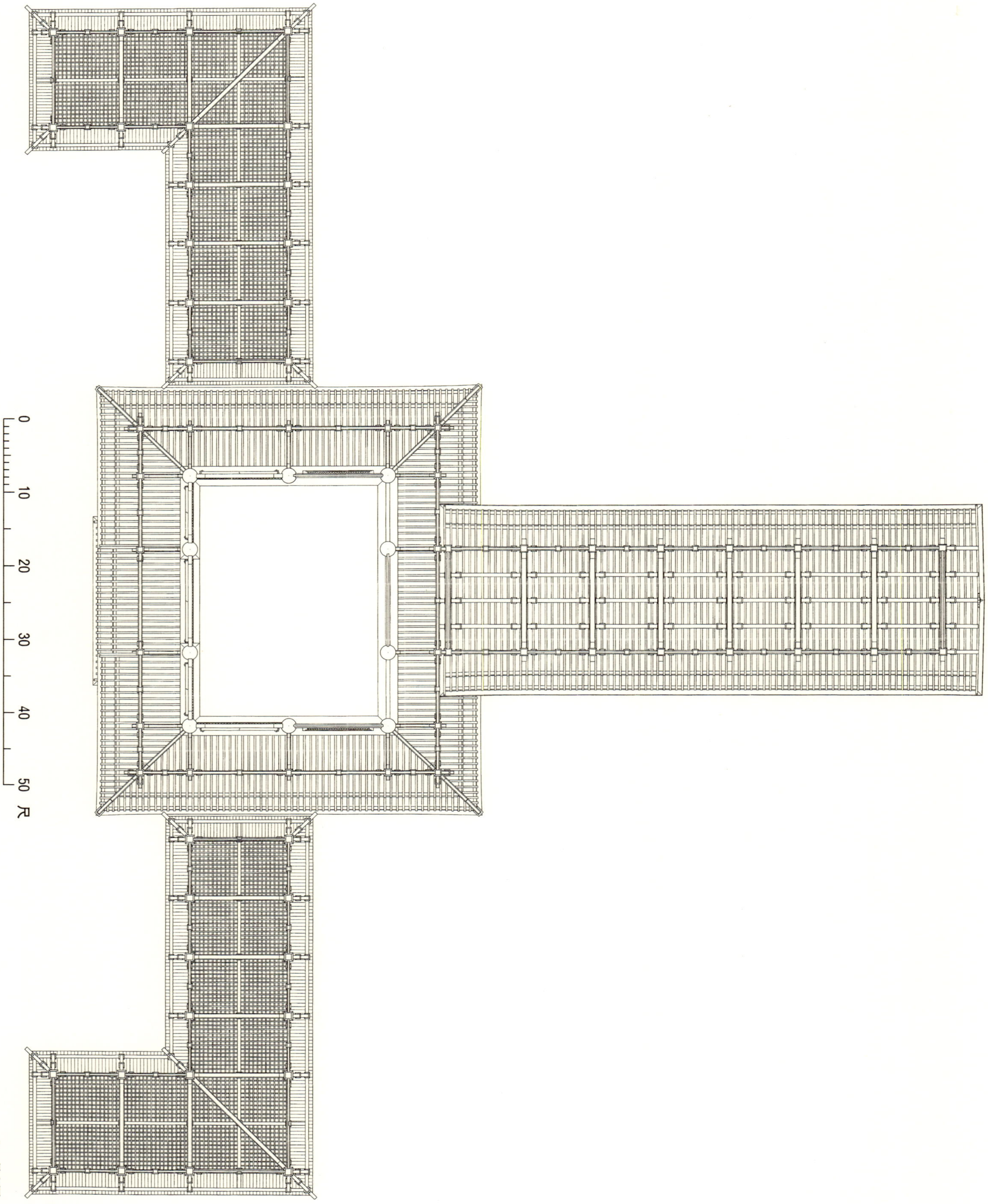

2 見上図

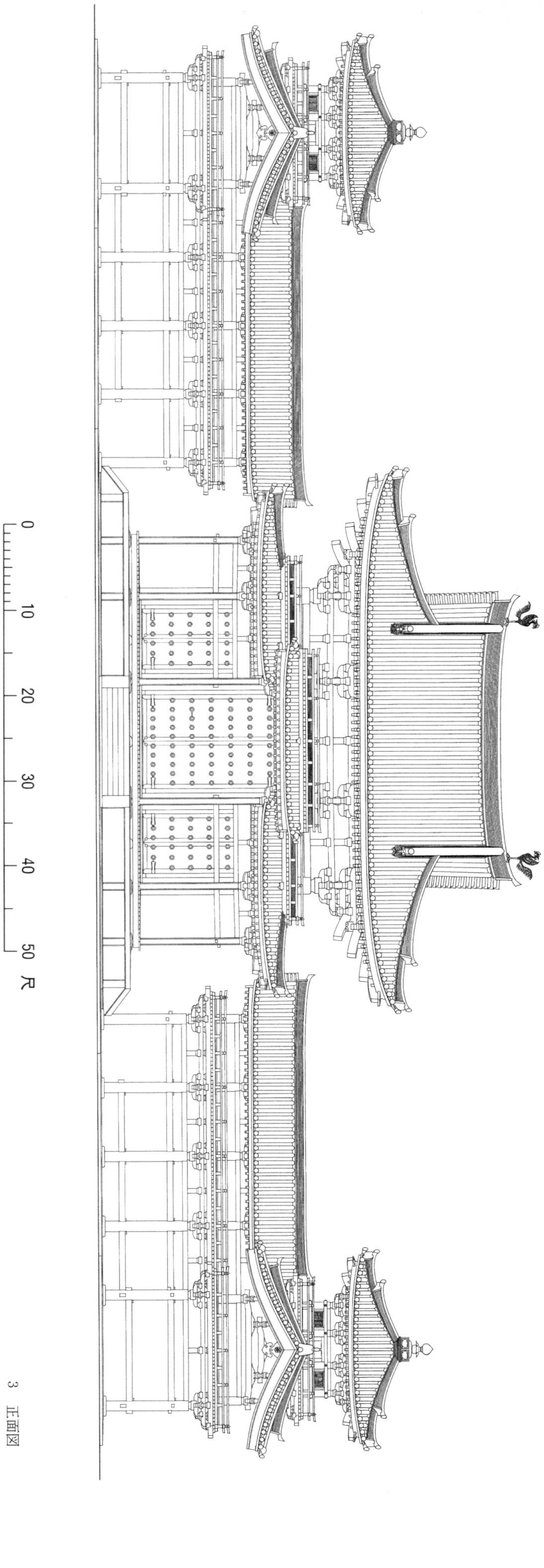

3 正面図

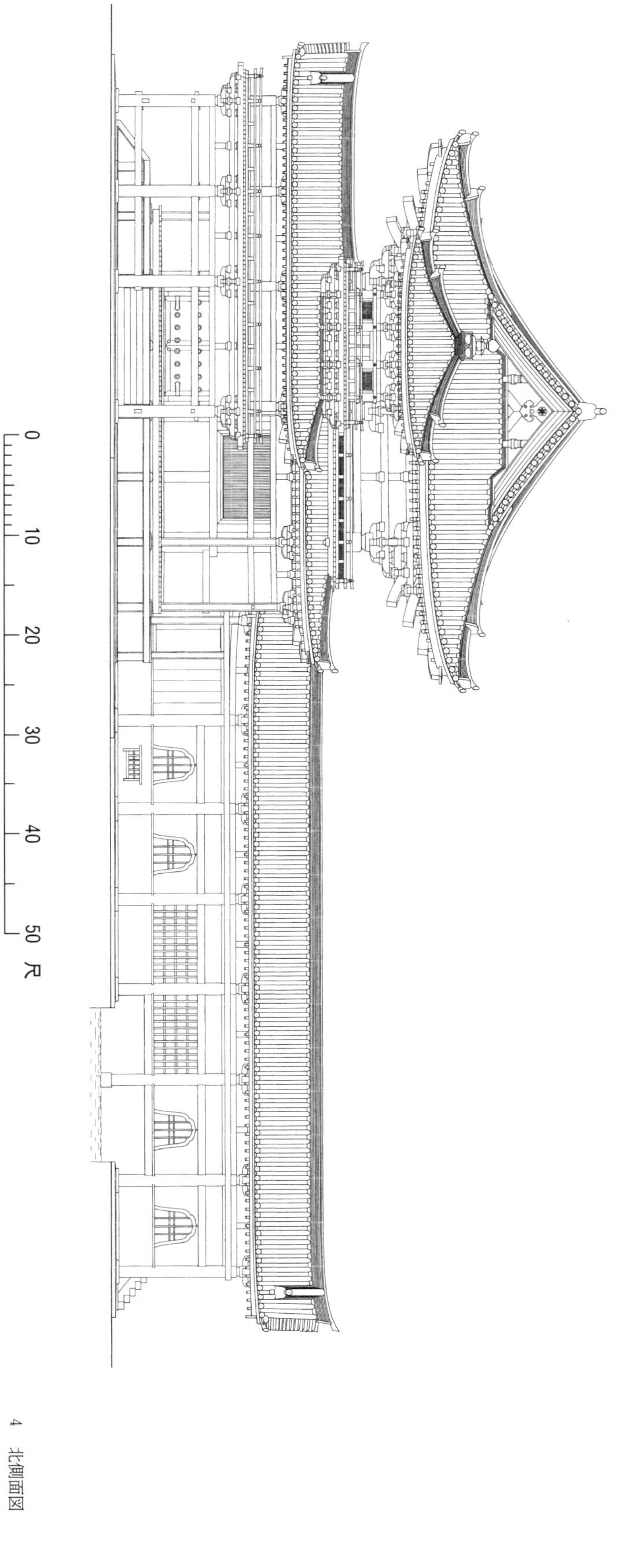

4 北側面図

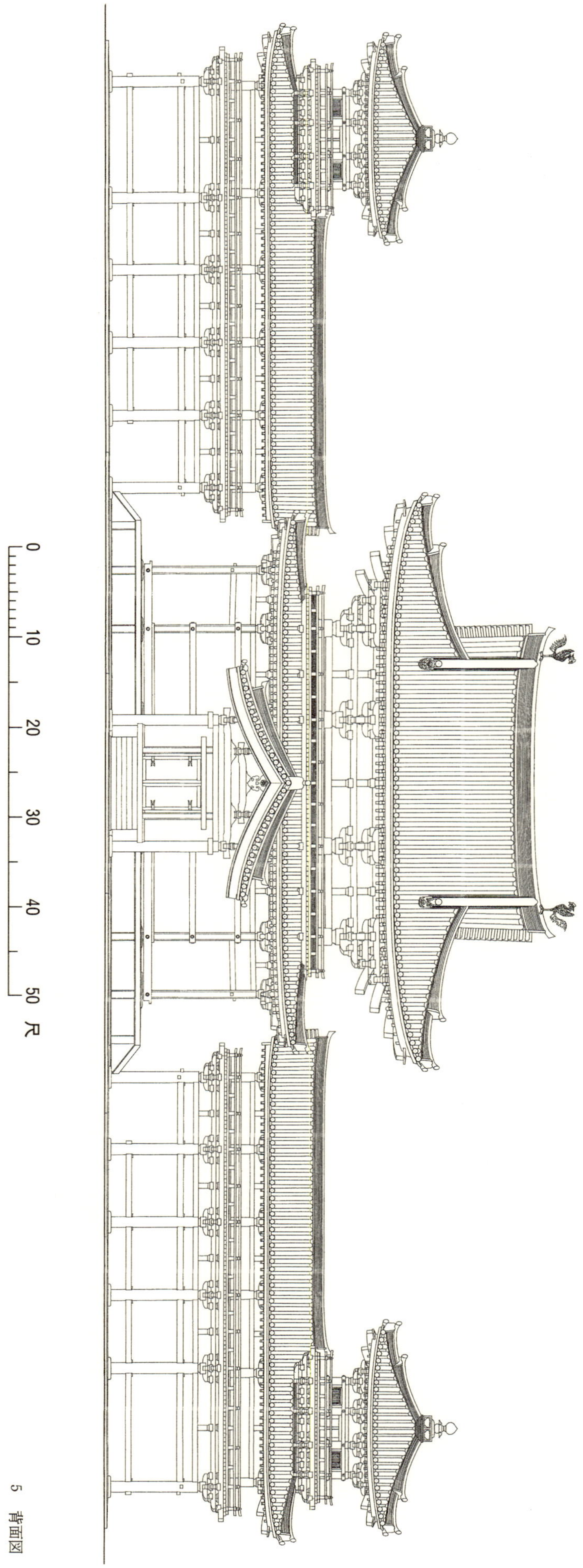

5 背面図

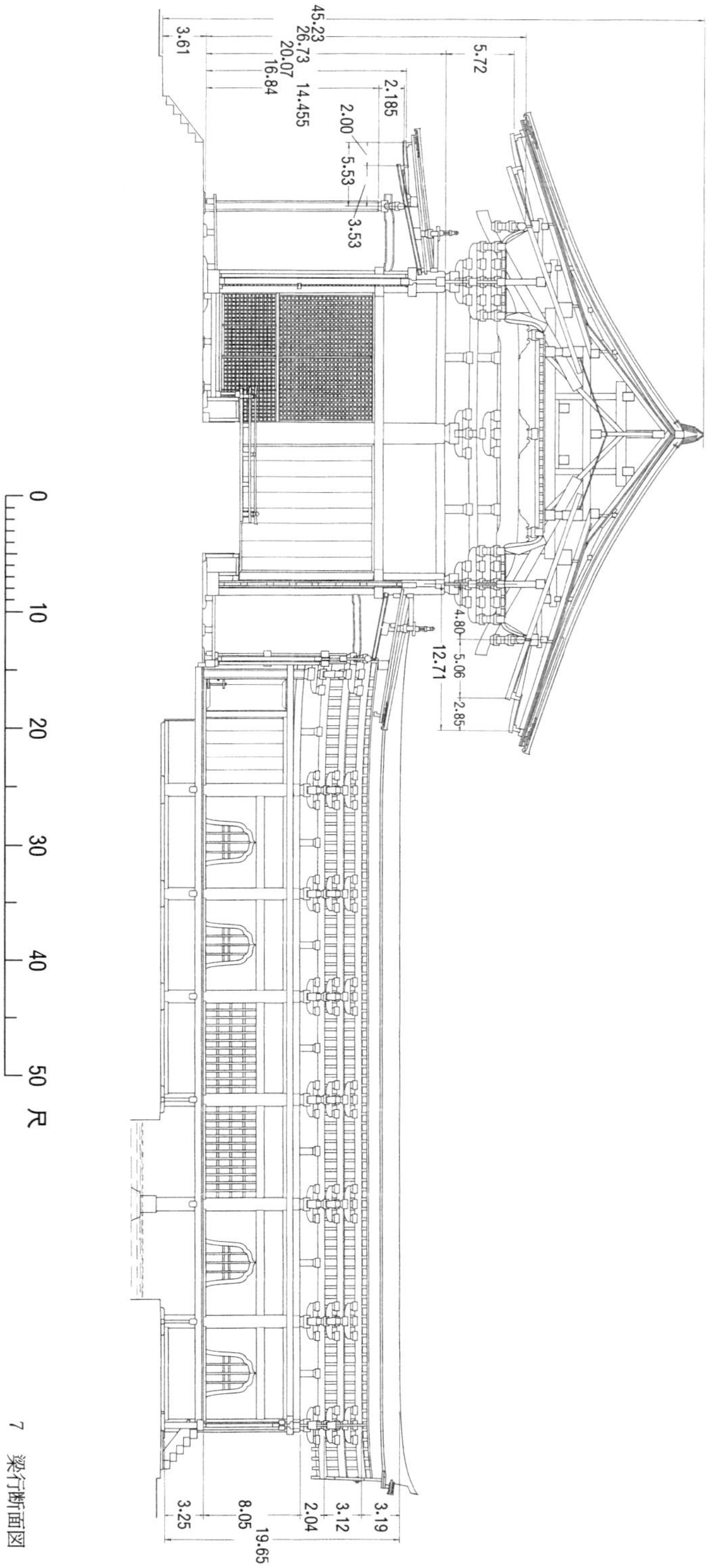

7　梁行断面図

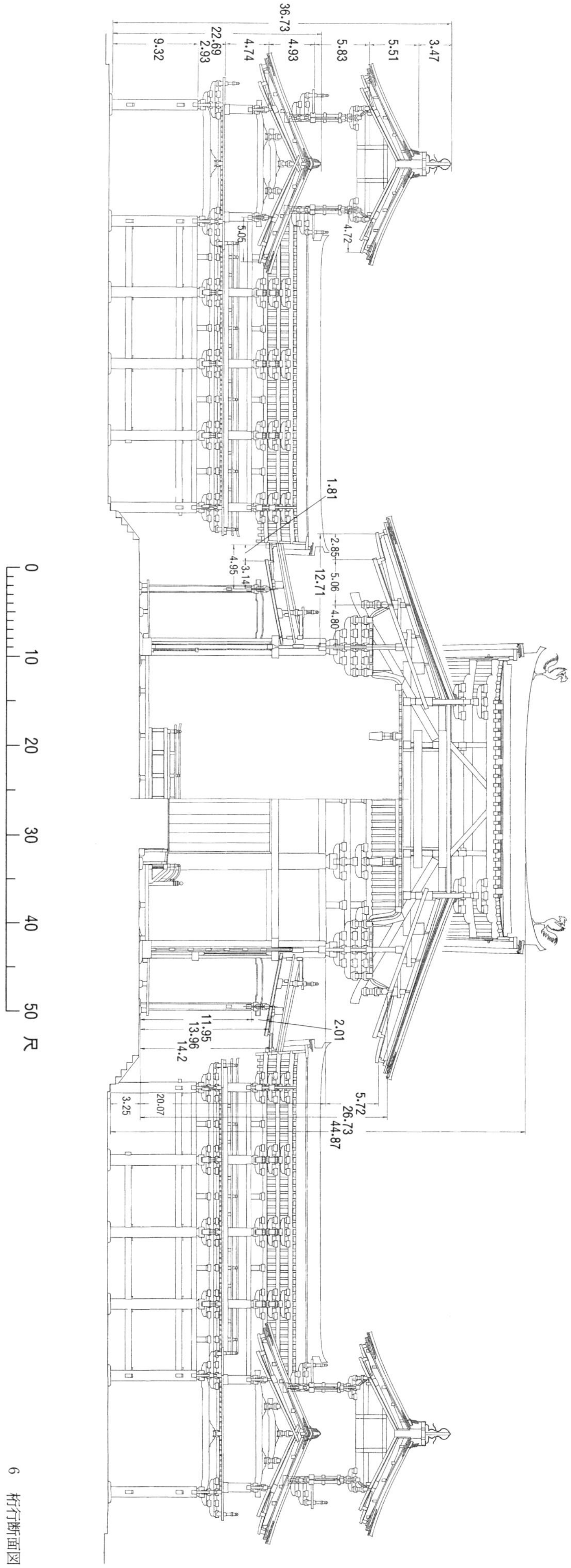

6　桁行断面図

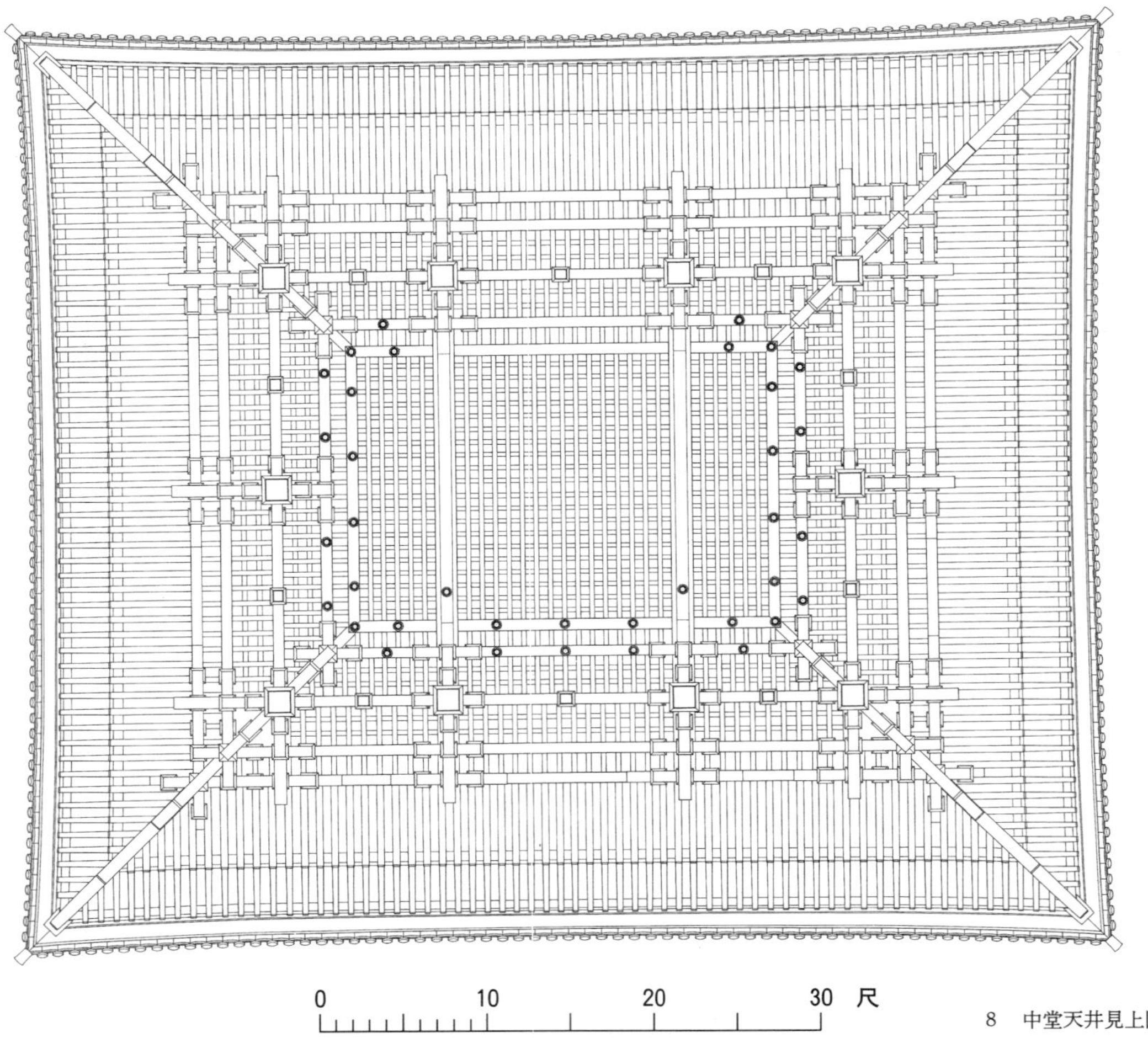

8　中堂天井見上図

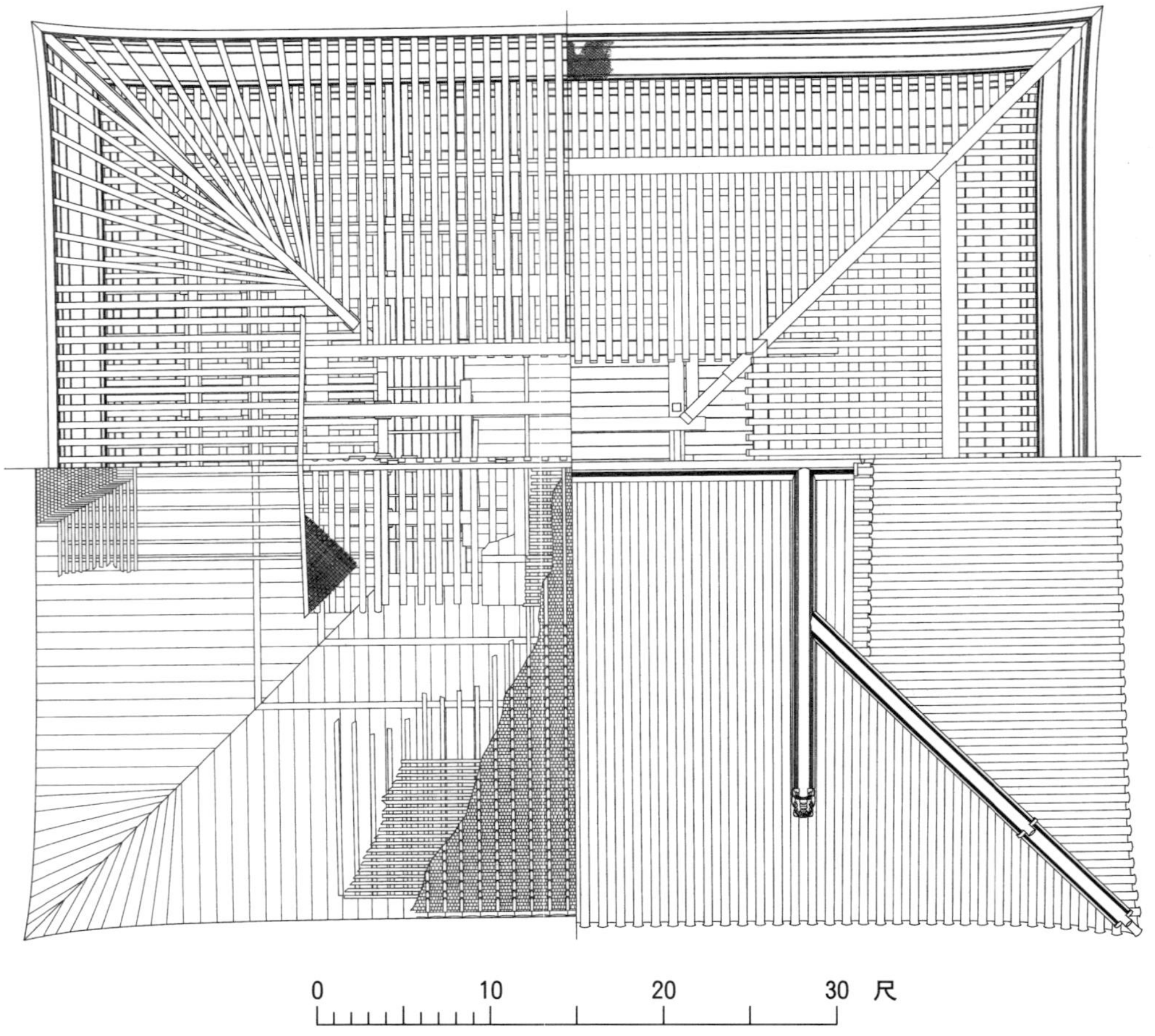

9　中堂身舎屋根（右下）・野地（左下）・野垂木（左上）・小屋（右上）伏図

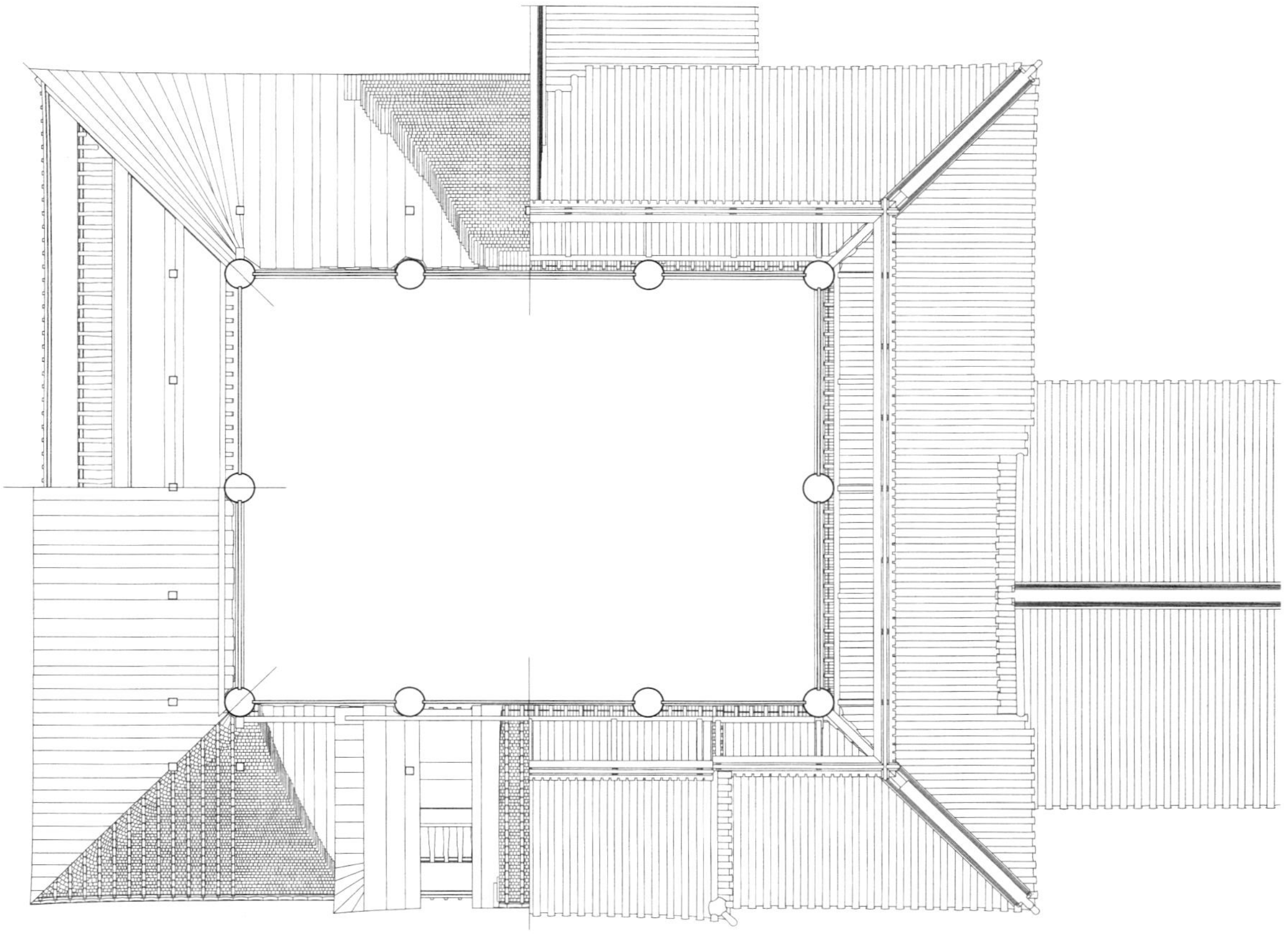

0 10 20 30 尺

10　中堂裳層屋根（右半）・野地・小屋（左半）伏図

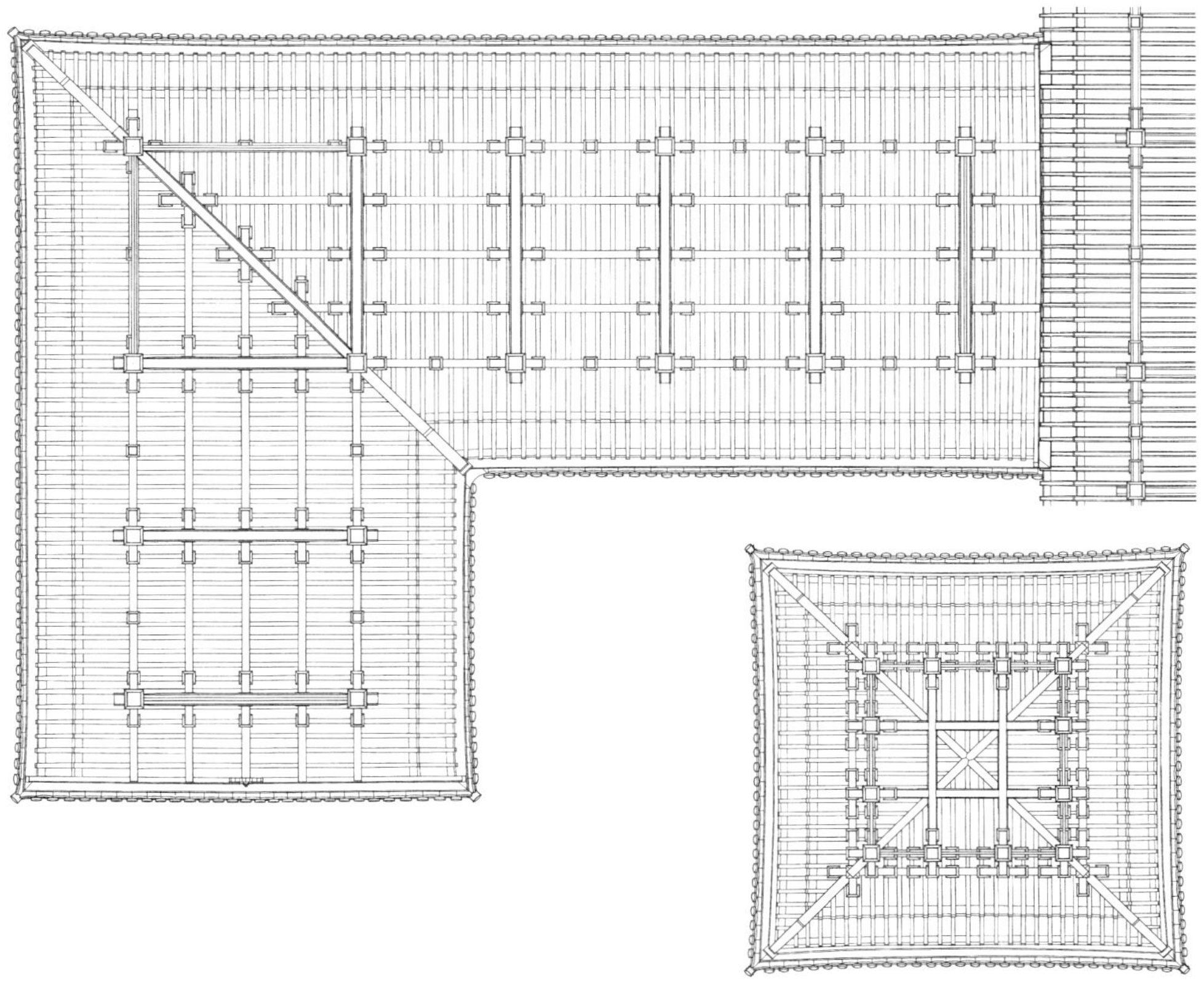

0 10 20 30 尺

11　翼廊上階（上）及び楼閣（下）見上図

12 中堂身舎屋根妻側詳細図

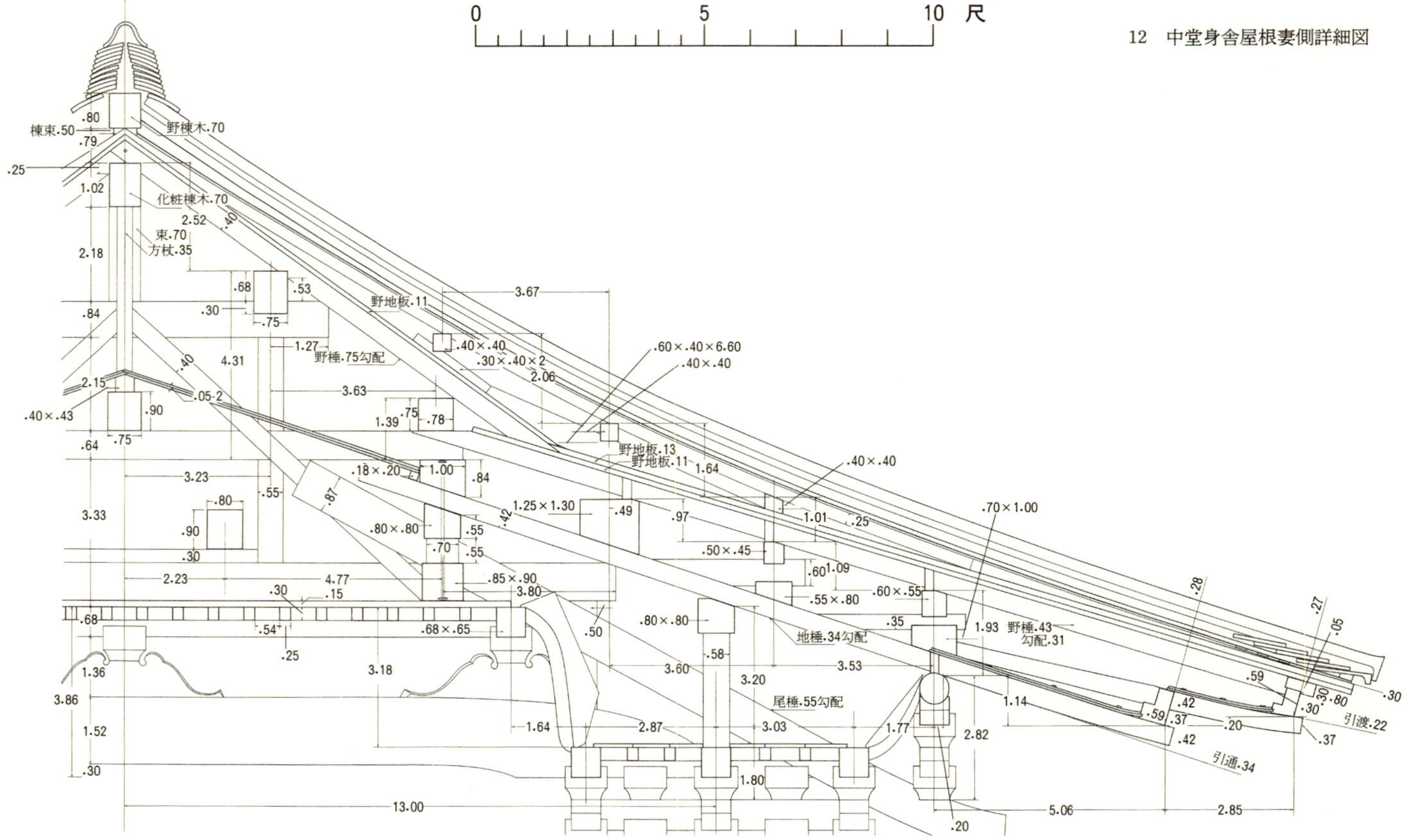

13 中堂身捨小屋組梁行断面詳細図

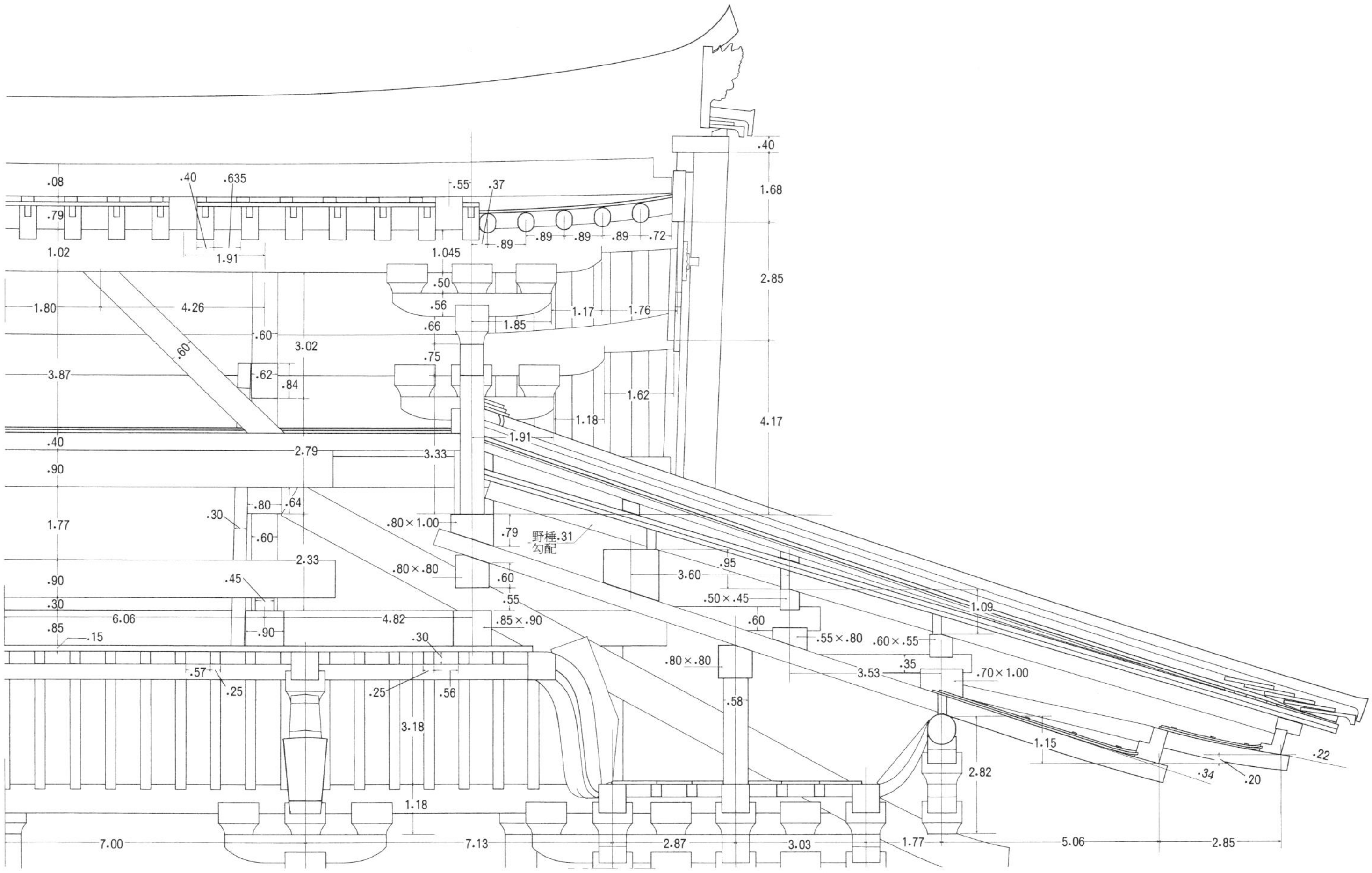

14　中堂身捨小屋組桁行断面詳細図

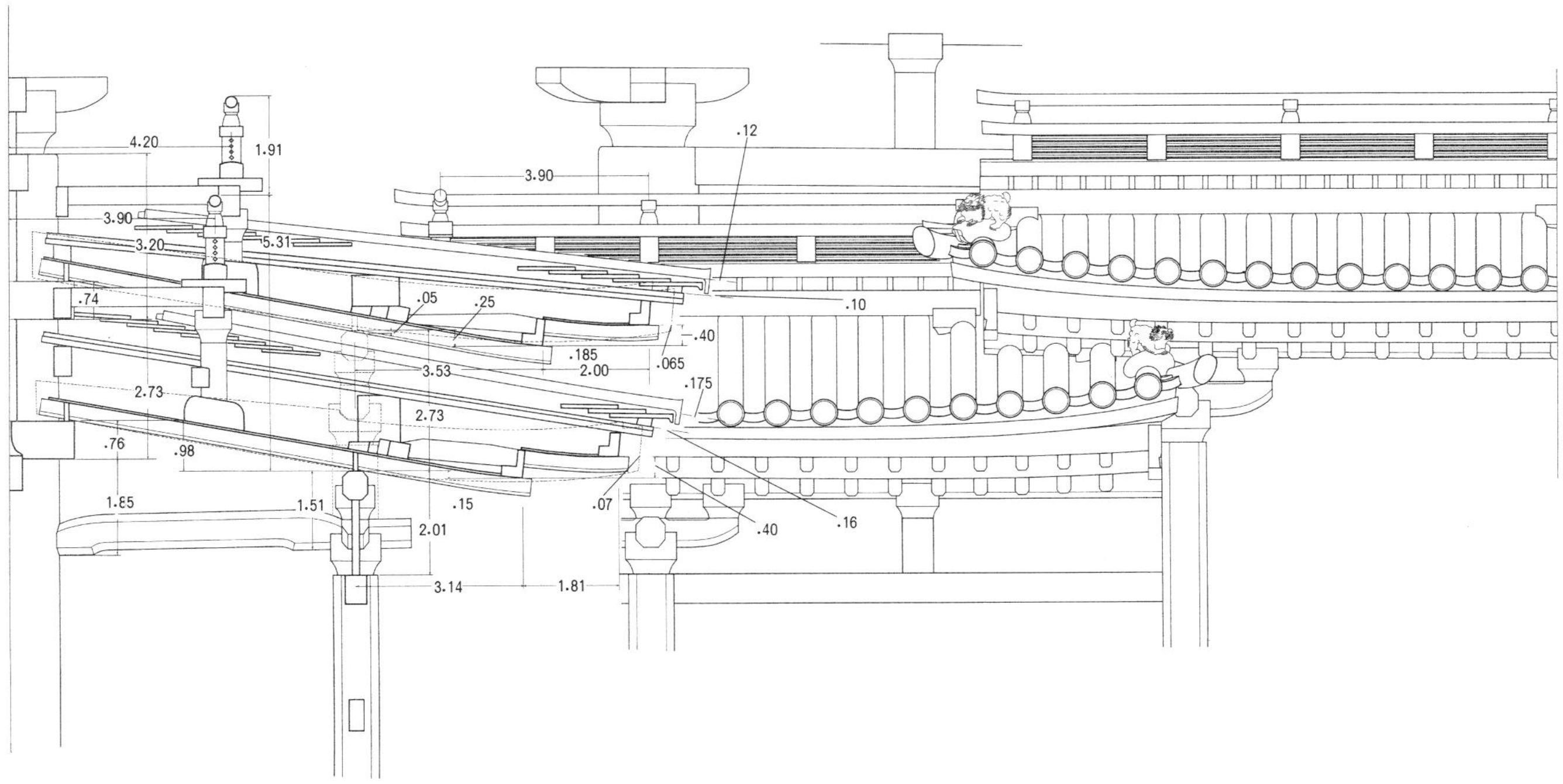

15　中堂裳層軒廻り及高欄詳細図

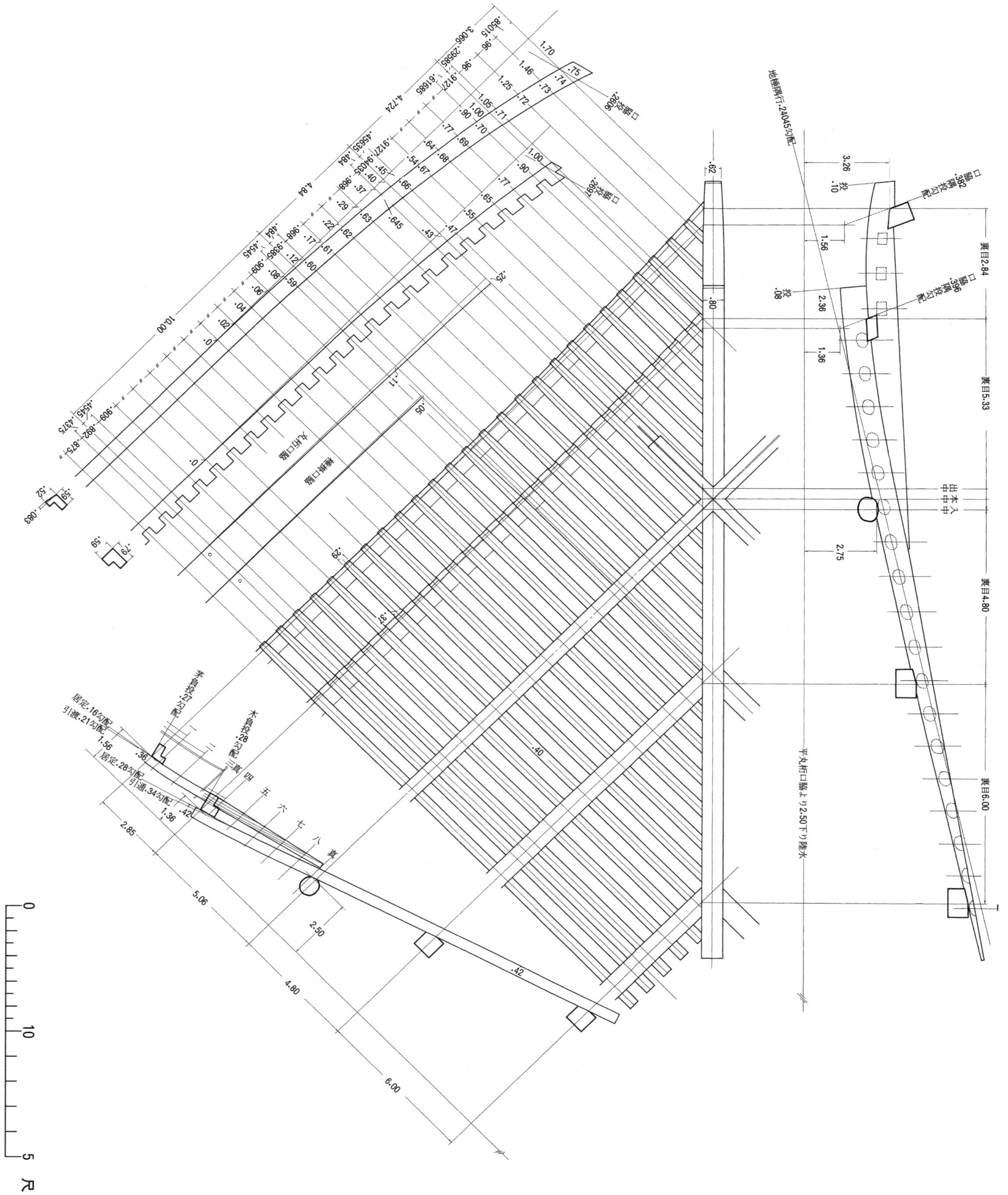
地檀隅行.24045勾配
口脇.382隅投勾配
投.10
口脇.396隅投勾配
投.08
裏目2.84
裏目5.33
出中
本中
入中
裏目4.80
裏目6.00
平丸桁口脇より2.50下り陸水
茅負投.27勾配
木負投.28勾配
居定.16勾配
引通.21勾配
居定.28勾配
引通.34勾配
二
三
四
五
六
七
八
真
茅負口脇
木負口脇
口脇投.2606
口脇投.2697
0
10
5 尺

16 中堂身舎軒規矩図

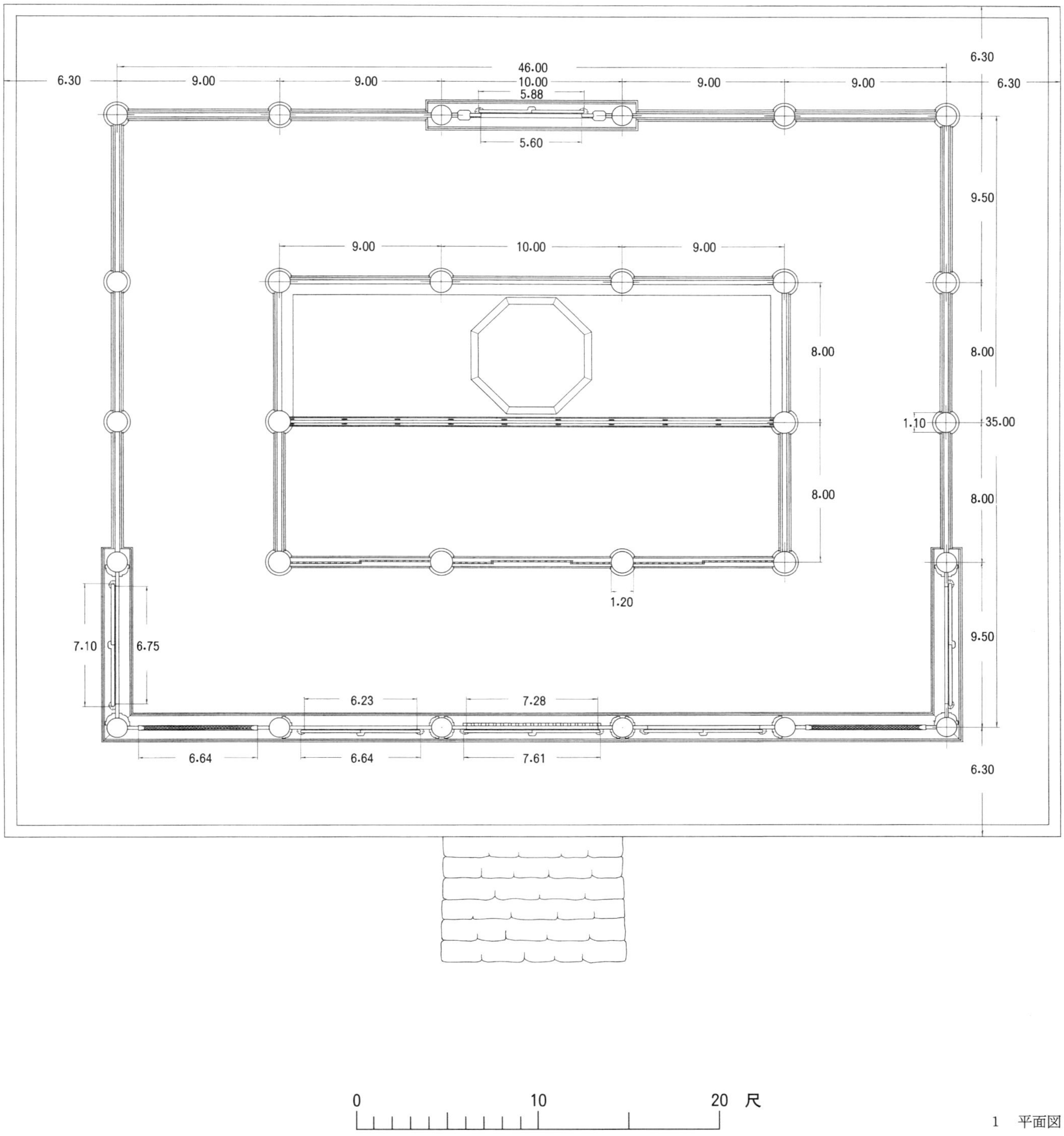
46.00
6.30
9.00
9.00
10.00
5.88
9.00
9.00
6.30
6.30
5.60
9.50
9.00
10.00
9.00
8.00
8.00
1.10
35.00
8.00
8.00
1.20
9.50
7.10
6.75
6.23
7.28
6.64
6.64
7.61
6.30
0
10
20 尺

1　平面図

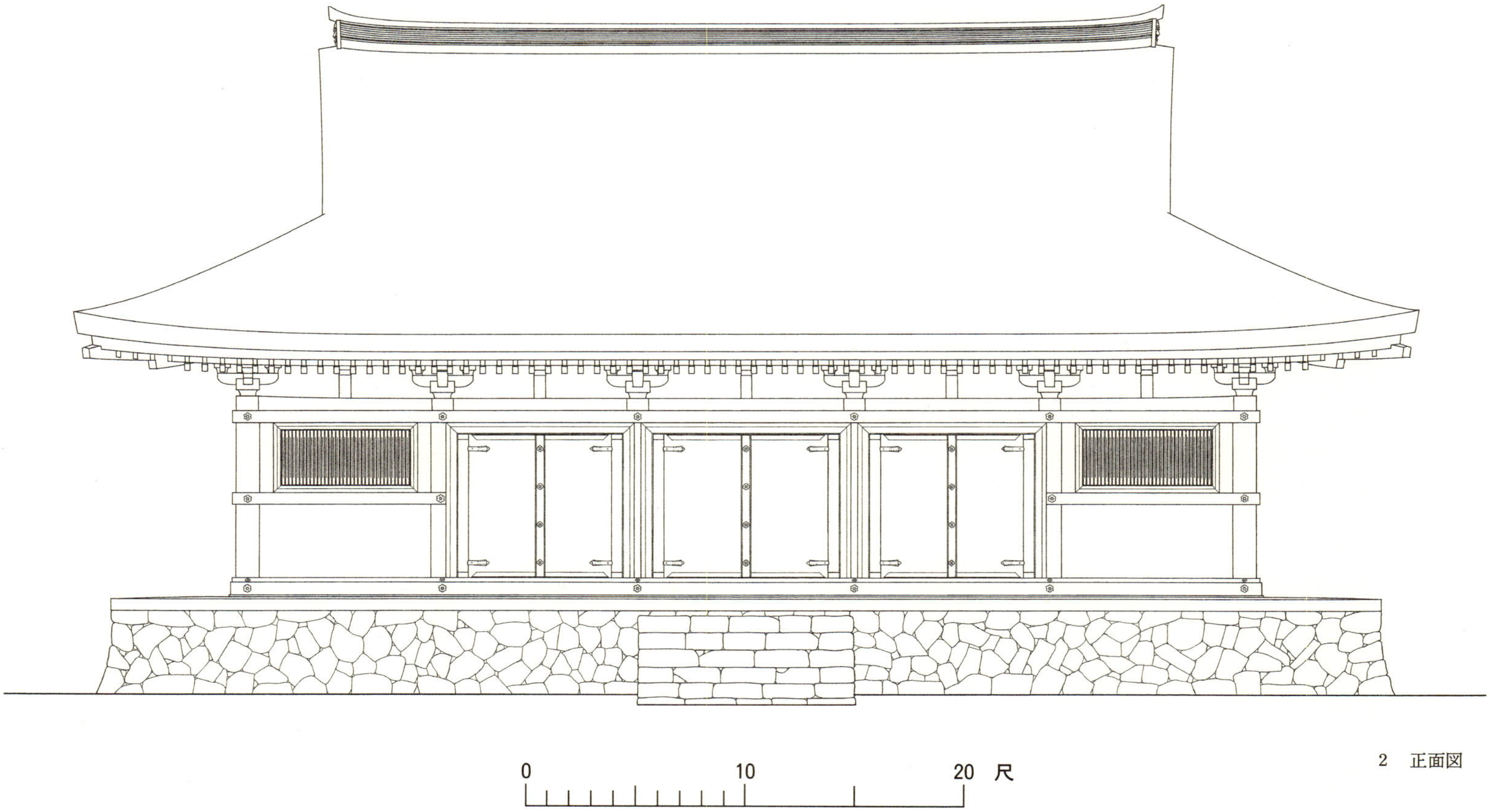

2　正面図

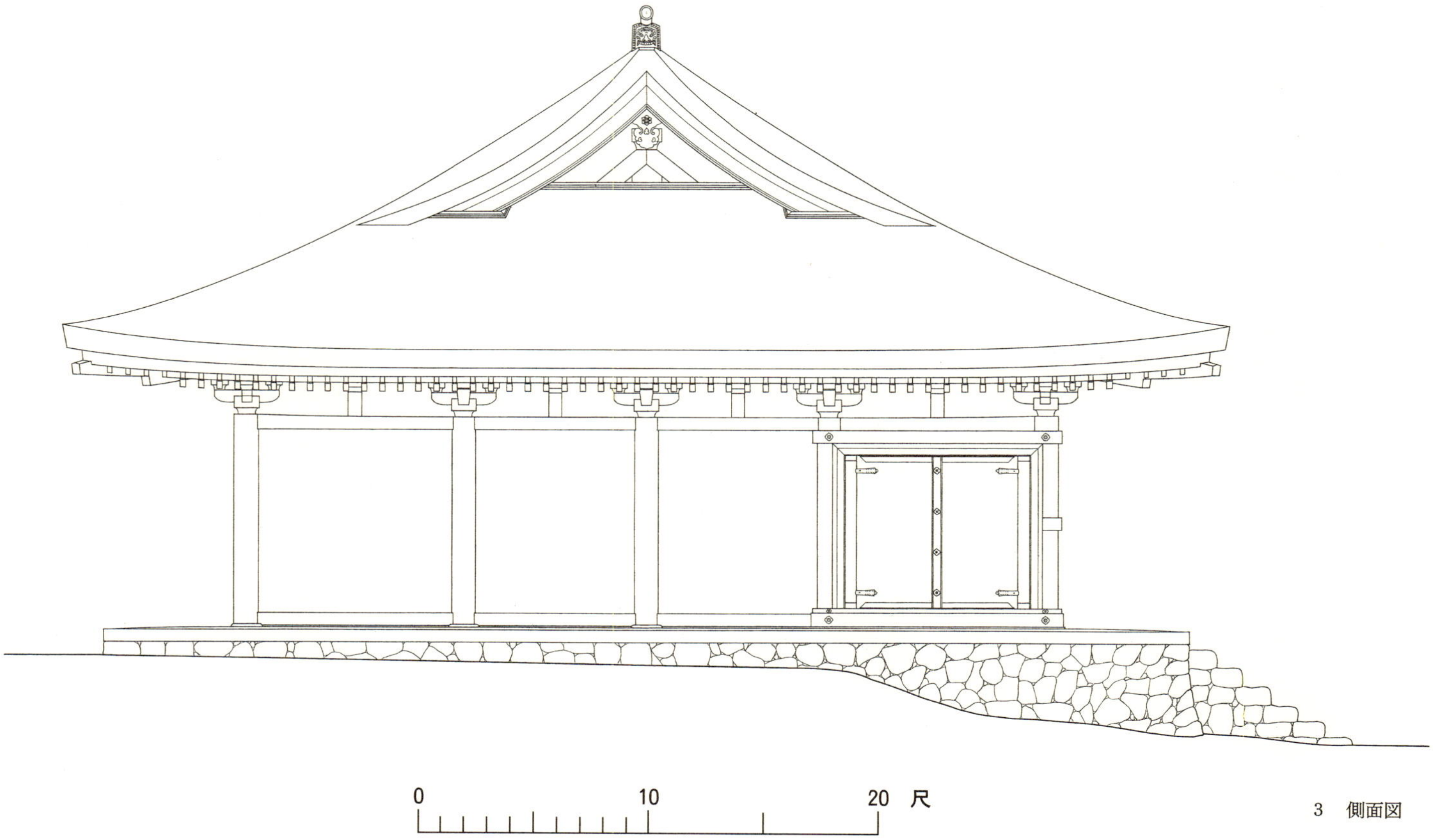

3　側面図

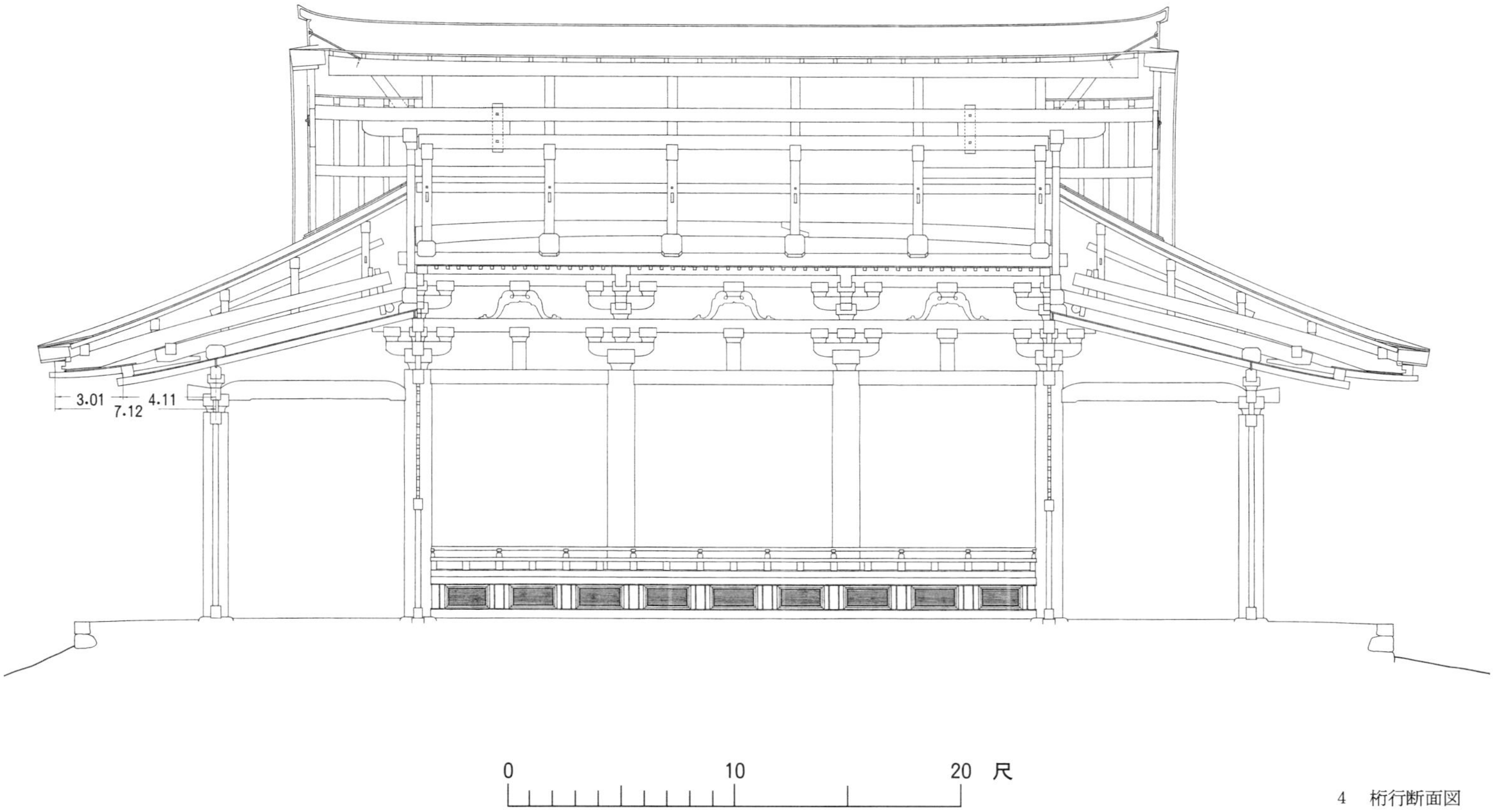

4 桁行断面図

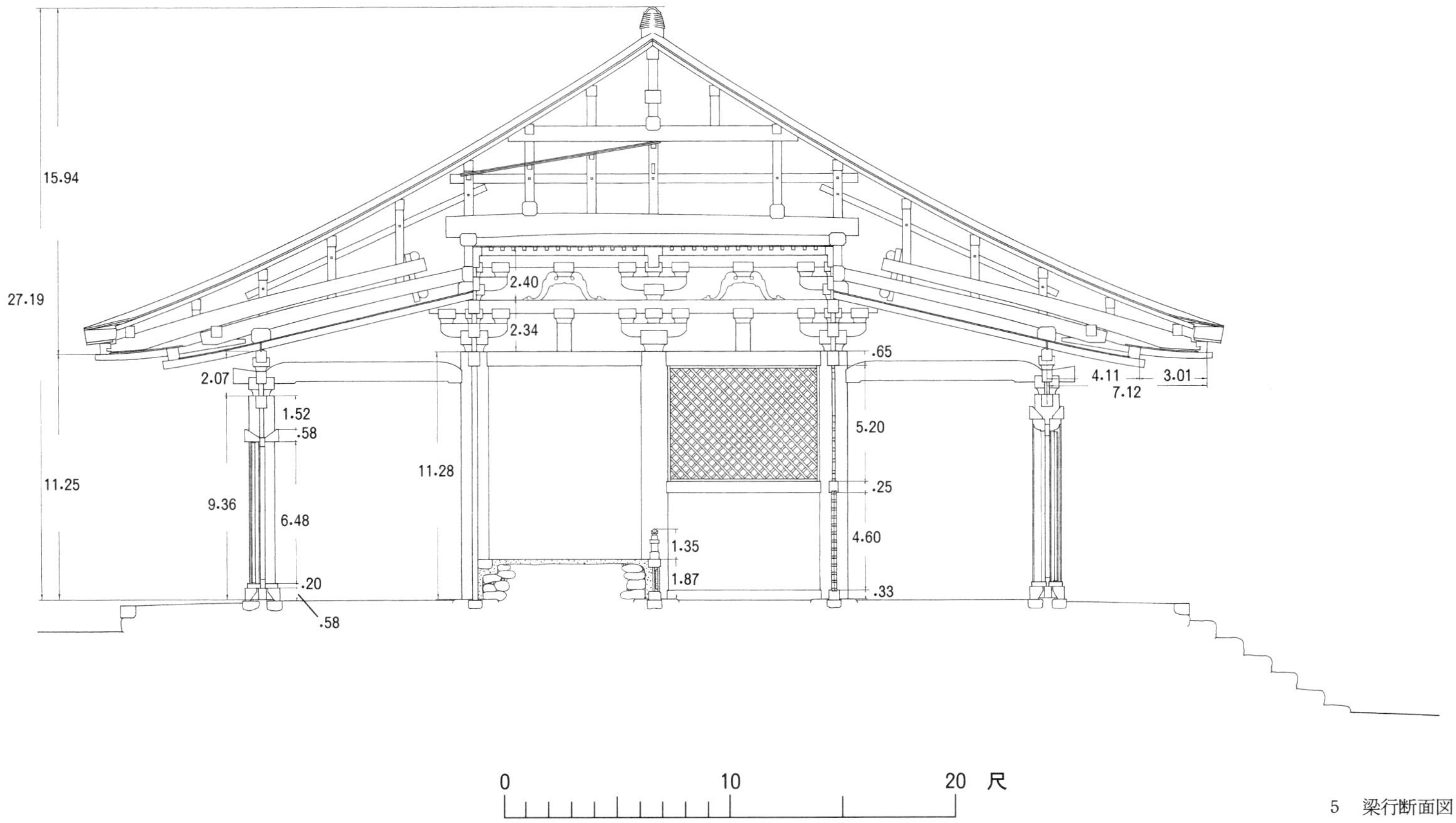

5 梁行断面図

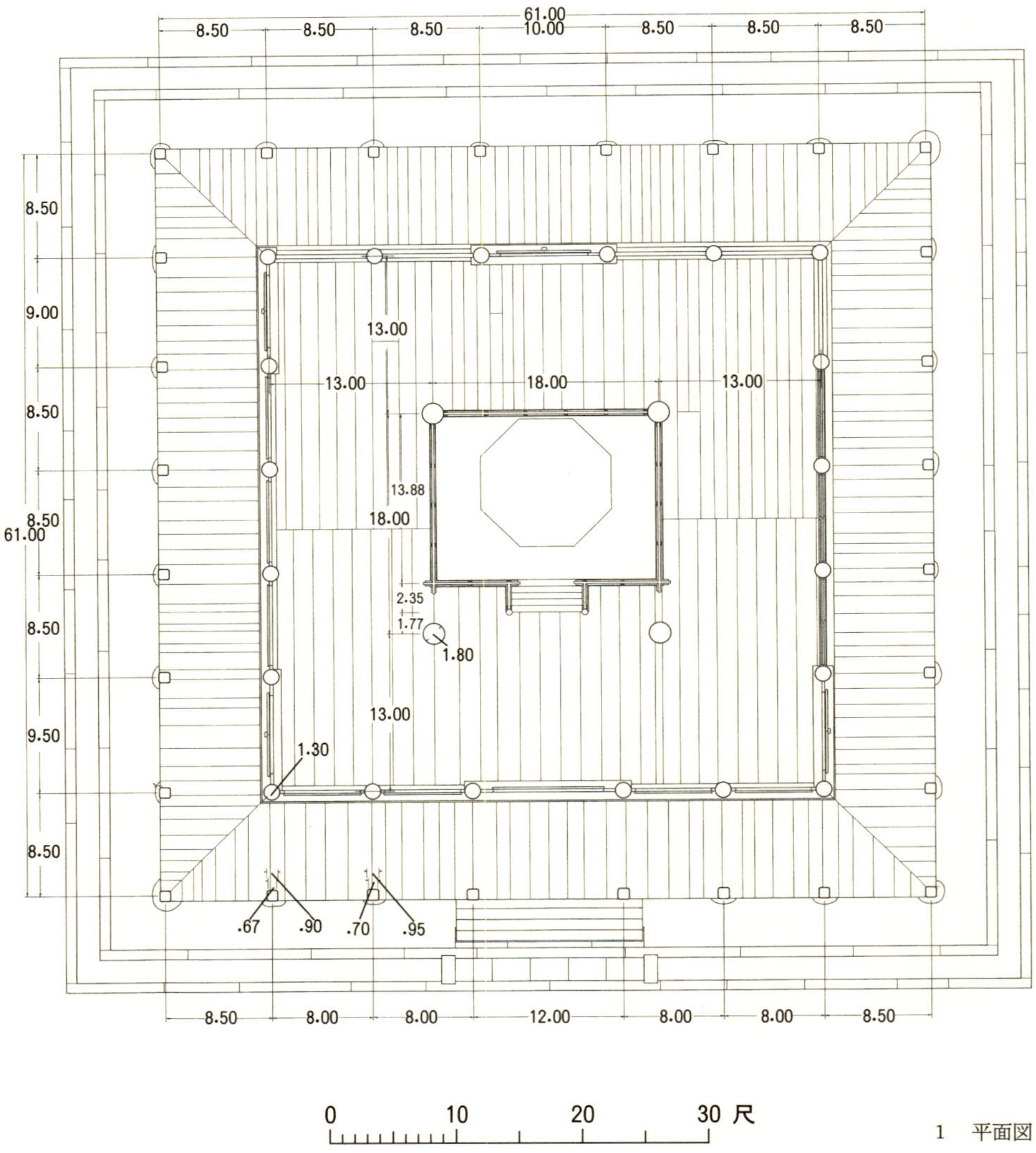
61.00
8.50
8.50
8.50
10.00
8.50
8.50
8.50
8.50
9.00
8.50
8.50
61.00
8.50
9.50
8.50
13.00
13.00
18.00
13.00
13.88
18.00
2.35
1.77
1.80
13.00
1.30
.67
.90
.70
.95
8.50
8.00
8.00
12.00
8.00
8.00
8.50
0
10
20
30 尺

1　平面図

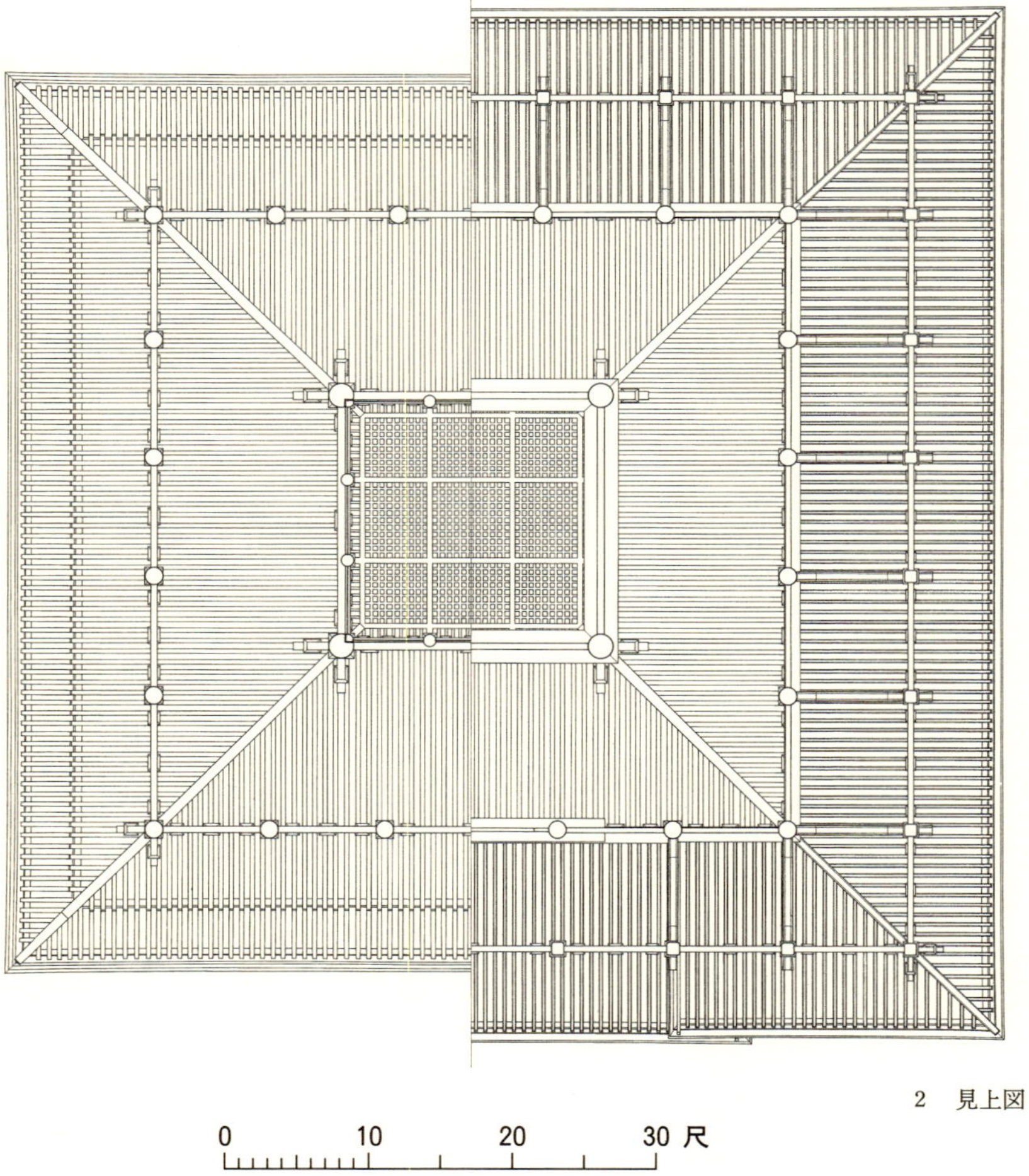
0
10
20
30 尺

2　見上図

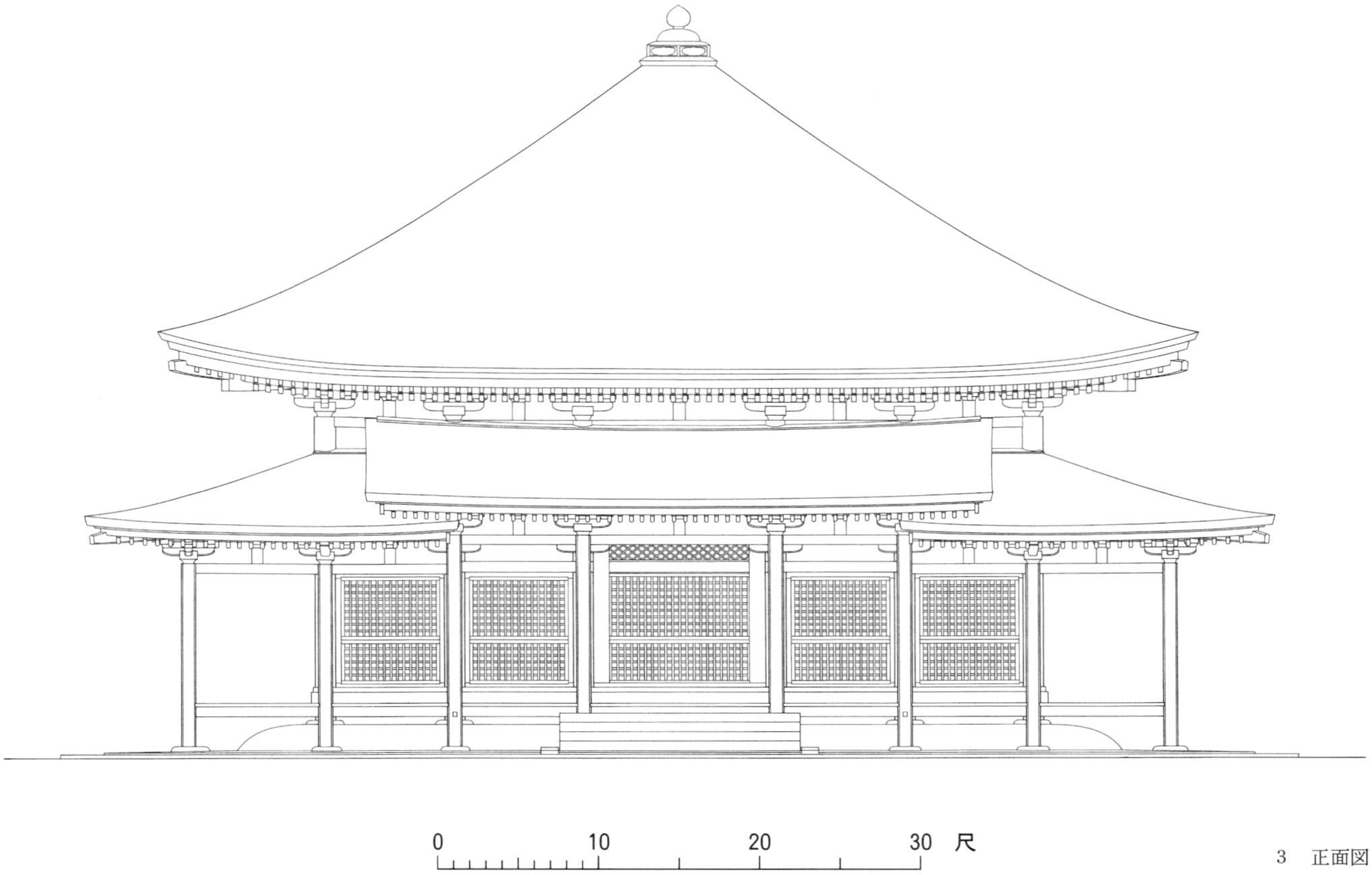

3　正面図

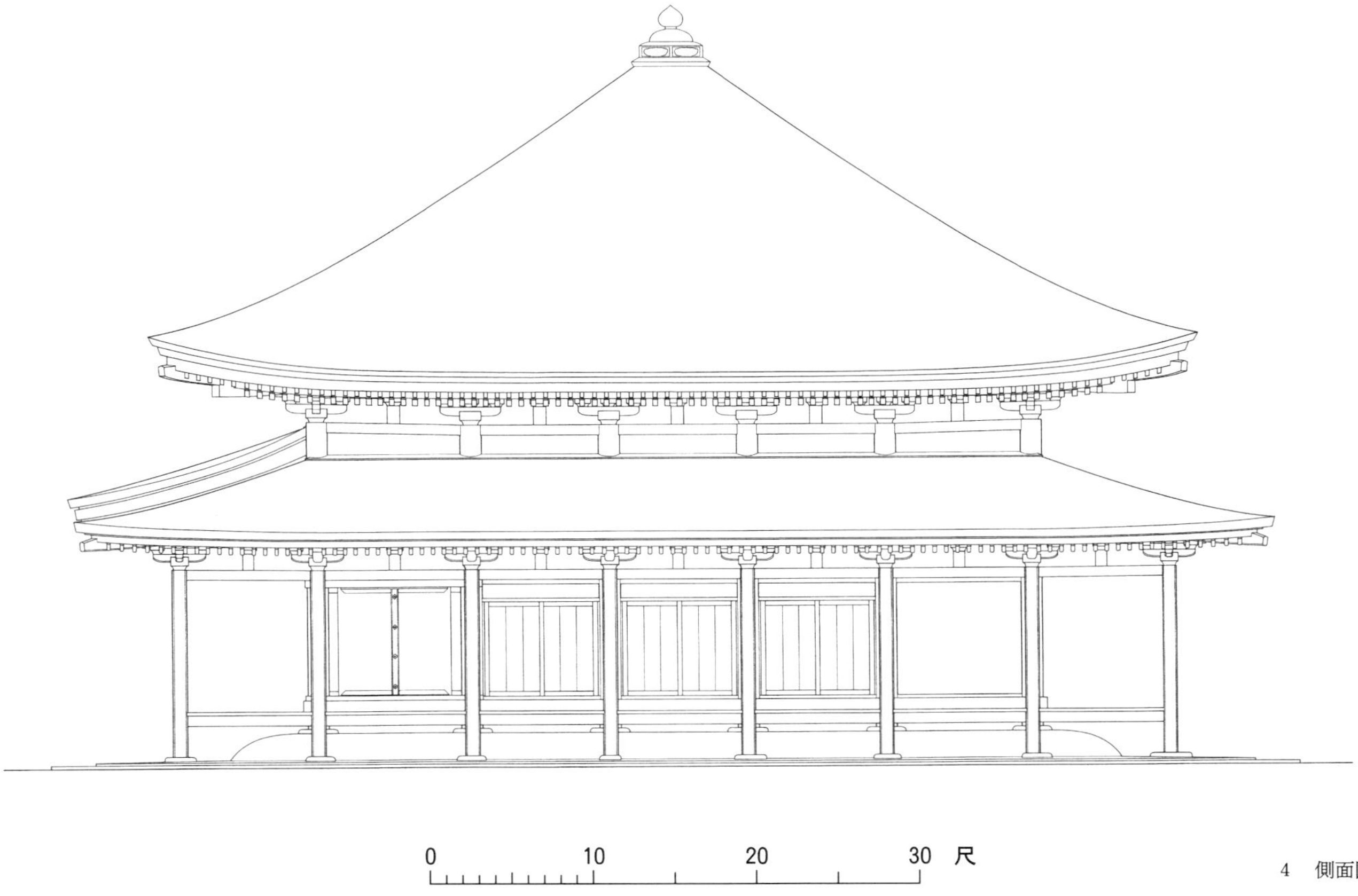

4　側面図

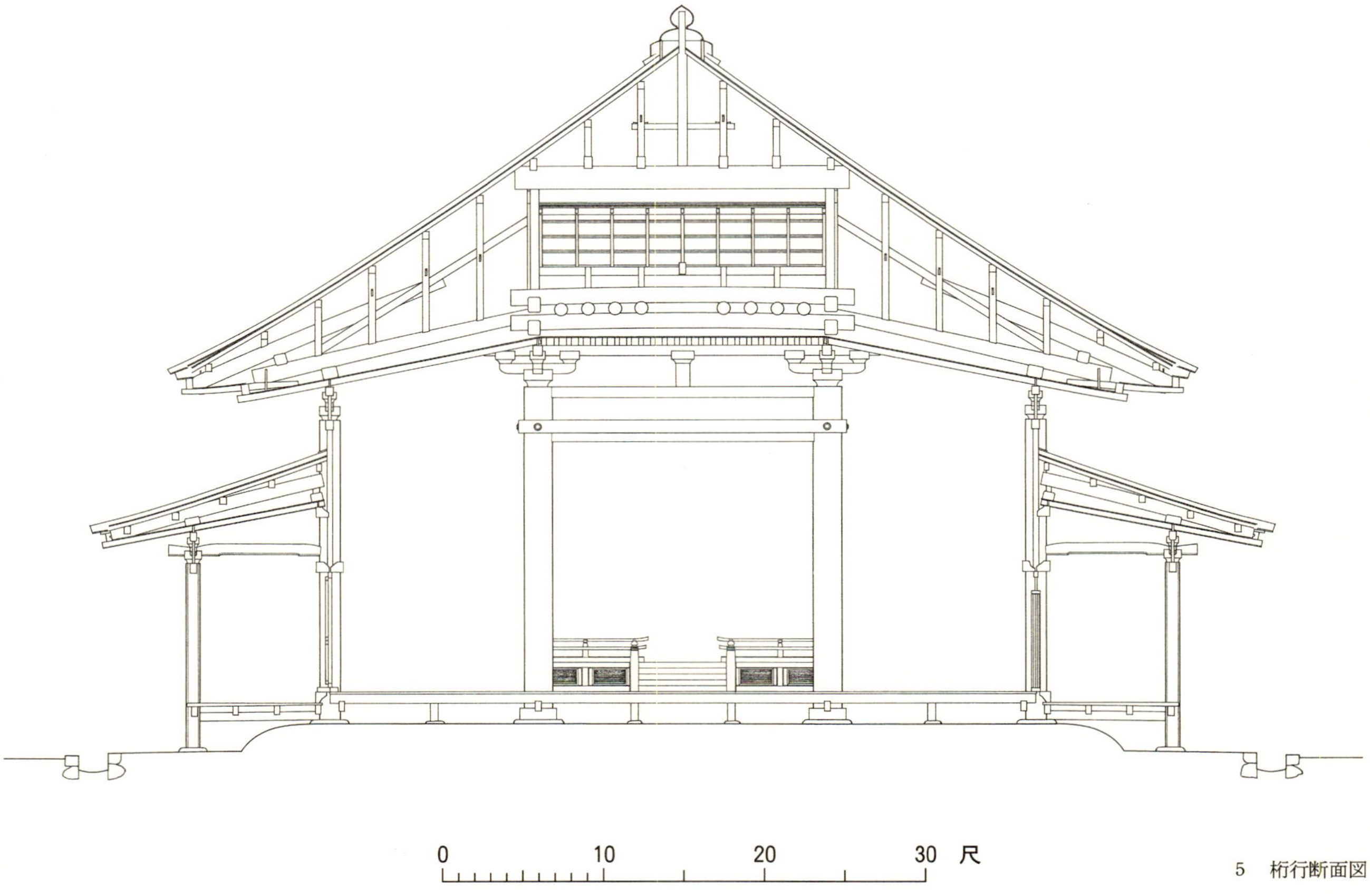

5　桁行断面図

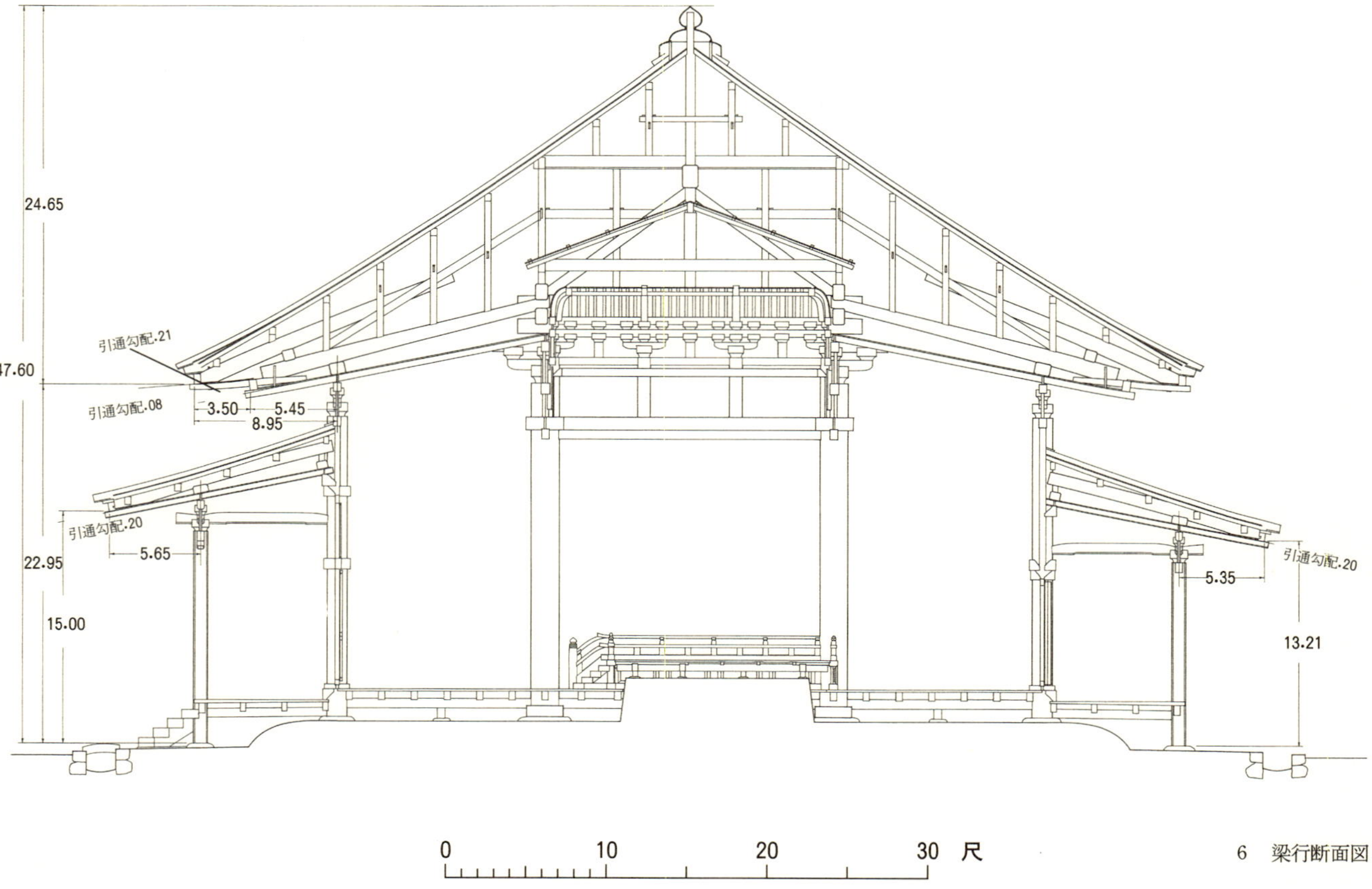

6　梁行断面図

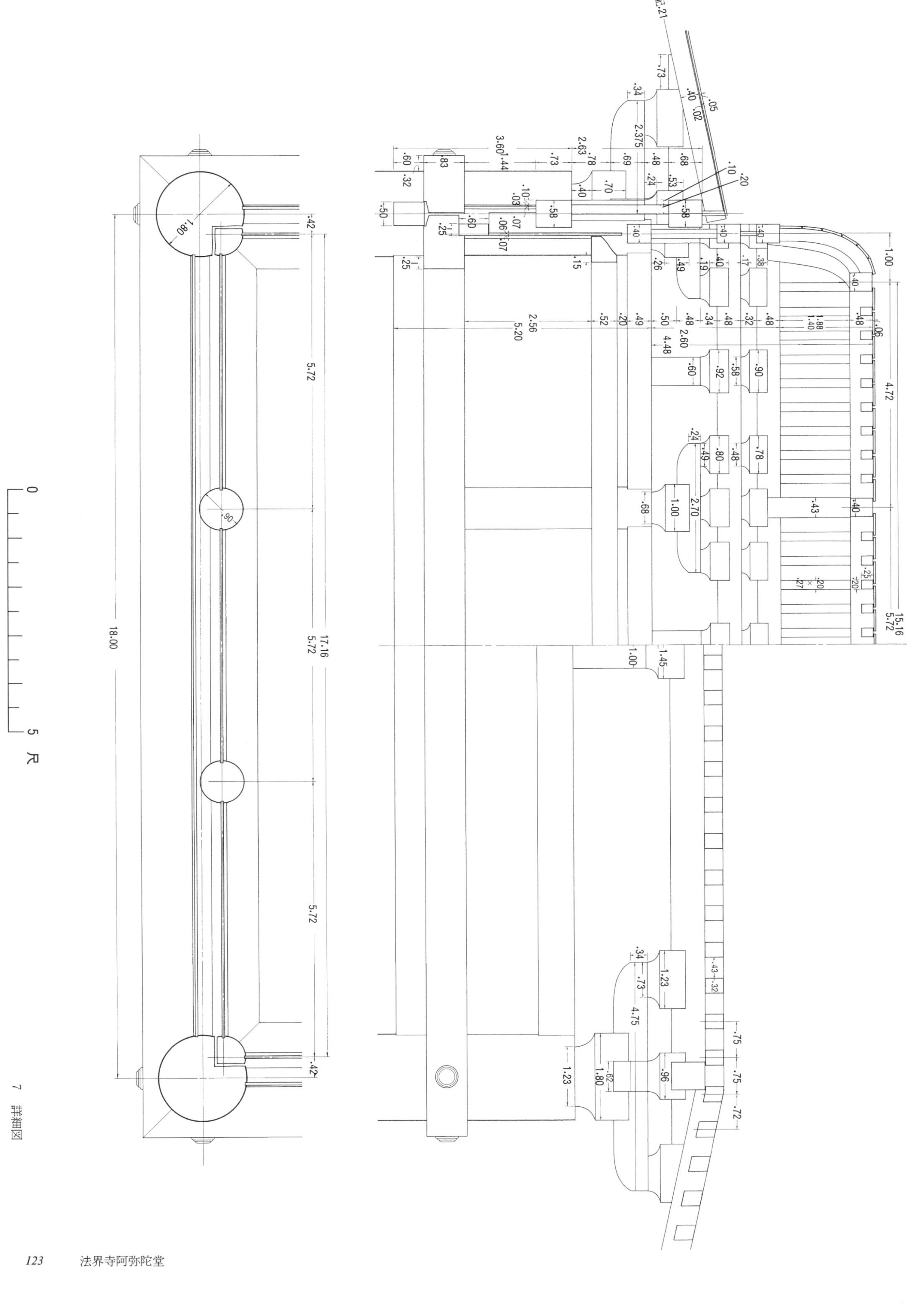
勾配.21
0
5
尺
18.00
17.16
5.72
5.72
5.72
1.80
.90
.42
.42
3.60
1.44
2.63
2.375
5.20
2.56
4.48
2.60
4.72
15.16
5.72
1.00
4.75
1.23
1.80
1.45
1.00
2.70

7　詳細図

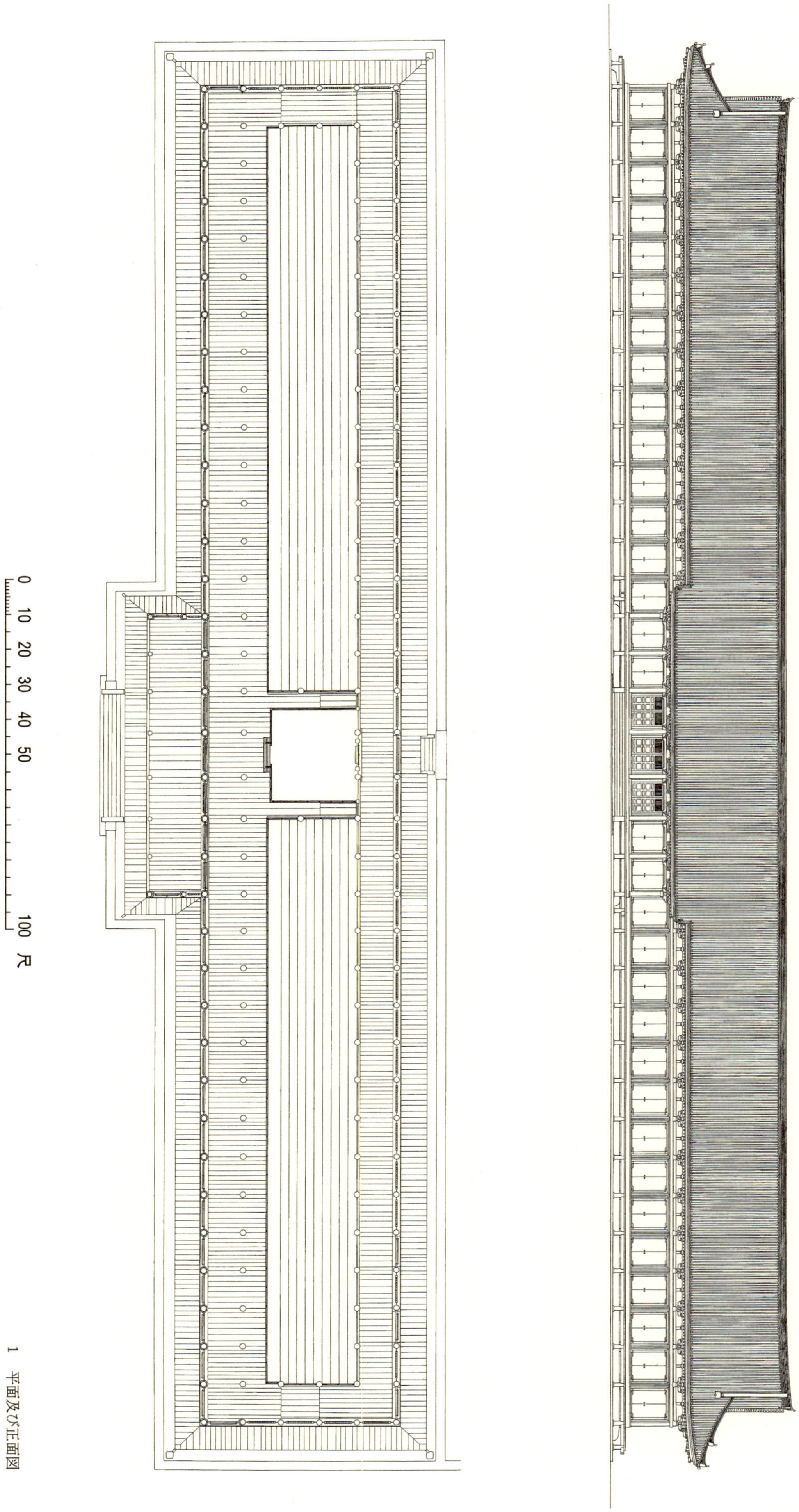

1　平面及び正面図

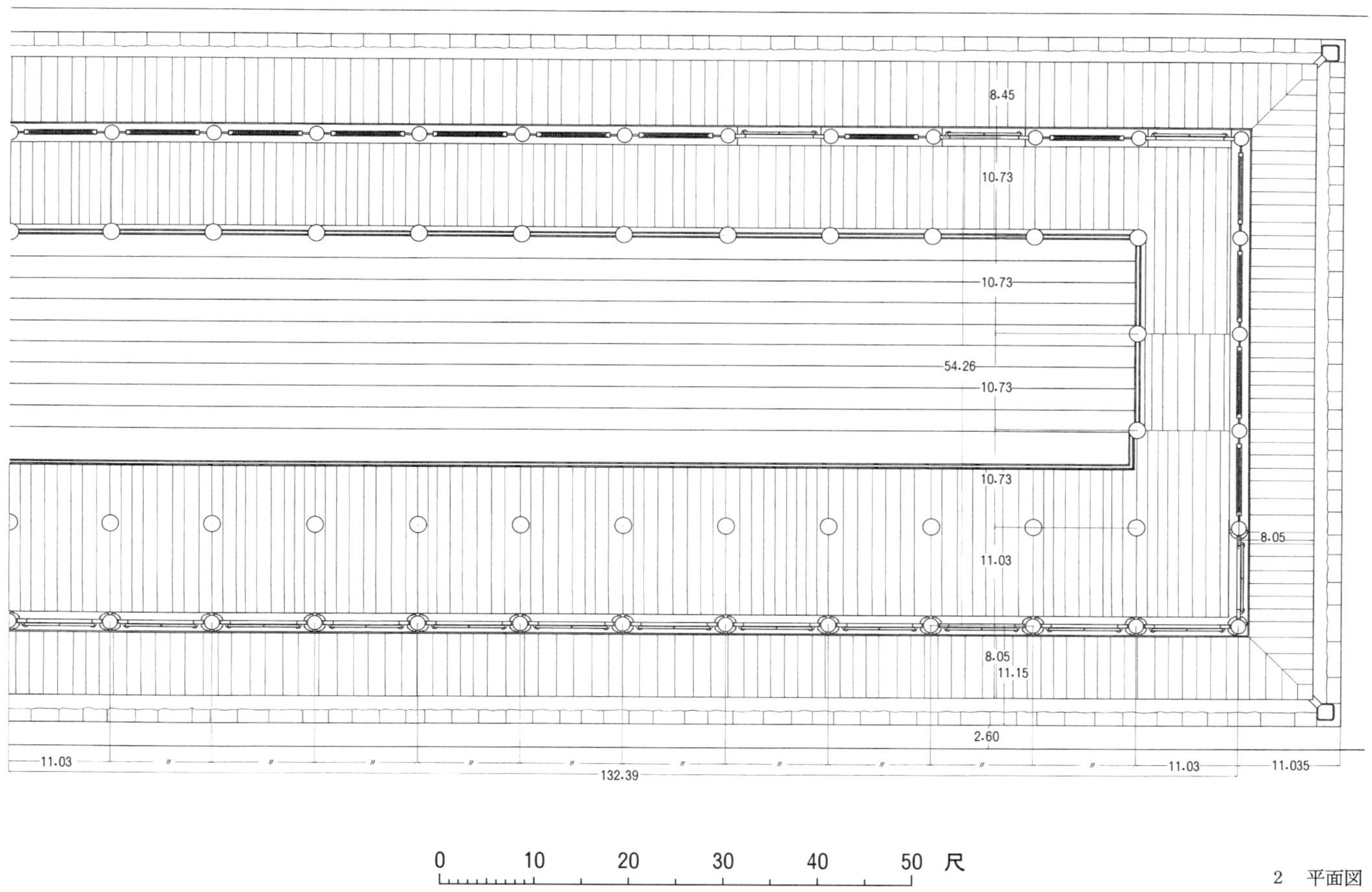
8.45
10.73
10.73
54.26
10.73
10.73
8.05
11.03
8.05
11.15
2.60
11.03
132.39
11.03
11.035
0 10 20 30 40 50 尺

2　平面図

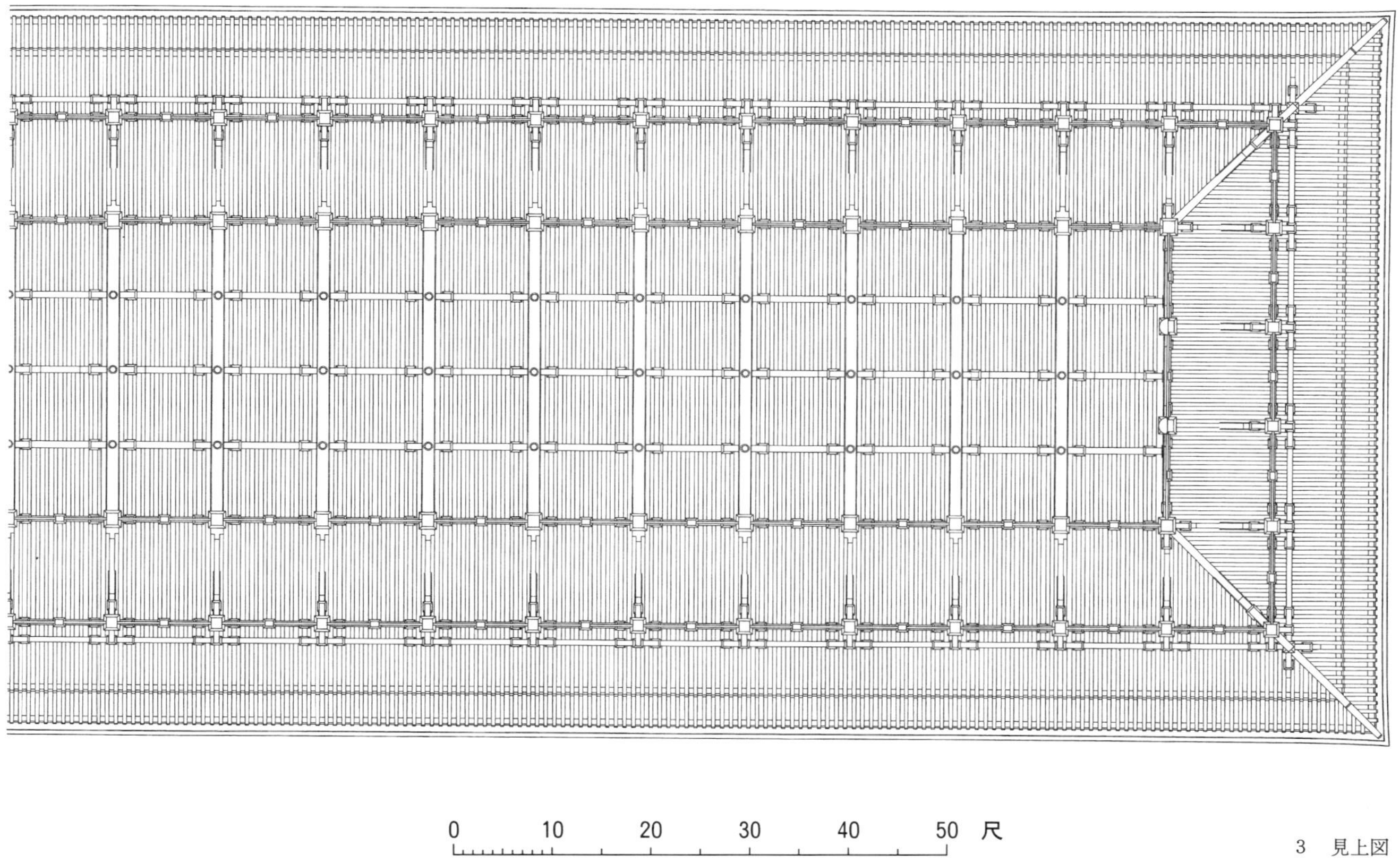
0 10 20 30 40 50 尺

3　見上図

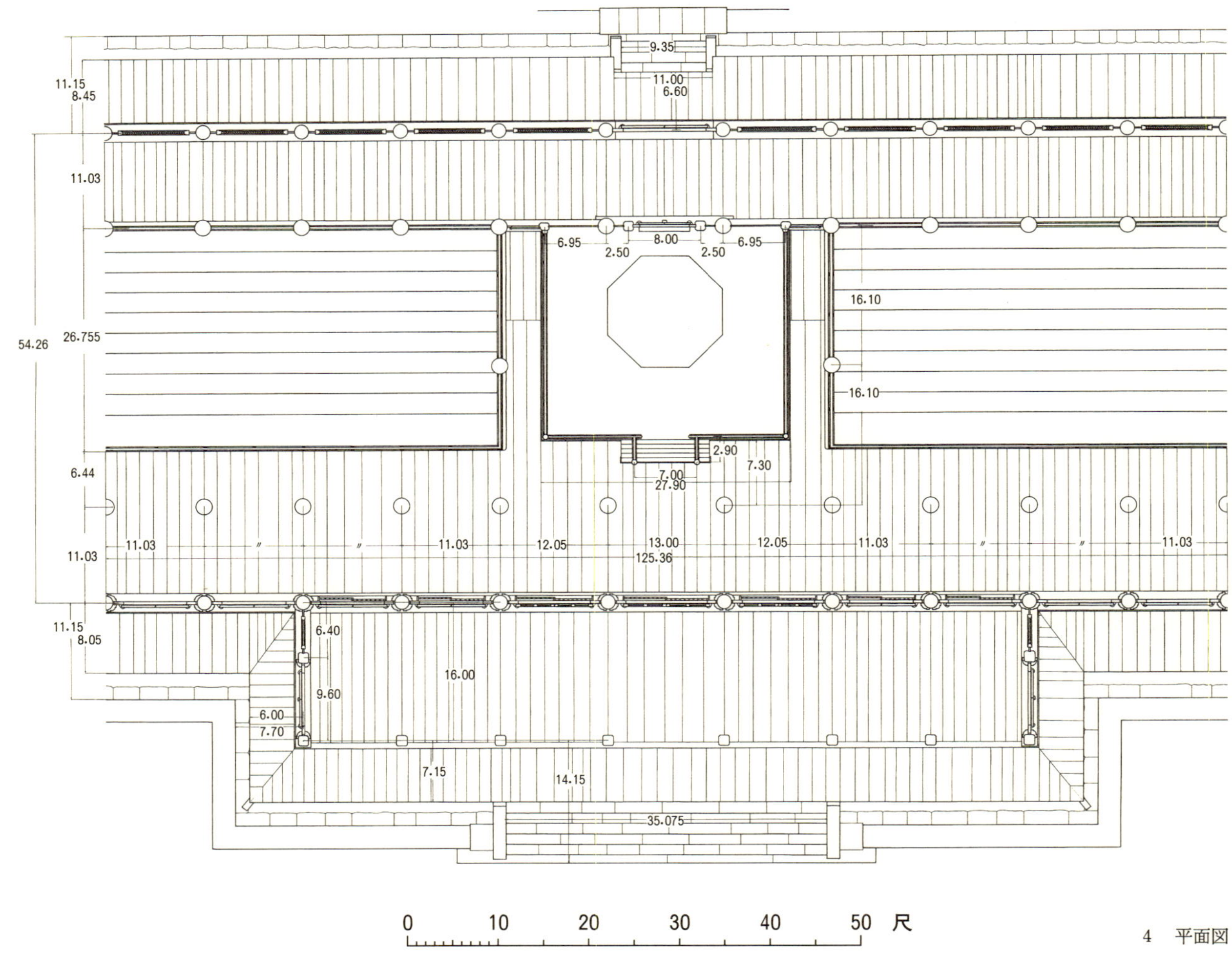

9.35
11.00
6.60
11.15
8.45
11.03
6.95
8.00
6.95
2.50
2.50
16.10
54.26
26.755
16.10
2.90
7.30
6.44
7.00
27.90
11.03
11.03
11.03
12.05
13.00
12.05
11.03
11.03
125.36
11.15
8.05
6.40
16.00
9.60
6.00
7.70
7.15
14.15
35.075
0
10
20
30
40
50
尺

4　平面図

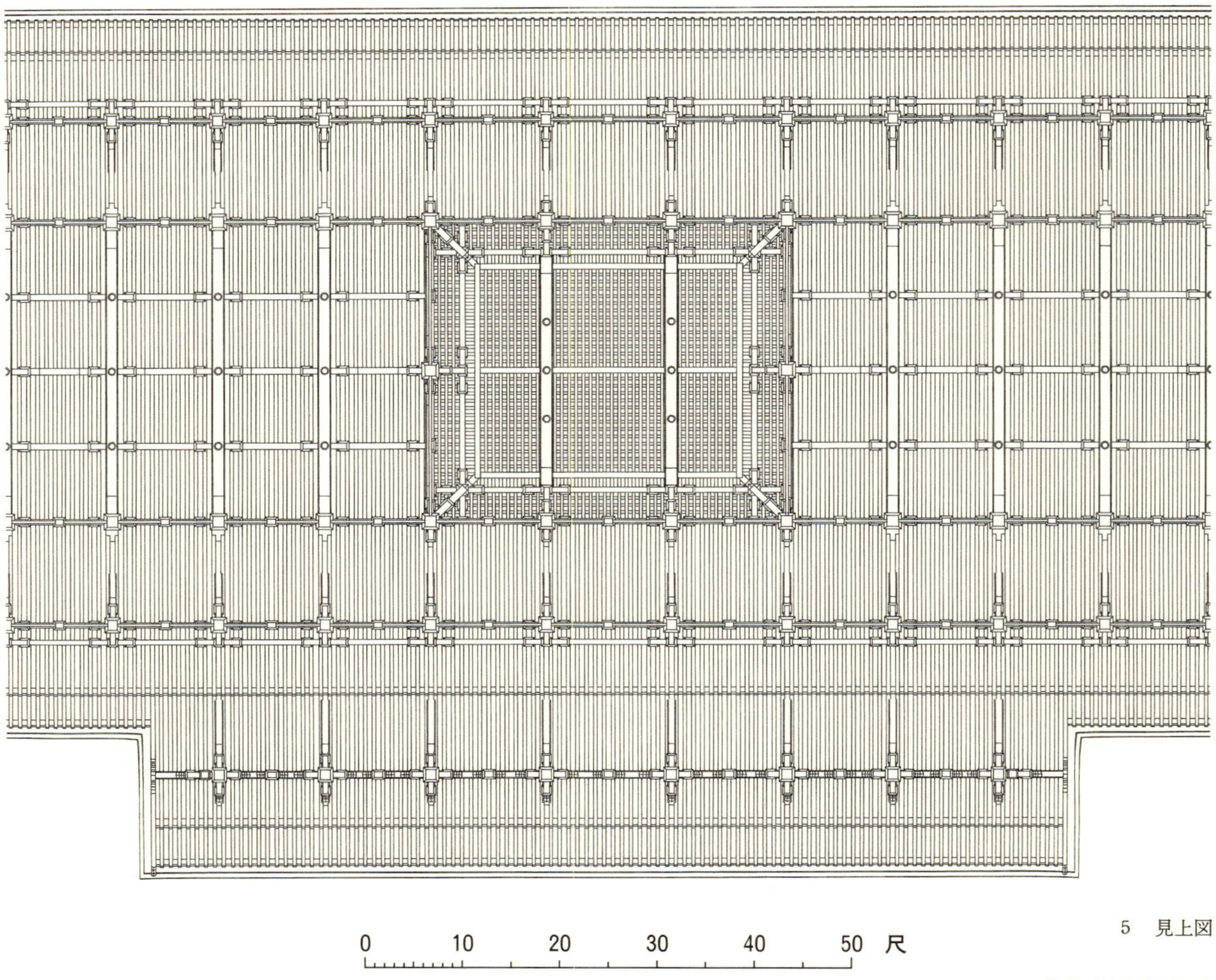

0
10
20
30
40
50
尺

5　見上図

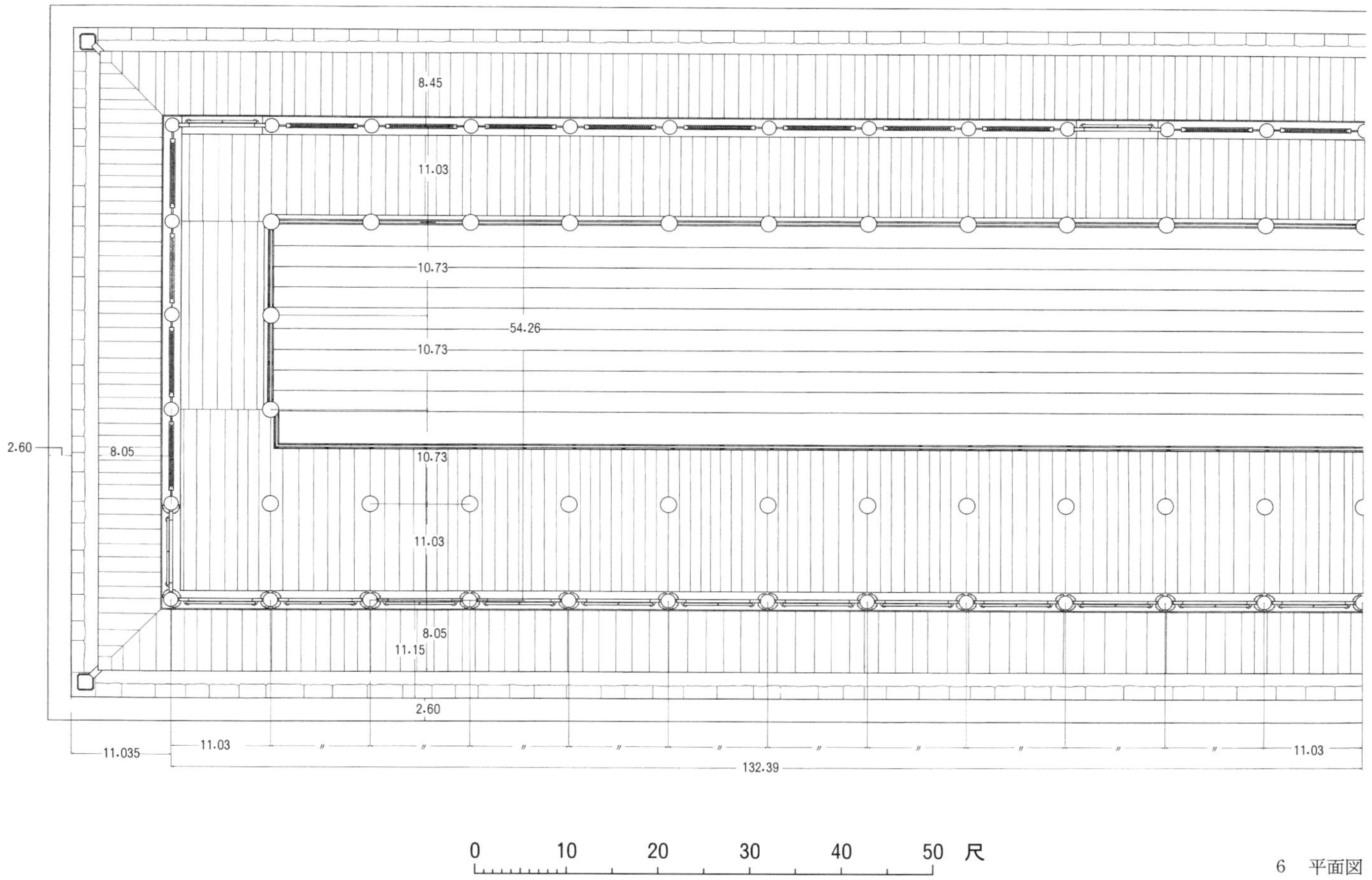
8.45
11.03
10.73
54.26
10.73
2.60
8.05
10.73
11.03
8.05
11.15
2.60
11.035
11.03
132.39
11.03
0 10 20 30 40 50 尺

6　平面図

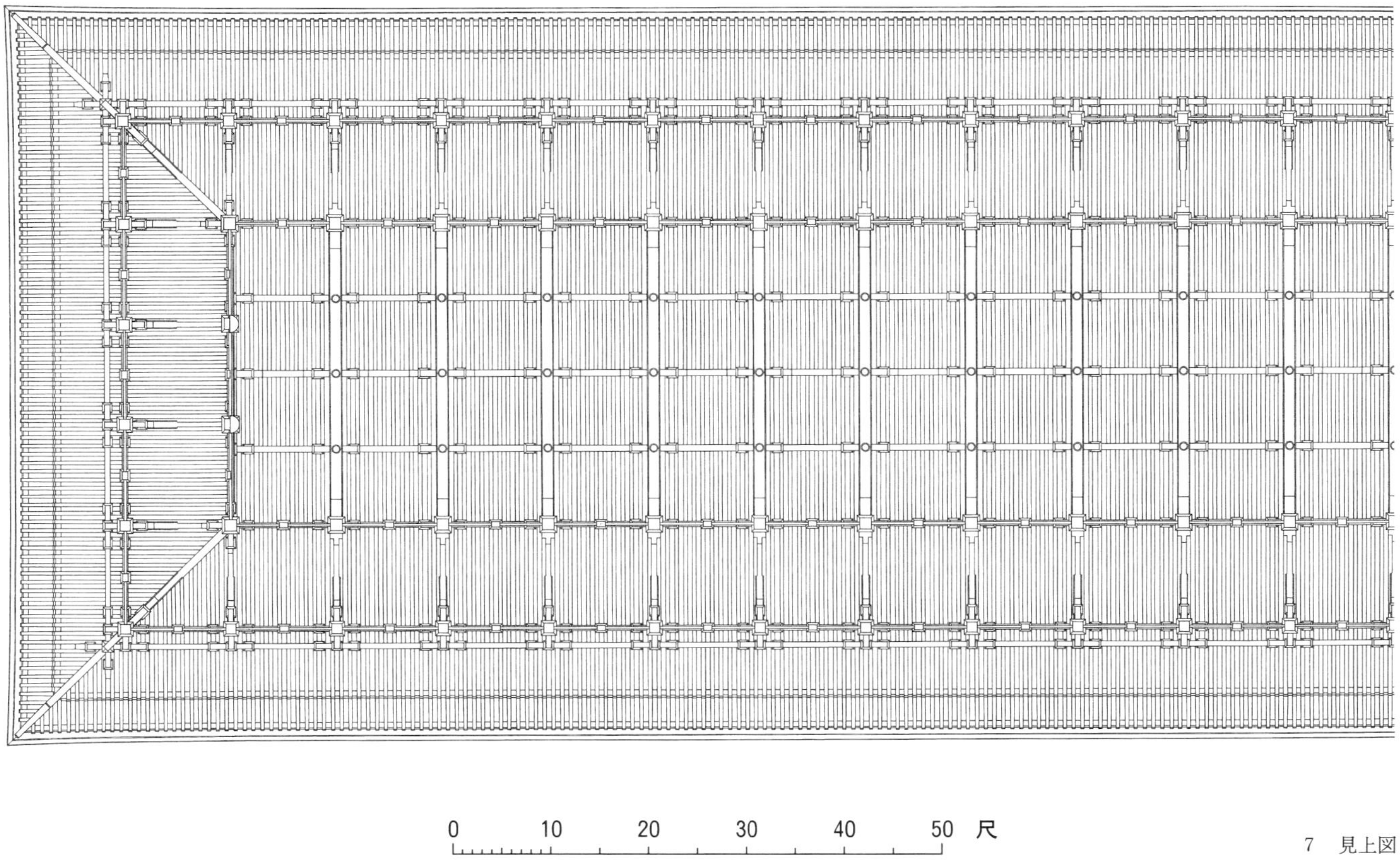
0 10 20 30 40 50 尺

7　見上図

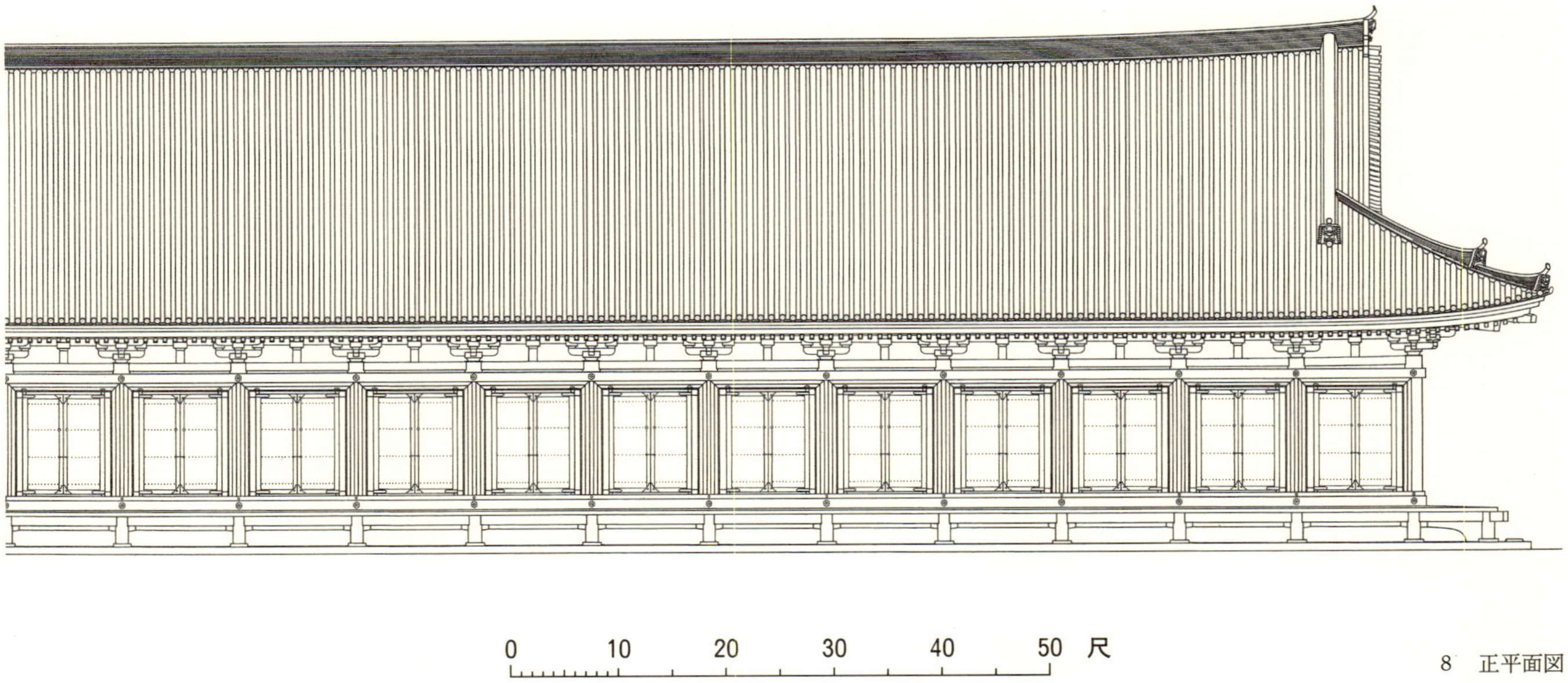

8　正平面図

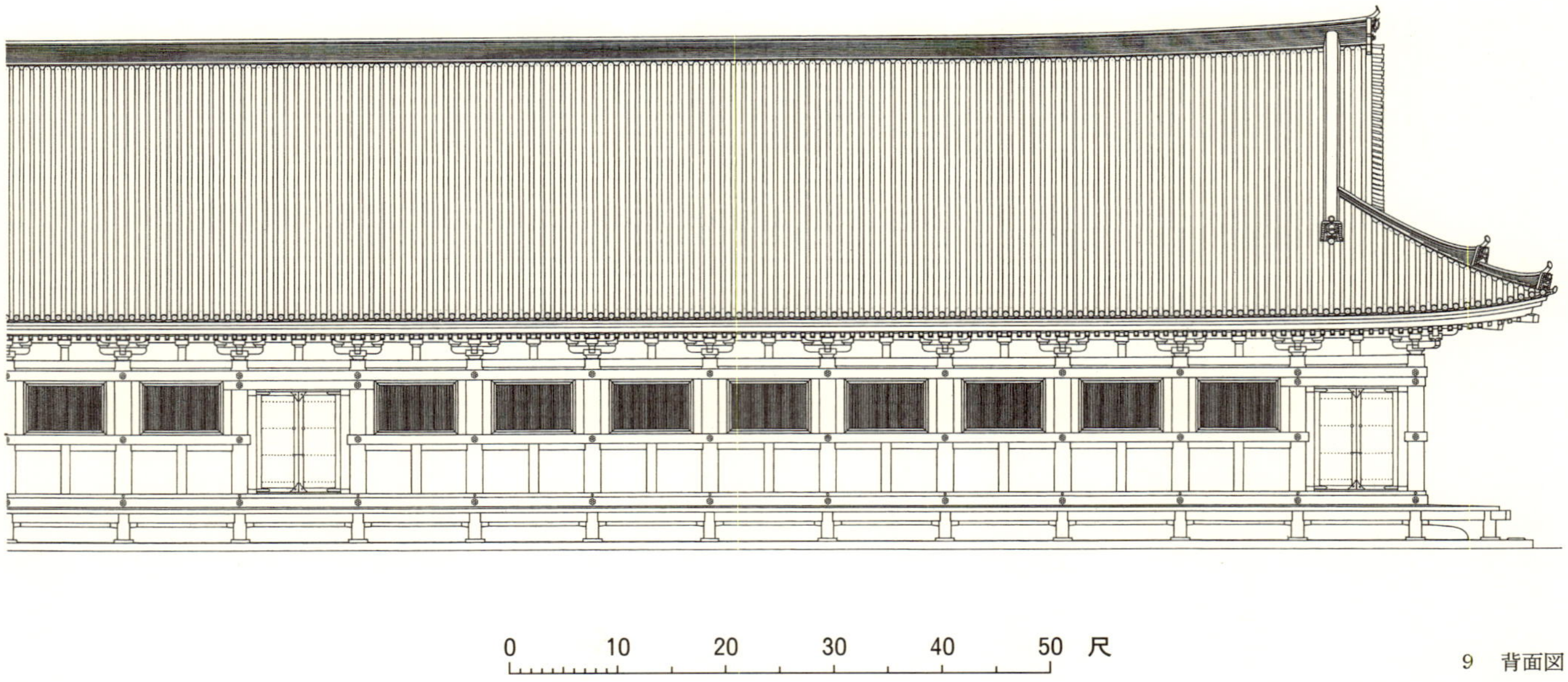

9　背面図

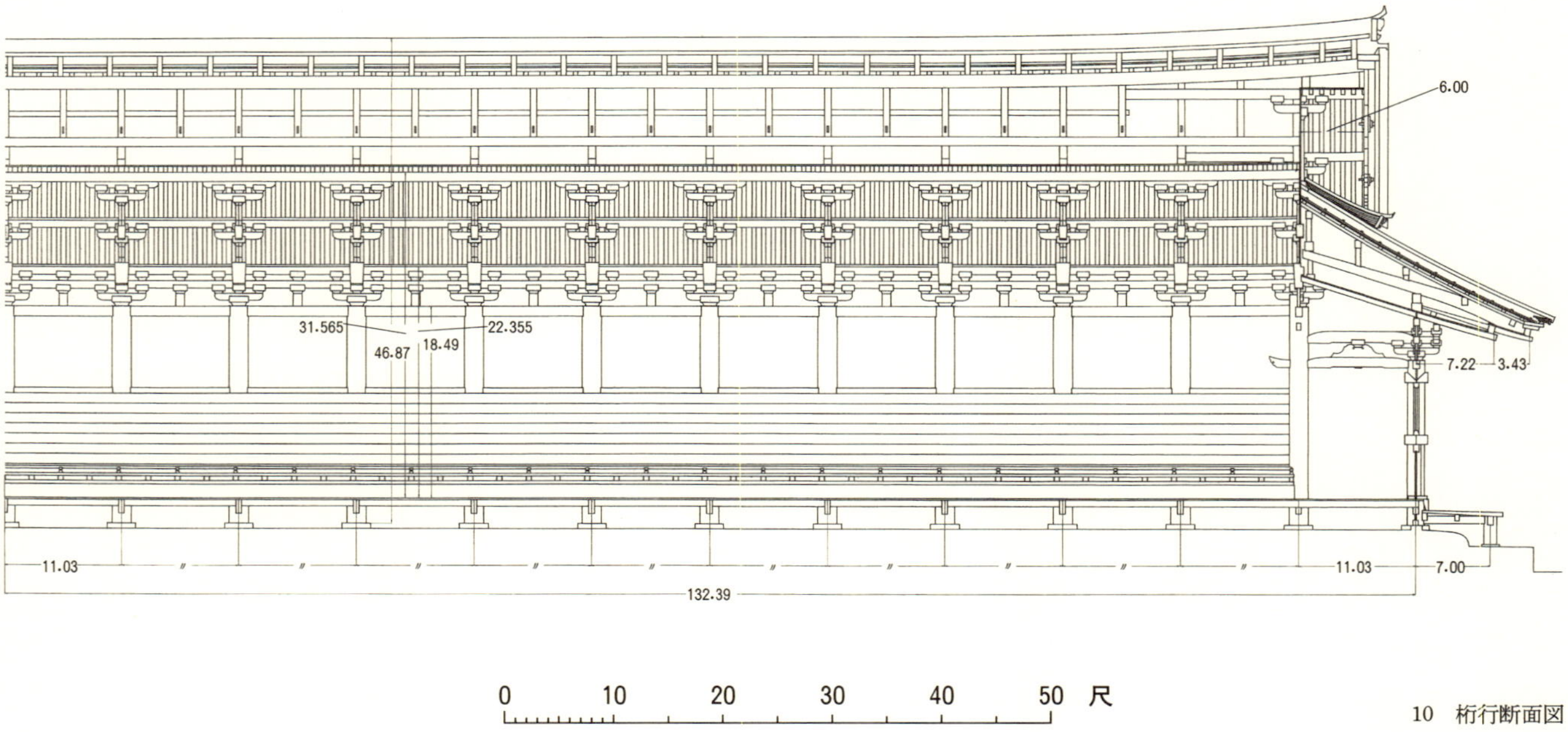

10　桁行断面図

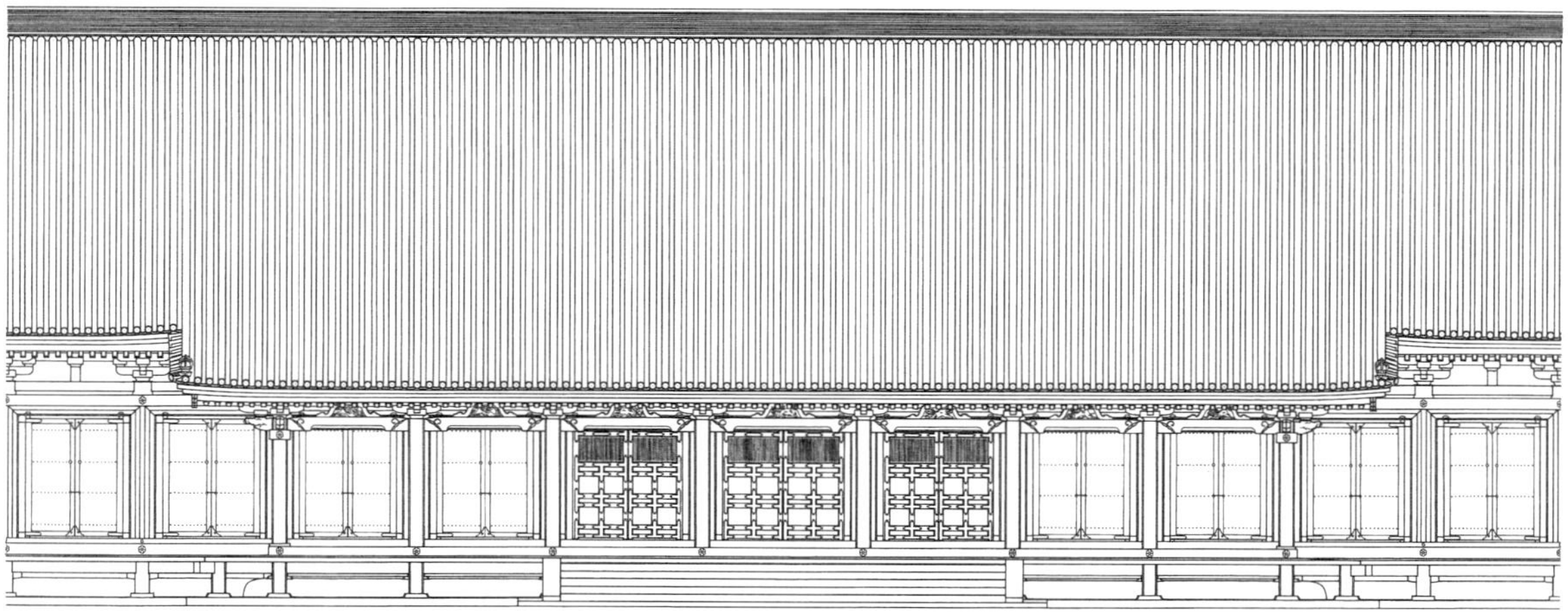

11　正面図

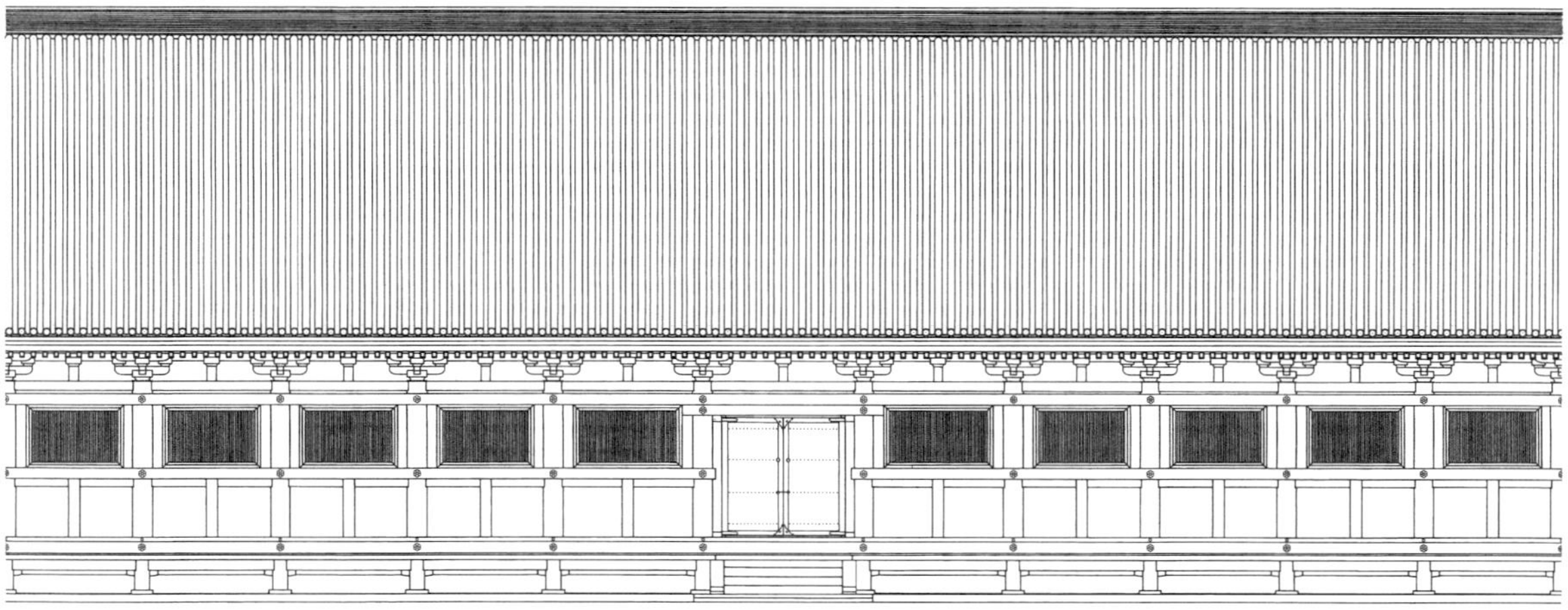

12　背面図

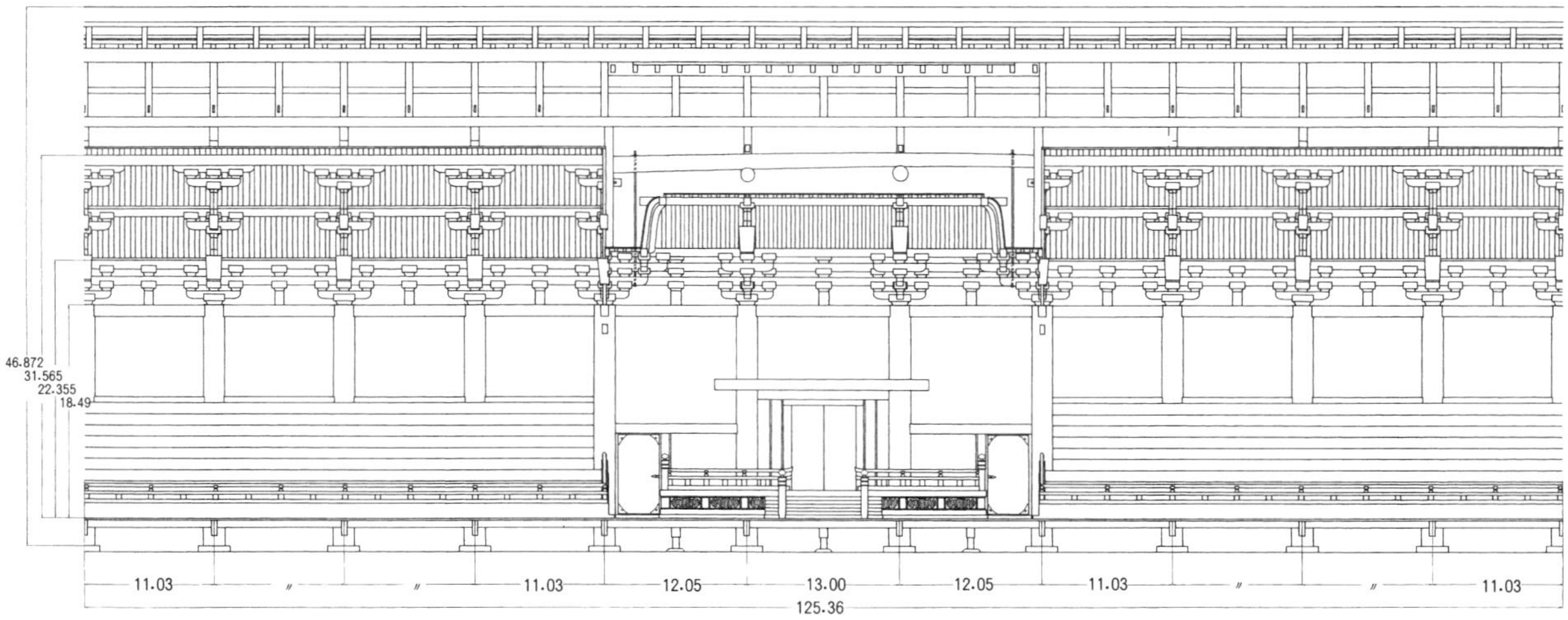

13　桁行断面図

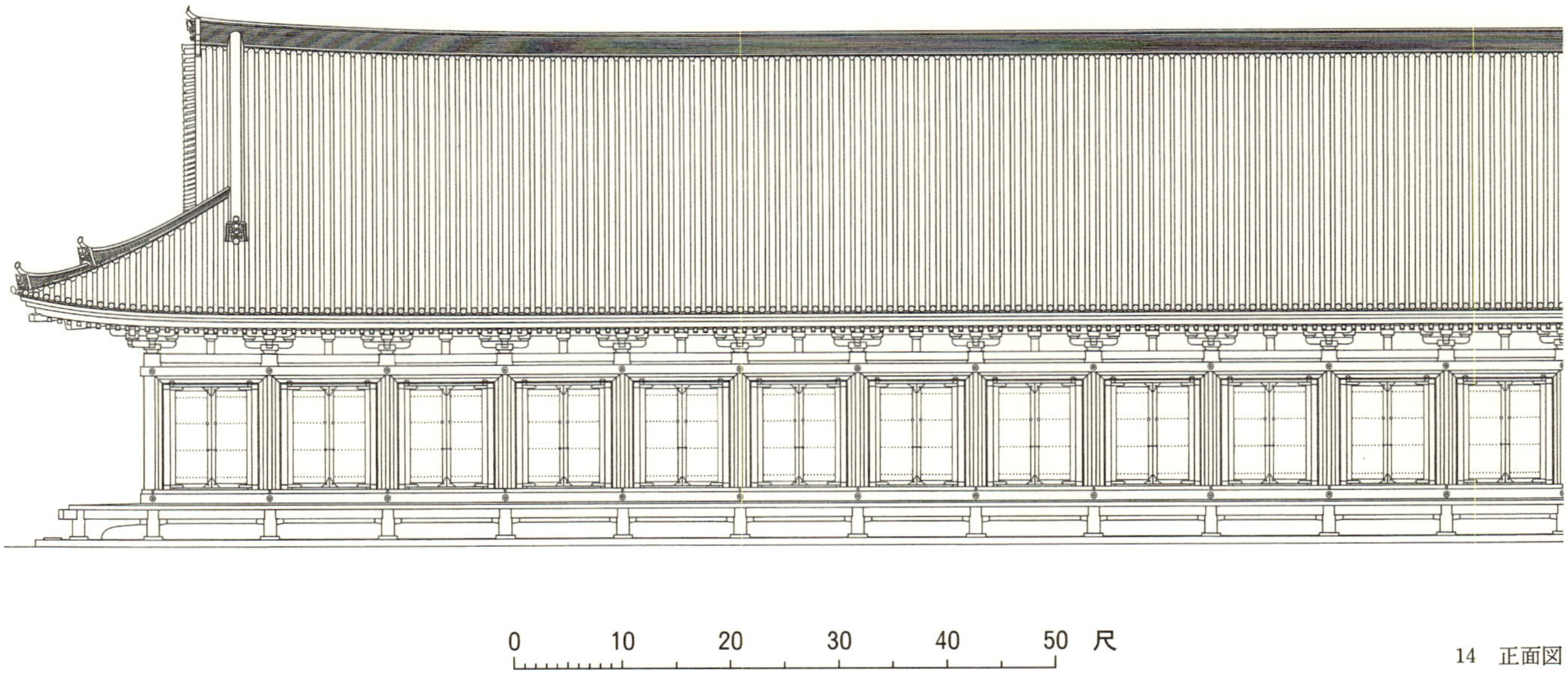

14　正面図

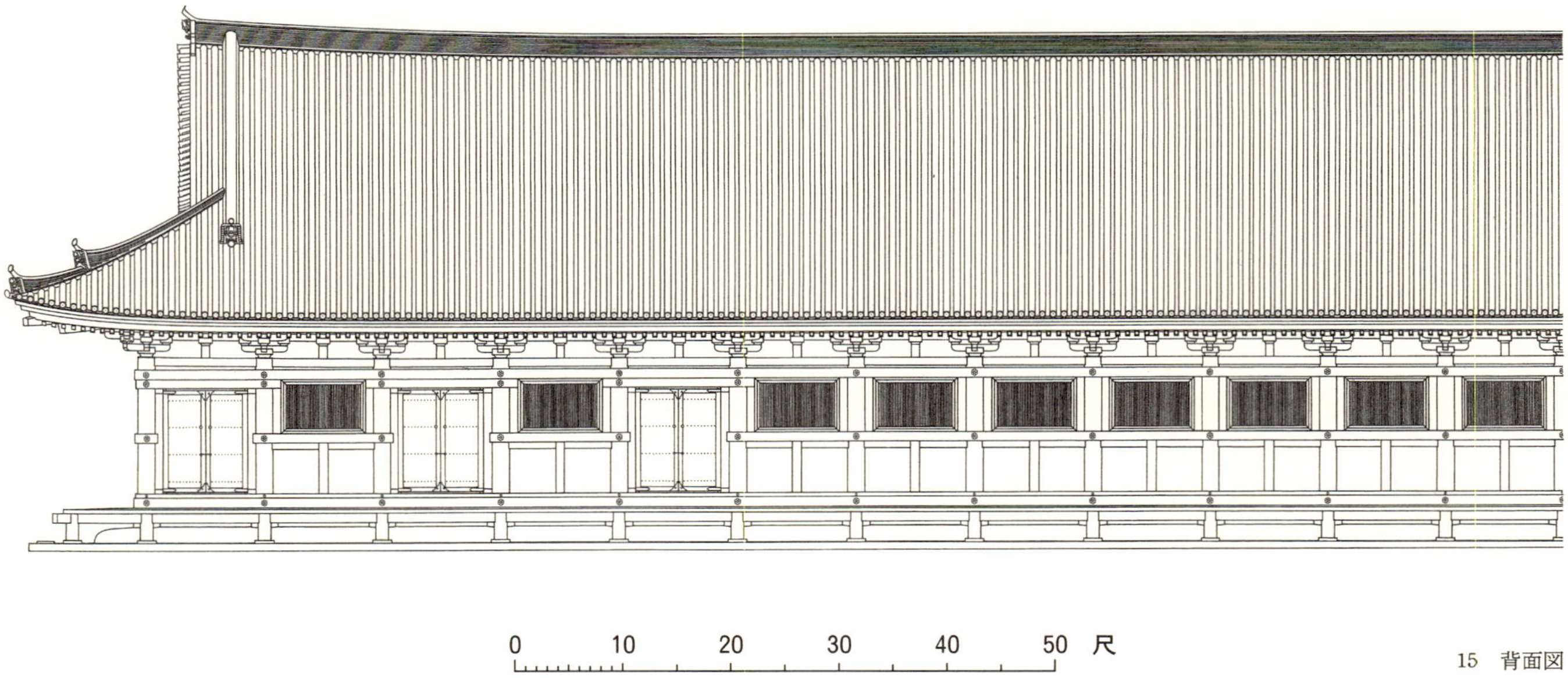

15　背面図

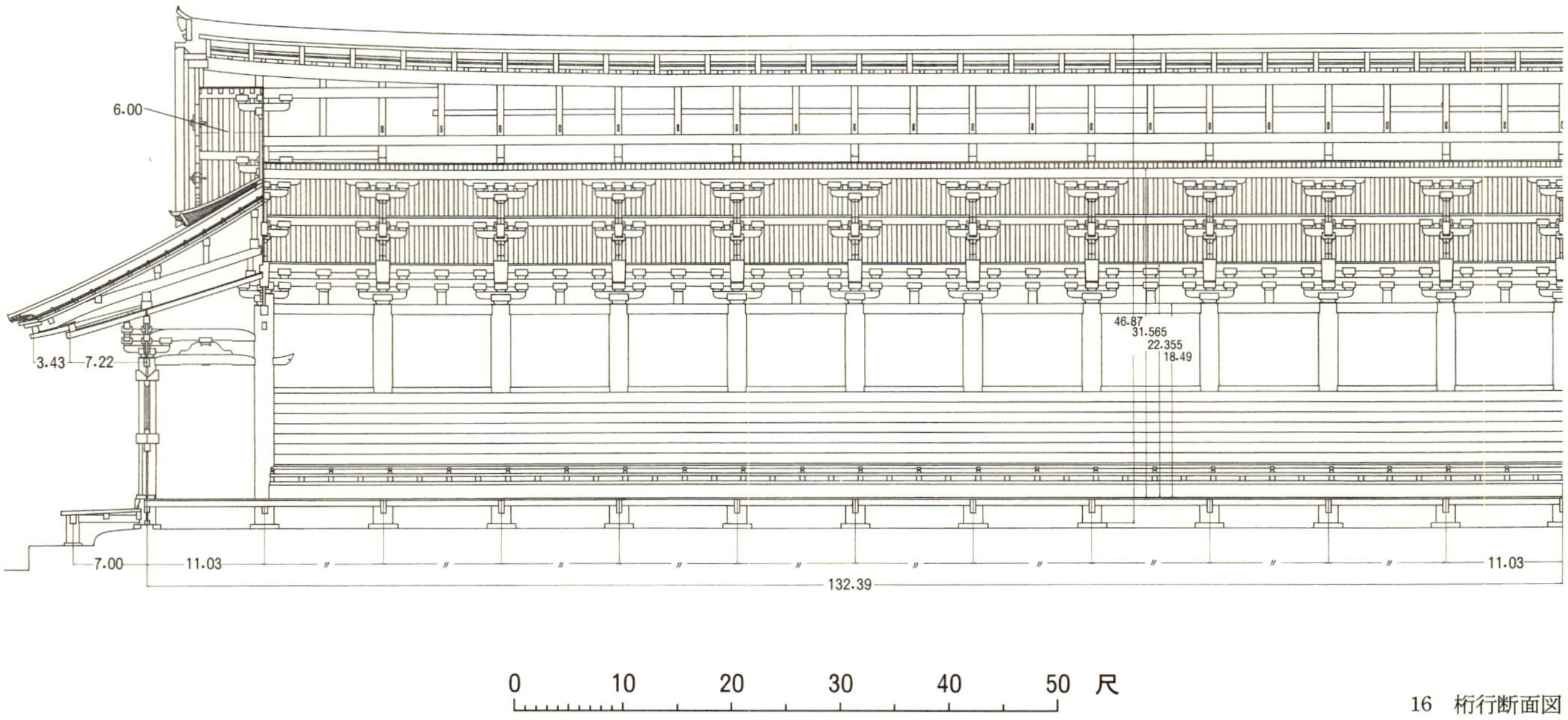

16　桁行断面図

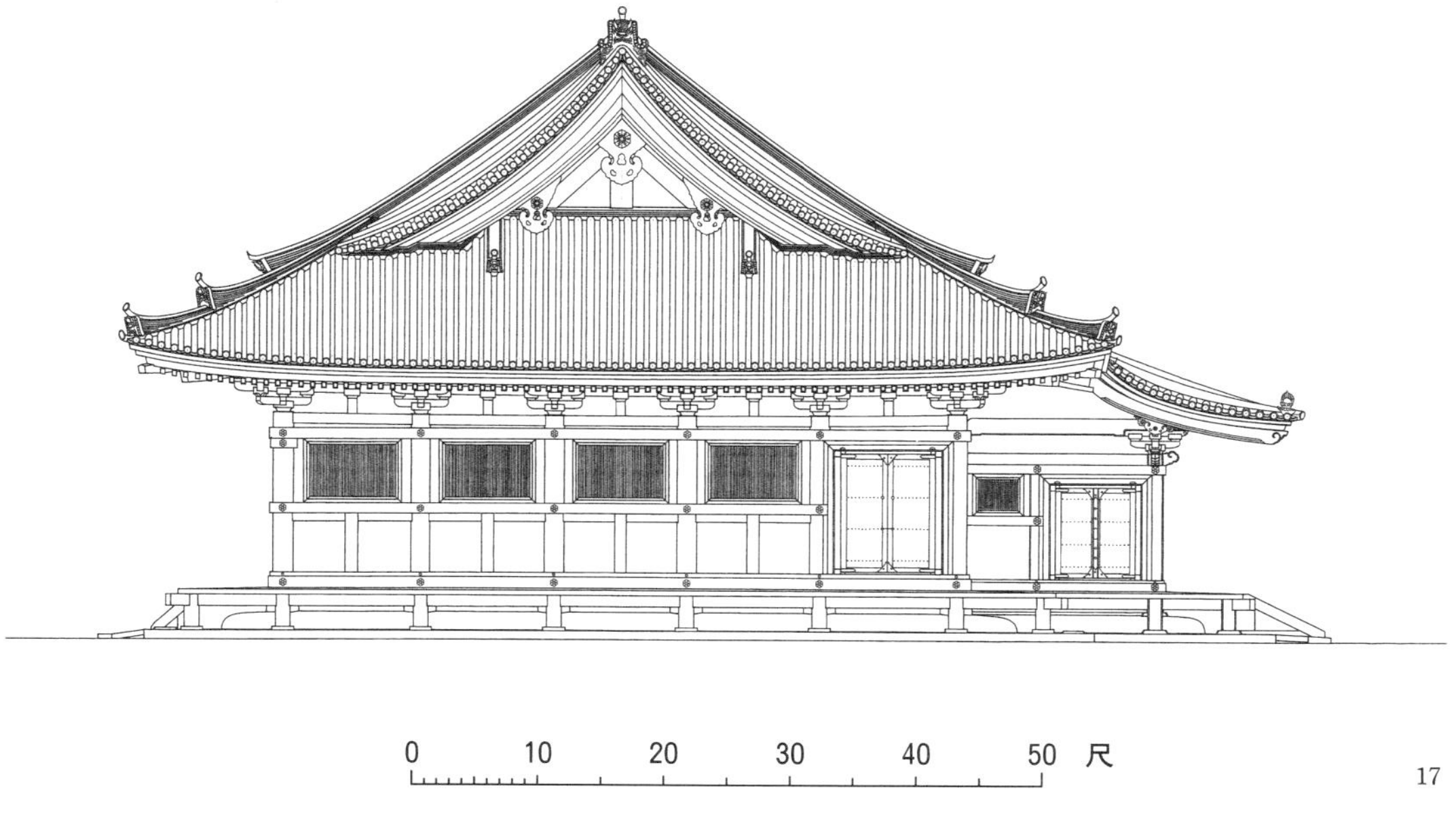

17　側面図

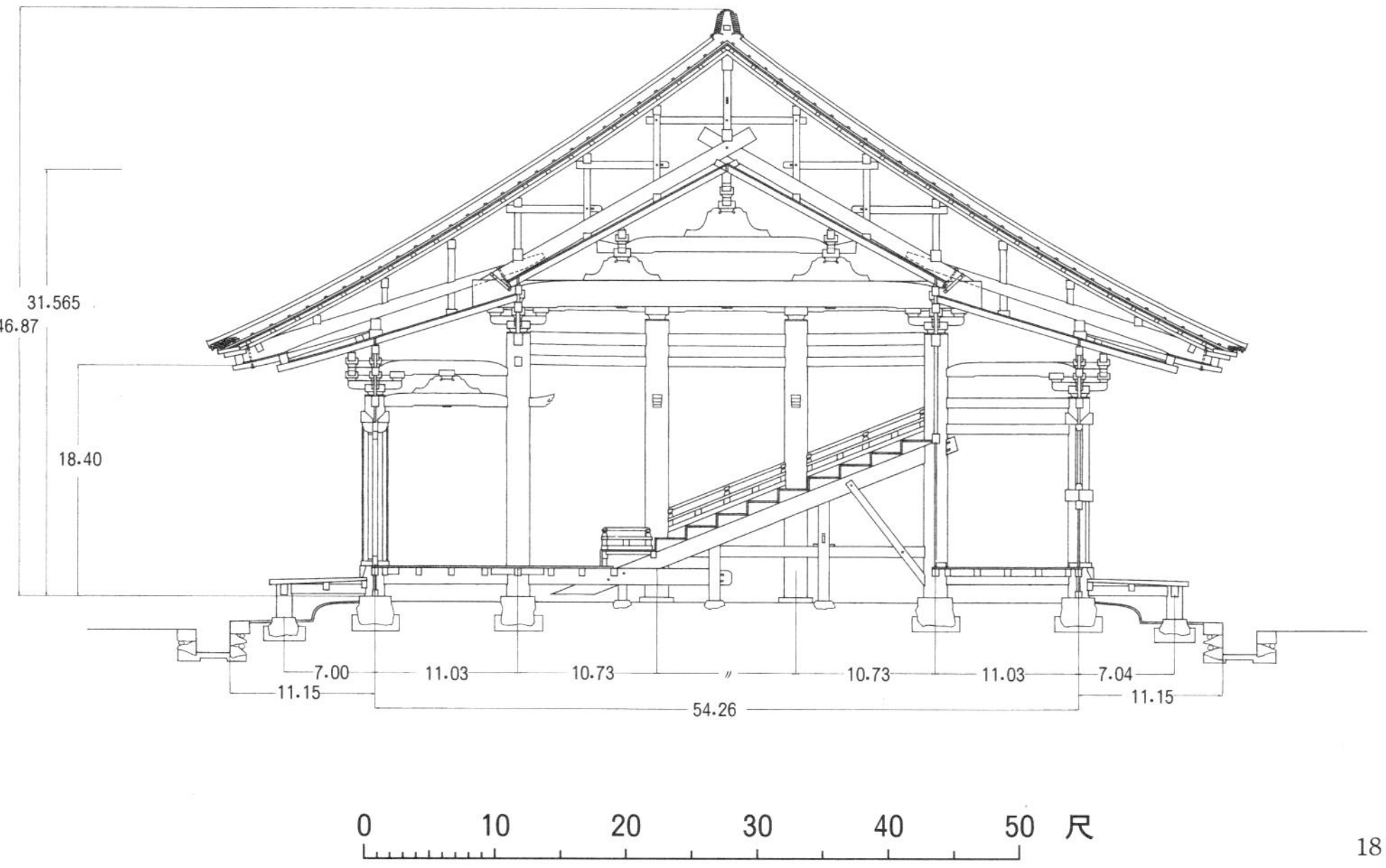

18　梁行断面図

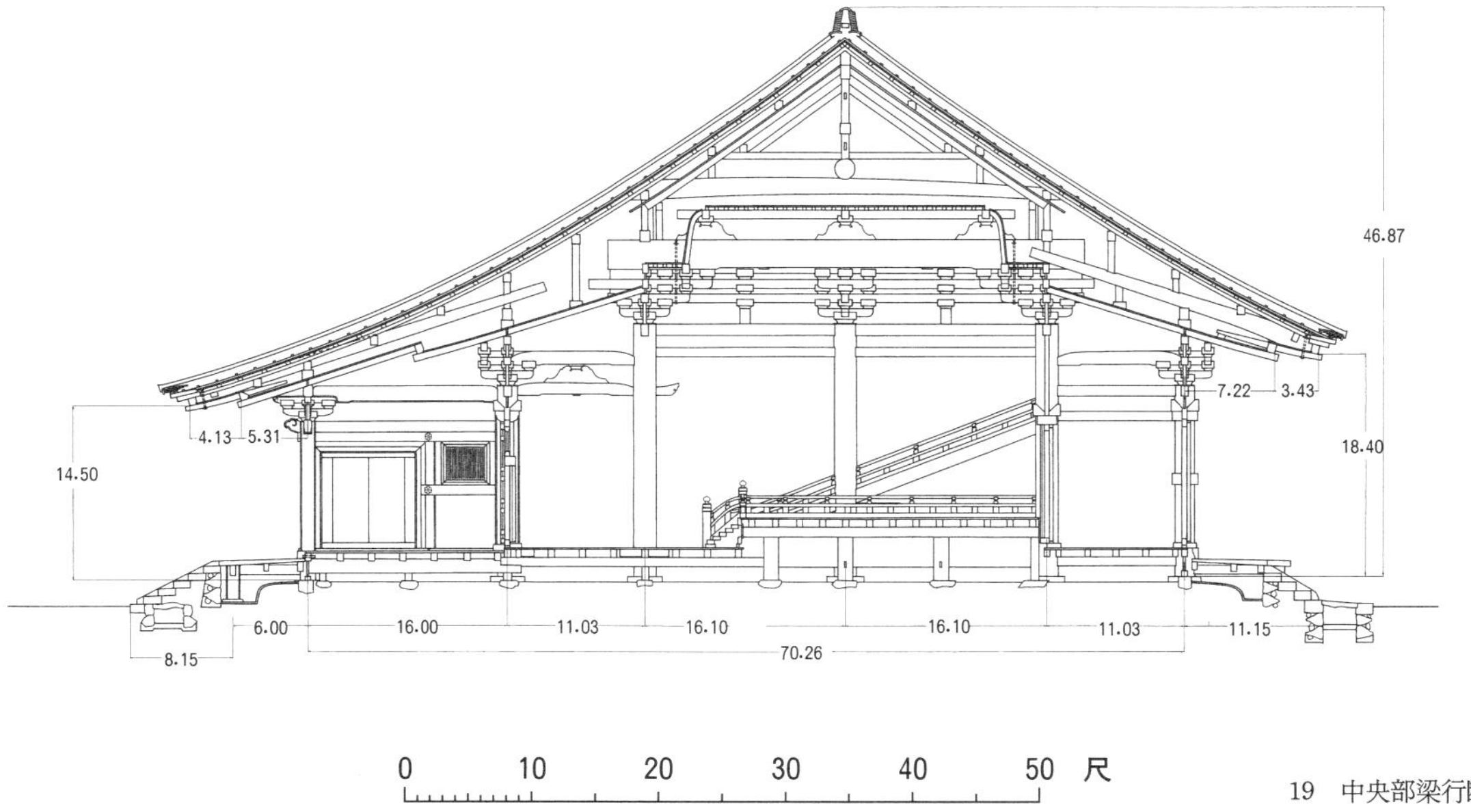

19　中央部梁行断面図

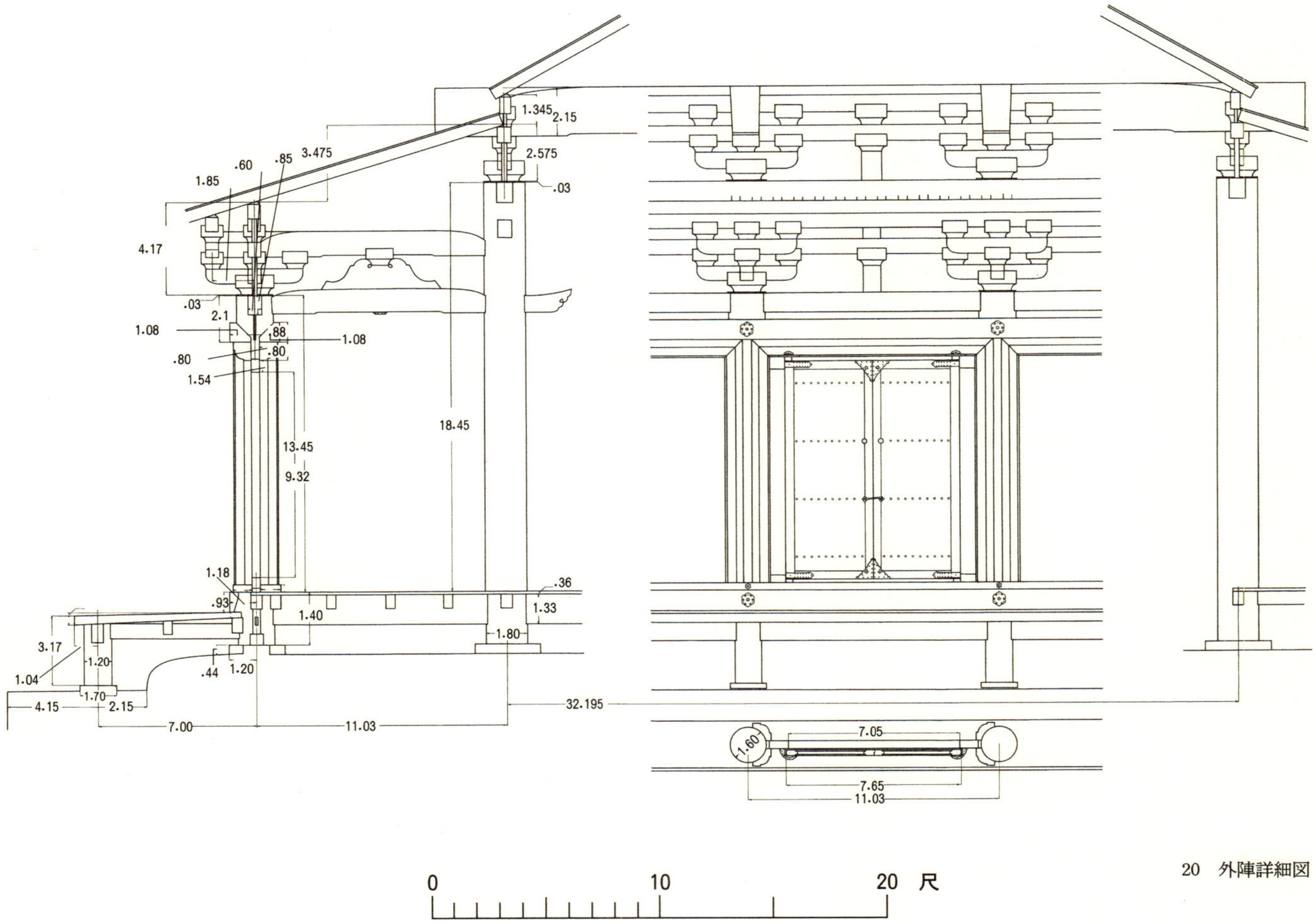

20　外陣詳細図

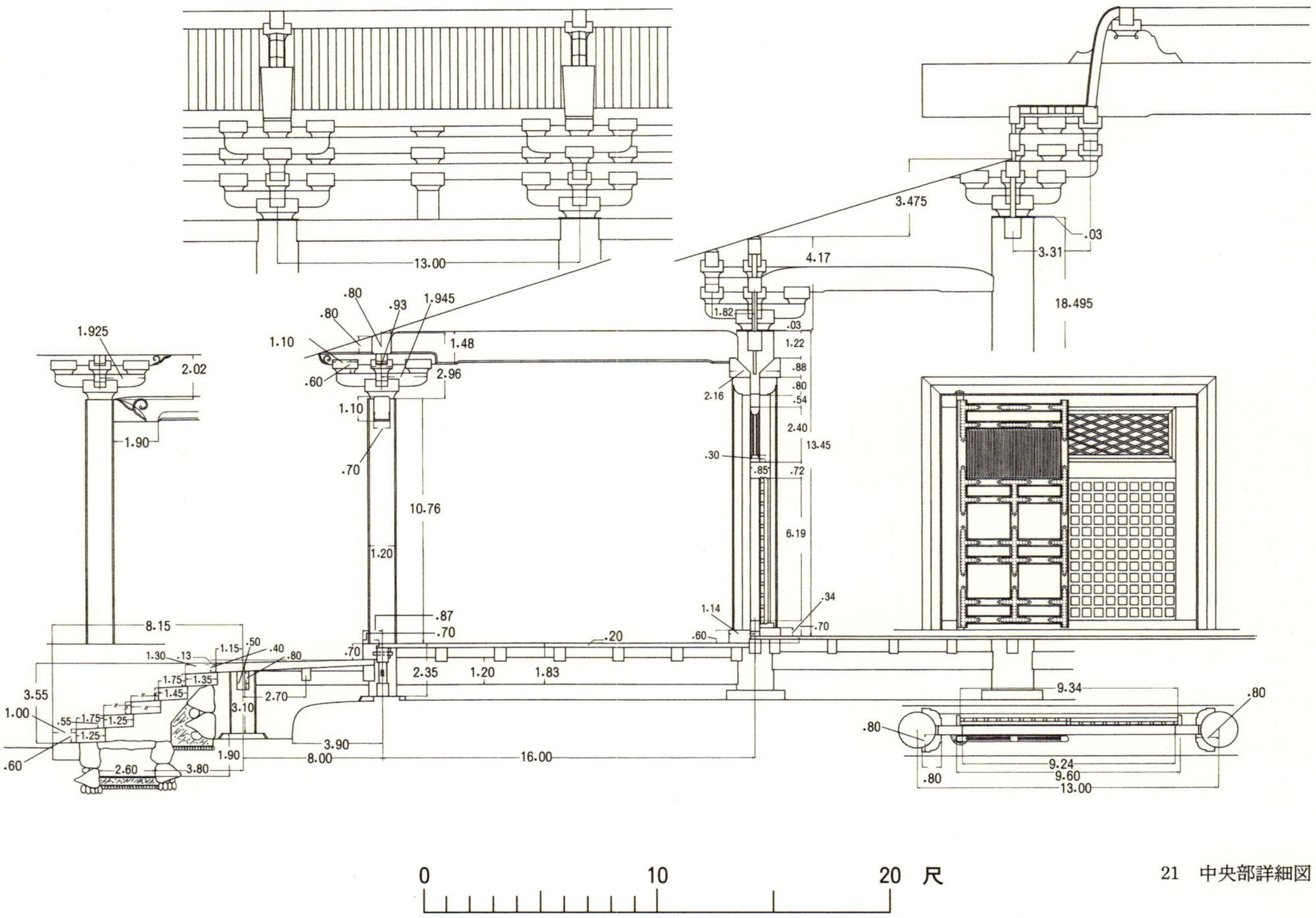

21　中央部詳細図

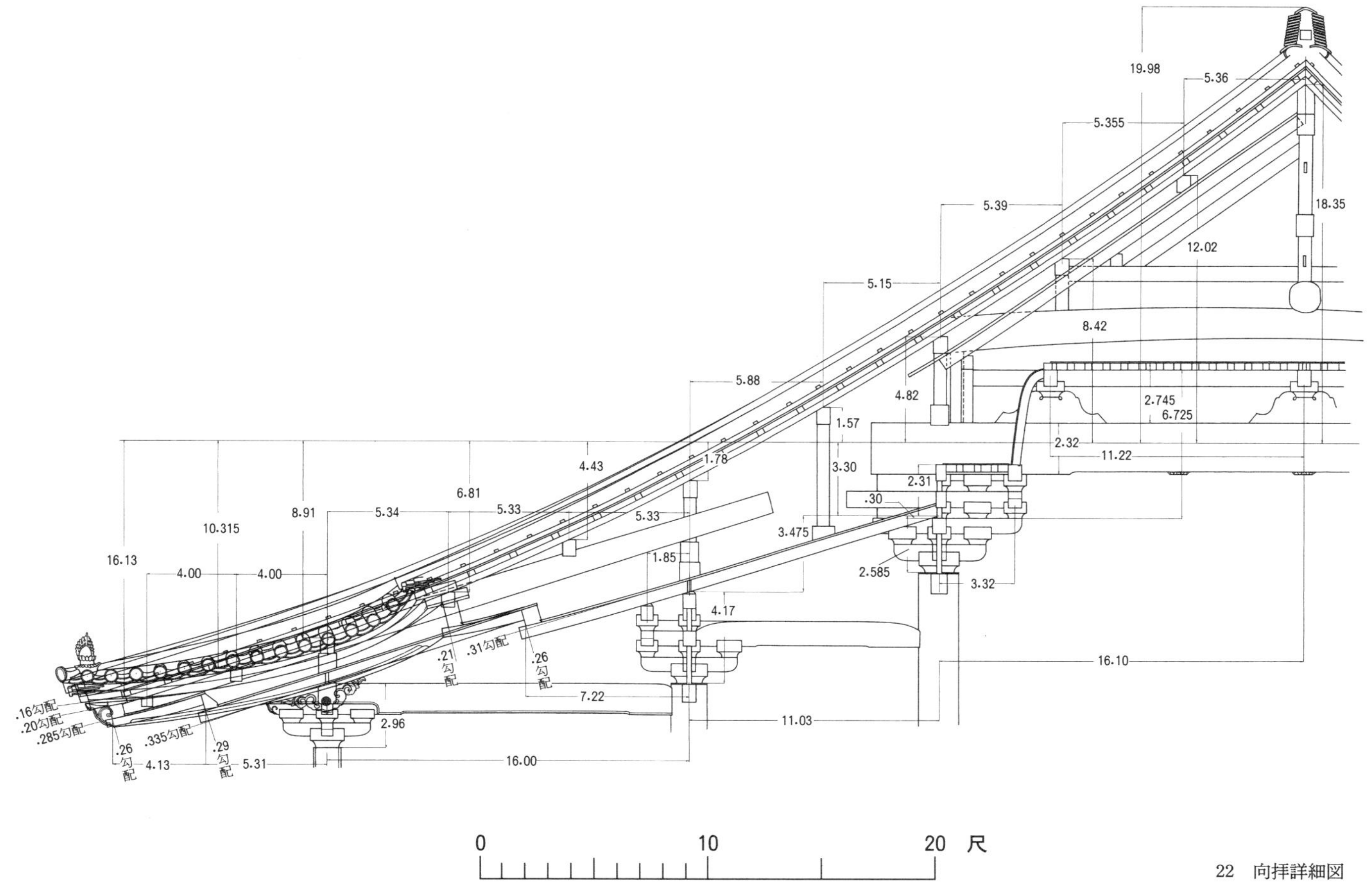

22 向拝詳細図

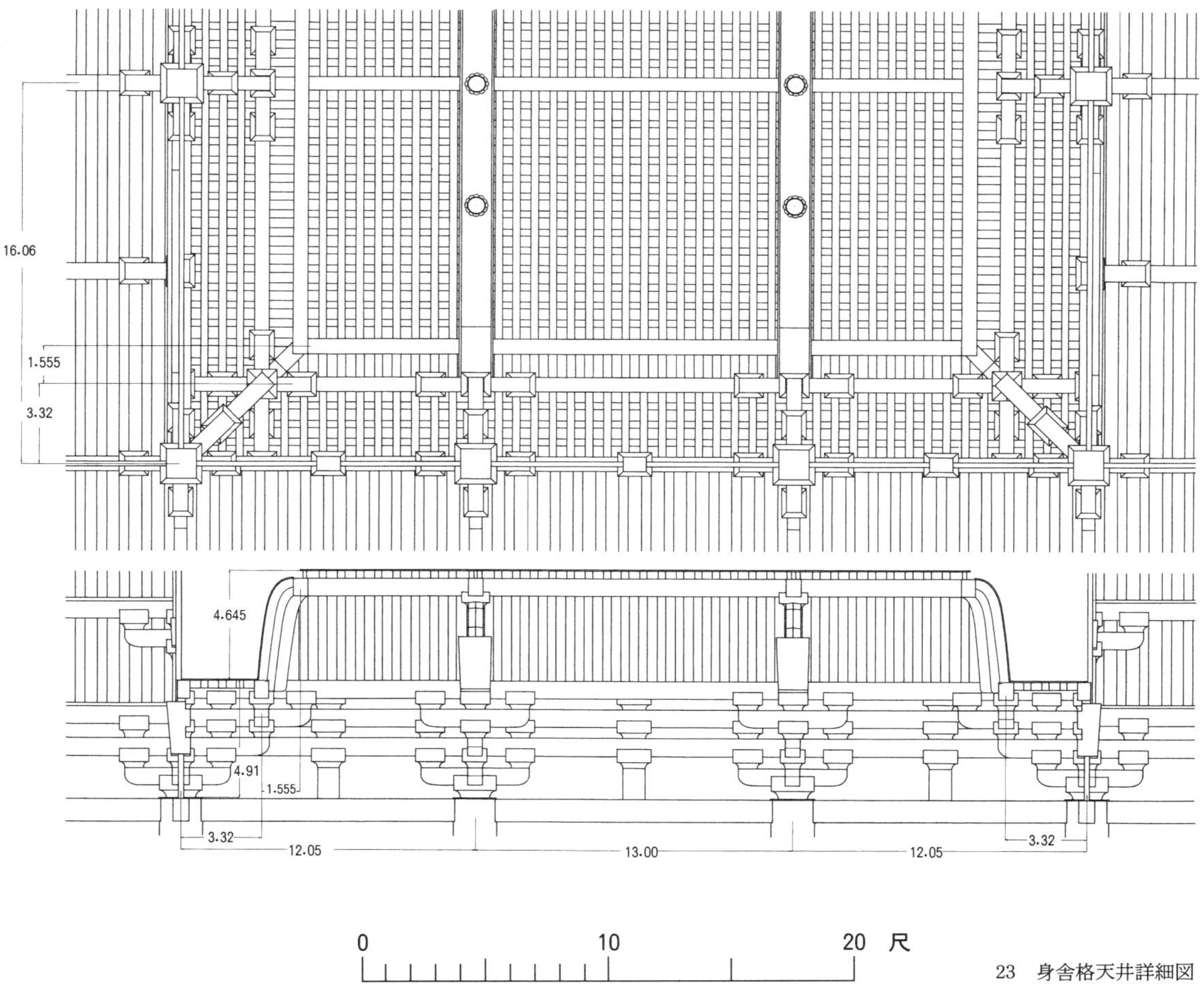

23 身舎格天井詳細図

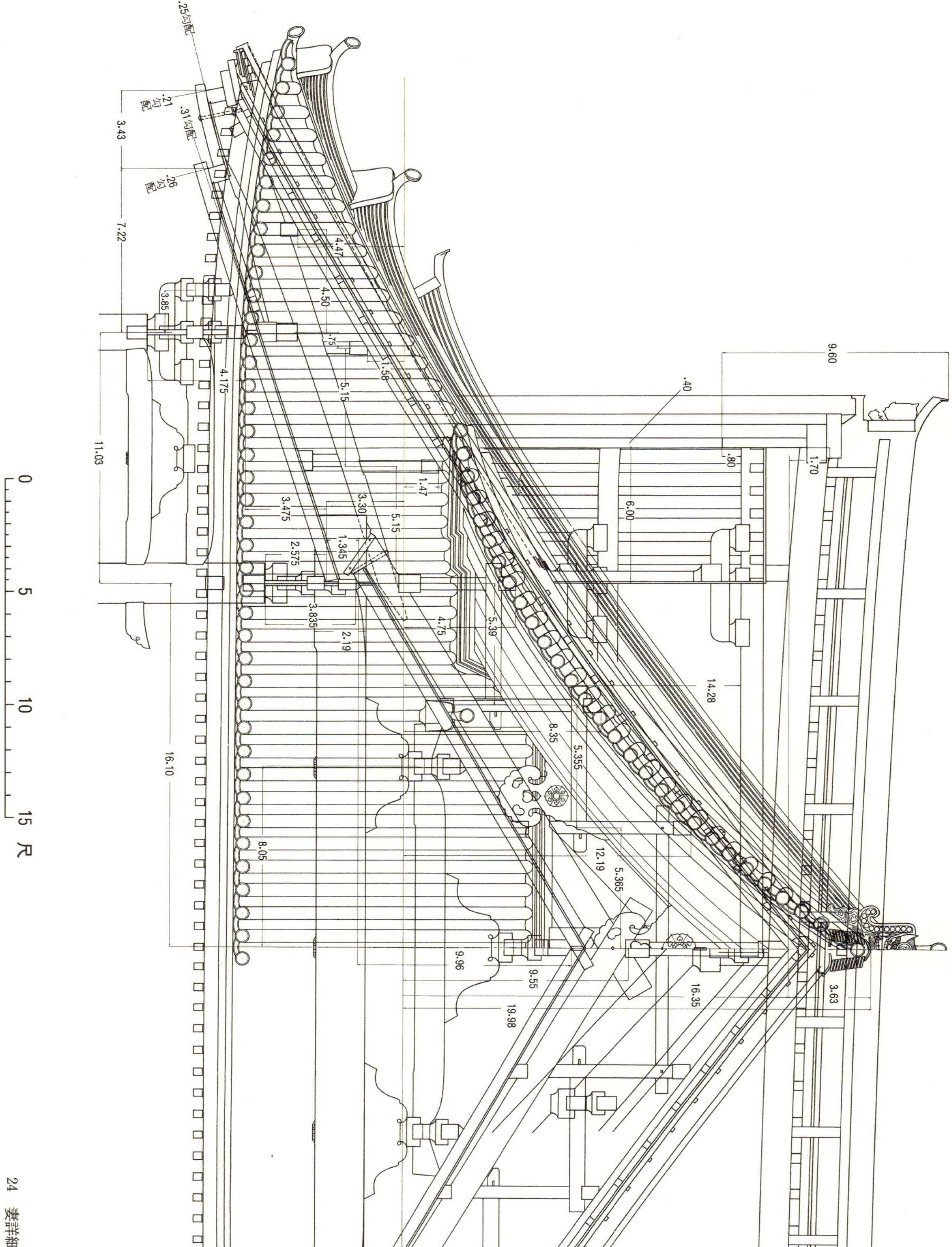

24　妻詳細図

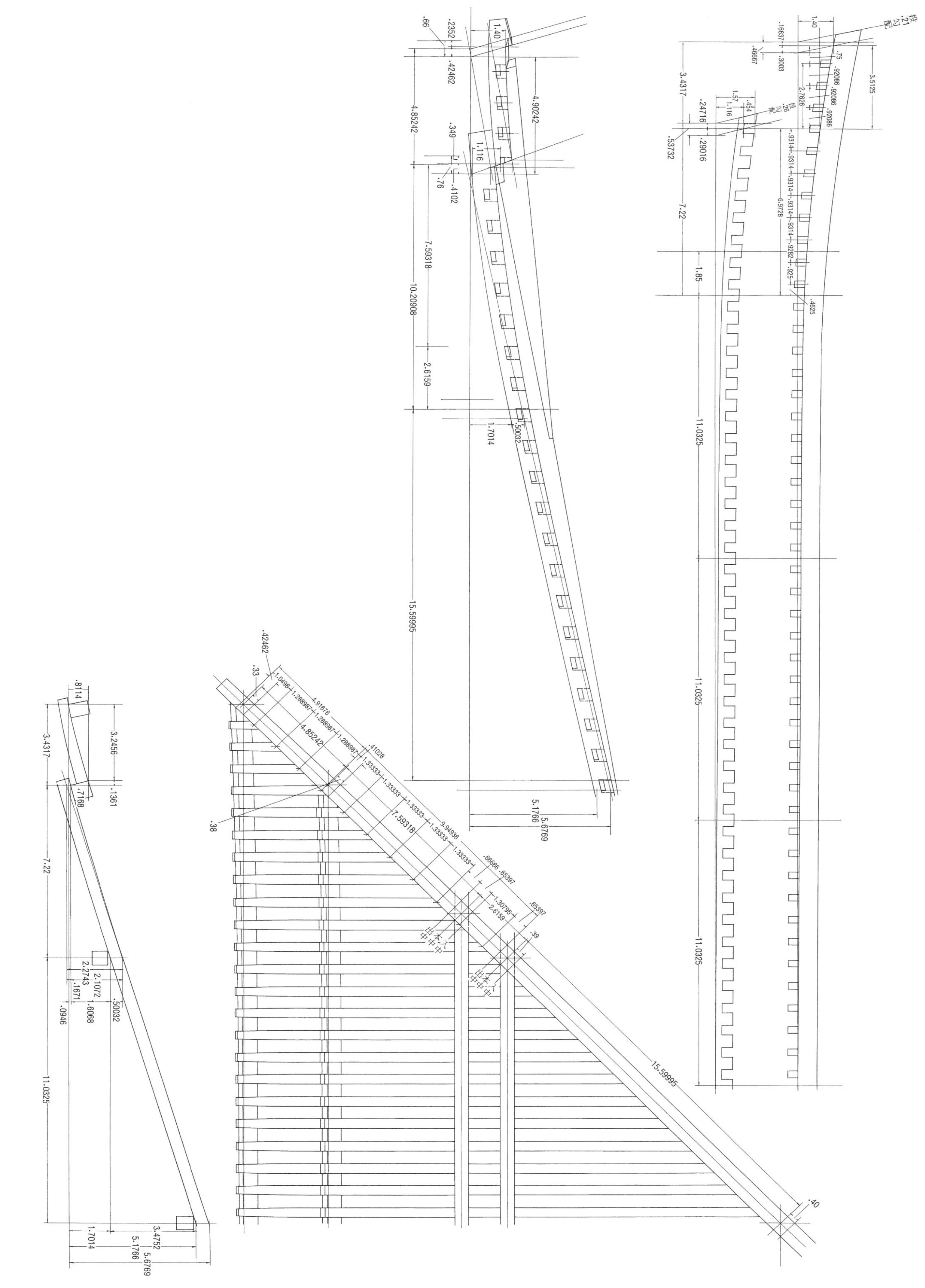

25 軒規矩図

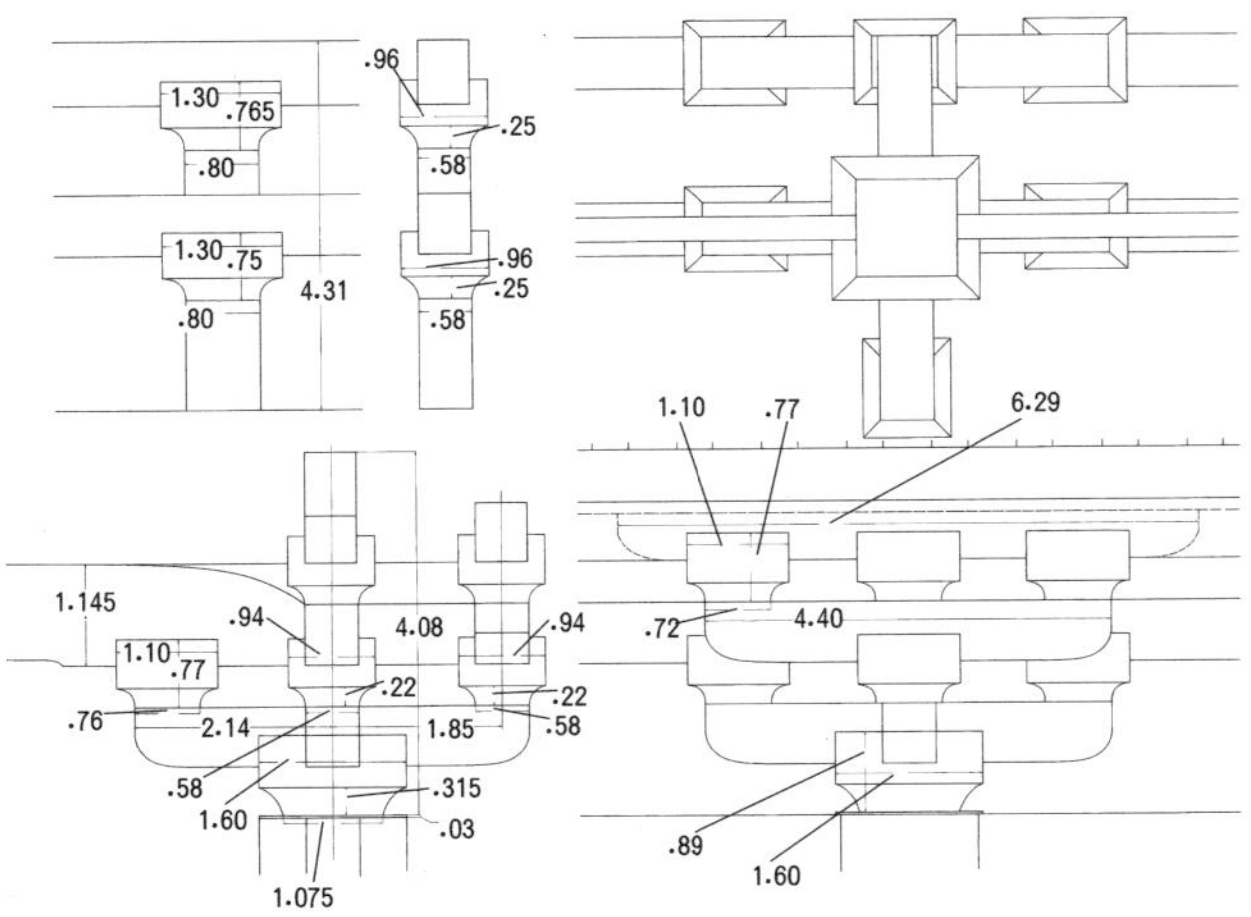

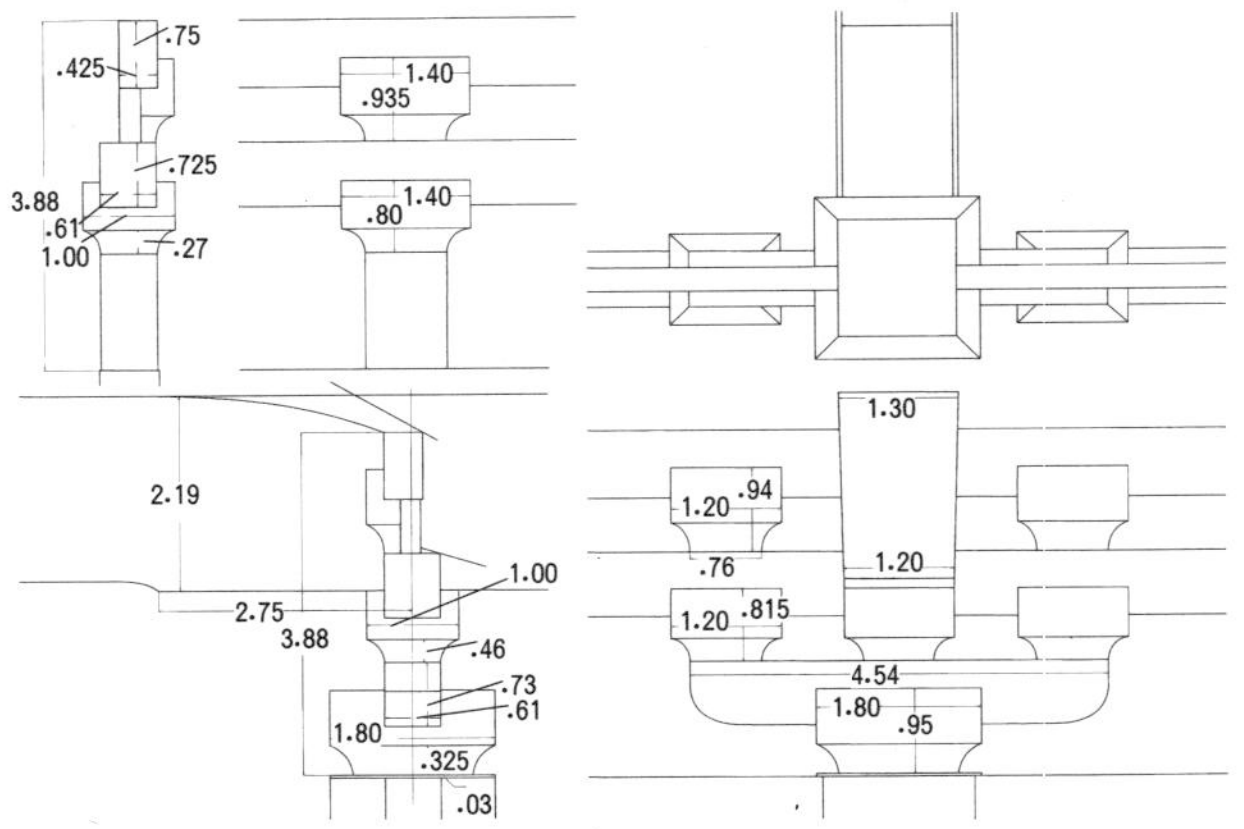

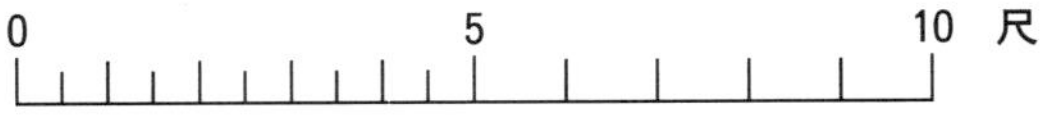

27　斗栱詳細図

26　斗栱詳細図

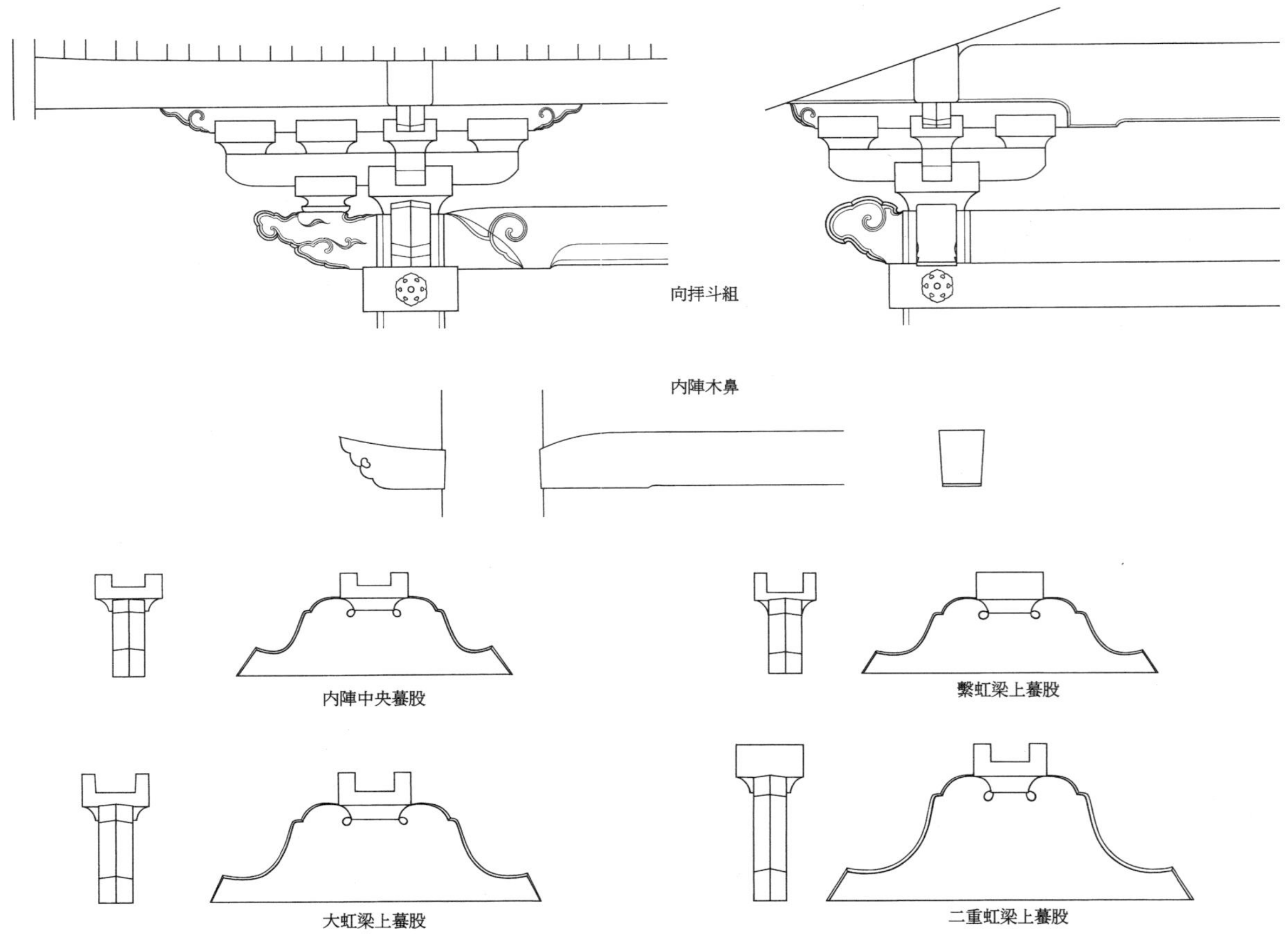

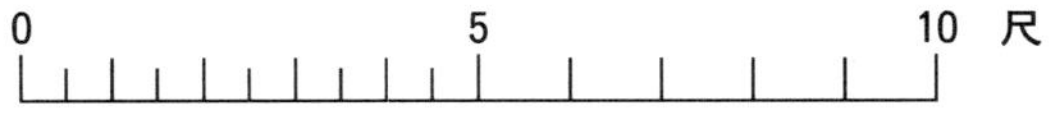

28　斗栱・板蟇股詳細図

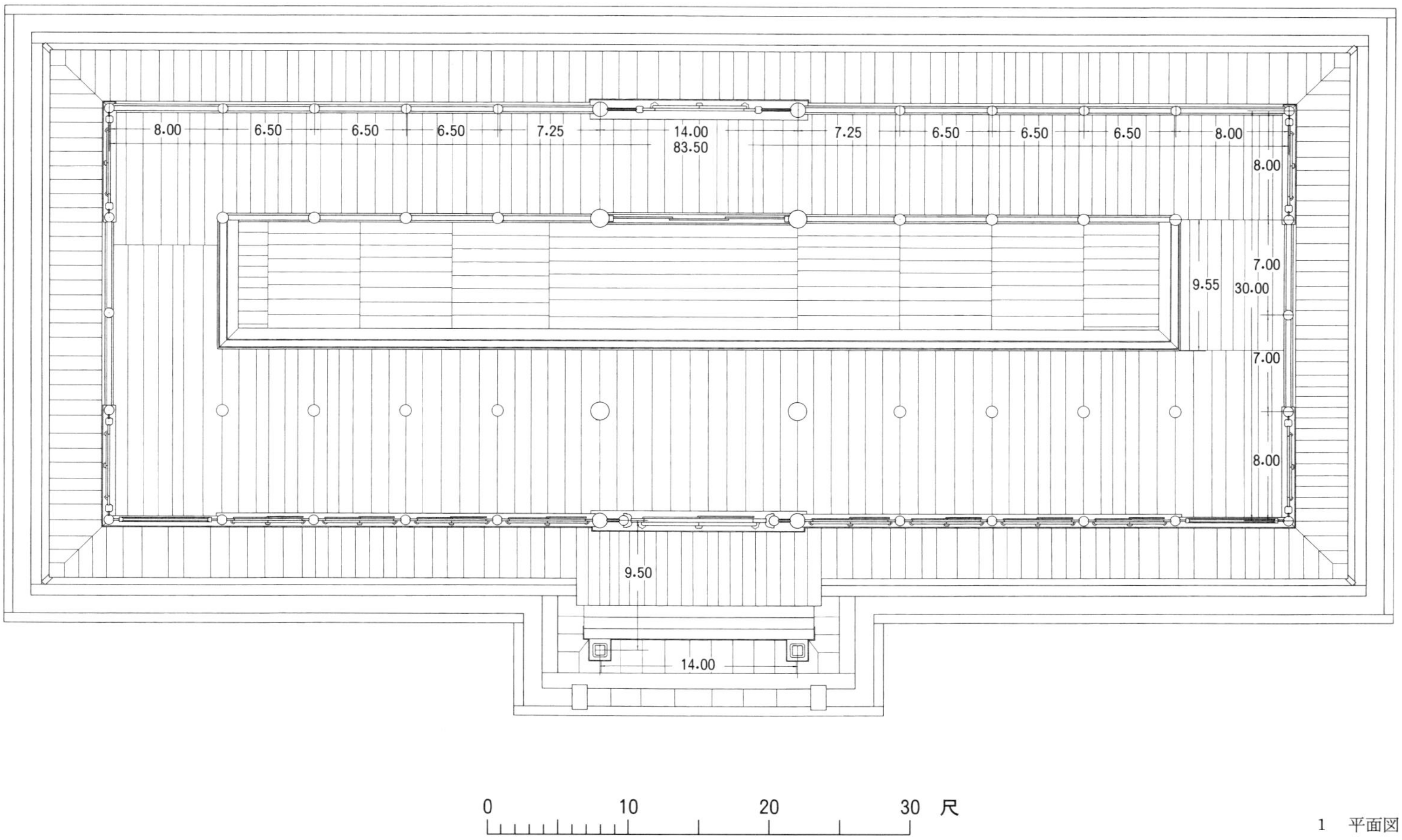
8.00
6.50
6.50
6.50
7.25
14.00
83.50
7.25
6.50
6.50
6.50
8.00
8.00
7.00
9.55
30.00
7.00
8.00
9.50
14.00
0
10
20
30 尺

1　平面図

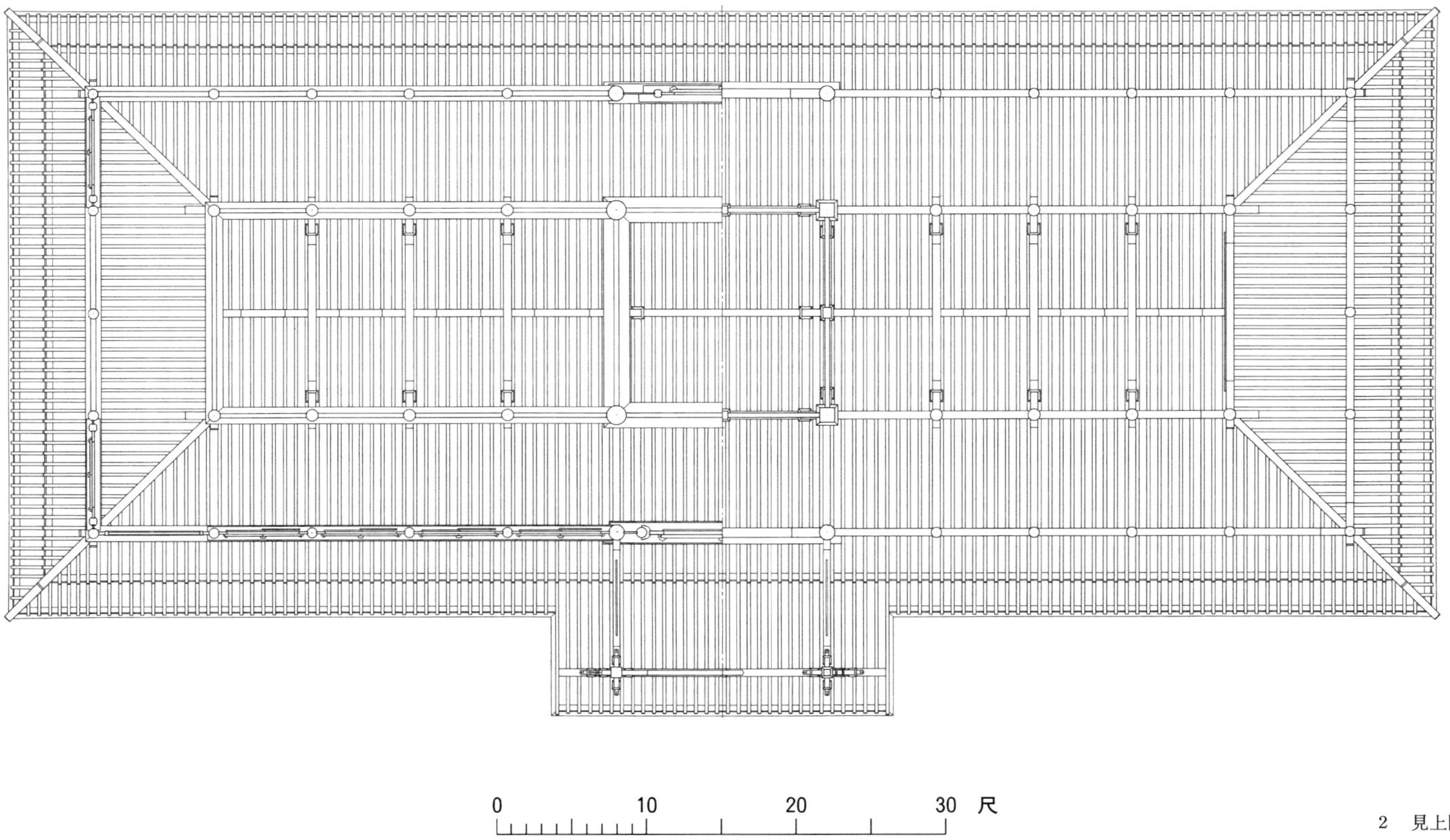
0
10
20
30 尺

2　見上図

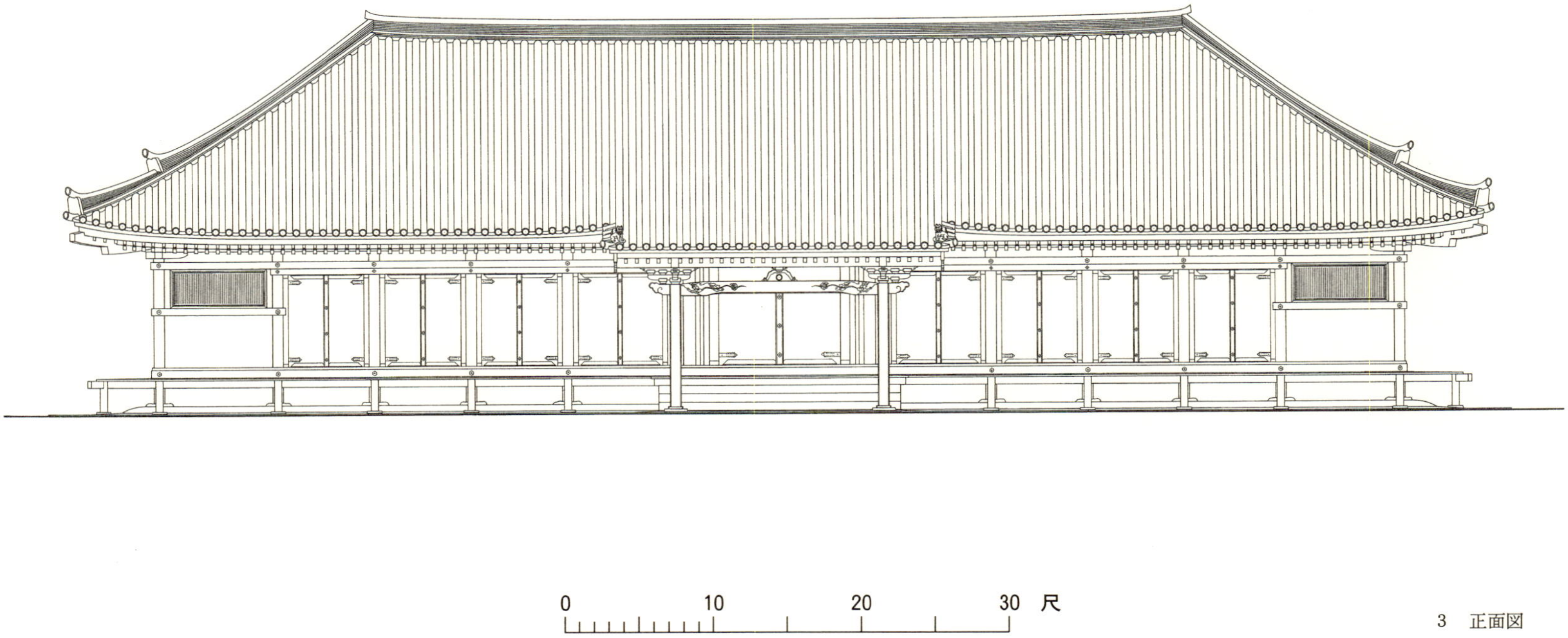
0 10 20 30 尺

3　正面図

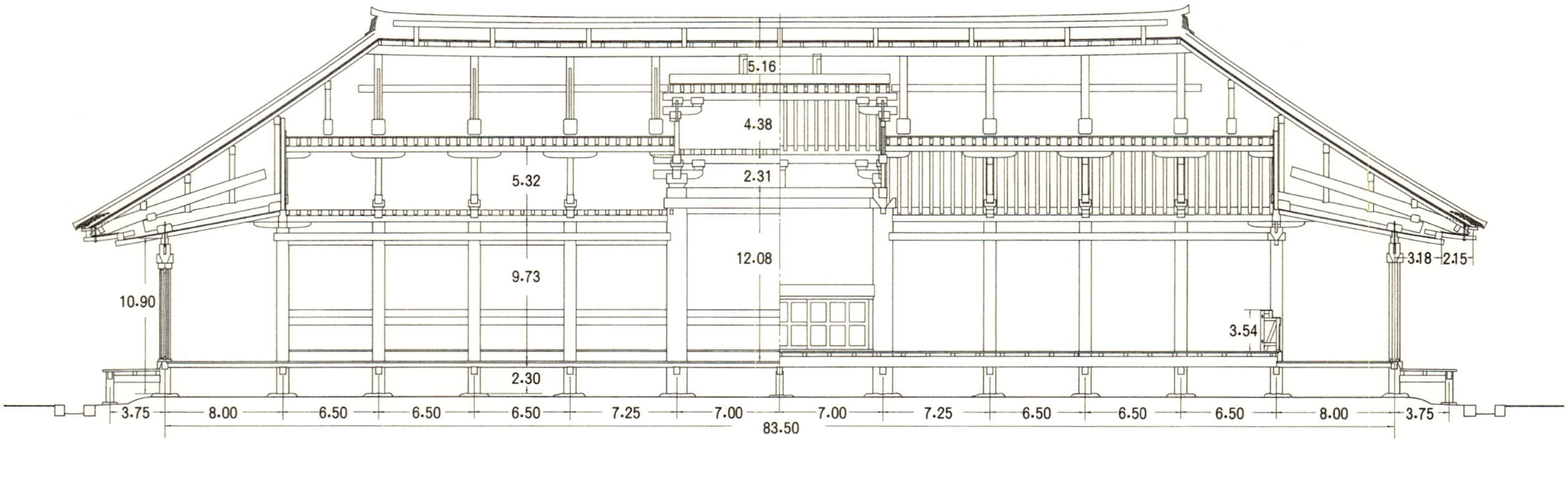
5.16
4.38
2.31
5.32
12.08
9.73
10.90
3.18
2.15
3.54
2.30
3.75
8.00
6.50
6.50
6.50
7.25
7.00
7.00
7.25
6.50
6.50
6.50
8.00
3.75
83.50
0 10 20 30 尺

4　桁行断面図

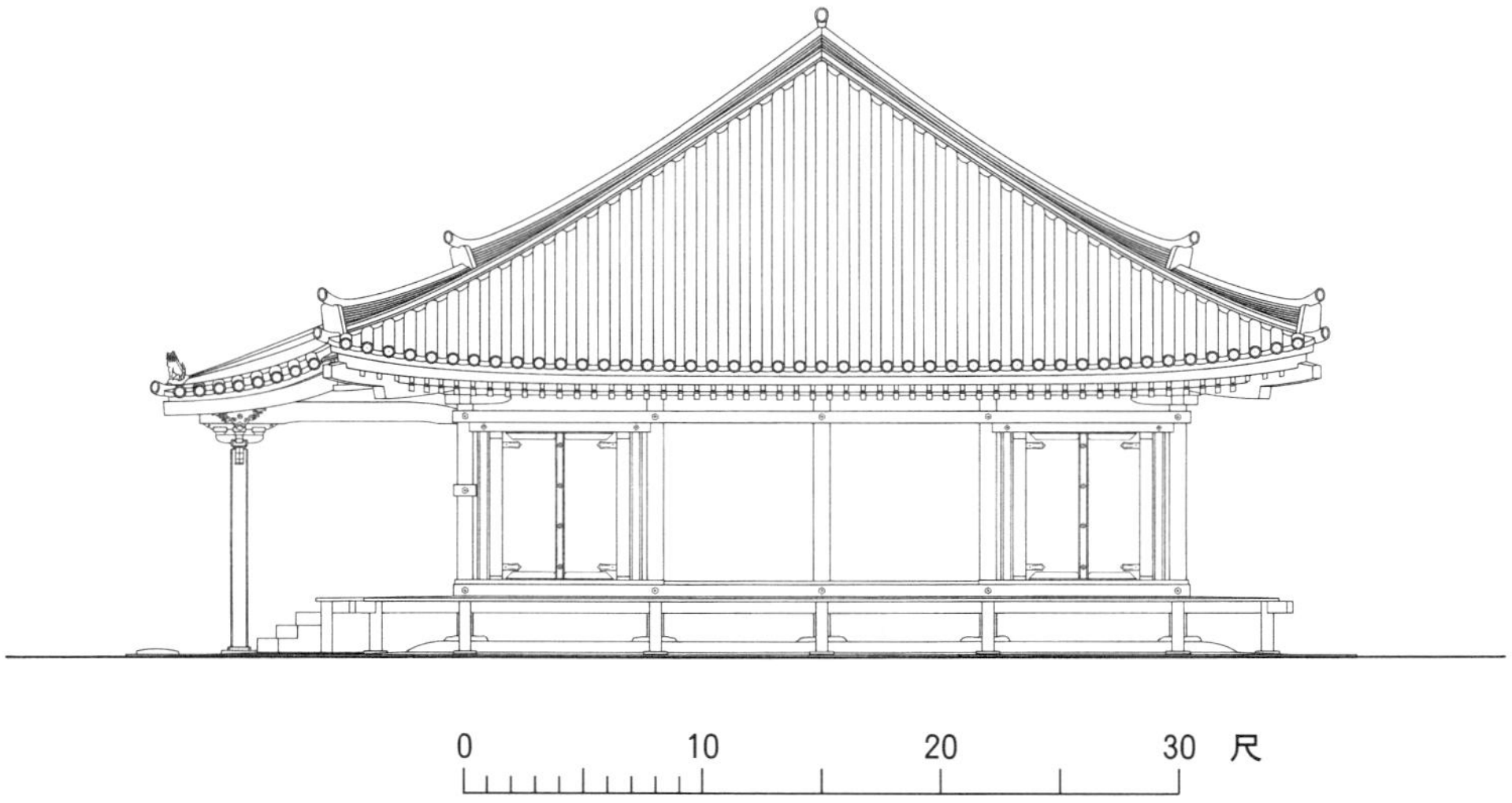

5 側面図

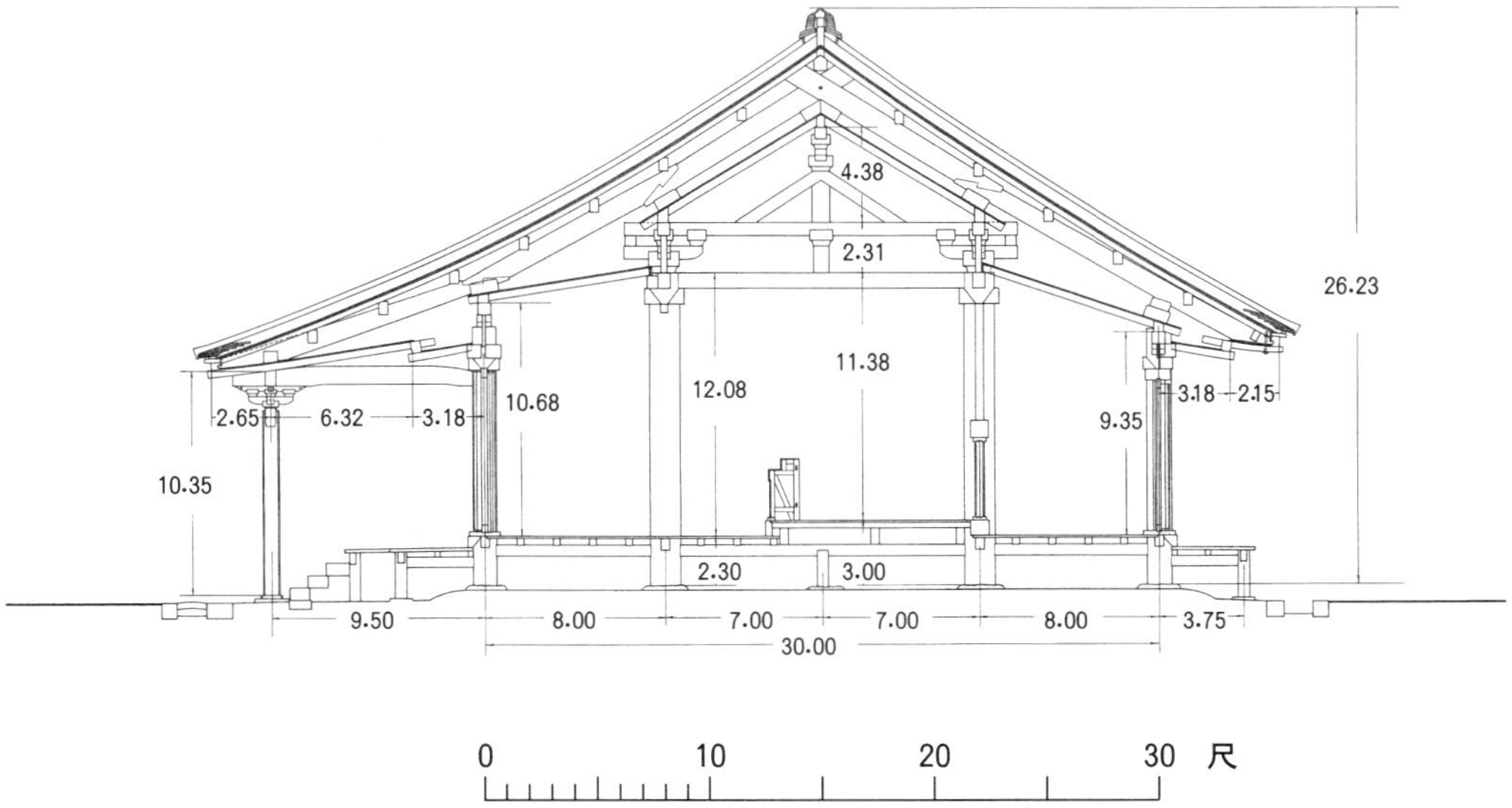

6 中央部梁行断面図

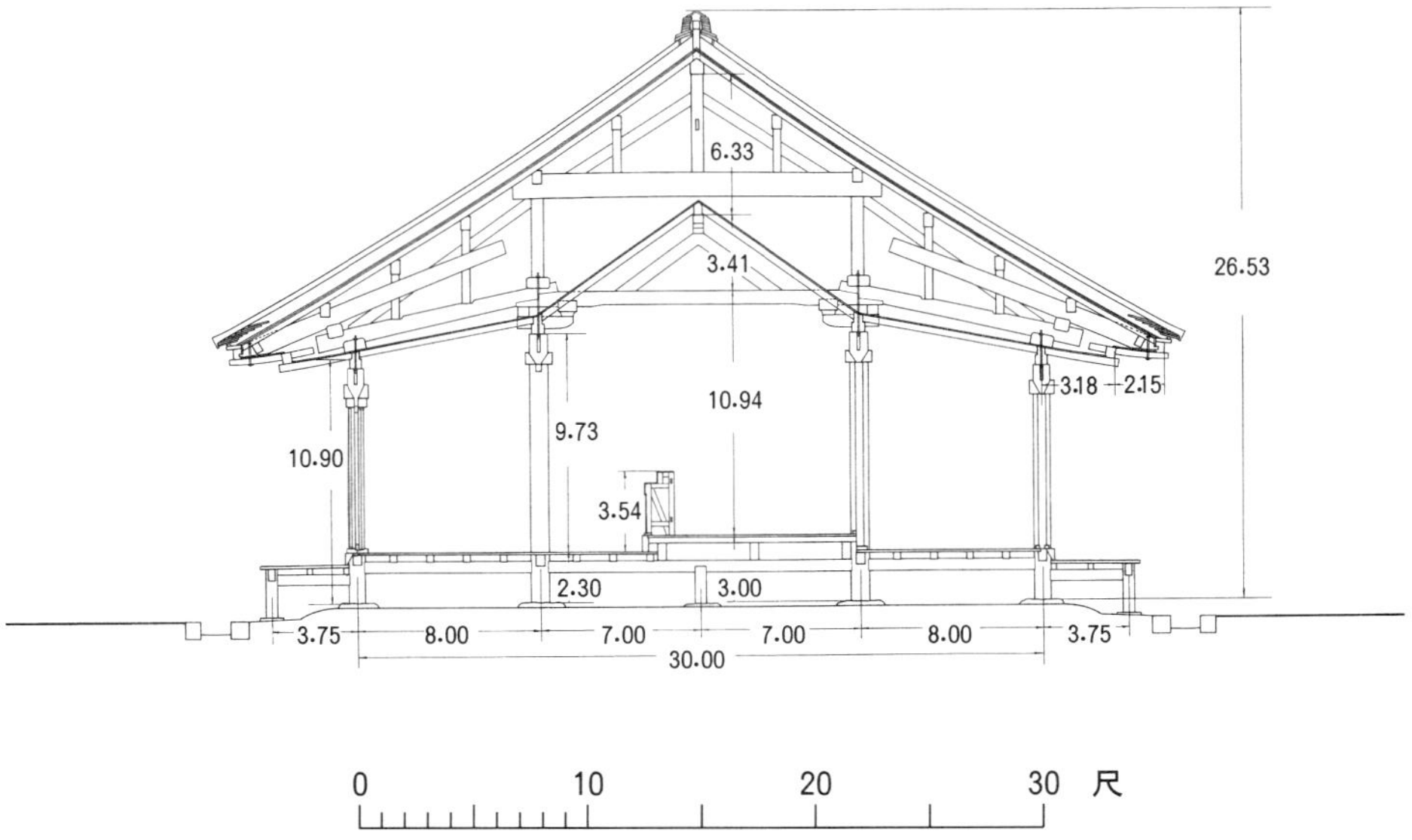

7 梁行断面図

9　中央部桁行断面詳細図

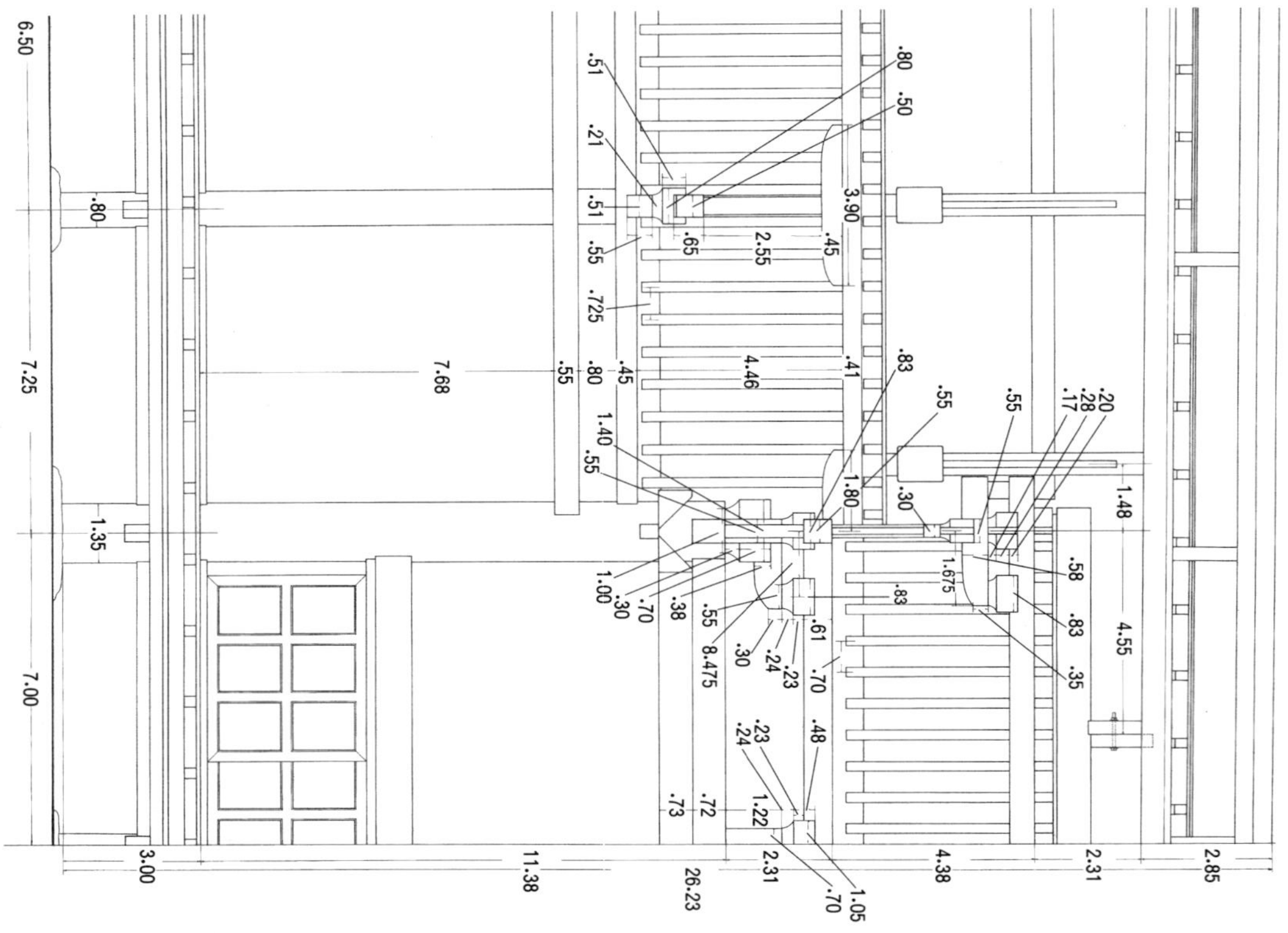

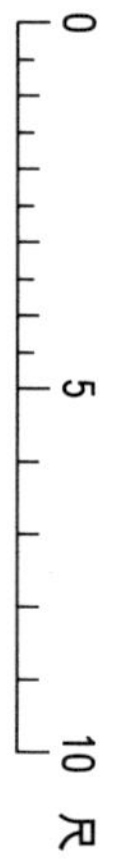

8　中央部梁行断面詳細図

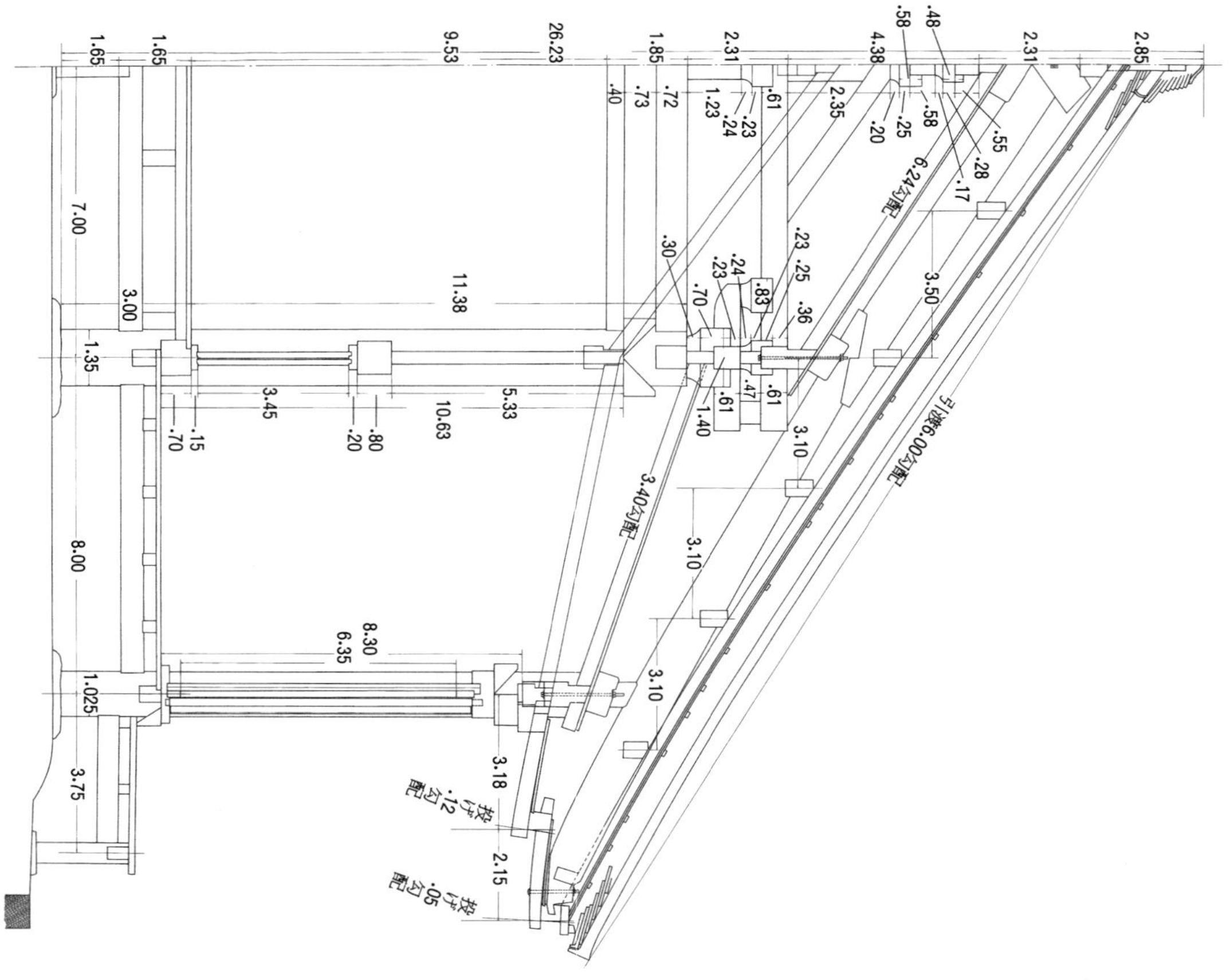

11　梁行断面詳細図

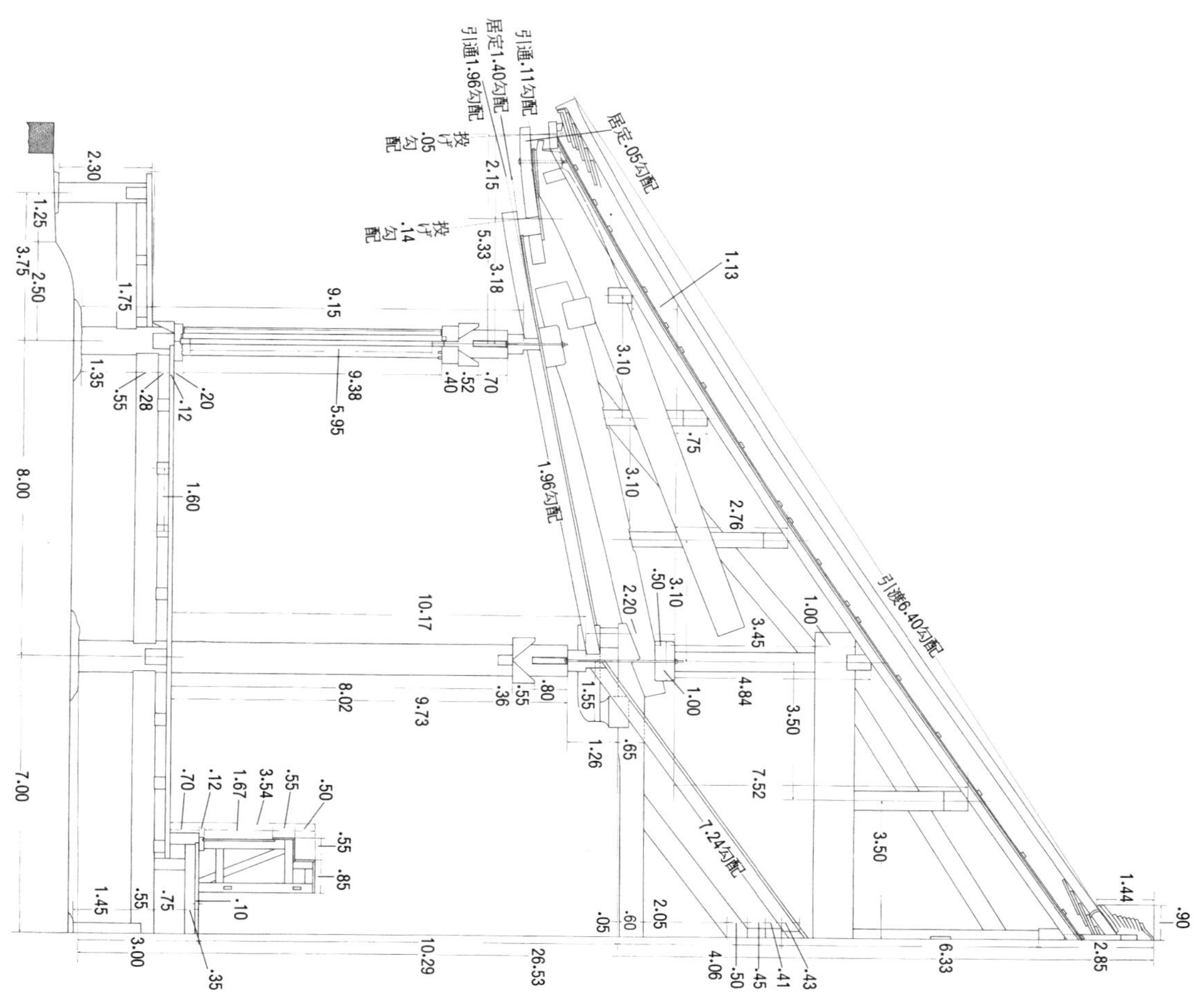

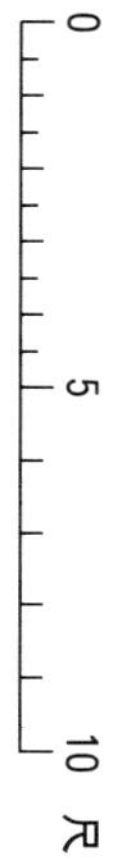

10　妻桁行断面詳細図

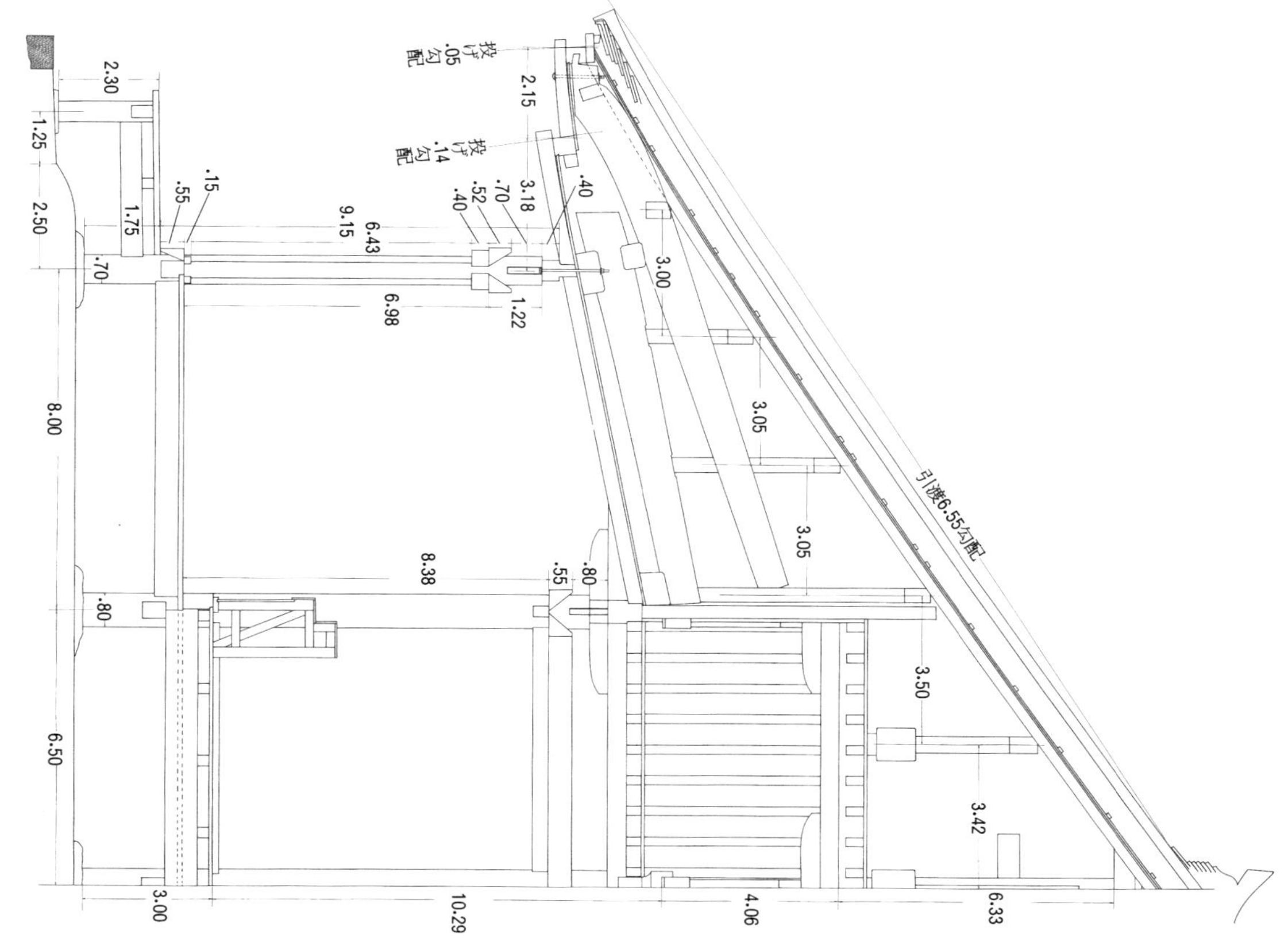

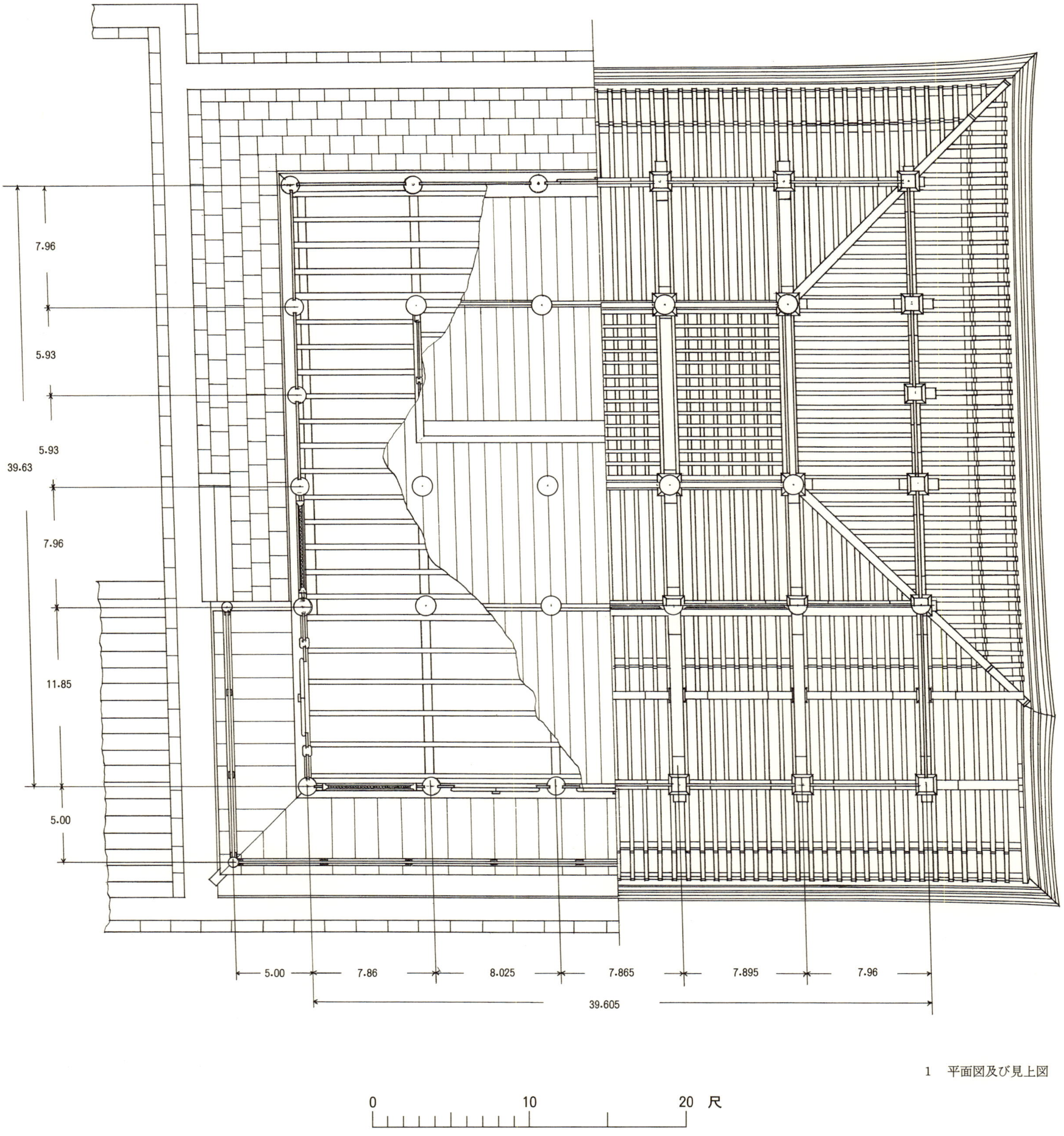
7.96
5.93
5.93
39.63
7.96
11.85
5.00
5.00
7.86
8.025
7.865
7.895
7.96
39.605
0
10
20 尺

1　平面図及び見上図

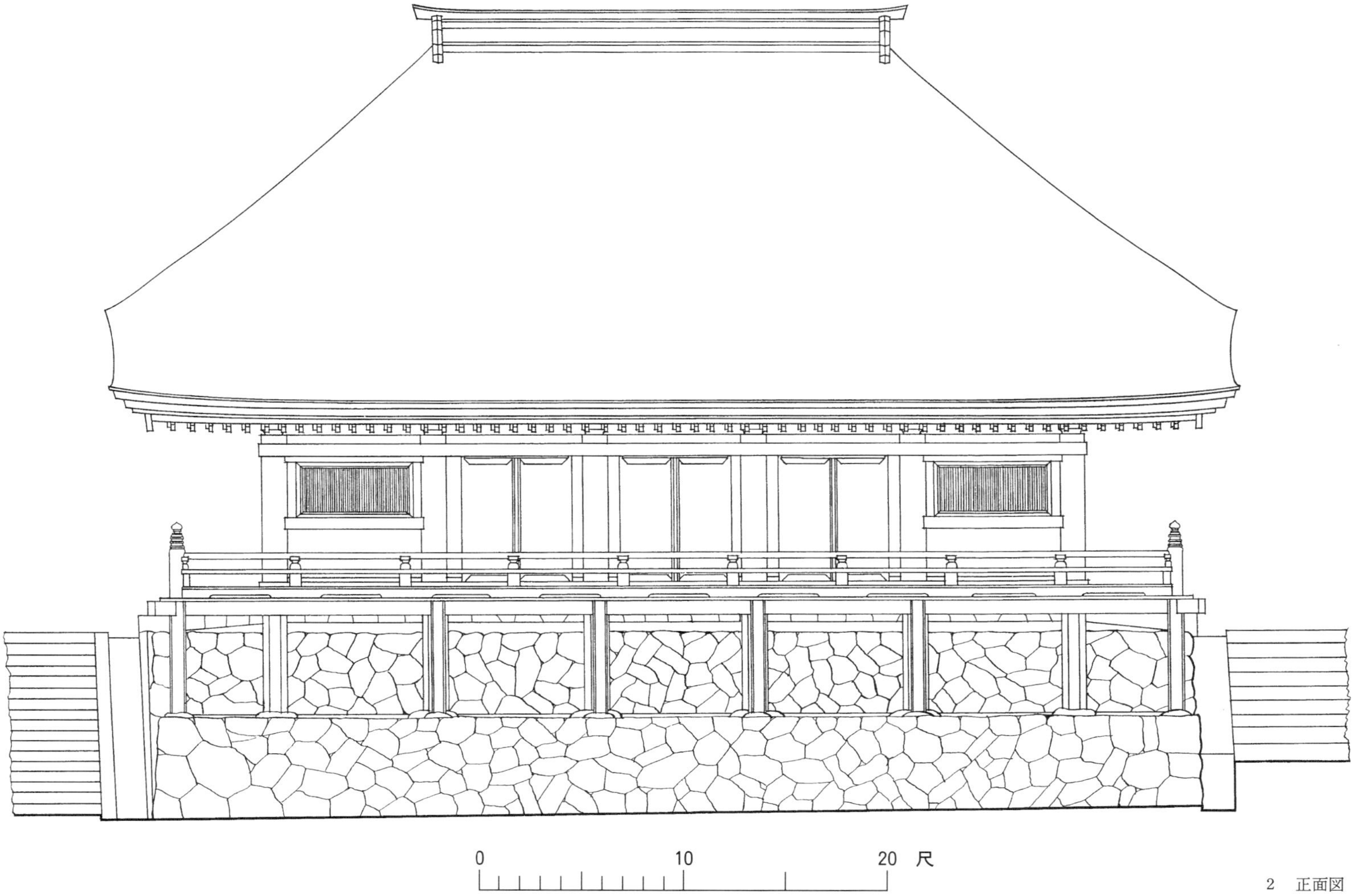

2 正面図

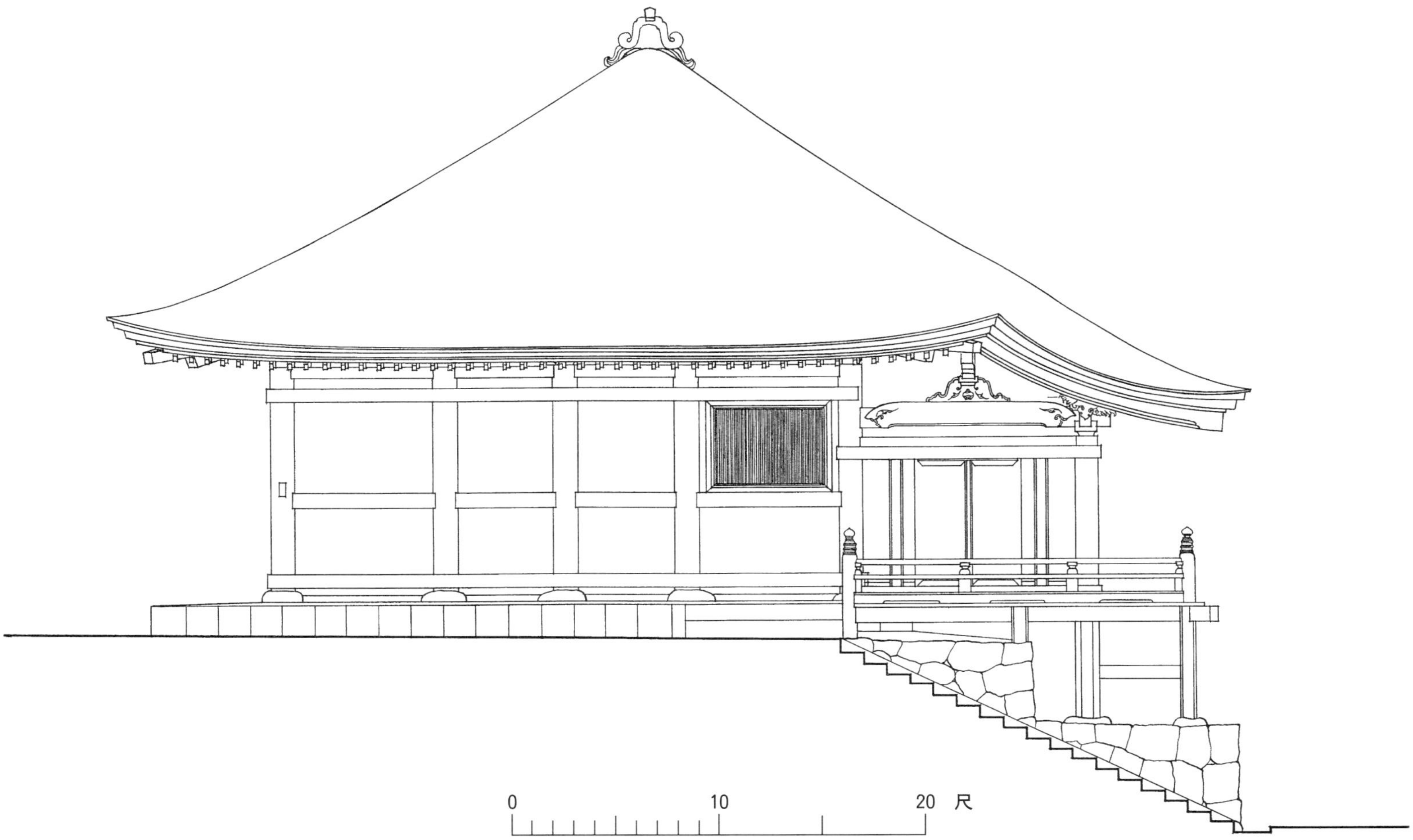

3 側面図

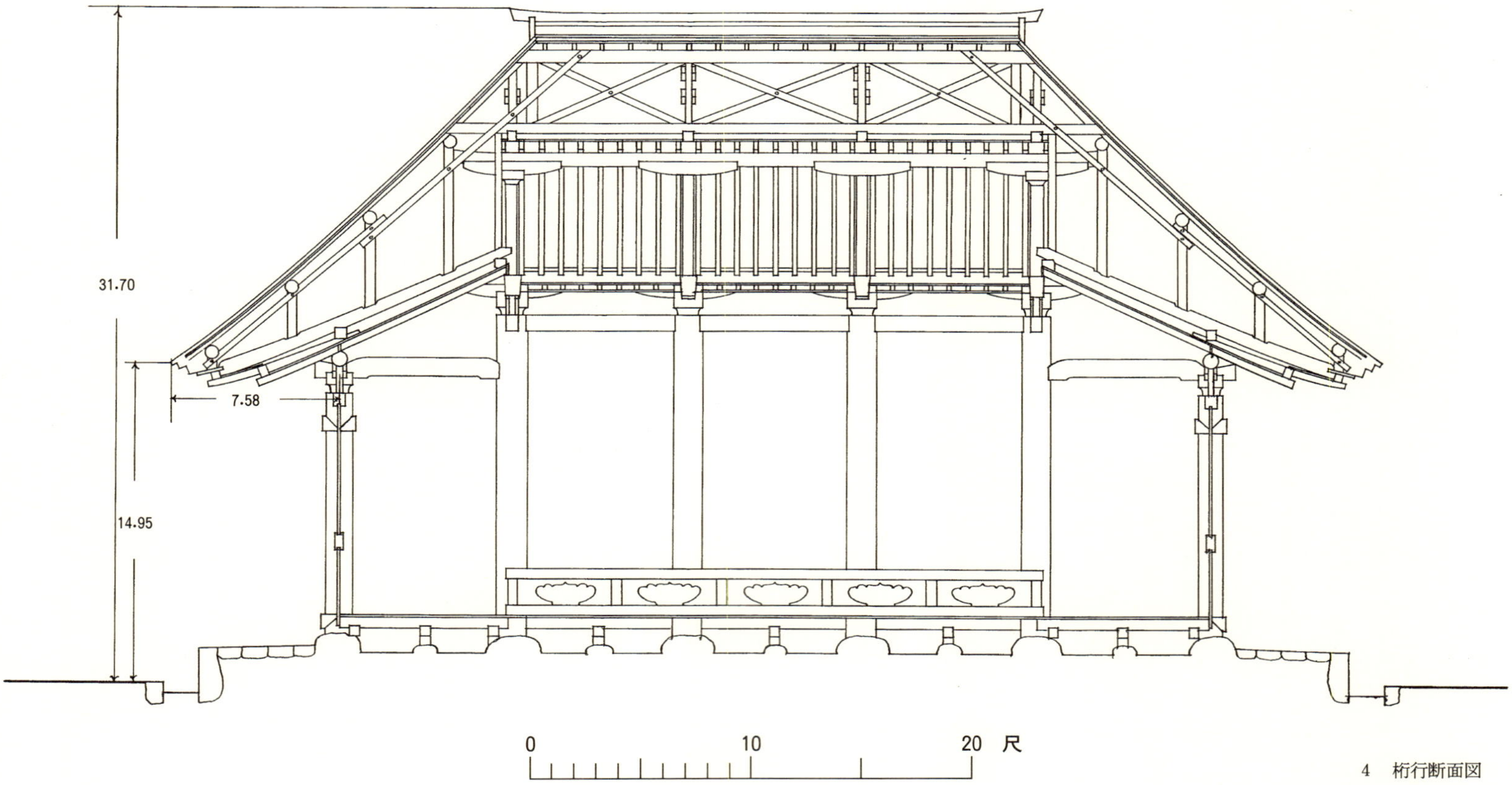

4　桁行断面図

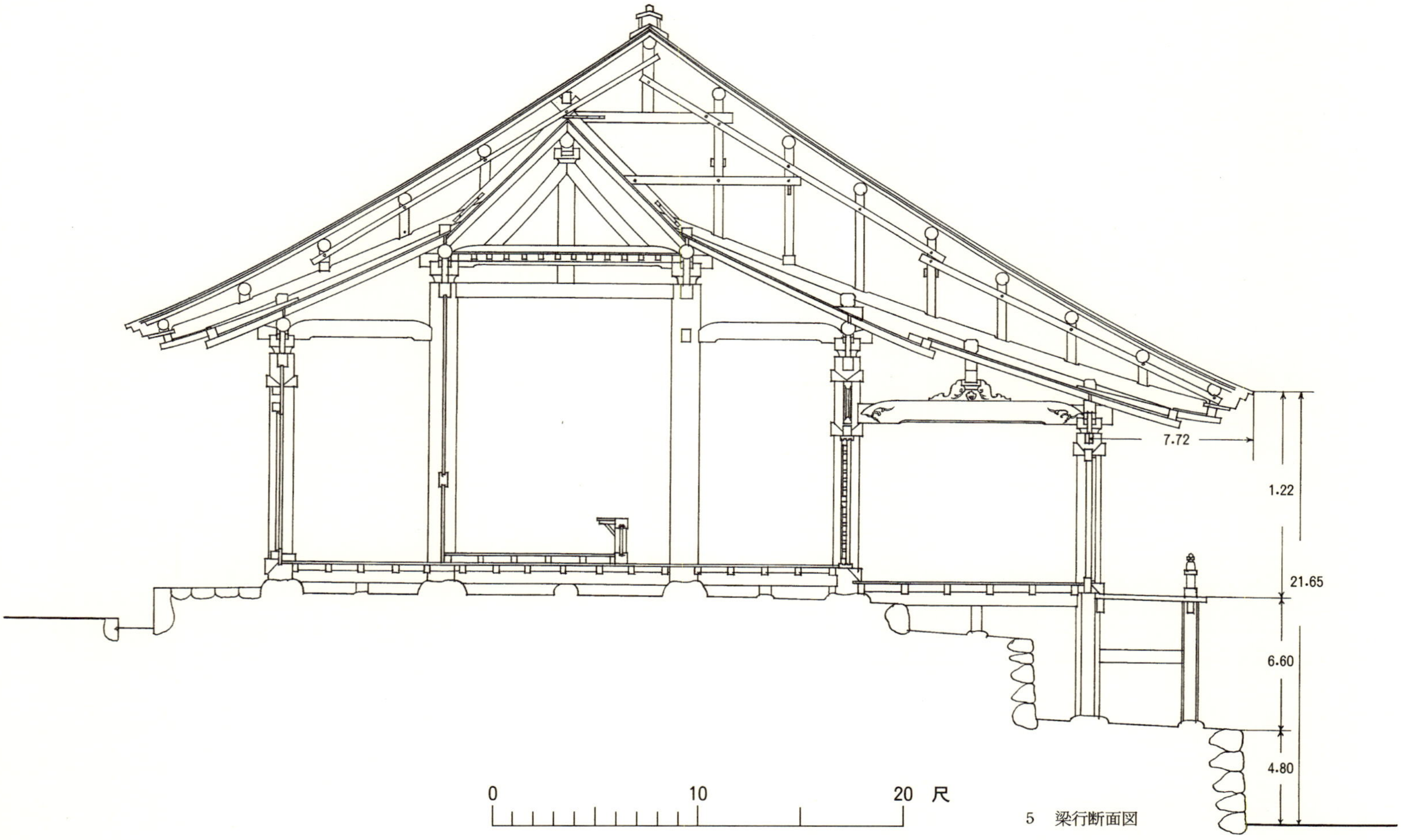

5　梁行断面図

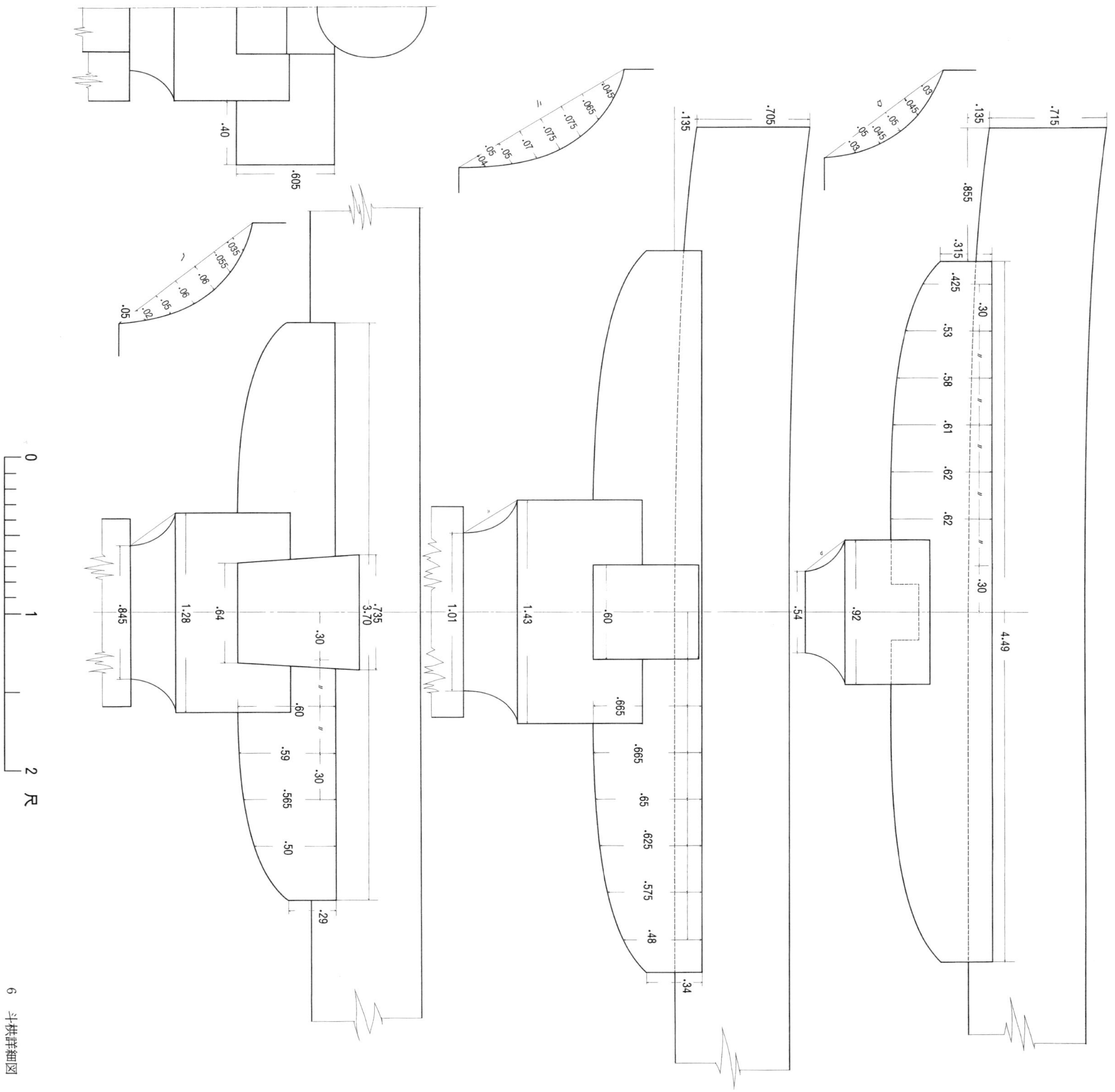

.40
.605
.05
.02
.05
.06
.06
.055
.035
.04
.05
.05
.07
.075
.075
.065
.045
.03
.05
.05
.045
.05
.045
.03
.135
.705
.135
.715
.855
.315
.425
.30
.53
.58
.61
.62
.62
.30
.845
1.28
.64
.30
.735
3.70
.60
.59
.30
.565
.50
.29
1.01
1.43
.60
.665
.665
.65
.625
.575
.48
.34
.54
.92
4.49
0
1
2
尺

6　斗栱詳細図

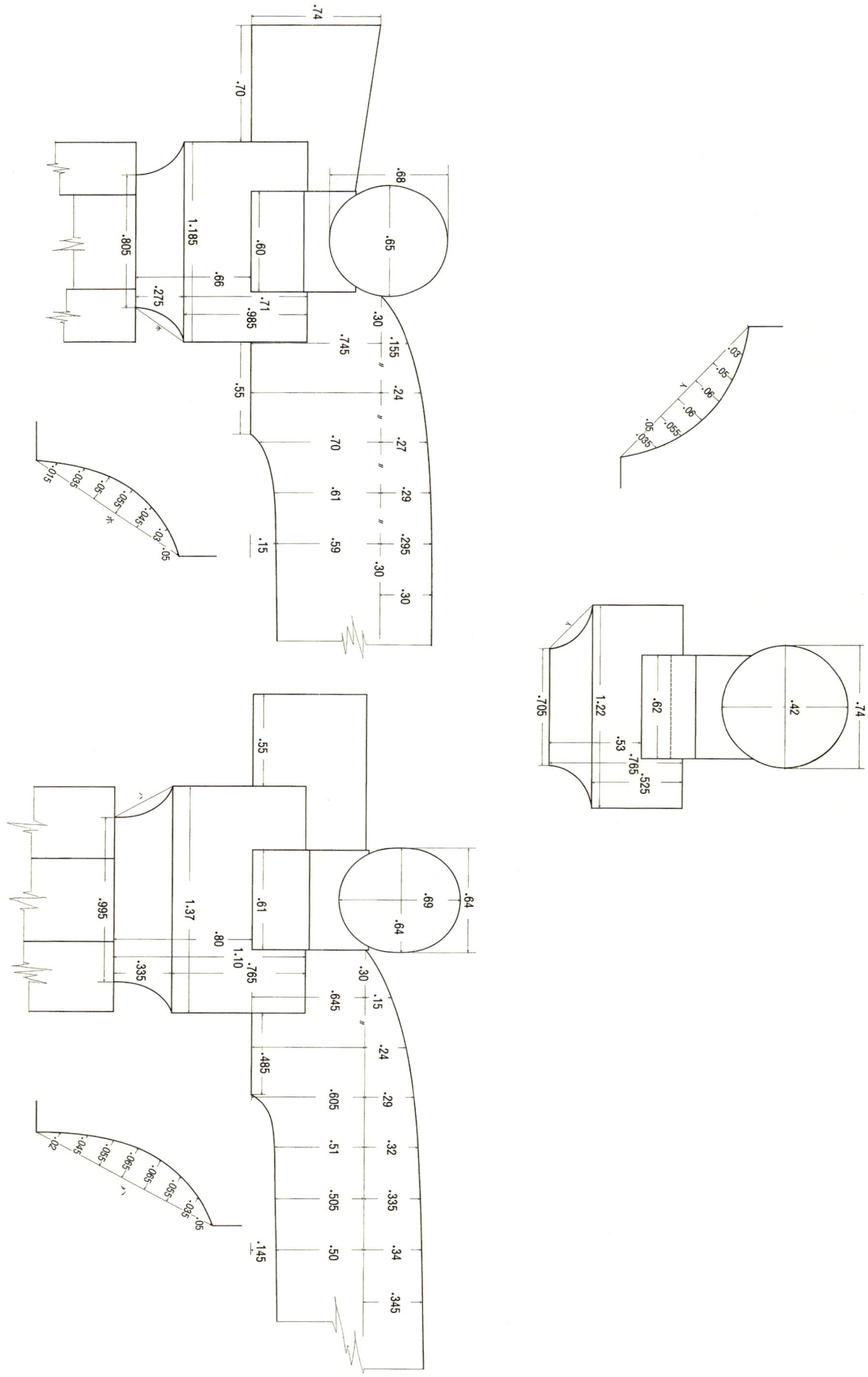

7 斗栱詳細図

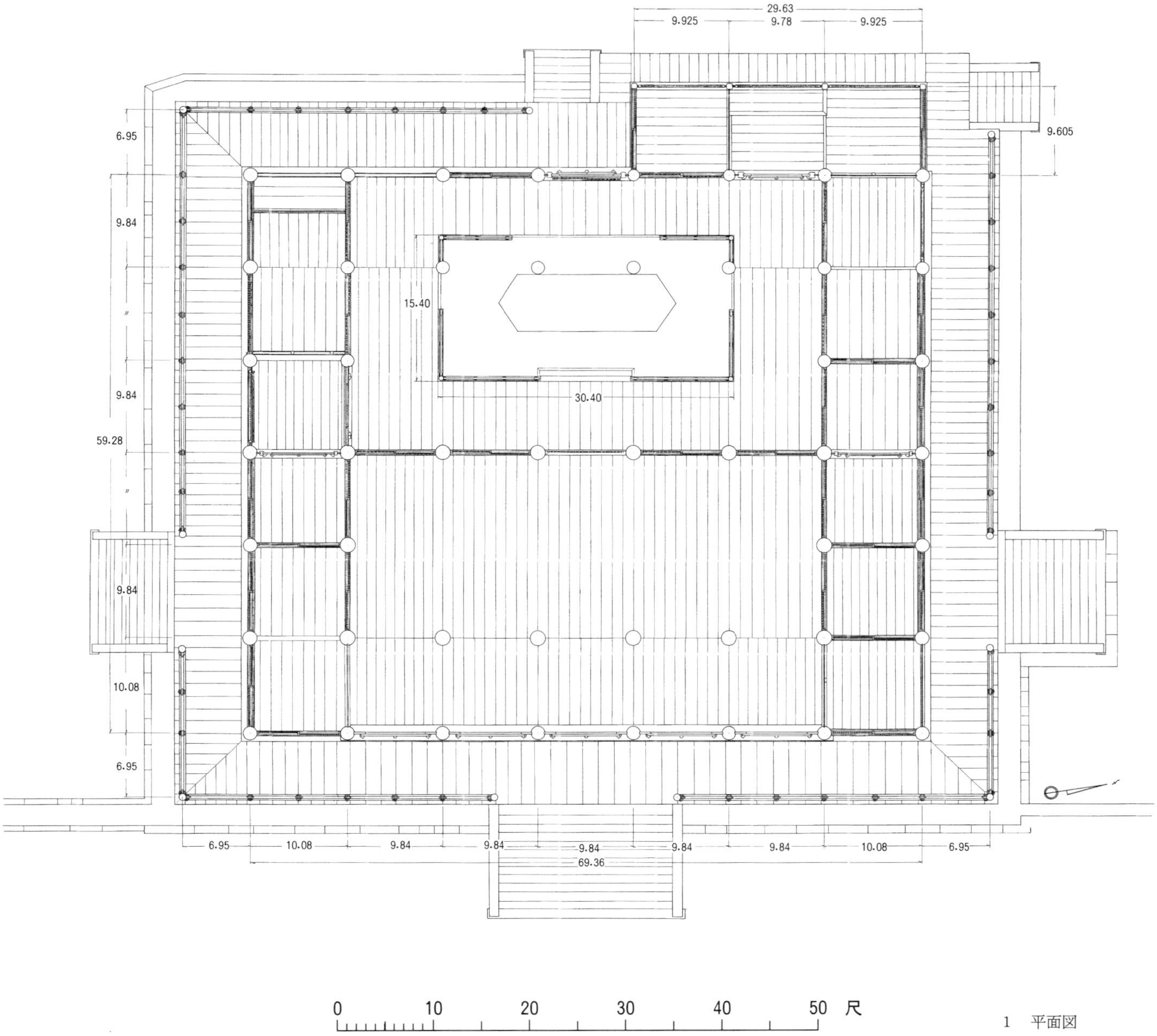
29.63
9.925
9.78
9.925
9.605
6.95
9.84
15.40
30.40
9.84
59.28
9.84
10.08
6.95
6.95
10.08
9.84
9.84
9.84
9.84
9.84
10.08
6.95
69.36
0
10
20
30
40
50
尺

1　平面図

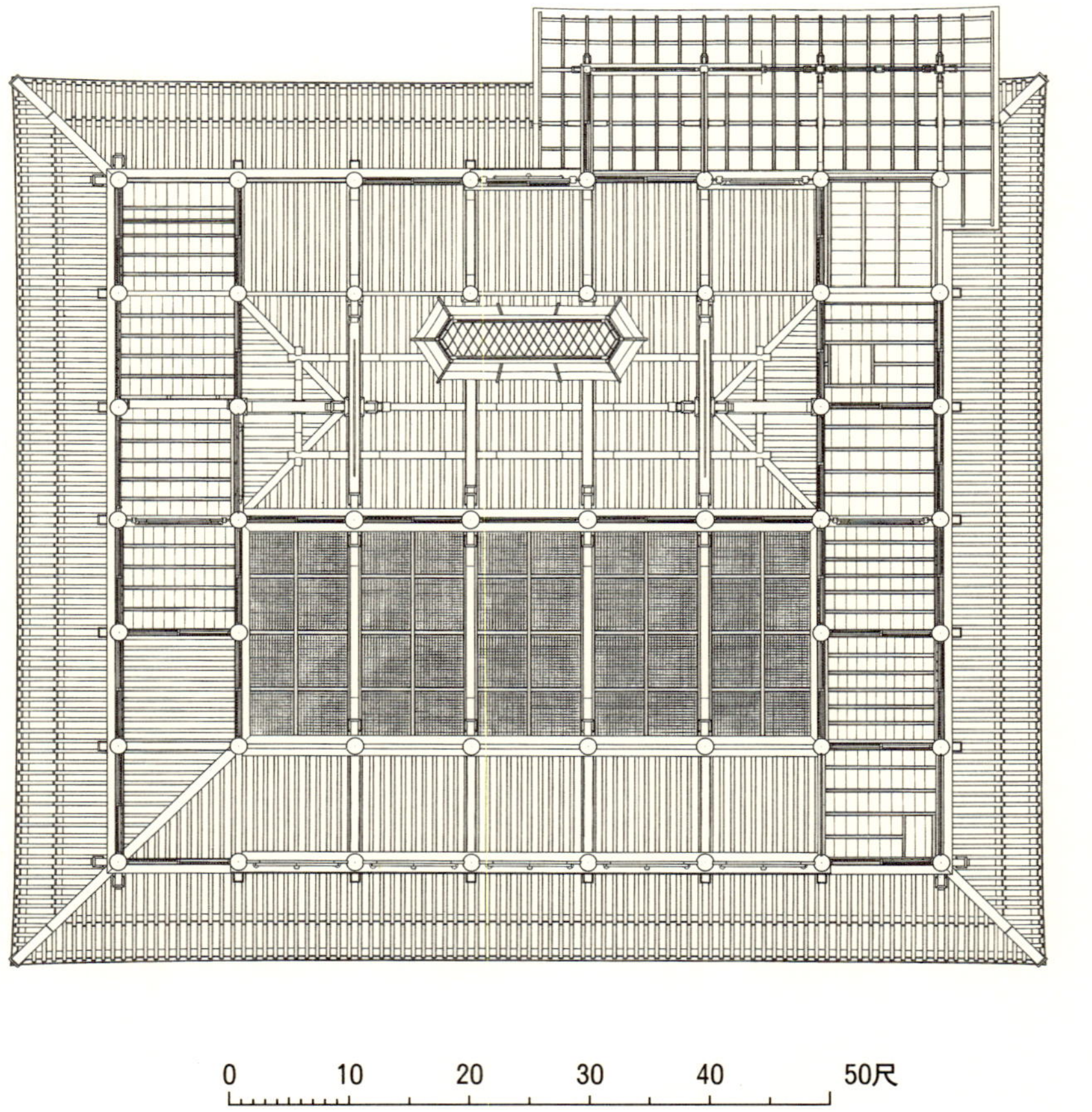

2　見上図

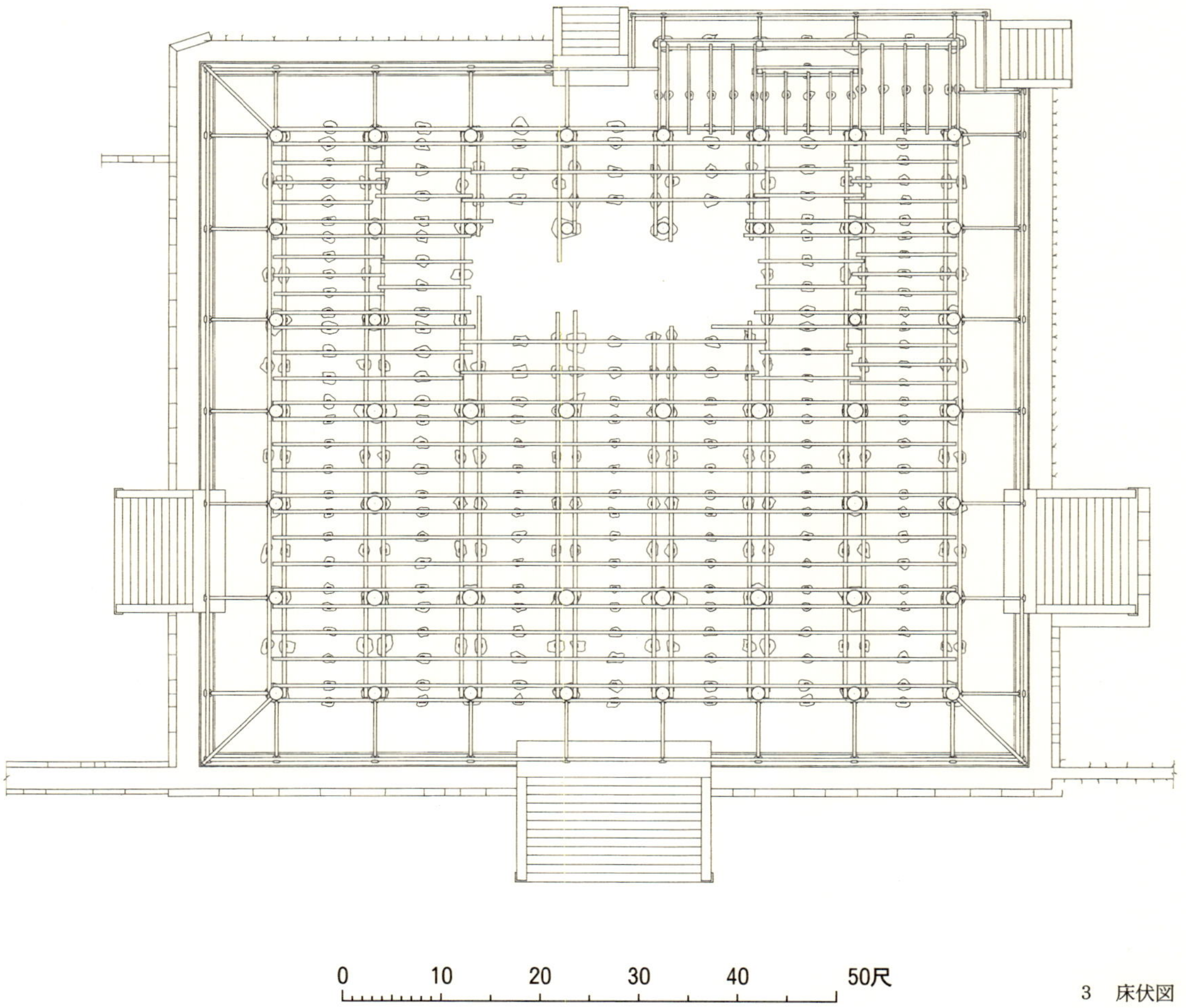

3　床伏図

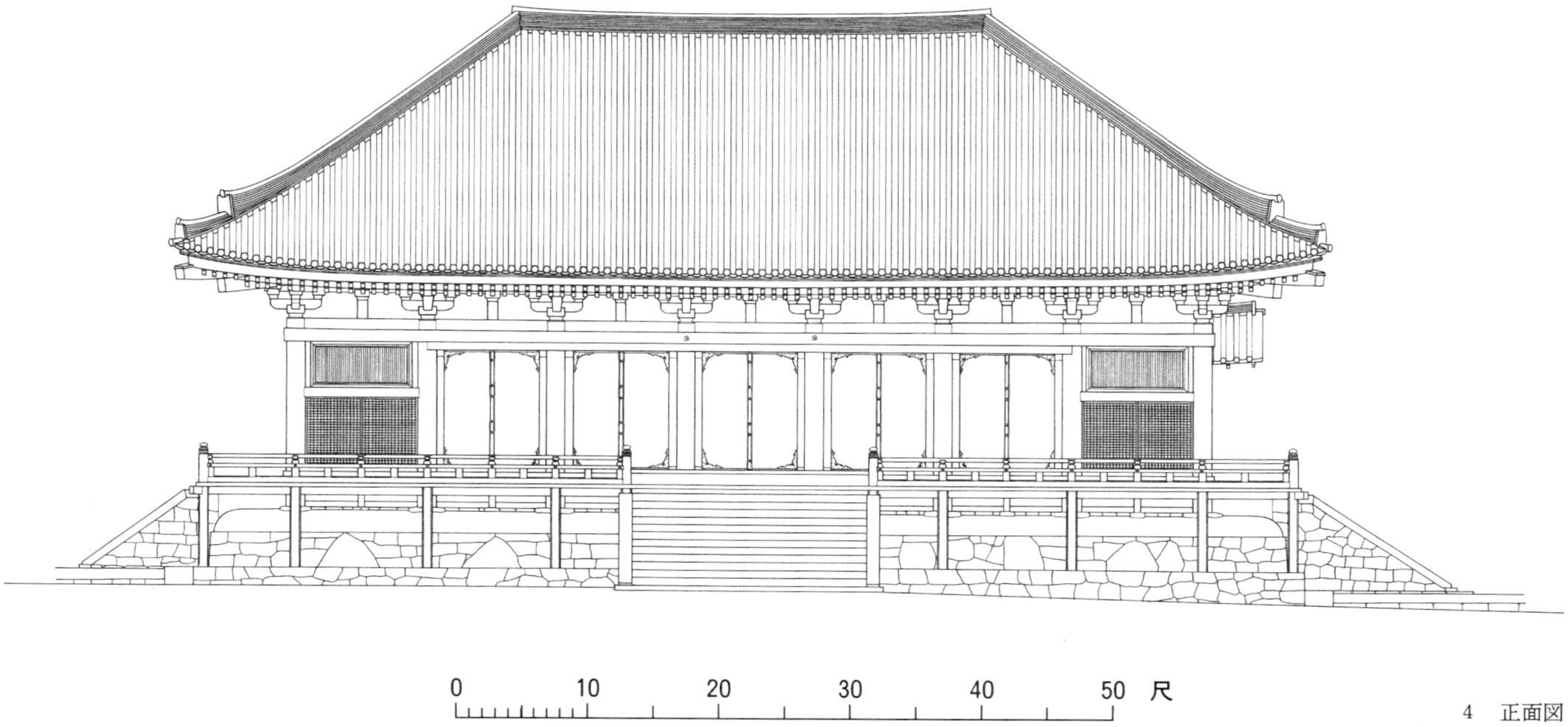

4　正面図

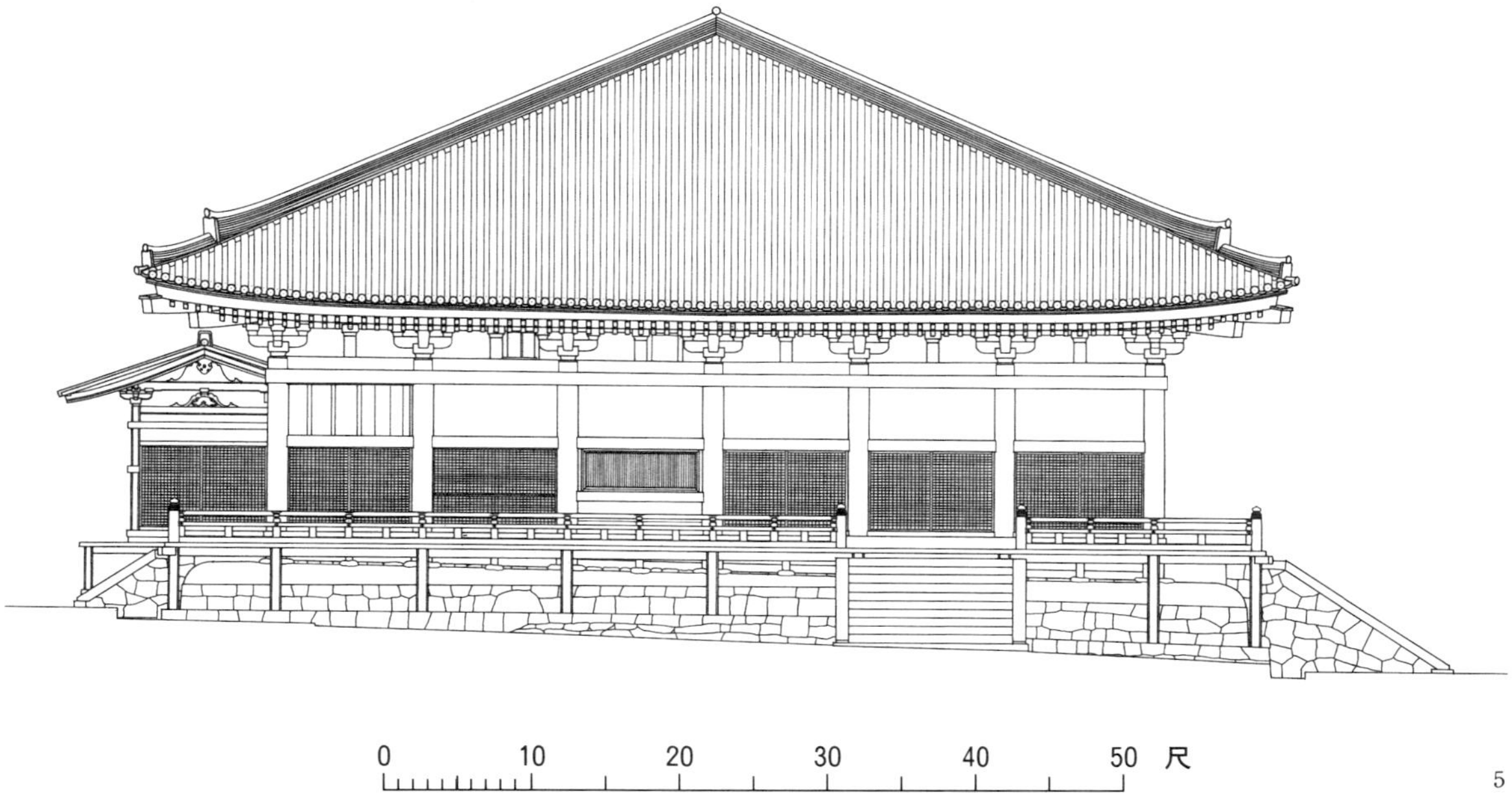

5　南側面図

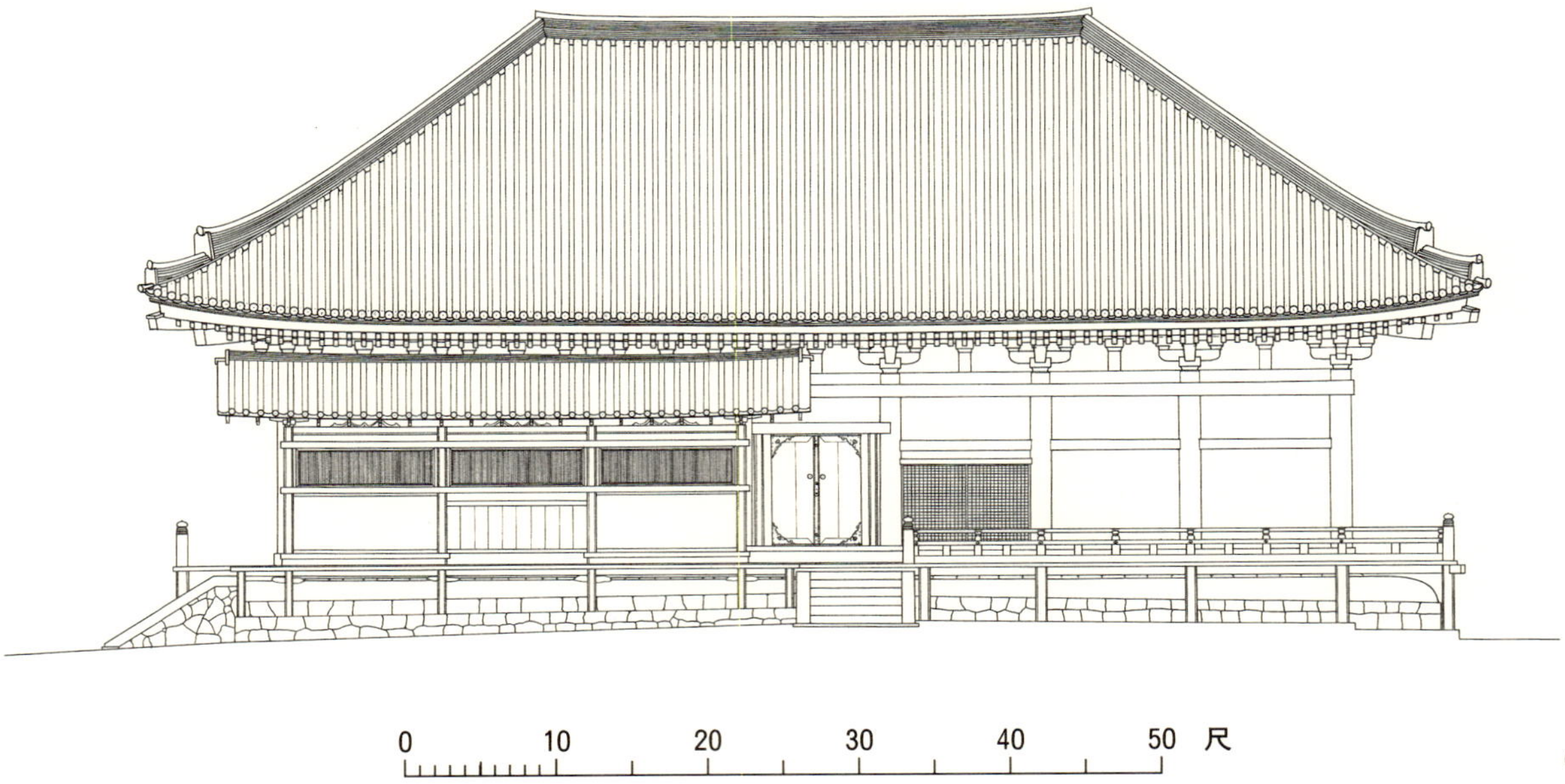

6　背面図

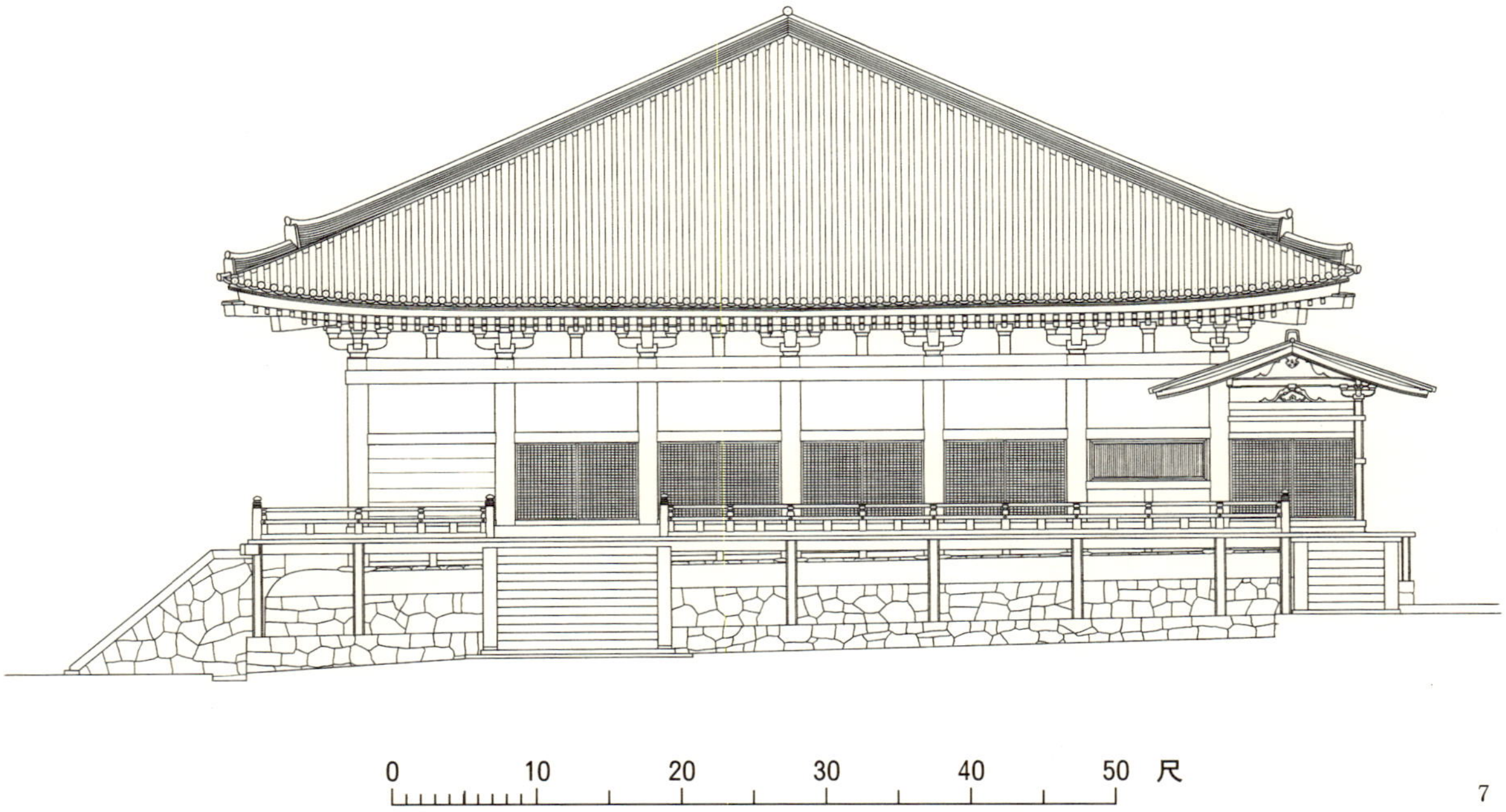

7　北側面図

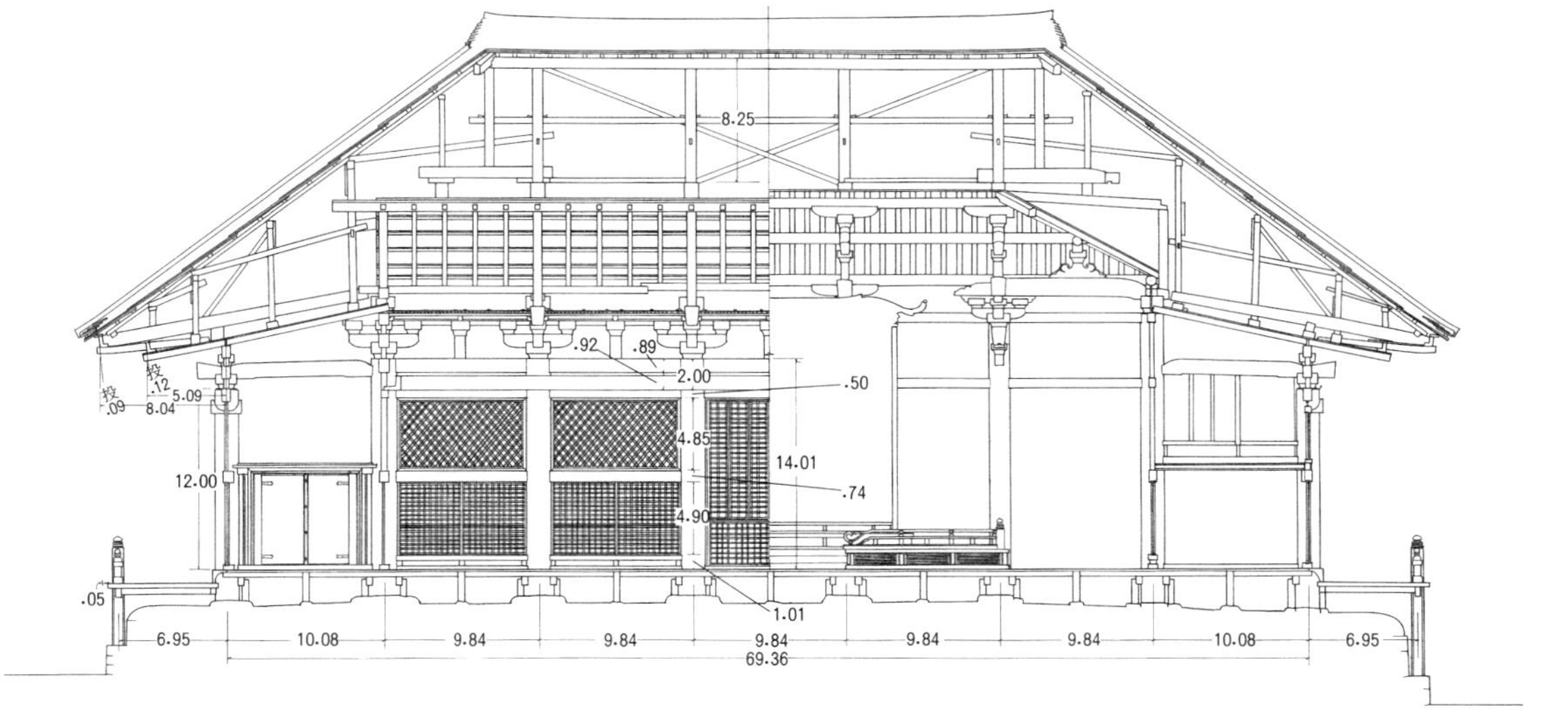

8　桁行断面図

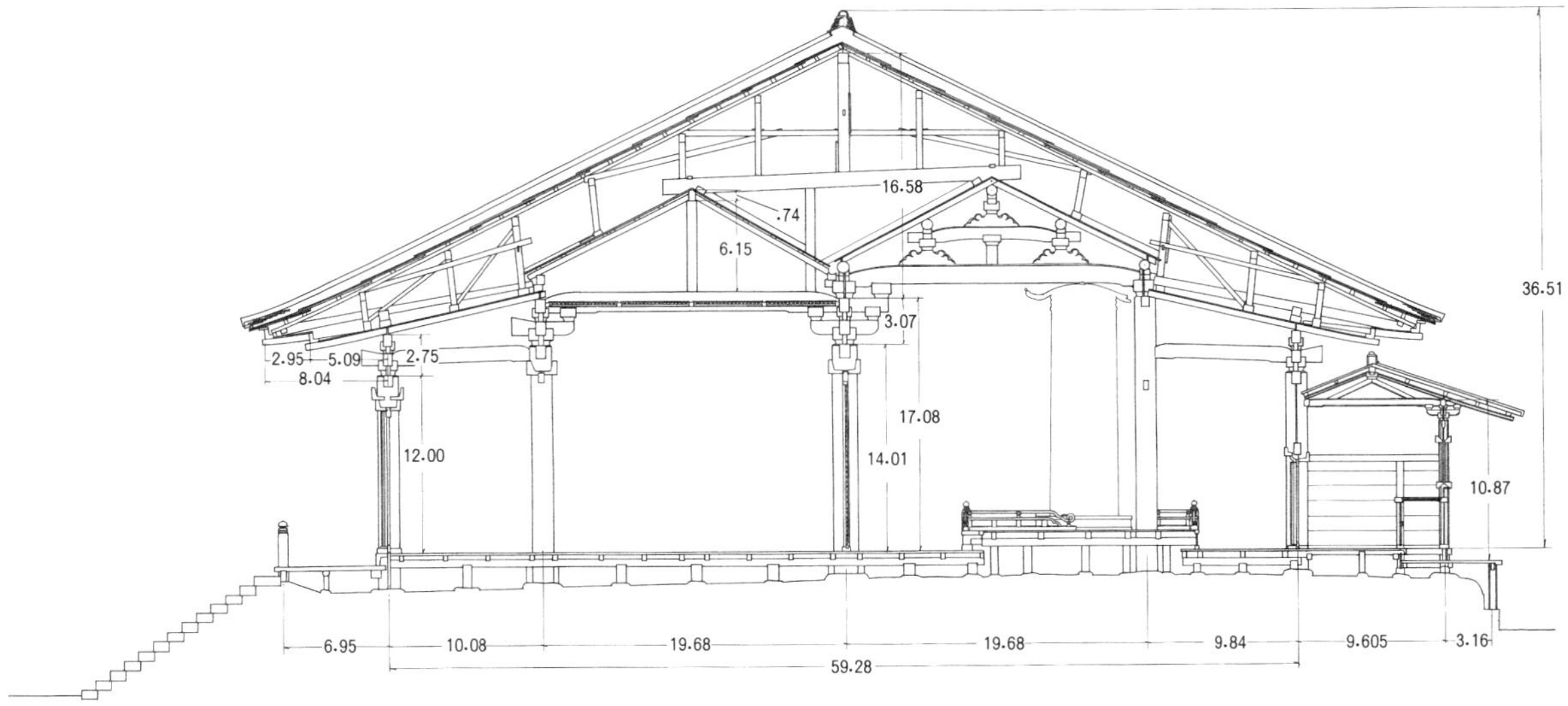

9　梁行断面図

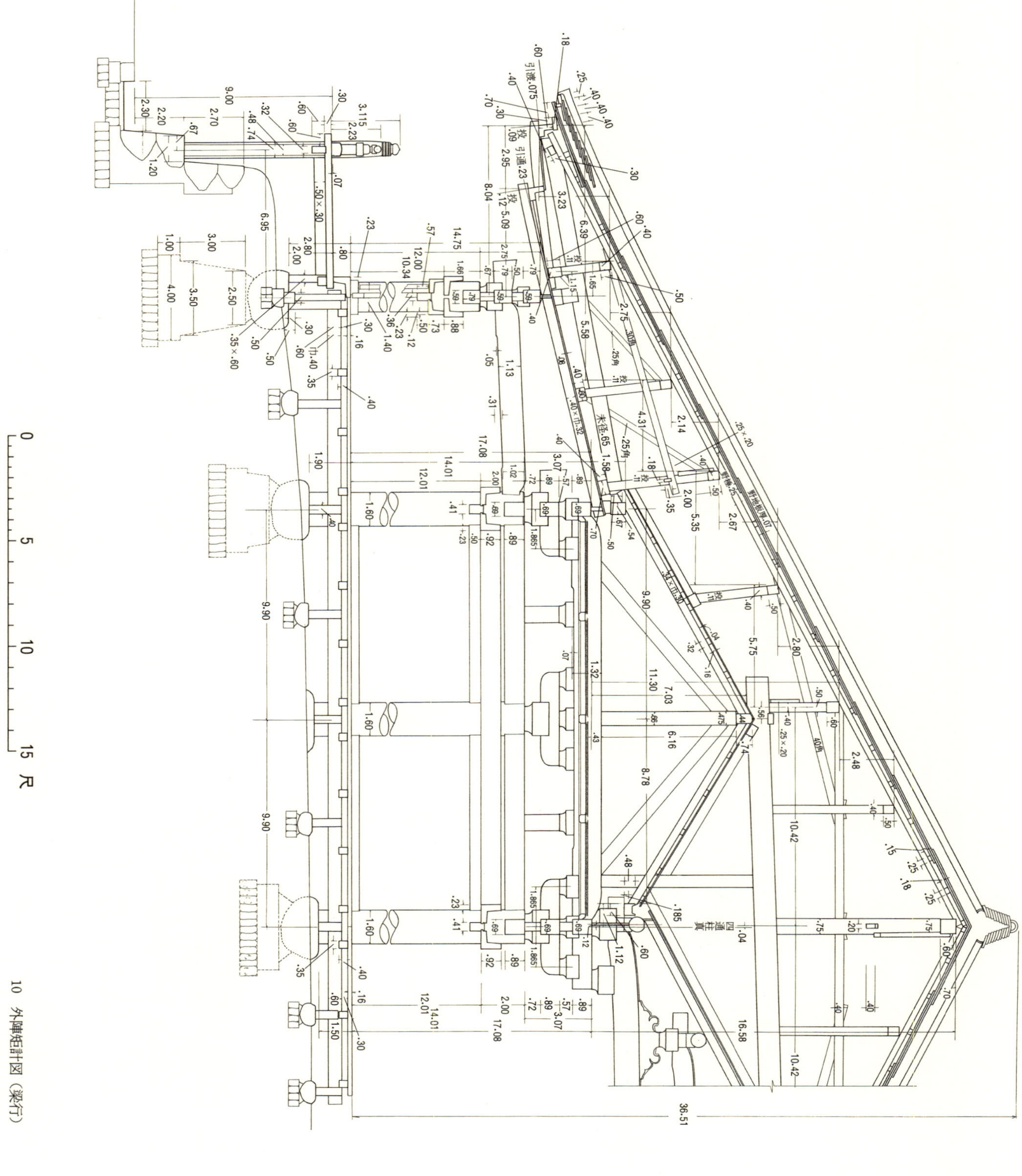

10 外陣矩計図（梁行）

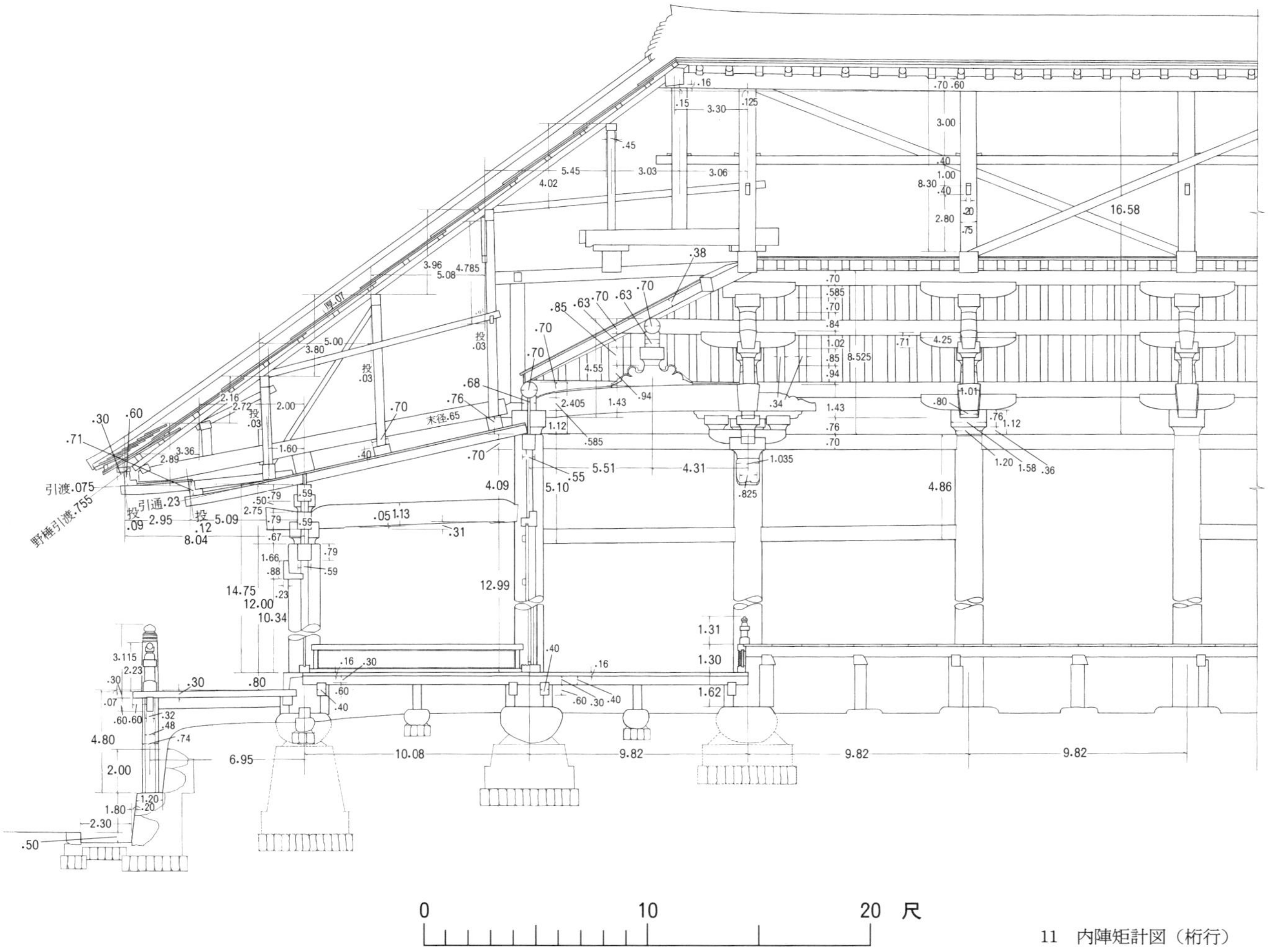

11　内陣矩計図（桁行）

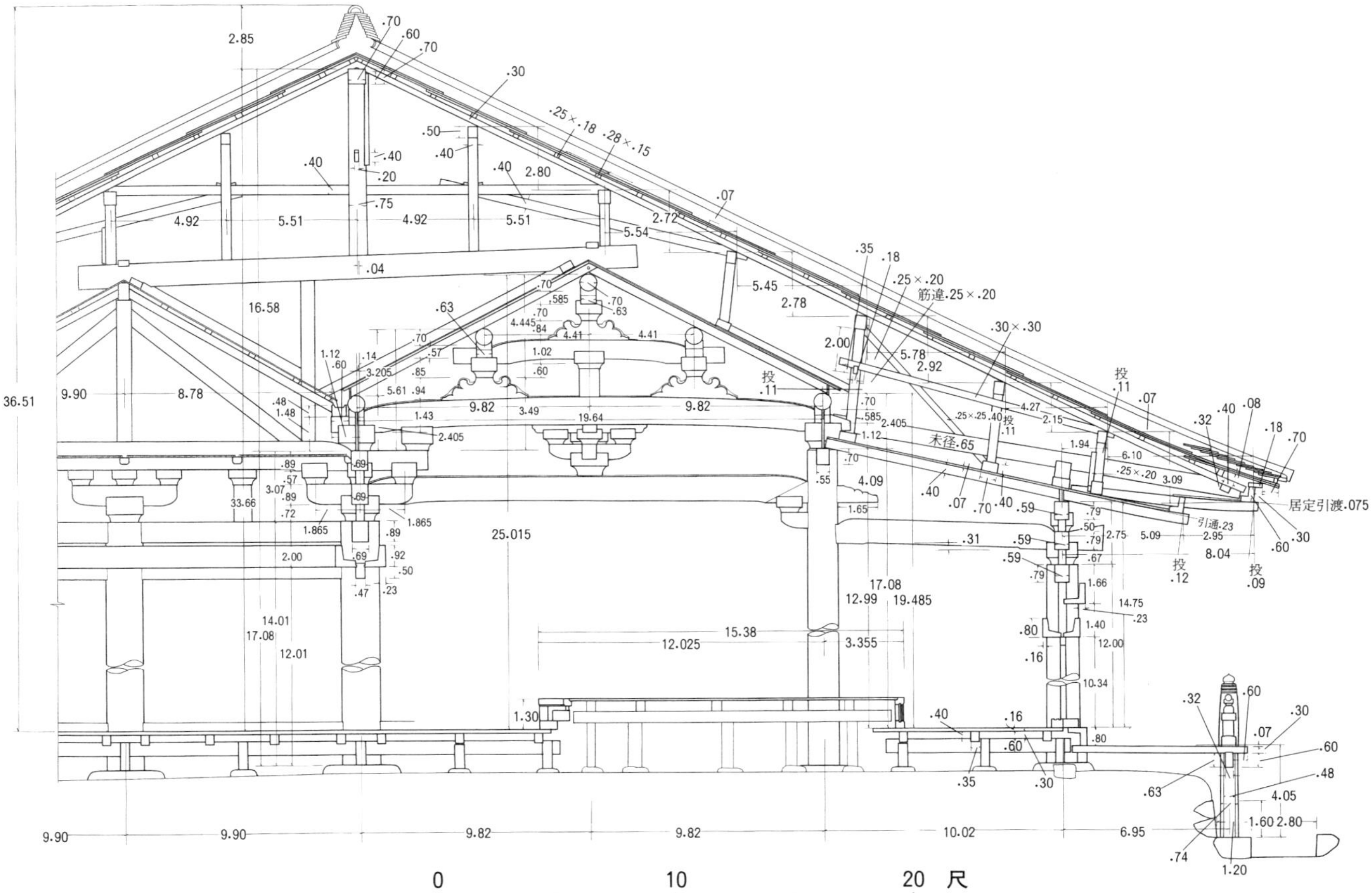

12　内陣矩計図（梁行）

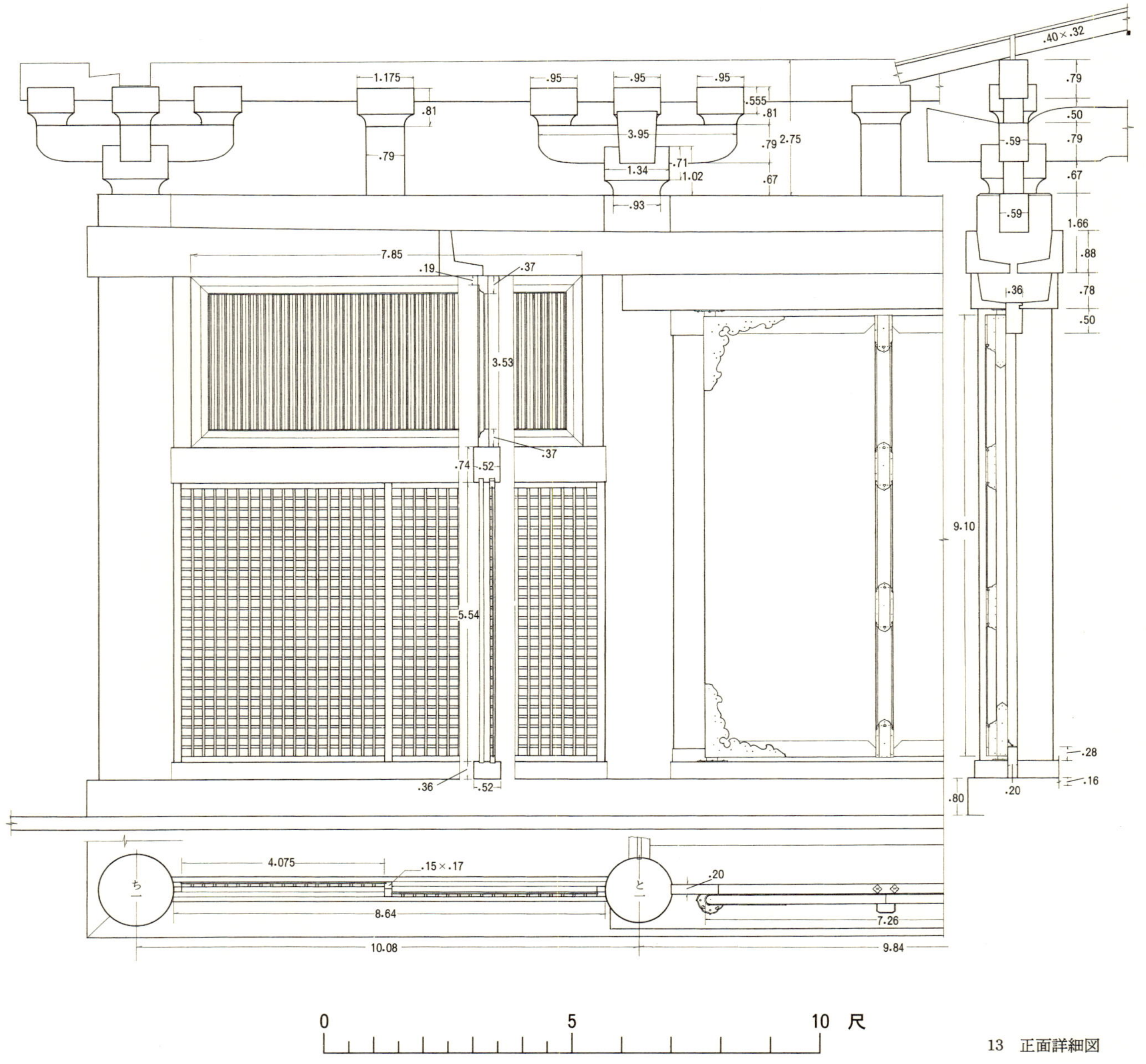
.40×.32
1.175
.95
.95
.95
.555
.81
.81
.79
3.95
.79
2.75
.71
1.34
1.02
.67
.93
.59
.50
.79
.67
.59
1.66
.88
.36
.78
.50
7.85
.19
.37
3.53
.37
.74
.52
5.54
.36
.52
9.10
.28
.16
.20
.80
4.075
.15×.17
.20
8.64
7.26
10.08
9.84
0
5
10 尺

13　正面詳細図

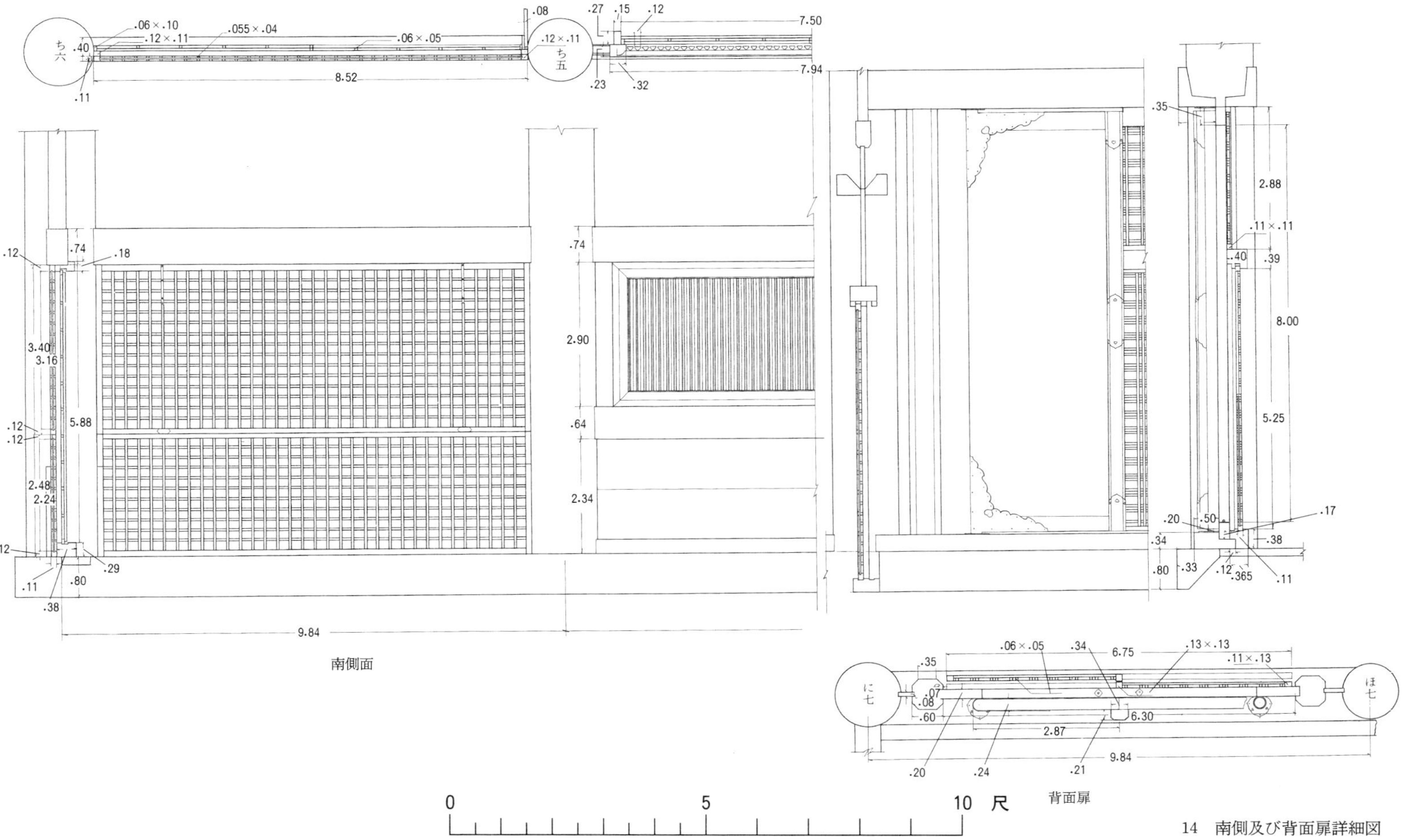

14　南側及び背面扉詳細図

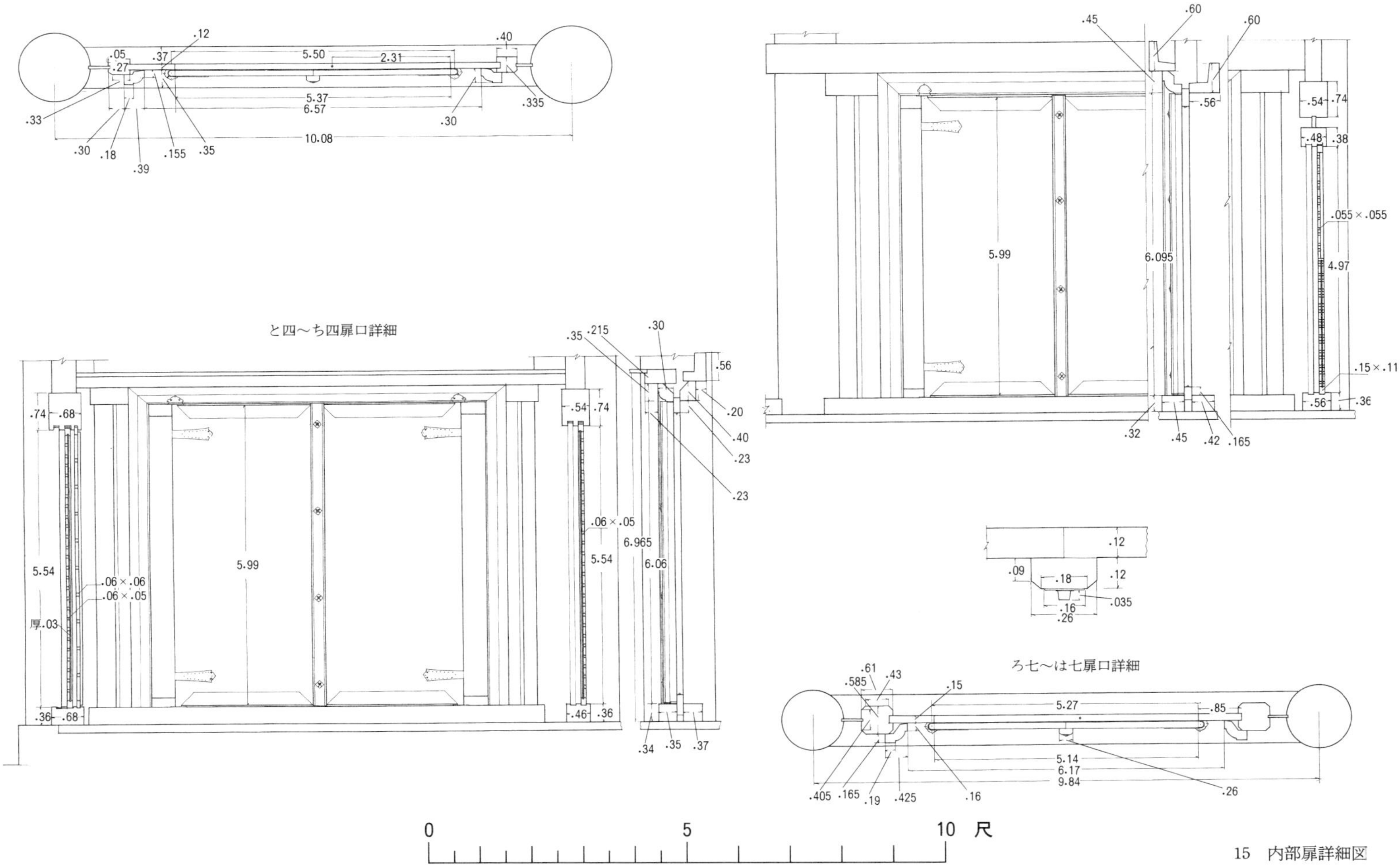

15　内部扉詳細図

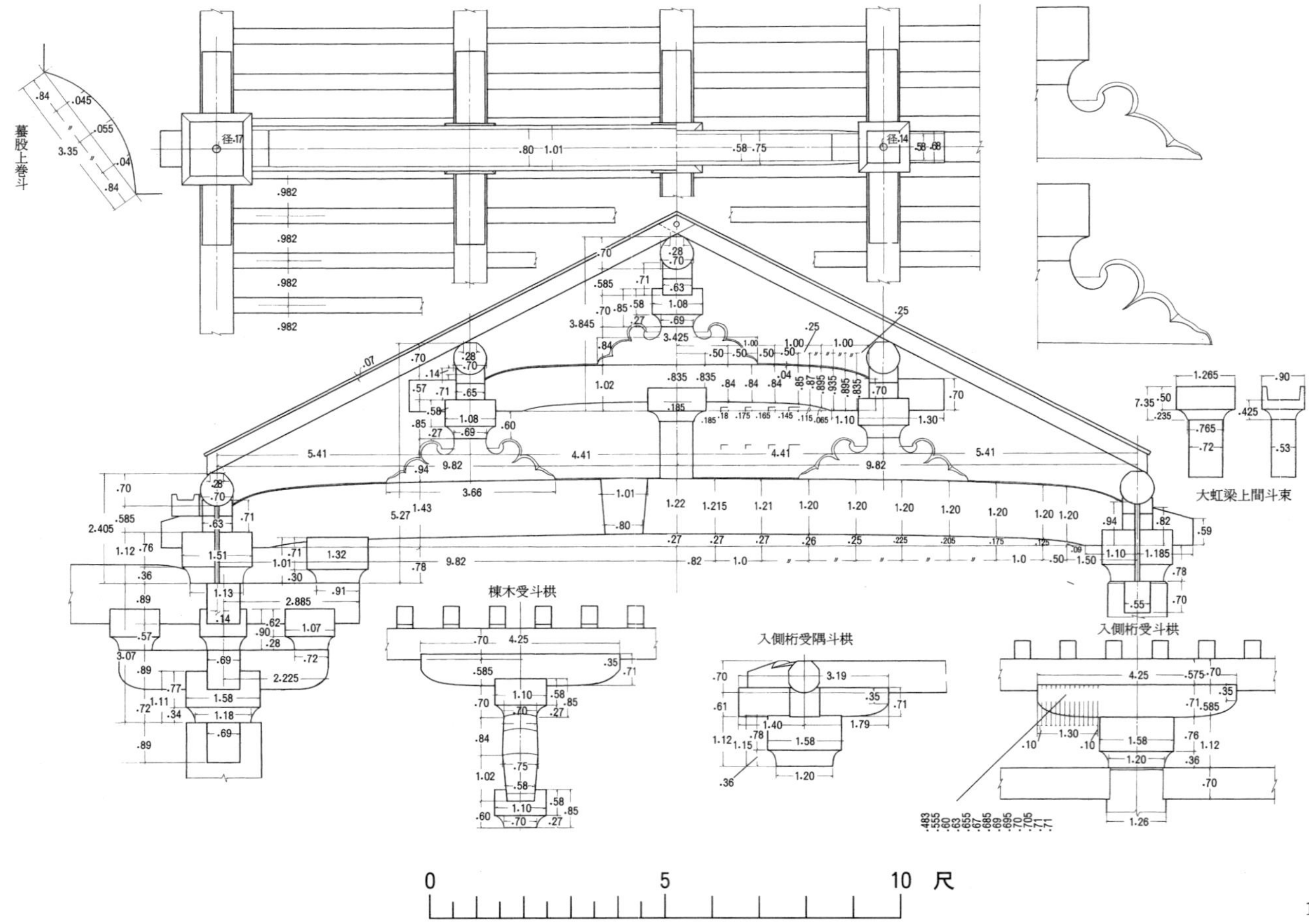

16　内陣詳細図

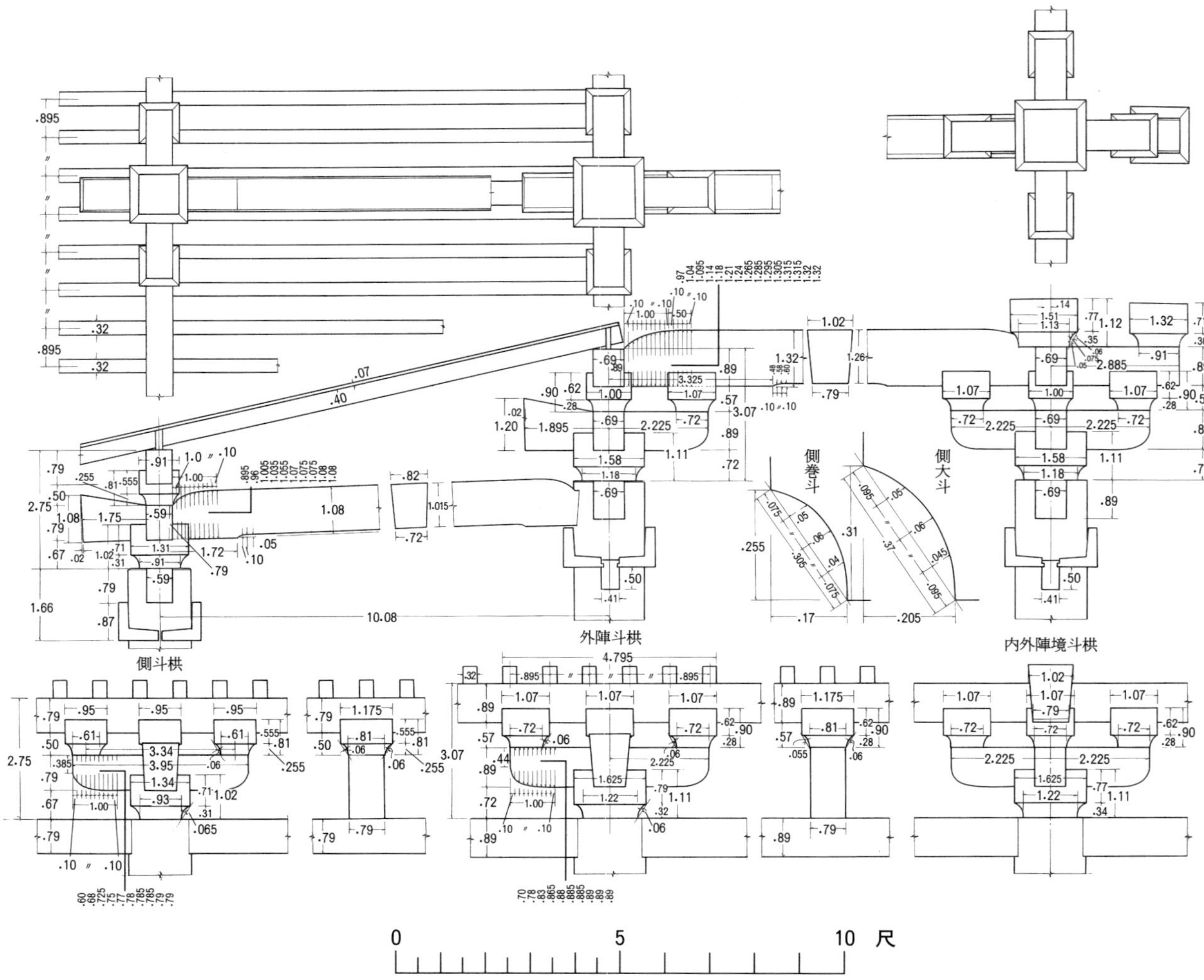

17　礼堂詳細図

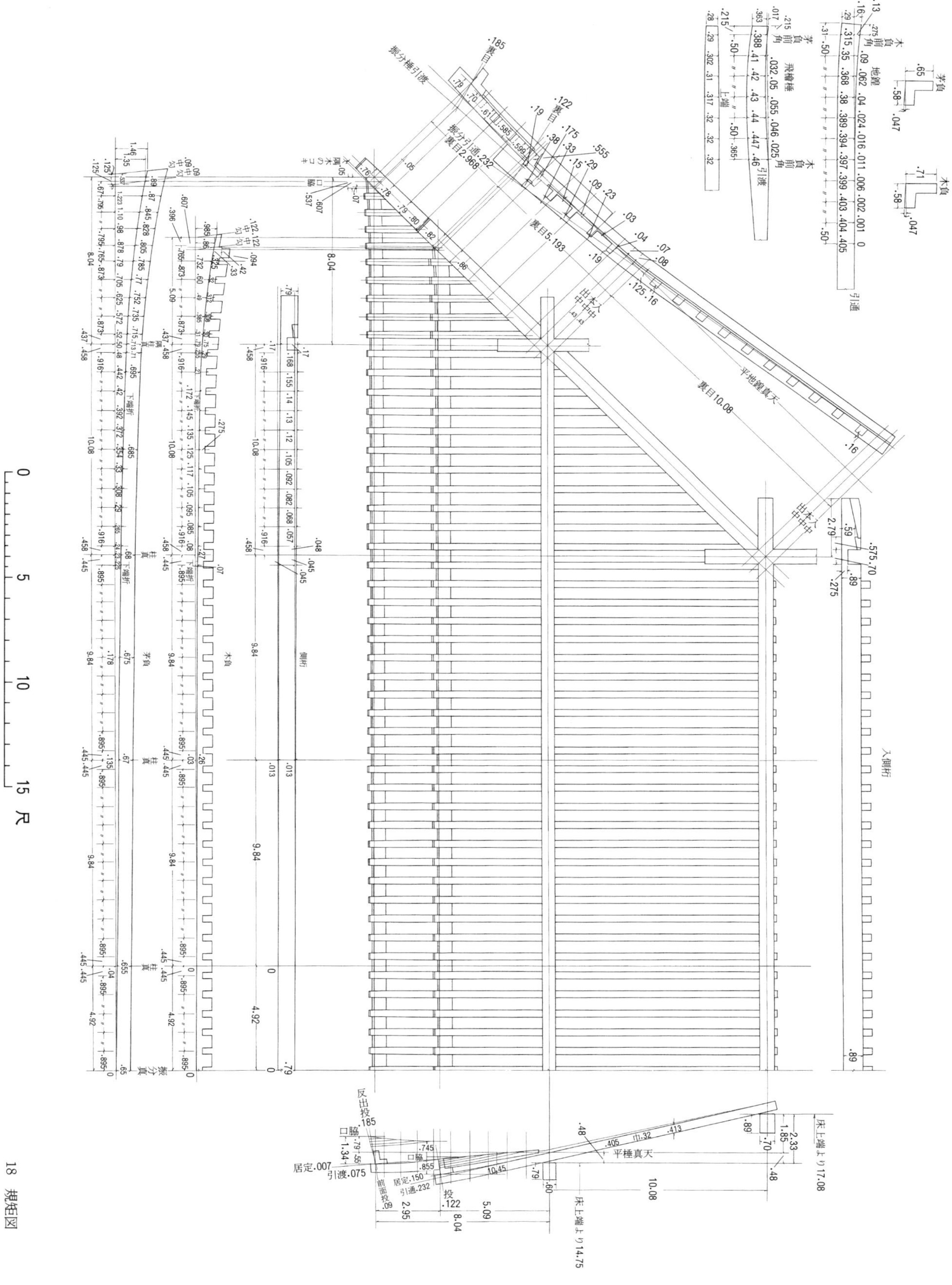

18 規矩図

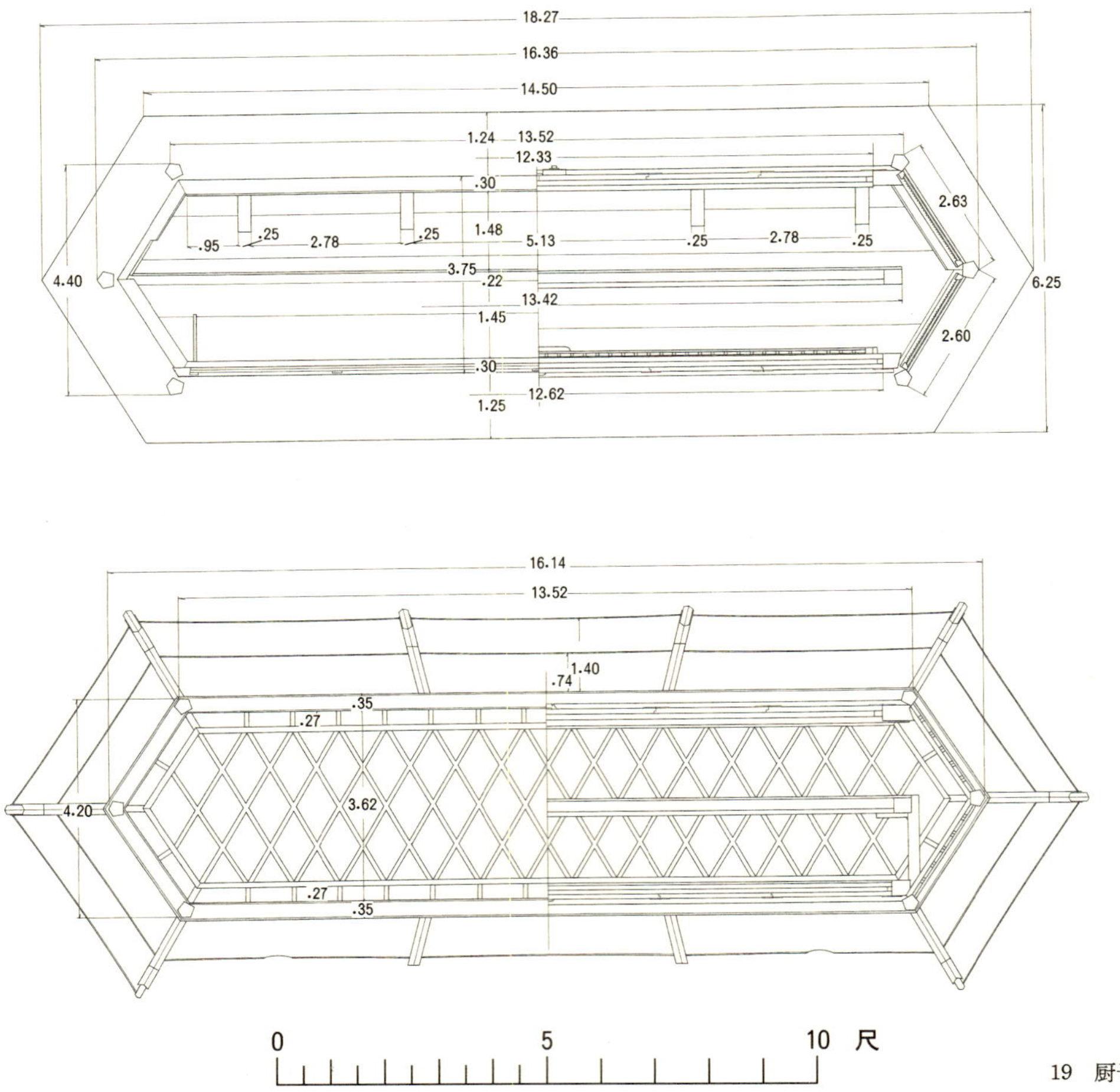

19　厨子平面及び見上図

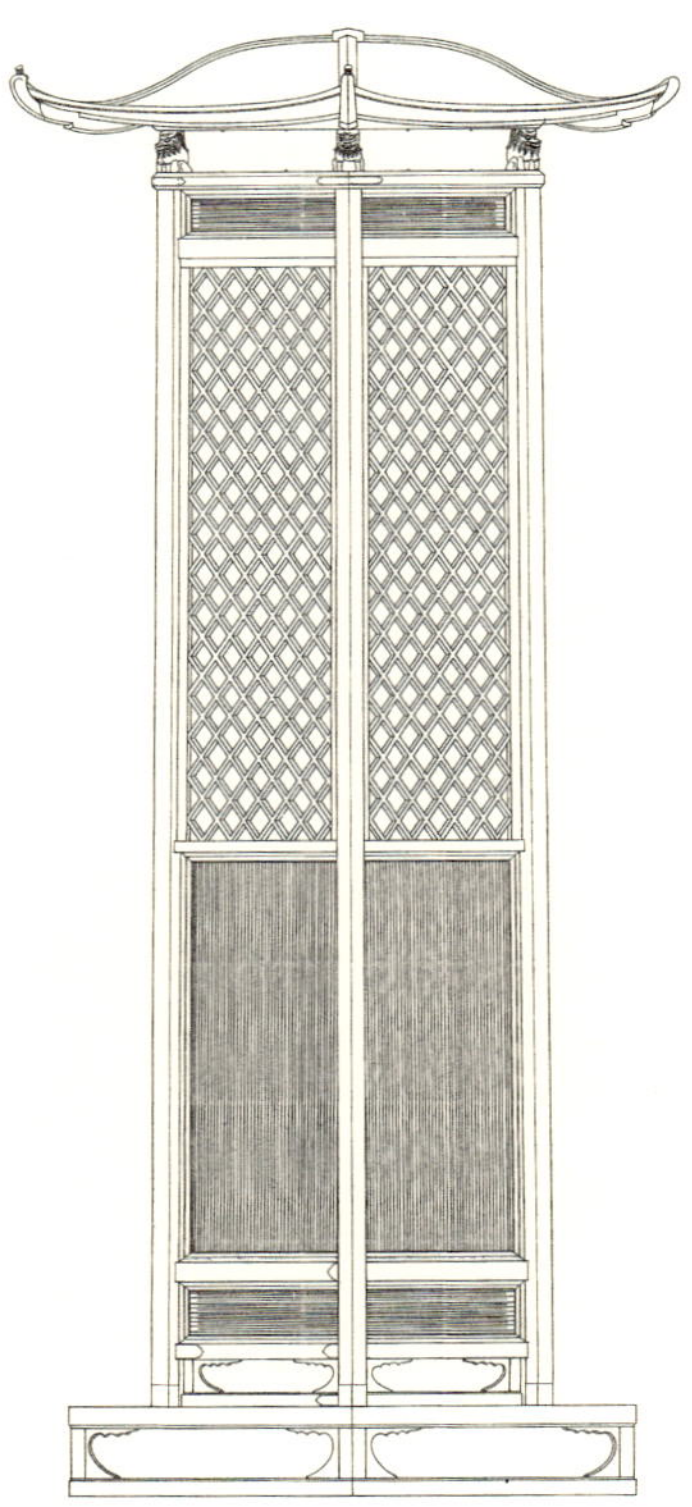

20　厨子側面図

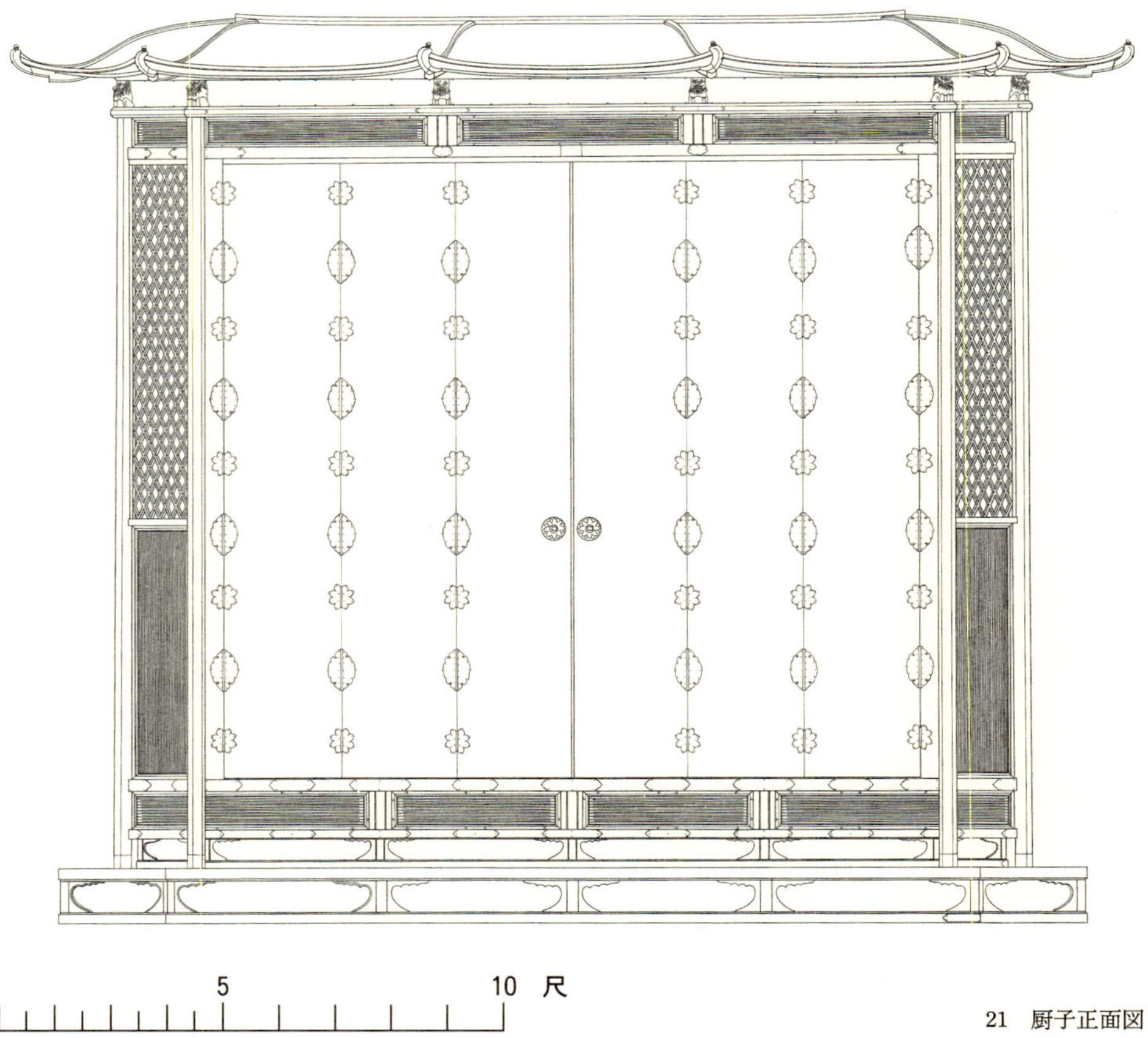

21　厨子正面図

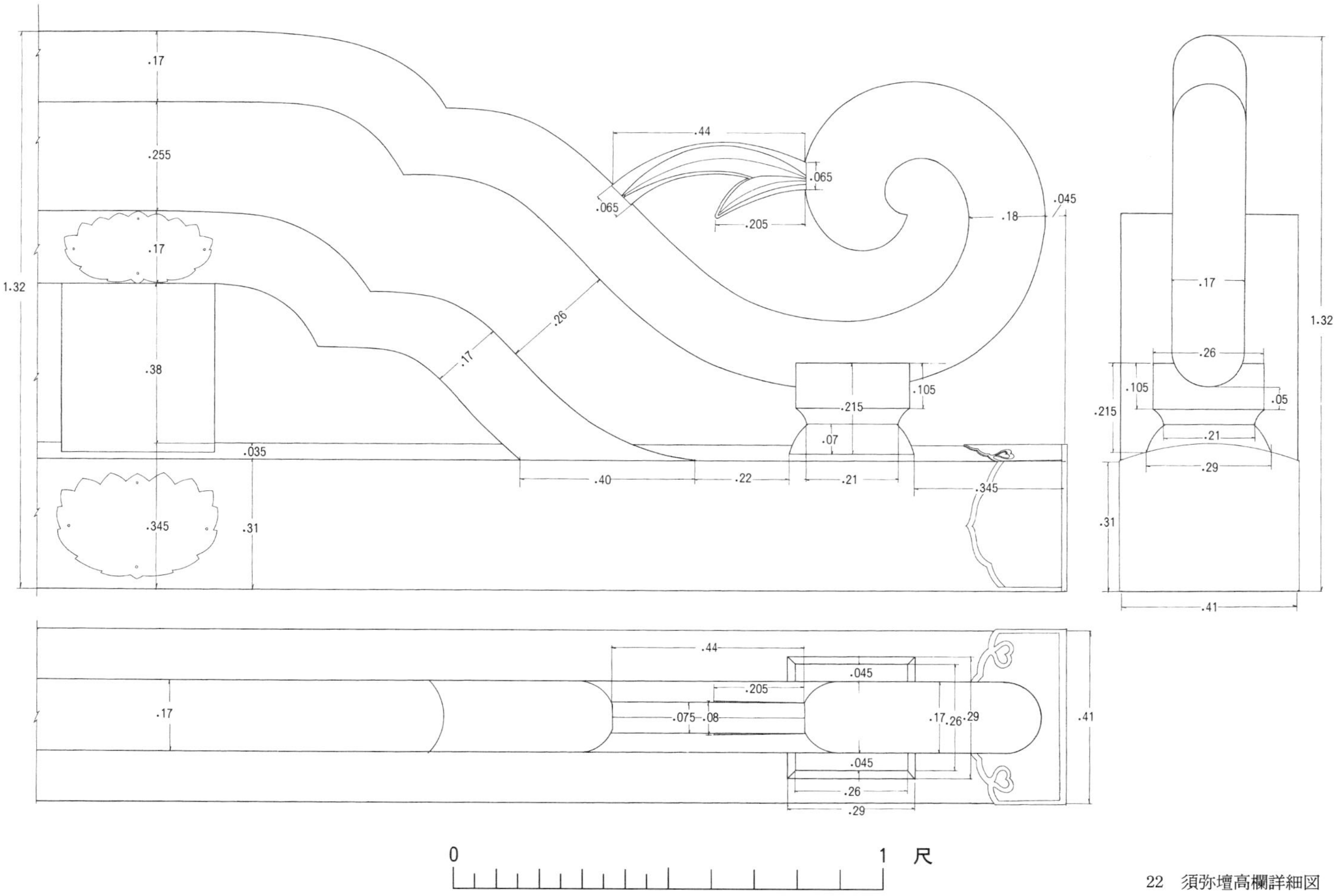

22　須弥壇高欄詳細図

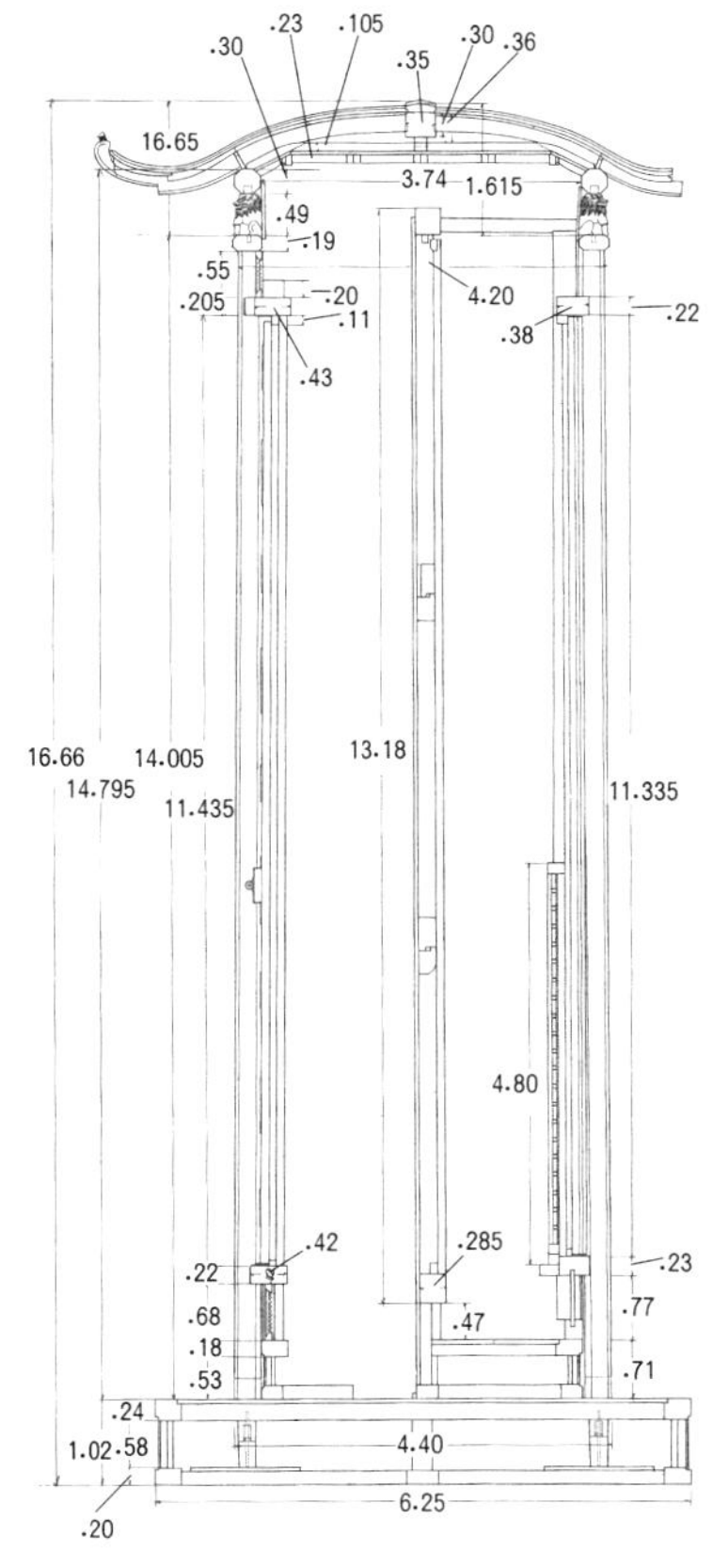

24　厨子梁行断面図

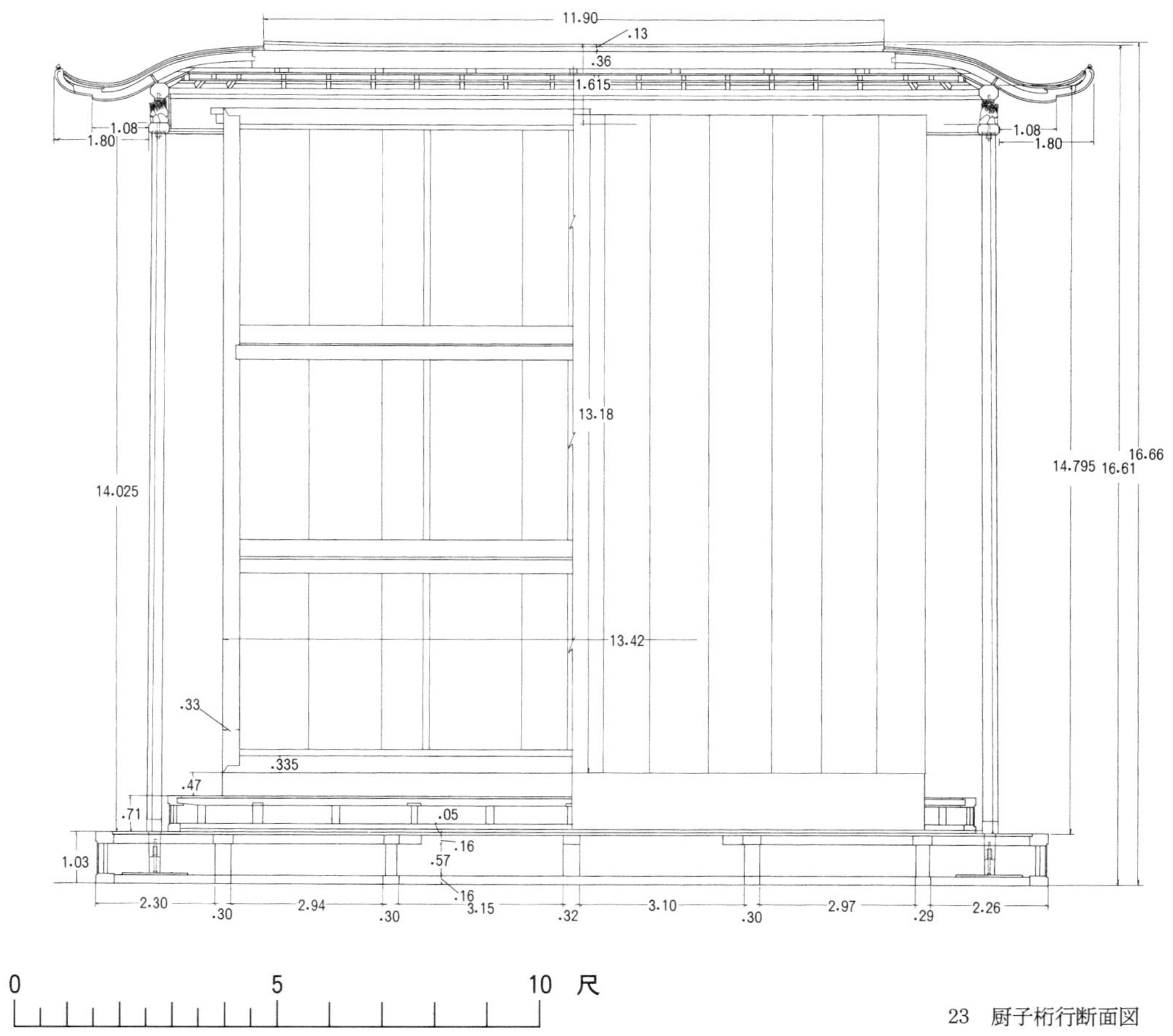

23　厨子桁行断面図

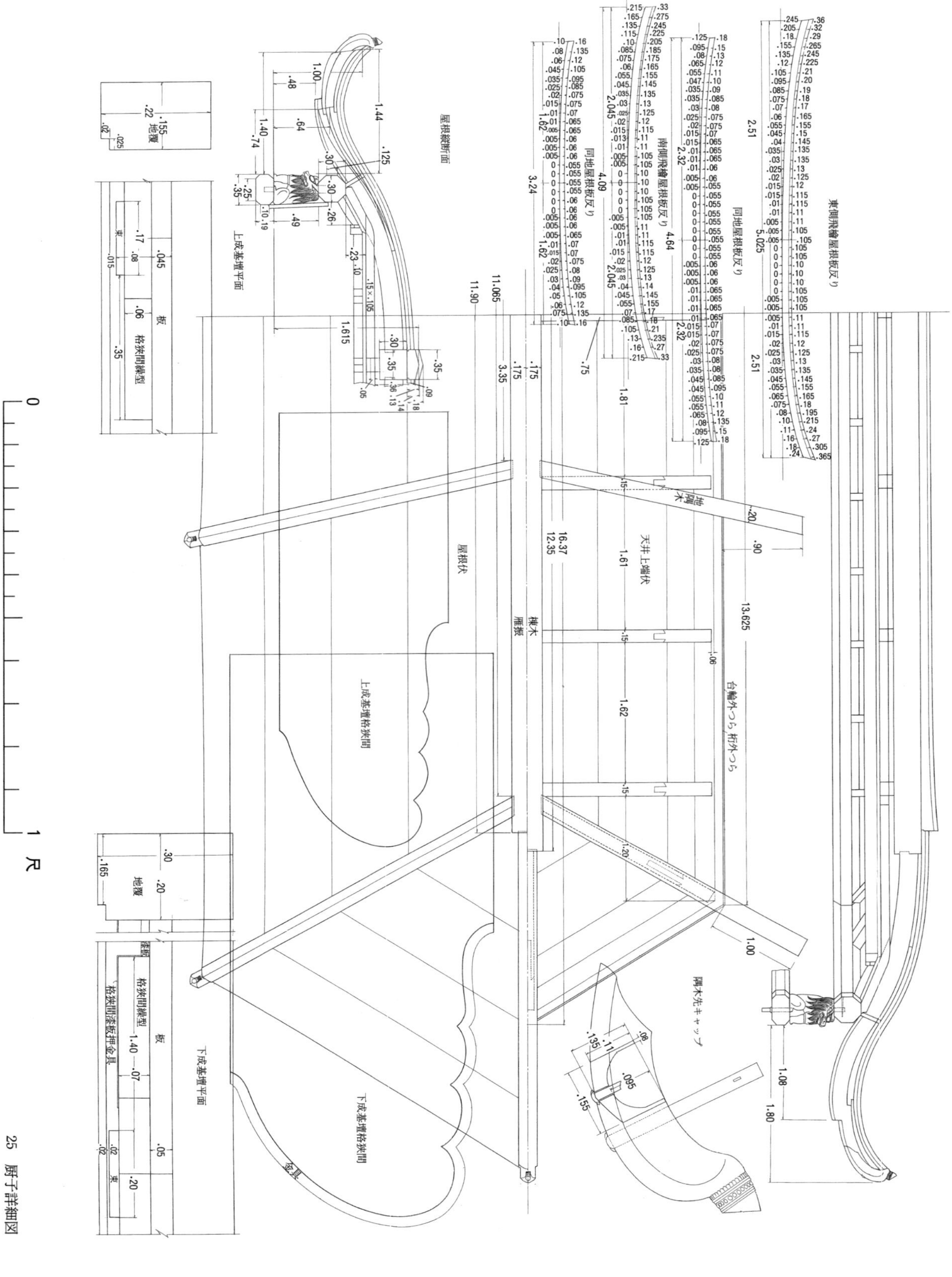
屋根縦断面
上成基壇平面
下成基壇平面
同地屋根板反り
南側飛檐屋根板反り
東側飛檐屋根板反り
屋根伏
天井上端伏
上成基壇格狭間
下成基壇格狭間
格狭間繰型
地覆
隅木先キャップ
台輪外つら 桁外つら
1 尺

25　厨子詳細図

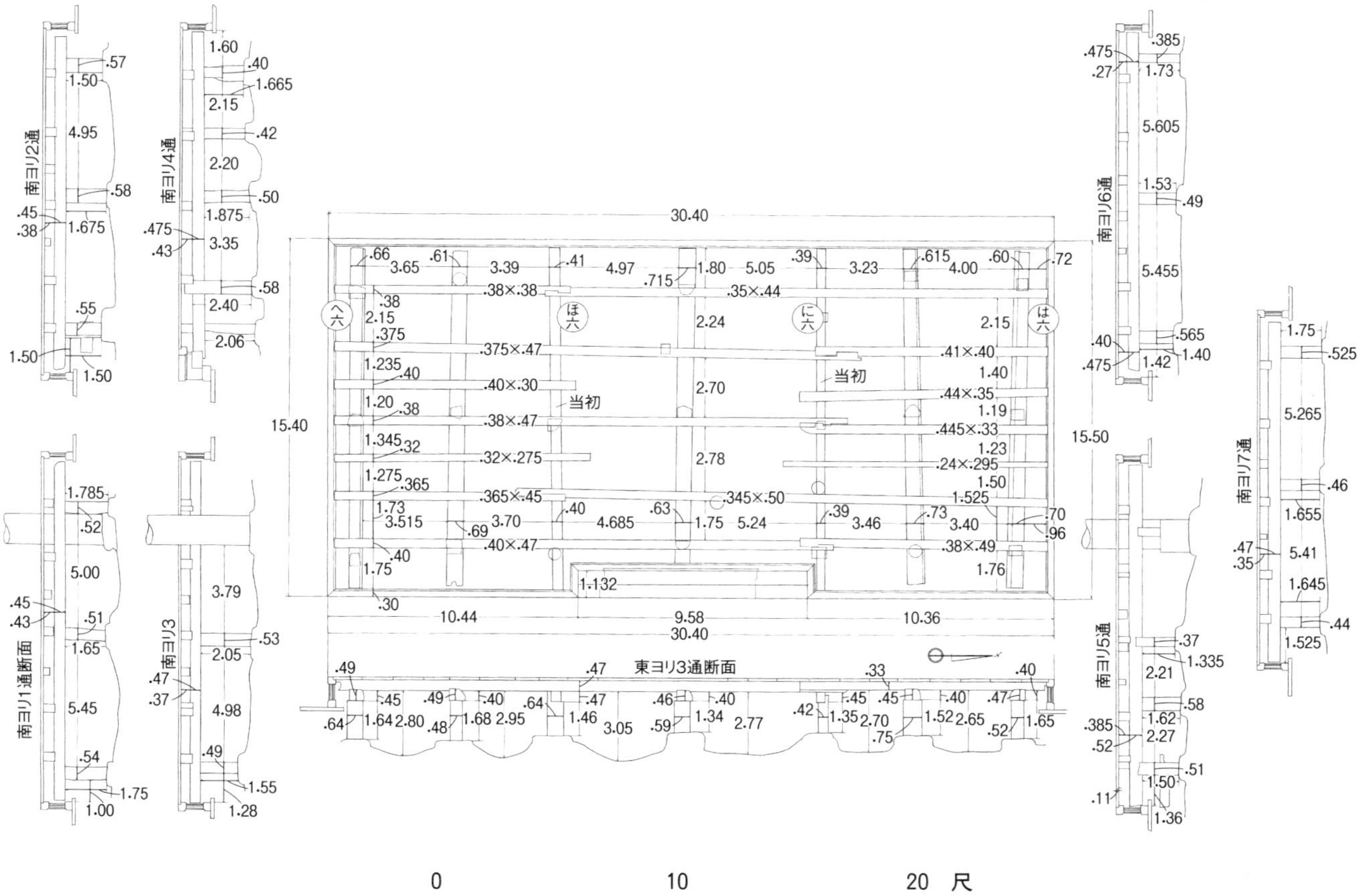

26　須弥壇床伏図

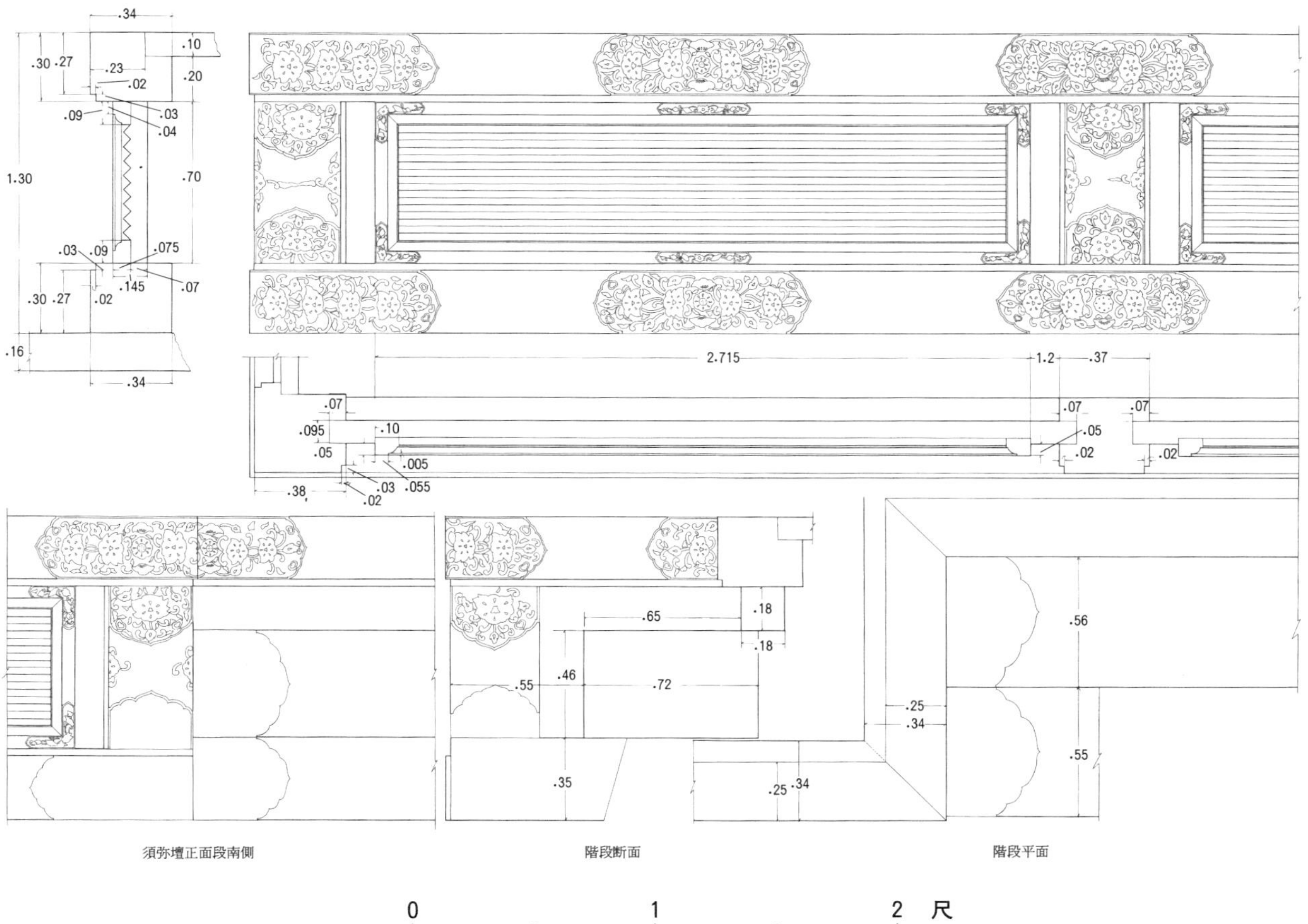

27　須弥壇詳細図

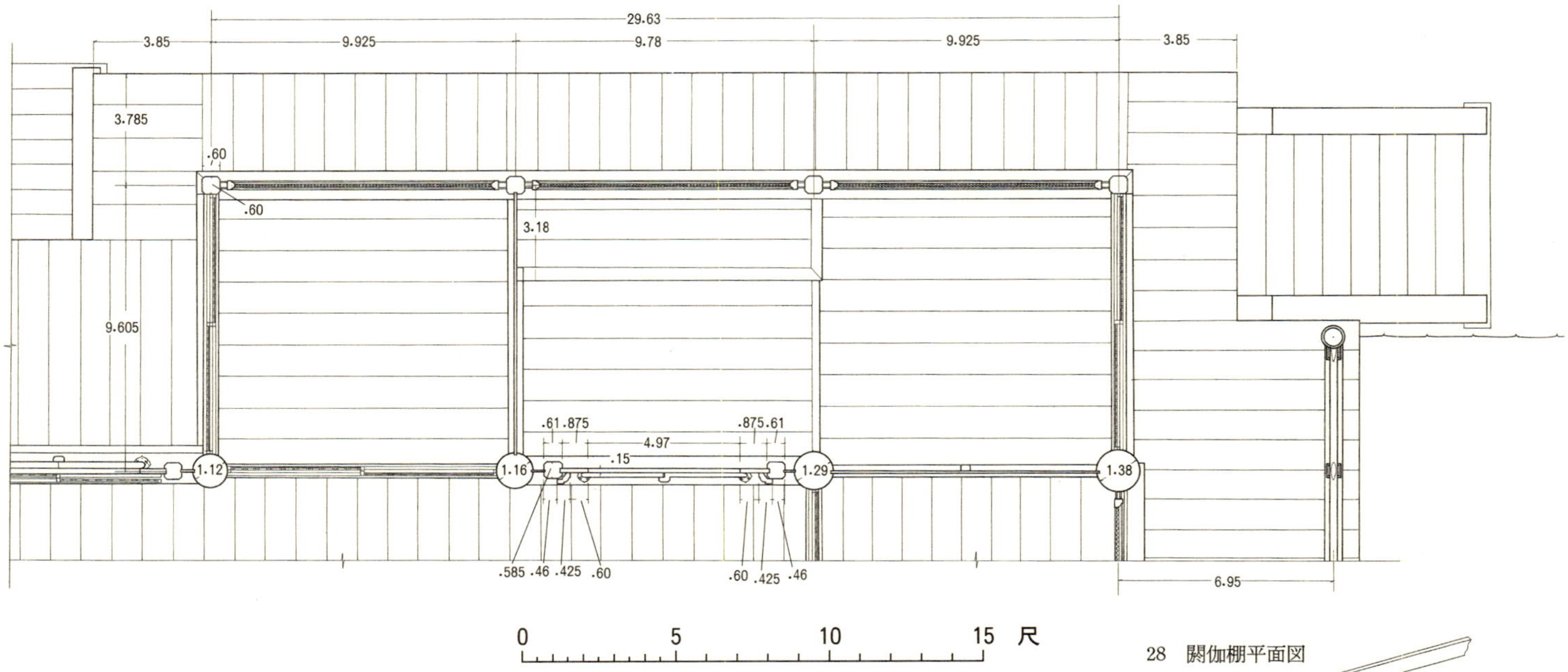

28 闕伽棚平面図

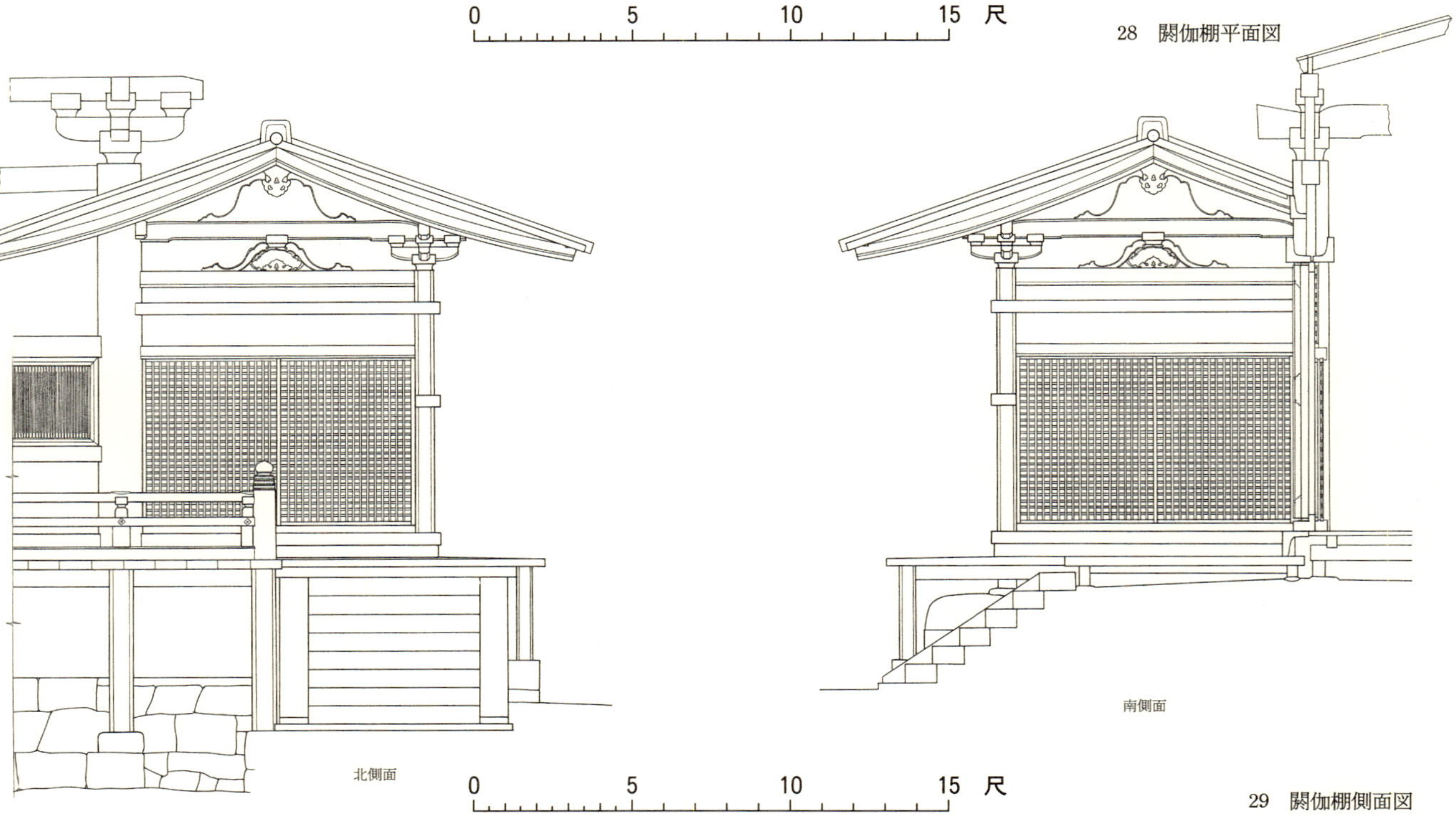

29 闕伽棚側面図

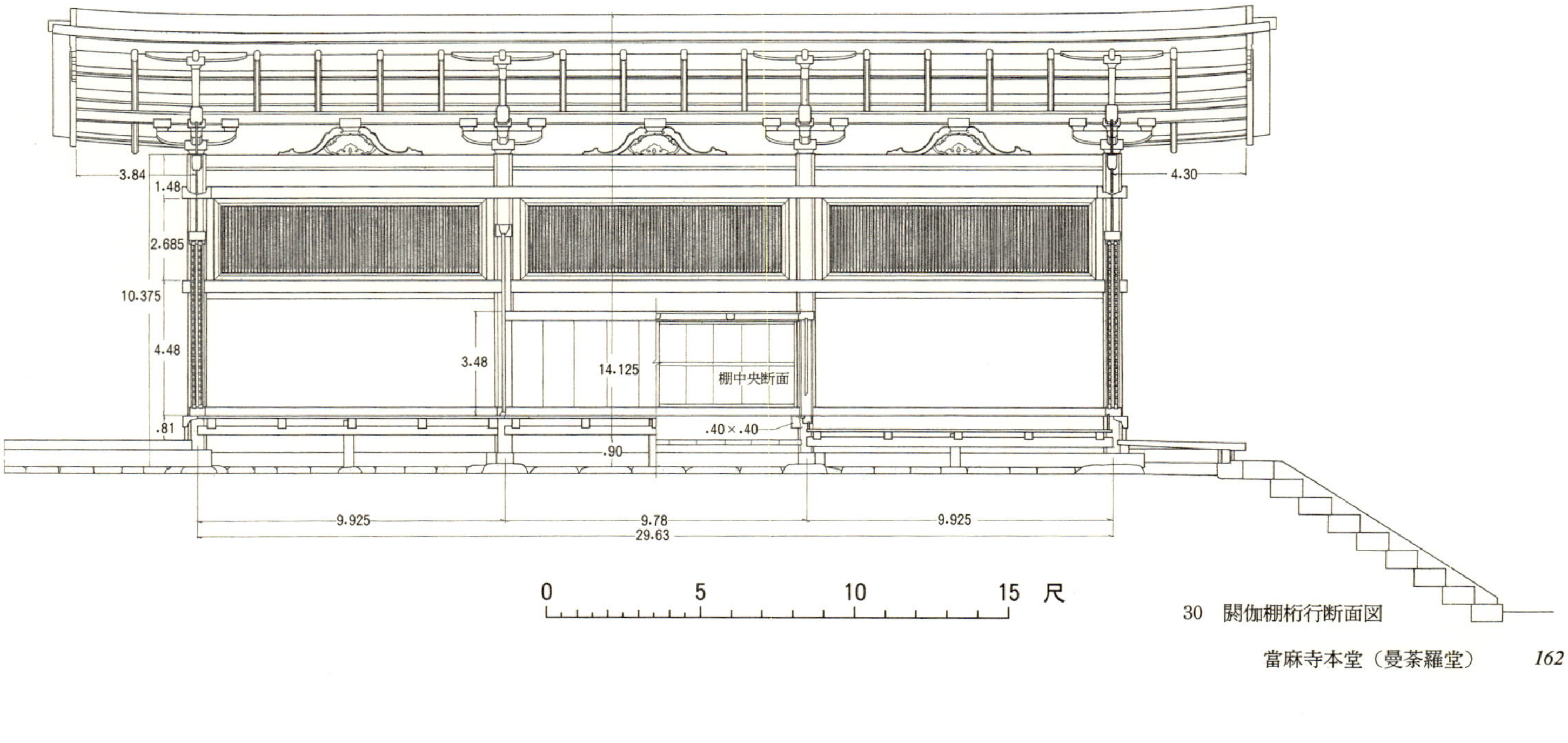

30 闕伽棚桁行断面図

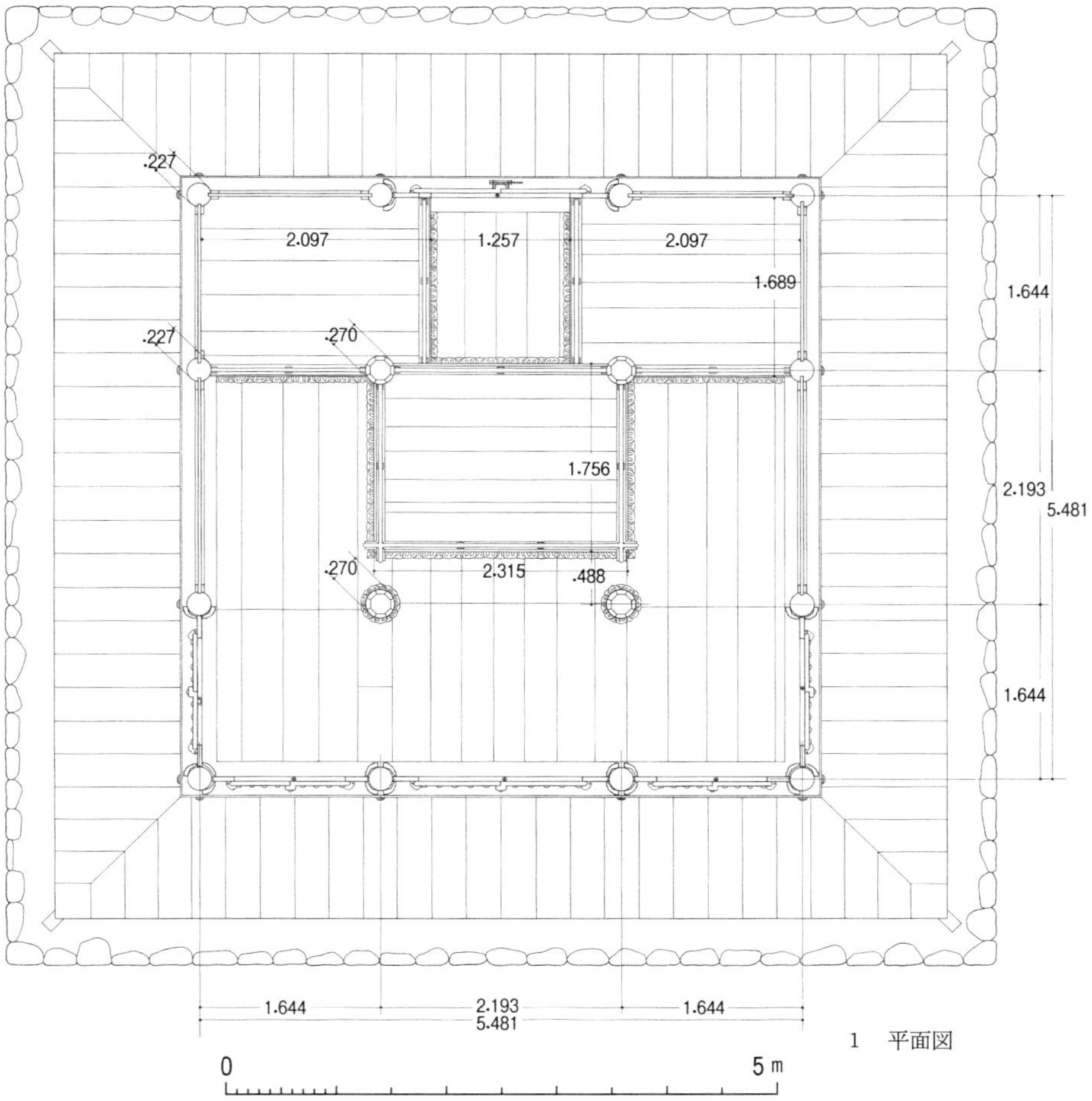
.227
.227
2.097
1.257
2.097
1.689
.270
1.756
.270
2.315
.488
1.644
2.193
5.481
1.644
1.644
2.193
1.644
5.481
0
5 m

1　平面図

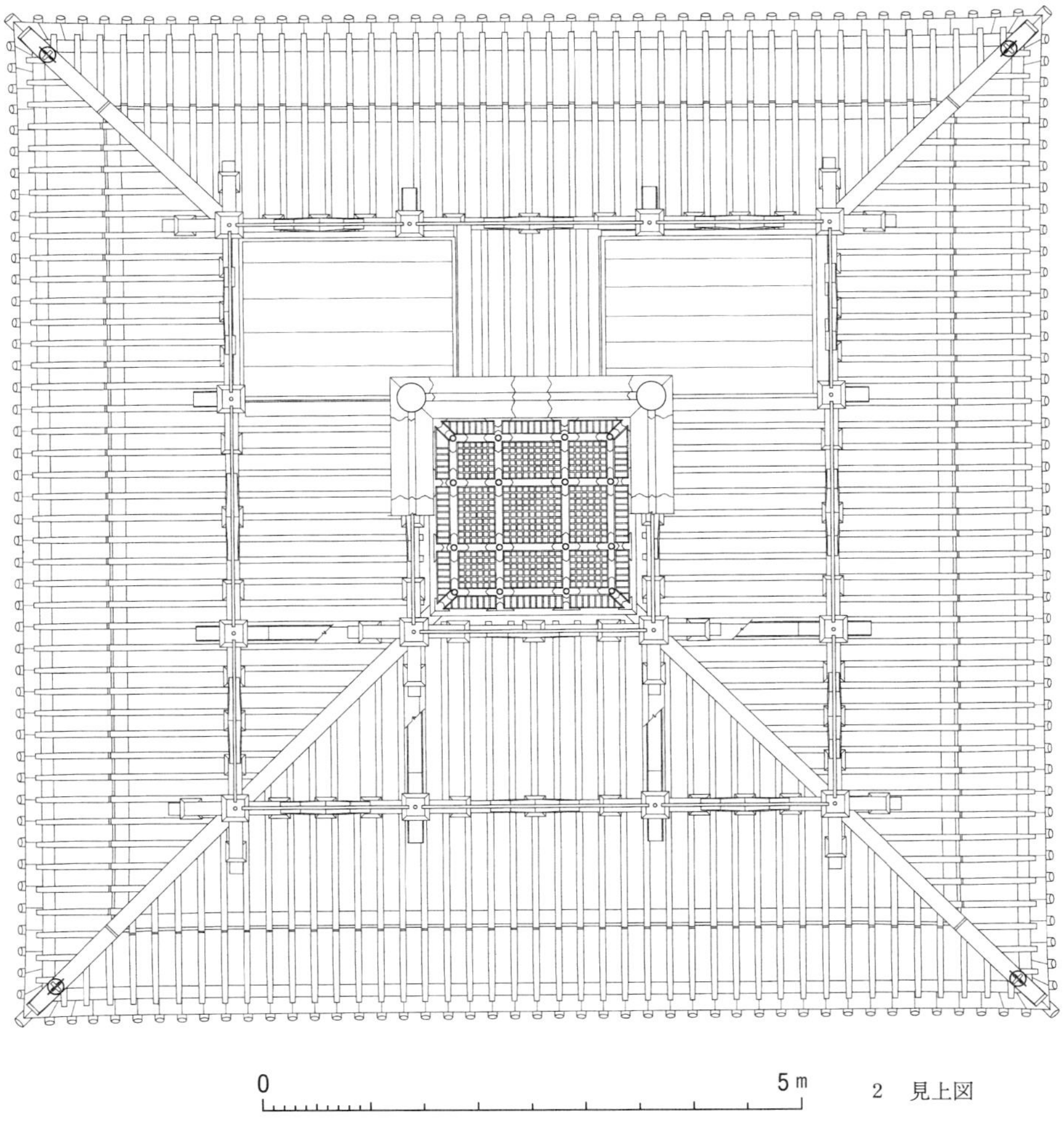
0
5 m

2　見上図

3　正面図

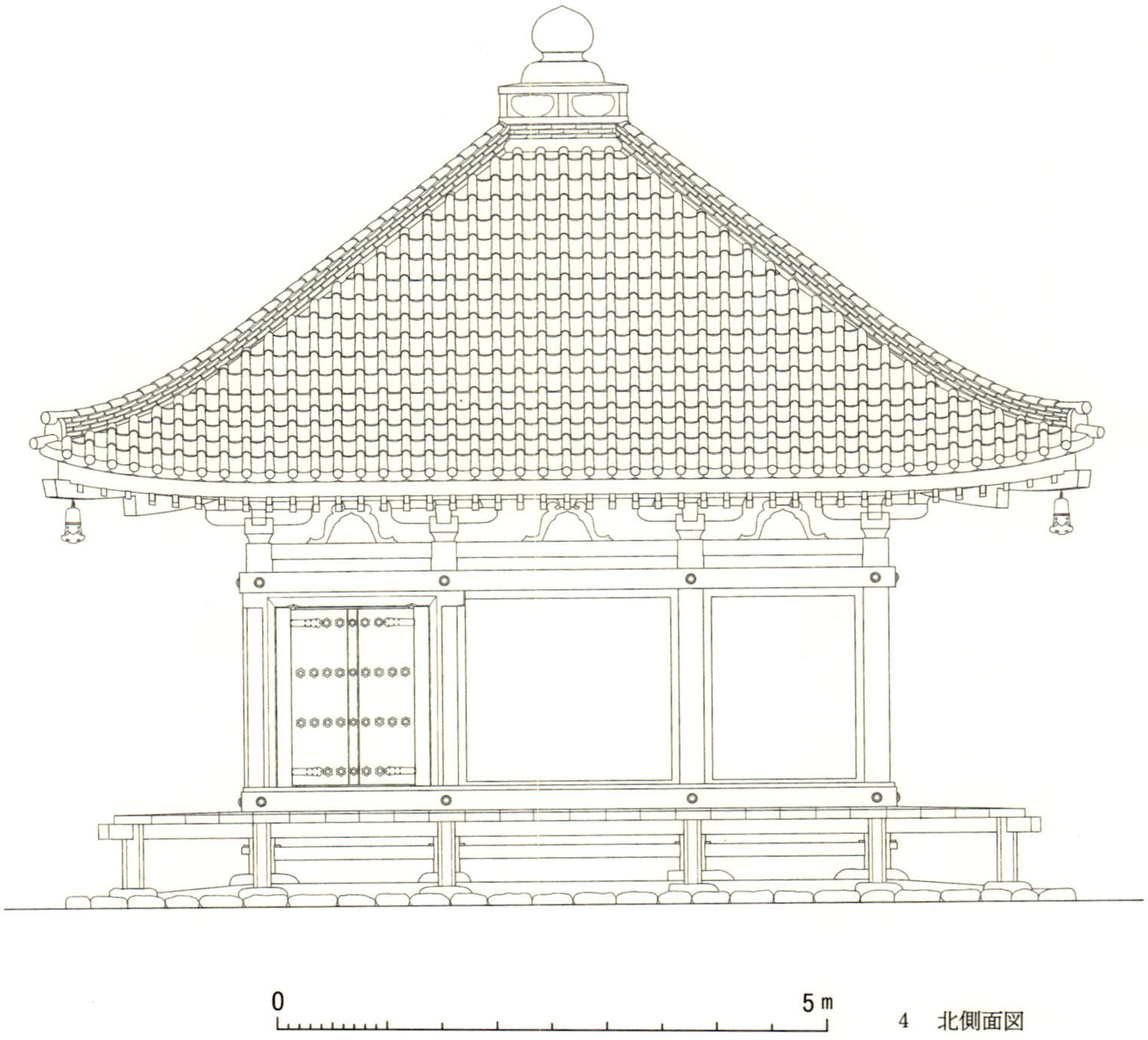

4　北側面図

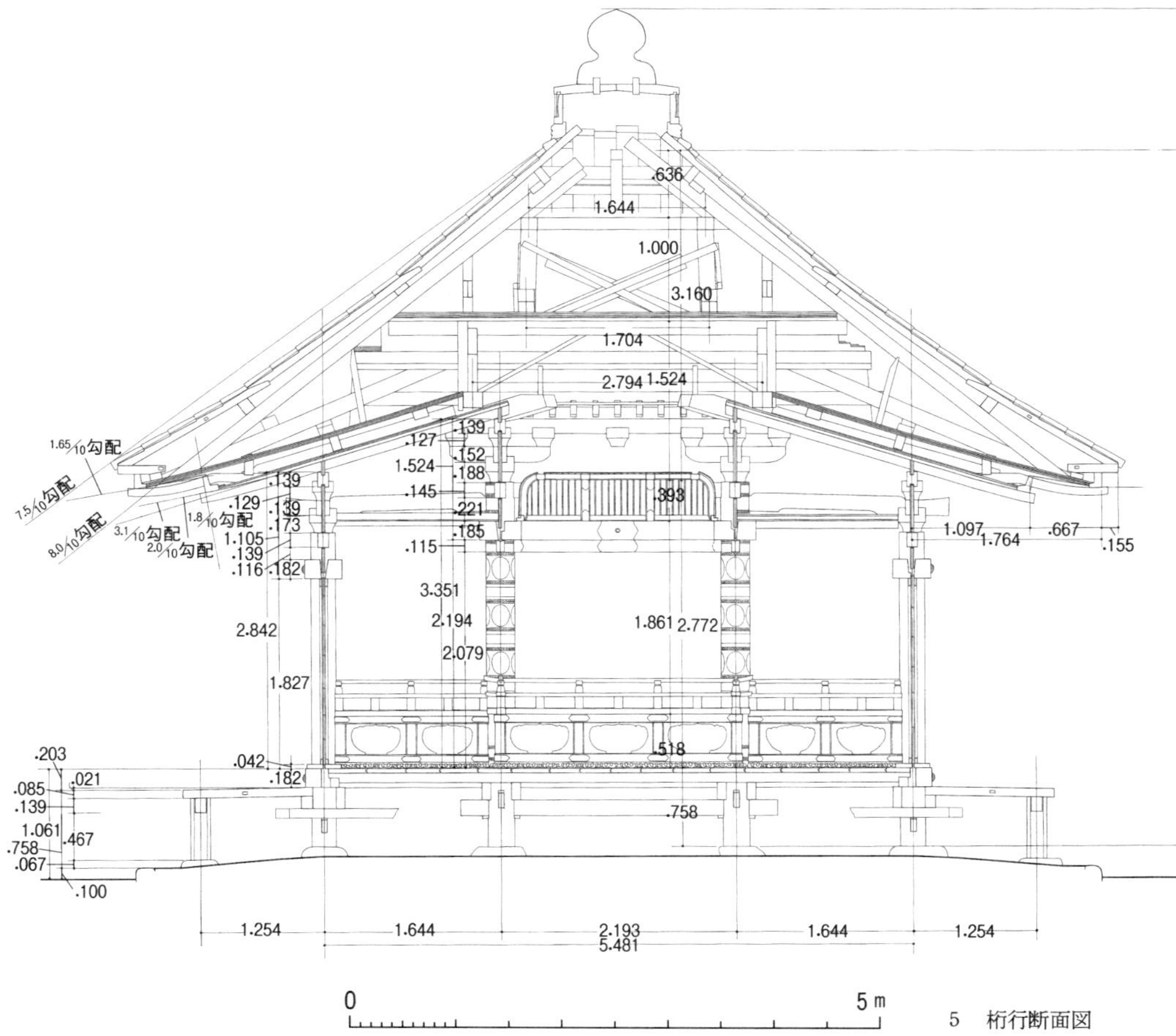

5　桁行断面図

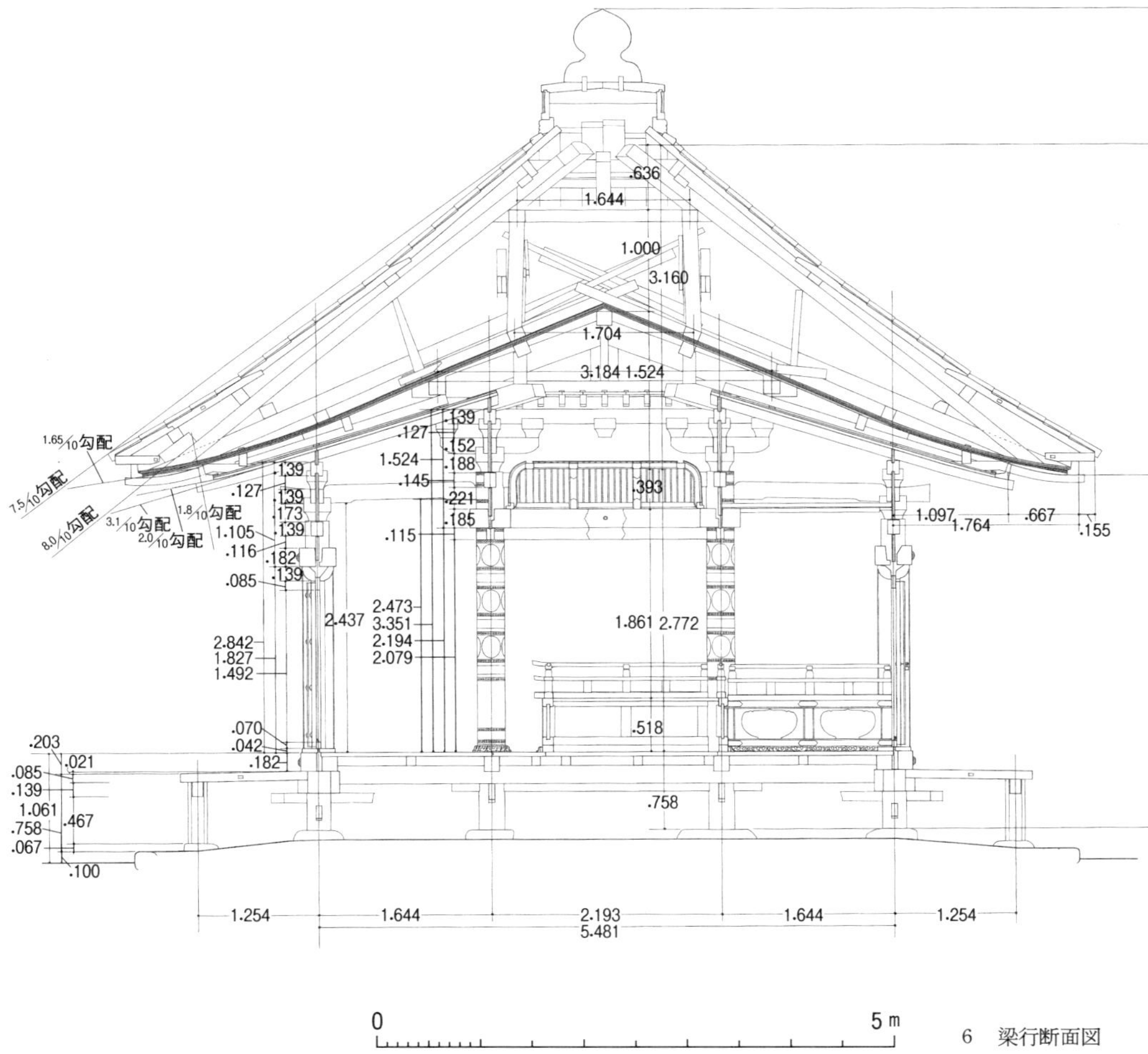

6　梁行断面図

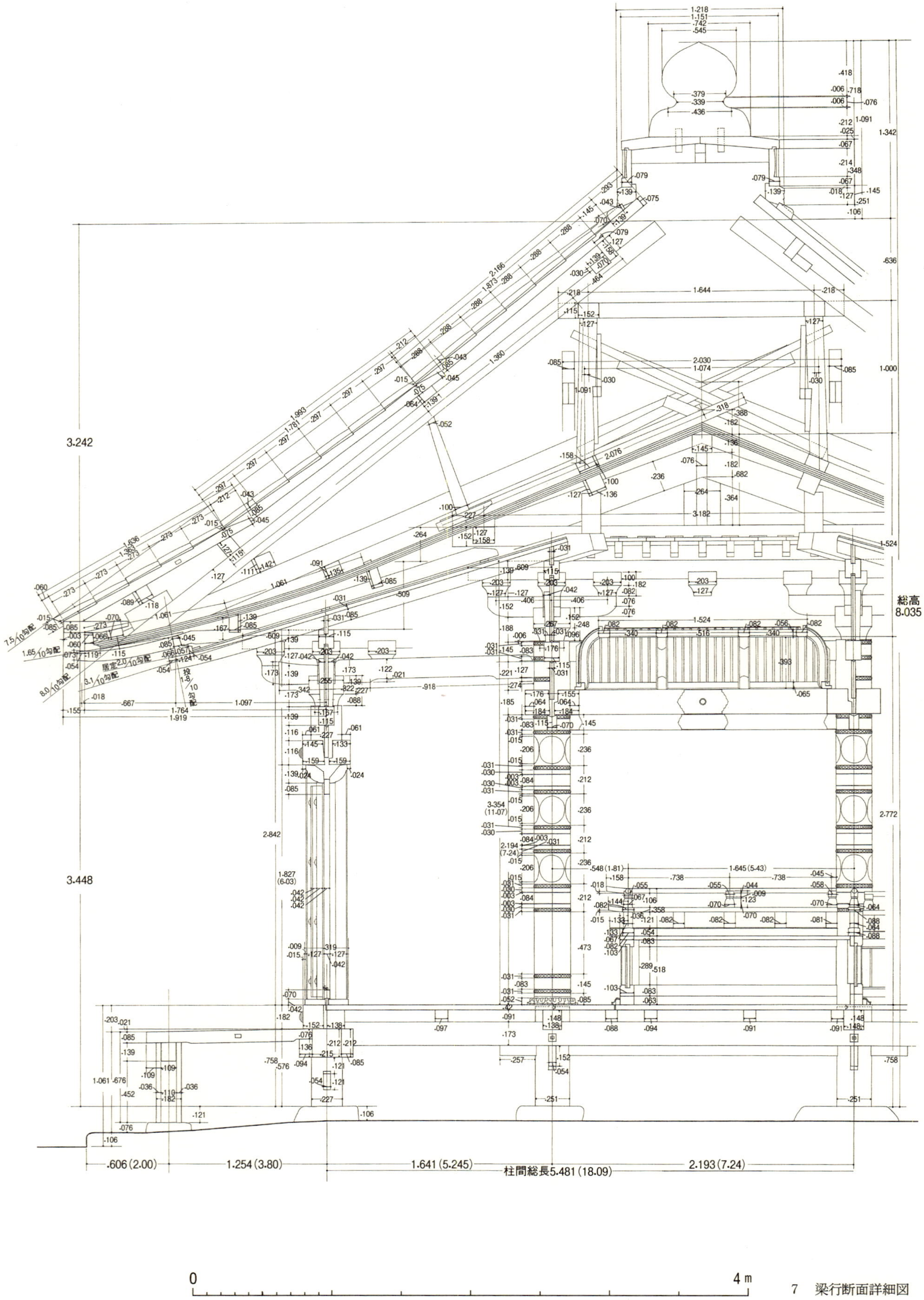

総高
8.035
3.242
3.448
.606 (2.00)
1.254 (3.80)
1.641 (5.245)
2.193 (7.24)
柱間総長5.481 (18.09)
0
4 m

7　梁行断面詳細図

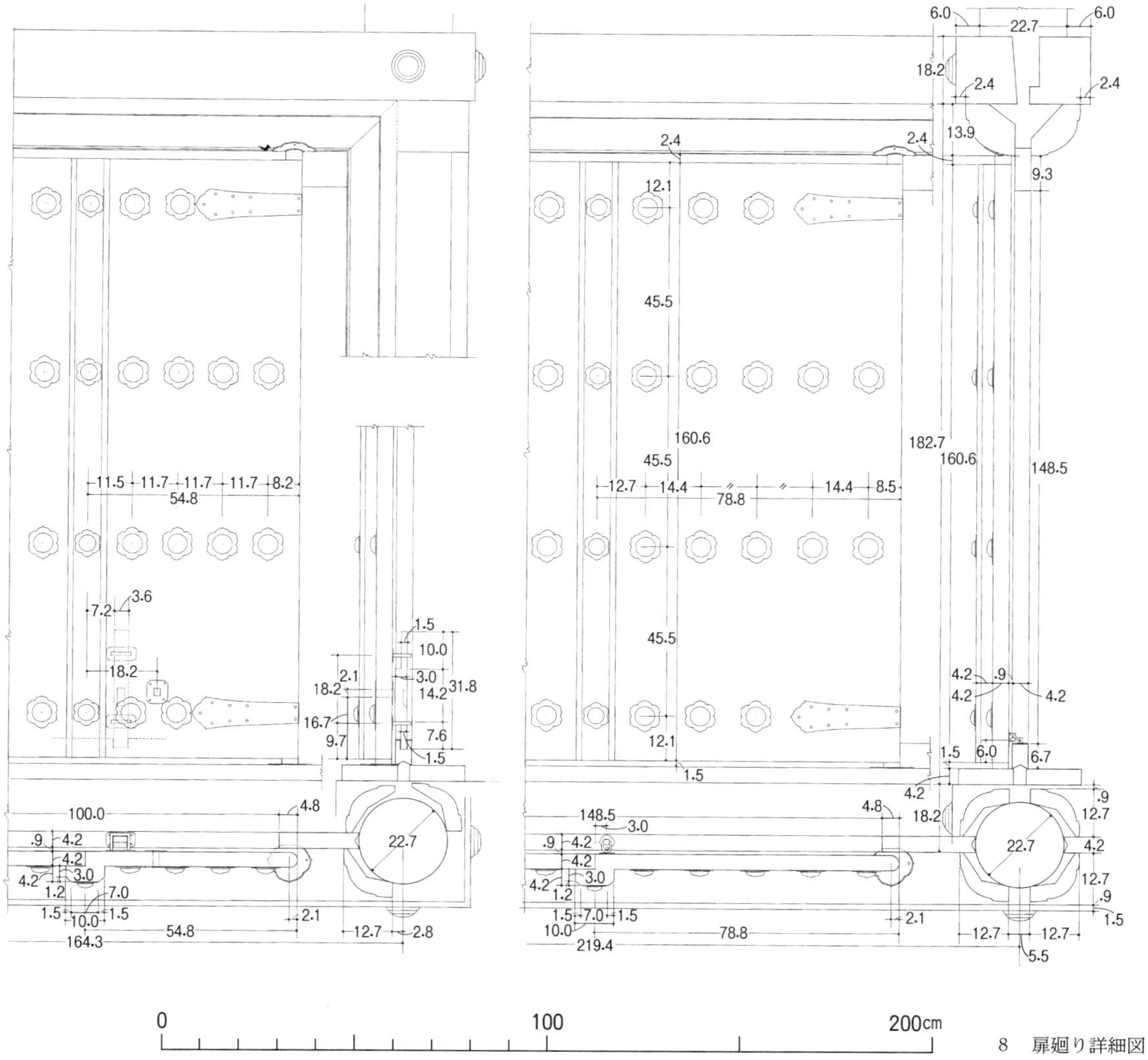

8　扉廻り詳細図

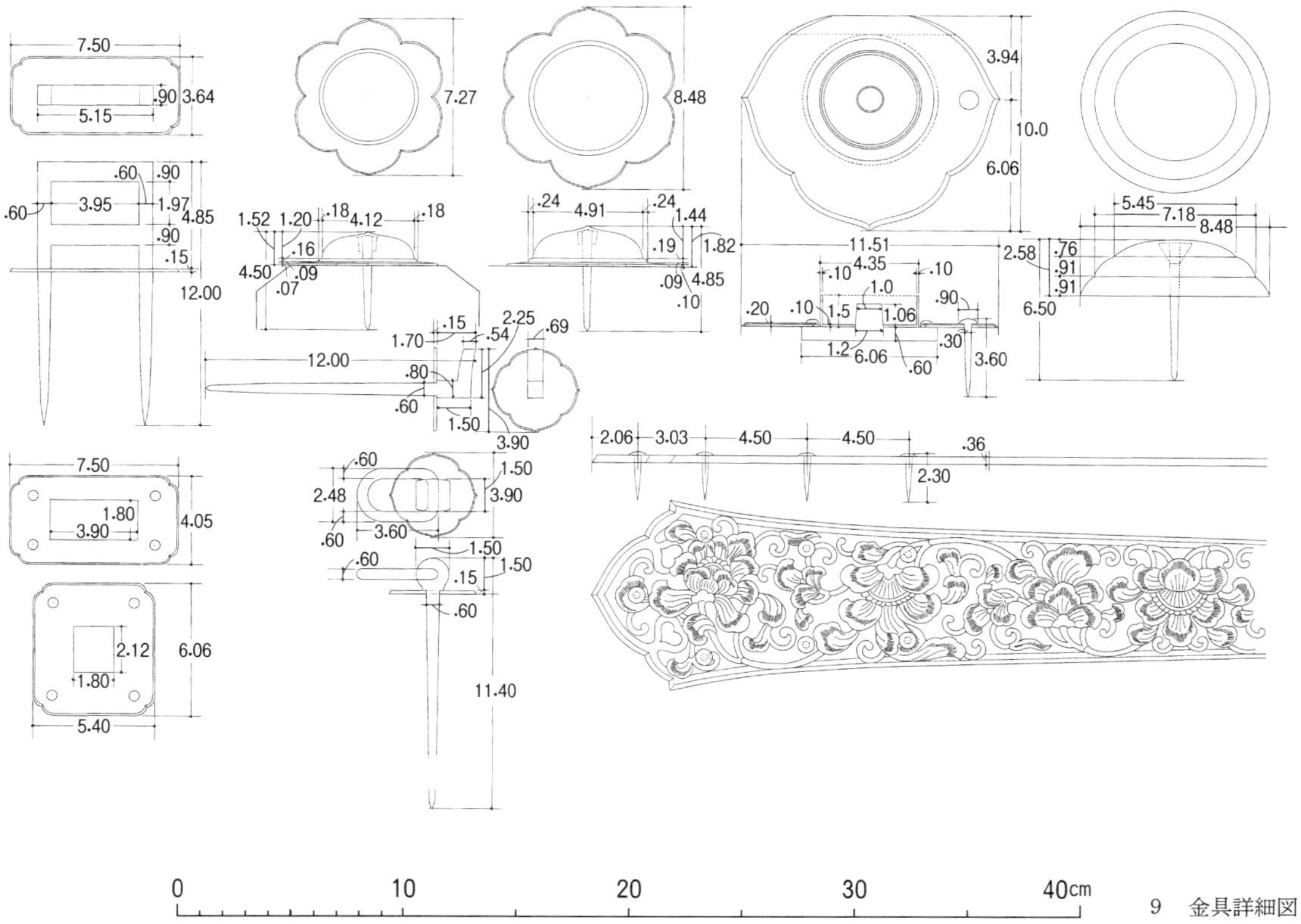

9　金具詳細図

10　中央仏壇格狭間

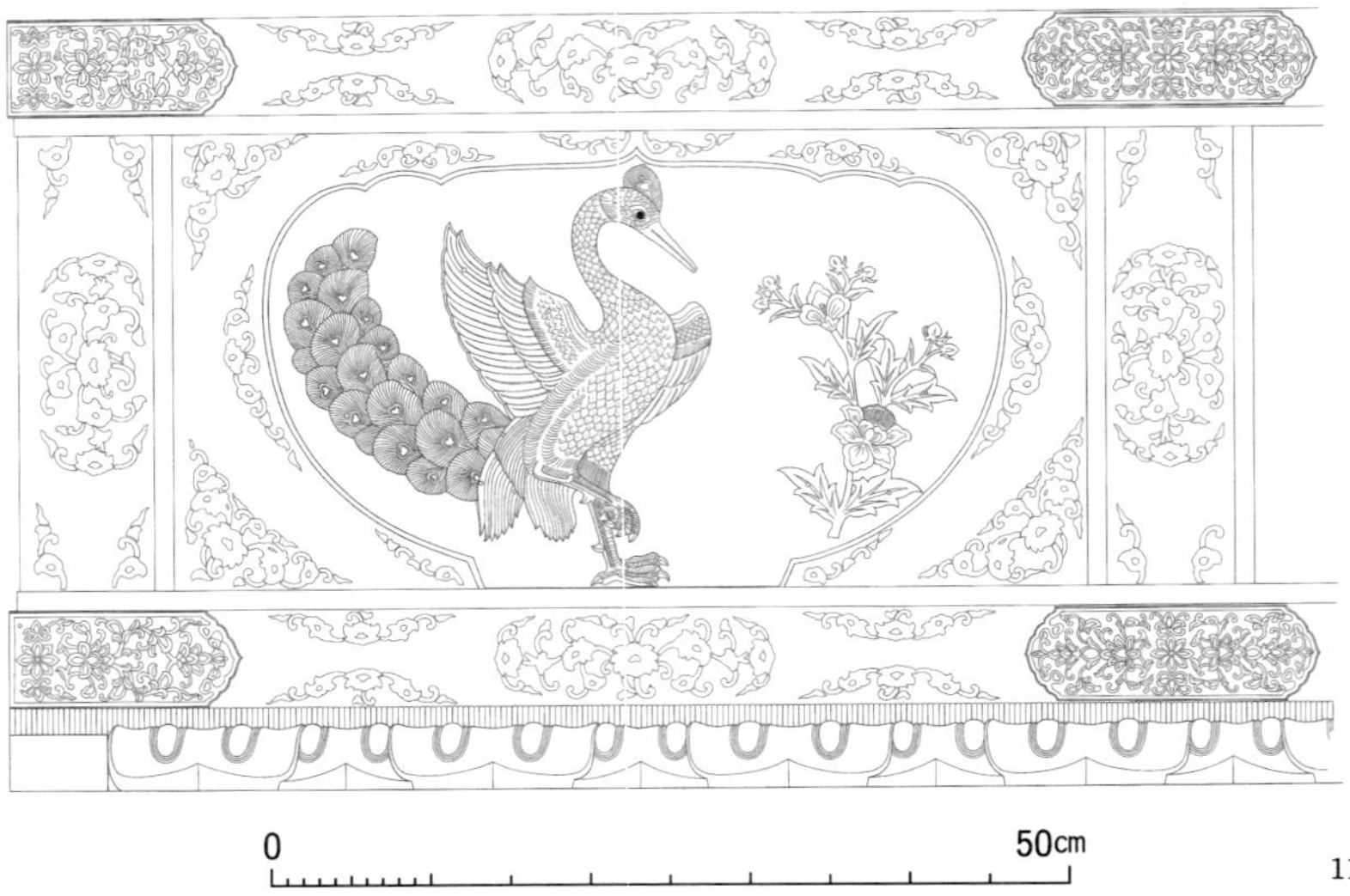

11　南脇仏壇格狭間

12　北脇仏壇格狭間

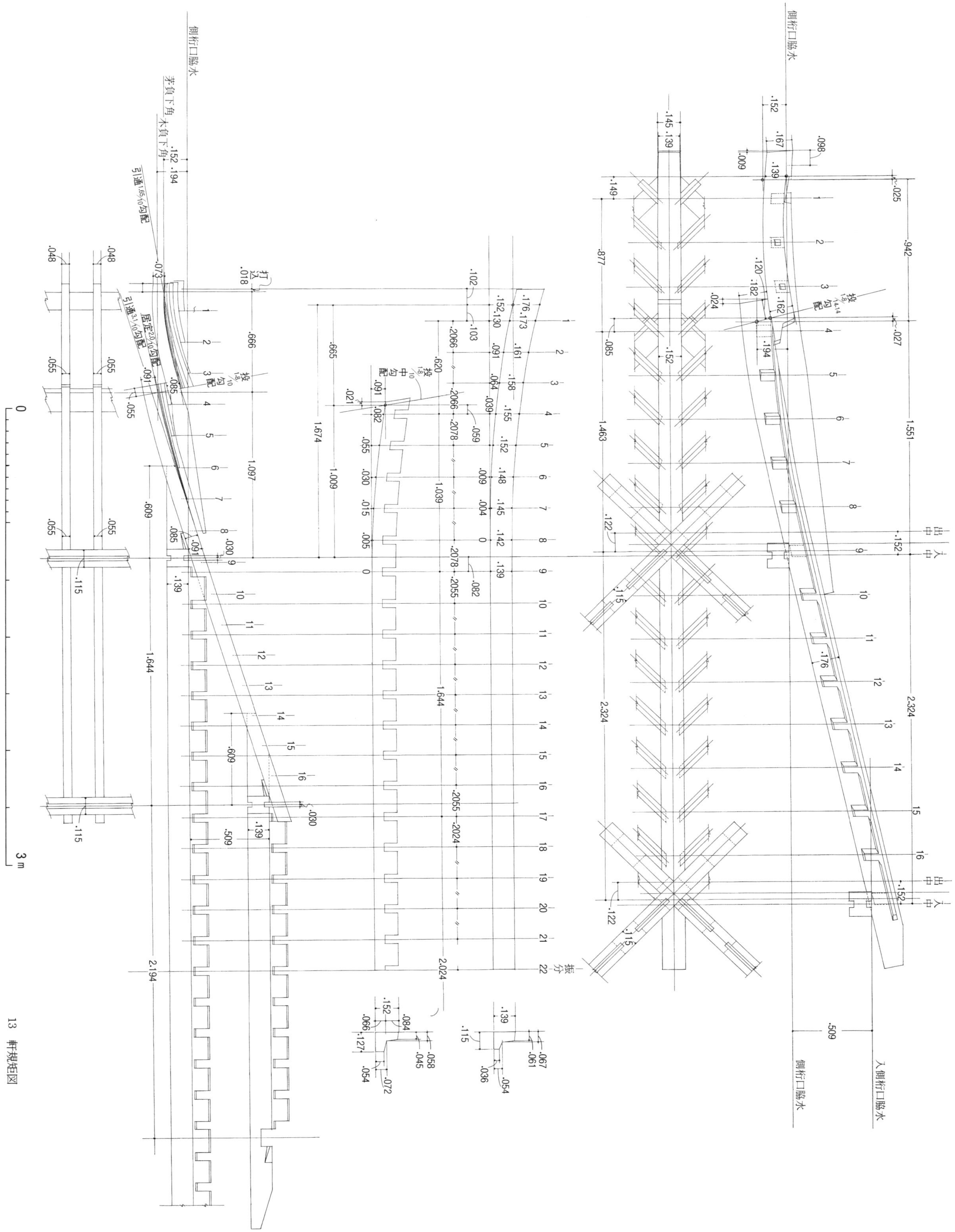

13　軒規矩図

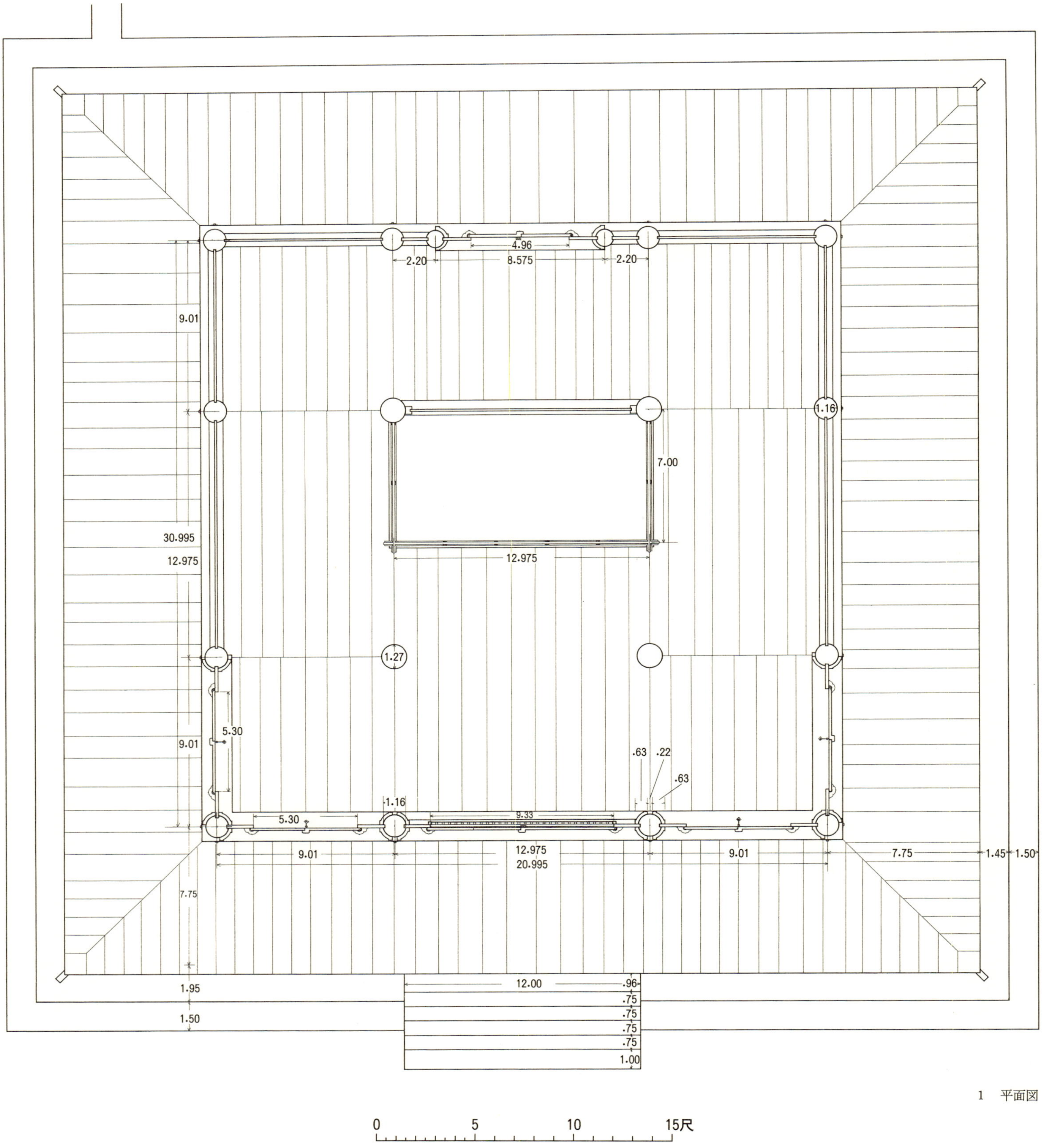
4.96
2.20
8.575
2.20
9.01
1.16
7.00
30.995
12.975
12.975
1.27
5.30
9.01
.63
.22
.63
1.16
9.33
5.30
12.975
20.995
9.01
9.01
7.75
1.45
1.50
7.75
12.00
.96
1.95
.75
.75
1.50
.75
.75
1.00

1　平面図

0
5
10
15尺

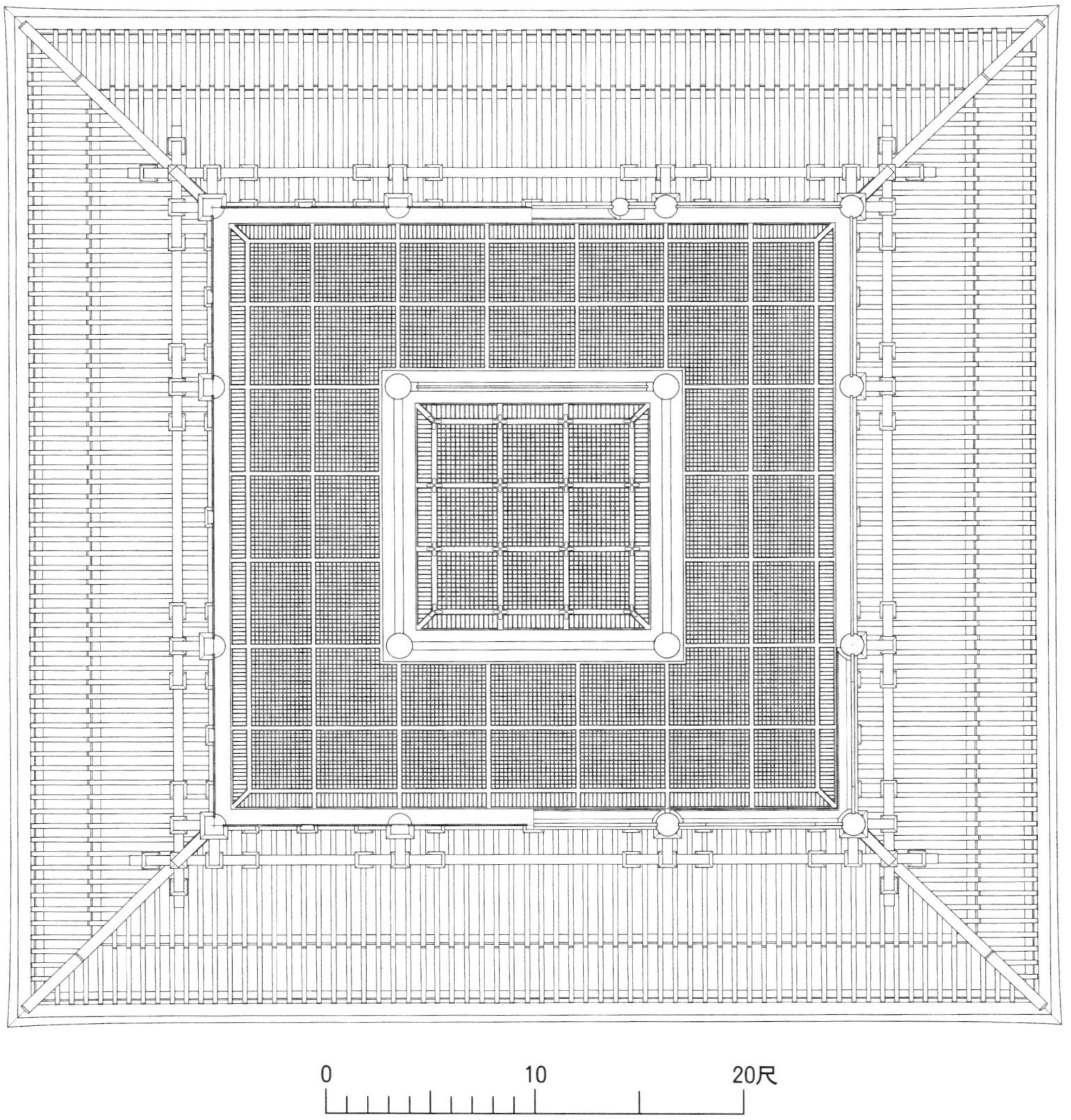

2　見上図

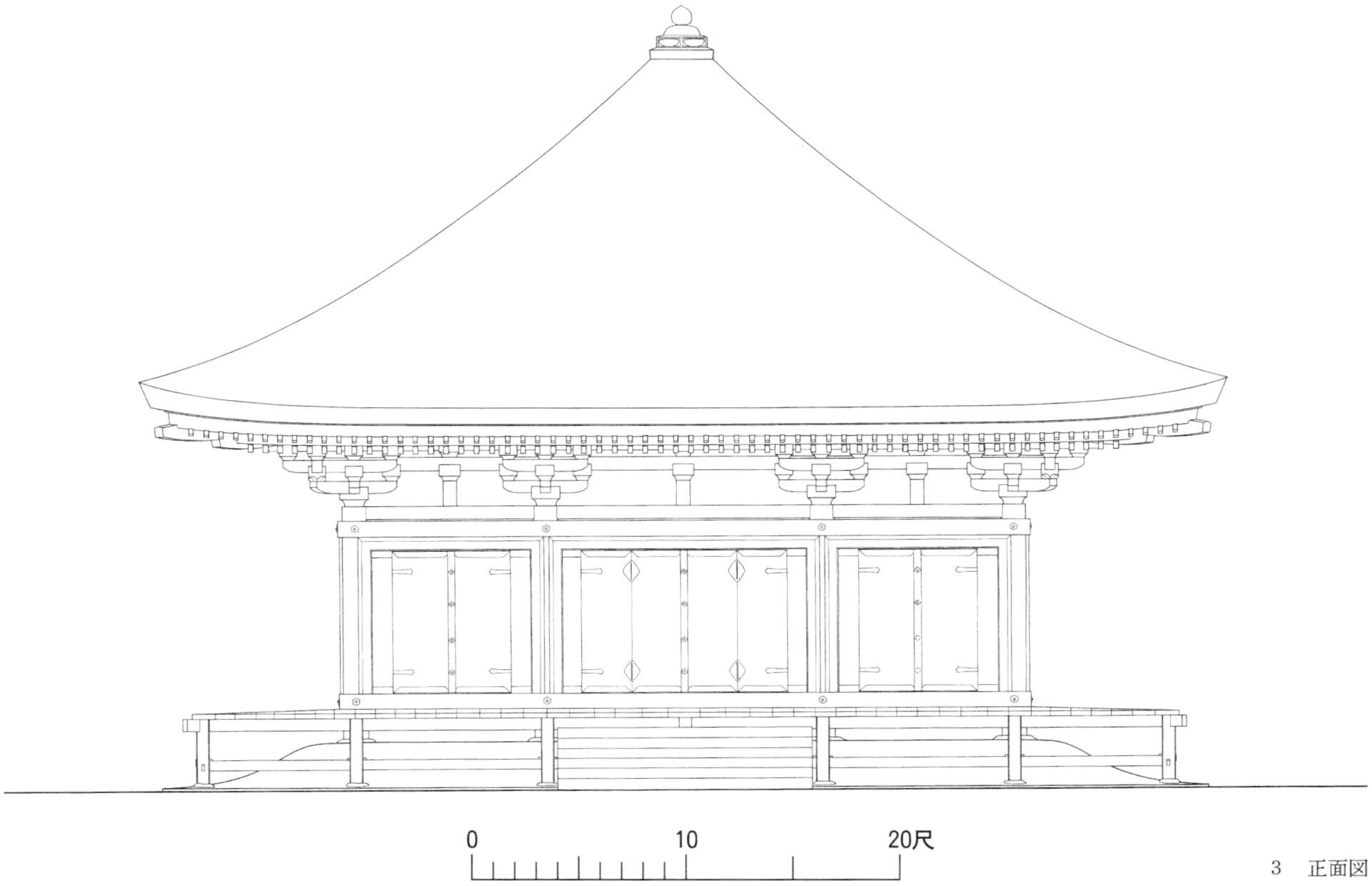

3　正面図

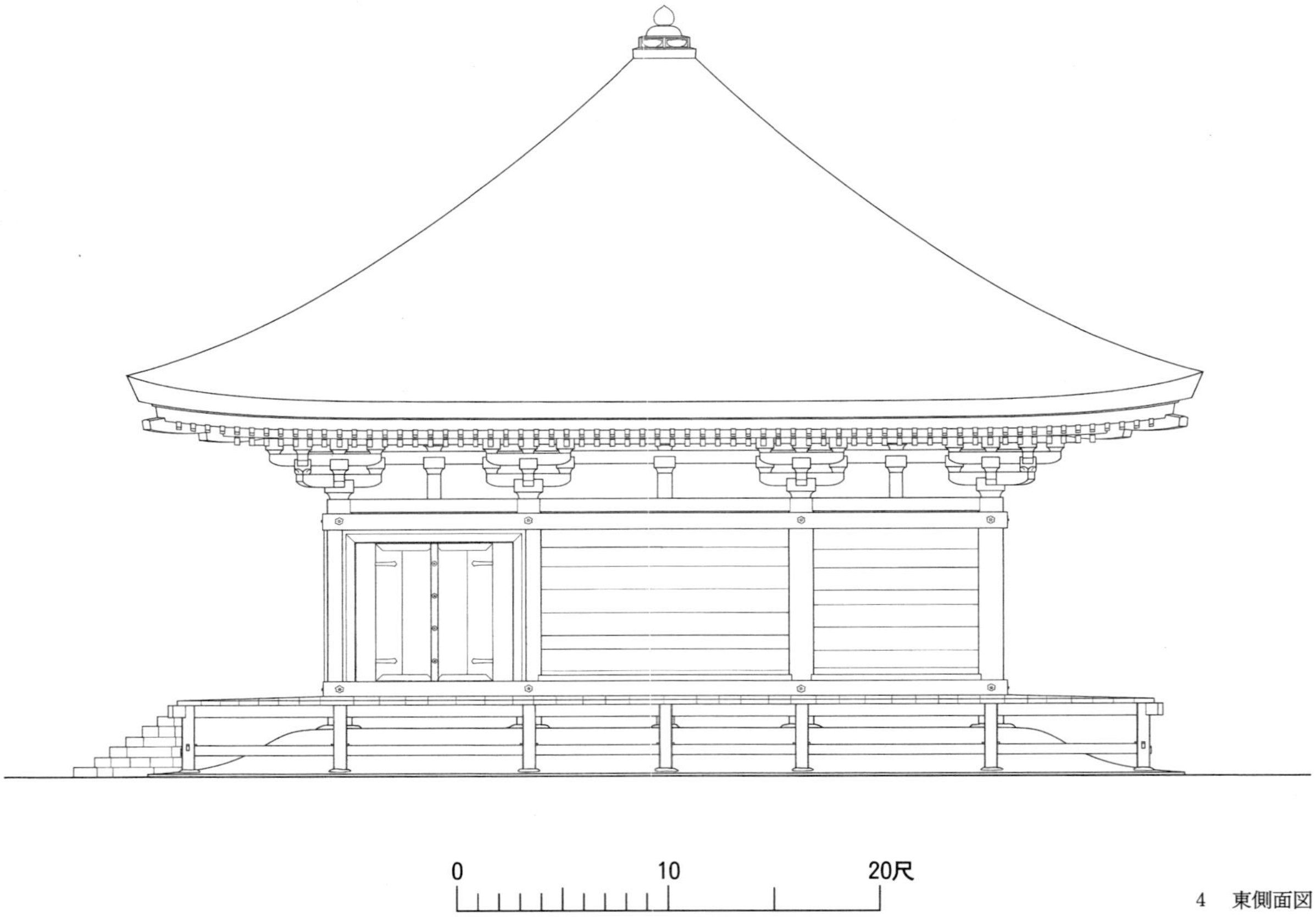

4　東側面図

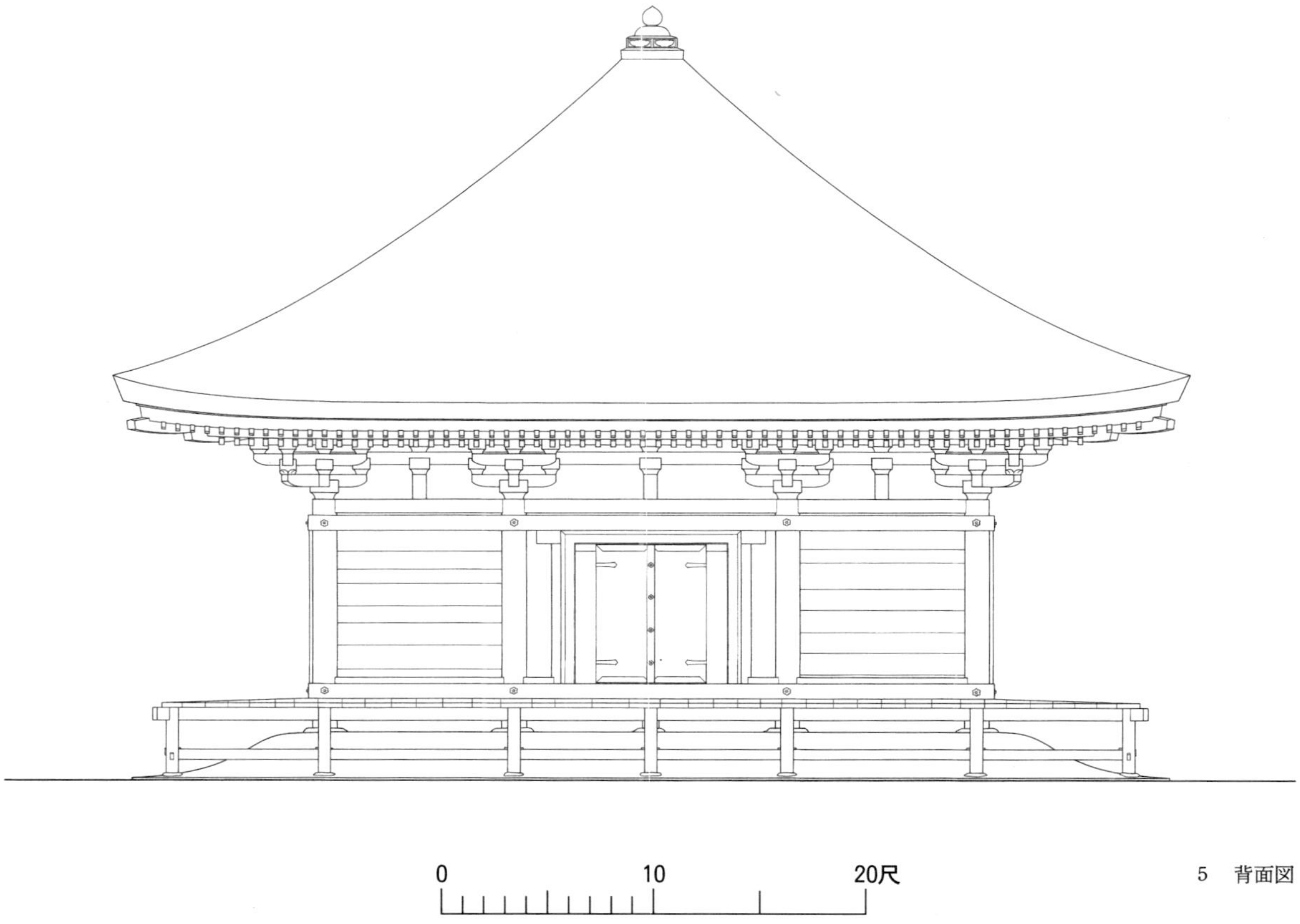

5　背面図

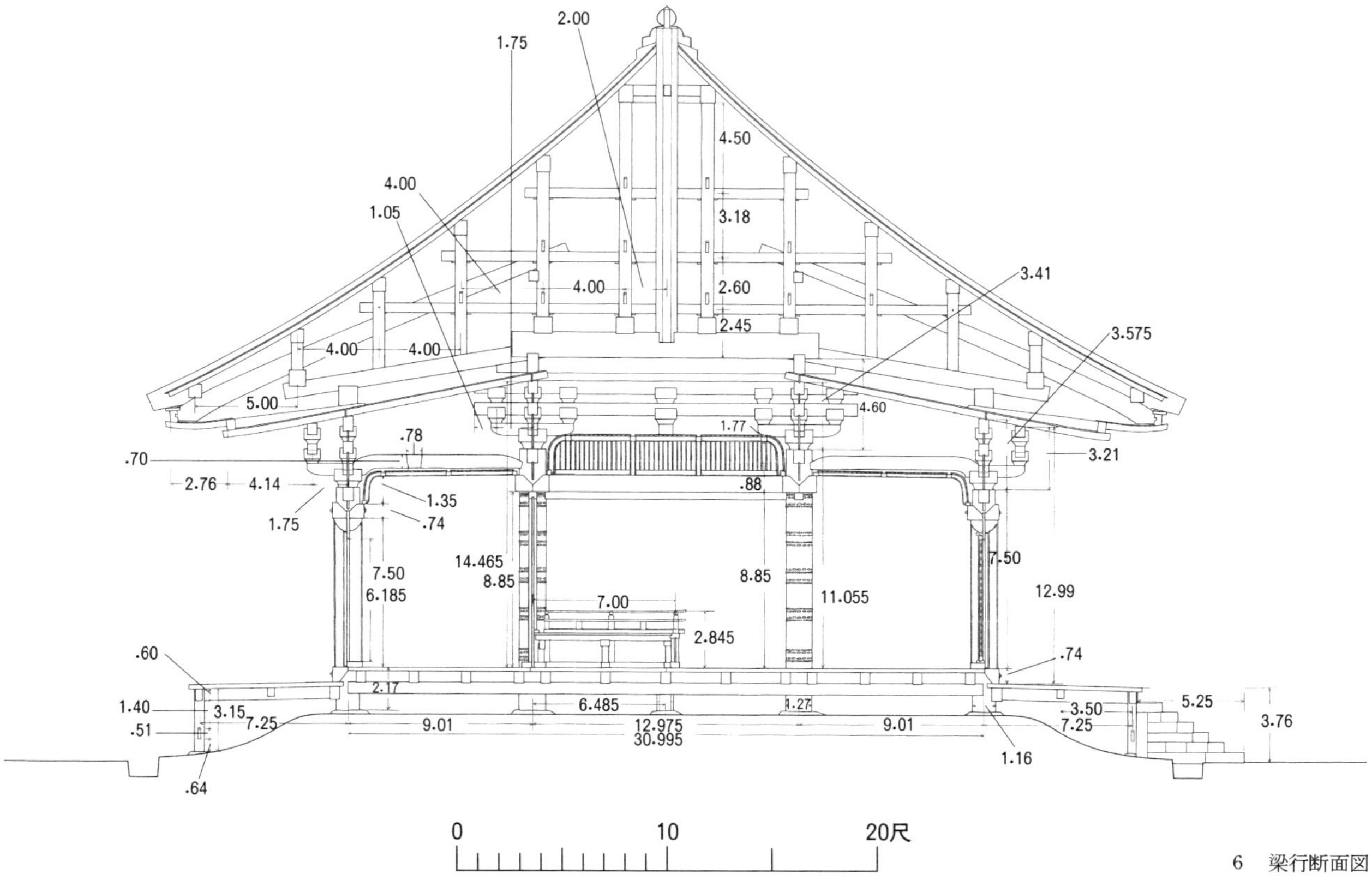

6　梁行断面図

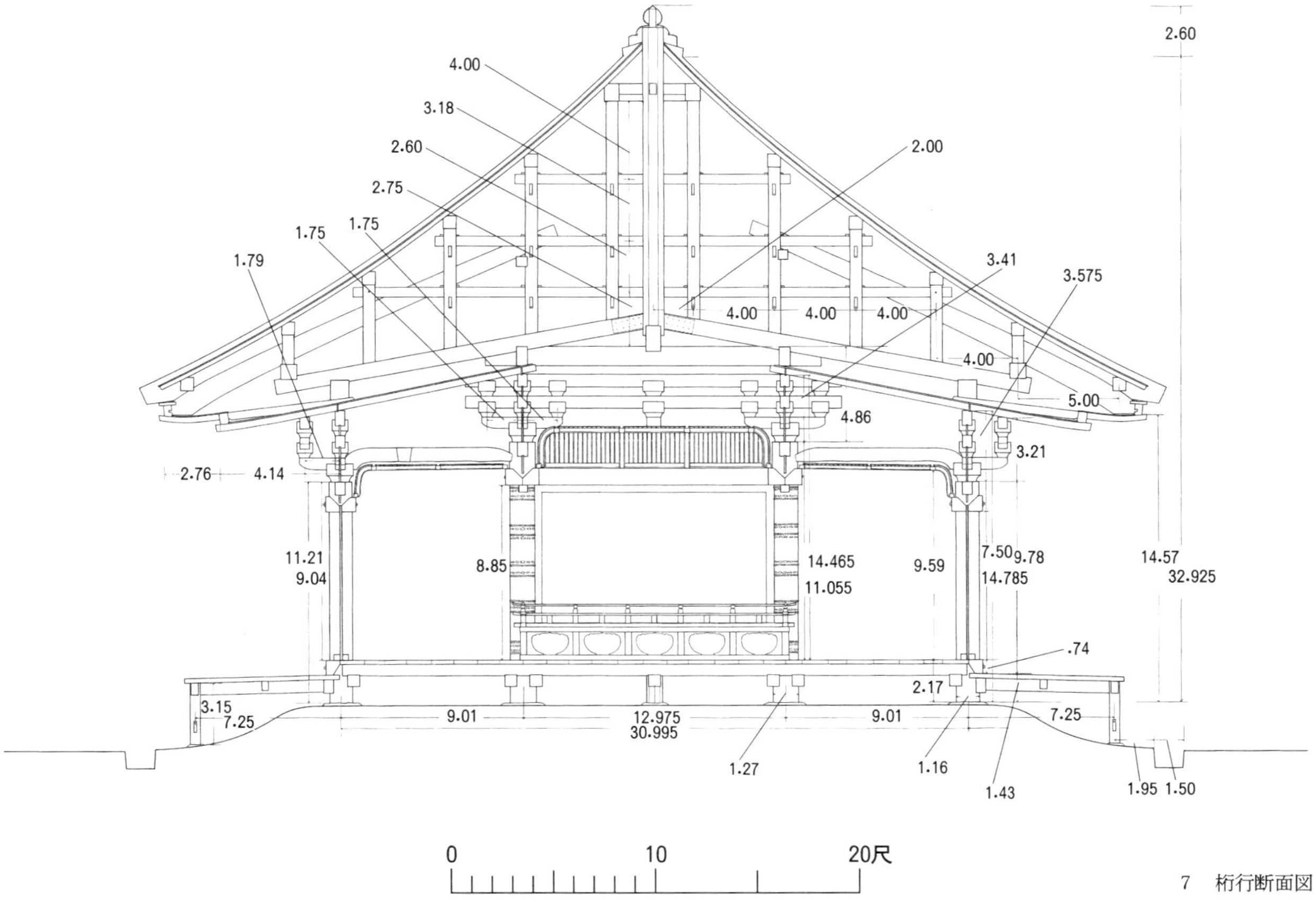

7　桁行断面図

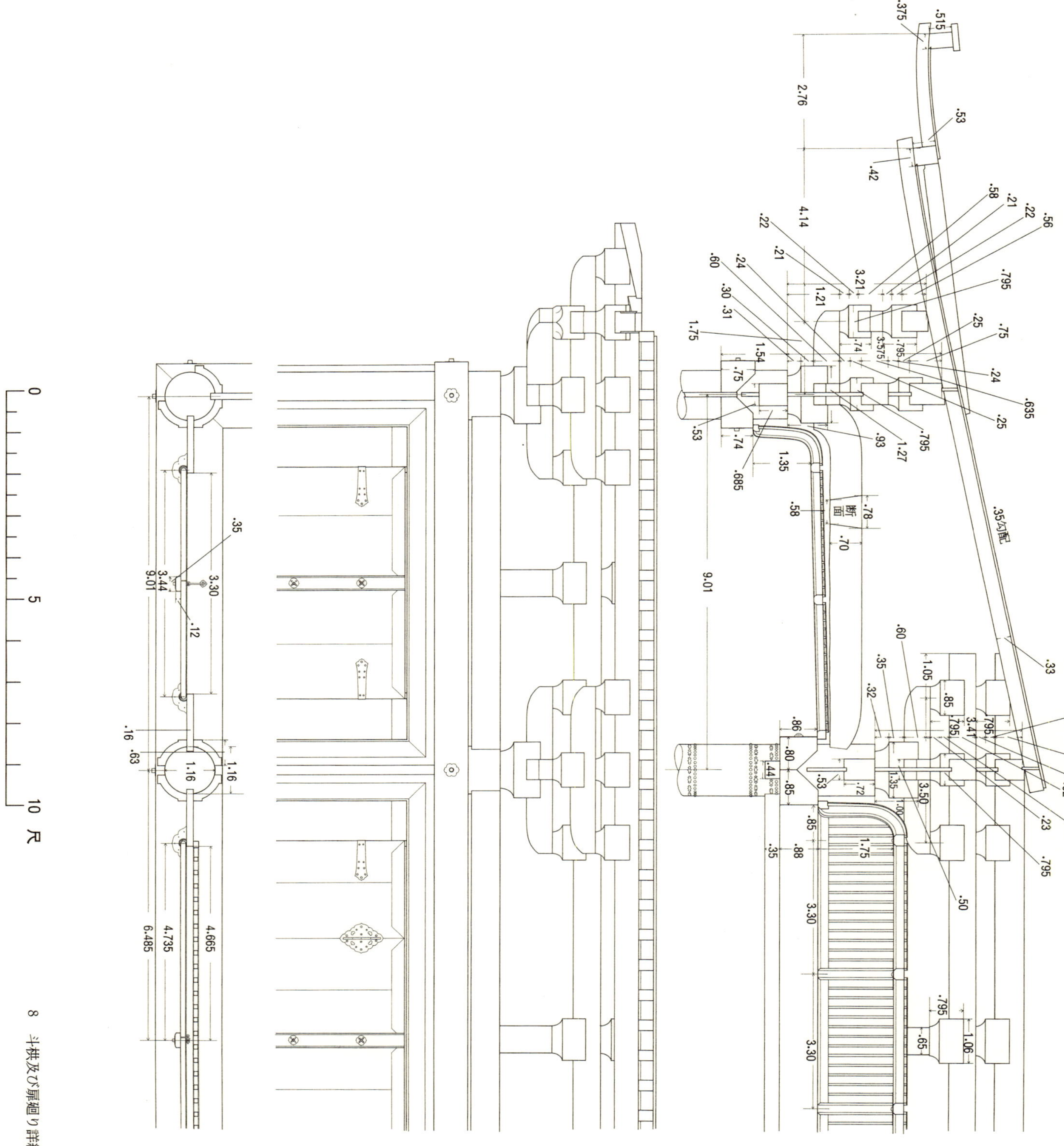

8 斗栱及び扉廻り詳細図

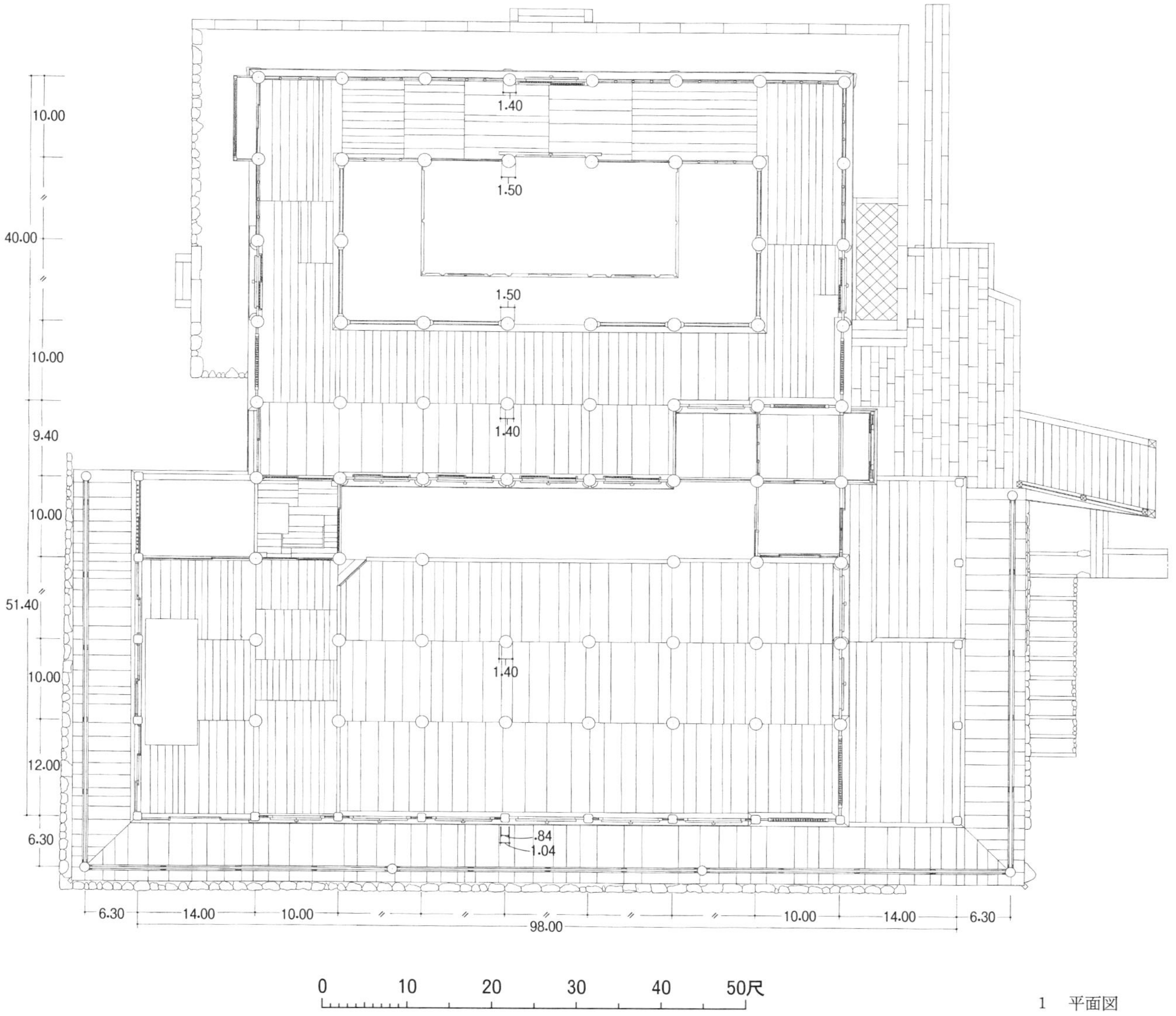
10.00
1.40
1.50
40.00
1.50
10.00
9.40
1.40
10.00
51.40
10.00
1.40
12.00
6.30
.84
1.04
6.30
14.00
10.00
98.00
10.00
14.00
6.30
0 10 20 30 40 50尺

1　平面図

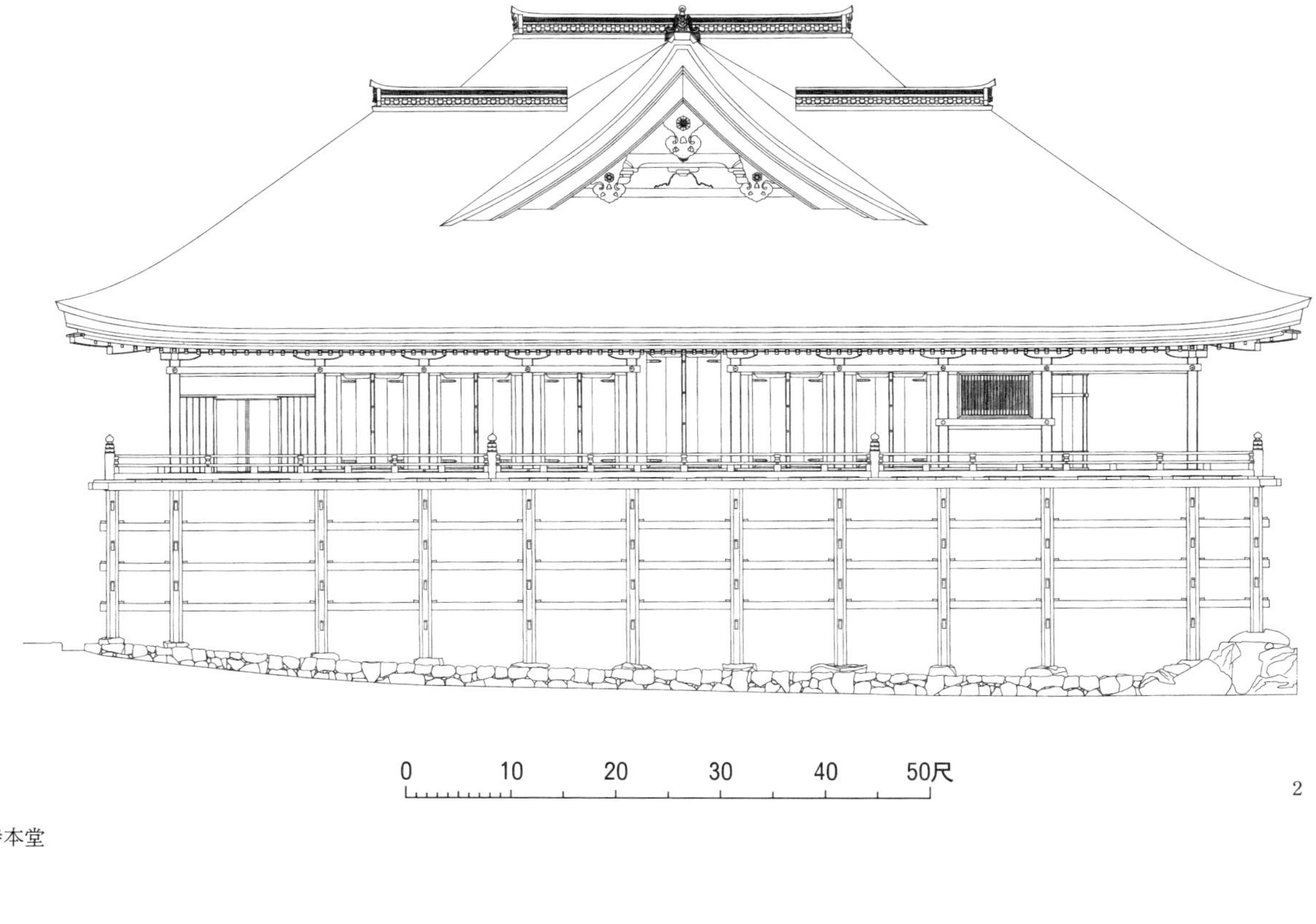
0 10 20 30 40 50尺

2　正面図

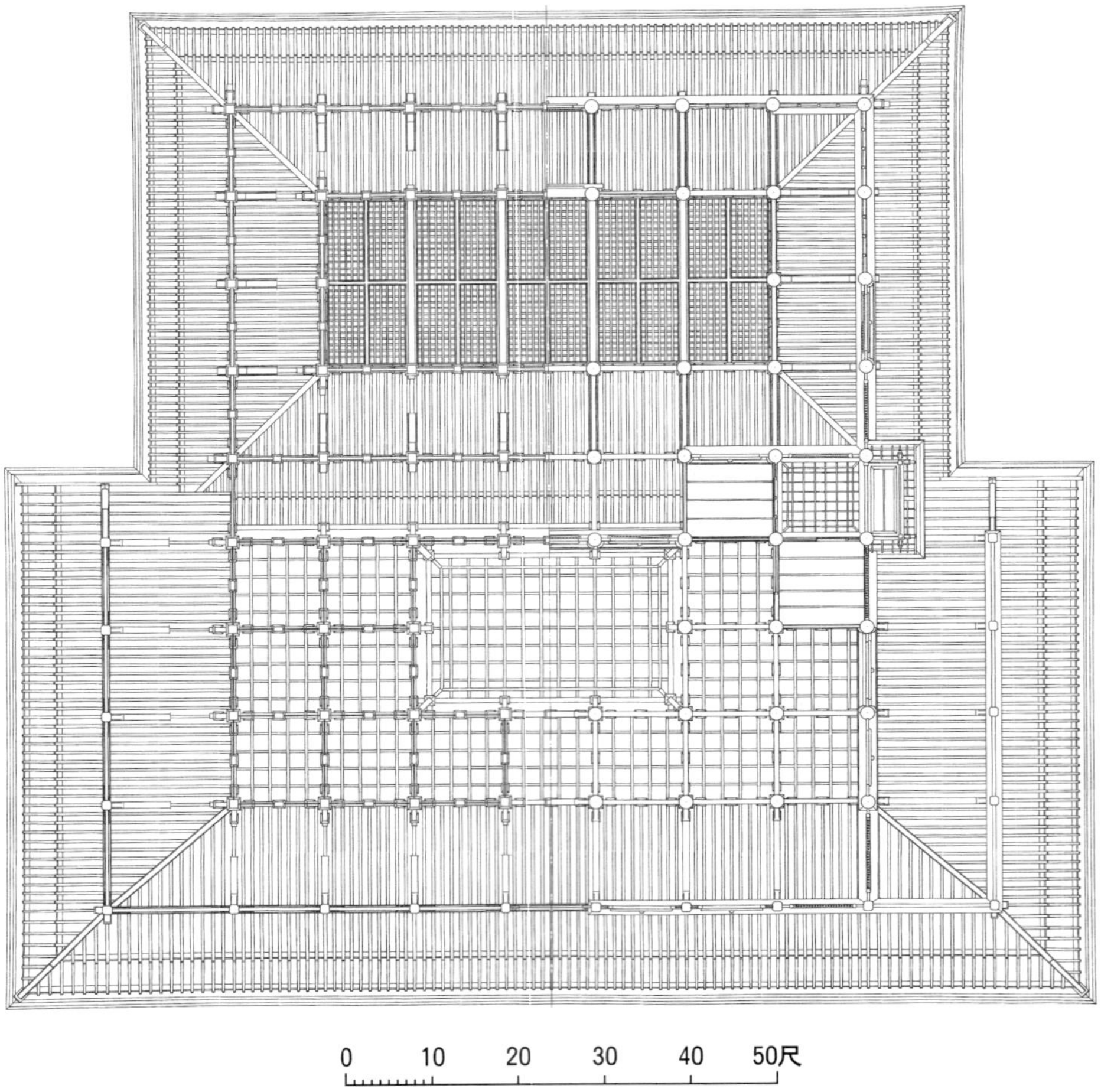
0 10 20 30 40 50尺

3　見上図

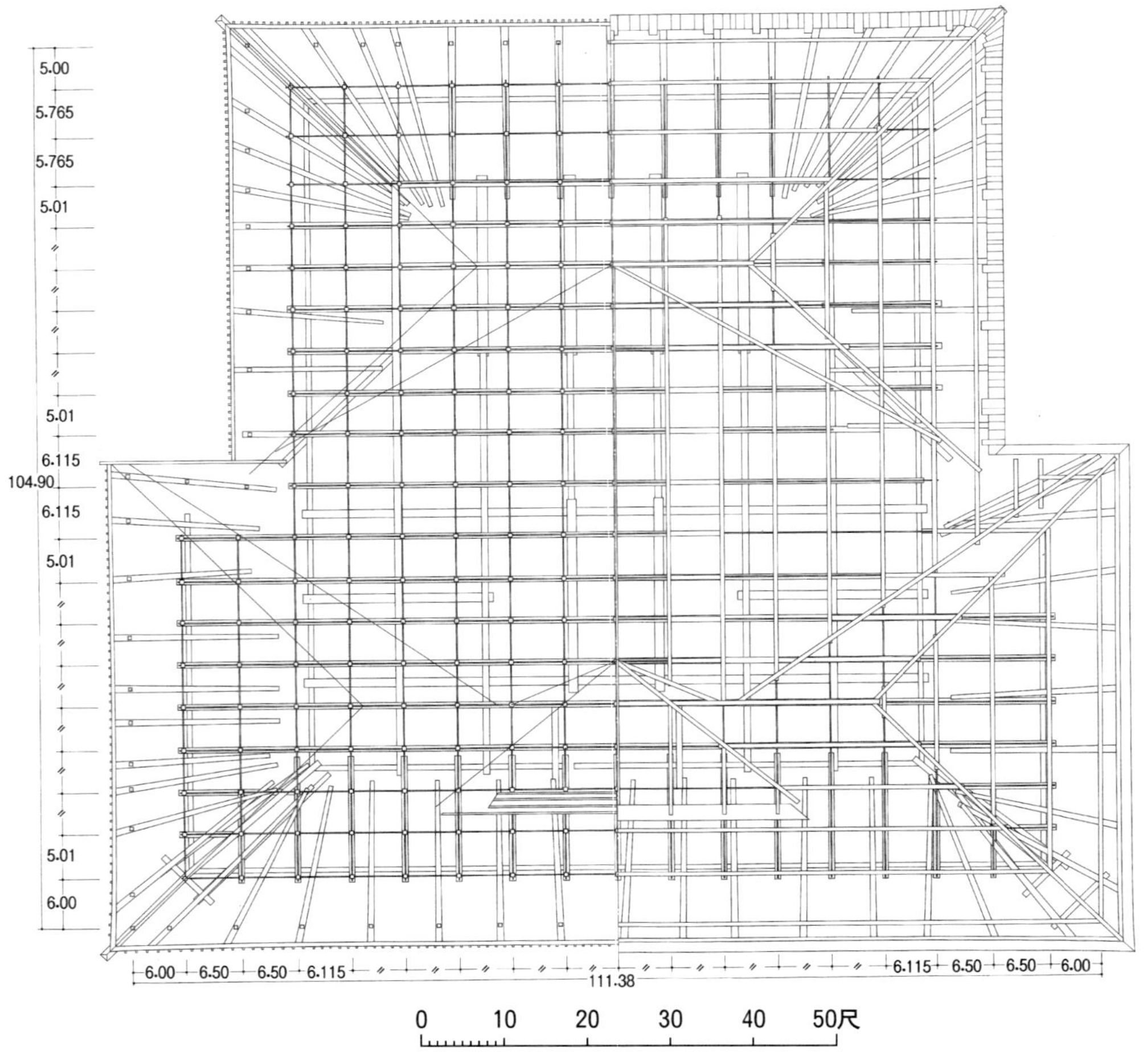
5.00
5.765
5.765
5.01
5.01
6.115
104.90
6.115
5.01
5.01
6.00
6.00 6.50 6.50 6.115
111.38
6.115 6.50 6.50 6.00
0 10 20 30 40 50尺

4　小屋伏図

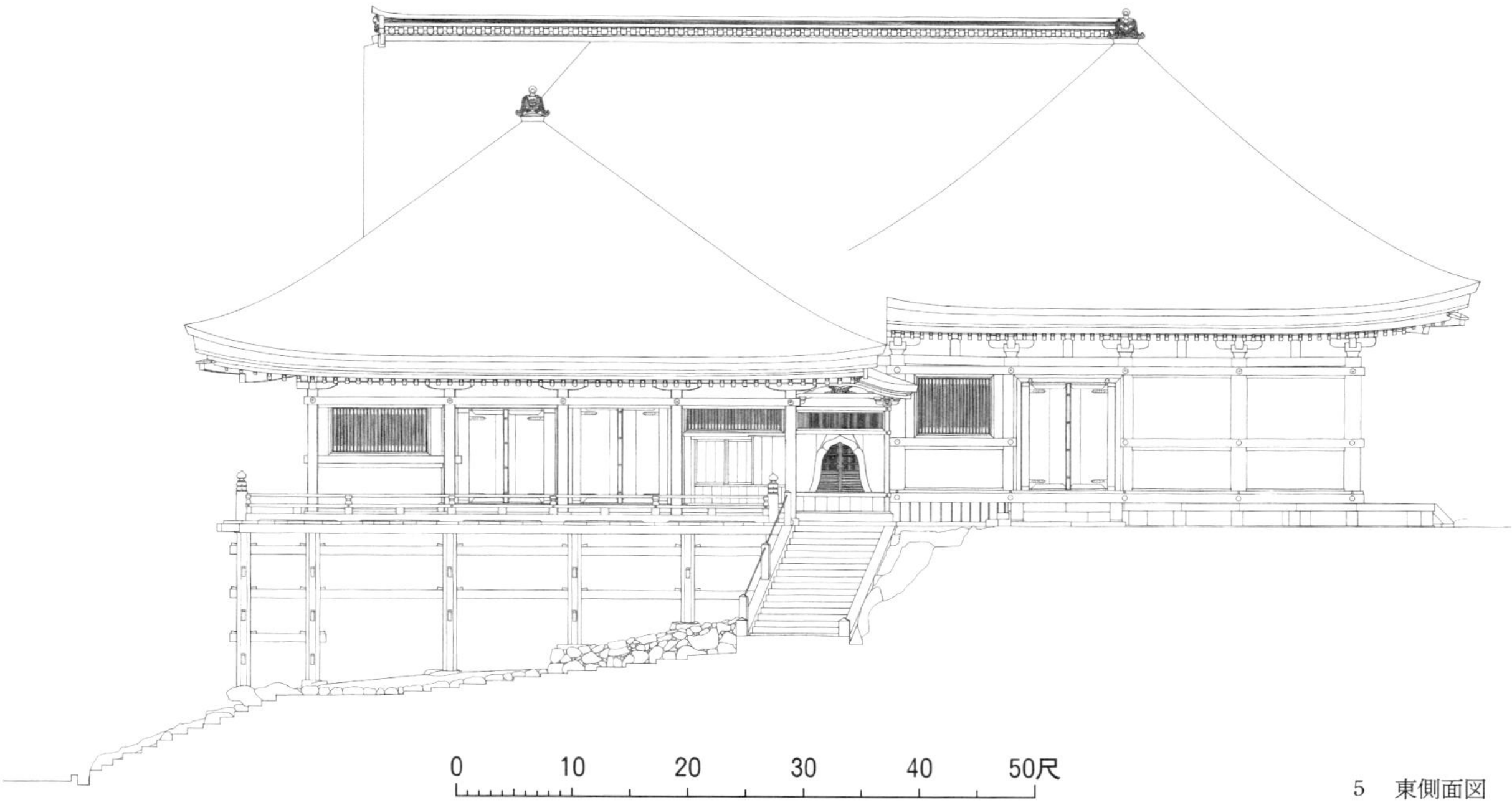

5　東側面図

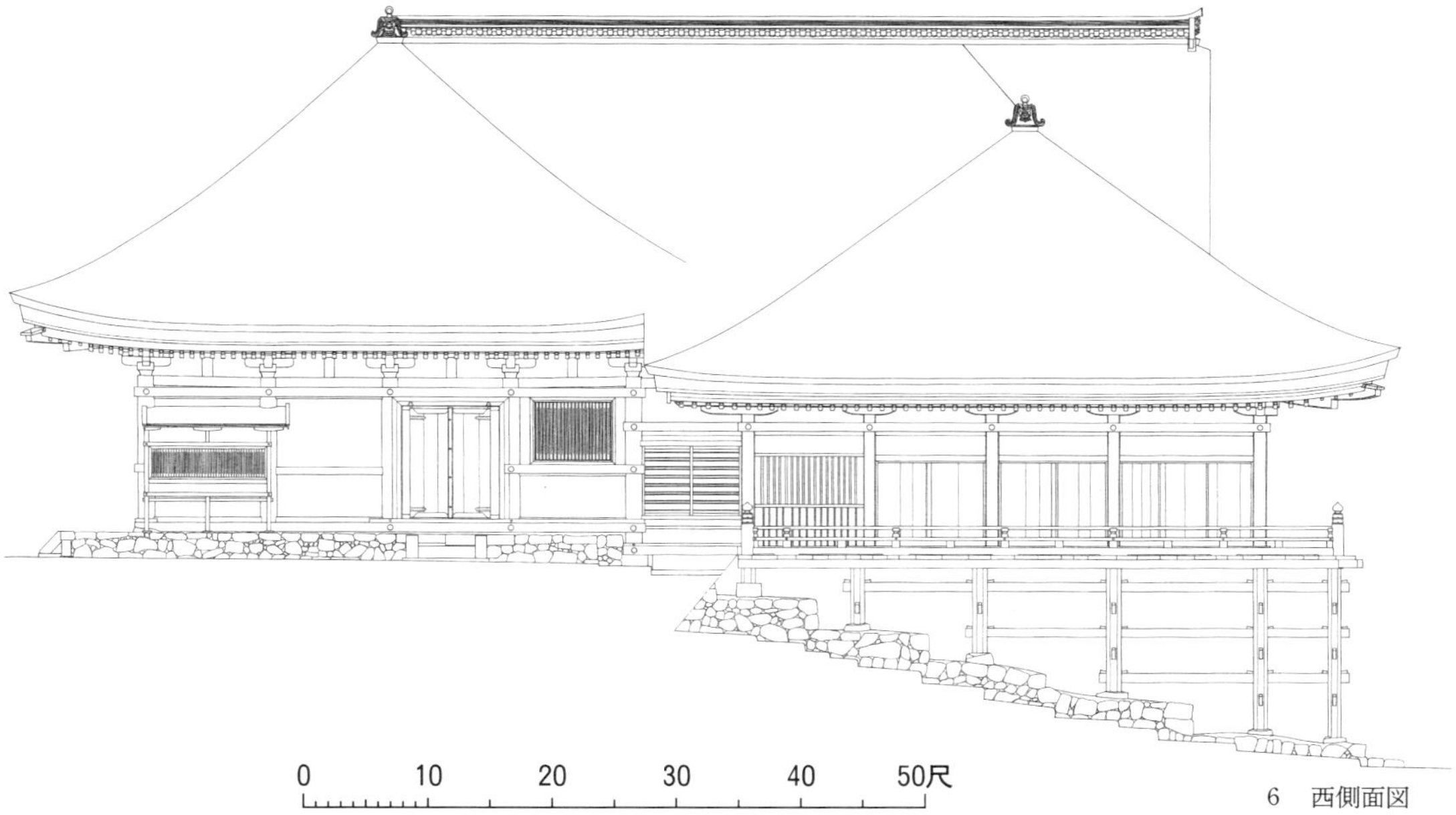

6　西側面図

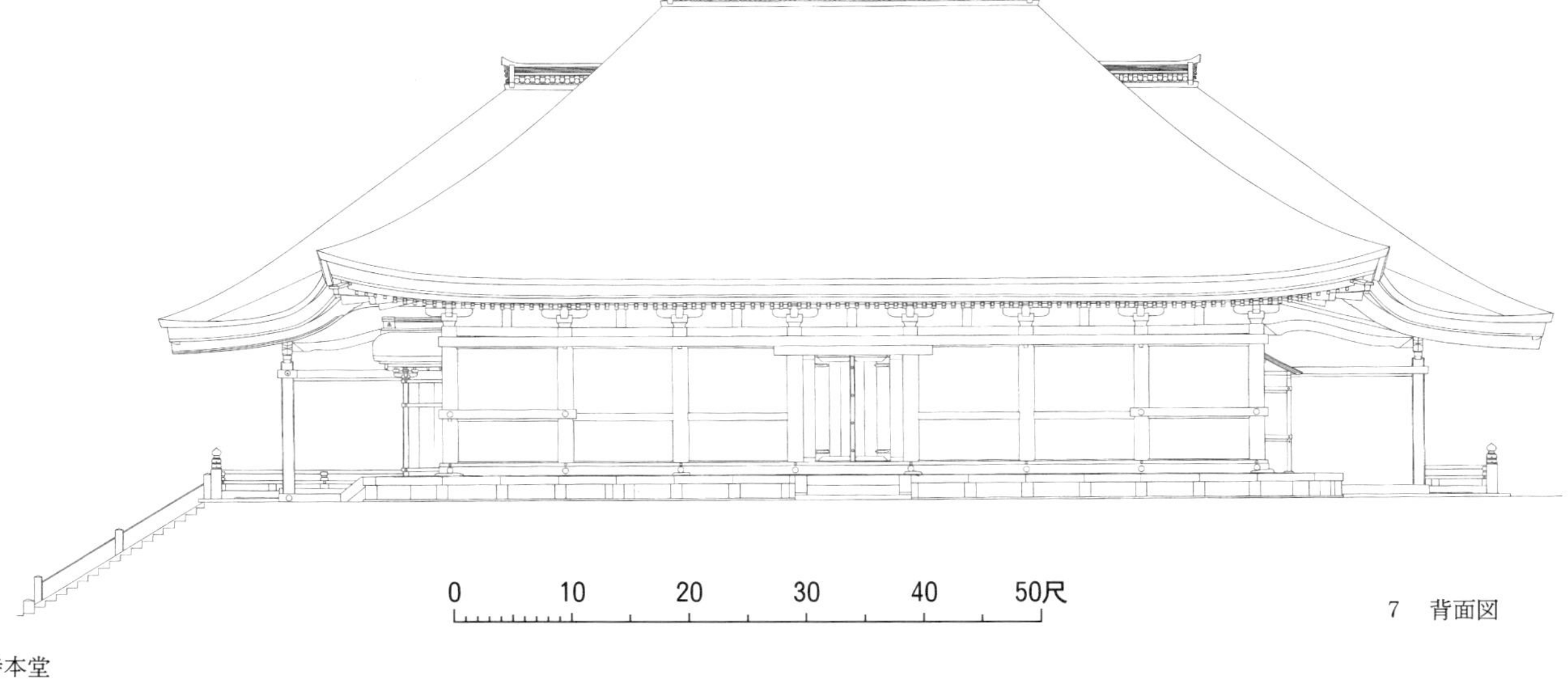

7　背面図

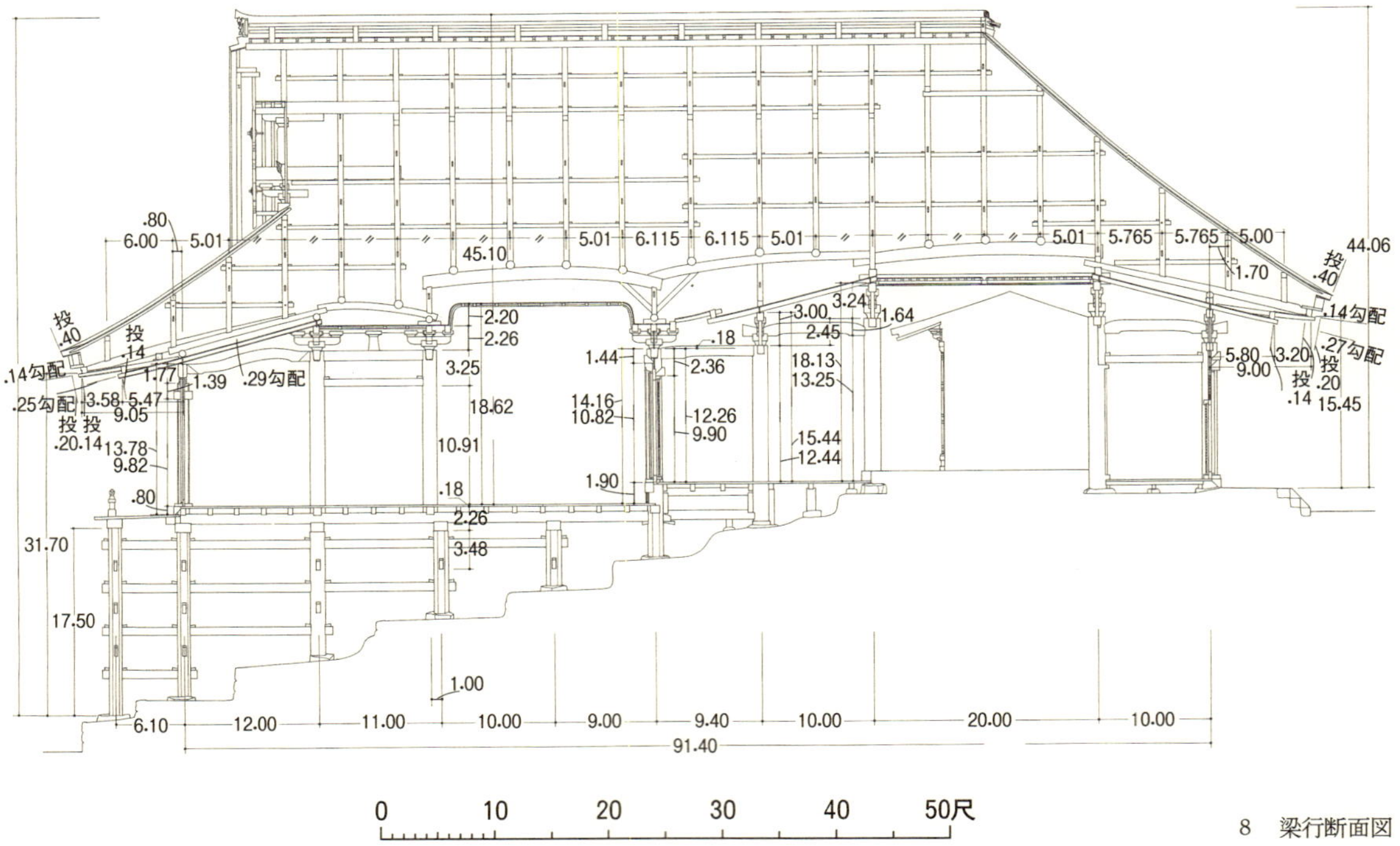

8　梁行断面図

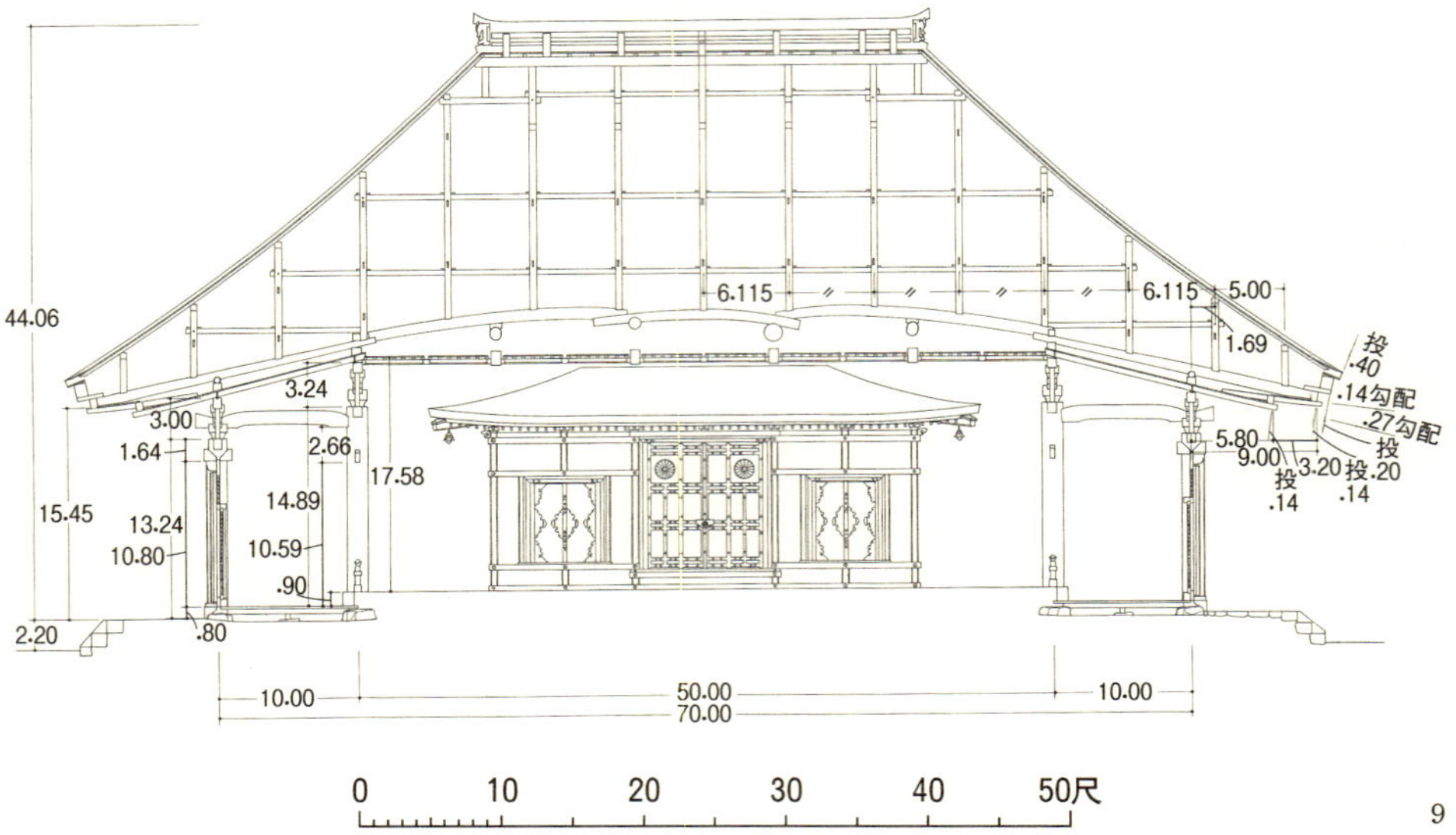

9　桁行断面図

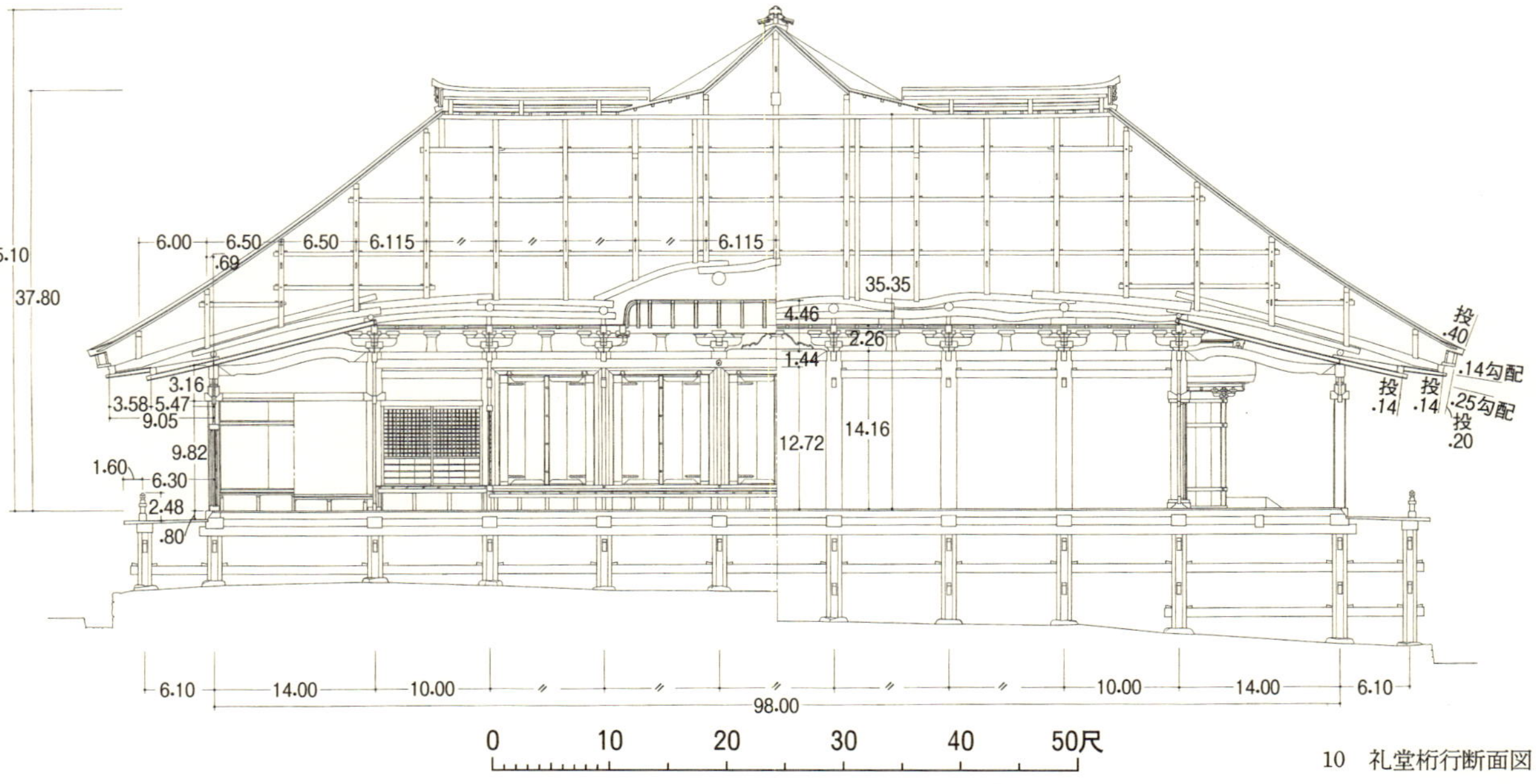

10　礼堂桁行断面図

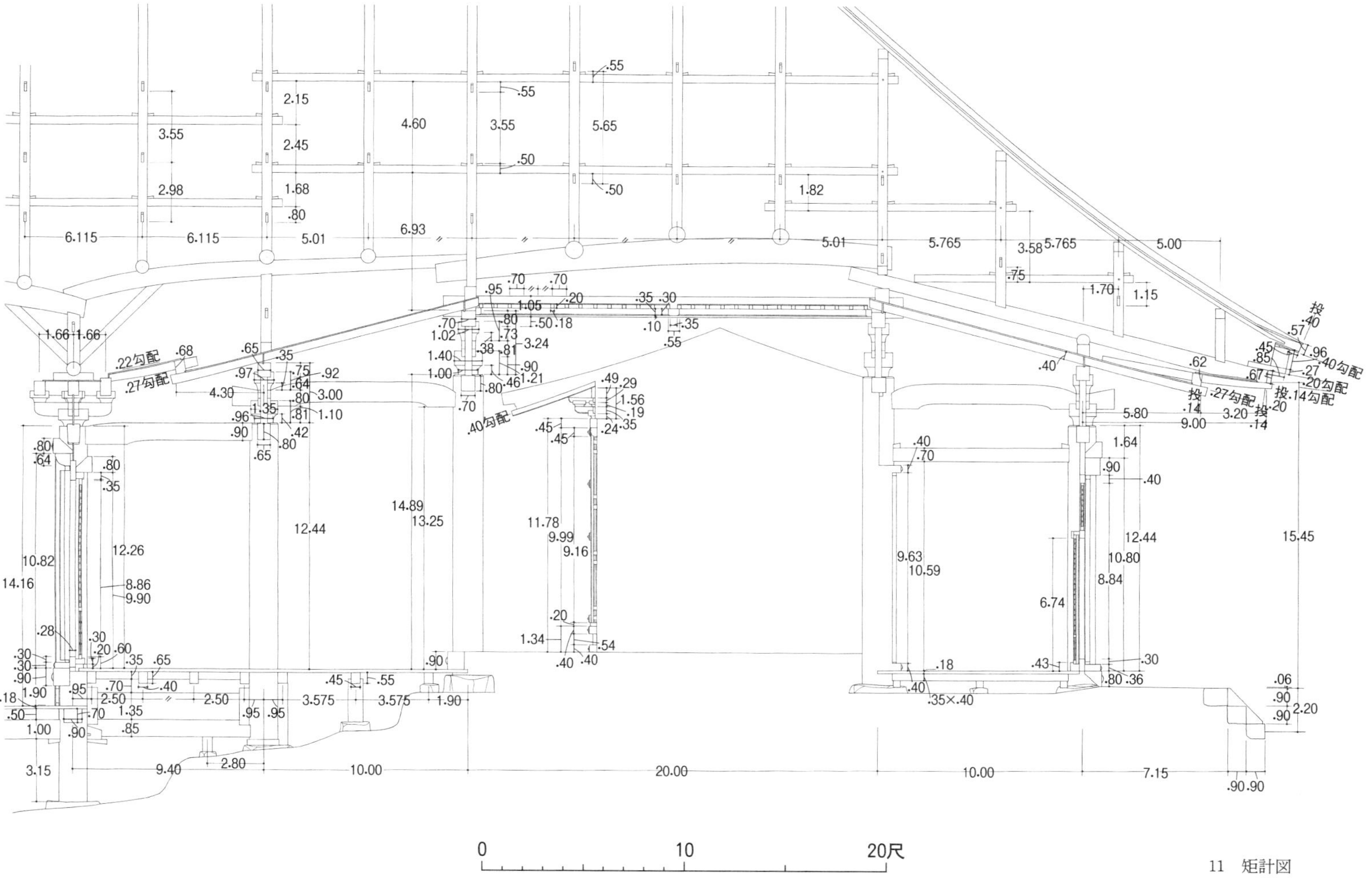

11　矩計図

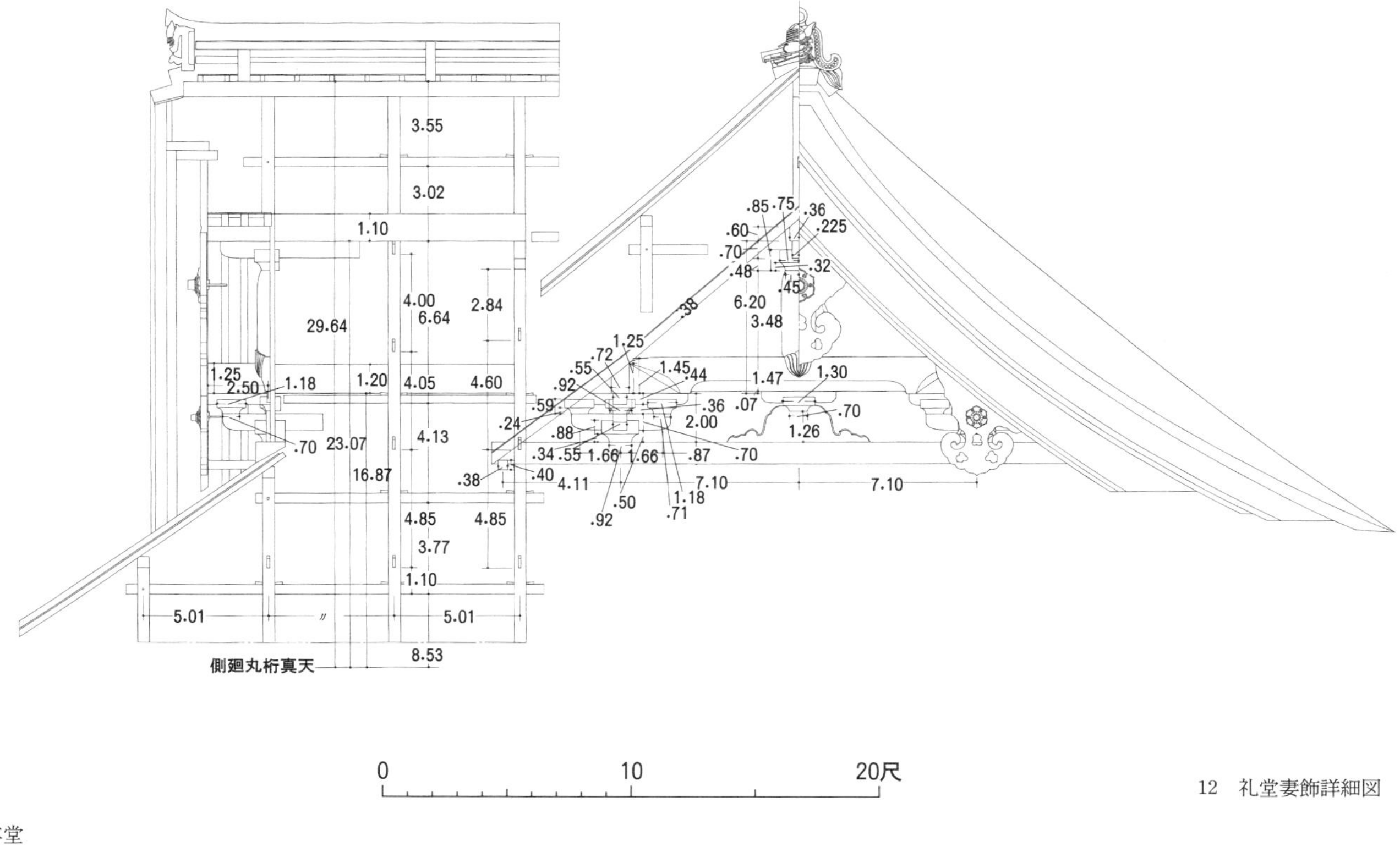

12　礼堂妻飾詳細図

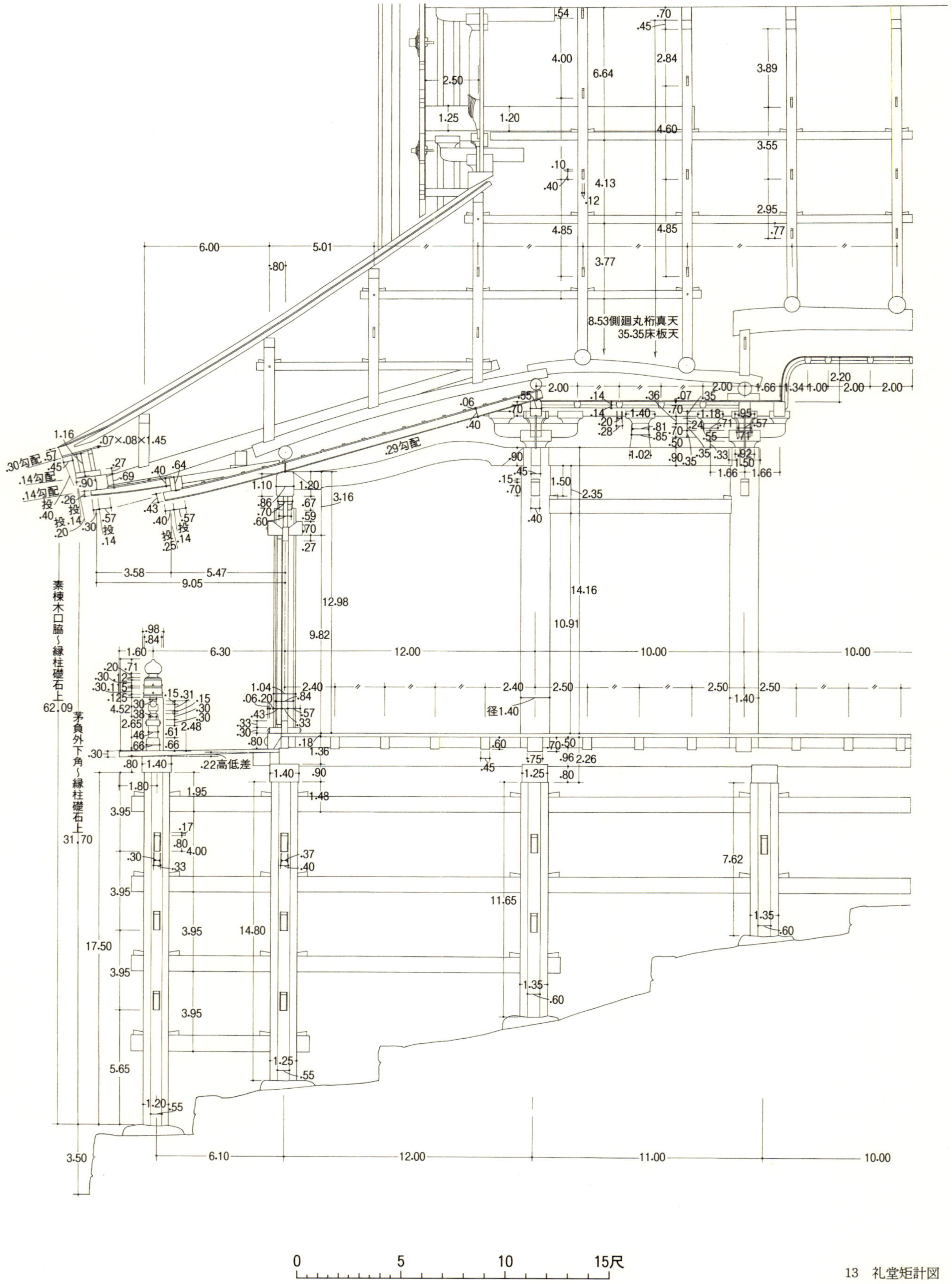
8.53側廻丸桁真天
35.35床板天
.29勾配
.30勾配
.14勾配
.14勾配
.07×.08×1.45
素棟木口脇～縁柱礎石上
62.09
茅負外下角～縁柱礎石上
31.70
.22高低差
径1.40
0
5
10
15尺

13　礼堂矩計図

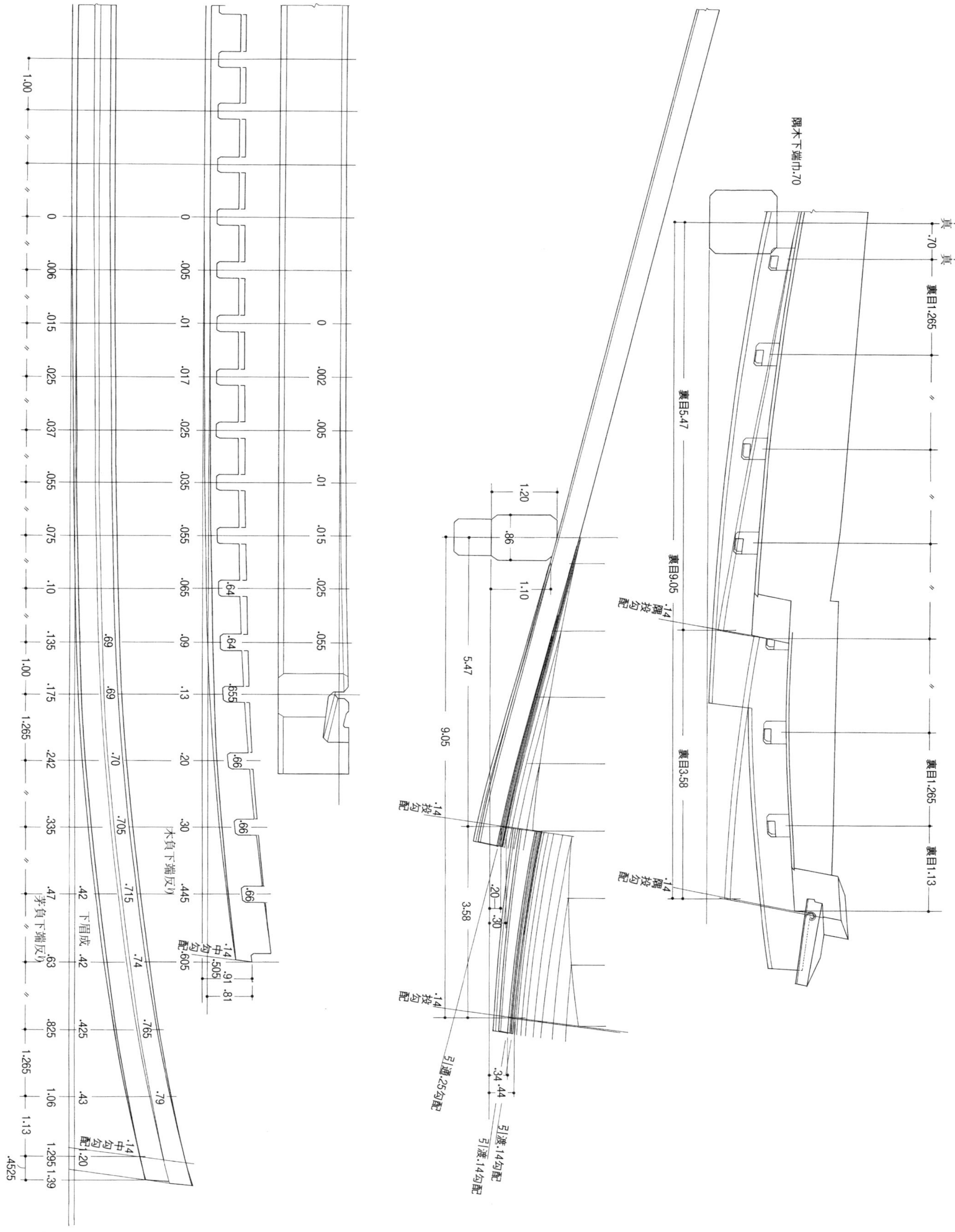

隅木下端巾.70
入中真
出中真
裏目1.265
裏目5.47
裏目9.05
裏目3.58
裏目1.13
隅投勾配
投勾配
木負下端反り
茅負下端反り
下眉成
中勾配
引渡.25勾配
引渡.14勾配

14 礼堂軒規矩図

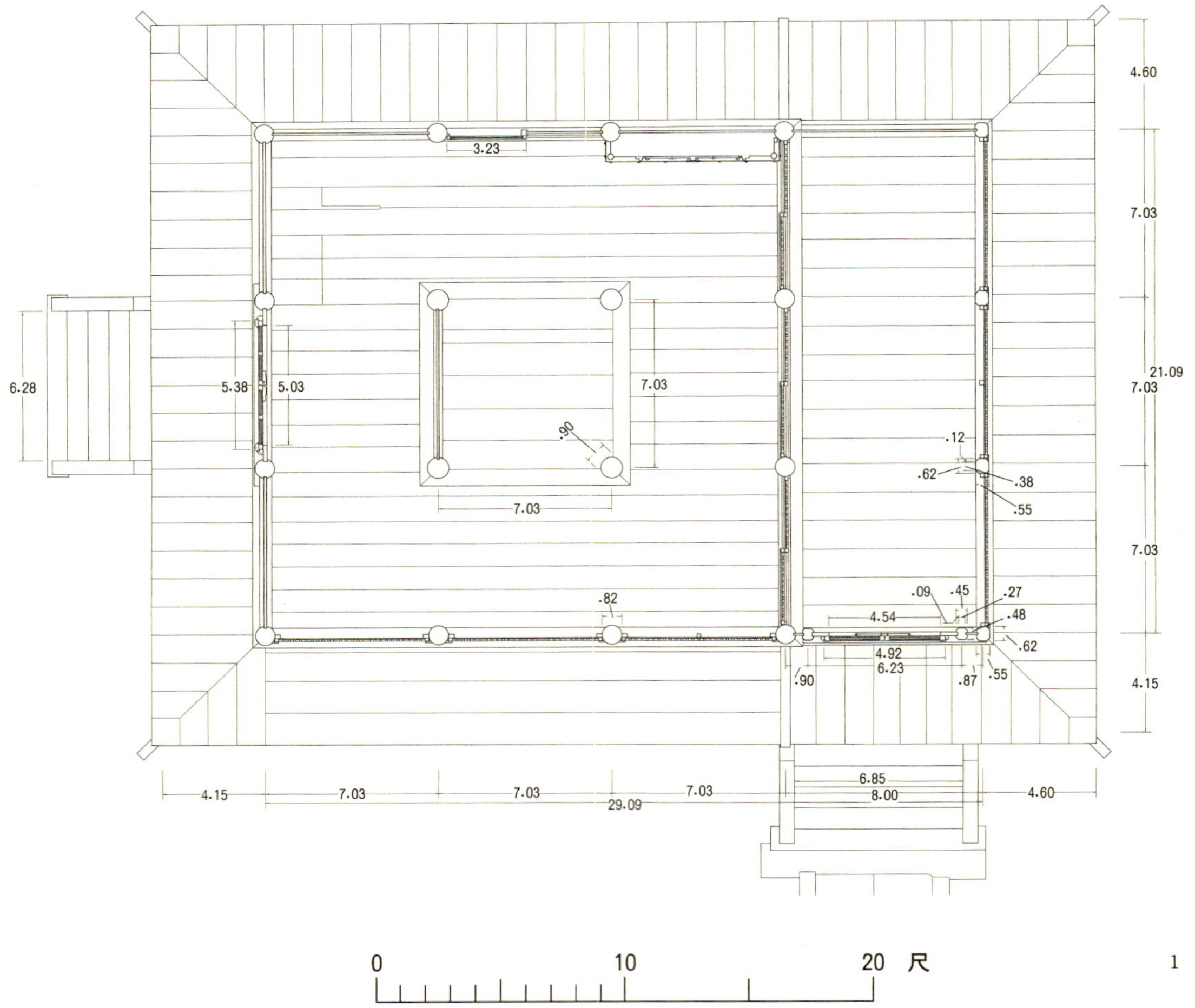
4.60
7.03
21.09
7.03
7.03
4.15
3.23
6.28
5.38
5.03
7.03
.90
7.03
.12
.62
.38
.55
.82
.09
.45
.27
4.54
.48
.62
4.92
6.23
.90
.87
.55
4.15
7.03
7.03
7.03
29.09
6.85
8.00
4.60
0
10
20 尺

1　平面図

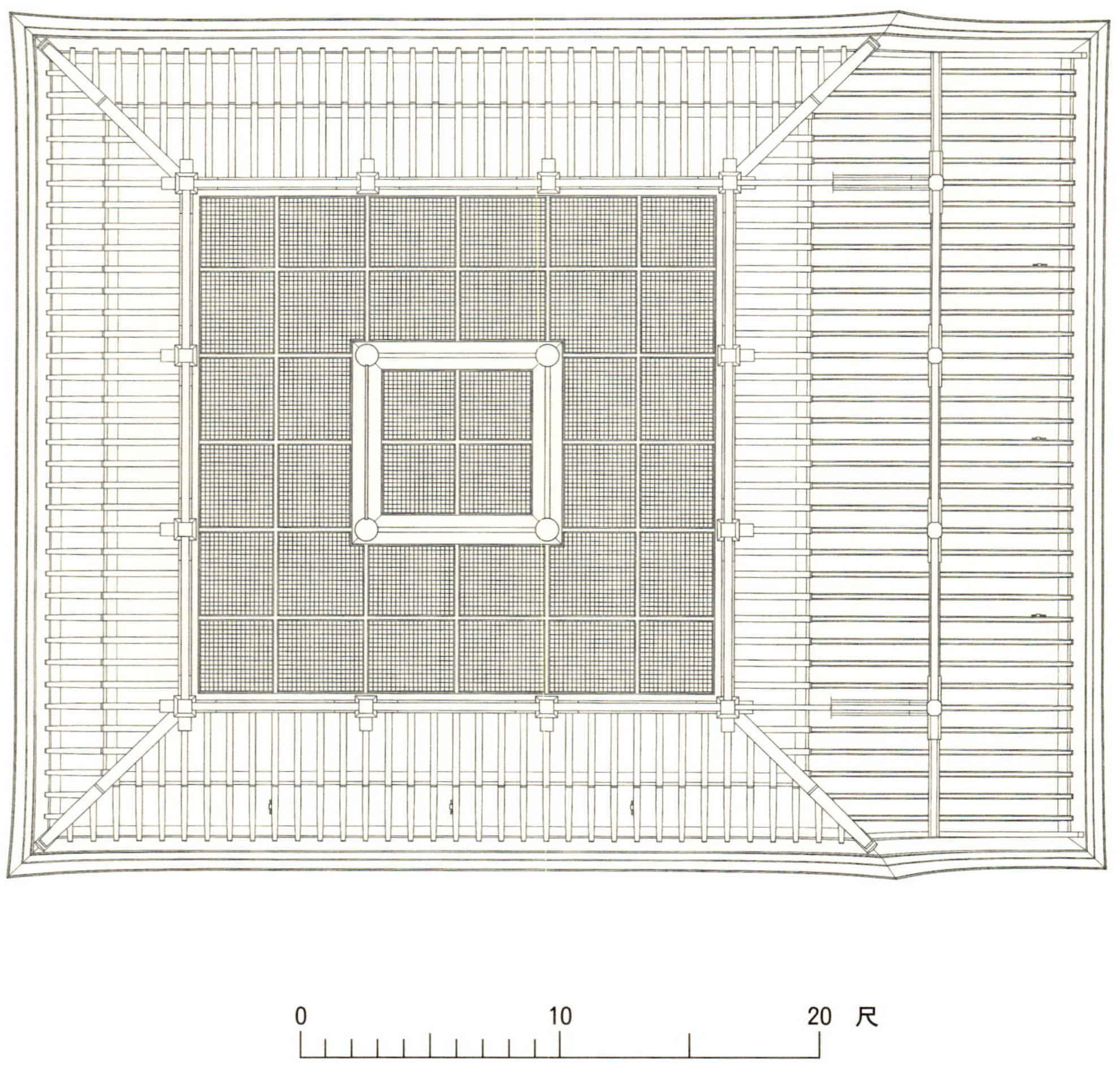
0
10
20 尺

2　見上図

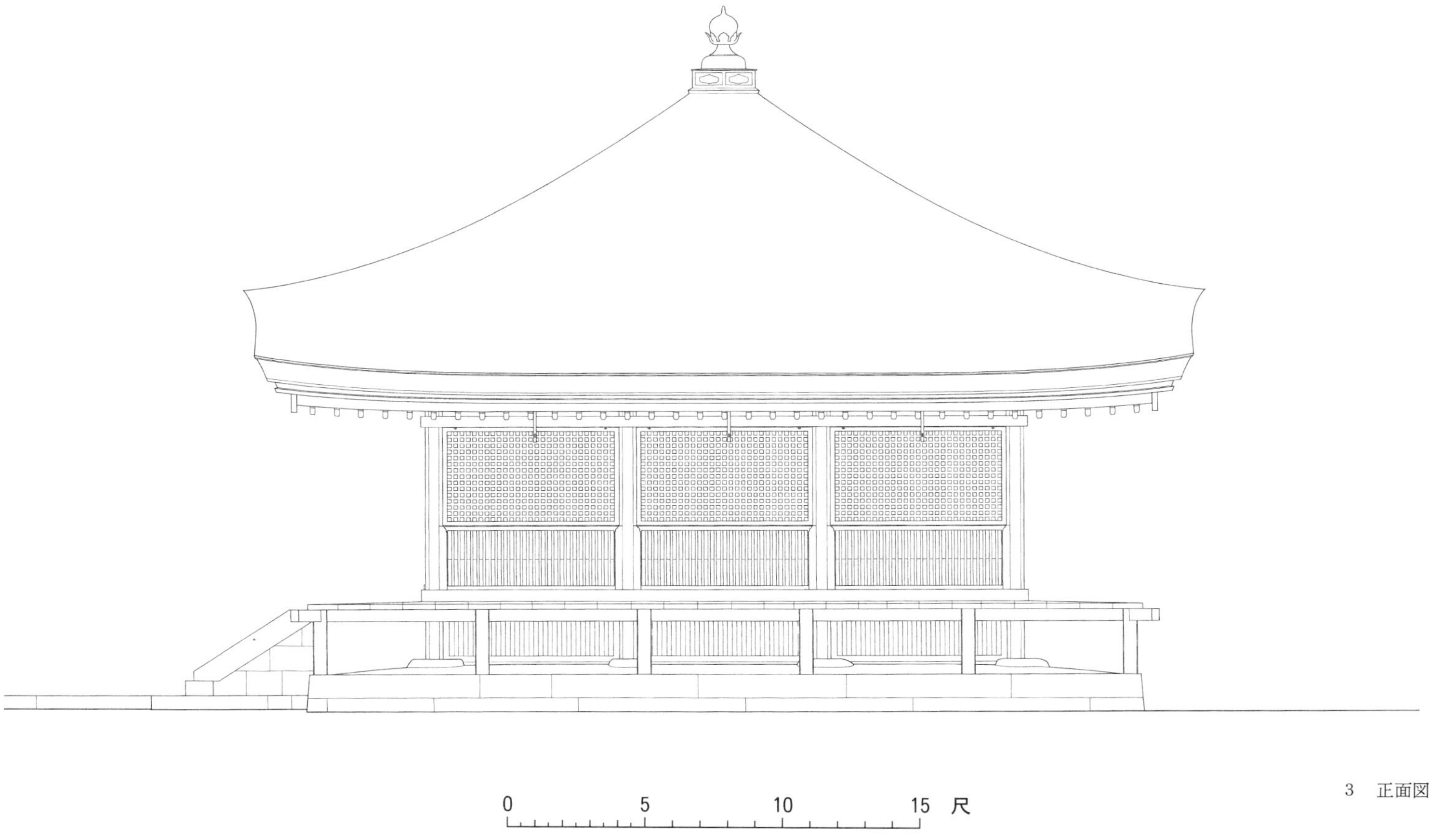

3　正面図

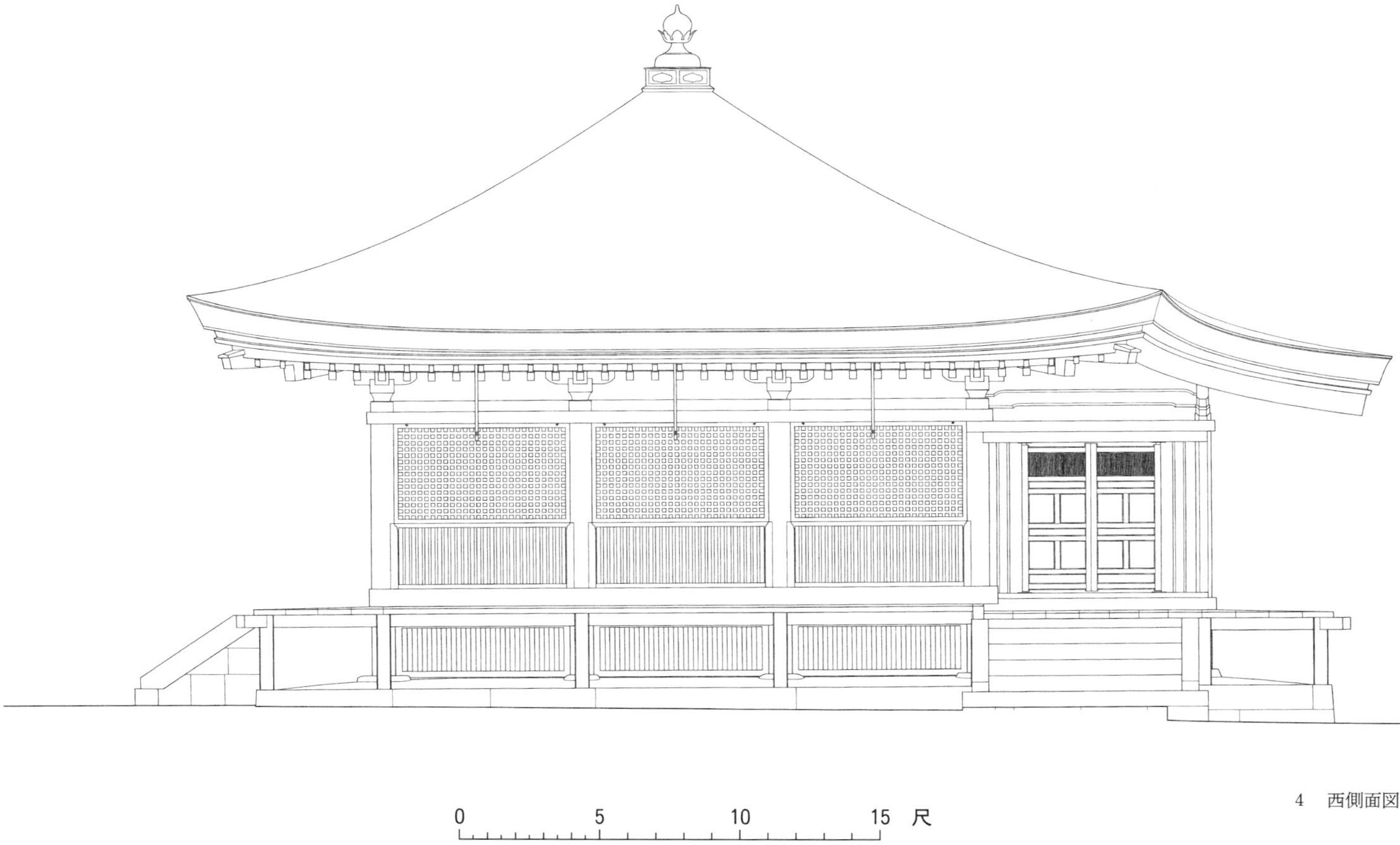

4　西側面図

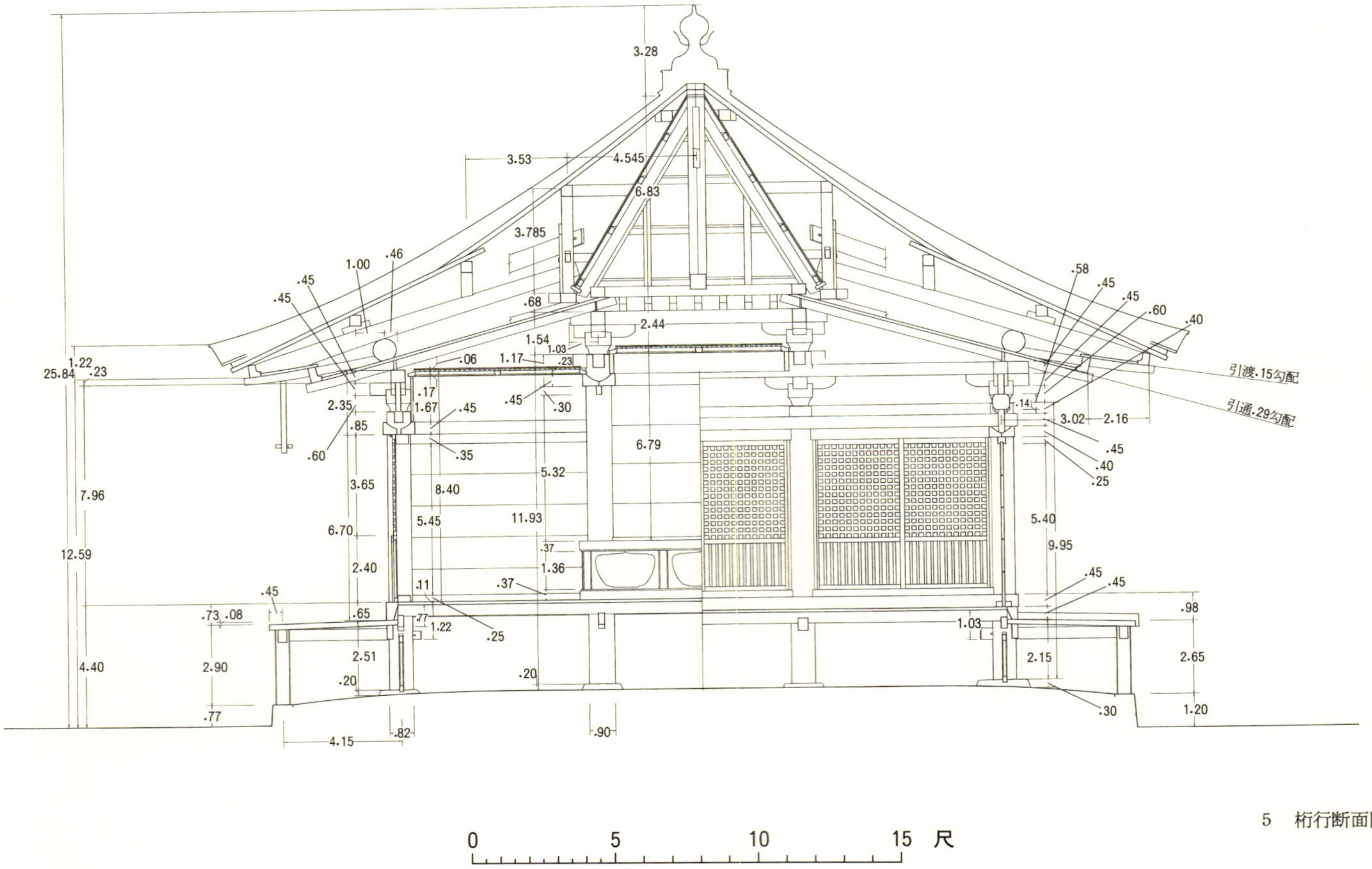

5　桁行断面図

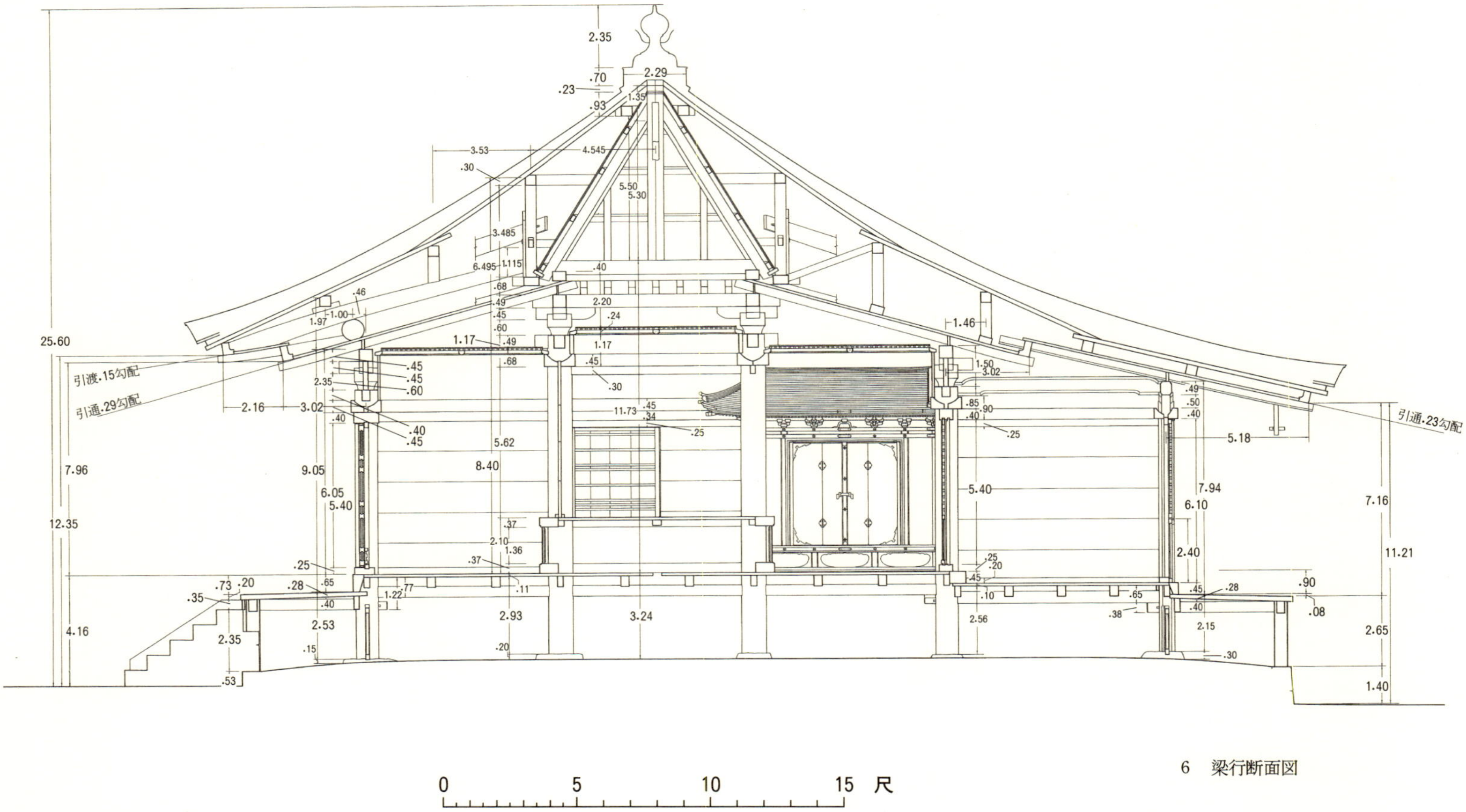

6　梁行断面図

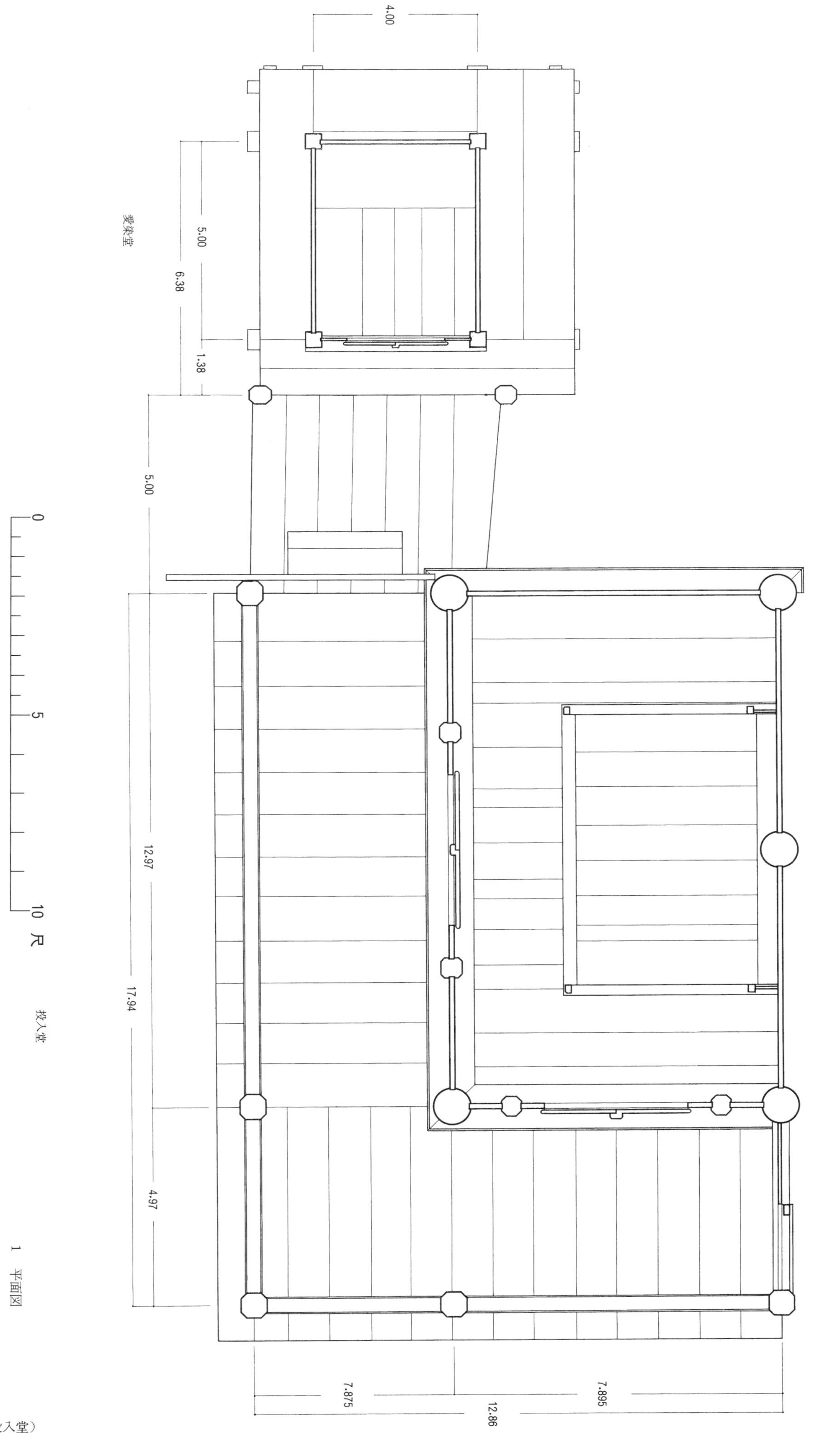

1　平面図

0
5
10
15尺

2　正面図

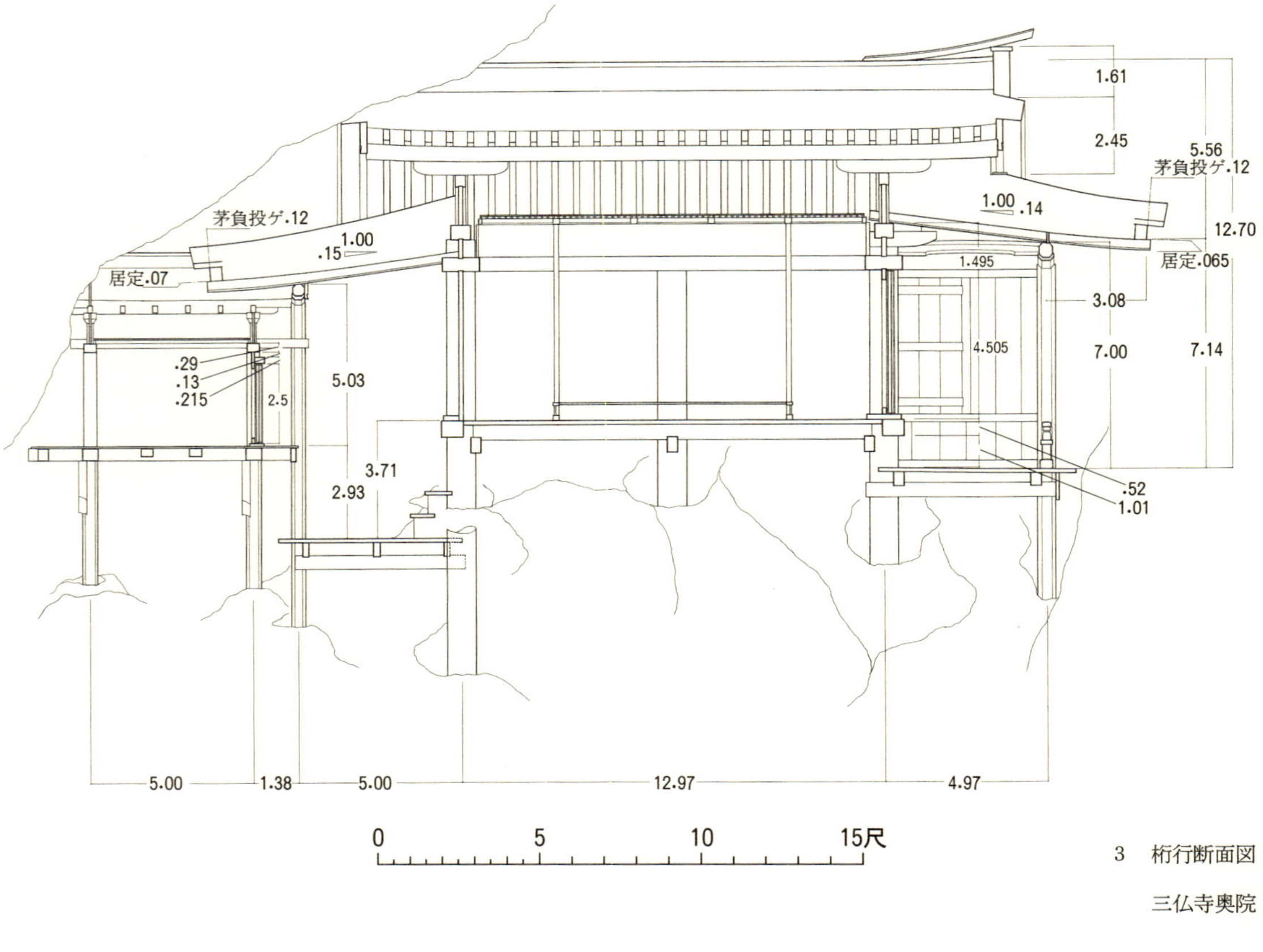
1.61
2.45
5.56
茅負投ゲ.12
1.00 .14
12.70
1.495
居定.065
3.08
4.505
7.00
7.14
茅負投ゲ.12
.15 1.00
居定.07
.29
.13
.215
2.5
5.03
3.71
2.93
.52
1.01
5.00
1.38
5.00
12.97
4.97
0
5
10
15尺

3　桁行断面図

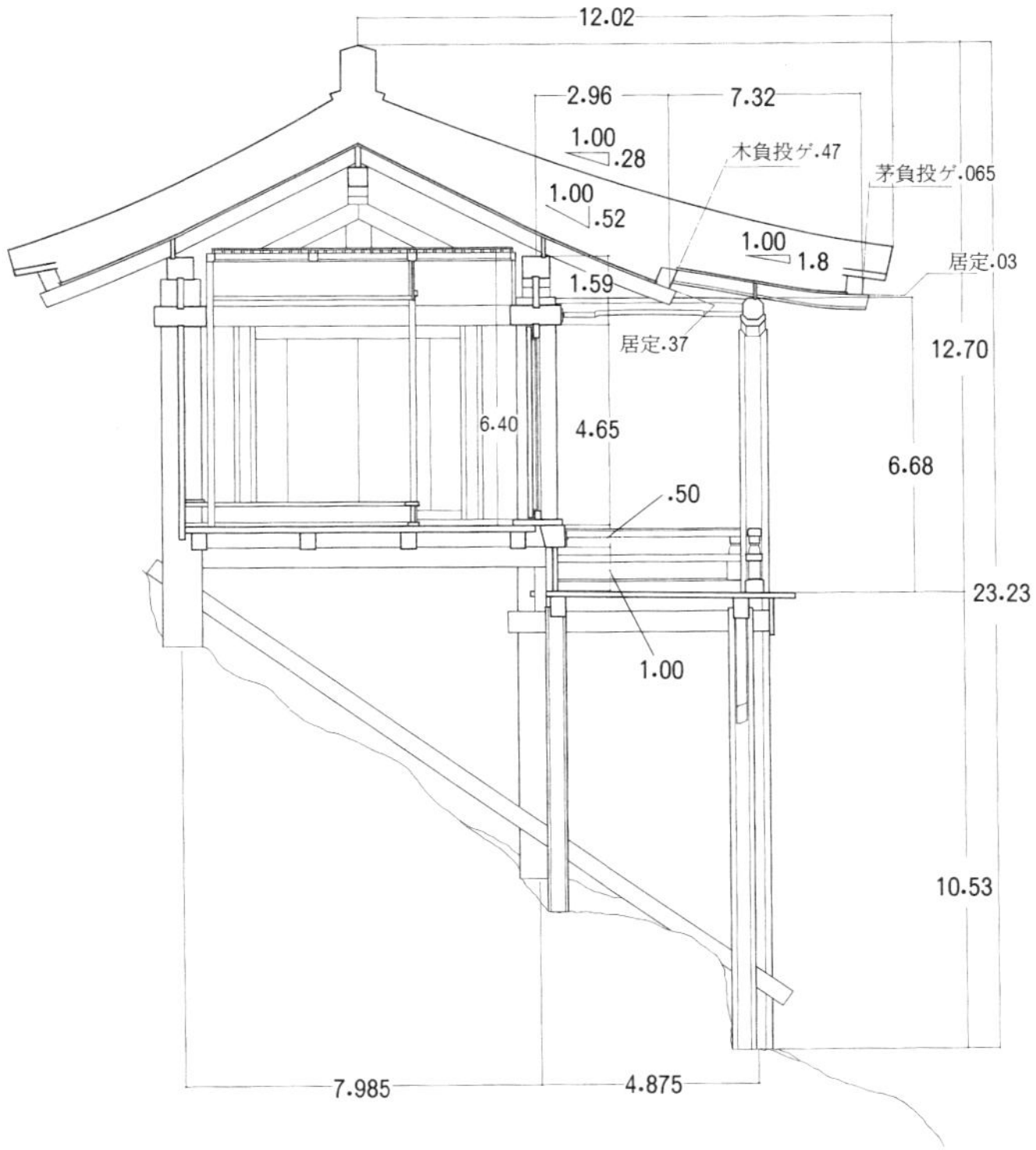

5　梁行断面図

4　東側面図

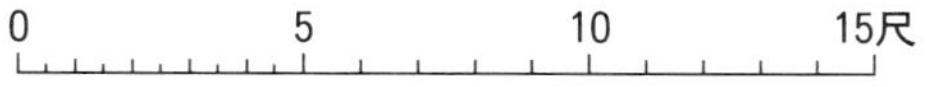

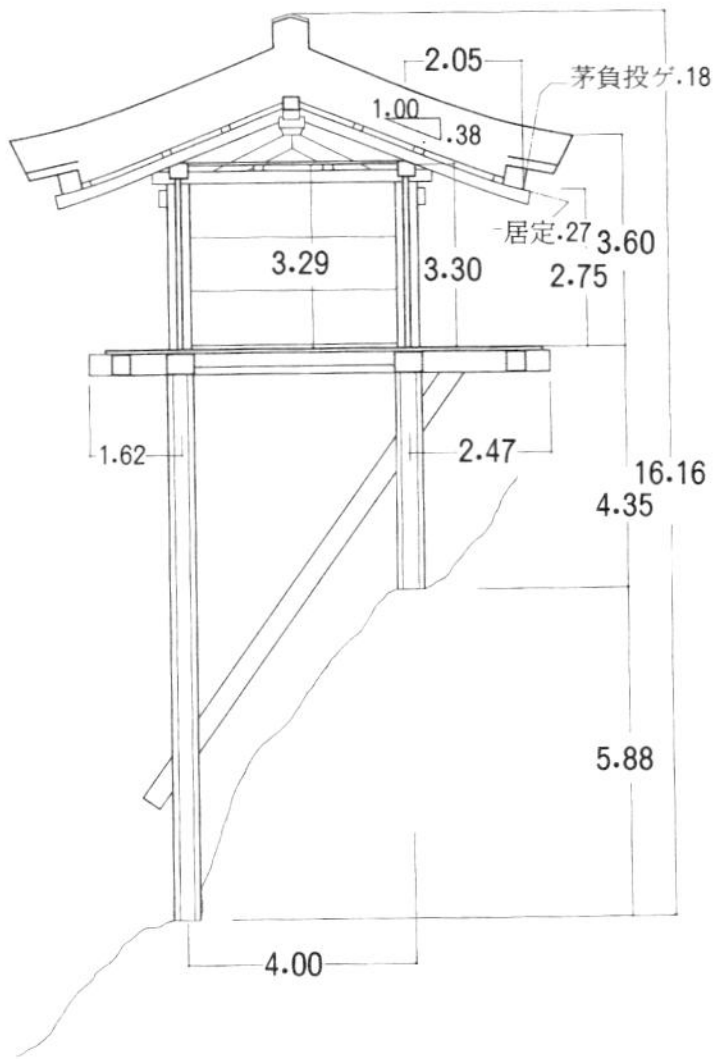

7　愛染堂断面図

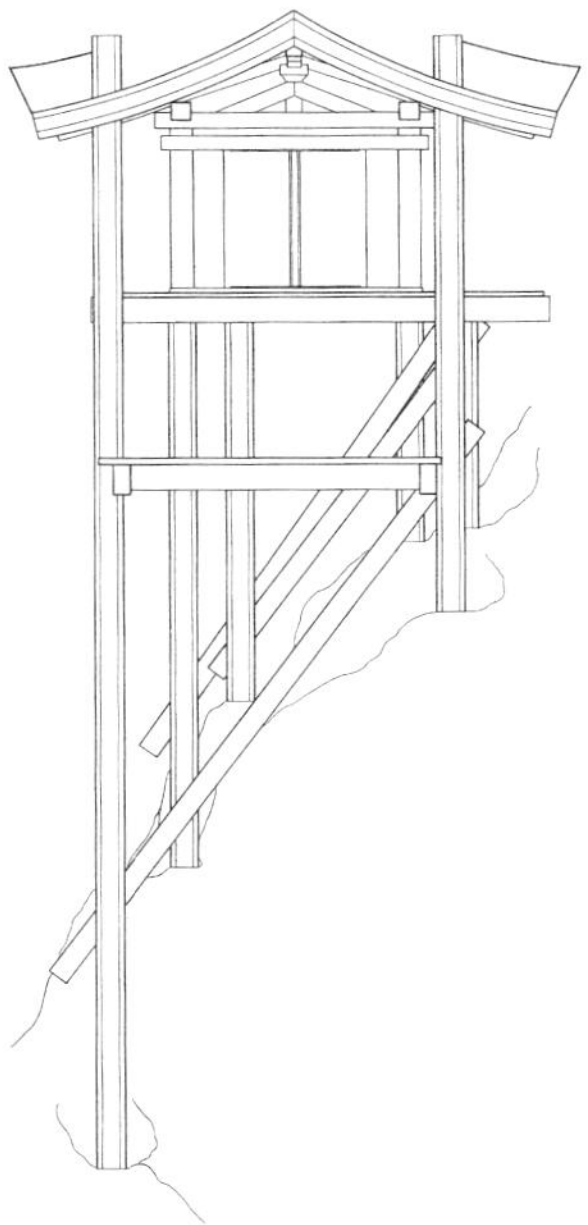

6　愛染堂正面図

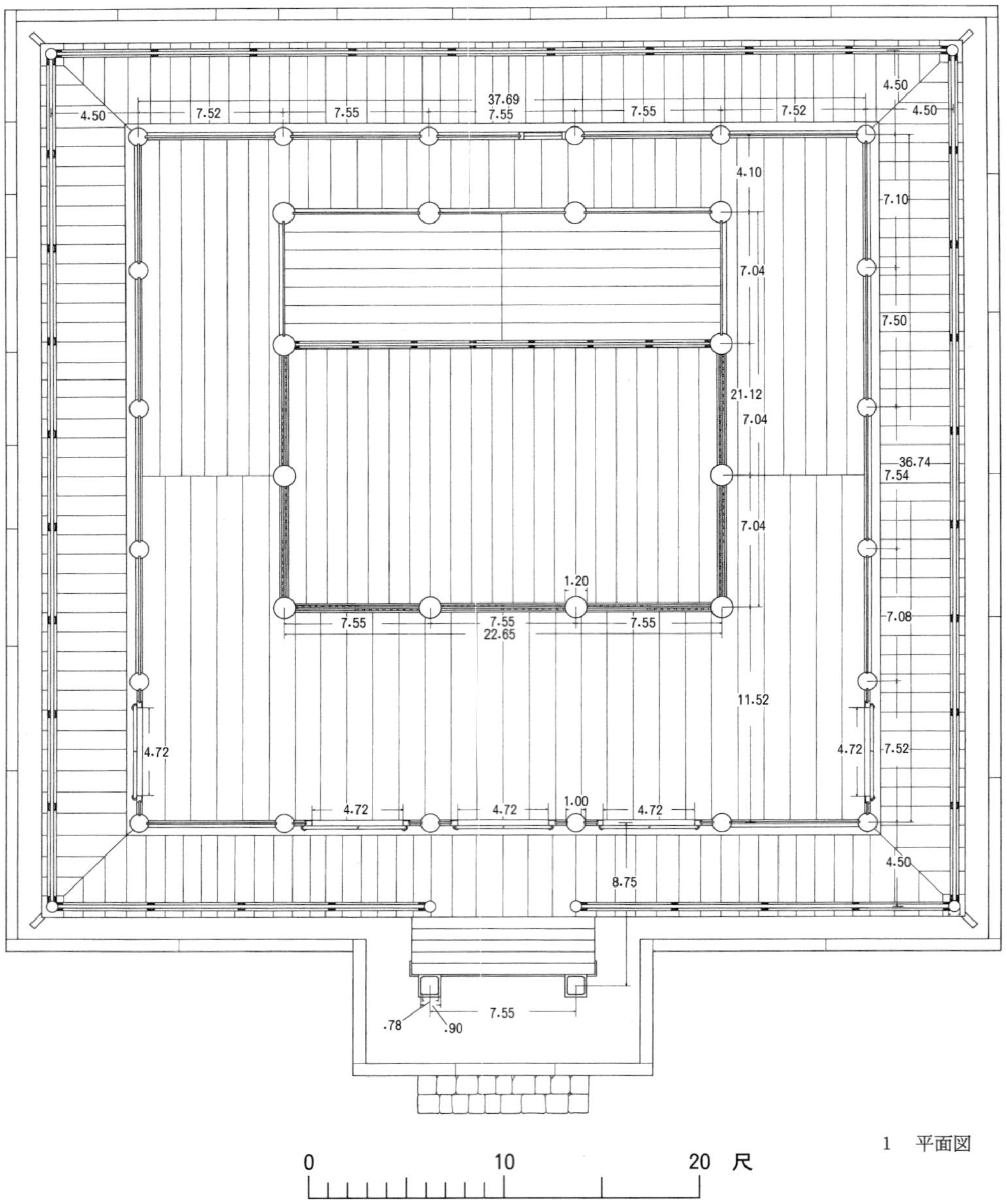
37.69
4.50
7.52
7.55
7.55
7.55
7.52
4.50
4.50
4.10
7.10
7.04
7.50
21.12
7.04
36.74
7.54
7.04
1.20
7.55
7.55
22.65
7.55
7.08
11.52
4.72
4.72
7.52
4.72
4.72
1.00
4.72
4.50
8.75
.78
.90
7.55
0
10
20 尺

1　平面図

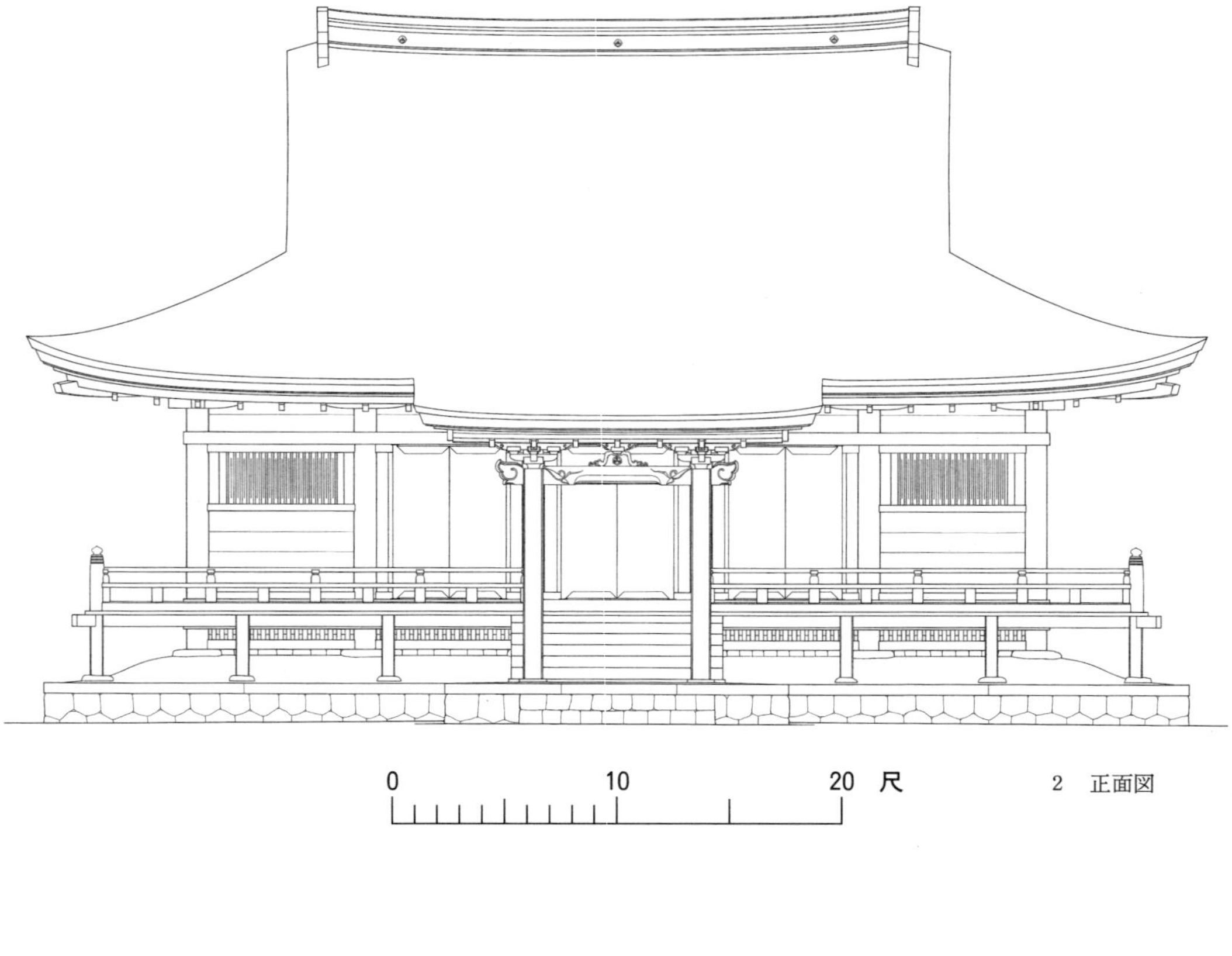
0
10
20 尺

2　正面図

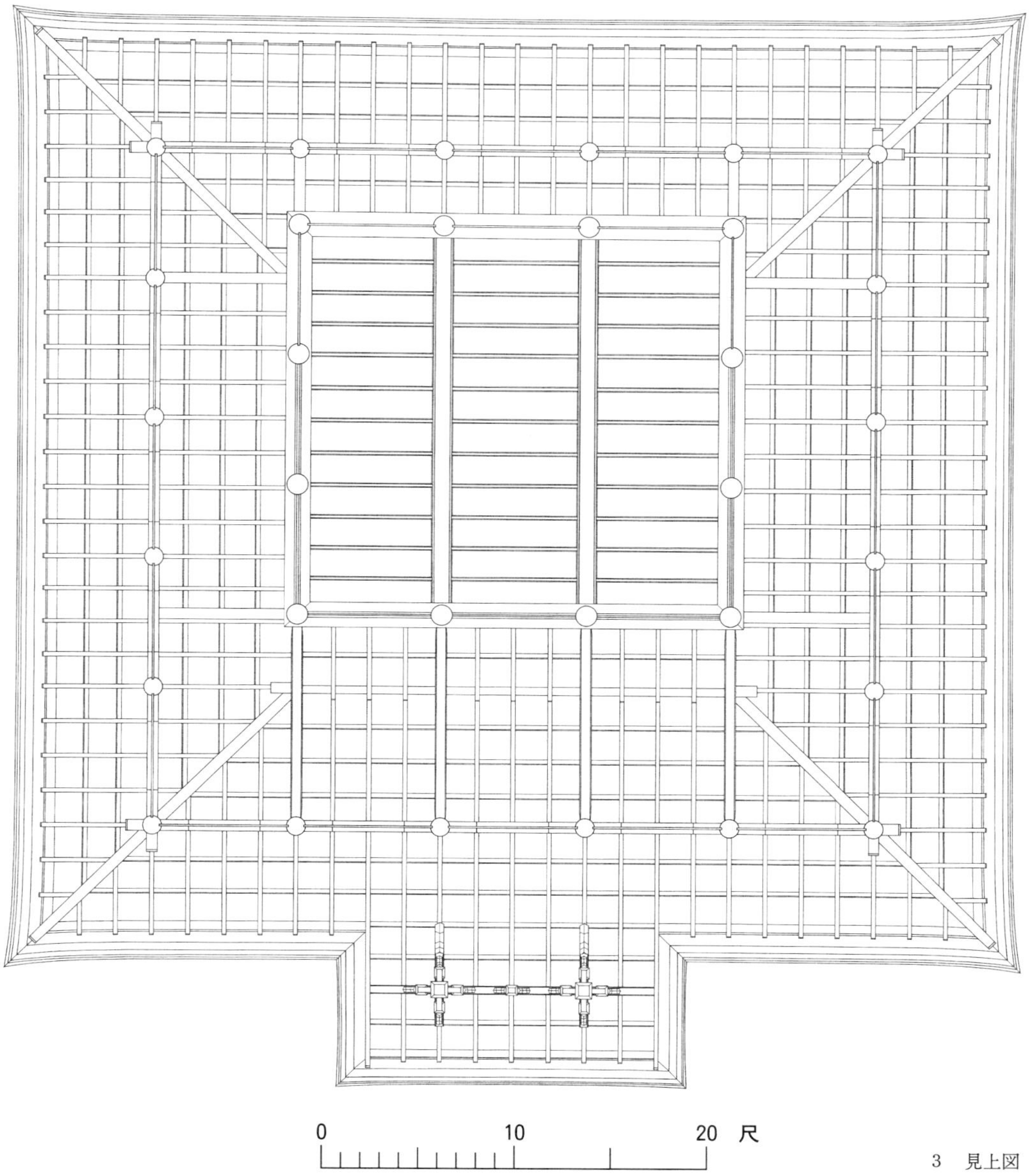

3　見上図

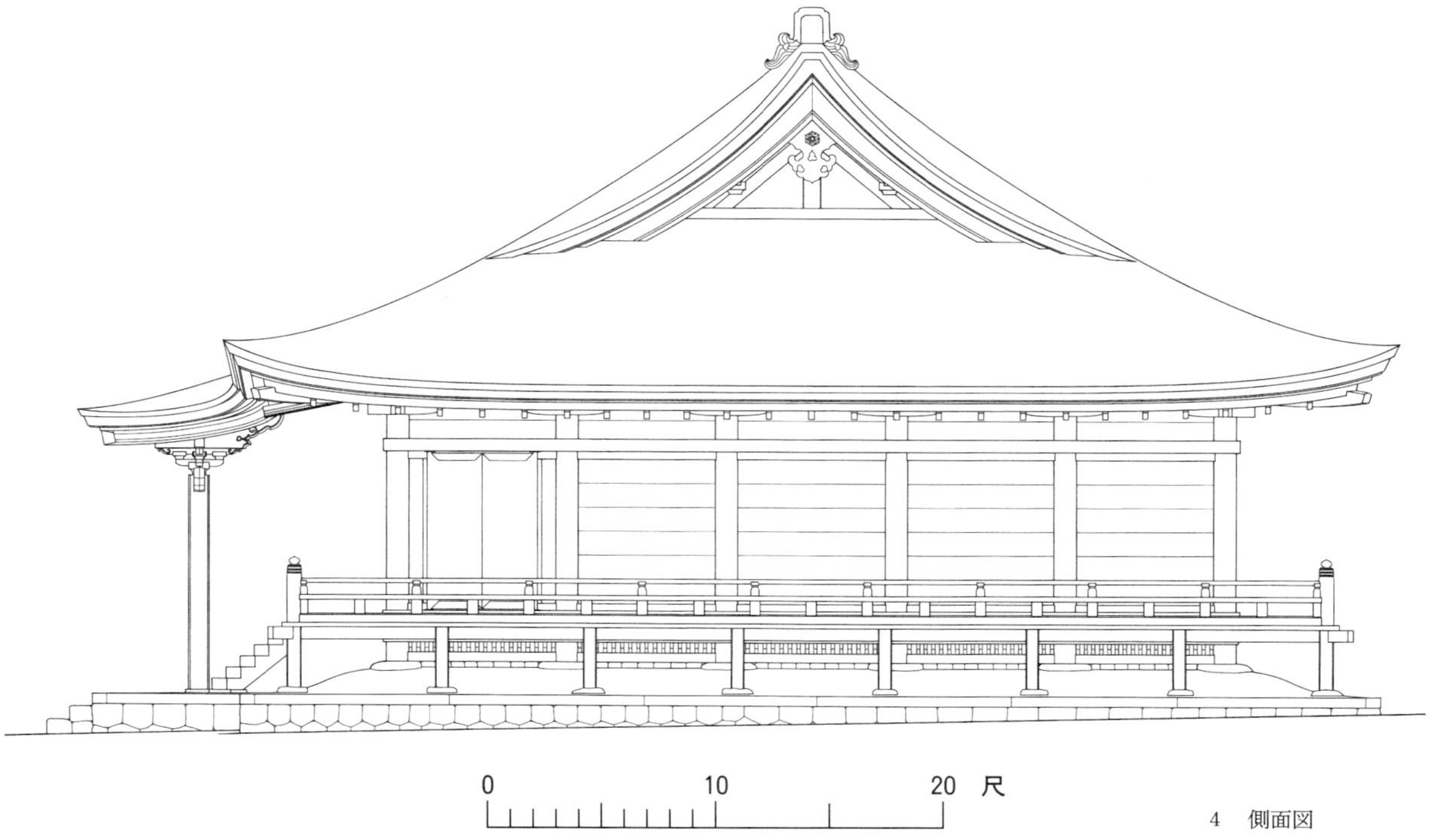

4　側面図

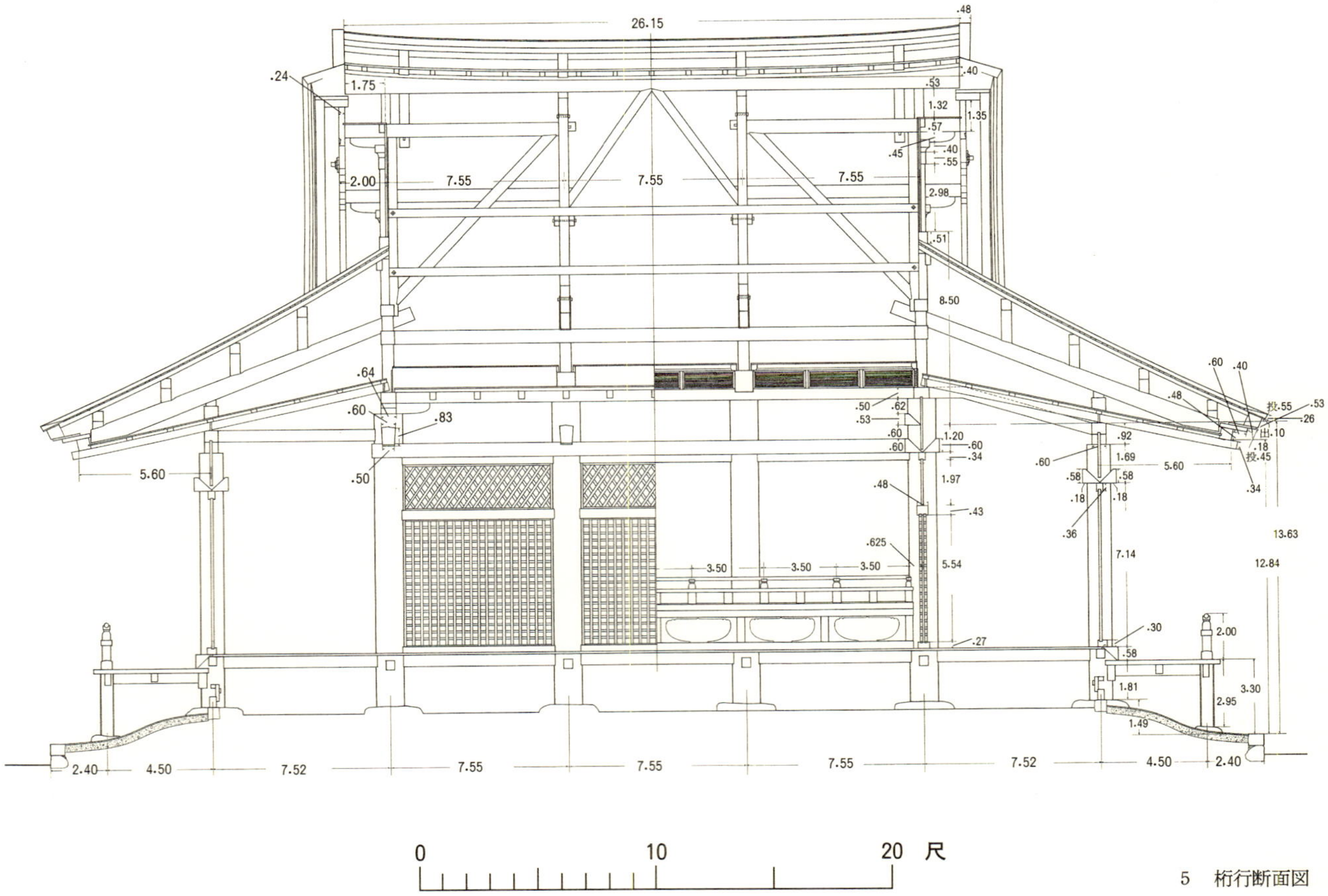

5　桁行断面図

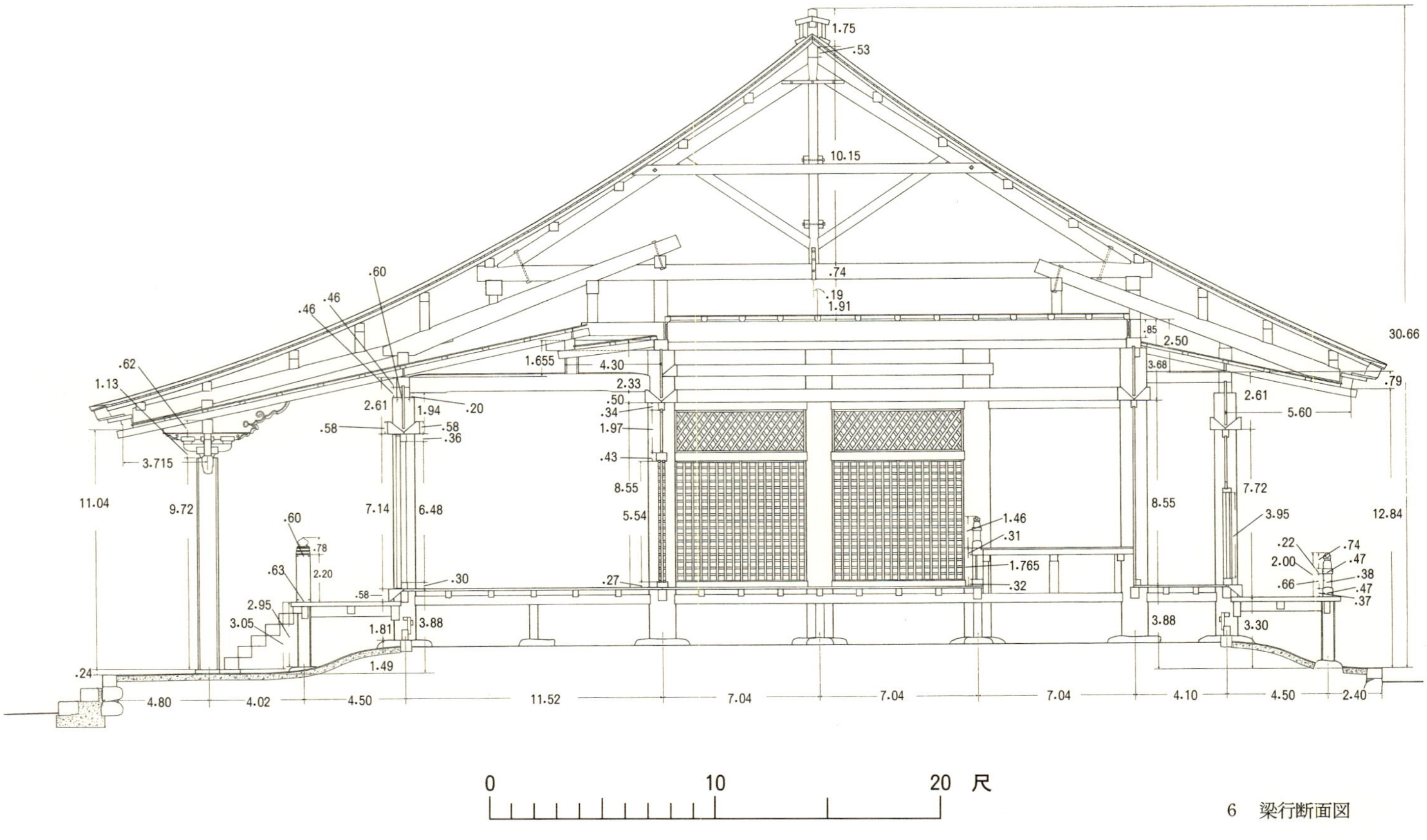

6　梁行断面図

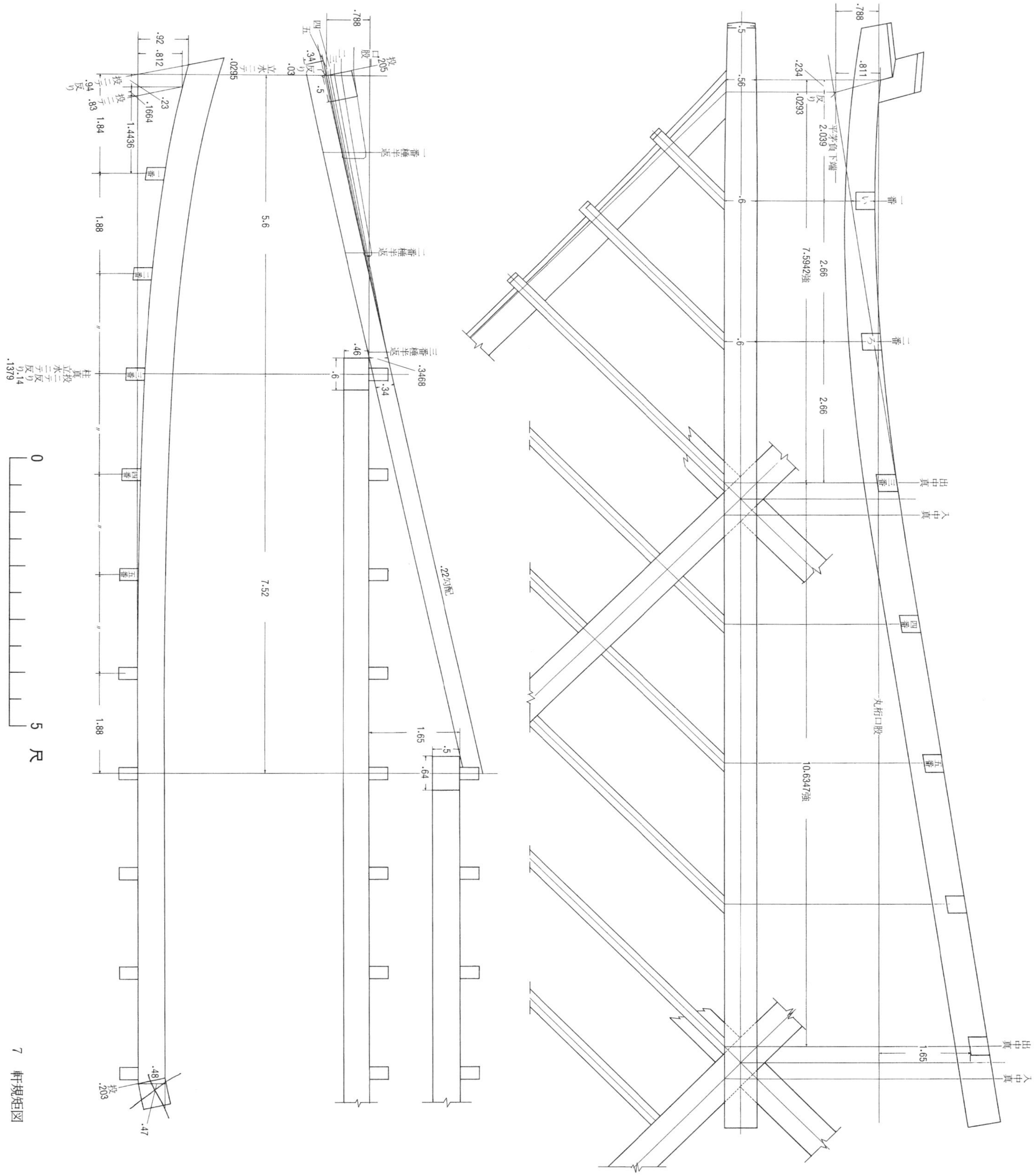

7　軒規矩図

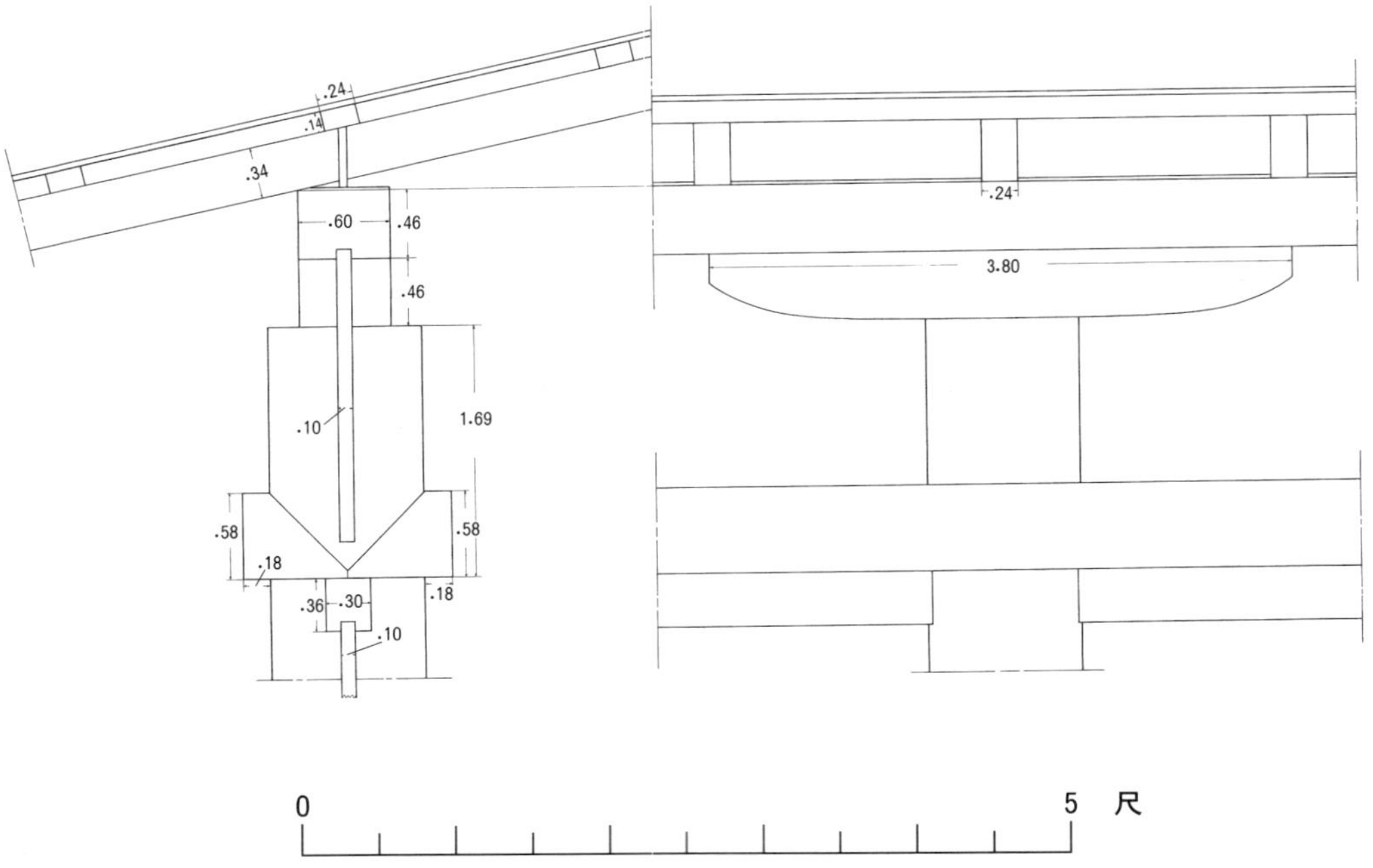

8　外部内法上詳細図

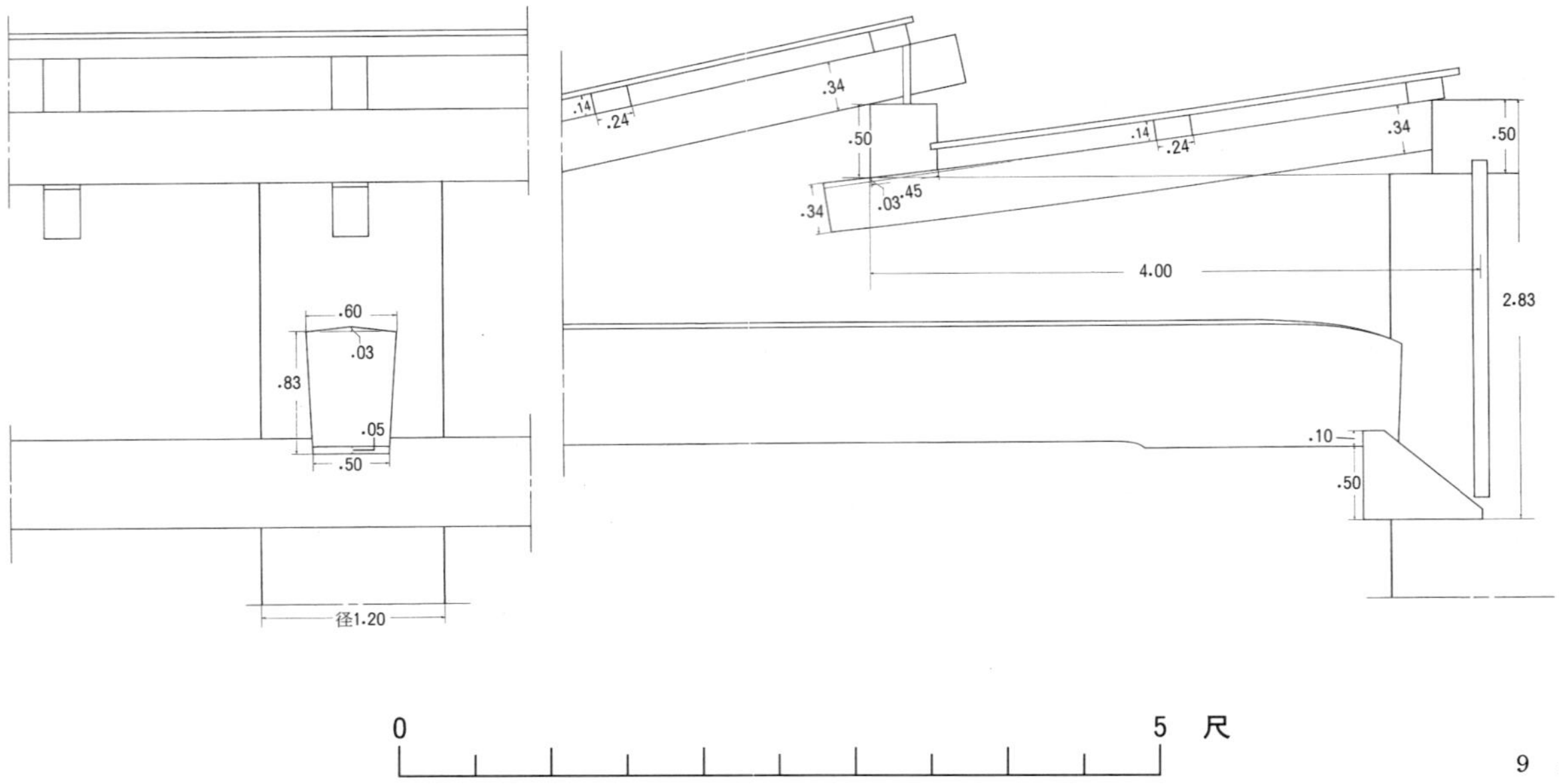

9　外陣及び繋梁詳細図

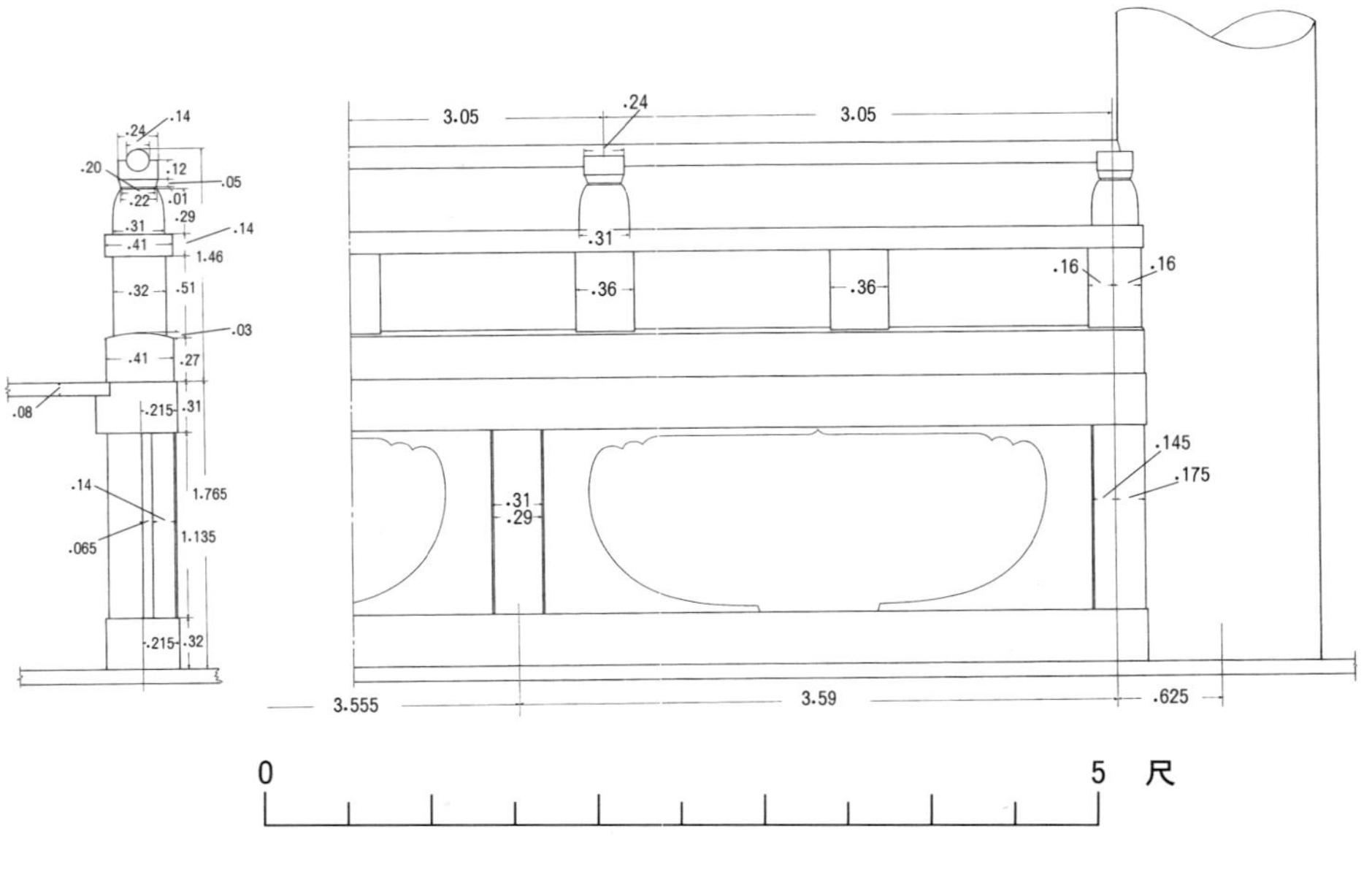

10　内陣高欄詳細図

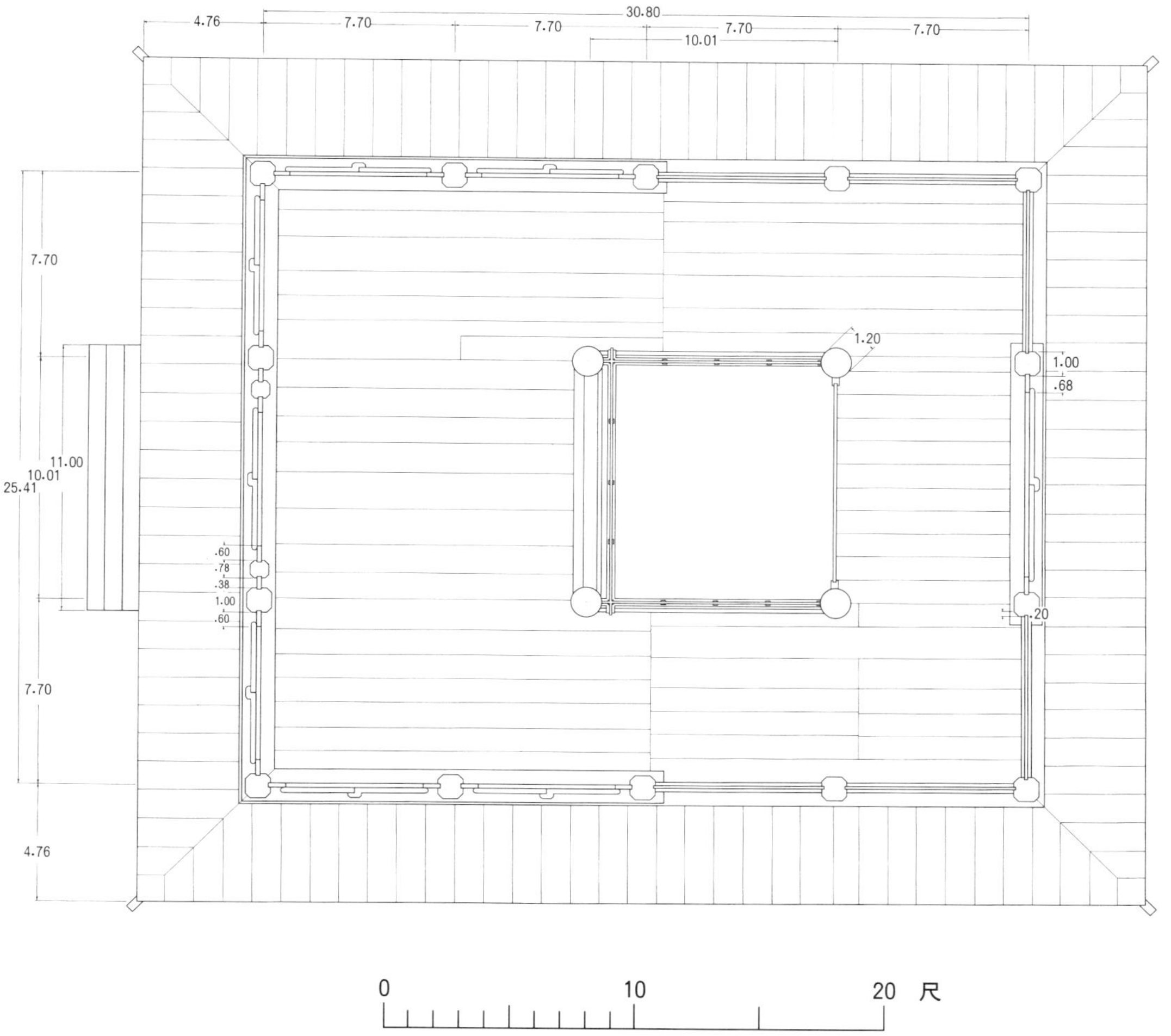

1　平面図

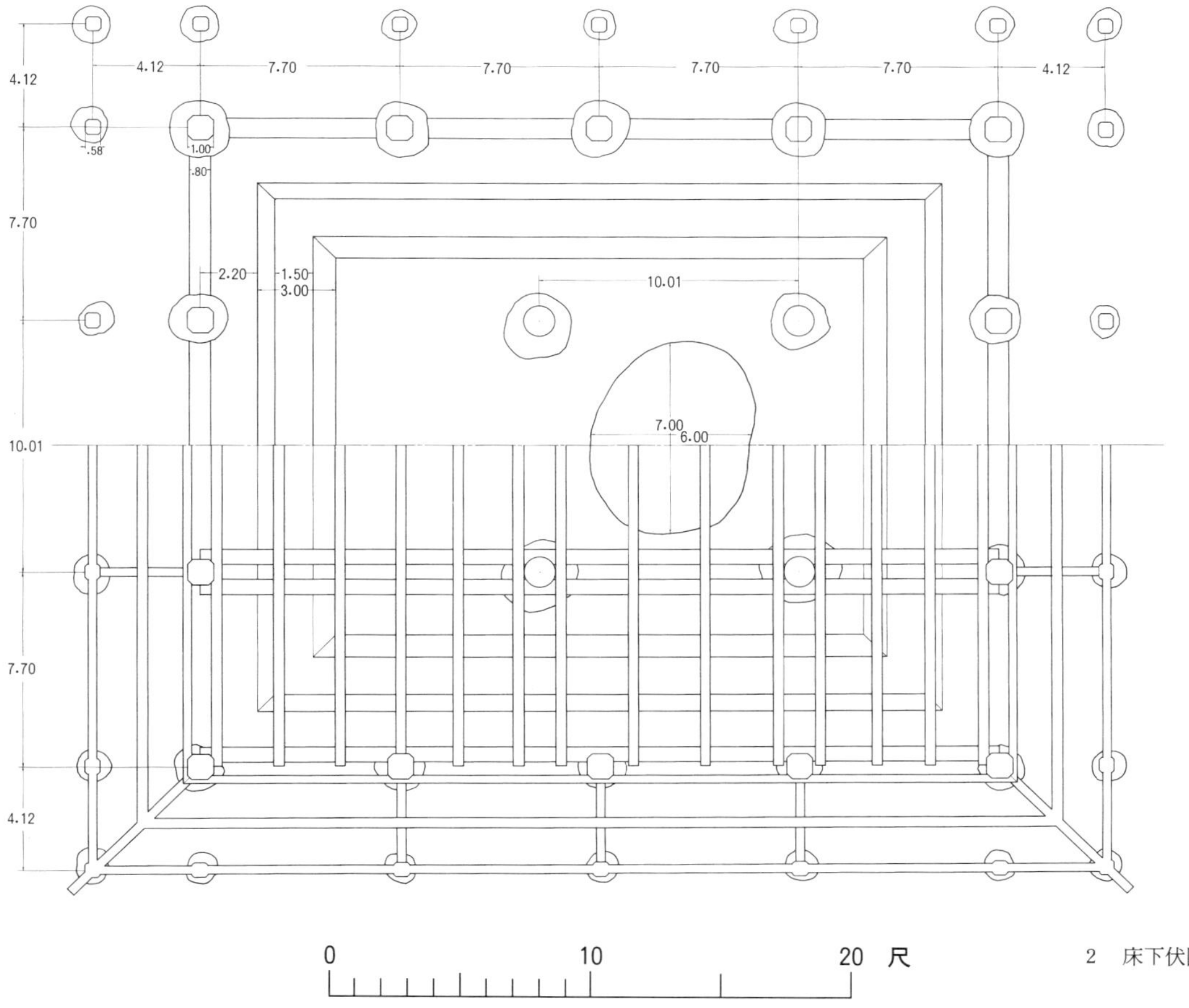

2　床下伏図（床下）

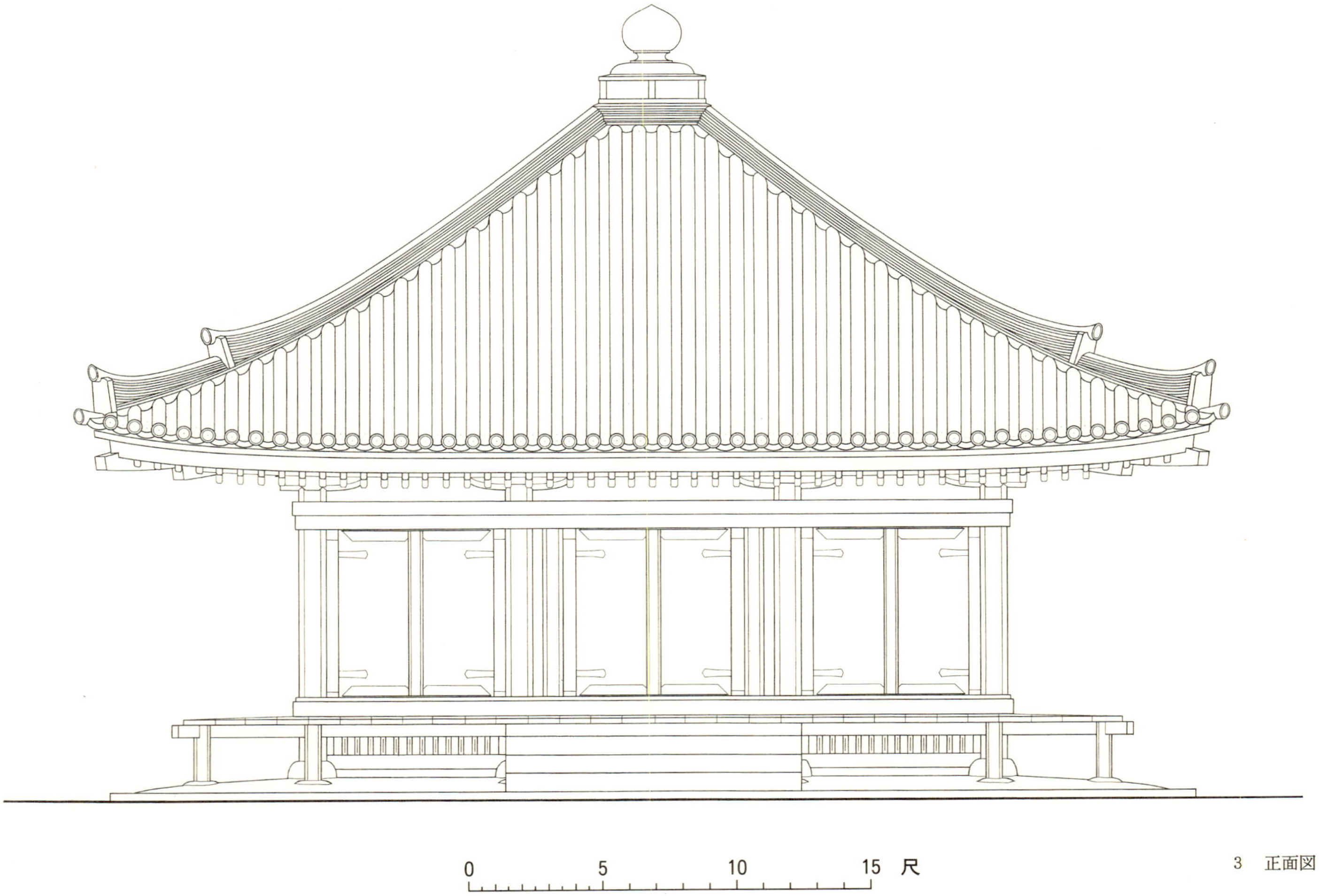

3　正面図

4　側面図

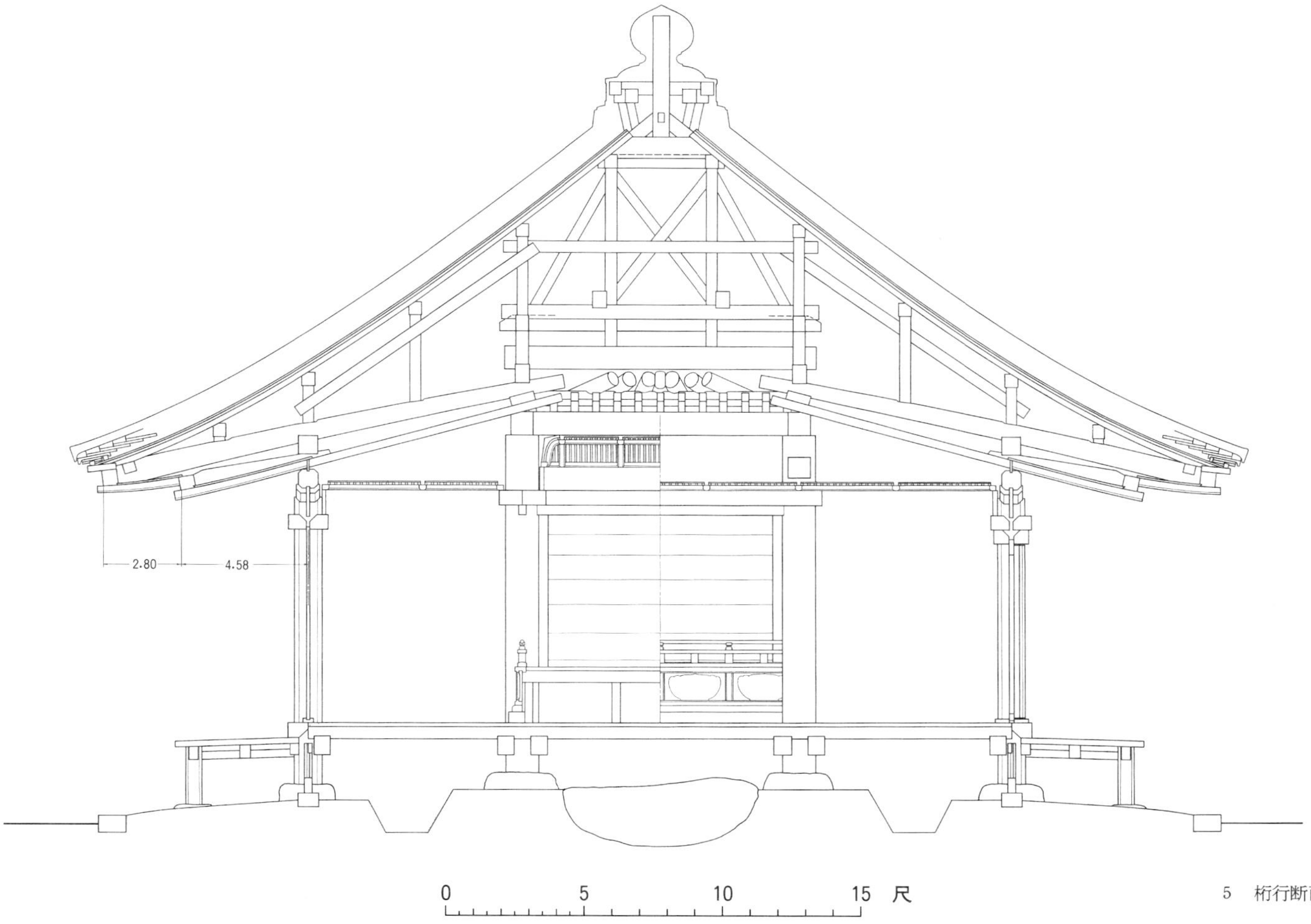

5　桁行断面図

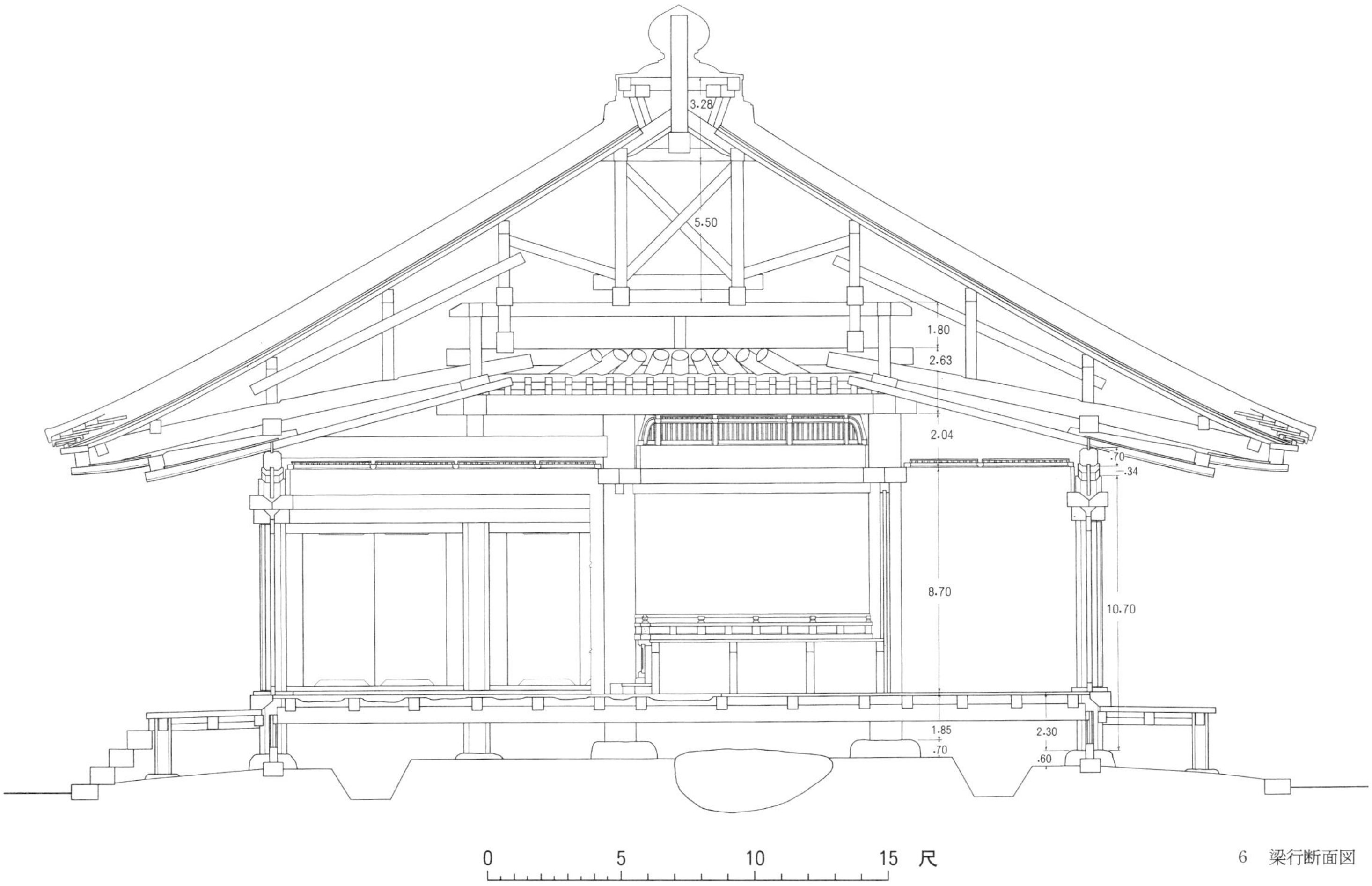

6　梁行断面図

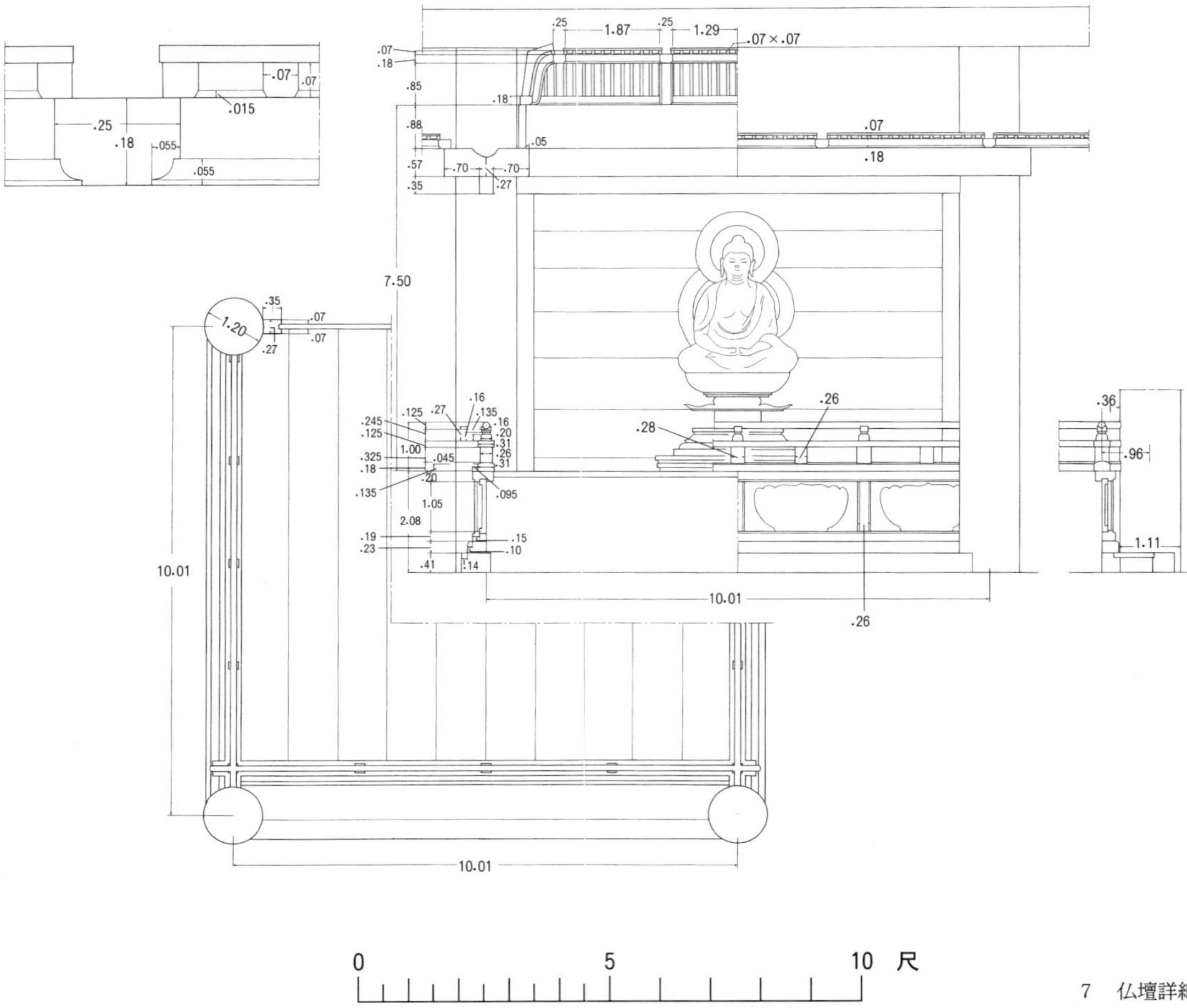

7　仏壇詳細図

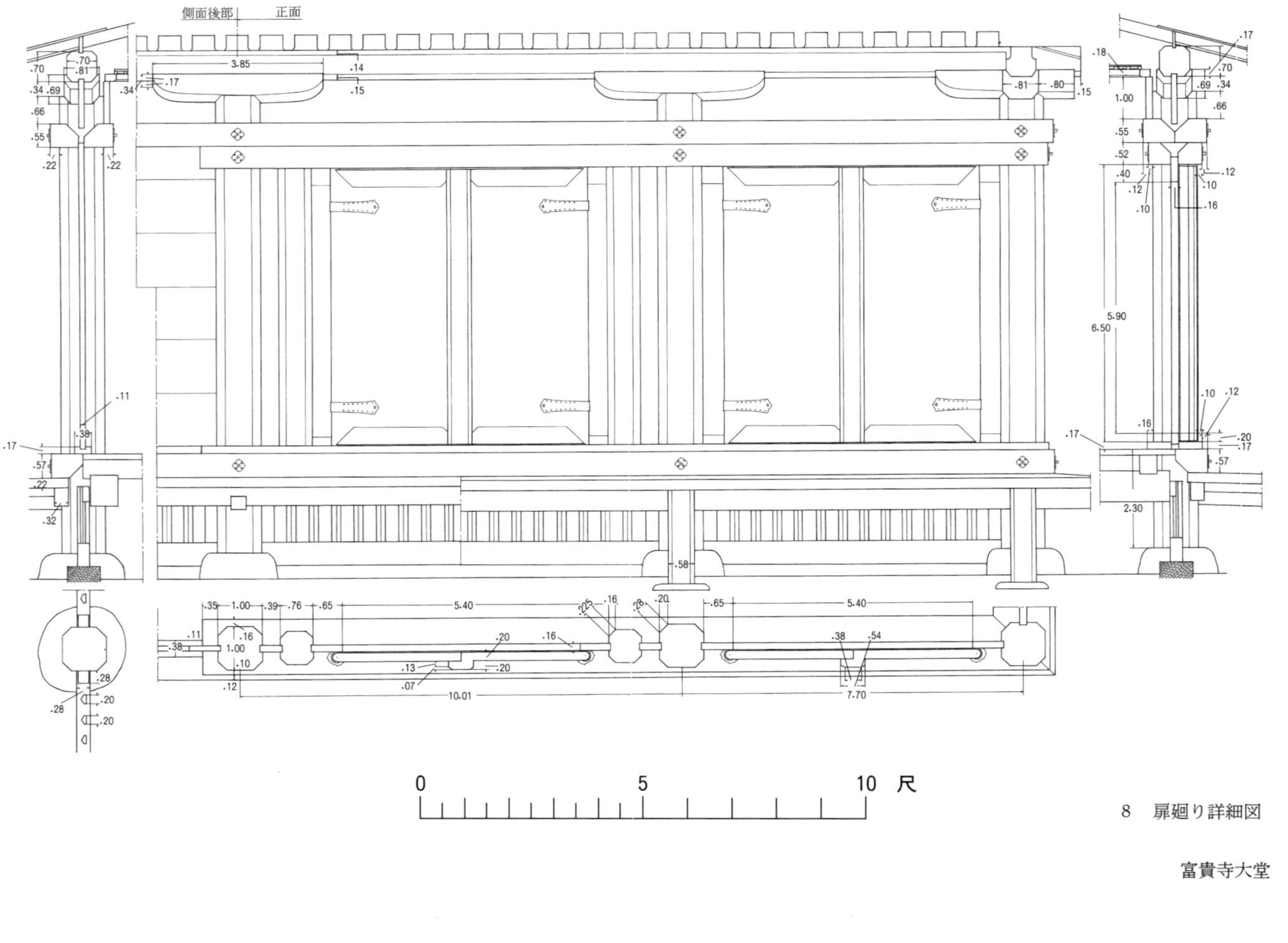

8　扉廻り詳細図

第五巻　仏堂Ⅱ

編集責任者　太田博太郎
編集者　澤村　仁
執筆者　澤村　仁　概説
室生寺金堂　三仏寺奥院（投入堂）　豊楽寺薬師堂　富貴寺大堂
清水　擴　平等院鳳凰堂　浄瑠璃寺本堂（九体寺本堂）　中尊寺金色堂
阿弥陀堂（白水阿弥陀堂）
藤井恵介　醍醐寺薬師堂　石山寺本堂　鶴林寺太子堂
山岸常人　法界寺阿弥陀堂　蓮華王院本堂（三十三間堂）
當麻寺本堂（曼荼羅堂）

口絵写真提供
渡辺義雄　平等院鳳凰堂　3・4・5・6・7・10・11
12・13・15
浄瑠璃寺本堂（九体寺本堂）　3・7
當麻寺本堂（曼荼羅堂）　4
便利堂　醍醐寺　3・9・10・11
小学館　法界寺　1　蓮華王院　1
毎日新聞社　法界寺　3・9　浄瑠璃寺本堂（九体寺本堂）　4
室生寺阿弥陀堂　5　中尊寺金色堂　1　三仏寺奥院（投入堂）　1・2
金井杜道　平等院鳳凰堂　1・8・9・14
宮原正之　石山寺本堂　1
その他、奈良文化財研究所・澤村仁・藤井恵介による

図面調整
角田真弓

資料収集費の一部は文部省科学研究費の補助により、また資料については文化庁文化財保護部建造物課より提供をうけた。

日本建築史基礎資料集成　五

仏　堂　Ⅱ　©

平成十八年十一月　十　日　印刷
平成十八年十一月二十日　発行

著作権代表者　太田博太郎
発行者　小　菅　勉
編集　竹　林　舎
印刷製本　凸版印刷株式会社
本文用紙　王子製紙株式会社
口絵用紙　三菱製紙株式会社

中央公論美術出版
東京都中央区京橋二－八－七
電話〇三－三五六一－五九九三

製函　株式会社加藤製函所

ISBN4-8055-1105-2